Código Tributario de Chile

***ACCESO GRATIS** a la Lectura en la Nube*

Para visualizar el libro electrónico en la nube de lectura envíe junto a su nombre y apellidos una fotografía del código de barras situado en la contraportada del libro y otra del ticket de compra a la dirección:

ebooktirant@tirant.com

En un máximo de 72 horas laborales le enviaremos el código de acceso con sus instrucciones.

Código Tributario de Chile

Incluye leyes Nº 21.713 y 21.716

5ª Edición

Actualizado a abril de 2025

ÁLVARO MAGASICH AIROLA

tirant lo blanch
Valencia, 2025

© TIRANT LO BLANCH
EDITA: TIRANT LO BLANCH
C/ Artes Gráficas, 14 - 46010 - Valencia
TELFS.: 96/361 00 48 - 50
FAX: 96/369 41 51
Email: tlb@tirant.com
www.tirant.com
Librería virtual: https://editorial.tirant.com/cl
ISBN: 978-84-1095-606-3

Si tiene alguna queja o sugerencia, envíenos un mail a: *atencioncliente@tirant.com*. En caso de no ser atendida su sugerencia, por favor, lea en *www.tirant.net/index.php/empresa/politicas-de-empresa* nuestro procedimiento de quejas.

Responsabilidad Social Corporativa: http://www.tirant.net/Docs/RSCTirant.pdf

ÍNDICE

Prólogo 15

DECRETO LEY Nº 830. CÓDIGO TRIBUTARIO

TÍTULO PRELIMINAR 19
Párrafo 1º. Disposiciones generales 19
Párrafo 2º. De la fiscalización y aplicación de las disposiciones tributarias .. 24
Párrafo 3º. De algunas definiciones 32
Párrafo 4º. Derechos de los Contribuyentes 37

LIBRO PRIMERO
DE LA ADMINISTRACIÓN, FISCALIZACIÓN Y PAGO

TÍTULO I. NORMAS GENERALES 43
Párrafo 1º. De la comparecencia, actuaciones y notificaciones 43
Párrafo 2º. De algunas normas contables 51
Párrafo 3º. Disposiciones varias 58

TÍTULO II. DE LA DECLARACIÓN Y PLAZOS DE PAGO 65

TÍTULO III. GIROS, PAGOS, REAJUSTES E INTERESES 77
Párrafo 1º. De los giros y pagos 77
Párrafo 2º. Reajustes e Intereses moratorios 83
Párrafo 3º. Reajustes e intereses en caso de devolución o imputación 85

TÍTULO IV. MEDIOS ESPECIALES DE FISCALIZACIÓN 86
Párrafo 1º. Del examen y secreto de las declaraciones y de la facultad de tasar 86
Párrafo 2º. Del Rol Único Tributario y de los avisos inicial y de término 113
Párrafo 3º. De otros medios de fiscalización 127

LIBRO SEGUNDO
DE LOS APREMIOS Y DE LAS INFRACCIONES Y SANCIONES

TÍTULO I. DE LOS APREMIOS 145

TÍTULO II. DE LAS INFRACCIONES Y SANCIONES 146

Párrafo 1°. De los contribuyentes y otros obligados 146
Párrafo 2°. De las infracciones cometidas por los funcionarios y ministros de fe y de las sanciones 165
Párrafo 3°. Disposiciones comunes 167

LIBRO TERCERO
DE LA COMPETENCIA PARA CONOCER DE LOS ASUNTOS CONTENCIOSOS TRIBUTARIOS, DE LOS PROCEDIMIENTOS Y DE LA PRESCRIPCIÓN

TÍTULO I. DE LA COMPETENCIA PARA CONOCER DE LOS ASUNTOS CONTENCIOSOS TRIBUTARIOS 171

TÍTULO II. DEL PROCEDIMIENTO GENERAL DE LAS RECLAMACIONES 173

TÍTULO III. DE LOS PROCEDIMIENTOS ESPECIALES 192
Párrafo 1°. Del procedimiento de reclamo de los avalúos de bienes raíces 192
Párrafo 2°. Del procedimiento especial de reclamo por vulneración de derechos 192
Párrafo 3°. Del procedimiento de determinación judicial del impuesto de Timbres y Estampillas 194
Párrafo 4°. Del procedimiento de declaración judicial de la existencia de abuso o simulación y de la determinación de la responsabilidad respectiva 195

TÍTULO IV. DEL PROCEDIMIENTO PARA LA APLICACIÓN DE SANCIONES 197
Párrafo 1°. Procedimiento general 197
Párrafo 2°. Procedimientos especiales para la aplicación de ciertas multas 203
Párrafo 3°. De las denuncias por infracciones a los impuestos a las asignaciones por causa de muerte y a las donaciones 205

TÍTULO V. DEL COBRO EJECUTIVO DE LAS OBLIGACIONES TRIBUTARIAS DE DINERO 206

TÍTULO VI. DE LA PRESCRIPCIÓN 228

TÍTULO FINAL 230

ARTÍCULOS TRANSITORIOS 232

ÍNDICE ANALÍTICO 235

APÉNDICE

DECRETO CON FUERZA DE LEY Nº 3 DE 1969, QUE CREA EL ROL ÚNICO TRIBUTARIO Y ESTABLECE NORMAS PARA SU APLICACIÓN.... 251

DECRETO LEY Nº 824 SOBRE IMPUESTO A LA RENTA

TÍTULO I. NORMAS GENERALES 261
Párrafo 1º De la materia y destino del impuesto 261
Párrafo 2º Definiciones 261
Párrafo 3º De los contribuyentes 264
Párrafo 4º Disposiciones varias 267

TÍTULO II. DEL IMPUESTO CEDULAR POR CATEGORÍAS 329

PRIMERA CATEGORÍA. DE LAS RENTAS DEL CAPITAL Y DE LAS EMPRESAS COMERCIALES, INDUSTRIALES, MINERAS Y OTRAS 329
Párrafo 1º De los contribuyentes y de la tasa del impuesto 329
Párrafo 2º De los pequeños contribuyentes 337
Párrafo 3º De la base imponible 342
Párrafo 4º De las exenciones 384
Párrafo 5º De la corrección monetaria de los activos y pasivos 386
Párrafo 6º De las normas relativas a la tributación internacional 392

SEGUNDA CATEGORÍA. DE LAS RENTAS DEL TRABAJO 431
Párrafo 1º De la materia y tasa del impuesto 431

TÍTULO III. DEL IMPUESTO GLOBAL COMPLEMENTARIO 441
Párrafo 1º De la materia y tasa del impuesto 441
Párrafo 2º De la base imponible 444

TÍTULO IV. DEL IMPUESTO ADICIONAL 453

TÍTULO IV BIS. IMPUESTO ESPECÍFICO A LA ACTIVIDAD MINERA 468

TÍTULO V. DE LA ADMINISTRACIÓN DEL IMPUESTO 468
Párrafo 1º De la declaración y pago anual 468
Párrafo 2º. De la retención del impuesto 475
Párrafo 3º Declaración y pago mensual provisional 486
Párrafo 4º De los informes obligatorios 495

Párrafo 5° Disposiciones varias 496

TÍTULO VI. DISPOSICIONES ESPECIALES RELATIVAS AL MERCADO DE CAPITALES 497

DISPOSICIONES TRANSITORIAS (ARTS. 1-17) 525

DECRETO LEY N° 825 SOBRE IMPUESTO A LAS VENTAS Y SERVICIOS

TÍTULO I. NORMAS GENERALES 535
Párrafo 1° De la materia y destino del impuesto 535
Párrafo 2° Definiciones 535
Párrafo 3° De los contribuyentes 536
Párrafo 4° Otras disposiciones 539

TÍTULO II. IMPUESTO AL VALOR AGREGADO 541
Párrafo 1° Del hecho gravado 541
Párrafo 2° Del momento en que se devenga el impuesto 546
Párrafo 3° Del sujeto del impuesto 547
Párrafo 4° De las ventas y servicios exentos del impuesto 548
Párrafo 5° Tasa, base imponible y débito fiscal 561
Párrafo 6° Del Crédito Fiscal 571
Párrafo 7° Del régimen de tributación simplificada para los pequeños contribuyentes 581
Párrafo 7° bis Del régimen simplificado para contribuyentes no domiciliados ni residentes en Chile 582
Párrafo 8° De los exportadores 584

TÍTULO III. IMPUESTOS ESPECIALES A LAS VENTAS Y SERVICIOS 589
Párrafo 1° Del impuesto adicional a ciertos productos 589
Párrafo 2° Del impuesto a la venta de automóviles y otros vehículos 590
Párrafo 3° Del impuesto adicional a las bebidas alcohólicas, analcohólicas y productos similares 590
Párrafo 4° Otros impuestos específicos 594
Párrafo 5° Del impuesto a las compras de monedas extranjeras 596
Párrafo 6° Disposiciones varias 596

TÍTULO IV. DE LA ADMINISTRACIÓN DEL IMPUESTO 596
Párrafo 1° Del Registro de los contribuyentes 596
Párrafo 2° De las facturas y otros comprobantes de ventas y Servicios 596
Párrafo 3° De los libros y registros 603

Párrafo 4° De la declaración y pago del impuesto 604
Párrafo 5° Otras disposiciones 608
Párrafo 6° Procedimiento general para solicitar la devolución o recuperación de los impuestos de esta ley 612

ARTÍCULOS TRANSITORIOS 615

DECRETO SUPREMO N° 55 DE HACIENDA, DE 1977. REGLAMENTO DE LA LEY SOBRE IMPUESTO A LAS VENTAS Y SERVICIOS

TÍTULO I. GENERALIDADES 617

TÍTULO II. HECHO GRAVADO CON EL IMPUESTO AL VALOR AGREGADO 621

TÍTULO III. DEL MOMENTO EN QUE SE DEVENGA EL IMPUESTO AL VALOR AGREGADO 623

TÍTULO IV. DEL SUJETO DEL IMPUESTO AL VALOR AGREGADO 625

TÍTULO V. EXENCIONES DEL IMPUESTO AL VALOR AGREGADO 626

TÍTULO VI. TASA Y BASE IMPONIBLE DEL IMPUESTO AL VALOR AGREGADO ... 627

TÍTULO VII. DETERMINACIÓN DEL DÉBITO FISCAL EN EL IMPUESTO AL VALOR AGREGADO 630

TÍTULO VIII. DEL CRÉDITO FISCAL EN EL IMPUESTO AL VALOR AGREGADO ... 632

TÍTULO IX. DETERMINACIÓN DEL IMPUESTO AL VALOR AGREGADO 636

TÍTULO X. RÉGIMEN DE TRIBUTACIÓN SIMPLIFICADA DE LOS PEQUEÑOS CONTRIBUYENTES 636

TÍTULO XI. IMPUESTOS ESPECIALES A LAS VENTAS Y SERVICIOS 637

TÍTULO XII. DE LOS VEHÍCULOS MOTORIZADOS 639

TÍTULO XIII. DE LA ADMINISTRACIÓN DEL IMPUESTO 640

TÍTULO XIV. DE LOS REGISTROS 644

TÍTULO XV. NORMAS SOBRE DECLARACIÓN Y PAGO 646

TÍTULO XVI. OTRAS DISPOSICIONES 649

TÍTULO XVII. DISPOSICIONES REGLAMENTARIAS SOBRE EL IMPUESTO ADICIONAL A LAS BEBIDAS ALCOHÓLICAS 649

LEY Nº 16.271 SOBRE IMPUESTO A LAS HERENCIAS, ASIGNACIONES Y DONACIONES, FIJADO POR EL ARTÍCULO 8 DEL D.F.L. Nº 1 DE 16.05.2000

TÍTULO I. DEL IMPUESTO A LAS ASIGNACIONES Y DONACIONES 657
Capítulo I. DEL IMPUESTO Y DE LA FORMA DE DETERMINAR EL MONTO IMPONIBLE 657
Capítulo II. DE LAS ASIGNACIONES Y DONACIONES EXENTAS DE IMPUESTOS 667
Capítulo III. DEL PAGO DEL IMPUESTO SOBRE LAS DONACIONES 669
Capítulo IV. DE LA POSESIÓN EFECTIVA 670
Capítulo V. DE LOS VALORES EN CUSTODIA Y EN DEPÓSITO 673
Capítulo VI. DE LA VALORACIÓN DE BIENES 675
Capítulo VII. DE LA DETERMINACIÓN DEFINITIVA DEL MONTO IMPONIBLE 678
Capítulo VIII. DEL PAGO DEL IMPUESTO Y DE LAS GARANTÍAS 678

TÍTULO II 682
Capítulo I. DE LAS INFRACCIONES A LA PRESENTE LEY Y DE SUS SANCIONES 682
Capítulo II. DEL PROCEDIMIENTO JUDICIAL 685
Capítulo III. DISPOSICIONES GENERALES 685
Capítulo IV. DISPOSICIONES TRANSITORIAS 686

LEY Nº 17.235 SOBRE IMPUESTO TERRITORIAL

TÍTULO I. DEL OBJETO DEL IMPUESTO 687

TÍTULO II. DE LAS EXENCIONES 689

TÍTULO III. DE LA TASACIÓN DE LOS BIENES RAÍCES 690

TÍTULO IV. DE LA TASA DEL IMPUESTO 694

TÍTULO V. DE LOS ROLES DE AVALÚOS Y DE CONTRIBUCIONES 699
Párrafo 1º De los reajustes semestrales 699
Párrafo 2º De las modificaciones de avalúos y de otros factores. 700
Párrafo 3º De los Roles de Contribuciones 703

TÍTULO VI. DE LOS OBLIGADOS AL PAGO DEL IMPUESTO 705

TÍTULO VII. DISPOSICIONES VARIAS 706

ARTÍCULOS TRANSITORIOS 707

CUADRO ANEXO. NÓMINA DE EXENCIONES AL IMPUESTO TERRITORIAL 710

DECRETO LEY Nº 3.475 SOBRE IMPUESTO DE TIMBRES Y ESTAMPILLAS

TÍTULO I. DE LOS DOCUMENTOS GRAVADOS 715

TÍTULO II. DE LA BASE IMPONIBLE 719

TÍTULO III. DEL SUJETO DEL IMPUESTO Y DE LOS RESPONSABLES DE SU PAGO 721

TÍTULO IV. DEL PAGO DEL IMPUESTO 723

TÍTULO V. DE LAS EXENCIONES 726

TÍTULO VI. DE LAS INFRACCIONES 731

TÍTULO VII. DISPOSICIONES GENERALES 732

PRÓLOGO

La ley 13.305 publicada el día 6 de abril de 1959, en su artículo 207 autorizaba al Presidente de la República para que, en el plazo de un año, procediera a: "11. Refundir en un Código Tributario las leyes de impuestos y contribuciones que estime pertinentes...". El Presidente Jorge Alessandri, en uso de esta delegación de facultades legislativas, elaboró el DFL 190 del Ministerio de Hacienda, publicado el día 5 de abril de 1960, que corresponde a nuestro primer Código Tributario, recordado por viejos tributaristas como el "código chico", en razón que solo sistematizó una parte de la legislación tributaria vigente. Específicamente, incorporó solo normas adjetivas, dejando fuera las regulaciones sustantivas, que correspondían a los distintos tributos, que se mantuvieron en leyes propias. Este texto normativo fue objeto de varias modificaciones, entre otras, las que lo adecuaba a los cambios introducidos por el nuevo Estatuto Orgánico del Servicio de Impuestos Internos (DFL 2 de 1963), que incorporó como parte de su orgánica a los Directores Regionales. El 31 de diciembre de 1974, el Decreto Ley 830, reemplazó el DFL 190. Este nuevo Código, en lo fundamental, no introdujo grandes modificaciones, manteniendo la estructura y normas existentes, a la fecha de derogación de la antigua legislación. Desde esa oportunidad el Código ha sido modificado en múltiples ocasiones.

Subyacen, como elementos estructurantes de las regulaciones de los primeros códigos; dos ideas: una, la contabilidad se perfecciona en documentos y libros y la otra, el contribuyente es un "súbdito"; nociones que, obviamente, están marcadas por el contexto histórico material y jurídico. La primera noción determinaba que, los deberes-obligaciones del contribuyente, se estructuraban en base a elaboración, cuidado y puesta a disposición de antecedentes documentales y, a la vez, las facultades fiscalizadoras, se organizaban en torno al examen de estos. La segunda, más sutil, concebía al contribuyente como un sujeto de deberes, con muy pocos derechos, y al ente fiscalizador como una entidad que, en el ejercicio de sus atribuciones de fiscalización y aplicación de los impuestos internos, poseía amplios grados de discrecionalidad, sin un mayor control de su actividad. Actualmente, en un nuevo contexto histórico material (los avances de las tecnologías, principalmente) junto al desarrollo y reconocimiento de los derechos fundamentales de las personas, afirmamos que esta forma de ejercer el poder se encuentra en franca retirada. El actual Código, especialmente desde la dictación de la ley 19.506 de 30 de julio de 1997 y con las modificaciones introducidas en septiembre de 2014 por la ley 20.780 y la ley 21.210, publicada el 24 de febrero del año 2020, da cuenta de estos cambios de paradigmas, transitando hacia una contabilidad en "aplicaciones informáticas o sistemas tecnológicos", acompañada de medios de fiscalización congruentes, es decir, que permitan el acceso y conexión a dichos sistemas. Junto a lo anterior, desde hace un tiempo se han introducido un conjunto de normas, como la ley 20.420 de febrero de 2010 y, especialmente la ley 21.210, que han formalizado la sustitución paulatina de reglas basadas en relaciones de poder, a las propias de un Estado Democrático de Derecho; en esta los contribuyentes y los órganos estatales, se subordinan a la ley, reconociéndose ambos como sujetos portadores de derechos, facultades, obligaciones y deberes y, en la cual, los entes públicos, tienen y ejercen atribuciones, en la medida en que la juridicidad lo autorice y en la forma que esta prescribe, incorporándose los medios procesales para reconocer y tutelar los derechos de los contribuyentes.

Normas icónicas que dan cuenta de los dos cambios paradigmáticos señalados son: por un lado, relativo a la contabilidad, el artículo 60 referido a los medios de fiscalización el que, en los códigos originales, era una regla breve, centrada en la facultad de examinar los libros y documentos contables, y que, actualmente, está compuesto por 5 artículos: 60 a 60 quinquies, textos extensos, que regulan una variedad de medios de fiscalización, dentro de los cuales permanece, como algo menor, el original de revisión y examen de libros y documentos, y consagrándose otros de carácter "tecnológicos", como es la revisión remota de los sistemas "contables tecnológicos". Por otro lado, sobre la nueva condición del contribuyente, el artículo 59 que, en su versión vigente, hasta el año 2010, solo limitaba la fiscalización a los plazos de prescripción, en estos días, junto al artículo 8 bis, regulan y visibilizan la existencia de un procedimiento de fiscalización, el que como tal, tiene inicio, plazos, término y consecuencias. Por último, también da cuenta del cambio de paradigma: de súbdito a sujeto de derecho, la incorporación de un real estatuto de derechos del contribuyente, introducido en esta última reforma del año 2020, principalmente por el artículo 8 bis del Código, que reemplazó una norma que contenía un estatuto de derechos más bien simbólico, que rigió desde el año 2010 a la actualidad.

Es este Código Tributario en transición, que seguramente mantendrá este carácter por un buen tiempo, hasta que se decida su sustitución por un texto nuevo, es que la Editorial Tirant lo Blanch pone a nuestra disposición. Esta publicación incorpora las últimas modificaciones introducidas hasta enero del año 2025 y adjunta un índice temático, con el fin de facilitar su utilización.

Finalmente agradecer a quienes cooperaron en la revisión de este texto: Catalina Ibáñez, Javiera Cerda y Pablo Magasich, todos ellos de Derecho PUCV.

Álvaro Magasich Airola

DECRETO LEY Nº 830
CÓDIGO TRIBUTARIO

Núm. 830.- Santiago, 27 de diciembre de 1974.- Vistos: lo dispuesto en los Decretos Leyes Nºs. 1 y 128, de 1973, y 527, de 1974, la Junta de Gobierno ha resuelto dictar el siguiente

---

DECRETO LEY:

Artículo 1°.- Apruébase el siguiente texto del Código Tributario:

TÍTULO PRELIMINAR

Párrafo 1°. Disposiciones generales

Artículo 1.- Las disposiciones de este Código se aplicarán exclusivamente a las materias de tributación fiscal interna que sean, según la ley, de la competencia del Servicio de Impuestos Internos.

Artículo 2.- En lo no previsto por este Código y demás leyes tributarias, se aplicarán las normas de derecho común contenidas en leyes generales o especiales.

Artículo 3.- En general, la ley que modifique una norma impositiva, establezca nuevos impuestos o suprima uno existente, regirá desde el día primero del mes siguiente al de su publicación. En consecuencia, sólo los hechos ocurridos a contar de dicha fecha estarán sujetos a la nueva disposición. Con todo, tratándose de normas sobre infracciones y sanciones, se aplicará la nueva ley a hechos ocurridos antes de su vigencia, cuando dicha ley exima tales hechos de toda pena o les aplique una menos rigurosa.

La ley que modifique la tasa de los impuestos anuales o los elementos que sirven para determinar la base de ellos, entrará en vigencia el día primero de Enero del año siguiente al de su publicación, y los impuestos que deban pagarse a contar de esa fecha quedarán afectos a la nueva ley.

La tasa del interés moratorio será la que se determine según la regla vigente al momento del pago de la deuda a que ellos accedan, cualquiera que fuere la fecha en que hubieren ocurrido los hechos gravados.

Artículo 4.- Las normas de este Código sólo rigen para la aplicación o interpretación del mismo y de las demás disposiciones legales relativas a las materias de tributación fiscal interna a que se refiere el artículo 1°, y de ellas no se podrán inferir, salvo disposición expresa en contrario, consecuencias para la aplicación, interpretación o validez de otros actos, contratos o leyes.

Artículo 4 bis.- Las obligaciones tributarias establecidas en las leyes que fijen los hechos imponibles, nacerán y se harán exigibles con arreglo a la naturaleza jurídica de los hechos, actos o negocios jurídicos realizados, cualquiera que sea la forma o denominación que los interesados le hubieran dado, y prescindiendo de los vicios o defectos que pudieran afectarles.

El Servicio deberá reconocer la buena fe de los contribuyentes. La buena fe en materia tributaria supone reconocer los efectos que se desprendan de los actos o negocios jurídicos o de un conjunto o serie de ellos, según la forma en que estos se hayan celebrado por los contribuyentes.

Existe elusión cuando mediante actos o negocios jurídicos o un conjunto de ellos, con abuso o simulación, se eluden los hechos imponibles establecidos en las disposiciones legales tributarias.

En los casos en que sea aplicable una norma especial para evitar la elusión, las consecuencias jurídicas se regirán por dicha disposición y no por los artículos 4° ter y 4° quáter. Serán aplicables los artículos 4° ter y 4° quáter cuando con abuso o simulación se evite una norma especial antielusiva, en cuyo caso, mediante el procedimiento establecido en el artículo 4° quinquies, se solicitará la aplicación de la norma especial eludida. Cuando respecto de un solo acto u operación le sea aplicable una norma especial, sólo podrá aplicarse dicha norma.

También serán aplicables los artículos 4° ter y 4° quáter cuando la elusión comprenda un conjunto o serie de actos o negocios jurídicos, aun cuando respecto de uno o más de ellos, individualmente considerados, pueda aplicarse una norma especial antielusiva. En estos casos las consecuencias jurídicas de la declaración de elusión se regirán por las disposiciones de los artículos 4° ter o 4° quáter, según corresponda.

Cuando respecto de un acto o negocio jurídico se hubiere aplicado una norma especial antielusiva, a dicho acto o negocio no podrán aplicársele los artículos 4° ter o 4° quáter. Tampoco a los actos o negocios jurídicos a los que se hubiere aplicado la norma general antielusión podrá aplicárseles una norma especial antielusiva.

La facultad de revisar los actos o negocios jurídicos por aplicación de los artículos 4° ter y 4° quáter y la interposición del requerimiento señalado en el artículo 4° quinquies prescribirá en el plazo de seis años, desde la expiración del plazo legal en que debió efectuarse el pago.

Corresponderá al Servicio probar la existencia de abuso o simulación en los términos de los artículos 4° ter y 4° quáter, respectivamente. Para la determinación del abuso o la simulación deberán seguirse los procedimientos establecidos en los artículos 4° quinquies y 160 bis.

Artículo 4 ter.- Los hechos imponibles contenidos en las leyes tributarias no podrán ser eludidos mediante el abuso de las formas jurídicas. Se entenderá que existe abuso en materia tributaria cuando se evite la realización del hecho gravado, o se disminuya la base imponible o la obligación tributaria, o se postergue o difiera el nacimiento de dicha obligación, se obtengan devoluciones, o se acceda a un beneficio tributario o régimen tributario especial, mediante actos o negocios jurídicos que, individualmente considerados o en su conjunto, no produzcan resultados o efectos jurídicos o económicos relevantes para el contribuyente o un tercero, que sean distintos de los meramente tributarios a que se refiere este inciso.

Es legítima la razonable opción de conductas y alternativas contempladas en la legislación tributaria. En consecuencia, no constituirá abuso la sola circunstancia que el mismo resultado económico o jurídico se pueda obtener con otro u otros actos jurídicos que derivarían en una mayor carga tributaria; o que el acto jurídico escogido, o conjunto de ellos, no genere efecto tributario alguno, o bien los genere de manera reducida o diferida en el tiempo o en menor cuantía, siempre que estos efectos sean consecuencia de la ley tributaria.

En caso de abuso se exigirá la obligación tributaria que emana de los hechos imponibles establecidos en la ley además de la multa establecida en el artículo 100 bis.

Artículo 4 quáter.- Habrá también elusión en los actos o negocios en los que exista simulación. En estos casos, los impuestos se aplicarán a los hechos efectivamente realizados por las partes, con independencia de los actos o negocios jurídicos simulados, además de la multa establecida en los términos del artículo 100 bis. Se entenderá que existe simulación, para efectos tributarios, cuando los actos o negocios jurídicos o un conjunto o serie de ellos disimulen la configuración del hecho gravado del impuesto o la naturaleza de los elementos constitutivos de la obligación tributaria, o su verdadero monto o data de nacimiento o se simulen actos o negocios jurídicos para acceder a un beneficio tributario o a un régimen tributario especial.

Artículo 4 quinquies.- La existencia de abuso o simulación será declarada a requerimiento del Director, previa recomendación del Comité Ejecutivo, por el Tribunal Tributario y Aduanero competente, de conformidad al procedimiento establecido en el artículo 160 bis.

El Servicio deberá citar al contribuyente en los términos del artículo 63, pudiendo solicitar todos los antecedentes que estime necesarios respecto a los actos o negocios jurídicos objeto de revisión en los términos del inciso segundo de dicho artículo, incluidos aquellos que sirvan para el establecimiento de la multa dispuesta en el artículo 100 bis. En la citación deberá constar que el procedimiento es bajo el presente artículo y si pudieran también ser aplicables una o más normas especiales antielusivas respecto de los mismos actos o negocios jurídicos objeto de revisión. El procedimiento de fiscalización será dirigido por el Departamento de Normas Generales Antielusión en coordinación con la Dirección Regional o Dirección de Grandes Contribuyentes, según corresponda.

Cuando el procedimiento de fiscalización se hubiere iniciado por una materia distinta a la indicada en el inciso anterior, procederá lo dispuesto en el inciso octavo del artículo 59. Asimismo, si en dicho procedimiento anterior ya se hubiese citado al contribuyente, dicha citación se conciliará, debiendo emitirse una nueva citación según lo dispuesto en el inciso cuarto del artículo 63. Finalizada la etapa de fiscalización, y dentro de los plazos de prescripción, el Departamento de Normas Generales Antielusión deberá elaborar un informe que contenga, al menos, los antecedentes analizados, los argumentos del contribuyente y los fundamentos para calificar los actos o negocios jurídicos, o un conjunto o serie de ellos, como constitutivos o no de elusión. El informe deberá ser firmado por los funcionarios a cargo de la fiscalización y por el jefe del Departamento. El informe podrá:

1. Dar cuenta de la existencia de elusión, según lo dispuesto en los artículos 4° ter o 4° quáter, y en la medida que los actos o negocios jurídicos o una serie de ellos hayan generado una reducción de la base imponible igual o superior a 1.000 unidades tributarias mensuales; o se haya accedido a un beneficio tributario; o se haya ingresado a un régimen tributario especial. En este caso, el informe será presentado al Comité Ejecutivo.

2. Recomendar la aplicación de una norma especial antielusiva, en cuyo caso se enviarán los antecedentes a la Dirección Regional respectiva o al área especializada de la Dirección Nacional, según corresponda, para que se resuelva el proceso de fiscalización y se determine la procedencia de aplicar una norma especial antielusiva y en su caso emitir las liquidaciones o resoluciones que correspondan. Para la procedencia de lo anterior será necesario haber citado al contribuyente dentro de los plazos establecidos en el artículo 59, aplicables a la norma especial invocada.

3. Establecer que no existe elusión, en cuyo caso se certificará el término del proceso de fiscalización en los términos del inciso cuarto del artículo 59.

Cuando proceda lo dispuesto en el número 1 del inciso anterior, el Comité Ejecutivo deberá, dentro del plazo de quince días desde recibido el informe:

a) Establecer la procedencia de la aplicación de los artículos 4° ter o 4° quáter, recomendando al Director la presentación del requerimiento ante el Tribunal Tributario y Aduanero competente.

b) Recomendar la aplicación de una norma especial o resolver que no existe elusión, en cuyo caso se procederá según los números 2 o 3 del inciso anterior, según corresponda.

Durante el tiempo transcurrido entre la fecha en que se presente el requerimiento de declaración de abuso o simulación ante el Tribunal Tributario y Aduanero competente, hasta la sentencia firme y ejecutoriada que la resuelva, se suspenderá el cómputo del plazo establecido en el inciso séptimo del artículo 4° bis.

En caso de que se establezca la existencia de abuso o simulación para fines tributarios, el Tribunal Tributario y Aduanero deberá así declararlo en la resolución que dicte al efecto, dejando en ella constancia de los actos jurídicos abusivos o simulados, de los antecedentes de hecho y de derecho en que funda dicha calificación, determinando en la misma resolución el monto del impuesto que resulte adeudado o el monto de la reducción o eliminación de una pérdida tributaria, según corresponda.

A partir de la resolución señalada en el inciso anterior, el Servicio procederá a dictar la liquidación o resolución según corresponda, en la que deberá incluir el reajuste, intereses y multas que proceda a partir de las diferencias de impuesto determinadas por el tribunal. Por su parte, una vez que la existencia de abuso o simulación se encuentre firme, se procederá a emitir los giros con prescindencia de las partidas o elementos de la liquidación que hayan sido desestimadas con ocasión de los recursos presentados por el contribuyente.

Artículo 5.- Se faculta al Presidente de la República para dictar normas que eviten la doble tributación internacional o que eliminen o disminuyan sus efectos.

Párrafo 2°. De la fiscalización y aplicación de las disposiciones tributarias

Artículo 6.- Corresponde al Servicio de Impuestos Internos el ejercicio de las atribuciones que le confiere su Estatuto Orgánico, el presente Código y las leyes y, en especial, la aplicación y fiscalización administrativa de las disposiciones tributarias.

Dentro de las facultades que las leyes confieren al Servicio, corresponde:

A. Al Director de Impuestos Internos:

1°. Interpretar administrativamente las disposiciones tributarias, fijar normas, impartir instrucciones y dictar órdenes para la aplicación y fiscalización de los impuestos.

Podrá, asimismo, disponer la consulta pública de proyectos de circulares, o instrucciones que estime pertinente, con el fin de que los contribuyentes o cualquier persona natural o jurídica opine sobre su contenido y efectos, o formule propuestas sobre los mismos. Con todo, las circulares e instrucciones que tengan por objeto interpretar con carácter general normas tributarias, o aquellas que modifiquen criterios interpretativos previos, deberán siempre ser consultadas.

Las opiniones que se manifiesten con ocasión de las consultas a que se refiere este numeral serán de carácter público y deberán ser enviadas al Servicio a través de los medios que disponga en su oficina virtual, disponible a través de la web institucional. Las precitadas respuestas no serán vinculantes ni estará el Director obligado a pronunciarse respecto de ellas.

2°. Absolver las consultas que sobre la aplicación e interpretación de las normas tributarias le formulen los funcionarios del Servicio, por conducto regular, o las autoridades y, en general, toda otra persona. Para este último caso, el Servicio, mediante resolución, regulará entre otras materias, el plazo en que debe pronunciarse, la forma en que se deberá presentar la consulta y su tramitación, contemplando un procedimiento que permita al consultante imponerse sobre el estado de la misma, a través del sitio web del Servicio, en el cual se publicarán, entre otras cuestiones, la fecha de presentación, un extracto de la materia consultada, los trámites intermedios con sus respectivas fechas y la respuesta a la consulta. Asimismo, el Servicio mantendrá un reporte actualizado y de carácter público en su sitio web, informando la fecha de presentación de las consultas formuladas, nombre o razón social y rol único tributario del peticionario, un extracto de la materia y su fecha de respuesta.

3º. Autorizar a los Subdirectores, Directores Regionales o a otros funcionarios para resolver determinadas materias o para hacer uso de algunas de sus atribuciones, actuando "por orden del Director".

4º. Ordenar la publicación o la notificación por avisos de cualquiera clase de resoluciones o disposiciones.

5º. Disponer la colocación de afiches, carteles y letreros alusivos a impuestos o a cumplimiento tributario, en locales y establecimientos de servicios públicos e industriales y comerciales. Será obligatorio para los contribuyentes su colocación y exhibición en el lugar que prudencialmente determine el Servicio.

6º. Mantener canje de informaciones con Servicios de Impuestos de otros países para los efectos de determinar la tributación que afecte a determinados contribuyentes. Este intercambio de informaciones deberá solicitarse a través del Ministerio que corresponda y deberá llevarse a cabo sobre la base de reciprocidad, quedando amparado por las normas relativas al secreto de las declaraciones tributarias.

7º. Conocer del recurso jerárquico, el que para efectos tributarios procederá en contra de lo resuelto en el recurso de reposición administrativa establecido en el artículo 123 bis y sólo podrá fundarse en la existencia de un vicio o error de derecho al aplicar las normas o instrucciones impartidas por el Director o de las leyes tributarias, cuando el vicio o error incida sustancialmente en la decisión recurrida. Desde la interposición del recurso jerárquico y hasta la notificación de la resolución que se pronuncie al respecto, se suspenderá el plazo para interponer el reclamo establecido en el artículo 124, salvo que su interposición se declare fundadamente como inadmisible por manifiesta falta de fundamento.

8º. Implementar, de acuerdo con las políticas que fije el Ministerio de Hacienda mediante decreto, todas las medidas tendientes a fomentar y promover el uso de documentos tributarios y el empleo de medios tecnológicos.

9º Dictar la resolución que establece los criterios generales para la proposición, negociación y aceptación de las bases de acuerdo, dentro del procedimiento de mediación a que se refiere el Párrafo IV del Título V de la ley orgánica de la Defensoría del Contribuyente. Asimismo, deberá promover la correcta coordinación entre dicho organismo y la subdirección a cargo de la asistencia del contribuyente.

10°. Fijar, oyendo previamente al Consejo Tributario, el plan de gestión de cumplimiento tributario.

11°. Dar cuenta ante la Comisión de Hacienda del Senado, de forma anual, respecto del plan de gestión de cumplimiento tributario, la evolución de la recaudación en los procesos de fiscalización y la información estadística sobre las causas ante los tribunales de justicia.

B. A los Directores Regionales en la jurisdicción de su territorio:

1°. Absolver las consultas sobre la aplicación e interpretación de las normas tributarias, las que serán tramitadas conforme a las mismas reglas a que se refiere el número 2, letra A, inciso segundo del presente artículo.

2°. Solicitar la aplicación de apremios y pedir su renovación, en los casos a que se refiere el Título I del Libro Segundo.

3°. Aplicar, rebajar, suspender o condonar las sanciones administrativas fijas o variables.

4°. Condonar total o parcialmente los intereses penales por la mora en el pago de los impuestos, en los casos expresamente autorizados por la ley ciñéndose estrictamente a las políticas de condonación fijadas conforme al artículo 207.

Sin embargo, la condonación de intereses o sanciones podrá ser total, si el Servicio incurriere en error al determinar un impuesto o cuando, dichos intereses o sanciones se hubieren originado por causa no imputable al contribuyente. Para rechazar la solicitud de condonación total en estos casos, el Director Regional deberá emitir una resolución en la que fundadamente señale las razones por las que se trata de una causa imputable al contribuyente.

5°. Resolver administrativamente todos los asuntos de carácter tributario que se promuevan, incluso corregir de oficio, en cualquier tiempo, los vicios o errores manifiestos en que se haya incurrido en las resoluciones, liquidaciones o giros de impuestos.

Sin embargo, el Director Regional no podrá resolver peticiones administrativas que contengan la misma causa de pedir y se funden en los mismos antecedentes presentados previamente por el contribuyente en sede jurisdiccional o administrativa.

El procedimiento, que se llevará en un expediente electrónico, deberá promover la solución de vicios o errores manifiestos y evitar dilaciones innecesarias, independientemente de si los vicios o errores fueron oportunamente alegados o no por el contribuyente.

Deberán recibirse todos los antecedentes que se acompañen durante la tramitación del procedimiento y darse audiencia al contribuyente para que diga lo propio a sus derechos.

El Servicio deberá resolver fundadamente dentro del plazo de sesenta días contados desde la presentación de la petición administrativa. De estimarlo necesario, el Servicio deberá requerir, por la vía más expedita, antecedentes adicionales que permitan resolver la petición administrativa.

La prueba rendida deberá apreciarse fundadamente y lo resuelto no será susceptible de recurso o reclamación.

6°. Disponer el cumplimiento administrativo de las sentencias dictadas por los Tribunales Tributarios y Aduaneros, que incidan en materias de su competencia. Cuando dichas sentencias sean dictadas en procesos de reclamación, la facultad de disponer el cumplimiento administrativo de las mismas comprende la potestad de girar las costas que en ellas se decreten cuando resulte vencido el contribuyente.

7°. Autorizar a otros funcionarios para resolver determinadas materias, aun las de su exclusiva competencia, o para hacer uso de las facultades que le confiere el Estatuto Orgánico del Servicio, actuando por "orden del Director Regional", y encargarles, de acuerdo con las leyes y reglamentos, el cumplimiento de otras funciones u obligaciones.

8°. Ordenar a petición de los contribuyentes que se imputen al pago de sus impuestos o contribuciones de cualquiera especie las cantidades que les deban ser devueltas por pagos en exceso de lo adeudado o no debido por ellos. La resolución que se dicte se remitirá a la Contraloría General de la República para su toma de razón.

9°. Disponer en las resoluciones que se dicten en conformidad a lo dispuesto en los números 5° y 6° de la presente letra, la devolución y pago de las sumas solucionadas indebidamente o en exceso a título de impuestos, reajustes, intereses, sanciones o costas. Estas resoluciones se remitirán a la Contraloría General de la República para su toma de razón.

10°. Ordenar la publicación o la notificación por avisos de cualquiera clase de resoluciones o disposiciones de orden general o particular.

11°. Llevar adelante procedimientos de fiscalización, revisión o de otro tipo, respecto de contribuyentes con domicilio en cualquier territorio jurisdiccional del país, los que podrán efectuarse a través de medios electrónicos o remotos, cuando sea instruido por el Director o Subdirector respectivo.

Sin perjuicio de estas facultades, el Director y los Directores Regionales tendrán también las que les confieren el presente Código, el Estatuto Orgánico del Servicio y las leyes vigentes.

Los Directores Regionales, en el ejercicio de sus funciones, deberán ajustarse a las normas e instrucciones impartidas por el Director.

C. Del Comité Ejecutivo:

El Comité Ejecutivo deberá aprobar por la mayoría absoluta de sus miembros:

1° La recomendación de aplicación de los artículos 4° bis, 4° ter y/o 4° quáter, previo informe del Departamento de Normas Generales Antielusión.

2° La aprobación de un acuerdo extrajudicial en los términos del artículo 132 ter.

3° La presentación de una denuncia o querella en los términos señalados en el artículo 162, cuando se refiera a montos que superen las 1.200 unidades tributarias anuales, sin considerar intereses, reajustes y multas.

4° La aprobación de la recompensa establecida en el artículo 100 quinquies.

5° Transacciones u operaciones, que, independiente de su monto, puedan tener impacto o califiquen como de interés institucional, considerando las características cualitativas de las transacciones y/o de los contribuyentes involucrados o por la transversalidad de la materia a nivel nacional. Para tal efecto, el Director dictará una resolución que establecerá los criterios que permitan definir un caso como relevante o de interés institucional.

6° La aprobación de la solicitud presentada por el contribuyente en virtud del artículo 100 sexies.

Las liquidaciones, resoluciones y los giros que procedan por aplicación de las materias señaladas anteriormente sólo podrán ser dictadas previo pronunciamiento favorable del Comité Ejecutivo.

Artículo 6 bis[1]**.-** Le corresponderá al Consejo Tributario pronunciarse respecto de las siguientes materias:

1° Las circulares que deban ser objeto de consulta pública obligatoria, según el párrafo segundo del numeral 1° de la letra A del artículo 6. Tales circulares sólo podrán ser sometidas a dicho trámite previa opinión del Consejo Tributario. Para tal efecto, el Director presentará al Consejo Tributario un borrador de circular, para que éste entregue por escrito su opinión jurídica, en el plazo de diez días hábiles, a fin de resguardar la observancia de dicho instrumento al principio de reserva legal en materia de tributos y que alguno de sus contenidos no sea contrario a la ley.

Cuando el Consejo Tributario estime que el proyecto de circular no se ajusta al principio de reserva legal o que alguno de sus contenidos es contrario a la ley, deberá representarlo fundadamente al Director, identificando aquellas partes de la circular que no se ajustan a dicho principio o al ordenamiento jurídico. Para representar el proyecto de circular se requerirá, a lo menos, el voto de tres de los Consejeros designados por el

---

1 El artículo primero transitorio de la ley 21.713 publicada el 24 de octubre de 2024 indica en su número 1 lo siguiente: "1. El nuevo artículo 6° bis, que incorpora el numeral 7 del artículo 1 de la presente ley, comenzará a regir una vez constituido el Consejo Tributario, según lo establecido en el artículo vigesimotercero transitorio". A su vez el artículo vigésimo segundo transitorio (no el vigésimo tercero) indica: " Artículo vigesimosegundo.- El Consejo Tributario incorporado en el artículo 6° bis del Código Tributario, contenido en el artículo 1° del decreto ley N° 830, de 1974, del Ministerio de Hacienda, y en el artículo 3° ter del artículo primero del decreto con fuerza de ley N° 7, de 1980, que fija el texto de la ley orgánica del Servicio de Impuestos Internos y adecúa disposiciones legales, se constituirá el primer día del séptimo mes siguiente al de la publicación de la presente ley, fecha en que entrarán en vigencia ambas disposiciones".

Ministro de Hacienda o, cuando un Consejero se hubiese inhabilitado, se requerirá el voto de al menos la mayoría absoluta de los Consejeros antes mencionados.

En caso de ser representado el proyecto de circular, el Director deberá responder por escrito al Consejo Tributario, ya sea insistiendo fundadamente y proporcionando los antecedentes que dan cuenta que la circular se ajusta al principio de reserva legal; proponiendo una nueva redacción de los elementos representados por el Consejo Tributario, o acogiendo la objeción, eliminándolos de la propuesta de circular.

Ante la respuesta del Director, el Consejo Tributario podrá manifestar su conformidad con la propuesta. Alternativamente, podrá rechazar la insistencia del Director o representar la nueva redacción, con la misma mayoría establecida en el párrafo segundo, en cuyo caso la circular sólo podrá ser publicada a consulta sin los elementos representados por el Consejo.

Dentro de los cinco días siguientes al pronunciamiento del Consejo, el Servicio procederá a publicar en consulta pública el borrador de circular, dejando constancia de haber cumplido con el procedimiento de consulta previa ante el Consejo Tributario al momento de la publicación de la misma.

Los Consejeros deberán guardar reserva de sus opiniones. El incumplimiento de esta obligación implicará la pérdida de su calidad como consejero y la inhabilidad para el ejercicio de cargos públicos por el plazo de cinco años.

2° El Director deberá presentar ante el Consejo Tributario el Plan de Gestión de Cumplimiento Tributario. El Consejo tendrá un plazo de veinte días para remitir su opinión y podrá requerir antecedentes adicionales al Director, quien deberá responder, por escrito, a la opinión del Consejo Tributario.

Al finalizar el primer semestre de cada año, el Director presentará un estado de avance del plan y revisará el avance del cumplimiento de las metas de recaudación respecto de las diferentes acciones contenidas en el mismo.

Previo a la publicación de los resultados anuales del Plan de Gestión de Cumplimiento Tributario, el Director presentará dichos resultados al Consejo Tributario; responderá a las consultas y recibirá las recomendaciones de los Consejeros.

Corresponderá al Consejo Tributario evaluar anualmente el Plan de Gestión de Cumplimiento Tributario y entregar recomendaciones para la elaboración de los planes futuros. Dicha evaluación deberá ser publicada en el sitio web institucional del Servicio de Impuestos Internos.

Artículo 7.- Si en el ejercicio de las facultades exclusivas de interpretación y aplicación de las leyes tributarias que tiene el Director, se originaren contiendas de competencia con otras autoridades, ellas serán resueltas por la Corte Suprema.

Igual norma se aplicará respecto de las funciones que en virtud de este Código y del Estatuto Orgánico del Servicio deben o pueden ser ejercidas por los Directores Regionales o por los funcionarios que actúen "por orden del Director" o "por orden del Director Regional", en su caso.

Párrafo 3°. De algunas definiciones

Artículo 8.- Para los fines del presente Código y demás leyes tributarias, salvo que de sus textos se desprenda un significado diverso, se entenderá:

1°.- Por "Director", el "Director de Impuestos Internos", y por "Director Regional", el "Director de la Dirección Regional del territorio jurisdiccional correspondiente".

2°.- Por "Dirección", la "Dirección Nacional de Impuestos Internos", y por "Dirección Regional", aquélla que corresponda al territorio jurisdiccional respectivo.

3°.- Por "Servicio", el Servicio de Impuestos Internos.

4°.- Por "Tesorería", el "Servicio de Tesorería General de la República".

5°.- Por "contribuyente", las personas naturales y jurídicas, o los administradores y tenedores de bienes ajenos afectados por impuestos.

6°.- Por "representante", los guardadores, mandatarios, administradores, interventores, síndicos, liquidadores y cualquiera persona natural o jurídica que obre por cuenta o en beneficio de otra persona natural o jurídica.

7º.- Por "persona", las personas naturales o jurídicas y los "representantes".

8º.- Por "residente", toda persona que permanezca en Chile, en forma ininterrumpida o no, por un período o períodos que en total excedan de 183 días, dentro de un lapso cualquiera de doce meses.

9º.- Por "sueldo vital", el que rija en la provincia de Santiago.

Para todos los efectos tributarios, los sueldos vitales mensuales o anuales, o sus porcentajes se expresarán en pesos, despreciándose las cifras inferiores a cincuenta centavos, y elevando las iguales o mayores a esta cifra al entero superior.

10º.- Por "unidad tributaria", la cantidad de dinero cuyo monto, determinado por ley y permanentemente actualizado, sirve como medida o como punto de referencia tributario; y por "unidad tributaria anual", aquélla vigente en el último mes del año comercial respectivo, multiplicada por doce o por el número de meses que comprenda el citado año comercial. Para los efectos de la aplicación de las sanciones expresadas en unidades tributarias, se entenderá por "unidad tributaria anual" aquella que resulte de multiplicar por doce la unidad tributaria mensual vigente al momento de aplicarse la sanción.

La unidad tributaria mensual o anual se expresará siempre en pesos, despreciándose las cifras inferiores a cincuenta centavos, y elevándose las iguales o mayores a esta suma al entero superior.

11º.- Por "índice de precios al consumidor", aquél fijado por el Instituto Nacional de Estadística.

12º.- Por "instrumentos de cambio internacional", el oro, la moneda extranjera, los efectos de comercio expresados en moneda extranjera, y todos aquellos instrumentos que, según las leyes, sirvan para efectuar operaciones de cambios internacionales.

13º.- Por transformación de sociedades, el cambio de especie o tipo social efectuado por reforma del contrato social o de los estatutos, subsistiendo la personalidad jurídica.

14°.- Por "Grupo Empresarial", el definido en el inciso segundo del artículo 96 de la ley N° 18.045 de Mercado de Valores.

Todo grupo empresarial deberá designar un apoderado de grupo empresarial, entendiéndose por tal a la persona natural que designe e informe un grupo empresarial para mantener las comunicaciones y coordinación con el Servicio, a efectos de llevar a cabo las medidas de colaboración a las que se refiere el artículo 33. Lo anterior es sin perjuicio del procedimiento de fiscalización establecido en el artículo 59 ter que se regirá por las reglas allí contenidas, en especial respecto del procedimiento para efectuar las notificaciones.

15°.- Por "sitio web" del Servicio, el dominio www.sii.cl.

16°.- Por "sitio personal", el medio electrónico que, previa identificación, le permite al contribuyente o al administrador de una entidad sin personalidad jurídica ingresar al sitio web del Servicio a través de una conexión segura, con el objeto de comunicarse con éste, efectuar trámites personales o tomar conocimiento de las actuaciones de aquel.

Dentro del sitio personal habrá una "carpeta tributaria electrónica" que contendrá una base de datos administrada por el Servicio, que recopilará, integrará y actualizará en conformidad a la ley la información relativa a la identidad tributaria y ciclo de existencia de un contribuyente o entidad sin personalidad jurídica.

Asimismo, en el sitio personal se alojarán los "expedientes electrónicos" que contendrán el registro electrónico de escritos, documentos, resoluciones, actas de audiencias y actuaciones de toda especie que se presenten o verifiquen en todos los procedimientos administrativos relacionados con la fiscalización y las actuaciones ante el Servicio. Tales antecedentes serán registrados y conservados íntegramente en orden sucesivo conforme a su fecha de presentación o verificación a través de cualquier medio que garantice su fidelidad, integridad y reproducción de su contenido. No obstante, el Servicio, de oficio o a petición del contribuyente, podrá excluir antecedentes calificados como voluminosos, debiendo en ese caso mantener un resumen o índice que permita identificar las actuaciones realizadas y los antecedentes presentados. En cualquier caso, el Servicio no exigirá al contribuyente la presentación de antecedentes que ya contenga el expediente electrónico. En caso que los documentos o escritos acompañados se encuentren en blanco, sin las menciones necesarias o no sean los exigidos por las normas legales, se tendrán por no presentados sin perjuicio de las sanciones que procedan por incumplir las referidas normas legales.

Una vez acompañados los escritos, documentos y demás actuaciones, será responsabilidad del Servicio velar por su almacenamiento, integridad y protección, evitando su pérdida o modificación posterior.

Los expedientes electrónicos podrán incluir antecedentes que correspondan a terceros, siempre que sean de carácter público o que no se vulneren los deberes de reserva o secreto establecidos por ley, salvo que dichos terceros o sus representantes expresamente lo hubieren autorizado.

Los funcionarios del Servicio que accedan o utilicen la información contenida en los expedientes electrónicos deberán cumplir con lo dispuesto en el artículo 35 de este Código y en la ley Nº 19.628 sobre Protección de la Vida Privada, así como con las demás leyes que establezcan la reserva o secreto de las actuaciones o antecedentes que obren en los expedientes electrónicos.

Los antecedentes que obren en los expedientes electrónicos podrán acompañarse en juicio en forma digital y tendrán valor probatorio conforme a las reglas generales.

17.- Salvo que alguna disposición legal establezca algo distinto, se entenderá por "relacionados":

a) El controlador y las controladas. Se considerará como controlador a toda persona o entidad o grupo de ellas con acuerdo explícito de actuación conjunta que, directamente o a través de otras personas o entidades, es dueña, usufructuaria o a cualquier otro título posee o tiene derecho a más del 50% de las acciones, derechos, cuotas, utilidades o ingresos, o derechos a voto en la junta de accionistas o de tenedores de cuotas de otra entidad, empresa o sociedad. Estas últimas se considerarán como controladas.

Para estos efectos, se entenderá que existe un acuerdo explícito de actuación conjunta cuando se verifique una convención entre dos o más personas o entidades que participan simultáneamente en la propiedad de la sociedad, directamente o a través de otras personas naturales o jurídicas controladas, mediante la cual se comprometen a participar con idéntico interés en la gestión de la sociedad u obtener el control de la misma.

b) Todas las entidades que se encuentren bajo un controlador común.

c) Las entidades y sus dueños, usufructuarios o contribuyentes que a cualquier otro título posean, directamente o a través de otras personas o entidades, más del 10% de las acciones, derechos, cuotas, utilidades o ingresos, o derechos a voto en la junta de accionistas o de tenedores de cuotas.

d) El gestor de un contrato de asociación u otro negocio de carácter fiduciario respecto de la asociación o negocio en que tiene derecho a más del 10% de las utilidades. Asimismo, los partícipes de un contrato de asociación u otro negocio de carácter fiduciario respecto de la asociación o negocio en que tengan derecho a más del 10% de las utilidades.

e) Las entidades relacionadas con una persona natural de acuerdo a los literales c) y d) anteriores, que no se encuentren bajo las hipótesis de las letras a) y b), se considerarán relacionadas entre sí.

f) Las matrices o coligantes y sus filiales o coligadas, en conformidad a las definiciones contenidas en la ley N° 18.046.

18.- Por "Sostenibilidad tributaria", al conjunto de medidas que un contribuyente implementa con el objeto de fomentar la cooperación mutua y transparencia en el cumplimiento de sus obligaciones tributarias.

Los contribuyentes podrán obtener una certificación anual que indique que sus operaciones y estrategias fiscales cumplen con la sostenibilidad tributaria. Esta certificación podrá ser emitida únicamente por aquellas empresas certificadoras independientes que se hayan inscrito previamente ante el Servicio en un registro creado para tales efectos, y acrediten que poseen la competencia para el desarrollo de estas funciones. El Servicio, mediante resolución, dictará las instrucciones necesarias al efecto.

Asimismo, el Servicio podrá firmar acuerdos de cooperación destinados a promover la sostenibilidad tributaria con dos o más empresas, los cuales producirán el mismo efecto que la certificación establecida en el párrafo anterior. El Servicio, mediante resolución, establecerá el contenido mínimo que deben contener estos acuerdos para considerar que contribuyen a la sostenibilidad tributaria.

El Servicio mantendrá un registro de transparencia tributaria que indique el nombre y rol único tributario de los contribuyentes que cuenten con la certificación o hayan celebrado acuerdos de cooperación de conformidad con este número.

Párrafo 4°. Derechos de los Contribuyentes

Artículo 8 bis.- Sin perjuicio de los derechos garantizados por la Constitución Política de la República y las leyes, constituyen derechos de los contribuyentes, los siguientes:

1° El ser informado sobre el ejercicio de sus derechos, el que se facilite el cumplimiento de sus obligaciones tributarias y a obtener información clara del sentido y alcance de todas las actuaciones en que tenga la calidad de interesado.

2° El ser atendido en forma cortés, diligente y oportuna, con el debido respeto y consideración.

3° Obtener en forma completa y oportuna las devoluciones a que tenga derecho conforme a las leyes tributarias, debidamente actualizadas.

4° Que las actuaciones del Servicio, constituyan o no actuaciones o procedimientos de fiscalización:

a) Indiquen con precisión las razones que motivan la actuación que corresponda. En efecto, toda actuación del Servicio deberá ser fundada, esto es, expresar los hechos, el derecho y el razonamiento lógico y jurídico para llegar a una conclusión, sea que la respectiva norma legal así lo disponga expresamente o no. Adicionalmente, deberán indicar de manera expresa el plazo dentro del cual debe ser concluida, en cuyo caso se aplicarán las reglas legales cuando existieran, y en ausencia de un plazo dispuesto por la ley, el Director mediante resolución dispondrá los plazos dentro de los cuales las actuaciones deberán ser finalizadas.

b) Se entregue información clara, sobre el alcance y contenido de la actuación.

c) Se informe la naturaleza y materia a revisar y el plazo para interponer alegaciones o recursos. Todo contribuyente tendrá derecho a que se certifique, previa solicitud, el plazo de prescripción que resulte aplicable.

d) Se informe a todo contribuyente, en cualquier momento y por un medio expedito, de su situación tributaria y el estado de tramitación de un procedimiento en que es parte.

e) Se admita la acreditación de los actos, contratos u operaciones celebrados en Chile o en el extranjero con los antecedentes que correspondan a la naturaleza jurídica de los mismos y al lugar donde fueron otorgados, sin que pueda solicitarse la acreditación de actos o contratos exigiendo formalidades o solemnidades que no estén establecidas en la ley. Sin perjuicio de lo anterior el Servicio, en los casos que así lo determine, podrá exigir que los documentos se acompañen traducidos al español o apostillados.

f) Se notifique, al término de la actuación de que se trate, certificándose que no existen gestiones pendientes respecto de la materia y por el período revisado o que se haya fiscalizado.

5° Que el Servicio no vuelva a iniciar un nuevo procedimiento de fiscalización, respecto de los mismos hechos o impuestos, en los términos del artículo 59.

6° El ser informado acerca de los funcionarios del Servicio bajo cuya responsabilidad se tramitan los procesos en que tenga la condición de interesado. Lo anterior no será aplicable respecto de las materias tratadas en el artículo 161 número 10. Asimismo, el derecho a ser informado, si ha sido objeto de una solicitud de intercambio de información, siempre que no implique un eventual incumplimiento de obligaciones tributarias, pudiendo en todo caso acceder a ella.

7° Obtener copias en formato electrónico, o certificaciones de las actuaciones realizadas o de los documentos presentados en los procedimientos, en los términos previstos en la ley.

8° Eximirse de aportar documentos que no correspondan al procedimiento o que ya se encuentren acompañados al Servicio y a obtener, una vez finalizado el procedimiento respectivo, la devolución de los documentos originales aportados. El Servicio deberá apreciar fundadamente toda prueba o antecedentes que se le presenten.

9° Que en los actos de fiscalización se respete la vida privada y se protejan los datos personales en conformidad con la ley; y que las declaraciones impositivas, salvo los casos de excepción legal, tengan carácter reservado, en los términos previstos por este Código.

10° Que las actuaciones del Servicio se lleven a cabo sin dilaciones, requerimientos o esperas innecesarias, y en la forma menos costosa para el contribuyente, certificada que sea, por parte del funcionario a cargo, la recepción de todos los antecedentes solicitados y en cuanto no signifique el incumplimiento de las disposiciones tributarias. Lo anterior es sin perjuicio del derecho que asiste al Servicio de solicitar nuevos antecedentes si así resulta necesario en un procedimiento de fiscalización.

11°. Ejercer los recursos e iniciar los procedimientos que correspondan, personalmente o representados; a formular alegaciones y presentar antecedentes dentro de los plazos previstos en la ley y que tales antecedentes sean incorporados al procedimiento de que se trate y debidamente considerados por el funcionario competente.

12°. Plantear, en forma respetuosa y conveniente, sugerencias y quejas sobre las actuaciones del Servicio en que tenga interés o que le afecten.

13°. Tener certeza de que los efectos tributarios de sus actos o contratos son aquellos previstos por la ley, sin perjuicio del ejercicio de las facultades de fiscalización que corresponda de acuerdo con la ley. Al respecto, el Servicio deberá publicar en su sitio web los oficios, resoluciones y circulares, salvo aquellos que sean reservados en conformidad con la ley. Asimismo, el Servicio deberá mantener un registro actualizado de los criterios interpretativos emitidos por el Director en ejercicio de sus facultades interpretativas o por los Directores Regionales en el ejercicio de la facultad establecida en el artículo 6, letra B N° 1, y de la jurisprudencia judicial en materia tributaria.

14°. Que las actuaciones del Servicio no afecten el normal desarrollo de las operaciones o actividades económicas, salvo en los casos previstos por la ley. En el caso que se tomen medidas de esta naturaleza por el Servicio, como la prevista en el artículo 8 ter, el contribuyente tendrá derecho a que se le notifiquen previamente las razones que fundamentaron tales medidas.

15°. El ser notificado de cualquier restricción de informar los actos y modificaciones a que aluden los artículos 68 y 69, u otras acciones que afecten el ciclo de vida del contribuyente, la posibilidad de informar modificaciones de otra índole o realizar cualquier clase de actuaciones ante el Servicio.

16°. El ser informado de toda clase de anotaciones que le practique el Servicio. Asimismo, el Servicio deberá informar en el sitio personal del contribuyente todas las actuaciones, requerimientos o interacciones que éste registre con el Servicio de manera actualizada, para efectos de su conocimiento y seguimiento.

17°. Llevar a cabo las rectificaciones que sean necesarias, salvo en los casos establecidos en la ley y sin perjuicio de las sanciones que correspondan conforme a la ley.

18°. Que, para todos los efectos legales y cualquiera sea el caso, se respeten los plazos de prescripción o caducidad tributaria establecidos en la ley.

19°. Que se presuma que el contribuyente actúa de buena fe.

20°. Que el Servicio mantenga dentro de sus dependencias instalaciones que permitan comparecer a las actuaciones de forma remota y el aporte de documentos o antecedentes de forma digital o física. Asimismo, deberá facilitar el cumplimiento de las obligaciones de forma electrónica para aquellos contribuyentes que carezcan de los medios tecnológicos necesarios para tales fines, no tengan acceso a medios electrónicos o sólo actuaren excepcionalmente a través de ellos.

El contribuyente podrá presentar un recurso de resguardo al considerar vulnerados sus derechos producto de un acto u omisión del Servicio, ante el competente Director Regional o ante el Director en su caso, si la actuación es realizada por el Director Regional, dentro de décimo día contado desde su ocurrencia, debiendo recibirse todos los antecedentes que el contribuyente acompañe a la presentación para fundar el acto u omisión que origina dicho recurso. Recibido el recurso de resguardo, este deberá resolverse fundadamente dentro de quinto día, ordenando se adopten las medidas que corresponda. Toda prueba que sea rendida deberá apreciarse fundadamente.

De lo resuelto por el Director Regional o el Director, en su caso, se podrá reclamar ante el Juez Tributario y Aduanero, conforme al procedimiento del Párrafo 2° del Título III del Libro Tercero de este Código.

Sin perjuicio de lo anterior, alternativamente los contribuyentes podrán reclamar en forma directa en contra de actos u omisiones del Servicio que vulneren cualquiera de los derechos establecidos en este artículo ante el Juez Tributario y Aduanero, conforme al procedimiento del párrafo 2° del Título III del Libro Tercero de este Código.

El Servicio deberá tomar las medidas necesarias para que los funcionarios actúen en conocimiento y cabal respeto de los derechos del contribuyente.

En toda dependencia del Servicio deberá exhibirse, en un lugar destacado y claramente visible al público, un cartel en el cual se consignen los derechos de los contribuyentes expresados en la enumeración contenida en el inciso primero. Asimismo, deberán exhibirse en un lugar visible en el sitio web del Servicio.

Artículo 8 ter.- Los contribuyentes tendrán derecho a que se les autoricen los documentos tributarios que sean necesarios para el desarrollo de su giro o actividad.

En el caso de los contribuyentes que por primera vez deben emitir dichos documentos, la autorización procederá previa entrega de una declaración jurada simple sobre la existencia de su domicilio y la efectividad de las instalaciones que, de acuerdo a la naturaleza de las actividades o giro declarado por el contribuyente, permitan el desarrollo de los mismos, efectuada en la forma y por los medios que disponga el Servicio. Lo anterior es sin perjuicio del ejercicio de las facultades de fiscalización del Servicio.

Las autorizaciones otorgadas conforme a este artículo podrán ser diferidas, revocadas o restringidas por la Dirección Regional, mediante resolución fundada a contribuyentes que se encuentren en algunas de las situaciones a que se refieren las letras b), c) y d) del artículo 59 bis, y sólo mientras subsistan las razones que fundamentan tales medidas, y a contribuyentes respecto a los cuales se haya dispuesto un cambio total de sujeto de acuerdo a lo dispuesto en el artículo 3° del decreto ley N° 825, de 1974.

La presentación maliciosa de la declaración jurada simple a que se refiere el inciso segundo, conteniendo datos o antecedentes falsos, configurará la infracción prevista en el inciso primero del número 23 del artículo 97 y se sancionará con la pena allí asignada, la que se podrá aumentar hasta un grado atendida la gravedad de la conducta desplegada, y multa de hasta 10 unidades tributarias anuales.

Artículo 8 quáter.- El Servicio publicará y mantendrá actualizada y a disposición del contribuyente en su sitio personal, la información referida a la adopción y vigencia de cualquiera de las medidas a que se refiere el artículo anterior. En caso que el Servicio no publique y mantenga dicha información en estos términos, no procederá que se difiera, revoque o restrinja las autorizaciones establecidas en el artículo precedente.

LIBRO PRIMERO
DE LA ADMINISTRACIÓN, FISCALIZACIÓN Y PAGO

TÍTULO I
NORMAS GENERALES

Párrafo 1°. De la comparecencia, actuaciones y notificaciones

Artículo 9[2]**.-** Toda persona natural o jurídica que actúe por cuenta de un contribuyente, deberá acreditar su representación. El mandato no tendrá otra formalidad que la de constar por escrito.

El Servicio aceptará la representación sin que se acompañe o pruebe el título correspondiente, pero podrá exigir la ratificación del representado

---

2 Dispone el artículo 3° transitorio de la ley 21713 publicada el día 24 de octubre de 2024, que esta norma entra en vigencia el 1 de mayo de 2025. La norma que regirá hasta el último día de abril del 2025 es el siguiente: "**Artículo 9.-** Toda persona natural o jurídica que actúe por cuenta de un contribuyente, deberá acreditar su representación. El mandato no tendrá otra formalidad que la de constar por escrito. El Servicio aceptará la representación sin que se acompañe o pruebe el título correspondiente, pero podrá exigir la ratificación del representado o la prueba del vínculo dentro del plazo de diez días, bajo apercibimiento de tener por no presentada la solicitud o por no practicada la actuación correspondiente. La persona que actúe ante el Servicio como administrador, representante o mandatario del contribuyente, se entenderá autorizada para ser notificada a nombre de éste mientras no haya constancia de la extinción del título de la representación mediante aviso dado conforme con el artículo 68.

En todo caso, un representante o mandatario podrá comunicar al Servicio, por escrito en la Oficina del Servicio que corresponda a su domicilio o en los lugares habilitados que determine el Servicio mediante resolución, que se ha extinguido el mandato o sus facultades de representación, lo que deberá ser registrado por el Servicio de manera tal que no se entenderá válida la notificación efectuada a dicho mandatario o representante. El mandatario deberá acompañar los documentos que acrediten el término del mandato si los hubiere, o bien, una declaración simple del mandatario dando cuenta del término del mandato. Luego de la referida comunicación, el Servicio realizará las notificaciones que procedan conforme con el artículo 13 o 14, según corresponda" o la prueba del vínculo dentro del plazo de diez días, bajo apercibimiento de tener por no presentada la solicitud o por no practicada la actuación correspondiente.

Asimismo, los contribuyentes podrán conferir mandato a una o más personas naturales para realizar trámites de carácter tributario en su nombre en el sitio web del Servicio. Éstas deberán autenticarse con su propio rol único tributario y clave tributaria. Los mandatarios establecidos bajo esta modalidad y los representantes legales informados ante el Servicio, de conformidad al artículo 68 del Código Tributario, se entenderán facultados para actuar en todo procedimiento administrativo electrónico ante el Servicio y el Servicio de Tesorerías, y se entenderá que éstos tienen todas las facultades necesarias para la consecución del acto administrativo.

La persona que actúe ante el Servicio como administrador, representante o mandatario del contribuyente, se entenderá autorizada para ser notificada a nombre de éste mientras no haya constancia de la extinción del título de la representación mediante aviso dado conforme con el artículo 68.

En todo caso, un representante o mandatario podrá comunicar al Servicio, por escrito en la Oficina del Servicio que corresponda a su domicilio o en los lugares habilitados que determine el Servicio mediante resolución, que se ha extinguido el mandato o sus facultades de representación, sea por revocación o renuncia, lo que deberá ser registrado por el Servicio de manera tal que no se entenderá válida la notificación efectuada a dicho mandatario o representante. El mandatario deberá acompañar los documentos que acrediten el término del mandato si los hubiere, o bien, una declaración simple del mandatario dando cuenta del término del mandato. Luego de la referida comunicación, el Servicio realizará las notificaciones que procedan conforme con las reglas generales

Sin perjuicio de lo dispuesto en el inciso anterior, si con ocasión de la revocación o renuncia un contribuyente queda sin representante o mandatario para realizar notificaciones, éstas se realizarán en virtud del artículo 11 ter hasta que el contribuyente nombre a un nuevo representante o mandatario.

Artículo 10.- Las actuaciones del Servicio deberán practicarse en días y horas hábiles, a menos que por la naturaleza de los actos fiscalizados deban realizarse en días u horas inhábiles. Para los fines de lo dispuesto en este inciso, se entenderá que son días hábiles los no feriados y horas hábiles, las que median entre las ocho y las veinte horas.

Salvo los plazos establecidos para procedimientos judiciales o por disposición legal en contrario, todos los plazos de días establecidos en este Código y demás leyes tributarias de competencia del Servicio son de días hábiles, entendiéndose que son inhábiles los días sábado, domingo y festivos.

Los plazos se computarán desde el día siguiente a aquél en que se notifique o publique el acto de que se trate o se produzca su estimación o su desestimación en virtud del silencio administrativo. Si en el mes de vencimiento no hubiere equivalente al día del mes en que comienza el cómputo, se entenderá que el plazo expira el último día de aquel mes.

Cuando el último día de un plazo de mes o de año sea inhábil, éste se entenderá prorrogado al primer día hábil siguiente.

Las presentaciones que deba hacer el contribuyente, que pendan de un plazo fatal, podrán ser entregadas hasta las 24 horas del último día del plazo respectivo en el domicilio de un funcionario habilitado especialmente al efecto. Para tales fines, los domicilios se encontrarán expuestos al público en un sitio destacado de cada oficina institucional.

Artículo 11.- Las notificaciones que el Servicio deba practicar se realizarán por correo electrónico, a la dirección que el contribuyente haya señalado y que conste en el sitio personal del contribuyente. No procederá esta forma de notificación cuando el contribuyente no haya informado un correo electrónico o cuando una disposición legal ordene una forma distinta de notificación. Tampoco será aplicable la notificación por correo electrónico respecto de contribuyentes que carezcan de los medios tecnológicos, no tengan acceso a medios electrónicos o sólo actúan excepcionalmente a través de ellos, cuando presenten una solicitud ante el Servicio con los antecedentes que acrediten que se encuentran en alguna de estas situaciones, la que deberá ser resuelta dentro del plazo de treinta días desde su presentación.

Quienes no hayan registrado un correo electrónico ante el Servicio, se encuentren en alguna de las situaciones señaladas en el inciso primero o estén domiciliados en zonas o comunas donde existe baja o nula conectividad, deberán ser notificados personalmente, por cédula o por carta certificada dirigida al domicilio del interesado, salvo que una disposición legal expresa ordene una forma específica de notificación.

Cuando, por disposición legal, no proceda la notificación mediante correo electrónico conforme al inciso primero, el Servicio igualmente deberá remitir copia de aquélla al correo electrónico del contribuyente que conste en sus registros o comunicársela mediante otros medios electrónicos. En dichos casos, el envío de esta copia sólo constituirá un aviso y no una notificación, por lo que la omisión o cualquier defecto contenido en el aviso por correo electrónico no viciará la notificación, sin que pueda el Servicio, salvo disposición legal en contrario, estimarla como una forma de notificación válida.

En los casos que la notificación deba ser realizada por carta certificada, ésta podrá ser entregada por el funcionario o trabajador de las empresas de correos que realice la gestión, en el domicilio del notificado, a cualquier persona adulta que se encuentre en él, la que deberá firmar el recibo respectivo.

No obstante, si existe domicilio postal, la carta certificada deberá ser remitida a la casilla o apartado postal o a la oficina de correos que el contribuyente haya fijado como tal. En este caso, el funcionario de correos deberá entregar la carta al interesado o a la persona a la cual éste haya conferido poder para retirar su correspondencia, debiendo estas personas firmar el recibo correspondiente.

Si el funcionario de correos no encontrare en el domicilio al notificado o a otra persona adulta o éstos se negaren a recibir la carta certificada o a firmar el recibo, o no retiraren la remitida en la forma señalada en el inciso anterior dentro del plazo de 15 días, contados desde su envío, se dejará constancia de este hecho en la carta y se devolverá al Servicio, aumentándose o renovándose por este hecho los plazos del artículo 200 en tres meses, contados desde la recepción de la carta devuelta.

En las notificaciones por carta certificada, los plazos empezarán a correr tres días después de su envío.

Las resoluciones que modifiquen los avalúos y/o contribuciones de bienes raíces serán notificadas por correo electrónico o a falta de éste mediante el envío de un aviso postal simple dirigido a la propiedad afectada o al domicilio que para estos efectos el propietario haya registrado en el Servicio y, a falta de éste, al domicilio del propietario que figure registrado en el Servicio. Estos avisos podrán ser confeccionados por medios mecánicos y carecer de timbres y firmas[3].

---

[3] Dispone el artículo 3° transitorio de la ley 21713 publicada el día 24 de octubre de 2024, que esta norma entra en vigencia el 1 de mayo de 2025. La norma que regirá hasta el último día de abril del 2025 es el siguiente: "**Artículo 11.-** Toda notificación que el Servicio deba practicar se hará personalmente, por cédula o por carta certificada dirigida al domicilio del interesado, salvo que una disposición legal expresa ordene una forma específica de notificación o el contribuyente solicite expresamente o acepte ser notificado por correo electrónico u otro medio electrónico establecido por la ley, en cuyo caso el Servicio deberá informarle al contribuyente claramente los efectos de su aceptación, indicando expresamente que es voluntario informar el correo electrónico al Servicio y aceptar notificaciones por esa vía.

Independientemente de la forma en que deba efectuarse la notificación, y salvo que corresponda practicarla por correo electrónico, el Servicio deberá además remitir copia de la misma al correo electrónico del contribuyente que conste en sus registros o comunicársela mediante otros medios electrónicos. El envío de esta copia sólo constituirá un aviso y no una notificación por lo que la omisión o cualquier defecto contenido en el aviso por correo electrónico no viciará la notificación, sin que pueda el Servicio, salvo disposición legal en contrario, estimarla como una forma de notificación válida.

La carta certificada mencionada en el inciso primero podrá ser entregada por el funcionario de Correos que corresponda, en el domicilio del notificado, a cualquiera persona adulta que se encuentre en él, debiendo ésta firmar el recibo respectivo. No obstante, si existe domicilio postal, la carta certificada deberá ser remitida a la casilla o apartado postal o a la oficina de correos que el contribuyente haya fijado como tal. En este caso, el funcionario de correos deberá entregar la carta al interesado o a la persona a la cual éste haya conferido poder para retirar su correspondencia, debiendo estas personas firmar el recibo correspondiente.

Si el funcionario de correos no encontrare en el domicilio al notificado o a otra persona adulta o éstos se negaren a recibir la carta certificada o a firmar el recibo,

Artículo 11 bis.- Las notificaciones por correo electrónico podrán efectuarse en días y horas inhábiles, entendiéndose efectuadas para estos efectos en la fecha del envío del mismo, certificada por un ministro de fe.

El correo contendrá una trascripción de la actuación del Servicio, incluyendo los datos necesarios para su acertada inteligencia y será remitido a la dirección electrónica que indique el contribuyente en su sitio personal, quien deberá mantenerla actualizada, informando sus modificaciones al Servicio conforme al artículo 68. La referida modificación producirá sus efectos al día hábil siguiente a aquel en que sea informada al Servicio. Cualquier circunstancia ajena al Servicio por la que el contribuyente no reciba el correo electrónico, no anulará la notificación salvo que el contribuyente acredite que no recibió la notificación por caso fortuito o fuerza mayor.

El Servicio, además, mantendrá a disposición del contribuyente en su sitio personal, una imagen digital de la notificación y actuación realizadas.

Artículo 11 ter.- Excepcionalmente, sólo en los casos expresamente establecidos en la ley o cuando se trate de resoluciones o disposiciones de cualquier clase y de carácter general, el Servicio podrá efectuar determinadas notificaciones mediante su publicación en el sitio personal del contribuyente. Salvo los casos señalados en el inciso cuarto del artículo 13, para que proceda esta notificación se requerirá autorización expresa

---

o no retiraren la remitida en la forma señalada en el inciso anterior dentro del plazo de 15 días, contados desde su envío, se dejará constancia de este hecho en la carta, bajo la firma del funcionario y la del Jefe de la Oficina de Correos que corresponda y se devolverá al Servicio, aumentándose o renovándose por este hecho los plazos del artículo 200 en tres meses, contados desde la recepción de la carta devuelta.

En las notificaciones por carta certificada, los plazos empezarán a correr tres días después de su envío.

Las resoluciones que modifiquen los avalúos y/o contribuciones de bienes raíces podrán ser notificadas mediante el envío de un aviso postal simple dirigido a la propiedad afectada o al domicilio que para estos efectos el propietario haya registrado en el Servicio y, a falta de éste, al domicilio del propietario que figure registrado en el Servicio. Estos avisos podrán ser confeccionados por medios mecánicos y carecer de timbres y firmas."

del contribuyente, quien podrá dejarla sin efecto en cualquier momento, indicando un domicilio o dirección válida de correo electrónico para posteriores notificaciones. El Servicio deberá adoptar los resguardos necesarios para que el contribuyente acepte de modo informado este tipo de notificación y sus consecuencias.

Esta notificación se practicará mediante la publicación de una transcripción íntegra de la resolución, diligencia o actuación del Servicio, incluyendo los datos necesarios para su acertada inteligencia en el sitio personal del contribuyente, donde quedará registrada cronológicamente por año, día y hora. La mera falta de ingreso del contribuyente a su sitio personal no afectará la validez de la notificación efectuada de conformidad con lo dispuesto en este artículo.

Artículo 12.- En los casos en que una notificación deba hacerse por cédula, ésta deberá contener copia íntegra de la resolución o actuación de que se trata, con los datos necesarios para su acertada inteligencia. Será entregada por el funcionario del Servicio que corresponda, en el domicilio del notificado, a cualquiera persona adulta que se encuentre en él, y si no hubiere persona adulta que la reciba, se dejará la cédula en ese domicilio.

La notificación personal se hará entregando personalmente al notificado copia íntegra de la resolución o del documento que debe ser puesto en su conocimiento, en cualquier lugar donde éste se encuentre o fuere habido.

La notificación se hará constar por escrito por el funcionario encargado de la diligencia, con indicación del día, hora y lugar en que se haya practicado, y de la persona a quien se hubiere entregado la cédula, copia o documento correspondiente, o de la circunstancia de no haber encontrado a persona adulta que la recibiere. En este último caso, se enviará aviso al notificado el mismo día, mediante carta certificada, pero la omisión o extravío de dicha carta no anulará la notificación.

Artículo 13.- Para los efectos de las notificaciones, se tendrá como domicilio el que indique el contribuyente en su declaración de iniciación de actividades o el que indique el interesado en su presentación o actuación de que se trate o el que conste en la última declaración de impuesto respectiva.

El contribuyente podrá fijar también un domicilio postal para ser notificado por carta certificada, señalando la casilla o apartado postal u oficina de correos donde debe remitírsele la carta certificada.

A falta de los domicilios señalados en los incisos anteriores, las notificaciones por cédula o por carta certificada podrán practicarse en la habitación del contribuyente o de su representante o en los lugares en que éstos ejerzan su actividad.

El Servicio podrá notificar a través de su página web al contribuyente que no concurra o no fuere habido en el domicilio o domicilios declarados, cuando, en un mismo proceso de fiscalización, se hayan efectuado al menos dos intentos de notificación sin resultado, hecho que certificará el ministro de fe correspondiente. Para estos efectos, entre un intento de notificación y otro deben transcurrir al menos quince días corridos. En estos casos, la notificación se hará a través del sitio personal del contribuyente disponible en la página web del Servicio y comprenderá una imagen digital de la notificación y actuación respectivas. El Jefe de oficina dispondrá además, mediante resolución, la publicación de un resumen de la actuación por contribuyente o grupos de ellos. Un extracto de la resolución se publicará en un diario de circulación nacional y en formato de papel, indicando el rol único tributario del contribuyente respectivo, su nombre o razón social, el tipo y folio de actuación realizada, y el folio y fecha de la notificación electrónica. En ningún caso se indicarán valores o partidas revisadas. También se publicará en la página web del Servicio la referida resolución o un extracto de ella cuando comprenda a grupos de contribuyentes.

Artículo 14.- Según corresponda al tipo de entidad, el gerente, administrador o presidente de dichas entidades con o sin personalidad jurídica, en cuanto haya sido debidamente informado al Servicio conforme con el artículo 68, se entenderá autorizado para ser notificado a nombre de ellas, no obstante cualquiera limitación establecida en sus estatutos, actos constitutivos o fundacionales.

Artículo 15.- Las notificaciones por avisos y las resoluciones o los avisos, relativos a actuaciones de carácter general que deban publicarse, se insertarán por una vez en el Diario Oficial, pudiendo disponer el Director, Subdirectores o Directores Regionales su publicación en extracto.

Párrafo 2°. De algunas normas contables

Artículo 16.- En los casos en que la ley exija llevar contabilidad, los contribuyentes deberán ajustar los sistemas de ésta y los de confección de inventarios a prácticas contables adecuadas, que reflejen claramente el movimiento y resultado de sus negocios.

Cuando sea necesario practicar un nuevo inventario para determinar la renta de un contribuyente, el Director Regional dispondrá que se efectúe de acuerdo a las exigencias que él mismo determine, tendientes a reflejar la verdadera renta bruta o líquida.

Salvo disposición expresa en contrario, los ingresos y rentas tributables serán determinados según el sistema contable que haya servido regularmente al contribuyente para computar su renta de acuerdo con sus libros de contabilidad.

Sin embargo, si el contribuyente no hubiere seguido un sistema contable generalmente reconocido o si el sistema adoptado no refleja adecuadamente sus ingresos o su renta tributables, ellos serán determinados de acuerdo con un sistema que refleje claramente la renta líquida, incluyendo la distribución y asignación de ingresos, rentas, deducciones y rebajas del comercio, la industria o los negocios que se posean o controlen por el contribuyente.

No obstante el contribuyente que explote más de un negocio, comercio o industria, de diversa naturaleza, al calcular su renta líquida podrá usar diferentes sistemas de contabilidad para cada uno de tales negocios, comercios o industrias.

No es permitido a los contribuyentes cambiar el sistema de su contabilidad, que haya servido de base para el cálculo de su renta de acuerdo con sus libros, sin aprobación del Director Regional.

Los balances deberán comprender un período de doce meses, salvo en los casos de término de giro, del primer ejercicio del contribuyente o de aquel en que opere por primera vez la autorización de cambio de fecha del balance.

Los balances deberán practicarse al 31 de Diciembre de cada año. Sin embargo, el Director Regional, a su juicio exclusivo, podrá autorizar en casos particulares que el balance se practique al 30 de Junio.

Sin perjuicio de las normas sobre imputación de rentas, el monto de un ingreso o de cualquier rubro de la renta deberá ser contabilizado en el año en que se devengue.

El monto de toda deducción o rebaja permitida u otorgada por la ley deberá ser deducido en el año en que corresponda, de acuerdo con el sistema de contabilidad seguido por el contribuyente para computar su renta líquida.

El Director Regional dispondrá, a su juicio exclusivo, la aplicación de las normas a que se refiere este artículo.

Artículo 17.- Toda persona que deba acreditar la renta efectiva, lo hará mediante contabilidad fidedigna, salvo norma en contrario.

Los libros de contabilidad deberán ser llevados en lengua castellana y sus valores expresarse en la forma señalada en el artículo 18, debiendo ser conservados por los contribuyentes, junto con la documentación correspondiente, mientras esté pendiente el plazo que tiene el Servicio para la revisión de las declaraciones. Esta obligación se entiende sin perjuicio del derecho de los contribuyentes de llevar contabilidad en moneda extranjera para otros fines.

El Director determinará las medidas de control a que deberán sujetarse los libros de contabilidad y las hojas sueltas que los sustituyan en los casos contemplados en el inciso siguiente.

El Director Regional podrá autorizar la sustitución de los libros de contabilidad y sus registros auxiliares por hojas sueltas, escritas a mano o en otra forma, o por aplicaciones informáticas o sistemas tecnológicos, consultando las garantías necesarias para el resguardo de los intereses fiscales. Cuando el contribuyente opte por llevar sus libros contables principales y sus auxiliares en hojas sueltas o en base a aplicaciones informáticas o medios electrónicos, su examen y fiscalización se podrá realizar conforme a lo dispuesto en el artículo 60 bis.

Sin perjuicio de los libros de contabilidad exigidos por la ley, los contribuyentes deberán llevar los libros adicionales o auxiliares que exija el Director Regional, a su juicio exclusivo, de acuerdo con las normas que dicte para el mejor cumplimiento o fiscalización de las obligaciones tributarias.

Las anotaciones en los libros a que se refieren los incisos anteriores deberán hacerse normalmente a medida que se desarrollan las operaciones.

El Servicio podrá autorizar o disponer la obligatoriedad de que los libros de contabilidad y los libros adicionales o auxiliares, que los contribuyentes lleven en soporte de papel, sean reemplazados por sistemas tecnológicos que reflejen claramente el movimiento y resultado de los negocios y permitan establecer con exactitud los impuestos adeudados. Para estos efectos, el Servicio certificará los sistemas que cumplan con tales requisitos. El incumplimiento de la obligación a que se refiere este inciso será sancionado con la multa prevista en el inciso tercero del número 6 del artículo 97.

Artículo 18.- Establécense para todos los efectos tributarios, las siguientes reglas para llevar la contabilidad, presentar las declaraciones de impuestos y efectuar su pago:

1) Los contribuyentes llevarán contabilidad, presentarán sus declaraciones y pagarán los impuestos que correspondan, en moneda nacional.

2) No obstante lo anterior, el Servicio podrá autorizar, por resolución fundada, que determinados contribuyentes o grupos de contribuyentes lleven su contabilidad en moneda extranjera, en los siguientes casos:

a) Cuando la naturaleza, volumen, habitualidad u otras características de sus operaciones de comercio exterior en moneda extranjera lo justifique.

b) Cuando su capital se haya aportado desde el extranjero o sus deudas se hayan contraído con el exterior mayoritariamente en moneda extranjera.

c) Cuando una determinada moneda extranjera influya de manera fundamental en los precios de los bienes o servicios propios del giro del contribuyente, como asimismo, tratándose de contribuyentes de primera categoría que determinan su renta efectiva según contabilidad completa, cuando dicha moneda extranjera influya en forma determinante o mayoritaria en la composición del capital social del contribuyente y sus ingresos.

d) Cuando el contribuyente sea una sociedad filial o establecimiento permanente de otra sociedad o empresa que determine sus resultados para fines tributarios en moneda extranjera, siempre que sus actividades se lleven a cabo sin un grado significativo de autonomía o como una extensión de las actividades de la matriz o empresa.

Dicha autorización regirá desde el primer ejercicio del contribuyente, cuando éste lo solicite en la declaración a que se refiere el artículo 68, o a partir del año comercial siguiente a la fecha de presentación de la solicitud, en los demás casos.

Los contribuyentes que se acojan a lo dispuesto en este numeral deberán llevar su contabilidad de la forma autorizada por a lo menos dos años comerciales consecutivos, pudiendo solicitar su exclusión de dicho régimen, para los años comerciales siguientes al vencimiento del referido período de dos años. Dicha solicitud deberá ser presentada hasta el último día hábil del mes de octubre de cada año. La resolución que se pronuncie sobre esta solicitud regirá a partir del año comercial siguiente al de la presentación y respecto de los impuestos que corresponda pagar por ese año comercial y los siguientes.

El Servicio podrá revocar, por resolución fundada, las autorizaciones a que se refiere este número, cuando los respectivos contribuyentes dejen de encontrarse en los casos establecidos en él. La revocación regirá a contar del año comercial siguiente a la notificación de la resolución respectiva al contribuyente, a partir del cual deberá llevarse la contabilidad en moneda nacional.

Esta autorización será otorgada siempre que, además de cumplirse con las causales contempladas por este número, en virtud de ella no se disminuya o desvirtúe la base sobre la cual deban pagarse los impuestos.

3) Asimismo, el Servicio estará facultado para:

a) Autorizar que los contribuyentes a que se refiere el número 2), declaren todos o algunos de los impuestos que les afecten en la moneda extranjera en que llevan su contabilidad. En este caso, el pago de dichos impuestos deberá efectuarse en moneda nacional, de acuerdo al tipo de cambio vigente a la fecha del pago.

b) Autorizar que determinados contribuyentes o grupos de contribuyentes paguen todos o algunos de los impuestos, reajustes, intereses y multas, que les afecten en moneda extranjera. Tratándose de contribuyentes que declaren dichos impuestos en moneda nacional, el pago en moneda extranjera deberá efectuarse de acuerdo al tipo de cambio vigente a la fecha del pago.

No se aplicará lo dispuesto en el inciso primero del artículo 53 a los contribuyentes autorizados a declarar determinados impuestos en moneda extranjera, respecto de los impuestos comprendidos en dicha autorización.

El Tesorero General de la República podrá exigir o autorizar que los contribuyentes sin domicilio ni residencia en Chile paguen en moneda extranjera el impuesto establecido por la ley Nº 17.235, y en su caso los reajustes, intereses y multas que sean aplicables. También podrá exigir o autorizar el pago en moneda extranjera de los impuestos u otras obligaciones fiscales, que no sean de competencia del Servicio de Impuestos Internos, y de las obligaciones municipales recaudadas o cobradas por la Tesorería. Las obligaciones a que se refiere este inciso deberán cumplirse en moneda extranjera aplicando el tipo de cambio vigente a la fecha del pago.

Con todo, el Servicio podrá exigir a los contribuyentes autorizados en conformidad al número 2), el pago de determinados impuestos en la misma moneda en que lleven su contabilidad. También podrá exigir a determinados contribuyentes o grupos de contribuyentes el pago de los impuestos en la misma moneda en que obtengan los ingresos o realicen las operaciones gravadas.

Las resoluciones que se dicten en conformidad a este número determinarán, según corresponda, el período tributario a contar del cual el contribuyente quedará obligado a declarar y, o pagar sus impuestos y recargos conforme a la exigencia o autorización respectiva, la moneda extranjera en que se exija o autorice la declaración y, o el pago y los impuestos u obligaciones fiscales o municipales a que una u otra se extiendan.

En el caso de los contribuyentes que lleven su contabilidad, declaren y paguen determinados impuestos en moneda extranjera, conforme a este número, el Servicio practicará la liquidación y, o el giro de dichos impuestos y los recargos que correspondan en la respectiva moneda extranjera. En cuanto sea aplicable, los recargos establecidos en moneda nacional se convertirán a moneda extranjera de acuerdo al tipo de cambio vigente a la fecha de la liquidación y, o giro.

En el caso de los contribuyentes que lleven su contabilidad y declaren determinados impuestos en moneda extranjera pero deban pagarlos en moneda nacional, sin perjuicio de que los impuestos y recargos se determinarán en la respectiva moneda extranjera, el giro se expresará en moneda nacional, según el tipo de cambio vigente a la fecha del giro.

Respecto de aquellos contribuyentes a quienes se exija o autorice sólo el pago de determinados impuestos en moneda extranjera, sin perjuicio de que los impuestos y recargos que correspondan se determinarán en moneda nacional, el giro respectivo se expresará en la moneda extranjera autorizada o exigida según el tipo de cambio vigente a la fecha del giro.

En los casos en que el impuesto haya debido pagarse en moneda extranjera, las multas establecidas por el inciso primero del número 2° y por el número 11 del artículo 97, se determinarán en la misma moneda extranjera en que debió efectuarse dicho pago.

El Servicio o el Tesorero General de la República, según corresponda, podrán revocar, por resolución fundada, las exigencias o autorizaciones a que se refiere este numeral, cuando hubiesen cambiado las características de los respectivos contribuyentes que las han motivado. La revocación regirá respecto de las cantidades que deban pagarse a partir del período siguiente a la notificación al contribuyente de la resolución respectiva.

Con todo, el Servicio o el Tesorero General de la República, en su caso, sólo podrán exigir o autorizar la declaración y, o el pago de determinados impuestos en las monedas extranjeras respectivas, cuando con motivo de dichas autorizaciones o exigencias no se afecte la administración financiera del Estado. Esta circunstancia deberá ser calificada mediante resoluciones de carácter general por la Dirección de Presupuestos del Ministerio de Hacienda.

4) En caso que de conformidad a este artículo se hubieren pagado los impuestos en cualesquiera de las monedas extranjeras autorizadas, las devoluciones que se efectúen en cumplimiento de los fallos de los reclamos que se interpongan de conformidad a los artículos 123 y siguientes, como las que se dispongan de acuerdo al artículo 126, se llevarán a cabo en la moneda extranjera en que se hubieren pagado, si así lo solicitare el interesado. De igual forma se deberá proceder en aquellos casos en que, habiéndose pagado los impuestos u otras obligaciones fiscales o municipales en moneda extranjera, se ordene la devolución de los mismos en virtud de lo establecido en otras disposiciones legales. Cuando el contribuyente no solicite la devolución de los tributos u otras obligaciones fiscales o municipales, en moneda extranjera, éstos serán devueltos en moneda nacional considerando el tipo de cambio vigente a la fecha de la resolución respectiva.

Para estos efectos no se aplicará reajuste alguno que se calcule sobre la base de la variación del Índice de Precios al Consumidor.

5) Para los fines de lo dispuesto en este artículo, se considerará moneda extranjera cualquiera de aquellas cuyo tipo de cambio y paridad es fijado por el Banco Central de Chile para efectos del número 6. del Capítulo I del Compendio de Normas de Cambios Internacionales o el que dicho Banco establezca en su reemplazo. Cuando corresponda determinar la relación de cambio de la moneda nacional a una determinada moneda extranjera y viceversa, se considerará como tipo de cambio, el valor informado para la fecha respectiva por el Banco Central de Chile de acuerdo a la norma mencionada.

Artículo 19.- Sin perjuicio de otras disposiciones de este Código y de lo dispuesto en leyes especiales los aportes o internaciones de capitales extranjeros expresados en moneda extranjera se contabilizarán de acuerdo con las reglas siguientes:

1°.- Tratándose de aportes o internaciones de capitales extranjeros monetarios o en divisas, la conversión se hará al tipo de cambio en que efectivamente se liquiden o, en su defecto y mientras ello no ocurra, por el valor medio que les haya correspondido en el mes anterior al del ingreso.

2°.- En el caso de aportes o internaciones de capitales en bienes corporales, su valor se fijará de acuerdo con el precio de mayorista que les corresponda en el puerto de ingreso, una vez nacionalizados.

Para estos efectos, toda diferencia efectiva de valor que se contabilice afectará los resultados del ejercicio respectivo.

Artículo 20.- Queda prohibido a los contadores proceder a la confección de balances que deban presentarse al Servicio, extrayendo los datos de simples borradores, y firmarlos sin cerrar al mismo tiempo el libro de inventarios y balances.

Párrafo 3°. Disposiciones varias

Artículo 21.- Corresponde al contribuyente probar con los documentos, libros de contabilidad u otros medios que la ley establezca, en cuanto sean necesarios u obligatorios para él, la verdad de sus declaraciones o la naturaleza de los antecedentes y monto de las operaciones que deban servir para el cálculo del impuesto.

El Servicio no podrá prescindir de las declaraciones y antecedentes presentados o producidos por el contribuyente y liquidar otro impuesto que el que de ellos resulte, a menos que esas declaraciones, documentos, libros o antecedentes no sean fidedignos. En tal caso, el Servicio, previos los trámites establecidos en los artículos 63 y 64 practicará las liquidaciones o reliquidaciones que procedan, tasando la base imponible con los antecedentes que obren en su poder. Para obtener que se anule o modifique la liquidación o reliquidación, el contribuyente deberá desvirtuar con pruebas suficientes las impugnaciones del Servicio, en conformidad a las normas pertinentes del Libro Tercero.

Artículo 22.- Si un contribuyente no presentare declaración, estando obligado a hacerlo, el Servicio, previos los trámites establecidos en los artículos 63 y 64, podrá fijar los impuestos que adeude con el solo mérito de los antecedentes de que disponga.

Artículo 23.- Las personas naturales sujetas al impuesto a que se refieren los números 3°, 4° y 5° del artículo 20° de la Ley de la Renta, cuyos capitales destinados a su negocio o actividades no excedan de dos unidades tributarias anuales, y cuyas rentas anuales no sobrepasen a juicio exclusivo de la Dirección Regional de una unidad tributaria anual, podrán ser liberados de la obligación de llevar libros de contabilidad completa. No podrán acogerse a este beneficio los contribuyentes que se dediquen a la minería, los agentes de aduana y los corredores de propiedades.

En estos casos, la Dirección Regional fijará el impuesto anual sobre la base de declaraciones de los contribuyentes que comprendan un simple estado de situación de activo y pasivo y en que se indiquen el monto de las operaciones o ingresos anuales y los detalles sobre gastos personales. La Dirección Regional podrá suspender esta liberación en cualquier momento en que, a su juicio exclusivo, no se cumplan las condiciones que puedan justificarla satisfactoriamente.

Asimismo, para los efectos de la aplicación de la ley sobre Impuesto a las Rentas, la Dirección Regional podrá, de oficio o a petición del interesado y a su juicio exclusivo, por resolución fundada, eximir por un tiempo determinado a los comerciantes ambulantes, de ferias libres y propietarios de pequeños negocios de artículos de primera necesidad o en otros casos análogos, de la obligación de emitir boletas por todas sus ventas, pudiendo, además, eximirlos de la obligación de llevar el Libro de Ventas Diarias. En estos casos, el Servicio tasará el monto mensual de las ventas afectas a impuesto.

Artículo 24.- A los contribuyentes que no presentaren declaración estando obligados a hacerlo, o a los cuales se les determinaren diferencias de impuestos, el Servicio les practicará una liquidación en la cual se dejará constancia de las partidas no comprendidas en su declaración o liquidación anterior. En la misma liquidación deberá indicarse el monto de los tributos adeudados y, cuando proceda, el monto de las multas en que haya incurrido el contribuyente por atraso en presentar su declaración y los reajustes e intereses por mora en el pago. Cuando corresponda emitir una liquidación en la cual se determinen diferencias de impuestos de casos definidos como relevantes o de interés institucional, deberá solicitarse informe previo al Comité Ejecutivo.

Salvo disposición en contrario, los impuestos determinados en la forma indicada en el inciso anterior y las multas respectivas se girarán transcurrido el plazo señalado en el inciso 3° del artículo 124°. Si el contribuyente hubiere deducido reclamación, los impuestos y multas correspondientes a la parte no reclamada de la liquidación se girarán con prescindencia de las partidas o elementos de la liquidación que hubieren sido objeto de la reclamación. Por su parte, los impuestos y multas correspondientes a la parte reclamada de la liquidación se girarán respecto de aquella parte del reclamo que sea desechada, una vez que sea notificado el fallo respectivo del Tribunal Tributario y Aduanero. En ese caso, el giro se emitirá con prescindencia de las partidas o elementos de la liquidación que hubieren sido acogidas por o hubieran sido conciliadas ante el Tribunal Tributario y Aduanero. Respecto de las liquidaciones o partidas de la misma cuyo reclamo haya sido acogido por el Tribunal Tributario y Aduanero competente, el giro que corresponda se emitirá sólo en caso que se dicte una sentencia revocatoria en una instancia superior y una vez que dicho fallo se encuentre firme o ejecutoriado.

A petición del contribuyente podrán también girarse los impuestos con anterioridad a las oportunidades señaladas en el inciso anterior.

En los casos de impuestos de recargo, retención o traslación, que no hayan sido declarados oportunamente, el Servicio podrá girar de inmediato y sin otro trámite previo, los impuestos correspondientes sobre las sumas contabilizadas, incluyendo las sumas registradas conforme al artículo 59 de la ley de impuestos a las ventas y servicios contenida en el decreto ley número 825 de 1974, así como también por las cantidades que hubieren sido devueltas o imputadas y en relación con las cuales se haya interpuesto acción penal por delito tributario. En caso que el contribuyente se encuentre en un procedimiento concursal de liquidación en calidad de deudor, el Servicio podrá, asimismo, girar de inmediato y sin otro trámite previo, todos los impuestos adeudados por el deudor, sin perjuicio de la verificación que deberá efectuar el Fisco en conformidad con las normas generales.

Las sumas que un contribuyente deba legalmente reintegrar, correspondientes a cantidades respecto de las cuales haya obtenido devolución o imputación, serán consideradas como impuestos sujetos a retención para los efectos de su determinación, reajustes, intereses y sanciones que procedan, y para la aplicación de lo dispuesto en la primera parte del inciso anterior.

Artículo 25.- Toda liquidación de impuestos practicada por el Servicio tendrá el carácter de provisional mientras no se cumplan los plazos de prescripción, salvo en aquellos puntos o materias comprendidos expresa y determinadamente en un pronunciamiento jurisdiccional o en una revisión sobre la cual se haya pronunciado el Director Regional, a petición del contribuyente tratándose de términos de giro. En tales casos, la liquidación se estimará como definitiva para todos los efectos legales, sin perjuicio del derecho de reclamación del contribuyente, si procediera.

Artículo 26.- No procederá el cobro con efecto retroactivo cuando el contribuyente se haya ajustado de buena fe a una determinada interpretación de las leyes tributarias sustentada por la Dirección o por las Direcciones Regionales en circulares, dictámenes, informes u otros documentos oficiales destinados a impartir instrucciones a los funcionarios del Servicio o a ser conocidos de los contribuyentes en general o de uno o más de éstos en particular.

El Servicio mantendrá a disposición de los interesados, en su sitio de Internet, las circulares o resoluciones destinadas a ser conocidas por los contribuyentes en general y los oficios de la Dirección que den respuesta a las consultas sobre la aplicación e interpretación de las normas tributarias. Esta publicación comprenderá, a lo menos, las circulares, resoluciones y oficios emitidos en los últimos tres años.

En caso que las circulares, dictámenes y demás documentos mencionados en el inciso 1° sean modificados, se presume de derecho que el contribuyente ha conocido tales modificaciones desde que hayan sido publicadas de acuerdo con el artículo 15°.

El contribuyente tendrá derecho a solicitar, conforme con el artículo 126, la devolución de los impuestos que, como consecuencia de las modificaciones a los documentos mencionados precedentemente, hayan sido pagados en forma indebida o en exceso a contar del ejercicio comercial en que se emitan las respectivas modificaciones. El contribuyente también tendrá derecho a solicitar una devolución de los impuestos que, como consecuencia de las referidas modificaciones, hayan sido pagados en forma indebida o en exceso, en una fecha posterior a la presentación de su consulta al Director y que motive la modificación respectiva. Las mismas reglas anteriores se aplicarán en caso que los documentos mencionados precedentemente fijen un criterio nuevo.

Artículo 26 bis.- Los contribuyentes u obligados al pago de impuestos, que tuvieren interés personal y directo, podrán formular consultas sobre la aplicación de los artículos 4° bis, 4° ter y 4° quáter o de otras normas especiales antielusivas a los actos, contratos, negocios o actividades económicas que, para tales fines, pongan en conocimiento del Servicio. Tratándose de consultas relativas a normas especiales antielusivas, el consultante deberá señalar específicamente sobre cuáles de ellas solicita el pronunciamiento, y se restringirá la consulta y la respuesta otorgada únicamente a la norma especial antielusiva sobre la cual se haya consultado.Dentro de decimoquinto día contado desde su presentación, el Servicio podrá requerir al contribuyente que complete su consulta cuando sólo contenga datos referenciales, circunstancias hipotéticas o, en general, antecedentes vagos que impidan responder con efecto vinculante. En caso de que, transcurrido el decimoquinto día desde que sea notificado el requerimiento, el contribuyente no cumpla o cumpla sólo parcialmente, el Servicio declarará inadmisible la consulta mediante resolución fundada. Para los efectos anteriores, junto con la presentación de la consulta, el contribuyente deberá informar una cuenta de correo electrónico habilitada donde efectuar las notificaciones y solicitar antecedentes. El Servicio habilitará un expediente electrónico para tramitar la consulta. Asimismo, toda persona podrá formular consultas con el objeto de obtener respuestas de carácter general, no vinculantes, en relación con el caso planteado, las cuales no quedarán sujetas a las disposiciones del presente artículo. El Servicio publicará en su sitio de internet las respuestas a las consultas que se formulen conforme a este artículo.

El Servicio regulará mediante resolución la forma en que se deberá presentar la consulta a que se refiere este artículo, así como los requisitos que ésta deberá cumplir. El plazo para contestar la consulta será de noventa días, contados desde la recepción de todos los antecedentes necesarios para su adecuada resolución. El Servicio podrá requerir informes o dictámenes de otros organismos, o solicitar del contribuyente el aporte de nuevos antecedentes para la resolución de la consulta. Sin perjuicio de lo anterior, en caso que, junto con aportar nuevos antecedentes, el contribuyente varíe sustancialmente su consulta o los antecedentes en que se funda, se suspenderá el plazo para contestar siempre que se dicte resolución fundada al efecto, notificada dentro de quinto día desde la presentación de los nuevos antecedentes. El plazo para contestar la consulta se reanudará una vez acompañados los nuevos antecedentes.

Iniciado un procedimiento de fiscalización y notificado el requerimiento de antecedentes conforme al artículo 59, el contribuyente requerido o quienes tengan interés en las materias objeto de revisión, sólo podrán efectuar la consulta a que alude el presente artículo antes que venza el plazo para dar respuesta al requerimiento indicado. La consulta efectuada en el marco del procedimiento de fiscalización suspenderá la prescripción y los plazos de caducidad a que alude el artículo 59 hasta la notificación de la respuesta respectiva.

Expirado el plazo para contestar sin que el Servicio haya emitido respuesta, la consulta se tendrá por no presentada para todos los efectos legales, a menos que dentro de los diez días previos al vencimiento del plazo, el contribuyente notifique, mediante correo electrónico, al superior jerárquico que corresponda sobre la proximidad de su vencimiento. En este caso, el Servicio deberá resolver la consulta dentro de los treinta días siguientes al vencimiento del plazo original. Vencido este plazo, sin que el Servicio conteste, se entenderá que no son aplicables al caso consultado los artículos 4° bis, 4° ter y 4° quáter, ni las normas especiales antielusivas sobre las cuales se haya consultado.

El Servicio informará en su sitio web y en un lugar visible de la unidad que reciba las consultas de este artículo, el correo electrónico del superior jerárquico a cargo de recibir las comunicaciones de que trata el inciso anterior a fin de que adopte las medidas pertinentes.

La respuesta tendrá efecto vinculante para el Servicio únicamente con relación al consultante y el caso planteado, debiendo señalar expresa y fundadamente de qué manera los actos, contratos, negocios o actividades económicas sobre las que se formuló la consulta, son o no susceptibles de ser calificadas como abuso o simulación conforme a los artículos 4° bis, 4° ter y 4° quáter o si están cubiertos por alguna norma especial antielusiva. La respuesta no obligará al Servicio si se produce una variación sustantiva de los antecedentes de hecho o de derecho en que se fundó la consulta, en cuyo caso podrá girar o liquidar los impuestos que se devenguen en periodos posteriores, si procedieren, señalando de manera fundada las razones por las cuales se estima se ha producido la variación sustantiva a que alude el presente inciso.

Sin perjuicio que tanto la consulta como la respuesta tendrán el carácter de reservadas, el Servicio deberá publicar en su sitio web un extracto con los puntos esenciales de la respuesta y los antecedentes generales que permitan su adecuado entendimiento, guardando reserva de la identidad del consultante y de antecedentes específicos que aporte tales como contratos, información financiera y estructuras corporativas.

Artículo 27.- Cuando deban considerarse separadamente el valor, los gastos o los ingresos producidos o derivados de operaciones que versen conjuntamente sobre bienes muebles e inmuebles, la distribución se hará en proporción al precio asignado en el respectivo acto o al valor contabilizado de unos y otros bienes. Si ello no fuera posible, se tomará como valor de los bienes raíces el de su avalúo fiscal, y el saldo se asignará a los muebles. No obstante, para los efectos del impuesto a la renta se estará en primer lugar al valor o a la proporción del valor contabilizado de unos y otros bienes y, en su defecto, se asignará a los bienes raíces el de su avalúo fiscal y el saldo a los bienes muebles.

Cuando para otros efectos tributarios sea necesario separar o prorratear diversos tipos de ingresos o de gastos y el contribuyente no esté obligado a llevar una contabilidad separada, el Servicio pedirá a éste los antecedentes que correspondan, haciendo uso del procedimiento contemplado en el artículo 63°. A falta de antecedentes o si ellos fueren incompletos, el Servicio hará directamente la separación o prorrateo pertinente.

Artículo 28.- El gestor de una asociación o cuentas en participación y de cualquier encargo fiduciario, será responsable exclusivo del cumplimiento de las obligaciones tributarias referente a las operaciones que constituyan el giro de la asociación u objeto del encargo. Las rentas que correspondan a los partícipes se considerarán para el cálculo del impuesto que les corresponda, sólo en el caso que se pruebe la efectividad, condiciones y monto de la respectiva participación.

TÍTULO II
DE LA DECLARACIÓN Y PLAZOS DE PAGO

Artículo 29.- La presentación de declaraciones con el objeto de determinar la procedencia o liquidación de un impuesto, se hará de acuerdo con las normas legales o reglamentarias y con las instrucciones que imparta la Dirección incluyendo toda la información que fuere necesaria.

Artículo 30.- Las declaraciones se presentarán por escrito, bajo juramento, en las oficinas del Servicio u otras que señale la Dirección, en la forma y cumpliendo las exigencias que ésta determine.

En todos aquellos casos en que la ley no exige la emisión de documentos electrónicos en forma exclusiva, la Dirección podrá autorizar a los contribuyentes para que presenten los informes y declaraciones, en medios distintos al papel, cuya lectura pueda efectuarse mediante sistemas tecnológicos.

El Director podrá convenir con la Tesorería General de la República y con entidades privadas la recepción de las declaraciones, incluidas aquellas con pago simultáneo. Estas declaraciones deberán ser remitidas al Servicio de Impuestos Internos. Este procederá a entregar las informaciones procedentes que el Servicio de Tesorerías requiera para el cumplimiento de sus atribuciones legales, como también las que procedan legalmente respecto de otras instituciones, organismos y tribunales.

Asimismo, en uso de sus facultades, podrá encomendar el procesamiento de las declaraciones y giros a entidades privadas, previo convenio.

Las personas que, a cualquier título, reciban o procesen las declaraciones o giros quedan sujetas a obligación de reserva absoluta de todos aquellos antecedentes individuales de que conozcan en virtud del trabajo que realizan. La infracción a esta obligación será sancionada con reclusión menor en su grado medio y multa de 5 a 100 UTM.

Asimismo, el Director podrá disponer de acuerdo con el Tesorero General de la República, que el pago de determinados impuestos se efectúe simultáneamente, con la presentación de la declaración, omitiéndose el giro de órdenes de ingreso. Con todo, el pago deberá hacerse sólo en la Tesorería General de la República o en las entidades en que ésta delegue la función recaudadora.

La impresión en papel que efectúe el Servicio de los informes o declaraciones presentadas en los referidos medios, tendrá el valor probatorio de un instrumento privado emanado de la persona bajo cuya firma electrónica se presente.

Artículo 31.- El Director Regional podrá ampliar el plazo para la presentación de las declaraciones siempre que a su juicio exclusivo existan razones fundadas para ello, y dejará constancia escrita de la prórroga y de su fundamento. Las prórrogas no serán concedidas por más de cuatro meses, salvo que el contribuyente se encuentre en el extranjero y las declaraciones se refieran al impuesto a la renta.

Si el Director Regional amplía el plazo para la presentación de declaraciones, se pagarán los impuestos con reajustes e intereses penales en la forma establecida en el artículo 53 de este Código.

Artículo 32.- El Servicio proporcionará formularios para las declaraciones; pero la falta de ellos no eximirá a los contribuyentes de la obligación de presentarlas dentro de los plazos legales o reglamentarios.

Artículo 33.- A fin de evitar el incumplimiento de las obligaciones tributarias, sea por errores del contribuyente o por su conocimiento imperfecto de las disposiciones u obligaciones tributarias, el Servicio podrá, con los antecedentes que obren en su poder, ejecutar las siguientes medidas preventivas y de colaboración:

i. Informar a los contribuyentes el detalle de sus registros, impuestos o devoluciones y presentarles, a través de los sistemas destinados al efecto, propuestas de sus declaraciones. Los contribuyentes, voluntariamente, podrán aceptar, rechazar o complementar la información y las propuestas proporcionadas por el Servicio.

ii. Enviar una comunicación al contribuyente para efectos meramente informativos si existen diferencias de información o de impuestos de acuerdo con los antecedentes que obren en su poder.

iii. Solicitar antecedentes debiendo indicar en forma clara y precisa los objetivos de la solicitud, la materia consultada y demás fundamentos de la actuación. Asimismo, el Servicio podrá solicitar fundadamente y en casos calificados en forma específica, concreta y determinada, antecedentes respecto de operaciones de las que haya tomado conocimiento, ocurridas durante el período mensual o anual y que pudieran tener incidencia directa en la declaración de impuestos que deberá presentar el contribuyente en relación con el periodo respectivo. Las solicitudes de información contempladas en este literal en caso alguno podrán dar lugar a una fiscalización, sin perjuicio de las facultades del Servicio para requerir antecedentes para iniciar un procedimiento de fiscalización conforme con las reglas generales.

Para la realización de las actuaciones descritas en el numeral iii anterior el Servicio deberá previamente enviar un aviso al contribuyente mediante correo electrónico, el que también deberá ser publicado en el sitio personal del contribuyente, sin que el incumplimiento de esta última obligación afecte la validez del acto. El aviso deberá contener las siguientes menciones:

a) La individualización del funcionario a cargo de la actuación.

b) La indicación de que se trata de medidas preventivas y de colaboración ejecutadas en el marco de este artículo y que por tanto no constituyen un procedimiento de fiscalización.

c) La indicación de que la actuación es voluntaria y que su incumplimiento no genera consecuencias tributarias ni sanciones para el contribuyente.

d) El plazo en que el Servicio realizará las actuaciones que correspondan.

El Servicio, mediante resolución, establecerá el plazo para efectuar los avisos establecidos en el inciso anterior y los medios expeditos para realizarlos. En caso que el contribuyente voluntariamente se acoja a las actuaciones indicadas en este artículo, y se detectaren o rectificaren diferencias de impuestos, el Servicio deberá aplicar lo establecido en el inciso segundo del artículo 56 y en el artículo 106.

En caso que el contribuyente no se acoja voluntariamente a las actuaciones indicadas en este artículo, los avisos establecidos en el mismo no podrán reiterarse más de dos veces. Si luego de reiterado el aviso en dichos términos, el contribuyente no realiza acción alguna, el Servicio podrá iniciar, si corresponde, un procedimiento de fiscalización conforme con las reglas generales en caso que se deban corregir diferencias de impuestos respecto de las mismas partidas, impuestos asociados, periodo y hechos. El Servicio deberá enviar un aviso al contribuyente certificando la finalización de las medidas preventivas y colaborativas que contempla este artículo, salvo que determine el inicio de un procedimiento de fiscalización, según lo indicado.

Todas las actuaciones realizadas conforme con lo establecido en este artículo se agregarán a la carpeta electrónica del contribuyente.

El Servicio podrá promover, por sí o en conjunto con los contribuyentes, acciones de formación y divulgación tendientes a dar a conocer las disposiciones tributarias y prevenir el incumplimiento involuntario de las mismas.

Artículo 33 bis.- Junto con sus declaraciones, los contribuyentes deberán acompañar o poner a disposición del Servicio, en virtud de las disposiciones legales o administrativas que correspondan, documentos y antecedentes, conforme a las siguientes reglas:

1. Normas generales para la entrega de información.

El Servicio, mediante resolución fundada, podrá requerir a los contribuyentes informes o declaraciones juradas sobre materias específicas e información determinada propia del contribuyente o de terceros.

Para el debido cumplimiento de las obligaciones tributarias, estarán obligados a entregar información sobre terceros y los montos o rentas distribuidos, los contribuyentes que distribuyan rentas o beneficios de cualquier naturaleza y, en general, aquellos que paguen rentas o cantidades por cuenta de terceros, salvo los casos exceptuados por la ley.

El Servicio podrá liberar de estas obligaciones a determinadas personas o grupos de personas en razón de su escaso movimiento operacional o nivel de conocimiento de las obligaciones tributarias, cuando exista causa justificada y sea posible validar el correcto cumplimiento tributario.

Para la entrega de información conforme con este inciso, el Servicio deberá emitir resoluciones indicando en forma precisa las obligaciones y fechas en que serán requeridos los informes o declaraciones juradas. Estas resoluciones deberán dictarse con, a lo menos, cuatro meses de anticipación al término del año o periodo respecto del cual se requerirá la información. Dicho plazo podrá ser inferior en caso que exista una disposición legal que así lo determine o si lo determina fundadamente el Director por razones de buen servicio.

Cuando se determine en un proceso de fiscalización, o a petición voluntaria del contribuyente, que los créditos, beneficios, rebajas o retenciones informadas por terceros excede del monto establecido en la ley, el contribuyente deberá reintegrar la diferencia que corresponda. En esos casos no será necesario rectificar las declaraciones presentadas por terceros.

2. Normas especiales de información sobre determinadas inversiones.

A. Los contribuyentes acogidos a las disposiciones del artículo 14 de la Ley sobre Impuesto a la Renta deberán aplicar, respecto de las inversiones que hayan efectuado, las siguientes reglas:

a): deberán informar al Servicio, hasta el 30 de junio de cada año comercial, mediante la presentación de una declaración, las inversiones realizadas en el extranjero durante el año comercial anterior, con indicación del monto y tipo de inversión, del país o territorio en que se encuentre. En caso que estas inversiones fuesen en acciones, cuotas o derechos, se deberá informar el porcentaje de participación en el capital que representan de la sociedad o entidad constituida en el extranjero. Cuando las inversiones a que se refiere esta letra se hayan efectuado directa o indirectamente en países o territorios que califiquen como de baja o nula tributación conforme a lo dispuesto en el artículo 41 H de la Ley sobre Impuesto a la Renta, además de la presentación de la declaración referida, deberán informar anualmente, en el plazo señalado, el estado de dichas inversiones, con indicación de sus aumentos o disminuciones, el destino que las entidades receptoras han dado a los fondos respectivos, así como cualquier otra información que requiera el Servicio sobre tales inversiones. La entrega de información incompleta o falsa en las declaraciones que establece esta letra, se sancionará en la forma prevista en el primer párrafo del número 4 del artículo 97 del Código Tributario.

b) las empresas, entidades o sociedades domiciliadas, residentes, establecidas o constituidas en Chile que obtengan rentas pasivas de acuerdo a los criterios que establece el artículo 41 G de la Ley sobre Impuesto a la Renta, no podrán ser utilizadas en forma abusiva para diferir o disminuir la tributación de los impuestos finales de sus propietarios, socios o accionistas. De acuerdo a lo anterior, cuando se haya determinado la existencia de abuso o simulación conforme a lo dispuesto en los artículos 4° bis y siguientes del Código Tributario, se aplicará respecto del monto de tales inversiones la tributación que corresponda a los beneficiarios de las rentas o cantidades respectivas y las sanciones que procedieren. En todo caso, el contribuyente podrá acreditar que las inversiones fueron realizadas con sumas que corresponden a su capital o a ingresos no constitutivos de renta, presumiéndose, salvo prueba en contrario, que cuando el capital propio tributario del contribuyente excede de la suma de su capital y de los referidos ingresos no constitutivos de renta, tales inversiones se han efectuado, en el exceso, con cantidades que no han cumplido totalmente con los impuestos de la ley sobre Impuesto a la Renta. No obstante lo anterior, cuando se determine que los actos, contratos y operaciones respectivos se han llevado a cabo maliciosamente con la finalidad de evitar, disminuir o postergar la aplicación de los impuestos global complementario o adicional, ello será sancionado conforme a lo dispuesto en el primer párrafo del número 4 del artículo 97 del Código Tributario.

B. Los contribuyentes o entidades domiciliadas, residentes, establecidas o constituidas en el país, sean o no sujetos del impuesto a la renta, que tengan o adquieran en un año calendario cualquiera la calidad de constituyente o "settlor", beneficiario, "trustee" o administrador de un "trust" creado conforme a disposiciones de derecho extranjero, o la persona natural o entidad, constituida, domiciliada o residente en Chile que tenga calidad de controladora, en los términos indicados en el número 17 del artículo 8° del Código Tributario, respecto a un constituyente o "settlor", beneficiario, "trustee" o administrador de un "trust", cuando éstos se encuentren constituidos, sean residentes o estén domiciliados en el extranjero. Para estos efectos, se deberá informar, en la forma que determine el Servicio por resolución, lo siguiente, según sea aplicable conforme a la legislación extranjera:

a) El nombre o denominación del "trust", fecha de creación, país de origen, entendiéndose por tal el país cuya legislación rige los efectos de las disposiciones del "trust"; país de residencia para efectos tributarios; número de identificación tributaria utilizado en el extranjero en los actos ejecutados en relación con los bienes del "trust", indicando el país que otorgó dicho número; número de identificación para fines tributarios del "trust"; y patrimonio del "trust".

b) El nombre, la razón social o la denominación del constituyente o "settlor", del "trustee", de los administradores y de los beneficiarios del mismo, sus respectivos domicilios, países de residencia para efectos tributarios; número de identificación para los mismos fines, indicando el país que otorgó dicho número.

c) Si la obtención de beneficios por parte del o los beneficiarios del "trust" está sujeta a la voluntad del "trustee", otra condición, un plazo o modalidad. Además, deberá informarse si existen clases o tipos distintos de beneficiarios. Cuando una determinada clase de beneficiarios pudiere incluir a personas que no sean conocidas o no hayan sido determinadas al tiempo de la declaración, por no haber nacido o porque la referida clase permite que nuevas personas o entidades se incorporen a ella, deberá indicarse dicha circunstancia en la declaración. Cuando los bienes del "trust" deban o puedan aplicarse a un fin determinado, deberá informarse detalladamente dicho fin. Cuando fuere el caso, deberá informarse el cambio del "trustee" o administrador del "trust", de sus funciones como tal, o la revocación del "trust". Además, deberá informarse el carácter revocable o irrevocable del "trust", con la indicación de las causales de revocación. Sólo estarán obligados a la entrega de la información de que se trate aquellos beneficiarios que se encuentren ejerciendo su calidad de tales conforme a los términos del "trust" o acuerdo y quienes hayan tomado conocimiento de dicha calidad, aun cuando no se encuentren gozando de los beneficios por no haberse cumplido el plazo, condición o modalidad fijado en el acto o contrato.

Cuando la información proporcionada en la declaración respectiva haya variado, las personas o entidades obligadas deberán presentar una nueva declaración detallando los nuevos antecedentes, ello hasta el 30 de junio del año siguiente a aquel en que los antecedentes proporcionados en la declaración previa hayan cambiado.

Para los fines de este número, el término "trust" se refiere a las relaciones jurídicas creadas de acuerdo a normas de derecho extranjero, sea por acto entre vivos o por causa de muerte, por una persona en calidad de constituyente o "settlor", mediante la transmisión o transferencia de bienes, los cuales quedan bajo el control de un "trustee" o administrador, en interés de uno o más beneficiarios o con un fin determinado.

Se entenderá también por "trust" para estos fines, el conjunto de relaciones jurídicas que, independientemente de su denominación, cumplan con las siguientes características: i) Los bienes del "trust" constituyen un fondo separado y no forman parte del patrimonio personal del "trustee" o administrador; ii) El título sobre los bienes del "trust" se establece en nombre del "trustee", del administrador o de otra persona por cuenta del "trustee" o administrador; iii) El "trustee" o administrador tiene la facultad y la obligación, de las que debe rendir cuenta, de administrar, gestionar o disponer de los bienes según las condiciones del "trust" y las obligaciones particulares que la ley extranjera le imponga. El hecho de que el constituyente o "settlor" conserve ciertas prerrogativas o que el "trustee" posea ciertos derechos como beneficiario no es incompatible necesariamente con la existencia de un "trust".

El término "trust" también incluirá cualquier relación jurídica creada de acuerdo a normas de derecho extranjero, en la que una persona en calidad de constituyente, transmita o transfiera el dominio de bienes, los cuales quedan bajo el control de una o más personas o "trustees", para el beneficio de una o más personas o entidades o con un fin determinado, y que constituyen un fondo separado y no forman parte del patrimonio personal del "trustee" o administrador.

En caso de no presentarse la referida declaración por parte del constituyente del "trust", se presumirá, salvo prueba en contrario, que la constitución del "trust" constituye abuso o simulación conforme a lo dispuesto en los artículos 4° bis y siguientes del Código Tributario, aplicándose la tributación que corresponda de acuerdo a la calidad de los intervinientes y la naturaleza jurídica de las operaciones. La entrega de información incompleta o falsa en las declaraciones que establece esta letra, se sancionará en la forma prevista en el primer párrafo del número 4 del artículo 97 del Código Tributario.

C. Sanciones. El retardo u omisión en la presentación de las declaraciones que establece este número, o la presentación de declaraciones incompletas o con antecedentes erróneos, además de los efectos jurídicos a que se refieren las letras precedentes, será sancionada con multa de diez unidades tributarias anuales, incrementada con una unidad tributaria anual adicional por cada mes de retraso, con tope de cien unidades tributarias anuales. La referida multa se aplicará conforme al procedimiento establecido en el artículo 161 de este Código.

3. Contribuyentes que llevan contabilidad.

Mediante resolución fundada, el Servicio podrá exigir que los contribuyentes sujetos a la obligación de llevar contabilidad comuniquen, junto con sus declaraciones, información relativa a los balances e inventarios, los que se mantendrán a disposición del Servicio con la firma del representante y contador.

El Servicio podrá exigir la presentación de otros documentos tales como información contable, detalle de la cuenta de pérdidas y ganancias, y demás antecedentes que justifiquen el monto de las obligaciones tributarias y de las partidas anotadas en la contabilidad.

El contribuyente podrá cumplir con estas obligaciones acreditando que lleva un sistema autorizado por el Director Regional.

Artículo 34.- Están obligados a atestiguar bajo juramento sobre los puntos contenidos en una declaración, los contribuyentes, los que las hayan firmado y los técnicos y asesores que hayan intervenido en su confección, o en la preparación de ella o de sus antecedentes, siempre que el Servicio lo requiera, dentro de los plazos de prescripción. Tratándose de sociedades esta obligación recaerá, además, sobre los socios o administradores que señale la Dirección Regional. Si se trata de sociedades anónimas o en comandita, están obligados a prestar ese juramento su presidente, vicepresidente, gerente, directores o socios gestores, que, según el caso, indique la Dirección Regional.

Artículo 35.- Junto con sus declaraciones, los contribuyentes sujetos a la obligación de llevar contabilidad presentarán los balances y copia de los inventarios con la firma de un contador. El contribuyente podrá cumplir dicha obligación acreditando que lleva un libro de inventario debidamente foliado y timbrado, u otro sistema autorizado por el Director Regional. El Servicio podrá exigir la presentación de otros documentos tales como libros de contabilidad, detalle de la cuenta de pérdidas y ganancias, documentos o exposición explicativas y demás que justifiquen el monto de la renta declarada y las partidas anotadas en la contabilidad.

El Director y demás funcionarios del Servicio no podrán divulgar, en forma alguna, la cuantía o fuente de las rentas, ni las pérdidas, gastos o cualesquiera datos relativos a ellas, que figuren en las declaraciones obligatorias, ni permitirán que éstas o sus copias o los libros o papeles que contengan extractos o datos tomados de ellas sean conocidos por persona alguna ajena al Servicio salvo en cuanto fueren necesarios para dar cumplimiento a las disposiciones del presente Código u otras normas legales. Tampoco podrán divulgar el contenido de ningún proceso de fiscalización realizado en conformidad a las leyes tributarias, destinado a determinar obligaciones impositivas o a sancionar a un contribuyente.

El precepto anterior no obsta al examen de las declaraciones por los jueces o al otorgamiento de la información que éstos soliciten sobre datos contenidos en ellas, cuando dicho examen o información sea necesario para la prosecución de los juicios sobre impuesto y sobre alimentos; ni al examen que practiquen o a la información que soliciten los fiscales del Ministerio Público cuando investiguen hechos constitutivos de delito, ni a la publicación de datos estadísticos en forma que no puedan identificarse los informes, declaraciones o partidas respecto de cada contribuyente en particular.

Para los efectos de lo dispuesto en este artículo y para el debido resguardo del eficaz cumplimiento de los procedimientos y recursos que contempla este Código, sólo el Servicio podrá revisar o examinar las declaraciones que presenten los contribuyentes, sin perjuicio de las atribuciones de los Tribunales de Justicia, de los fiscales del Ministerio Público y de la Contraloría General de la República, en su caso.

La información tributaria, que conforme a la ley proporcione el Servicio, solamente podrá ser usada para los fines propios de la institución que la recepciona.

Sin perjuicio de lo dispuesto en los incisos precedentes, el Servicio publicará anualmente en su sitio web, información y estadística relativas al universo total de contribuyentes y al cumplimiento de las obligaciones tributarias, de acuerdo a la información existente en sus bases de datos hasta el año anterior. La publicación incluirá información sobre el total de utilidades declaradas, ingresos brutos declarados, ingresos afectos a impuesto a la renta, retiros efectivos, remesas o distribución de utilidades, gastos aceptados y rechazados, así como monto de las devoluciones de impuestos efectuadas. La publicación a que se refiere este inciso no podrá contener información que permita identificar a uno o más contribuyentes en particular. El Servicio determinará mediante resolución la forma en que se dará cumplimiento a lo dispuesto en este inciso.

Artículo 36.- El plazo de declaración y pago de los diversos impuestos se regirá por las disposiciones legales y reglamentarias vigentes.

No obstante lo dispuesto en el inciso anterior, el Presidente de la República podrá fijar y modificar las fechas de declaración y pago de los diversos impuestos y establecer los procedimientos administrativos que juzgue más adecuados a su expedita y correcta percepción. Asimismo, podrá modificar la periodicidad de pago del impuesto territorial.

Cuando el plazo de declaración y pago de un impuesto venza en día feriado, en día sábado o el día 31 de diciembre, éste se prorrogará hasta el primer día hábil siguiente. Esta prórroga no se considerará para los efectos de determinar los reajustes que procedan, sin perjuicio de lo dispuesto en el inciso segundo del artículo 53.

Asimismo, el Presidente de la República podrá ampliar el plazo para la presentación de documentos y antecedentes de carácter tributario exigidos por la ley o los reglamentos. Dicha facultad podrá ser delegada en el Director del Servicio de Impuestos Internos mediante decretos expedidos a través del Ministerio de Hacienda.

El Director podrá ampliar el plazo de presentación de aquellas declaraciones que se realicen por sistemas tecnológicos y que no importen el pago de un impuesto, respetando el plazo de los contribuyentes con derecho a devolución de impuestos. En todo caso, la ampliación del plazo no podrá implicar atraso en la entrega de la información que deba proporcionarse a Tesorería.

Artículo 36 bis.- Los contribuyentes que al efectuar su declaración incurrieren en errores que incidan en la cantidad de la suma a pagar, podrán efectuar una nueva declaración, antes que exista liquidación o giro del Servicio, corrigiendo las anomalías que presenta la declaración primitiva y pagando la diferencia resultante, aun cuando se encontraren vencidos los plazos legales, sin perjuicio de la aplicación de las sanciones y recargos que correspondan a las cantidades no ingresadas oportunamente y las sanciones previstas en los números 3 y 4 del artículo 97 de este Código, si fueren procedente.

Excepcionalmente, previa autorización del Servicio, los contribuyentes podrán presentar declaraciones rectificatorias también en los procedimientos administrativos a que se refieren los artículos 6°, letra B, N° 5 y 123 bis. En los casos en que el contribuyente presente una rectificación el Servicio deberá, a solicitud de éste, certificar que las diferencias en los montos impuestos se encuentran solucionadas.

TÍTULO III
GIROS, PAGOS, REAJUSTES E INTERESES

Párrafo 1°. De los giros y pagos

Artículo 37.- Los tributos, reajustes, intereses y sanciones deberán ser ingresados al Fisco mediante giros que se efectuarán y procesarán por el Servicio, los cuales serán emitidos mediante roles u órdenes de ingreso, salvo los que deban pagarse por medio de timbres o estampillas; los giros no podrán ser complementados, rectificados, recalculados, actualizados o anulados sino por el organismo emisor, el cual será el único habilitado para emitir los duplicados o copias de los documentos mencionados precedentemente hasta que Tesorería inicie la cobranza administrativa o judicial. El Director dictará las normas administrativas que estime más convenientes para el correcto y expedito giro de los impuestos. Si estas normas alteraren el método de trabajo de las tesorerías o impusieren a éstas una nueva obligación, deberán ser aprobadas por el Ministro de Hacienda.

Facúltase al Servicio de Impuestos Internos para aproximar a pesos la determinación y, o giro de los impuestos, reajustes, derechos, intereses, multas y recargos, despreciándose las cifras inferiores a cincuenta centavos, y elevándose las iguales o mayores a esta suma al entero superior.

Asimismo, facúltase al Servicio para omitir el giro de órdenes de ingreso y/o roles de cobro por sumas inferiores a un 10% de una unidad tributaria mensual, en total. En estos casos se podrá proceder a la acumulación hasta por un semestre calendario de los giros inferiores al porcentaje señalado, respecto de un mismo tipo de impuesto, considerándose para los efectos de la aplicación de intereses, multas y recargos, como impuestos correspondientes al último período que se reclame y/o gire.

Del mismo modo y con los mismos efectos señalados en el inciso anterior, en los casos en que rija el sistema de declaración y pago simultáneo, los contribuyentes podrán acumular hasta por un semestre calendario los impuestos cuyo monto sea inferior a un 10% de una unidad tributaria mensual, respecto del total de impuestos que deban pagarse simultáneamente en una misma oportunidad.

Artículo 38.- El pago de los impuestos se hará en Tesorería, en moneda nacional o extranjera, según corresponda de acuerdo a lo dispuesto en el artículo 18, por medio de dinero efectivo, vale vista, letra bancaria o cheque; el pago se acreditará con el correspondiente recibo, a menos que se trate de impuestos que deban solucionarse por medio de estampillas, papel sellado u otras especies valoradas.

El Tesorero General de la República podrá autorizar el pago de los impuestos mediante tarjetas de débito, tarjetas de crédito u otros medios, siempre que no signifique un costo financiero adicional para el Fisco, limitación que no se aplicará a tarjetas de débito, crédito u otras de igual naturaleza emitidas en el extranjero. Para estos efectos, el Tesorero deberá impartir las instrucciones administrativas necesarias que, a su vez, resguarden el interés fiscal.

Artículo 39.- Los contribuyentes podrán igualmente hacer el pago por medio de vale vistas, letras bancarias, o cheques extendidos a nombre de la respectiva tesorería y remitidos por carta certificada al Tesorero correspondiente, indicando su nombre y dirección. El Tesorero ingresará los valores y enviará los recibos al contribuyente por carta certificada en el mismo día en que reciba dichos valores.

Todo error u omisión cometido en el vale vista, en la letra o en el giro del cheque, o el atraso de cualquiera naturaleza que sea, que impida el pago de todo o parte de los impuestos en arcas fiscales dentro del plazo legal, hará incurrir al contribuyente en las sanciones e intereses penales pertinentes por la parte no pagada oportunamente.

En caso que el pago se haga por carta certificada, los impuestos se entenderán pagados el día en que la oficina de correos reciba dicha carta para su despacho.

Para acogerse a lo dispuesto en este artículo será necesario enviar la carta certificada con tres días de anticipación, a lo menos, al vencimiento del plazo.

Con todo, corresponderá al Director autorizar los procedimientos por sistemas tecnológicos a través de los cuales se pueda realizar la declaración y pago de los impuestos que deban declararse y pagarse simultáneamente. Lo anterior, sin perjuicio de las atribuciones del Servicio de Tesorerías para instruir sobre los procedimientos de rendición de los ingresos por concepto de estos impuestos que deban efectuar las instituciones recaudadoras.

Artículo 40.- Todo vale vista, letra bancaria o cheque con que se pague un impuesto deberá extenderse colocando en su reverso una especificación del impuesto que con él se paga, del período a que corresponda, del número del rol y del nombre del contribuyente. Si no se extendieren cumpliendo los requisitos anteriores, el Fisco no será responsable de los daños que su mal uso o extravío irroguen al contribuyente, sin perjuicio de la responsabilidad personal de los que hagan uso indebido de ellos.

Artículo 41.- Las letras bancarias dadas en pago de impuestos deberán girarse "a la orden" de la Tesorería respectiva. Los vale vista y los cheques, en su caso, deberán extenderse nominativamente o "a la orden" de la Tesorería correspondiente. En todo caso, dichos documentos sólo podrán cobrarse mediante su depósito en la cuenta bancaria de la Tesorería.

Artículo 42.- El Ministro de Hacienda podrá autorizar que el pago de determinados impuestos se haga en una Tesorería distinta de la que corresponda.

Artículo 43.- La Dirección Regional estará obligada a comunicar con un mes de anticipación, a lo menos, a la fecha inicial del período de pago del impuesto territorial, la circunstancia de haberse modificado la tasa o de haberse alterado el avalúo por reajustes automáticos. La comunicación se hará mediante la publicación de tres avisos, a lo menos, en un periódico de los de mayor circulación de la ciudad cabecera de la provincia respectiva, debiendo indicarse en el aviso el porcentaje o monto en que dicha contribución se haya modificado.

Artículo 44.- En la misma época señalada en el artículo 43, el Servicio remitirá a los contribuyentes un aviso que contenga el nombre del propietario, la ubicación o nombre del bien raíz, el número del rol que corresponda, y el monto del avalúo imponible y del impuesto.

Estos avisos se remitirán a la dirección correspondiente al inmueble que motiva el impuesto o al domicilio que para estos efectos el propietario haya registrado en el Servicio y, a falta de éste, al domicilio del propietario que figure registrado en el Servicio.

Artículo 45.- Derogado.

Artículo 46.- La falta de publicación de los avisos indicados en los artículos anteriores o el extravío de ellos en el caso de los artículos 44 y 45, no liberará al contribuyente del oportuno cumplimiento de sus obligaciones.

Artículo 47.- El Tesorero General de la República podrá facultar al Banco del Estado de Chile, a los bancos comerciales y a otras instituciones, para recibir de los contribuyentes el pago, de acuerdo a lo dispuesto por el artículo 38, de cualquier impuesto, contribución o gravamen en general, con sus correspondientes recargos legales, aun cuando se efectúe fuera de los plazos legales de vencimiento. Los pagos deberán comprender la totalidad de las cantidades incluidas en los respectivos boletines, giros y órdenes. Si el impuesto debe legalmente enterarse por cuotas, el pago abarcará la totalidad de la cuota correspondiente.

Artículo 48.- El pago hecho en la forma indicada en el artículo 47 extinguirá la obligación tributaria pertinente hasta el monto de la cantidad enterada, pero el recibo de ésta no acreditará por sí sólo que el contribuyente está al día en el cumplimiento de la obligación tributaria respectiva.

Los recargos legales por concepto de reajustes, intereses y multas serán determinados por el Servicio, y también por la Tesorería para los efectos de las compensaciones. Igual determinación podrá efectuar la Tesorería para la cobranza administrativa y judicial, respecto de los duplicados o copias de giros.

Los contribuyentes podrán determinar dichos recargos para el efecto de enterarlos en arcas fiscales conjuntamente con el impuesto. El pago efectuado en esta forma cuando no extinga totalmente la obligación será considerado como un abono a la deuda, aplicándose lo establecido en el artículo 50.

Para los efectos de lo dispuesto en los incisos anteriores, las diferencias que por concepto de impuestos y recargos se determinen entre lo pagado y lo efectivamente adeudado, se pondrán en conocimiento del contribuyente mediante un giro. No regirá respecto de estos giros la limitación contemplada en el inciso tercero del artículo 37. Las fechas indicadas para el pago de dichos giros no constituirán en caso alguno un nuevo plazo o prórroga del establecido para el pago de las deudas respectivas, ni suspenderán los procedimientos de apremio iniciados o los que corresponda iniciar.

El Director Regional, podrá de oficio o a petición del contribuyente, enmendar administrativamente cualquier error manifiesto de cálculo en que pudiera haberse incurrido en la emisión del giro referido en el inciso anterior.

Artículo 49.- La Tesorería no podrá negarse a recibir el pago de un impuesto por adeudarse uno o más períodos del mismo.

Los tres últimos recibos de pago de un determinado impuesto no hará presumir el pago de períodos o cuotas anteriores.

Artículo 50.- En todos los casos los pagos realizados por los contribuyentes por cantidades inferiores a lo efectivamente adeudado, por concepto de impuestos y recargos se considerarán como abonos a la deuda, fraccionándose el impuesto o gravamen y liquidándose los reajustes, intereses y multas sobre la parte cancelada, procediéndose a su ingreso definitivo en arcas fiscales.

Los pagos referidos en el inciso anterior, no acreditarán por sí solos que el contribuyente se encuentra al día en el cumplimiento de las obligaciones tributarias, ni suspenderán los procedimientos de ejecución y apremio sobre el saldo insoluto de la deuda.

Artículo 51.- Cuando los contribuyentes no ejerciten el derecho a solicitar la devolución de las cantidades que corresponden a pagos indebidos o en exceso de lo adeudado a título de impuestos, las Tesorerías procederán a ingresar dichas cantidades como pagos provisionales de impuestos. Para estos fines, bastará que el contribuyente acompañe a la Tesorería una copia autorizada de la resolución del Servicio en la cual conste que tales cantidades pueden ser imputadas en virtud de las causales ya indicadas.

Igualmente las Tesorerías acreditarán a petición de los contribuyentes y de acuerdo con la norma del inciso anterior, una parte o el total de lo que el Fisco les adeude a cualquier otro título. En este caso, la respectiva orden de pago de tesorería servirá de suficiente certificado para los efectos de hacer efectiva la imputación.

Para estos efectos, las Tesorerías provinciales girarán las sumas necesarias para reponer a los tesoreros comunales las cantidades que les falten en caja por el otorgamiento o la recepción de dichos documentos.

En todo caso, las Tesorerías efectuarán los descargos necesarios en las cuentas municipales y otras que hubieren recibido abonos en razón de pagos indebidos o en exceso, ingresando éstos a las cuentas presupuestarias respectivas.

Las cantidades que correspondan a pagos indebidos o en exceso, a título de impuestos, podrán ser imputadas de oficio por el Servicio a la cancelación de cualquier impuesto del mismo período cuyo pago se encuentre pendiente, en los casos que se dicte una ley que modifique la base imponible o los elementos necesarios para determinar un tributo y ella dé lugar a la rectificación de las declaraciones ya presentadas por los contribuyentes.

La imputación podrá efectuarse con la sola emisión de las notas de créditos que extienda dicho Servicio.

Artículo 52.- Los cesionarios de créditos fiscales no tendrán derecho a solicitar la aplicación de las normas del artículo 51.

En todo caso, los recibos o vales otorgados por Tesorería en virtud de los artículos 50 y 51, serán nominativos y los valores respectivos no devengarán intereses.

Párrafo 2°. Reajustes e Intereses moratorios

Artículo 53.- Todo impuesto o contribución que no se pague dentro del plazo legal se reajustará en el mismo porcentaje de aumento que haya experimentado el índice de precios al consumidor en el período comprendido entre el último día del segundo mes que precede al de su vencimiento y el último día del segundo mes que precede al de su pago.

Los impuestos pagados fuera de plazo, pero dentro del mismo mes calendario de su vencimiento, no serán objeto de reajuste. Sin embargo, para determinar el mes calendario de vencimiento, no se considerará la prórroga a que se refiere el inciso tercero del artículo 36 si el impuesto no se pagare oportunamente.

El contribuyente estará afecto además a un interés penal diario, en caso de mora en el pago del todo o de la parte que adeude de cualquier clase de impuestos o contribuciones. El interés penal será determinado a partir de la tasa de interés corriente aplicable a operaciones a un año o más, reajustables en moneda nacional, inferiores o iguales al equivalente de 2.000 unidades de fomento, publicada por la Comisión para el Mercado Financiero, incrementada en 3,5%. Este interés se calculará sobre valores reajustados en la forma señalada en el inciso primero y se determinará por cada día de retraso.

Para determinar el interés penal indicado en el inciso anterior se deberá considerar la tasa de interés semestral que resulte aplicable según el período trascurrido entre el vencimiento del impuesto o contribución respectivo y la fecha de su pago efectivo. La tasa de interés así determinada se dividirá por trescientos sesenta y se multiplicará por la cantidad de días de retraso que transcurran en cada semestre a partir de la fecha de vencimiento del impuesto o contribución hasta la fecha del pago efectivo de éstos, o parte de ellos. Para estos efectos el Servicio mediante resolución fijará la tasa de interés vigente para cada semestre. La resolución será publicada en el sitio web del Servicio los meses de junio y diciembre de cada año y regirá por el semestre que inicia el mes siguiente al de su publicación.

Cuando la mora en el pago de un impuesto o contribución, o de una parte de ellos, sea por un plazo mayor a un semestre, el interés penal total a aplicar corresponderá a la sumatoria de las tasas individuales determinadas en la forma descrita en el inciso cuarto.

La tasa de interés determinada según los incisos anteriores el contribuyente podrá solicitar la emisión del giro correspondiente el cual estará vigente por un plazo de cinco días. Vencido el plazo será necesario actualizar los intereses en conformidad al presente artículo.

El monto de los intereses así determinados, no estará afecto a ningún recargo.

No procederá el reajuste ni se devengarán los intereses penales a que se refieren los incisos precedentes, cuando el atraso en el pago se haya debido a causa imputable a los Servicios de Impuestos Internos o Tesorería, lo cual deberá ser declarado por el respectivo Director Regional o Tesorero Regional o Provincial, en su caso.

Sin embargo, en caso de convenios de pago, cada cuota constituye un abono a los impuestos adeudados y, en consecuencia, las cuotas pagadas no seguirán devengando intereses ni serán susceptibles de reajuste.

Artículo 54.- El contribuyente que enterare en arcas fiscales el impuesto determinado en la forma expresada en el artículo 24, dentro del plazo de noventa días contado desde la fecha de la liquidación, pagará el interés moratorio calculado solamente hasta dicha fecha.

Artículo 55.- Todo interés moratorio se aplicará con la tasa que se determine según la regla vigente al momento del pago, conforme a lo dispuesto en el artículo 3°.

Artículo 56.- La condonación parcial o total de intereses penales sólo podrá ser otorgada por el Director Regional cuando, resultando impuestos adeudados en virtud de una determinación de oficio practicada por el Servicio, a través de una liquidación, reliquidación o giro, el contribuyente o el responsable del impuesto probare que ha procedido con antecedentes que hagan excusable la omisión en que hubiere incurrido.

Procederá también la condonación de intereses penales cuando, tratándose de impuestos sujetos a declaración, el contribuyente o el responsable de los mismos, voluntariamente, formulare una declaración omitida o presentare una declaración complementaria que arroje mayores impuestos y probare que ha procedido con antecedentes que hagan excusable la omisión en que hubiere incurrido.

En los casos en que el Servicio incurriere en error al girar un impuesto, el Director Regional deberá condonar totalmente los intereses hasta el último día del mes en que se cursare el giro definitivo.

El Director Regional podrá condonar la totalidad de los intereses penales que se hubieren originado por causa no imputable al contribuyente. Para rechazar la solicitud de condonación total en estos casos, el Director Regional deberá emitir una resolución donde fundadamente señale las razones por las que se trata de una causa imputable al contribuyente.

No procederá la condonación establecida en el presente artículo respecto de contribuyentes que hayan sido condenados por el delito de cohecho a funcionarios del Servicio.

Párrafo 3°. Reajustes e intereses en caso de devolución o imputación

Artículo 57.- Toda suma que se ordene devolver o imputar por los Servicios de Impuestos Internos o de Tesorería por haber sido ingresada en arcas fiscales indebidamente, en exceso, o doblemente, a título de impuestos o cantidades que se asimilen a estos, reajustes, intereses o sanciones, se restituirá o imputará reajustada en el mismo porcentaje de variación que haya experimentado el índice de precios al consumidor en el período comprendido entre el último día del segundo mes que precede al de su ingreso en arcas fiscales y el último día del segundo mes anterior a la fecha en que la Tesorería efectúe el pago o imputación, según el caso. Asimismo, cuando los tributos, reajustes, intereses y sanciones se hayan debido pagar en virtud de una reliquidación o de una liquidación de oficio practicada por el Servicio y reclamada por el contribuyente, serán devueltos, además, con intereses del medio por ciento mensual por cada mes completo, contado desde su entero en arcas fiscales. Sin perjuicio de lo anterior, Tesorería podrá devolver de oficio las contribuciones de bienes raíces pagadas doblemente por el contribuyente.

Artículo 58.- Los reajustes o intereses que deba pagar o imputar el Fisco se liquidarán por el Servicio y la Tesorería correspondiente a la fecha de efectuar su devolución o imputación, según el caso, de conformidad a la resolución respectiva.

TÍTULO IV
MEDIOS ESPECIALES DE FISCALIZACIÓN

Párrafo 1°. Del examen y secreto de las declaraciones y de la facultad de tasar

Artículo 59.- Dentro de los plazos de prescripción, el Servicio podrá llevar a cabo procedimientos de fiscalización. Sin embargo, no podrá efectuar nuevos procedimientos de fiscalización, ni por el mismo período ni en los períodos siguientes, respecto de operaciones, transacciones o sobre hechos que ya han sido objeto de un proceso de fiscalización, salvo las excepciones siguientes:

a) Que se trate de un nuevo requerimiento, efectuado por el mismo período tributario o en los períodos siguientes, que tenga por objeto la fiscalización de hechos nuevos o de la correcta determinación de impuestos distintos de los que fueron objeto del procedimiento primitivo.

b) Cuando aparezcan nuevos antecedentes que puedan dar lugar a:

i. Un procedimiento de recopilación de antecedentes a que se refiere el número 10 del artículo 161.

ii. Un procedimiento de fiscalización ajustado a lo establecido en los artículos 4 bis, 4 ter, 4 quáter, 4 quinquies.

iii. Un procedimiento de fiscalización por aplicación del artículo 41 G o 41 H de la Ley sobre Impuesto a la Renta.

iv. Que los nuevos antecedentes tengan como origen una respuesta a una solicitud de información efectuada a alguna autoridad extranjera.

Para fines de lo dispuesto en el inciso precedente, se entenderá por procedimiento de fiscalización aquel iniciado por un requerimiento de conformidad a este artículo en el que, en base a la revisión de los antecedentes presentados por el contribuyente en respuesta a dicho requerimiento o de aquellos disponibles en las bases de información del Servicio, se haya citado al contribuyente de conformidad a lo dispuesto en el artículo 63. No se considerarán procedimientos de fiscalización aquellas revisiones iniciadas por medios distintos de la citación del artículo 63, salvo que hayan concluido formalmente con un giro, liquidación o resolución; o con una rectificación o certificación, cuando en virtud de estas últimas se hayan aceptado los hechos o partidas objeto de la revisión.

Iniciado un procedimiento de fiscalización mediante requerimiento de antecedentes que deban ser presentados al Servicio por el contribuyente, se dispondrá del plazo máximo de nueve meses, contado desde que el funcionario a cargo de la fiscalización certifique que todos los antecedentes solicitados han sido puestos a su disposición, para llevar a cabo actuaciones de fiscalización. El funcionario a cargo deberá emitir dicha certificación dentro de los diez días siguientes contados desde que recibió los antecedentes. Transcurrido el plazo sin que el funcionario a cargo efectúe la certificación respectiva, se entenderán por acompañados sin más trámite, y se iniciará el cómputo del plazo de nueve meses.

Dentro de los plazos de fiscalización establecidos en el presente artículo el Servicio podrá, alternativamente, llevar a cabo las siguientes actuaciones: citar de conformidad a lo dispuesto en el artículo 63, liquidar, emitir una resolución o formular giros, cuando corresponda, o bien certificar, si el contribuyente así lo solicita, que no existen diferencias derivadas del proceso de fiscalización.

El plazo de fiscalización para citar, liquidar, emitir una resolución o formular giros será de doce meses en los siguientes casos:

1. Cuando se efectúe una fiscalización en materia de precios de transferencia.

2. Cuando se deba determinar la renta líquida imponible de contribuyentes con ventas o ingresos superiores a 5.000 unidades tributarias mensuales al 31 de diciembre del año comercial anterior.

3. Cuando se revisen los efectos tributarios de procesos de reorganización empresarial, y

4. Cuando se revise la contabilización de operaciones entre empresas relacionadas.

Sin perjuicio de lo anterior, el plazo será de 18 meses, en los siguientes casos:

a) Cuando se apliquen los artículos 10, 41 F 41 G y 41 H de la Ley sobre Impuesto a la Renta.

b) En los casos a que se refieren los artículos 4° bis, 4° ter, 4° quáter y 4° quinquies.

c) Cuando se aplique el artículo 63 de la Ley de Impuesto a las Herencias, Asignaciones y Donaciones.

d) En aquellos casos relacionados con un proceso de recopilación de antecedentes a que se refiere el número 10 del artículo 161.

e) Cuando se requiera información de una autoridad extranjera.

Los plazos de doce y dieciocho meses indicados en los dos incisos anteriores podrán ser ampliados por una sola vez, por un plazo de seis meses, por resolución fundada. Las referidas resoluciones deberán ser emitidas en cumplimiento del derecho establecido en el artículo 8 bis N° 4 y deberán ser notificadas al contribuyente a más tardar el último día del plazo original que tenía el Servicio para citar, liquidar, emitir la resolución o formular giros, según corresponda. Respecto de dichas resoluciones no procederá el recurso de reposición administrativa voluntaria del artículo 123 bis ni el reclamo judicial establecido en el artículo 124.

Si dentro de los plazos señalados en los incisos cuarto y quinto, más su ampliación cuando corresponda, y del análisis de los antecedentes presentados en respuesta al requerimiento de antecedentes efectuado en virtud del presente artículo se estima procedente la aplicación del procedimiento establecido en el artículo 4 quinquies, por tratarse de alguno de los casos señalados en los artículos 4 ter o 4 quáter, deberá notificarse la resolución, al contribuyente, a más tardar el último día del plazo que tenía el Servicio para citar, liquidar, emitir la resolución o formular giros, según corresponda, que informa que el procedimiento iniciado continuará bajo dicha normativa, en cuyo caso será aplicable el plazo establecido en el inciso sexto más su ampliación si corresponde, y deberá en todo caso considerarse el plazo ya transcurrido.

Si dentro de los plazos señalados la unidad del Servicio que lleva a cabo un procedimiento de fiscalización respecto de un determinado impuesto detecta diferencias impositivas por otros conceptos, deberá iniciarse un nuevo requerimiento de fiscalización por la unidad del Servicio competente. En tal caso, deberá notificarse conforme a las reglas generales al contribuyente e indicar con claridad y precisión sobre el contenido y alcance de la nueva revisión, de modo de resguardar su derecho contenido en el número 4 del artículo 8 bis.

Artículo 59 bis.- Con el propósito de asistir a los contribuyentes y prevenir el incumplimiento tributario originado en actuaciones u omisiones del propio contribuyente o de terceros, el Servicio podrá solicitar la comparecencia de los contribuyentes que se encuentren en las situaciones que se señalan a continuación, las que podrán comparecer personalmente o representadas:

a) Presenten inconsistencias tributarias respecto de los datos registrados en el Servicio o respecto de información proporcionada por terceros, por montos superiores a 2.000 unidades tributarias mensuales durante los últimos 36 meses, excepto aquellos contribuyentes que se encuentran cumpliendo convenios de pago ante el Servicio de Tesorerías.

b) Incurran reiteradamente en las infracciones establecidas en los números 6, 7 o 15 del artículo 97. Para estos efectos, se entenderá que existe reiteración cuando se cometan dos o más infracciones en un período inferior a tres años.

c) Con base en los antecedentes en poder del Servicio se determine fundadamente que el contribuyente no mantiene las instalaciones mínimas necesarias para el desarrollo de la actividad o giro declarado ante el Servicio o que la dirección, correo electrónico, número de rol de avalúo de la propiedad o teléfono declarados para la obtención de rol único tributario, la realización de un inicio de actividades o la información de una modificación, conforme con los artículos 66, 68 y 69, según corresponda, sean declarados fundadamente como falsos o inexistentes.

d) Que el contribuyente esté formalizado o acusado conforme al Código Procesal Penal por delito tributario o sea condenado por este tipo de delitos mientras cumpla su pena.

En estos casos, el Servicio deberá notificar al contribuyente conforme con las reglas generales e indicar detalladamente las razones por las que se solicita la comparecencia, el plazo para comparecer, el funcionario a cargo de la actuación y los demás antecedentes que permitan al contribuyente actuar en forma informada. En caso que el contribuyente no comparezca o, si comparece, no aclare las materias específicas señaladas por el Servicio, se dictará una resolución fundada dando cuenta del hecho.

Artículo 59 ter.- En caso de operaciones o transacciones realizadas en Chile por contribuyentes que conformen un mismo grupo empresarial y que serán o estén siendo fiscalizados conforme a lo indicado en los artículos 59 y siguientes, el Servicio podrá realizar un procedimiento de fiscalización unificado que involucre a todos los contribuyentes del grupo empresarial que hayan concurrido en dichas operaciones y transacciones, y deberá considerar los efectos de la fiscalización de manera integral y consistente.

El inicio de un proceso de fiscalización unificado constará en una resolución que deberá ser notificada, conforme a las reglas generales a las entidades del grupo empresarial que serán sometidas a este procedimiento. En aquellos casos que la notificación se realice cuando una o más de las entidades del grupo empresarial ya estuvieran siendo fiscalizadas conforme al artículo 59, el inicio del procedimiento de fiscalización unificada no interrumpirá los plazos establecidos en dicho artículo. El Servicio podrá disponer que la competencia para conocer la fiscalización se radique en la unidad que tenga jurisdicción sobre el domicilio de la sociedad o entidad controladora, o en la Dirección de Grandes Contribuyentes, cuando corresponda, situación que deberá constar de forma expresa en la resolución que sea notificada a los contribuyentes. La resolución aludida en este inciso no será objeto del recurso establecido en el artículo 123 bis ni del reclamo contenido en el artículo 124.

Recibida la o las notificaciones señaladas en el inciso anterior y cuando el Servicio no haya radicado la competencia en la unidad correspondiente a la sociedad o entidad controladora, ésta podrá solicitar que se efectúe dicha radicación, dentro del plazo de cinco días. La solicitud deberá ser presentada ante el Director Regional correspondiente al domicilio del controlador o ante el Director de Grandes Contribuyentes cuando corresponda. La solicitud deberá ser resuelta dentro del plazo de cinco días.

Determinada la unidad que conocerá la fiscalización se radicará en ella la competencia para iniciar o proseguir con todas las actuaciones relacionadas con la fiscalización respectiva, y de resolver todos los recursos y procedimientos pertinentes.

Será competente para conocer de los reclamos que interpongan las entidades del mismo grupo empresarial que sean fiscalizadas conforme este artículo el Tribunal Tributario y Aduanero correspondiente al territorio jurisdiccional del domicilio de la unidad en que se encuentre radicada la fiscalización. Procederá en estos casos la acumulación de autos.

El Servicio emitirá una resolución en que establecerá el procedimiento para el ejercicio de la facultad de fiscalización establecida en el presente artículo.

Artículo 60.- Con el objeto de verificar la exactitud de las declaraciones u obtener información, el Servicio podrá examinar los inventarios, balances, libros de contabilidad, documentos del contribuyente y hojas sueltas o sistemas tecnológicos que se hayan autorizado o exigido, en conformidad a los incisos cuarto y final del artículo 17, en todo lo que se relacione con los elementos que deban servir de base para la determinación del impuesto o con otros puntos que figuren o debieran figurar en la declaración. Con iguales fines podrá el Servicio examinar los libros, documentos, hojas sueltas o sistemas tecnológicos que los sustituyan, de las personas obligadas a retener un impuesto. El requerimiento de antecedentes podrá realizarse telefónicamente o por la vía más expedita posible, conforme a lo establecido en el artículo 33.

El Director Regional podrá disponer que los contribuyentes presenten, en los casos que así lo determine, un estado de situación. Podrá exigirse, además, que este estado de situación incluya el valor de costo y fecha de adquisición de los bienes que especifique el Director Regional.

No se incluirán en este estado de situación los bienes muebles de uso personal del contribuyente ni los objetos que forman parte del mobiliario de su casa habitación, con excepción de los vehículos terrestres, marítimos y aéreos de uso personal, los que deberán indicarse si así lo exigiere el Director Regional.

La confección o modificación de inventarios podrá ser presenciada por los funcionarios del Servicio autorizados, quienes, además, podrán confeccionar inventarios o confrontar en cualquier momento los inventarios del contribuyente con las existencias reales, pero sin interferir el normal desenvolvimiento de la actividad correspondiente.

Este examen, confección o confrontación deberá efectuarse con las limitaciones de tiempo y forma que determine el Servicio y en cualquier lugar en que el interesado mantenga los libros, documentos, antecedentes o bienes o en otro que el Servicio señale de acuerdo con él. En los casos a que se refieren los incisos cuarto y final del artículo 17, el Servicio podrá efectuar por medios tecnológicos el examen de la contabilidad, libros y documentos que el contribuyente lleve por dichos medios.

El Director o el Director Regional, según el caso, podrá ordenar que el inventario se confronte con el auxilio de la fuerza pública, cuando exista oposición de parte del contribuyente.

Con el fin de llevar a efecto la medida de que trata el inciso anterior, el funcionario encargado de la diligencia podrá recurrir al auxilio de la fuerza pública, la que le será concedida por el Jefe de Carabineros más inmediato sin más trámite que la exhibición de la resolución que ordena dicha medida, pudiendo procederse con allanamiento y descerrajamiento si fuere necesario.

Para la aplicación, fiscalización o investigación del cumplimiento de las leyes tributarias, el Servicio podrá pedir declaración jurada por escrito o citar a toda persona domiciliada dentro de la jurisdicción de la oficina que la cite, para que concurra a declarar, bajo juramento, sobre hechos, datos o antecedentes de cualquiera naturaleza relacionados con terceras personas. Estarán exceptuados de estas obligaciones, salvo en los casos de sucesión por causa de muerte o comunidades en que sean comuneros los parientes, el cónyuge, los parientes por consanguinidad en la línea recta o dentro del cuarto grado de la colateral, el adoptante, el adoptado, los parientes por afinidad en la línea recta o dentro del segundo grado de la colateral de dichos terceros. Además estarán exceptuadas de estas obligaciones las personas obligadas a guardar el secreto profesional.

No estarán obligadas a concurrir a declarar las personas indicadas en el artículo 300 del Código Procesal Penal, a las cuales el Servicio, para los fines expresados en el inciso precedente, deberá pedir declaración jurada por escrito.

Artículo 60 bis.- En el caso de contribuyentes autorizados a sustituir sus libros de contabilidad y registros auxiliares por hojas sueltas escritas a mano o en otra forma, o por sistemas tecnológicos, de acuerdo al inciso cuarto del artículo 17, y en los casos del inciso final del mismo artículo, el Servicio podrá realizar los exámenes a que se refiere el artículo anterior accediendo o conectándose directamente a los referidos sistemas tecnológicos, incluyendo los que permiten la generación de libros o registros auxiliares impresos en hojas sueltas. Asimismo, el Servicio podrá ejercer esta facultad con el objeto de verificar, para fines exclusivamente tributarios, el correcto funcionamiento de dichos sistemas tecnológicos, a fin de evitar la manipulación o destrucción de datos necesarios para comprobar la correcta determinación de bases imponibles, rebajas, créditos e impuestos. Para el ejercicio de esta facultad, el Servicio deberá notificar al contribuyente, especificando el periodo en el que se llevarán a cabo los respectivos exámenes.

El Servicio podrá requerir al contribuyente, su representante o al administrador de dichos sistemas tecnológicos, los perfiles de acceso o privilegios necesarios para acceder o conectarse a ellos. Una vez que acceda o se conecte, el funcionario a cargo de la fiscalización podrá examinar la información, realizar validaciones y ejecutar cualquier otra operación lógica o aritmética necesaria para los fines de la fiscalización.

Los resultados del procesamiento y fiscalización de los sistemas tecnológicos constarán en un informe foliado suscrito por los funcionarios que participaron en la acción de fiscalización, el que formará parte del expediente que se abra al efecto. Se entregará al contribuyente un acta detallada donde conste la información accedida o copiada o sistemas fiscalizados tecnológicamente. La información copiada será desechada al término de la revisión, sin perjuicio que en el expediente se incluirá un resumen de la información procesada. Se comunicará al contribuyente la circunstancia de haberse desechado la información electrónica en el plazo que se establezca en la resolución referida en el inciso siguiente. El resultado de estas actividades de fiscalización informática se notificará sólo en forma de citación, liquidación, giro o resolución, según proceda.

El Director, mediante resolución, fijará el procedimiento, la forma y los plazos para el ejercicio de esta facultad. Serán aplicables las normas del artículo 35 a los funcionarios que participen en las actuaciones que se realicen en el ejercicio de la facultad otorgada en este artículo, incluidos los funcionarios que accedan, reciban, procesen y administren la información recopilada o copiada. Para estos efectos, se deberá identificar a los funcionarios en los respectivos expedientes, quienes deberán suscribirlos mediante firma e individualizar las actividades informáticas realizadas.

La facultad establecida en este artículo sólo permitirá el examen de los registros y libros señalados en el inciso primero, excluyendo, en todo caso, información sujeta a secreto comercial o empresarial, entendiendo, para estos efectos, que dicha información es aquella que no está disponible para el público en general y que es fundamental para la producción, distribución, prestación de servicios o comercialización, siempre que no formen parte de los referidos registros y libros. En ningún caso el ejercicio de las facultades establecidas en este artículo podrá afectar el normal desarrollo de las operaciones del contribuyente.

Artículo 60 ter.- El Servicio, por resolución fundada, podrá autorizar o exigir la utilización de sistemas tecnológicos de información que permitan el control tributario de actividades o contribuyentes de sectores específicos, tales como sellos digitales o sellos o identificaciones impresas.

Para estos efectos, el Ministerio de Hacienda, mediante decreto supremo, establecerá en una norma general el tipo de actividades o sectores de contribuyentes sujetos a la exigencia de implementar y utilizar los referidos sistemas, cuya especificación debe estar suficientemente descrita, contar con disponibilidad y no implicar una obligación de difícil u oneroso cumplimiento. En el ejercicio de esta facultad el Ministerio podrá disponer la exigencia gradual de los sistemas, considerando, por ejemplo, el tipo de actividad o sector de contribuyentes, disponibilidad o dificultades de cumplimiento.

El Servicio deberá notificar al contribuyente sobre el inicio de un procedimiento destinado a exigir la utilización de tales sistemas de control informático, con al menos dos meses de anticipación a la notificación de la citada resolución.

Los contribuyentes dispondrán del plazo de seis meses, contados desde la notificación de la resolución, para implementar y utilizar el sistema respectivo. El Servicio podrá, a petición del contribuyente, prorrogar el plazo hasta por seis meses más en casos calificados.

En ningún caso el ejercicio de las facultades establecidas en este artículo podrá afectar el normal desarrollo de las operaciones del contribuyente.

La Dirección podrá celebrar acuerdos voluntarios con agrupaciones o asociaciones de contribuyentes para la utilización de sellos o mecanismos que permitan promover el cumplimiento tributario.

El incumplimiento de la obligación de utilizar estos sistemas o impedir o entrabar la revisión de su correcto uso será sancionado de conformidad al número 6° del artículo 97.

Artículo 60 quáter.- El Director Regional podrá ordenar el diseño y ejecución de cualquier tipo de actividad o técnica de auditoría de entre aquellas generalmente aceptadas, sin afectar el normal desarrollo de las operaciones del contribuyente. En el ejercicio de esta facultad el Servicio podrá, en especial, realizar actividades de muestreo y puntos fijos.

Para los efectos de este artículo, se entenderá por técnicas de auditoría los procedimientos destinados a fiscalizar el correcto cumplimiento de las obligaciones tributarias, principales y accesorias, de los contribuyentes, verificando que las declaraciones de impuestos sean expresión fidedigna de las operaciones registradas en sus libros de contabilidad, así como de la documentación soportante y de todas las transacciones económicas efectuadas, y que las bases imponibles, créditos, exenciones, franquicias, tasas e impuestos, estén debidamente determinados, con el objeto que, de existir diferencias, se proceda a efectuar el cobro de los tributos y recargos legales. Asimismo, se entenderá por muestreo, la técnica empleada para la selección de muestras representativas del cumplimiento de las obligaciones tributarias por parte de contribuyentes determinados, y por punto fijo, el apersonamiento de funcionarios del Servicio de Impuestos Internos en las dependencias, declaradas o no, de la empresa o contribuyente, o en las áreas inmediatamente adyacentes a dichas dependencias, o en bodegas o recintos pertenecientes a terceros utilizados por aquellos, realizado con el fin de observar o verificar su cumplimiento tributario durante un tiempo determinado o con el fin de realizar una actividad de muestreo. El funcionario a cargo de realizar el punto fijo deberá entregar un acta a la empresa o contribuyente, consignando el hecho de haberse realizado una actividad de esta naturaleza.

El Servicio podrá utilizar los resultados obtenidos para efectuar las actuaciones de fiscalización que correspondan, siempre que las actividades de auditoría, de muestreo o punto fijo, según el caso, cumplan los siguientes requisitos:

Haberse repetido, en forma continua o discontinua, dentro de un periodo máximo de seis años calendario contado desde que se realice la primera actividad de auditoría, muestreo o punto fijo, según corresponda.

Recoger las estacionalidades e hipótesis de fuerza mayor o caso fortuito que puedan afectar los resultados.

Guardar relación con el ciclo económico o con el sector económico respectivo.

Los resultados obtenidos deben ser consistentes con los resultados obtenidos en otras actividades o técnicas de auditoría, aplicados durante la misma revisión, incluyendo chequeos de consumos eléctricos, insumos, servicios, contribuyentes o entidades comparables o de la plaza, o certificaciones emitidas por entidades técnicas reconocidas por el Estado.

En caso de detectarse diferencias relevantes respecto de lo registrado, informado o declarado por el contribuyente, el Servicio, sobre la base de los resultados que arrojen las actividades o técnicas de auditoría, podrá tasar la base imponible de los impuestos que corresponda, tasar el monto de los ingresos y, en general, ejercer todas las facultades de fiscalización dispuestas por la ley.

Cumpliendo los requisitos señalados en el inciso tercero de este artículo, la muestra o resultado obtenido servirá de antecedente para liquidar y girar los impuestos que correspondan, conforme a las reglas generales.

La metodología empleada, así como los resultados de las actividades o técnicas de auditoría a que se refiere este artículo, serán reclamables por el contribuyente conjuntamente con la liquidación, resolución o giro que el Servicio practique en base a ellas, conforme a las reglas generales.

Artículo 60 quinquies.- Los productores, fabricantes, importadores, elaboradores, envasadores, distribuidores y comerciantes, que el Servicio de Impuestos Internos determine mediante resolución, deberán implementar sistemas de trazabilidad en resguardo del interés fiscal. La información electrónica para la trazabilidad originada en el sistema de marcación referido anteriormente será proporcionada al Servicio mediante los sistemas informáticos que éste disponga con arreglo al presente artículo.

Los contribuyentes dispondrán del plazo de seis meses, contado desde la publicación o notificación de la resolución referida, para implementar el sistema respectivo. El plazo podrá ser prorrogado a petición fundada del contribuyente respectivo por otros tres meses contados desde el vencimiento del plazo original.

La resolución del Servicio de Impuestos Internos que determine los contribuyentes afectos a esta obligación, así como la prórroga para la implementación del sistema, deberá ser notificada, dentro del plazo de diez días, al Servicio Nacional de Aduanas, para su debido registro y fiscalización.

Uno o más reglamentos expedidos por el Ministerio de Hacienda, establecerán las características y especificaciones técnicas, requerimientos, forma de operación y mecanismos de contratación, de los sistemas de trazabilidad, como asimismo, los requisitos que deberán cumplir los elementos distintivos, equipos, máquinas o dispositivos, los que podrán ser fabricados, incorporados, instalados o aplicados, según corresponda, por empresas no relacionadas con los contribuyentes obligados según lo dispuesto en el artículo 100 de la ley Nº 18.045, y que cumplan con los requisitos que allí se contemplen, o por el Servicio. Tales empresas o su personal no podrán divulgar, en forma alguna, datos relativos a las operaciones de los contribuyentes de que tomen conocimiento, ni permitirán que éstos, sus copias, o los papeles en que se contengan antecedentes de aquellas sean conocidos por persona alguna ajena al Servicio de Impuestos Internos. La infracción a lo dispuesto precedentemente, autorizará al afectado para perseguir las responsabilidades civiles y penales ante los tribunales competentes.

Los sistemas de trazabilidad implementados por las empresas o por el Servicio podrán ser contratados por el Servicio, según los mecanismos de contratación y sujetos del contrato que establezca el reglamento respectivo.

Los contribuyentes que incurran en desembolsos adicionales o extraordinarios, directamente relacionados con la implementación de los sistemas de trazabilidad que trata este artículo, tendrán derecho a deducirlos como crédito en contra de sus pagos provisionales obligatorios del impuesto a la renta, correspondientes a los ingresos del mes en que se haya efectuado el desembolso. El remanente que resultare, por ser inferior el pago provisional obligatorio o por no existir la obligación de efectuarlo en dicho período, podrá imputarse a cualquier otro impuesto de retención o recargo que deba pagarse en la misma fecha. El saldo que aún quedare después de las imputaciones señaladas, podrá rebajarse de los mismos impuestos en los meses siguientes, reajustado en la forma que prescribe el artículo 27 del decreto ley Nº 825, de 1974. El saldo o remanente que quedare, una vez efectuadas las deducciones en el mes de diciembre de cada año, o el último mes en el caso de término de giro, según el caso, tendrá el carácter de pago provisional de aquellos a que se refiere el artículo 88 de la ley sobre impuesto a la renta, contenida en el artículo 1º del decreto ley Nº 824, de 1974.

Los productos o artículos a que se refiere esta disposición no podrán ser extraídos de los recintos de depósito aduanero ni de las fábricas, bodegas o depósitos, sin que los contribuyentes de que se trate hayan dado cumplimiento a la obligación que establece este artículo. En caso de incumplimiento, se considerará que tales bienes han sido vendidos o ingresados clandestinamente, incurriéndose en este último caso en el delito de contrabando previsto en el artículo 168 de la Ordenanza de Aduanas.

Los contribuyentes que no den cumplimiento oportuno a la obligación que establece el inciso primero serán sancionados con multa de hasta 100 unidades tributarias anuales. Detectada la infracción, sin perjuicio de la notificación de la denuncia, se concederá administrativamente un plazo no inferior a dos meses ni superior a seis para subsanar el incumplimiento; en caso de no efectuarse la corrección en el plazo concedido se notificará una nueva infracción conforme a este inciso. La aplicación de las sanciones respectivas se ajustará al procedimiento establecido en el número 2 del artículo 165.

La adulteración maliciosa en cualquier forma de los productos o inventarios, o de la información que respecto de aquellos se proporcione al Servicio de Impuestos Internos, con la finalidad de determinar un impuesto inferior al que corresponda, será sancionada conforme a lo dispuesto en el inciso primero del número 4 del artículo 97. El ingreso al país de los productos a que se refiere este artículo, adulterándose maliciosamente, en cualquier forma, tanto la declaración respectiva como los documentos y exigencias a que se refieren los artículos 76 y 77 de la Ordenanza de Aduanas, será sancionado con la pena establecida en el artículo 169 de la citada Ordenanza.

En caso de detectarse en un proceso de fiscalización especies de las reguladas en el presente artículo que no cumplan con los requisitos del sistema de trazabilidad a que se refiere el inciso primero, se aplicará la sanción establecida en el inciso octavo y el comiso de los bienes o productos respectivos.

La incautación de las especies se efectuará por funcionarios del Servicio de Impuestos Internos en el momento de sorprenderse la infracción, debiendo remitirlas al recinto fiscal más próximo para su custodia y conservación. El vehículo o medio utilizado para cometer la infracción establecida en el inciso anterior no podrá continuar hacia el lugar de destino mientras no se proceda a la incautación de los bienes o productos respectivos.

Para llevar a efecto las medidas de que trata el inciso anterior, se aplicará lo dispuesto en el inciso final del número 17, del artículo 97.

Respecto de los bienes o productos ingresados al país y que resulten incautados o decomisados de conformidad a la presente ley, se aplicarán en cuanto fueren compatibles las normas establecidas en el Título VIII del Libro II de la Ordenanza de Aduanas, contenida en el decreto con fuerza de ley N° 213, de 1953, cuyo texto fue fijado por el decreto con fuerza de ley N° 30, de 2005, del Ministerio de Hacienda.

Artículo 61.- Salvo disposición en contrario, los preceptos de este Código, no modifican las normas vigentes sobre secreto profesional, reserva de la cuenta corriente bancaria y demás operaciones a que la ley dé carácter confidencial.

Artículo 62.- La Justicia Ordinaria podrá autorizar el examen de información relativa a las operaciones bancarias de personas determinadas, comprendiéndose todas aquellas sometidas a secreto o sujetas a reserva, en el caso de procesos por delitos que digan relación con el cumplimiento de obligaciones tributarias. Igual facultad tendrán los Tribunales Tributarios y Aduaneros cuando conozcan de un proceso sobre aplicación de sanciones conforme al artículo 161.

Asimismo, en ejercicio de sus facultades fiscalizadoras y de conformidad a lo establecido por el Título VI del Libro Tercero, el Servicio podrá requerir la información relativa a las operaciones bancarias de contribuyentes determinados, comprendiéndose todas aquellas sometidas a secreto o sujetas a reserva, que resulten indispensables para verificar la veracidad e integridad de las declaraciones de impuestos, o falta de ellas, en su caso. La misma información podrá ser solicitada por el Servicio para dar cumplimiento a los siguientes requerimientos:

i) Los provenientes de administraciones tributarias extranjeras, cuando ello haya sido acordado bajo un convenio internacional de intercambio de información suscrito por Chile y ratificado por el Congreso Nacional.

ii) Los originados en el intercambio de información con las autoridades competentes de los Estados Contratantes en conformidad a lo pactado en los Convenios vigentes para evitar la doble imposición suscritos por Chile y ratificados por el Congreso Nacional.

Salvo los casos especialmente regulados en otras disposiciones legales, los requerimientos de información bancaria sometida a secreto o reserva que formule el Director de conformidad con el inciso anterior, se sujetarán al siguiente procedimiento:

1) El Servicio, dentro de un proceso de fiscalización y previo a una citación o con ocasión de una, podrá requerir al contribuyente la entrega de su información bancaria, para lo cual deberá especificar las operaciones o tipo de operaciones o productos bancarios respecto de los cuales se solicita información y el período que comprende. El requerimiento se realizará en conjunto con la respectiva citación o con posterioridad a ella, según corresponda, pero siempre dentro del mismo proceso de fiscalización, y deberá ser notificado al contribuyente, de lo cual se dejará constancia en su expediente electrónico.

El contribuyente deberá, en la respuesta a la citación o dentro de los diez días siguientes a la notificación del requerimiento señalado en el párrafo anterior, informar si accede a la entrega de su información y el plazo en el cual será entregada, el que no podrá ser superior a veinte días. A falta de pronunciamiento expreso del contribuyente, se entenderá que no accede a la entrega voluntaria de la información requerida.

El contribuyente podrá autorizar que la información sea enviada directamente por el banco, circunstancia que deberá constar por escrito y deberá contener expresamente la información sobre los productos, cuentas y los bancos respecto de los cuales se requirió información. De esta autorización se dejará constancia en el expediente electrónico. En estos casos, el Servicio procederá a enviar un requerimiento al o a los bancos que corresponda, el que contendrá lo siguiente:

a) La individualización del titular de la información bancaria que se solicita.

b) Las operaciones o productos bancarios o tipos de operaciones bancarias respecto de los cuales se solicita información.

c) Los períodos comprendidos en la solicitud.

d) Copia de la autorización que ha conferido el contribuyente.

e) El plazo para la entrega de la información, el cual no podrá ser inferior a diez ni superior a veinte días.

El Servicio remitirá una copia del requerimiento al contribuyente y dejará constancia en el expediente electrónico.

Efectuado un requerimiento en los términos antes señalados el banco deberá proceder a la entrega de la información requerida sin más trámite y le comunicará al contribuyente la forma y fecha en que ha cumplido con el requerimiento.

2) Cuando el contribuyente no entregare de forma voluntaria la información requerida o no autorizare su entrega por parte del banco, el Servicio solo podrá acceder a la información bancaria mediante el procedimiento establecido en el artículo 62 bis. A falta de pronunciamiento expreso por parte del contribuyente dentro del plazo establecido, se entenderá que no accede a la entrega voluntaria.

3) En los casos referidos en el numeral 2), autorizada la entrega de la información requerida por sentencia judicial firme, el Servicio solicitará que el tribunal oficie al banco obligado. Lo mismo ocurrirá si las partes llegan a un acuerdo total o parcial o a algún equivalente jurisdiccional que obligue al titular a entregar toda o parte de la información requerida. En estos casos, el banco dispondrá de un plazo de diez días, desde la notificación del oficio, para la entrega de la información solicitada.

4) No procederá lo dispuesto en los numerales anteriores cuando el requerimiento de información bancaria se realice con ocasión de un procedimiento de fiscalización por aplicación del número 10 del artículo 161, se funde en información obtenida por aplicación del artículo 85 ter o respecto de procesos de fiscalización iniciados en virtud de las letras a) o b) del artículo 59 bis, cuando el contribuyente no hubiere comparecido o entregado las aclaraciones en el sentido del inciso final de dicho artículo. En los casos antes señalados el banco deberá entregar la información requerida por el Servicio según el siguiente procedimiento:

a) El Servicio deberá presentar el requerimiento, que contendrá las menciones señaladas en las letras a), b) y c) del numeral 1), ante el Tribunal Tributario y Aduanero correspondiente al domicilio del contribuyente, junto con los antecedentes que den cuenta del procedimiento de fiscalización bajo el cual se encuentra el contribuyente y sus antecedentes fundantes. El requerimiento deberá contener, además, los fundamentos que den cuenta de la importancia de contar con la información bancaria requerida para verificar la veracidad e integridad de las declaraciones de impuestos o la falta de ellas.

b) El juez tendrá un plazo de cinco días para verificar el cumplimiento de los requisitos establecidos en el presente numeral. Vencido dicho plazo, el tribunal deberá notificar al Servicio, mediante correo electrónico, la resolución dando cuenta del cumplimiento de los requisitos legales.

c) El Servicio procederá a enviar el requerimiento señalado en la letra a) anterior y la resolución del tribunal al banco, el cual entregará la información dentro del plazo de veinte días desde la recepción del requerimiento.

d) El banco, una vez entregada la información al Servicio, deberá comunicarle al titular que ha procedido a entregar su información bancaria en virtud de un requerimiento por aplicación del presente numeral.

e) Cuando el juez no autorice la entrega de información requerida por el Servicio, esta sólo podrá ser obtenida por sentencia judicial firme en base al procedimiento establecido en el artículo 62 bis.

El procedimiento establecido en el presente numeral será siempre secreto.

5) El retardo u omisión total o parcial en la entrega de la información por parte del banco, en cualquiera de las circunstancias reguladas en el presente artículo, será sancionado con multa de 50 unidades tributarias anuales.

6) El Servicio deberá implementar un sistema que permita la entrega de información por parte de los bancos que garantice su seguridad, integridad y reserva.

Con todo, el Servicio, a través de su Dirección Nacional, podrá requerir a los bancos, a agencias o representaciones de bancos extranjeros, a casas de cambio, instituciones financieras y demás entidades con domicilio o residencia en Chile, que informen, antes del 15 de marzo de cada año, las operaciones que realicen, por encargo de terceros, correspondientes a remesas, pagos, traslados de fondos al exterior o ingresos de fondos al país, del año comercial inmediatamente anterior, por un monto igual o superior a los diez mil dólares de los Estados Unidos de América o su equivalente. Para estos efectos, el Servicio deberá recabar la autorización judicial a que se refiere el inciso tercero del presente artículo.

La información bancaria sometida a secreto o reserva, obtenida por el Servicio bajo estos procedimientos, tendrá el carácter de reservada de conformidad a lo establecido en el artículo 35 y sólo podrá ser utilizada por éste para verificar la veracidad e integridad de las declaraciones de impuestos, o la falta de ellas, en su caso, para el cobro de los impuestos adeudados y para la aplicación de las sanciones que procedan. El Servicio adoptará las medidas de organización interna necesarias para garantizar su reserva y controlar su uso adecuado. La información así recabada que no dé lugar a una gestión de fiscalización o cobro posterior, deberá ser eliminada, dentro del plazo de treinta días, no pudiendo permanecer en las bases de datos del Servicio.

Las autoridades o funcionarios del Servicio que tomen conocimiento de la información bancaria secreta o reservada estarán obligados a la más estricta y completa reserva respecto de ella y, salvo los casos señalados en el inciso segundo, no podrán cederla o comunicarla a terceros. La infracción a esta obligación se castigará con la pena de presidio menor en sus grados medio a máximo y multa de 70 a 500 unidades tributarias mensuales. Asimismo, dicha infracción dará lugar a responsabilidad administrativa y se sancionará con destitución.

Artículo 62 bis.- Será competente para conocer de la solicitud de autorización judicial que el Servicio interponga para acceder a la información bancaria sujeta a reserva o secreto, de conformidad a lo dispuesto en el inciso segundo, en el numeral 2) y en la letra e) del numeral 4) del inciso tercero, todos ellos del artículo 62 precedente, el Tribunal Tributario y Aduanero correspondiente al domicilio del contribuyente. Si se informó un domicilio en el extranjero o no se informó domicilio alguno, será competente el Tribunal Tributario y Aduanero competente en la comuna de Santiago.

La solicitud del Servicio deberá ser presentada conjuntamente con los antecedentes que sustenten el requerimiento y que justifiquen que es indispensable contar con dicha información para determinar las obligaciones tributarias del contribuyente, identificando las declaraciones o falta de ellas, en su caso, que se pretende verificar. En el caso de requerimientos efectuados desde el extranjero, deberá indicarse la entidad requirente de la información y los antecedentes de la solicitud respectiva. Los requerimientos presentados en virtud del presente artículo deberán ser tramitados de forma preferente por el Tribunal Tributario y Aduanero.

El Juez Tributario y Aduanero resolverá la solicitud de autorización citando a las partes a una audiencia que deberá fijarse a más tardar el decimoquinto día contado desde la fecha de la notificación de dicha citación. Con el mérito de los antecedentes aportados por las partes y en la misma audiencia, el juez recibirá la causa a prueba o citará a las partes a oír sentencia. En este último caso, deberá resolver fundadamente en la misma audiencia o dentro del quinto día. Recibida la causa a prueba se abrirá un plazo de cinco días. Vencido el término probatorio el juez dictará la sentencia en un plazo de diez días.

Durante el tiempo transcurrido entre la fecha en que se dicte la sentencia por el Tribunal Tributario y Aduanero, hasta la resolución que la resuelva, por sentencia firme, se suspenderá el cómputo de los plazos establecidos en los artículos 200 y 201.

La notificación al titular de la información, a que se refiere el inciso tercero, se deberá efectuar personalmente o por cédula, salvo cuando se refiera a un domicilio en el extranjero, en cuyo caso se deberá realizar por avisos. Para los efectos de la notificación por avisos, el secretario del tribunal preparará un extracto en que se incluirá la información necesaria para que el titular de la información conozca del hecho de haberse requerido por el Servicio su información bancaria amparada por secreto o reserva, la identidad del tribunal en que tal solicitud se ha radicado y la fecha de la audiencia fijada.

El tribunal remitirá al correo electrónico que el contribuyente registró ante el Servicio una copia de la notificación, sin que la falta de esta afecte la validez de la notificación.

En contra de la sentencia que se pronuncie sobre la solicitud procederá el recurso de apelación, el que deberá interponerse en el plazo de cinco días contado desde su notificación, y se concederá en ambos efectos. La apelación se tramitará en cuenta y en forma preferente, a menos que cualquiera de las partes, dentro del plazo de cinco días contado desde el ingreso de los autos en la Secretaría de la Corte de Apelaciones, solicite alegatos. En contra de la resolución de la Corte no procederá recurso alguno.

El expediente se tramitará en forma secreta en todas las instancias del juicio.

Las disposiciones del artículo 62 y de este artículo no restringirán las demás facultades de fiscalización del Servicio.

Artículo 62 ter.- Con el objeto de dar cumplimiento a los convenios internacionales que versen sobre intercambio de información proveniente de instituciones financieras calificadas como tales de conformidad con los referidos convenios que se encuentren vigentes en nuestro país, el Servicio de Impuestos Internos podrá requerir anualmente la información reservada que cumpla los requisitos dispuestos en este artículo. Las señaladas instituciones financieras fiscalizadas, por su parte, deberán aplicar los procedimientos de revisión e identificación establecidos en el reglamento respectivo.

Para los efectos del inciso anterior, la información requerida deberá cumplir los siguientes requisitos:

a) Corresponder a los titulares de cuentas financieras o controladores de dichos titulares que sean personas naturales, personas jurídicas o entidades que tengan residencia tributaria en otra jurisdicción, patrimonios quedados al fallecimiento de una persona que al momento de fallecer era residente de otra jurisdicción, o personas jurídicas o entidades que no tengan residencia tributaria en Chile y cuya administración efectiva se lleve a cabo en otra jurisdicción.

b) Versar sobre el saldo o valor de las cuentas financieras pertenecientes a los titulares o controladores señalados en el literal a) anterior, al 31 de diciembre de cada año o a la fecha de cierre de las cuentas, rentas pagadas a dichos titulares o controladores, y sobre la identidad de éstos.

c) Encontrarse en poder de instituciones financieras calificadas como tales de conformidad con un convenio internacional vigente que disponga el intercambio de información sobre cuentas financieras.

Las instituciones financieras deberán entregar al Servicio de Impuestos Internos la información indicada en el inciso anterior a más tardar el 30 de junio de cada año, por los medios que establezca el Servicio mediante resolución.

Para tal efecto, las instituciones financieras deberán llevar un registro que dé cuenta de los procedimientos de revisión realizados para identificar las cuentas financieras cuya información deba ser comunicada al Servicio. Dicho registro, junto con la información que le sirva de respaldo, deberá ser mantenido por siete años consecutivos, contados desde la fecha en que la institución financiera tomó conocimiento y registró la información requerida para dar cumplimiento a los procedimientos a que se refiere el presente artículo. En cualquier caso, el Servicio no podrá solicitar información que exceda del período anteriormente señalado.

El incumplimiento de la obligación de ejecutar los procedimientos de revisión e identificación de cuentas financieras, de entregar la información al Servicio de manera oportuna y completa, y de mantener el registro señalado anteriormente por parte de una institución financiera, será sancionado con una multa equivalente a 1 unidad tributaria anual por cada una de las cuentas respecto de las cuales se infrinja cualquiera de los deberes señalados. Con todo, la multa total anual a pagar por cada institución no podrá exceder de 500 unidades tributarias anuales. La entrega de información maliciosamente falsa por parte del titular de la cuenta o sus controladores a la institución financiera será sancionada con la multa establecida en el párrafo final del número 4 del artículo 97.

La información a la que accederá el Servicio con motivo de lo dispuesto en este artículo no podrá ser divulgada en forma alguna y sólo podrá ser usada para cumplir con los propósitos de intercambio de información regulados en convenios internacionales vigentes que permitan el intercambio de información entre autoridades tributarias.

Las disposiciones de este artículo serán aplicadas e interpretadas siguiendo las recomendaciones de la Organización para la Cooperación y el

Desarrollo Económico o de la Organización de Naciones Unidas. En ningún caso tales interpretaciones implicarán una extensión del ámbito de aplicación del presente artículo a personas naturales o jurídicas que tengan su residencia tributaria en Chile.

Artículo 63.- El Servicio hará uso de todos los medios legales para comprobar la exactitud de las declaraciones presentadas por los contribuyentes y para obtener las informaciones y antecedentes relativos a los impuestos que se adeuden o pudieren adeudarse.

El Servicio podrá citar al contribuyente para que, dentro del plazo de un mes, presente una declaración o rectifique, aclare, amplíe o confirme la anterior. Sin embargo, dicha citación deberá practicarse en los casos en que la ley la establezca como trámite previo. A solicitud del interesado dicho funcionario ampliará este plazo, por una sola vez, hasta por un mes. Esta facultad podrá ser delegada en otros jefes de las respectivas oficinas.

Cuando del tenor de la respuesta a la citación o de los antecedentes aportados resulte necesario solicitar al contribuyente que aclare o complemente su respuesta y, o presente antecedentes adicionales respecto de los impuestos, períodos y partidas citadas, podrá requerírsele para que así lo haga, dentro del plazo de un mes, sin que ello constituya una nueva citación.

Si en respuesta a la citación practicada el contribuyente presenta nuevos antecedentes que no fueron aportados previamente o que de su análisis se toma conocimiento de la existencia de hechos, actos o negocios jurídicos o de un conjunto o serie de ellos, posiblemente constitutivos de abuso o simulación de acuerdo a lo establecido en los artículos 4 ter y 4 quáter, podrá darse inicio a un nuevo procedimiento de fiscalización, para lo cual el Servicio citará al contribuyente en los términos dispuestos en el artículo 4 quinquies.

La citación producirá el efecto de aumentar los plazos de prescripción en los términos del inciso 4° del artículo 200 respecto de los impuestos derivados de las operaciones que se indiquen determinadamente en ella.

Artículo 64.- Cuando el precio o valor asignado al objeto de un acto, convención u operación sirva de base o sea uno de los elementos para determinar un impuesto, el Servicio podrá tasar, fundadamente, dicho precio o valor en los casos en que éste difiera notoriamente de los valores normales de mercado.

Para los efectos de este artículo se entenderá por valores normales de mercado los que habrían acordado partes no relacionadas, en operaciones y circunstancias comparables, considerando, entre otras, las características de la industria, sector o segmento, las funciones, activos o riesgos asumidos por las partes, las características específicas, componentes y elementos determinantes de los bienes, servicios, contratos, o cualquier otra operación que se analice y, en general, cualquier otra circunstancia relevante.

El Servicio deberá citar al contribuyente de acuerdo con el artículo 63 del Código Tributario, para que aporte todos los antecedentes que sirvan para comprobar si el acto, convención u operación se ha efectuado a valores normales de mercado. El contribuyente podrá acompañar estudios para acreditar los valores normales de mercado a través de un informe de valoración que dé cuenta de la determinación de los precios o valores del acto, convención u operación bajo análisis.

Si el contribuyente, en respuesta a la citación efectuada, no logra acreditar que el acto, convención u operación se ha efectuado a valores normales de mercado o no concurre o no da respuesta a dicha citación, el Servicio determinará fundadamente tales valores o precios utilizando los medios probatorios aportados por el contribuyente, si los hay, y todo otro antecedente de que disponga. El Servicio podrá requerir información a autoridades extranjeras respecto de los actos, convenciones u operaciones que sean objeto de fiscalización.

Determinados por el Servicio los valores o precios normales de mercado, se practicará la liquidación de impuestos o se dictará la resolución con la determinación de los ajustes respectivos, y la determinación de los intereses y multas que correspondan.

En todos aquellos casos en que proceda aplicar impuestos cuya determinación se basa en el precio o valor de bienes raíces, el Servicio de

Impuestos Internos podrá tasar dicho precio o valor cuando éste difiera notoriamente de los valores de mercado, y girar de inmediato y sin otro trámite previo el impuesto correspondiente. La tasación y giro podrán ser impugnadas, en forma simultánea, a través del procedimiento a que se refiere el Título II del Libro Tercero.

La diferencia entre el precio o valor asignado o pactado por el contribuyente y el determinado por el Servicio mediante resolución, liquidación o aquel propuesto por el contribuyente en respuesta a la citación, aceptado por el Servicio o el propuesto mediante declaraciones rectificatorias, se afectará en el ejercicio que corresponda, con el impuesto único del inciso primero del artículo 21 de la Ley sobre Impuesto a la Renta.

No se afectarán con este impuesto único las diferencias determinadas por el propio contribuyente en declaraciones rectificatorias presentadas antes de un requerimiento del Servicio sobre la materia, siempre que impliquen un aumento en su base imponible, y deberán tributar con los impuestos generales que correspondan al acto, convención u operación objeto de la rectificatoria.

No se aplicará la facultad de tasación respecto de fusiones y divisiones, sean nacionales o internacionales, en la medida que cumplan con los requisitos establecidos en el inciso undécimo.

Tampoco se aplicará la facultad de tasación respecto de cualquier tipo de reorganizaciones empresariales, tales como, la conversión del empresario individual o el aporte de activos de cualquier clase, realizados por personas naturales o jurídicas, asignados dentro del territorio nacional, en la medida que dichas reorganizaciones obedezcan a una legítima razón de negocios.

Tratándose de fusiones, divisiones u otras reorganizaciones señaladas en los incisos anteriores, no procederá la facultad de tasación siempre que se mantenga el costo tributario de los activos en la sociedad absorbente o naciente de una fusión, en la o las sociedades que nacen con ocasión de la división o en la que recibe el aporte de uno o más activos y no se originen flujos efectivos de dinero para el aportante.

Cuando se trate de reorganizaciones empresariales internacionales, distintas de una fusión o división, que produzcan efectos en bienes, acciones o derechos situados en el país, no procederá la facultad de tasación, siempre que cumplan los siguientes requisitos copulativos: que exista una legítima razón de negocios, que no se originen flujos de dinero para el aportante y se mantenga el costo tributario de los activos que se transfieran, asignen o aporten con ocasión de la reorganización, que se haya cumplido con las exigencias legales de la jurisdicción extranjera que corresponda y se mantenga o no se afecte la potestad tributaria de Chile, esto es, cuando un posterior aporte o transferencia de los activos que hubieran sido asignados o aportados en el proceso de reorganización sean efectivamente susceptibles de ser gravados en Chile.

No procederá la limitación de la facultad de tasación prevista en los incisos anteriores respecto de reorganizaciones empresariales, incluyendo fusiones o divisiones que impliquen el traslado de la propiedad de bienes, acciones o derechos, situados en el país, a entidades domiciliadas o residentes en países o territorios a los que se refiere el artículo 41 H de la Ley sobre Impuesto a la Renta, o que según la legislación extranjera estén liberados de llevar contabilidad según normas de general aplicación.

Para los efectos del presente artículo se entenderá por legítima razón de negocios, entre otras, aquella que tenga por finalidad mejorar o facilitar las condiciones del negocio, así como obtener ventajas competitivas; financiamiento; la eliminación o mitigación de costos o riesgos; aumentar la capacidad productiva o de presencia en el mercado; optimizar la administración o cualquier otra finalidad similar a las anteriormente señaladas y que, en cualquier caso, sea distinta a la meramente tributaria.

Los contribuyentes podrán presentar consultas sobre la aplicación del presente artículo frente a una operación o reorganización empresarial. Dicha consulta se tramitará según el procedimiento del artículo 26 bis.

Artículo 65.- En los casos a que se refiere el número 4° del artículo 97, el Servicio tasará de oficio y para todos los efectos tributarios el monto de las ventas u operaciones gravadas sobre las cuales deberá pagarse el impuesto y las multas. Para estos efectos se presume que el monto de las ventas y demás operaciones gravadas no podrá ser inferior, en un período determinado, al monto de las compras efectuadas y de las existencias iniciales, descontándose las existencias en poder del contribuyente y agregando las utilidades fijadas por los organismos estatales, tratándose de precios controlados, o las que determine el Servicio, en los demás casos.

Se presume que en el caso del aviso o detección de la pérdida o inutilización de los libros de contabilidad o documentos a que se refiere el inciso primero del N° 16 del artículo 97, la base imponible de los impuestos de la Ley de la Renta será la que resulte de aplicar sobre el monto de las ventas anuales hasta el porcentaje máximo de utilidad tributaria que hayan obtenido las empresas análogas y similares. El porcentaje máximo aludido será determinado por el Servicio de Impuestos Internos con los antecedentes de que disponga.

Artículo 65 bis.- La unidad del Servicio que realice un requerimiento de acuerdo a lo dispuesto en el artículo 59, o una citación según lo dispuesto en el artículo 63, considerando igualmente aquellos casos en que se radique la competencia en una Dirección Regional distinta a la naturalmente competente conforme a lo establecido en el artículo 59 ter, será competente para conocer de todas las actuaciones de fiscalización posteriores relacionadas con dicho requerimiento o citación, incluyendo los recursos de reposición administrativa establecidos en el artículo 123 bis y las solicitudes de revisión de la actuación fiscalizadora que se conozcan en virtud del N°5 de la letra B del artículo 6.

El Servicio podrá ordenar la fiscalización de contribuyentes o entidades domiciliadas, residentes o establecidas en Chile, cualquiera que sea el territorio jurisdiccional a que corresponda el domicilio del contribuyente, en los casos a que se refieren los artículos 4 bis, 4 ter y 4 quáter, cuando los hechos, actos o negocios de que se trate involucren a contribuyentes o entidades con domicilio en distintos territorios jurisdiccionales. En tal caso, la Dirección Regional que inició la fiscalización comunicará la referida orden a la Dirección Regional del territorio jurisdiccional del otro contribuyente o entidad. Dicha comunicación radicará la fiscalización del otro contribuyente o entidad ante el Director Regional que emitió la orden, para todo efecto legal, incluyendo los recursos administrativos que pueda interponer el o los contribuyentes y las solicitudes de condonación. Tanto el reclamo que interponga el contribuyente inicialmente fiscalizado como el que interponga el contribuyente o entidad del otro territorio jurisdiccional, deberá siempre presentarse y tramitarse ante el Tribunal Tributario y Aduanero correspondiente al territorio jurisdiccional de la Dirección Regional que emitió la orden de fiscalización referida en este inciso.

Artículo 65 ter.- Las actuaciones realizadas por funcionarios dependientes de otro territorio jurisdiccional, que no sean de aquellas reguladas en el artículo 59 ter y en el inciso segundo del artículo 65 bis, se deberán ejecutar conforme las disposiciones de este Código, sin perjuicio de las siguientes reglas especiales:

1. Será obligatorio el uso del expediente electrónico a que se refiere el N° 16 del artículo 8.

2. Para efectos de lo señalado en el inciso segundo del artículo 115, la reclamación deberá presentarse ante el Tribunal Tributario y Aduanero en cuyo territorio haya tenido informado su domicilio el contribuyente al momento de ser notificado de una fiscalización, citación, liquidación o giro.

3. El recurso de reposición administrativa voluntaria contenido en el artículo 123 bis y la revisión de la actuación fiscalizadora conforme al número 5° de la letra B) del artículo 6, deberán presentarse en la Dirección Regional en cuyo territorio haya tenido informado su domicilio el contribuyente al momento de ser notificado de la resolución, liquidación o giro, sin perjuicio que su tramitación y resolución será realizada por la Dirección Regional o la Dirección de Grandes Contribuyentes, cuando corresponda, que haya emitido el acto.

Párrafo 2°. Del Rol Único Tributario y de los avisos inicial y de término

Artículo 66.- Todas las personas naturales y jurídicas y las entidades o agrupaciones sin personalidad jurídica, que en razón de su actividad o condición causen o puedan causar y/o retengan o deban retener impuestos, deben estar inscritas en el Rol Único Tributario de acuerdo con las normas del reglamento respectivo.

La inscripción en el Rol Único Tributario se realizará mediante la carpeta tributaria electrónica de acuerdo a lo establecido en el artículo 68.

El Director podrá, mediante resolución fundada y en casos calificados, establecer procedimientos simplificados para cumplir con la inscripción en el Rol Único Tributario establecida en el inciso primero o procedimientos alternativos a dicha inscripción.

Artículo 66 bis.- Sin perjuicio de la facultad señalada en el inciso final del artículo anterior, las instituciones bancarias o financieras corresponsales constituidas en Chile podrán solicitar al Servicio la inscripción en el Rol Único Tributario o el otorgamiento de algún número de identificación fiscal alternativo o de enrolamiento, respecto de las personas o entidades que cumplan las condiciones que se señalan a continuación:

a) Sujetos que pueden acceder al sistema simplificado o alternativo

i. Instituciones bancarias o financieras extranjeras o internacionales que abran cuentas corrientes corresponsales en instituciones bancarias o financieras constituidas en Chile y realicen directamente operaciones financieras con estas últimas.

ii. Personas naturales, jurídicas u otras entidades sin domicilio ni residencia en el país, que sean clientes de los sujetos señalados en el numeral i. anterior y sean representadas por estos últimos para realizar en su nombre operaciones financieras con personas naturales o jurídicas u otras entidades domiciliadas o residentes en Chile o en el extranjero.

Los sujetos señalados en los numerales i. y ii. precedentes deberán ser residentes o estar domiciliados para fines tributarios en países o jurisdicciones que hayan celebrado con Chile un convenio o formen parte junto con Chile de tratados multilaterales, que permita el intercambio de información para fines tributarios, el cual debe encontrarse vigente y no contener limitaciones que impidan un intercambio efectivo de información.

Solo podrán acceder a este sistema simplificado o alternativo aquellos sujetos que realicen las operaciones indicadas en la letra b) siguiente y siempre que dichas operaciones sean ejecutadas por intermedio de una institución bancaria o financiera constituida en Chile.

b) Operaciones financieras amparadas por este procedimiento

Los sujetos señalados en la letra anterior solo podrán realizar, por intermedio de instituciones bancarias o financieras constituidas en Chile, operaciones financieras en pesos chilenos autorizadas por el Banco Central de Chile en ejercicio de sus atribuciones legales. El Director, mediante resolución, especificará aquellas operaciones financieras que pueden acogerse a este procedimiento en base a la nómina de autorizaciones del Banco Central de Chile.

c) Información a proporcionar

Para la inscripción en el rol único tributario o la obtención de algún número de identificación fiscal alternativo o de enrolamiento, el Servicio podrá solicitar a las instituciones bancarias o financieras constituidas en Chile la siguiente información para la identificación de los sujetos indicados en los numerales i. y ii. de la letra a) precedente:

i. El nombre, denominación o razón social según corresponda.

ii. País o jurisdicción de domicilio o residencia para efectos tributarios.

iii. Número de identificación tributaria utilizada en el país o jurisdicción de residencia.

iv. Individualización de los directores, administradores o representantes legales, en el caso que corresponda, indicando respecto de ellos la información señalada en los numerales i., ii. y iii. anteriores.

v. Cualquier otra información que permita individualizar a los sujetos indicados, que determine el Servicio mediante resolución.

La información antes señalada se aportará en la forma, plazo y condiciones que determine el Servicio mediante resolución, con la documentación sustentatoria que corresponda. Asimismo, las instituciones bancarias o financieras constituidas en Chile deberán acompañar una autorización mediante la cual los sujetos referidos en los numerales i. y ii. de la letra a) accedieron a que las primeras entregaran información al Servicio en los términos establecidos en el presente artículo.

d) Obligación de informar

Sin perjuicio de las demás obligaciones tributarias que correspondan, el Servicio podrá requerir a las instituciones bancarias o financieras establecidas en Chile, en la oportunidad, forma y condiciones que establezca el Servicio mediante resolución, la información señalada en la letra c) anterior respecto de las personas o entidades que durante el año comercial anterior hayan recibido o realizado traspasos de fondos, abonos, cargos o giros en las cuentas respectivas, junto al monto global de las operaciones realizadas al amparo de este procedimiento durante el período de reporte y cualquier otra información que determine fundadamente el Servicio mediante la referida resolución.

Las instituciones bancarias o financieras constituidas en Chile serán responsables de obtener las autorizaciones que correspondan de los sujetos indicados en los numerales i. y ii. de la letra a) precedente para efectos de cumplir con las obligaciones de reporte establecidas en el presente artículo, en los términos que establezca el Servicio mediante resolución.

Asimismo, las instituciones bancarias o financieras constituidas en Chile deberán informar al Servicio, en la forma y plazo que este último establezca mediante resolución, si los referidos sujetos dejasen sin efecto la señalada autorización o, por otros medios, impidiesen a la institución bancaria o financiera constituida en Chile cumplir con las obligaciones de reporte. En tal caso, la inscripción en el rol único tributario o el número de identificación fiscal alternativo o de enrolamiento podrá ser revocado de oficio por el Servicio en los términos que establezca por resolución.

La no entrega de la información al Servicio de manera oportuna y completa por causa imputable a las instituciones bancarias o financieras constituidas en Chile será sancionada con una multa equivalente a 1 unidad tributaria anual por cada una de las cuentas u operaciones respecto de las cuales se infrinja cualquiera de los deberes establecidos en este artículo. Con todo, la multa total anual a pagar por cada una de las referidas instituciones no podrá exceder de 500 unidades tributarias anuales. Notificada la institución bancaria o financiera constituida en Chile de su incumplimiento total o parcial por parte del Servicio, y transcurrido el plazo de un mes desde dicha notificación sin que ésta haya entregado la información requerida, no será aplicable el límite a la multa antes señalada.

La entrega de información maliciosamente incompleta o falsa por parte de la institución bancaria o financiera local se sancionará con la multa establecida en el párrafo final del número 4° del artículo 97, sin perjuicio de la responsabilidad penal correspondiente.

Con todo, el Director podrá eximir, mediante resolución fundada, a las instituciones bancarias o financieras de la obligación establecida en este artículo.

e) Exclusiones

No podrán acogerse al procedimiento establecido en este artículo aquellos contribuyentes sin domicilio ni residencia en el país que ya se encuentren registrados en el rol único tributario o hayan obtenido otro número de identificación fiscal alternativo o de enrolamiento.

Sin perjuicio de lo anterior, el Servicio regulará, mediante resolución, la forma y condiciones en que dichos contribuyentes podrán realizar las operaciones financieras amparadas por este procedimiento.

Artículo 67.- La Dirección Regional podrá exigir a las personas que desarrollen determinadas actividades, la inscripción en registros especiales. La misma Dirección Regional indicará, en cada caso, los datos o antecedentes que deban proporcionarse por los contribuyentes para los efectos de la inscripción.

Lo dispuesto en el inciso anterior es sin perjuicio de las inscripciones obligatorias exigidas por este Código o por las leyes tributarias.

Artículo 68.- Las personas que inicien negocios o labores susceptibles de producir rentas gravadas en la primera y segunda categorías a que se refieren los números 1°, letra a), 3°, 4° y 5° de los artículos 20, contribuyentes del artículo 34 que sean propietarios o usufructuarios y exploten bienes raíces agrícolas, 42 N° 2° y 48 de la Ley sobre Impuesto a la Renta, deberán presentar al Servicio, dentro de los dos meses siguientes a aquél en que comiencen sus actividades, una declaración jurada sobre dicha iniciación. El Director podrá, mediante normas de carácter general, eximir de presentar esta declaración a contribuyentes o grupos de contribuyentes de escasos recursos económicos o que no tengan la preparación necesaria para confeccionarla, o bien, para sustituir esta exigencia por otros procedimientos que constituyan un trámite simplificado. Los contribuyentes favorecidos con esta facultad podrán acogerse a la exención o al régimen simplificado dentro de los noventa días siguientes a la publicación de la resolución respectiva, aun cuando no hayan cumplido oportunamente con la obligación establecida en este artículo, no siéndoles aplicable sanción alguna en ese caso. Sin embargo, el contribuyente beneficiado con esta eximición o sustitución podrá, optativamente, efectuar la declaración común de iniciación de actividades a que se refiere la primera parte de este inciso.

Igualmente el Director podrá eximir de la obligación establecida en este artículo a aquellos contribuyentes no domiciliados ni residentes en el país, que solamente obtengan rentas de capitales mobiliarios, sea producto de su tenencia o enajenación, o rentas de aquellas que establezca el Servicio de Impuestos Internos mediante resolución, aun cuando estos contribuyentes hayan designado un representante a cargo de dichas inversiones en el país.

Para los efectos de este artículo, se entenderá que se inician actividades cuando se efectúe cualquier acto u operación que constituya elemento necesario para la determinación de los impuestos periódicos que afecten a la actividad que se desarrollará, o que generen los referidos impuestos. Asimismo, se entenderá que inician actividades los contribuyentes que, dentro de un período móvil de doce meses, efectúen una o más importaciones cuyo valor de transacción, según la definición establecida en el artículo 1 del Acuerdo relativo a la Aplicación del Artículo VII del Acuerdo General sobre Aranceles Aduaneros y Comercio de 1994 y en el artículo 12 del decreto Nº 1.134, promulgado en 2001 y publicado en 2002, del Ministerio de Hacienda, sea de al menos tres mil dólares de Estados Unidos de América o su equivalente, por cada importación o de manera agregada, a menos que, en cualquiera de los casos, acrediten fehacientemente que se trata de bienes destinados a su consumo o uso personal.

La declaración inicial se hará en una carpeta tributaria electrónica que el Servicio habilitará para cada contribuyente que incluirá un formulario con todos los campos requeridos para el enrolamiento del contribuyente en cada uno de los registros en que deba inscribirse. Junto con completar el formulario indicado precedentemente, el contribuyente que realiza la declaración inicial deberá adjuntar en la carpeta tributaria electrónica los antecedentes relacionados con el inicio de actividades. Mediante esta declaración inicial el contribuyente cumplirá con todas las obligaciones de inscripción que correspondan, sin necesidad de otros trámites. Para estos efectos, el Servicio procederá a inscribir al contribuyente que realiza la declaración inicial en todos los registros pertinentes. Tratándose de una empresa individual, se deberá comunicar además los activos relevantes del empresario que se incorporan al giro de la empresa individual, según lo determine el Servicio mediante resolución.

Los contribuyentes deberán comunicar al Servicio, a través de la carpeta tributaria electrónica, cualquier modificación a la información contenida en el formulario de inicio de actividades dentro del plazo de dos meses contados desde que se efectúe la modificación respectiva o, si fuera procedente, desde la fecha de la inscripción respectiva en el Registro de Comercio correspondiente, adjuntando en la carpeta tributaria electrónica los antecedentes que dan cuenta de la modificación. La carpeta tributaria electrónica contendrá un formulario con los campos requeridos para la actualización de los registros. Conforme lo anterior, el contribuyente cumplirá con todas las obligaciones de actualización de información que le correspondan, sin necesidad de otros trámites, debiendo el Servicio actualizar todos los registros que correspondan e incorporar los antecedentes a la referida carpeta.

De la misma forma indicada en el inciso precedente, con iguales fines y en el mismo plazo, los contribuyentes deberán comunicar al Servicio las modificaciones de representantes legales o convencionales con poderes generales de administración; modificaciones de capital, acuerdos de participación en las utilidades distinta a la participación en el capital social y series de acciones que otorguen derechos para el pago preferente de dividendos; modificación de los socios, accionistas o comuneros; fusiones, incluyendo aquella que se produce por la reunión de la totalidad de la participación de una sociedad; divisiones; y, transformaciones o conversión de un empresario individual en una sociedad.

La obligación de informar las modificaciones de accionistas no regirá para sociedades anónimas abiertas, sin perjuicio de informarse en todo caso los cambios de controladores en los mismos plazos señalados.

Tratándose de contribuyentes que desarrollen su actividad económica en un lugar geográfico sin cobertura de datos móviles o fijos de operadores de telecomunicaciones que tengan infraestructura, o sin acceso a energía eléctrica o en un lugar decretado como zona de catástrofe conforme a la legislación vigente, no estarán obligados a dar la declaración de inicio de actividades, o de actualizar la información mediante la carpeta electrónica, pudiendo siempre optar por hacerlo en las oficinas del Servicio o en los puntos de atención que éste señale mediante resolución.

Las entidades sin personalidad jurídica estarán sujetas a las mismas obligaciones y procedimientos en caso que resulten aplicables a través de su respectivo administrador.

El incumplimiento de la obligación de información establecida en este artículo será sancionado conforme al número 1° del artículo 97. Además, los plazos de prescripción a que se refieren los artículos 200 y 201 se entenderán aumentados o renovados en doce meses, según corresponda, para la revisión de todos los efectos tributarios que se desprendan de las modificaciones y acuerdos no informados, respecto de todos los contribuyentes que intervinieren en ellos, a partir de la fecha en que sean informados al Servicio o de la fecha en que este último detecte el incumplimiento. El plazo de prescripción se aumentará en doce meses a continuación del término de los plazos originales de prescripción y la renovación ocurrirá en la medida que el contribuyente cumpla su obligación de informar o el Servicio detecte el incumplimiento fuera de los plazos originales de prescripción. Con todo el plazo máximo de prescripción, considerando la renovación, no podrá superar los seis años.

El aumento o ampliación de la prescripción señalado en el inciso anterior procederá exclusivamente cuando el incumplimiento busca evitar el pago de un impuesto, ocultar al sujeto pasivo o evitar la aplicación de una norma especial o general antielusiva. Se encuentran en esta situación los contribuyentes que no declaren un impuesto o declaren un impuesto menor cuyo origen sea la modificación no informada, no presenten una declaración jurada que contenga o dé cuenta de la modificación o cuando la información omitida sea esencial para la calificación de una operación como elusiva o para la aplicación de una norma especial para evitar la elusión. Con todo, el Servicio podrá, de oficio, actualizar la información que el contribuyente deba proporcionar conforme al inciso sexto, cuando obtenga dicha información de fuentes públicas o pueda desprenderse de los antecedentes proporcionados por el contribuyente respecto de otro tipo de actuaciones frente al Servicio, la que se incorporará en la carpeta tributaria y se notificará al contribuyente, y no será aplicable en tal caso la multa del inciso anterior.

Las siguientes entidades se encontrarán obligadas a exigir la acreditación de haber efectuado ante el Servicio el trámite de inicio de actividades descrito en el inciso primero, respecto de las personas o contribuyentes que a continuación se señalan, a menos que éstos acrediten que existe una autorización expresa que la libere de esta obligación:

a) Todos los órganos de la administración del Estado, gobiernos regionales y municipalidades respecto de las personas que requieran una autorización para desarrollar una actividad económica o que dicha autorización sea parte de los requisitos a cumplir para ser autorizado a desarrollar una actividad económica habitual.

b) Los administradores, operadores o proveedores de medios de pago electrónico, respecto de quienes contraten sus servicios a efectos de desarrollar una actividad económica.

Se podrán eximir de esta obligación cuando la persona declare que su actividad no está sujeta a la obligación de inicio de actividades. Los administradores, operadores y proveedores deberán también exigir que las personas o entidades que contraten sus servicios acrediten el cumplimiento de sus obligaciones tributarias en la forma y plazo que determine el Servicio por resolución. Este último certificado podrá obtenerse a través del sitio personal del contribuyente.

Los administradores, operadores y proveedores señalados en este literal deberán informar al Servicio de forma anual, en la forma y plazo que establezca el Servicio por resolución, las personas y entidades que le hubieren declarado que no requieren inicio de actividades, la cantidad de operaciones y el monto acumulado de las mismas. También deberán informar, a solicitud del Servicio, la cantidad de operaciones y el monto acumulado de estas respecto de contribuyentes determinados.

c) Los operadores de plataformas digitales de intermediación que permitan operaciones entre terceros para la adquisición de bienes o servicios, respecto de las entidades que ofrezcan sus productos. Se podrán eximir de esta obligación cuando la persona declare que su operación no está sujeta a la obligación de inicio de actividades. Los operadores deberán también exigir que las personas o entidades que ofrezcan sus productos o servicios acrediten el cumplimiento de sus obligaciones tributarias en la forma y plazo que determine el Servicio por resolución. Este último certificado podrá obtenerse a través del sitio personal del contribuyente.

Los operadores señalados en este literal deberán informar al Servicio de forma anual, en la forma y plazo que establezca el Servicio por resolución, las personas y entidades registradas en la plataforma digital y, en el caso de aquellos que hubieran declarado que no requieren inicio de actividades, la cantidad de operaciones y el monto acumulado de las mismas. También deberán informar, a solicitud del Servicio, la cantidad de operaciones y el monto acumulado de estas respecto de contribuyentes determinados.

La forma de cumplir con la obligación del inciso precedente será regulada por el Servicio mediante resolución[4].

Artículo 69.- Todo contribuyente que, por terminación de su giro comercial o industrial, o de sus actividades, deje de estar afecto a impuestos, deberá dar aviso al Servicio a través de la carpeta tributaria electrónica del contribuyente, que incluirá un formulario que contendrá las enunciaciones requeridas para informar la terminación de sus actividades, adjuntando en la carpeta tributaria electrónica su balance de término de giro y los antecedentes para la determinación de los impuestos que correspondan, además de los que estime necesarios para dar cuenta del término de sus actividades, y deberá pagar el impuesto correspondiente determinado a

---

4 Conforme a lo dispuesto en el artículo 1° transitorio N° 8 de la ley 21.713, publicada el 24 de octubre de 2024, las modificaciones incorporadas en los incisos duodécimo y final de la presente disposición entrarán en vigencia seis meses después de la publicación en el Diario Oficial de dicha ley.

la fecha del balance final, dentro de los dos meses siguientes a la fecha de término de su giro o de sus actividades. Mediante esta declaración el contribuyente cumplirá con todas las obligaciones que le correspondan, sin necesidad de otros trámites y el Servicio procederá a actualizar la información en todos los registros que procedan. Una vez presentado el aviso de término de giro o actividades en la forma señalada precedentemente, el Servicio tendrá un plazo de seis meses para revisar y girar directamente cualquier diferencia de impuestos. Vencido el plazo antes señalado, el Servicio deberá emitir el giro que corresponda con ocasión del término de giro, en cuyo caso el término de giro se certificará una vez verificado el pago del impuesto. A falta de la emisión del giro se entenderá aceptada la presentación del contribuyente y se procederá a certificar el término de giro a menos que procediere lo dispuesto en el inciso siguiente.

Si durante el periodo de revisión de la declaración de término de giro el Servicio toma conocimiento de nuevos antecedentes que modifiquen la determinación de impuestos del contribuyente, o que el contribuyente presente antecedentes adicionales que no haya tenido a disposición al momento de realizar la declaración, o en caso que se establezca mediante resolución fundada que sus declaraciones son maliciosamente falsas; se ampliará el plazo en tres meses para efectuar la revisión de los nuevos antecedentes, y deberá comunicar al contribuyente la ampliación respectiva.

El Servicio podrá poner término al procedimiento iniciado por la solicitud del contribuyente cuando no se hayan aportado los antecedentes señalados en el inciso primero. Para estos efectos se deberá notificar al contribuyente e informarle que tiene un plazo de cinco días para aportar los antecedentes faltantes. Si el contribuyente aporta los antecedentes, el plazo indicado en el inciso primero comenzará a correr desde la fecha en que todos los antecedentes fueron debidamente aportados. Cuando el contribuyente no aporte los antecedentes requeridos se procederá a dejar sin efecto la solicitud de término de giro, mediante una resolución que deberá señalar los antecedentes que no fueron aportados por el contribuyente.

Transcurridos los plazos de revisión mencionados en los incisos precedentes, según corresponda, el funcionario a cargo certificará el término de la revisión. En caso de que el Servicio no se pronuncie en los plazos mencionados, se entenderá aceptada la declaración del contribuyente, circunstancia que lo habilitará para solicitar el giro inmediato de los impuestos, conforme al contenido de su declaración.

Tratándose de contribuyentes que desarrollen su actividad económica en un lugar geográfico sin cobertura de datos móviles o fijos de operadores de telecomunicaciones que tienen infraestructura, o sin acceso a energía eléctrica o en un lugar decretado como zona de catástrofe conforme a la legislación vigente, no estarán obligados a efectuar la declaración de término de actividades mediante la carpeta electrónica, pudiendo siempre optar por hacerlo en las oficinas del Servicio o en los puntos de atención que éste señale mediante resolución.

Aceptada o teniéndose por aceptada la declaración de término de actividades formulada por el contribuyente, el Servicio quedará inhibido para ejercer ulteriores fiscalizaciones, y deberá notificar al contribuyente el cierre definitivo del procedimiento dentro del plazo de quince días.

Sin perjuicio de lo dispuesto en el artículo 71°, las empresas individuales no podrán convertirse en sociedades de cualquier naturaleza, ni las sociedades aportar a otra u otras todo su activo y pasivo o fusionarse, sin dar aviso de término de giro. Sin embargo, no será necesario dar aviso de término de giro en los casos de empresas individuales que se conviertan en sociedades de cualquier naturaleza, cuando la sociedad que se crea se haga responsable solidariamente en la respectiva escritura social de todos los impuestos que se adeudaren por la empresa individual, relativos al giro o actividad respectiva, ni tampoco, en los casos de aporte de todo el activo y pasivo o fusión de sociedades, cuando la sociedad que se crea o subsista se haga responsable de todos los impuestos que se adeudaren por la sociedad aportante o fusionada, en la correspondiente escritura de aporte o fusión. No obstante, la obligación de informar al Servicio de dichas modificaciones a través de la carpeta electrónica conforme con el artículo 68, las empresas que se disuelven deberán efectuar un balance de término de giro a la fecha de su disolución y las sociedades que se creen o subsistan, pagar los impuestos correspondientes de la Ley de Impuesto a la Renta contenida en el artículo 1° del decreto ley 824 de 1974, dentro del plazo señalado en el inciso primero, y los demás impuestos dentro de los plazos legales, sin perjuicio de la responsabilidad por otros impuestos que pudieran adeudarse.

Sin perjuicio de lo señalado en los incisos anteriores, los contribuyentes sujetos al artículo 14 letra D) de la ley sobre impuesto a la renta podrán solicitar un término de giro simplificado siempre que además de la declaración y los antecedentes señalados en el inciso primero acompañen una declaración en la respectiva escritura pública donde el propietario, los accionistas, socios o comuneros se hagan responsables solidariamente de todos los impuestos que se adeuden por la empresa cuyo término de giro se solicita. En estos casos el Servicio procederá dentro del plazo de un mes a girar los impuestos conforme a la declaración del contribuyente y a certificar el término de giro una vez verificado el pago. No obstante, el Servicio podrá girar y determinar cualquier diferencia de impuestos o proceder a iniciar un proceso de fiscalización dentro del plazo de seis meses de efectuada la solicitud de término de giro, ampliable por tres meses cuando proceda lo dispuesto en el inciso segundo. En este caso deberá notificar a el o los socios, accionistas o comuneros, según corresponda.

Si el Servicio cuenta con antecedentes que permiten establecer que una persona, entidad o agrupación sin personalidad jurídica, ha terminado su giro o cesado en sus actividades sin que haya dado el aviso respectivo, previa citación efectuada conforme a lo dispuesto en el artículo 63 del Código Tributario, podrá liquidar y girar los impuestos correspondientes, en la misma forma que hubiera procedido si dicha persona, entidad o agrupación hubiere terminado su giro comercial o industrial, o sus actividades, según lo dispuesto en el inciso primero.

En tales casos, los plazos de prescripción del artículo 200 se entenderán aumentados en un año contado desde que se notifique legalmente la citación referida, respecto de la empresa, comunidad, patrimonio de afectación o sociedad respectiva, así como de sus propietarios, comuneros, aportantes, socios o accionistas.

El ejercicio de la facultad a que se refieren los dos incisos anteriores procederá especialmente en los casos en que las personas y entidades o agrupaciones referidas, que estando obligadas a presentar declaraciones mensuales o anuales de impuesto u otra declaración obligatoria ante el

Servicio, no cumpla con dicha obligación o, cumpliendo con ella, no declare rentas, operaciones afectas, exentas o no gravadas con impuestos durante un período de dieciocho meses seguidos, o dos años tributarios consecutivos, respectivamente. Asimismo, esta norma se aplicará en caso que, en el referido período o años tributarios consecutivos, no existan otros elementos o antecedentes que permitan concluir que continúa con el desarrollo del giro de sus actividades.

Cuando un contribuyente presente 6 o más períodos tributarios continuos sin presentar declaraciones mensuales de impuestos el Servicio podrá disponer acciones que permitan establecer si el contribuyente ha cesado o cesará el giro de sus actividades y así resguardar debidamente el interés fiscal. Transcurridos seis meses desde la materialización de las acciones impulsadas por el Servicio sin que el contribuyente haya manifestado su decisión de continuar con sus operaciones o haya reiniciado su actividad presentando regularmente sus declaraciones mensuales y siempre que no tenga utilidades ni activos pendientes de tributación o no se determinen diferencias netas de impuestos, y no posea deudas tributarias, se presumirá legalmente que ha terminado su giro, lo que deberá ser declarado por el Servicio mediante resolución y sin necesidad de citación previa. Dicha resolución podrá ser revisada conforme a lo dispuesto en el número 5°. de la letra B. del inciso segundo del artículo 6 o conforme lo dispuesto en el artículo 123 bis, sin perjuicio de poder reclamar conforme a lo dispuesto en el artículo 124 de la resolución que se dicte en dicho procedimiento. El Servicio agregará en la carpeta tributaria electrónica del contribuyente los antecedentes del caso, incluyendo la constancia que el contribuyente no tiene deuda tributaria vigente, en la forma señalada en el número 16 del artículo 8. Misma presunción será aplicable cuando, sin mediar acción del Servicio, hayan transcurrido 36 o más periodos tributarios sin operaciones, siempre que concurran los demás requisitos establecidos en el presente inciso.

Artículo 70.- No se autorizará ninguna disolución de sociedad sin un certificado del Servicio, en el cual conste que la sociedad se encuentra al día en el pago de sus tributos.

Artículo 71.- Cuando una persona natural o jurídica cese en sus actividades por venta, cesión o traspaso a otra de sus bienes, negocios o industrias, la persona adquirente tendrá el carácter de fiador respecto de las obligaciones tributarias correspondientes a lo adquirido que afecten al vendedor o cedente. Para gozar del beneficio de excusión dentro del juicio ejecutivo de cobro de los respectivos impuestos, el adquirente, deberá cumplir con lo dispuesto en los artículos 2.358° y 2.359° del Código Civil.

La citación, liquidación, giro y demás actuaciones administrativas correspondientes a los impuestos aludidos en el inciso anterior, deberán notificarse en todo caso al vendedor o cedente y al adquirente.

Párrafo 3°. De otros medios de fiscalización

Artículo 72.- Las Oficinas de Identificación de la República no podrán extender pasaportes sin que previamente el peticionario les acredite encontrarse en posesión del Rol Único Nacional, o tener carnet de identidad con número nacional y dígito verificador, o estar inscrito en el Rol Único Tributario. No será necesario esta exigencia por parte de las Oficinas de Identificación cuando los interesados deban acreditar el pago del impuesto de viaje o estar exento del mismo.

Artículo 73.- Las Aduanas deberán remitir al Servicio, dentro de los primeros diez días de cada mes, copia de las pólizas de importación o exportación tramitadas en el mes anterior.

Artículo 74.- Los conservadores de bienes raíces no inscribirán en sus registros ninguna transmisión o transferencia de dominio, de constitución de hipotecas, censos, servidumbres, usufructos, fideicomisos o arrendamientos, sin que se les compruebe el pago de todos los impuestos fiscales que afecten a la propiedad raíz materia de aquellos actos jurídicos. Dejarán constancia de este hecho en el certificado de inscripción que deben estampar en el título respectivo.

Los notarios deberán insertar en los documentos que consignen la venta, permuta, hipoteca, traspaso o cesión de bienes raíces, el recibo que acredite el pago del impuesto a la renta correspondiente al último período de tiempo.

El pago del impuesto a las asignaciones por causa de muerte y a las donaciones se comprobará en los casos y en la forma establecida por la ley N° 16.271.

Artículo 75.- Los notarios y demás ministros de fe deberán dejar constancia del pago del tributo contemplado en la Ley sobre Impuesto a las Ventas y Servicios, en los documentos que den cuenta de una convención afecta a dicho impuesto.

Para los efectos contemplados en este artículo, no regirán los plazos de declaración y pago señalados en esa ley.

Con todo, el Director Regional podrá, a su juicio exclusivo, determinar que la declaración y pago del impuesto se haga dentro de los plazos indicados en esa ley, cuando estime debidamente resguardado el interés fiscal.

Los notarios y demás ministros de fe deberán autorizar siempre los documentos a que se refiere este artículo, pero no podrán entregarlos a los interesados ni otorgar copias de ellos sin que previamente se encuentren pagados estos tributos.

En los casos de venta o contrato de arriendo con opción de compra de bienes corporales inmuebles, o de un contrato general de construcción, la obligación establecida en el inciso primero se entenderá cumplida dejando constancia del número y fecha de la factura o facturas correspondientes.

Artículo 75 bis.- En los documentos que den cuenta del arrendamiento o cesión temporal en cualquier forma, de un bien raíz agrícola, el arrendador o cedente deberá declarar si es un contribuyente del impuesto de primera categoría de la Ley de Impuesto a la Renta que tributa sobre la base de renta efectiva o bien sobre renta presunta. Esta norma se aplicará también respecto de los contratos de arrendamiento o cesión temporal de pertenencias mineras o de vehículos de transporte de carga terrestre.

Los Notarios no autorizarán las escrituras públicas o documentos en los que falte la declaración a que se refiere el inciso anterior.

Los arrendadores o cedentes que no den cumplimiento a la obligación contemplada en el inciso primero o que hagan una declaración falsa respecto de su régimen tributario, serán sancionados en conformidad con el artículo 97, Nº 1, de este Código, con multa de una unidad tributaria anual a cincuenta unidades tributarias anuales, y, además deberán indemnizar los perjuicios causados al arrendatario o cesionario.

Artículo 76.- Los notarios titulares, suplentes o interinos comunicarán al Servicio todos los contratos otorgados ante ellos que se refieran a transferencia de bienes, hipotecas y otros asuntos que sean susceptibles de revelar la renta de cada contribuyente. Todos los funcionarios encargados de registros públicos comunicarán igualmente al Servicio los contratos que les sean presentados para su inscripción. Dichas comunicaciones serán enviadas a más tardar el 1º de Marzo de cada año y en ellas se relacionarán los contratos otorgados o inscritos durante el año anterior.

Artículo 77.- Derogado.

Artículo 78.- Los notarios estarán obligados a vigilar el pago de los tributos que corresponda aplicar en conformidad a la Ley de Timbres y Estampillas, respecto de las escrituras y documentos que autoricen, o documentos que protocolicen, y responderán solidariamente con los obligados al pago del impuesto. Para este efecto, el notario firmará la declaración del impuesto, conjuntamente con el obligado a su pago.

Cesará dicha responsabilidad si el impuesto hubiere sido enterado en Tesorería, de acuerdo con la determinación efectuada por la justicia ordinaria conforme a lo dispuesto en el artículo 158.

Artículo 79.- Derogado.

Artículo 80.- Los alcaldes, tesoreros municipales y demás funcionarios locales estarán obligados a proporcionar al Servicio las informaciones que les sean solicitadas en relación a patentes concedidas a contribuyentes, a rentas de personas residentes en la comuna respectiva, o a bienes situados en su territorio.

Artículo 81.- Los tesoreros municipales deberán enviar al Servicio copia del rol de patentes industriales, comerciales y profesionales en la forma que él determine.

Artículo 82.- La Tesorería y el Servicio de Impuestos Internos deberán proporcionarse mutuamente la información que requieran para el oportuno cumplimiento de sus funciones.

Los bancos y otras instituciones autorizadas para recibir declaraciones y pagos de impuestos, estarán obligados a remitir al Servicio cualquier formulario mediante los cuales recibieron dichas declaraciones y pagos de los tributos que son de competencia de ese Servicio. No obstante, los formularios del Impuesto Territorial pagado, deberán remitirlos a Tesorería para su procesamiento, quien deberá comunicar oportunamente esta información al Servicio.

Artículo 83.- Las municipalidades estarán obligadas a cooperar en los trabajos de tasación de la propiedad raíz en la forma, plazo y condiciones que determine el Director.

Artículo 84.- Una copia de los balances y estados de situación que se presenten a los bancos y demás instituciones de crédito será enviada por estas instituciones a la Dirección Regional, en los casos particulares en que el Director Regional lo solicite.

Artículo 84 bis.- La Superintendencia de Valores y Seguros y la de Bancos e Instituciones Financieras remitirán por medios electrónicos u otros sistemas tecnológicos, al Servicio, en mayo de cada año, la información que indique de los estados financieros conformados por los balances, los estados de flujo y resultados, las memorias, entre otros antecedentes financieros, que les haya sido entregada por las entidades sujetas a fiscalización o sujetas al deber de entregar información. Procederá también el envío de aquellos estados financieros que hayan sido modificados con posterioridad o los producidos con motivo del cese de actividades de la empresa o entidad respectiva. A la misma obligación quedarán sujetas las demás entidades fiscalizadoras que conozcan de dichos estados financieros.

La Comisión Chilena del Cobre, el Servicio Nacional de Geología y Minería y los Conservadores de Minas remitirán, en la forma y plazo que señale el Servicio, la información sobre la constitución y traspaso de pertenencias mineras, cierre de faenas mineras, obras de desarrollo y construcción, ingresos y costos mineros, entre otros antecedentes, incluyendo aquellos a que se refiere el inciso final del artículo 2° del decreto ley N° 1.349, de 1976. Igualmente, estarán obligados a remitir la información que el Servicio les solicite, los conservadores o entidades registrales que reciban o registren antecedentes sobre derechos de agua, derechos o permisos de pesca, de acuicultura, de explotación de bosques y pozos petroleros. En estos casos, el Servicio pondrá a disposición de quienes deban informar, un procedimiento electrónico que deberán utilizar para el envío de la información.

El Director del Servicio, mediante resolución, impartirá las instrucciones para el ejercicio de las facultades señaladas en los incisos anteriores. El incumplimiento de las obligaciones señaladas en los incisos precedentes, será sancionado conforme a lo dispuesto en los artículos 102 y 103, según corresponda.

Artículo 85.- El Banco del Estado, las cajas de previsión y las instituciones bancarias y de crédito en general, remitirán al Servicio, en la forma que el Director Regional determine, las copias de las tasaciones de bienes raíces que hubieren practicado.

Sin perjuicio de lo dispuesto en los artículos 61 y 62, para los fines de la fiscalización de los impuestos, los Bancos e Instituciones Financieras y cualquiera otra institución que realice operaciones de crédito de dinero de manera masiva de conformidad a lo dispuesto en el artículo 31 de la ley N° 18.010, y los administradores de sistemas tecnológicos o titulares de la información, según corresponda, deberán proporcionar todos los datos que se les soliciten relativos a las operaciones de crédito de dinero que hayan celebrado y de las garantías constituidas para su otorgamiento, así como también de las transacciones pagadas o cobradas mediante medios tecnológicos, tales como tarjetas de crédito y de débito, en la oportunidad, forma y cantidad que el Servicio establezca. En caso alguno se podrá solicitar información nominada sobre las adquisiciones efectuadas por una persona natural mediante el uso de las tarjetas de crédito o débito u otros medios tecnológicos.

La información así obtenida será mantenida en secreto y no se podrá revelar, aparte del contribuyente, más que a las personas o autoridades encargadas de la liquidación o de la recaudación de los impuestos pertinentes y de resolver las reclamaciones y recursos relativos a las mismas, salvo las excepciones legales.

Artículo 85 bis.- Las entidades financieras señaladas en este artículo deberán proporcionar al Servicio información sobre los saldos de productos o instrumentos de captación, inversión o servicio de custodia que se indican a continuación, así como las sumas de abonos que mantengan sus titulares que sean personas naturales o jurídicas o patrimonios de afectación, con domicilio o residencia en Chile o que se hayan constituido o establecido en el país.

a) Entidades financieras obligadas a reportar.

Estarán obligados a reportar los Bancos y las Cooperativas de Ahorro y Crédito sujetos a la fiscalización y supervisión de la Comisión para el Mercado Financiero, y las Cooperativas de Ahorro y Crédito fiscalizadas por el Ministerio de Economía, Fomento y Turismo.

También deberán reportar las compañías de seguro y las entidades privadas de depósito y custodia de valores.

b) Productos e instrumentos a reportar.

Las entidades financieras deberán reportar información sobre cuentas corrientes bancarias, depósitos a plazo, depósitos a la vista o vales vista, cuentas a la vista, cuentas de ahorro a plazo, cuentas de ahorro a la vista, cuentas de ahorro a plazo para la vivienda, cuentas de ahorro a plazo con giros diferidos, y cuentas de ahorro a plazo para la Educación Superior reguladas por el Banco Central de Chile conforme al artículo 35, N° 1, de su ley orgánica.

Además, se entienden incluidas las cuentas de custodia reguladas en la ley N° 18.876, que establece el marco legal para la constitución y operación de entidades privadas de depósito y custodia de valores.

También deberá reportarse información respecto de los contratos de seguros con cuenta de inversión o ahorro, o valor de rescate, o que garanticen un capital al término de un plazo, además de contratos de rentas privadas, ya sean vitalicias o temporales.

c) Información a reportar.

Las entidades financieras deberán realizar un reporte que contenga la siguiente información: identificación de la entidad financiera, identificación del titular, periodo de reporte, el tipo de producto, número de registro interno del producto, monto, estado de vigencia del producto, y fecha de cierre del producto, cuando corresponda.

Las entidades financieras deberán informar el saldo o valor, así como la suma de los abonos efectuados a los productos o instrumentos a reportar pertenecientes a los titulares de las mismas señalados en el literal d), únicamente cuando el saldo o suma de abonos efectuados a dichos productos o instrumentos, individualmente considerados o en su conjunto, registren un movimiento diario, semanal o mensual, igual o superior a 1.500 unidades de fomento, sin atender para estos efectos al número de titulares a que pertenezcan.

Para establecer el límite de 1.500 unidades de fomento, si el producto o instrumento a reportar se encuentra expresado en dólares de los Estados Unidos de América, o en otra moneda distinta del peso chileno o pactada en un índice de reajustabilidad, se deberá realizar la conversión a peso chileno, considerando el tipo de cambio observado por el Banco Central de Chile, publicado el último día del mes calendario del período que se informa, o del índice de reajustabilidad en su caso, y luego se convertirá a su valor en unidades de fomento, según el valor de ésta el último día del mes al que corresponda al abono o saldo que se informa.

d) Identificación del titular o titulares, controladores y beneficiarios finales.

Se entregará información sobre los titulares de productos o instrumentos a reportar, incluyendo su rol único tributario. Además, se entregará información sobre los controladores de dichos titulares y beneficiarios finales que sean contribuyentes personas naturales o jurídicas, patrimonios de afectación u otras entidades que tengan domicilio o residencia en Chile o que se hayan constituido o establecido en el país. Tratándose de productos o instrumentos suscritos por dos o más personas o entidades, se considerará como titulares a todas aquellas registradas o identificadas como tales por la entidad financiera. En este último caso, se repetirá la información reportada tantas veces como titulares tenga el producto o instrumento a reportar.

e) Periodo de entrega de la información.

La información que da cuenta este artículo deberá ser remitida al Servicio de manera anual, a más tardar dentro de los 15 primeros días del mes de marzo de cada año, respecto de los saldos y sumas de abonos efectuados en los productos e instrumentos a reportar durante el año calendario anterior. El informe deberá indicar el saldo final que registre cada producto e instrumento a reportar en cada día y en cada mes correspondiente al año calendario que se informa, y la suma de abonos de cada producto e instrumento a reportar efectuados en el mes.

En todo momento las instituciones obligadas son garantes del adecuado tratamiento de los datos personales recabados y, conjuntamente con la información que remitan al Servicio, deberán comunicar a la persona o institución de quien se recaben los datos que le conciernan, a lo menos, la identidad del responsable del manejo de datos, el fin del tratamiento de que van a ser objeto los datos, los fundamentos legales por los cuales fueron informados y el destinatario o destinación de los datos.

La información recabada por el Servicio mediante las disposiciones de este artículo que no dé lugar a una gestión de auditoría, fiscalización o sanción posterior, deberá ser eliminada en el plazo máximo de un año desde que fue recibida. Asimismo, las instituciones financieras deberán eliminar los informes que elaboren de conformidad a las disposiciones de este artículo al cumplirse 30 días desde que los hayan remitido al Servicio.

f) Monto reportado.

El monto reportado incluirá saldos, valor, prima y sumas de abonos que correspondan según el producto o instrumento a reportar.

Por abono se entenderá la totalidad de transferencias, pagos o cualquier otra cantidad en favor del titular, independientemente de quién lo haya efectuado. Por saldo, se entenderá el valor o situación final de los productos o instrumentos a reportar al cierre de cada día, una vez efectuados los cargos y abonos.

g) Estado de vigencia del producto e instrumento a reportar.

Deberá consignarse la vigencia del producto o instrumento reportado. En caso que se cancele o cierre una cuenta en el mismo período a informar en que se abrió, ésta debe ser informada si es que hasta la fecha de la cancelación o cierre el monto del saldo o valor de las cuentas financieras es igual o superior a las 1.500 unidades de fomento, según el valor de esta unidad el último día del mes al que corresponda al abono o saldo.

h) Moneda a informar.

El monto reportado se informará en pesos chilenos y corresponderá a un único valor por cada producto o instrumento a reportar del titular por cada periodo que se reporte.

Si el producto o instrumento a reportar se encuentra expresado en dólares de los Estados Unidos de América, en otra moneda distinta del peso chileno o pactada en un índice de reajustabilidad, se debe realizar la conversión a peso chileno, considerando el tipo de cambio observado por el Banco Central de Chile, publicado el último día del mes calendario que se informa, o del índice de reajustabilidad en su caso.

Tratándose de la cancelación de un producto o instrumento a reportar, se debe realizar la conversión a peso chileno, considerando el tipo de cambio observado por el Banco Central de Chile, o del índice de reajustabilidad en su caso, en la fecha de la cancelación o cierre del producto o instrumento a reportar.

i) Rectificación, ampliación, complementación o aclaración del Servicio.

El Servicio de Impuestos Internos podrá requerir de las instituciones obligadas a reportar, con audiencia del interesado si así fuere procedente, la rectificación, ampliación, complementación o aclaración de uno o más datos informados.

j) Obligaciones del Servicio.

La información a la que accederá el Servicio con motivo de lo dispuesto en este artículo tendrá el carácter de reservada conforme las reglas establecidas en los artículos 35 y 206 y no podrá ser divulgada en forma alguna, pudiendo ser utilizada únicamente para cumplir con los objetivos de fiscalización que le son propios. La infracción de la reserva de la información obtenida mediante las disposiciones de este artículo se sancionará con la pena de presidio menor en sus grados medio a máximo y multa de setenta a quinientas unidades tributarias mensuales.

k) Sanciones.

La no entrega de la información al Servicio de manera oportuna y completa por parte de una entidad financiera será sancionada con una multa equivalente a 1 unidad tributaria anual por cada uno de los productos o instrumentos a reportar respecto de los cuales se infrinja cualquiera de los deberes señalados. Con todo, la multa total anual a pagar por cada institución no podrá exceder de 500 unidades tributarias anuales. Notificada la institución financiera de su incumplimiento total o parcial por parte del Servicio, y transcurrido el plazo de un mes desde dicha notificación sin que ésta haya entregado la información requerida, no será aplicable el límite a la multa antes señalada. La entrega de información maliciosamente falsa por parte del titular del producto o instrumento a reportar o sus controladores a la institución financiera será sancionada con la multa establecida en el párrafo final del número 4 del artículo 97.

Artículo 85 ter.- Las entidades financieras indicadas en la letra a) del artículo 85 bis deberán proporcionar al Servicio información de la cantidad de abonos que reciban titulares que sean personas naturales o jurídicas o patrimonios de afectación, con domicilio o residencia en Chile o que se hayan constituido o establecido en el país, cuando se cumplan los requisitos señalados a continuación:

1. Que dentro de un mismo día, semana o mes se produzcan más de 50 abonos en las cuentas antes indicadas provenientes de 50 o más personas o entidades diferentes o que dentro de un semestre presenten al menos 100 abonos de 100 personas o entidades diferentes.

Cuando una persona o entidad sea titular de más de una cuenta bancaria en una misma entidad financiera, la verificación de la cantidad de operaciones señalada en el párrafo anterior deberá realizarse de forma acumulada entre todas las cuentas de las que fuere titular.

2. Que se trate de titulares que no se encuentren dentro de aquellos cuya información deba ser reportada por aplicación de las disposiciones de la letra c) del artículo 85 bis.

La información a entregar al Servicio será aquella que permita identificar al titular de la cuenta, incluyendo su rol único tributario, la identificación de la cuenta, la cantidad de abonos que se han producido por parte de personas o entidades diferentes dentro de los períodos señalados en el número 1 y si la cantidad de abonos descrita en dicho número se ha superado en más de un período. La información deberá contener el monto agregado de los abonos, pero no incluirá la información respecto de las personas o entidades que realizaron los abonos.

La información que da cuenta este artículo deberá ser remitida al Servicio de manera semestral dentro de los meses de julio y enero respecto del semestre inmediatamente anterior.

Asimismo, cuando el Servicio cuente con información que le permita presumir que un contribuyente esté sub declarando sus ingresos o realizando otro tipo de ilícito tributario podrá solicitar que las entidades financieras obligadas a informar le entreguen información sobre la cantidad de abonos recibidos dentro de alguno de los períodos señalados en el número 1 respecto de las cuentas en que dicho contribuyente sea titular, identificando dichas cuentas. La información deberá contener el monto agregado de los abonos en los términos señalados en el inciso segundo.

La información recabada por el Servicio mediante las disposiciones de este artículo podrá servir de base para un proceso de fiscalización. Aquella información que no dé lugar a una fiscalización deberá ser eliminada en el plazo máximo de tres años desde su recepción. Asimismo, las entidades financieras deberán eliminar los reportes que hayan presentado ante el Servicio dentro de los treinta días siguientes a su remisión al Servicio.

La no entrega de la información al Servicio de forma oportuna y completa por parte de una entidad financiera será sancionada con el equivalente a una unidad tributaria anual por cada uno de los casos que debieron ser informados por aplicación de los números 1 y 2 del presente artículo, sin embargo, la multa total a pagar por cada entidad financiera no podrá exceder de las quinientas unidades tributarias anuales por cada período en que se debió reportar la información. La entrega de información falsa por parte del titular del producto o instrumento a reportar será sancionada con la multa establecida en el párrafo final del número 4 del artículo 97.

La información a la que accederá el Servicio por aplicación del presente artículo tendrá el carácter de reservada conforme a las reglas establecidas en los artículos 35 y 206, no podrá ser divulgada en forma alguna, y podrá ser sólo utilizada para los objetivos de fiscalización. El incumplimiento de la reserva se sancionará con la pena de presidio menor en sus grados medio a máximo y multa de setenta a quinientas unidades tributarias mensuales, sin perjuicio de la destitución del cargo del funcionario incumplidor.

Artículo 86[5]**.-** Los funcionarios del Servicio, nominativa y expresamente autorizados por el Director, tendrán el carácter de ministros de fe, para todos los efectos de este Código y las leyes tributarias.

Artículo 87.- Los funcionarios fiscales, semifiscales, de instituciones fiscales y semifiscales de administración autónoma y municipales, y las autoridades en general, estarán obligados a proporcionar al Servicio todos los datos y antecedentes que éste solicite para la fiscalización de los impuestos.

Cuando así lo determine el Servicio de Impuestos Internos, las instituciones fiscales, semifiscales, municipales, organismos de administración autónoma y las empresas de todos ellos, como asimismo, las personas que deban llevar contabilidad, deberán mantener un registro especial en el que se dejará constancia de los servicios profesionales u otros propios de ocupaciones lucrativas, de que tomen conocimiento en razón de sus funciones, giro o actividades propias. Este registro contendrá las indicaciones que el Servicio determine, a su juicio exclusivo.

---

5 El artículo 4 de la ley 21.426 permite a los funcionarios del SII fiscalizar el cumplimiento de la normativa vigente respecto de quienes ejercen el comercio, sea ambulante o establecido.

El Servicio deberá implementar un sistema tecnológico que permita el traspaso de esta información de forma que garantice su integridad y seguridad.

Artículo 88.- Estarán obligadas a emitir facturas las personas que a continuación se indican, por las transferencias que efectúen y cualquiera que sea la calidad del adquirente:

1°.- Industriales, agricultores y otras personas consideradas vendedores por la Ley sobre Impuesto a las Ventas y Servicios; y

2°.- Importadores, distribuidores y comerciantes mayoristas.

No obstante, cuando estos contribuyentes tengan establecimientos, secciones o departamentos destinados exclusivamente a la venta directa al consumidor, podrán emitir, en relación a dichas transferencias, boletas en vez de facturas.

Sin perjuicio de lo dispuesto en los incisos anteriores y en la Ley sobre Impuesto a las Ventas y Servicio, la Dirección podrá exigir el otorgamiento de facturas o boletas respecto de cualquier ingreso, operación o transferencia que directa o indirectamente sirva de base para el cálculo de un impuesto y que aquélla determine a su juicio exclusivo, estableciendo los requisitos que éstos documentos deban reunir. Asimismo, tratándose de contribuyentes de difícil fiscalización, la Dirección podrá exigir que la boleta la emita el beneficiario del servicio o eximir a éste de emitir dicho documento, siempre que sustituya esta obligación con el cumplimiento de otras formalidades que resguarden debidamente el interés fiscal y se trate de una prestación ocasional que se haga como máximo en tres días dentro de cada semana. Por los servicios que presten los referidos contribuyentes de difícil fiscalización, no será aplicable la retención del impuesto prevista en el número 2 del artículo 74 de la Ley sobre Impuesto a la Renta, cuando la remuneración por el total del servicio correspondiente no exceda del 50% de una unidad tributaria mensual vigente al momento del pago.

Asimismo, la Dirección podrá exigir la emisión de facturas especiales o boletas especiales en medios distintos del papel, en la forma que establezca mediante resolución.

Para los efectos de lo dispuesto en el inciso anterior, se entenderá por facturas y boletas especiales aquellas distintas de las exigidas en el Título IV del decreto ley N° 825, de 1974, sobre Impuesto a las Ventas y Servicios.

La Dirección determinará, en todos los casos, el monto mínimo por el cual deban emitirse las boletas. Estos documentos deberán emitirse en el momento mismo en que se celebre el ingreso que motiva su emisión, y estarán exentos de los impuestos establecidos en la Ley sobre Impuesto de Timbres, Estampillas y Papel Sellado.

En aquellos casos en que deba otorgarse facturas o boletas, será obligación del adquirente o beneficiario del servicio exigirlas y retirarlas del local o establecimiento del emisor.

Artículo 88 bis.- Los vendedores habituales de bienes muebles usados, y otros casos análogos que el Director determine mediante resolución, deberán emitir un documento tributario que identifique a su proveedor, los bienes adquiridos y su cantidad. Estarán eximidos de esta obligación cuando el proveedor emita la respectiva factura que dé cuenta de la venta realizada.

El incumplimiento de esta obligación será sancionado según el número 10 del artículo 97.

Artículo 89[6].- El Banco Central, el Banco del Estado, la Corporación de Fomento de la Producción, las instituciones de previsión y, en general, todas las instituciones de crédito, ya sean fiscales, semifiscales o de administración autónoma, y los bancos comerciales, para tramitar cualquiera solicitud de crédito o préstamo o cualquiera operación de carácter patrimonial que haya de realizarse por su intermedio, deberán exigir al solicitante que compruebe estar al día en el pago del impuesto global complementario o del impuesto único establecido en el N° 1° del artículo 42 de la Ley sobre Impuesto a la Renta. Este último certificado deberá ser extendido por los pagadores, habilitados u oficiales del presupuesto por

---

6 Conforme al artículo 1° N° 6 transitorio de la ley 21.713, publicada el 24 de octubre de 2024, el inciso segundo que se copia comenzará a regir el 1 de julio de 2025.

medio de los cuales se efectúe la retención del impuesto. Igual obligación pesará sobre los notarios respecto de las escrituras públicas o privadas que se otorguen o autoricen ante ellos relativas a convenciones o contratos de carácter patrimonial, excluyéndose los testamentos, las que contengan capitulaciones matrimoniales, mandatos, modificaciones de contratos que no aumenten su cuantía primitiva y demás que autorice el Director. Exceptuándose, también, las operaciones que se efectúen por intermedio de la Caja de Crédito Prendario y todas aquellas cuyo monto sea inferior al quince por ciento de un sueldo vital anual.

Sin perjuicio de lo dispuesto en los incisos siguientes, respecto de las operaciones señaladas en el inciso anterior que se lleven a cabo con bancos comerciales, y en que el solicitante sea una persona jurídica u otro tipo de entidad empresarial, el banco deberá exigir el inicio de actividades de la respectiva persona jurídica o entidad empresarial. Los bancos comerciales deberán informar al Servicio sobre las solicitudes aprobadas, en caso de que éste lo requiera, para el cumplimiento de sus funciones. En caso de que la entidad bancaria incumpla estos deberes de diligencia, será sancionada conforme las reglas establecidas en la letra k) del artículo 85 bis, por cada uno de los créditos, préstamos u operaciones de carácter patrimonial respecto de los cuales se infrinjan los deberes de diligencia.

Igual obligación pesará sobre los notarios respecto de las escrituras públicas o privadas que se otorguen o autoricen ante ellos relativas a convenciones o contratos de carácter patrimonial, excluyéndose los testamentos, las que contengan capitulaciones matrimoniales, mandatos, modificaciones de contratos que no aumenten su cuantía primitiva y demás que autorice el Director. Exceptuándose, también, las operaciones que se efectúen por intermedio de la Caja de Crédito Prendario y todas aquellas cuyo monto sea inferior al quince por ciento de un sueldo vital anual.

Tratándose de personas jurídicas, se exigirá el cumplimiento de estas obligaciones respecto del impuesto a que se refieren los números 3°, 4° y 5° del artículo 20 de la Ley de la Renta, con exclusión de los agentes de aduanas y de los corredores de propiedades cuando estén obligados a cualquiera de estos tributos.

Para dar cumplimiento a este artículo, bastará que el interesado exhiba el recibo de pago o un certificado que acredite que está acogido, en su caso, a pago mensual indicado en el inciso primero, o que se encuentra exento del impuesto, o que está al día en el cumplimiento de convenios de pago, debiendo la institución de que se trate anotar todos los datos del recibo o certificado.

El Banco Central de Chile no autorizará la adquisición de divisas correspondientes al retiro del capital y/o utilidades a la empresa extranjera que ponga término a sus actividades en Chile, mientras no acredite haber cumplido las obligaciones establecidas en el artículo 69 del Código, incluido el pago de los impuestos correspondientes devengados hasta el término de las operaciones respectivas.

Artículo 90.- Las cajas de previsión pagarán oportunamente el impuesto territorial que afecte a los inmuebles de sus respectivos imponentes, sobre los cuales se hubiere constituido hipoteca a favor de dichas cajas, quedando éstas facultadas para cobrar su valor por planillas, total o parcialmente, según lo acuerden los respectivos consejos directivos o deducirlo en casos calificados de los haberes de sus imponentes.

El incumplimiento de esta obligación hará responsable a la institución de todo perjuicio irrogado al imponente, pudiendo repetir en contra del funcionario culpable.

Artículo 91.- El liquidador deberá comunicar, dentro de los cinco días siguientes al de su asunción al cargo, la dictación de la resolución de liquidación al Director Regional correspondiente al domicilio del fallido.

Artículo 92.- Salvo disposición en contrario, en los casos en que se exija comprobar el pago de un impuesto, se entenderá cumplida esta obligación con la exhibición del respectivo recibo o del certificado de exención, o demostrándose en igual forma estar al día en el cumplimiento de un convenio de pago celebrado con el Servicio de Tesorerías. El Director Regional podrá autorizar, en casos calificados, se omita el cumplimiento de la obligación precedente, siempre que el interesado caucione suficientemente el interés fiscal. No procederá esta caución cuando el Director

Regional pueda verificar el pago de los impuestos de la información entregada al Servicio por Tesorerías.

Si se tratare de documentos o inscripciones en registros públicos, bastará exhibir el correspondiente comprobante de pago al funcionario que deba autorizarlos, quien dejará constancia de su fecha y número, si lo tuviere, y de la Tesorería o entidad a la cual se hizo el pago.

En todo caso, no se exigirá la exhibición del certificado de inscripción en el rol de contribuyentes, ni la comprobación de estar al día en el pago del impuesto global complementario, a los adquirentes o adjudicatarios de viviendas por intermedio de la Corporación de la Vivienda.

Asimismo, no regirá lo dispuesto en los artículos 66° y 89° respecto de aquellas personas a quienes la ley les haya eximido de las obligaciones contempladas en dichos artículos.

Artículo 92 bis.- La Dirección podrá disponer que los documentos que mantenga bajo su esfera de resguardo, se archiven en medios distintos al papel, cuya lectura pueda efectuarse mediante sistemas tecnológicos. El Director también podrá autorizar a los contribuyentes a mantener su documentación en medios distintos al papel. La impresión en papel de los documentos contenidos en los referidos medios, tendrá el valor probatorio de instrumento público o privado, según la naturaleza del original. En caso de disconformidad de la impresión de un documento archivado tecnológicamente con el original o una copia auténtica del mismo, prevalecerán estos últimos sin necesidad de otro cotejo.

Artículo 92 ter[7].- Las operaciones de compra y venta que superen el límite determinado mediante el procedimiento señalado a continuación, el cual en ningún caso podrá ser inferior a las 50 unidades de fomento ni superior a 135 unidades de fomento o sus equivalentes en moneda extran-

---

[7] Dispone el artículo 1° N° 7 transitorio de la ley 21.713, publicada el 24 de octubre 2024, que el umbral establecido en esta norma por los años 2025 y 2026, será el equivalente, en moneda nacional o extranjera, a 135 unidades de fomento. En los años siguientes, se mantendrá este monto mientras no se dicte la resolución de conformidad al procedimiento establecido en su inciso segundo.

jera, podrán efectuarse con cualquier medio de pago legalmente aceptable, en la medida que se encuentren respaldadas en cualquier documento que registre la identidad del pagador, según determine el Director mediante resolución, o en una factura afecta o exenta. Cuando el pago se hubiese realizado en efectivo, dicha circunstancia deberá constar en la respectiva factura o documento.

La determinación del límite antedicho se efectuará mediante resolución fundada del Ministerio de Hacienda, previo informe favorable del Banco Central de Chile. Dicha resolución deberá considerar, entre otros elementos, los riesgos de utilización del efectivo en actividades ilícitas, la penetración, acceso y cobertura de los medios de pago electrónicos, el nivel de inclusión financiera, así como el acceso a la infraestructura financiera y de telecomunicaciones.

De no cumplirse la condición señalada en el inciso primero, la operación respectiva deberá efectuarse exclusivamente a través de medios de pagos electrónicos o cualquier otro medio de pago que permita la individualización del pagador. Lo anterior se aplicará respecto de la integridad o totalidad del valor de la operación realizada, sin que sea posible fraccionar el pago en cantidades inferiores al límite establecido o realizar compras sucesivas con el mismo fin.

Sin embargo, lo dispuesto en el inciso precedente no aplicará durante situaciones de emergencia que afecten el normal funcionamiento de los sistemas de pago electrónicos, ya sea derivadas de catástrofes naturales u otras situaciones de caso fortuito o fuerza mayor. La excepción antes señalada constará en un decreto emitido por el Ministerio de Hacienda, de oficio o a requerimiento del Banco Central de Chile.

Las exigencias establecidas en este artículo no afectarán los atributos de curso legal, circulación ilimitada y poder liberatorio que el artículo 31 de la Ley Orgánica Constitucional del Banco Central de Chile le confiere a los billetes y monedas emitidos por el mismo, para el cumplimiento de las obligaciones en general, ni las demás facultades de dicha institución en materia monetaria.

Sin perjuicio de lo anterior, el incumplimiento de lo dispuesto en este artículo será sancionado según el número 10 del artículo 97.

LIBRO SEGUNDO
DE LOS APREMIOS Y DE LAS INFRACCIONES Y SANCIONES

TÍTULO I
DE LOS APREMIOS

Artículo 93.- En los casos que se señalan en el presente Título podrá decretarse por la justicia Ordinaria el arresto del infractor hasta por quince días, como medida de apremio a fin de obtener el cumplimiento de las obligaciones tributarias respectivas.

Para la aplicación de esta medida será requisito previo que el infractor haya sido apercibido en forma expresa a fin de que cumpla dentro de un plazo razonable.

El juez citará al infractor a una audiencia y con el solo mérito de lo que se exponga en ella o en rebeldía del mismo, resolverá sobre la aplicación del apremio solicitado y podrá suspenderlo si se alegaren motivos plausibles.

Las resoluciones que decreten el apremio serán inapelables.

Artículo 94.- Los apremios podrán renovarse cuando se mantengan las circunstancias que los motivaron.

Los apremios no se aplicarán, o cesarán, según el caso, cuando el contribuyente cumpla con las obligaciones tributarias respectivas.

Artículo 95.- Procederá el apremio en contra de las personas que, habiendo sido citadas por segunda vez en conformidad a lo dispuesto en los artículos 34 o 60, penúltimo inciso, durante la recopilación de antecedentes a que se refiere el artículo 161, Nº 10, no concurran sin causa justificada; procederá, además, el apremio en los casos de las infracciones señaladas en el Nº 7 del artículo 97 y también en todo caso en que el contribuyente no exhiba sus libros o documentos de contabilidad o entrabe el examen de los mismos.

Las citaciones a que se refiere el inciso anterior, deberán efectuarse por carta certificada y a lo menos para quinto día contado desde la fecha en que ésta se entienda recibida. Entre una y otra de las dos citaciones a que se refiere dicho inciso deberá mediar, a lo menos, un plazo de cinco días.

En los casos señalados en este artículo, el apercibimiento deberá efectuarse por el Servicio, y corresponderá al Director Regional solicitar el apremio.

Será juez competente para conocer de los apremios a que se refiere el presente artículo el juez de letras en lo civil de turno del domicilio del infractor.

Artículo 96.- También procederá la medida de apremio, tratándose de la infracción señalada en el número 11° del artículo 97°.

En los casos del presente artículo, el Servicio de Tesorerías requerirá a las personas que no hayan enterado los impuestos dentro de los plazos legales, y si no los pagaren en el término de cinco días, contados desde la fecha de la notificación, enviará los antecedentes al Juez Civil del domicilio del contribuyente, para la aplicación de lo dispuesto en los artículos 93° y 94°.

El requerimiento del Servicio se hará de acuerdo al inciso primero del artículo 12° y con él se entenderá cumplido el requisito señalado en el inciso segundo del artículo 93°.

En estos casos, el Juez podrá suspender el apremio a que se refieren las disposiciones citadas, y sólo podrá postergarlo en las condiciones que en ellas señala.

TÍTULO II
DE LAS INFRACCIONES Y SANCIONES

Párrafo 1°. De los contribuyentes y otros obligados

Artículo 97.- Las siguientes infracciones a las disposiciones tributarias serán sancionadas en la forma que a continuación se indica:

1°.- El retardo u omisión en la presentación de declaraciones, informes o solicitudes de inscripciones en roles o registros obligatorios, que no constituyan la base inmediata para la determinación o liquidación de un impuesto, con multa de una unidad tributaria mensual a una unidad tributaria anual.

En caso de retardo u omisión en la presentación de informes referidos a operaciones realizadas o antecedentes relacionados con terceras personas, se aplicarán las multas contempladas en el inciso anterior. Sin embargo, si requerido posteriormente bajo apercibimiento por el Servicio, el contribuyente no da cumplimiento a estas obligaciones legales en el plazo de 30 días, se le aplicará además, una multa que será de hasta 0,2 Unidades Tributarias Mensuales por cada mes o fracción de mes de atraso y por cada persona que se haya omitido, o respecto de la cual se haya retardado la presentación respectiva. Con todo, la multa máxima que corresponda aplicar no podrá exceder a 30 Unidades Tributarias Anuales, ya sea que el infractor se trate de un contribuyente o de un Organismo de la Administración del Estado.

2°.- El retardo u omisión en la presentación de declaraciones o informes, que constituyan la base inmediata para la determinación o liquidación de un impuesto, con multa de diez por ciento de los impuestos que resulten de la liquidación, siempre que dicho retardo u omisión no sea superior a 5 meses. Pasado este plazo, la multa indicada se aumentará en un dos por ciento por cada mes o fracción de mes de retardo, no pudiendo exceder el total de ella del treinta por ciento de los impuestos adeudados.

Esta multa no se impondrá en aquellas situaciones en que proceda también la aplicación de la multa por atraso en el pago, establecida en el N° 11 de este artículo y la declaración no haya podido efectuarse por tratarse de un caso en que no se acepta la declaración sin el pago.

El retardo u omisión en la presentación de declaraciones que no impliquen la obligación de efectuar un pago inmediato, por estar cubierto el impuesto a juicio del contribuyente, pero que puedan constituir la base para determinar o liquidar un impuesto, con multa de una unidad tributaria mensual a una unidad tributaria anual.

3°.- La declaración incompleta o errónea, la omisión de balances o documentos anexos a la declaración o la presentación incompleta de éstos que puedan inducir a la liquidación de un impuesto inferior al que corresponda, a menos que el contribuyente pruebe haber empleado la debida diligencia, con multa del cinco por ciento al veinte por ciento de las diferencias de impuesto que resultaren.

4°.- Las declaraciones maliciosamente incompletas o falsas que puedan inducir a la liquidación de un impuesto inferior al que corresponda o la omisión maliciosa en los libros de contabilidad de los asientos relativos a las mercaderías adquiridas, enajenadas o permutadas o a las demás operaciones gravadas, la adulteración de balances o inventarios o la presentación de éstos dolosamente falseados, el uso de boletas, notas de débito, notas de crédito o facturas ya utilizadas en operaciones anteriores, o el empleo de otros procedimientos dolosos encaminados a ocultar o desfigurar el verdadero monto de las operaciones realizadas o a burlar el impuesto, con multa del cien por ciento al trescientos por ciento del valor del tributo defraudado y con presidio menor en su grado máximo.

Los contribuyentes afectos al Impuesto a las Ventas y Servicios u otros impuestos sujetos a retención o recargo, que realicen maliciosamente cualquiera maniobra tendiente a aumentar el verdadero monto de los créditos o imputaciones que tengan derecho a hacer valer, en relación con las cantidades que deban pagar, serán sancionados con la pena de presidio menor en su grado máximo a presidio mayor en su grado mínimo y con multa del cien por ciento al trescientos por ciento de lo defraudado.

El que, mediante cualquier maniobra fraudulenta, obtuviere devoluciones de impuesto que no le correspondan, será sancionado con la pena de presidio menor en su grado máximo a presidio mayor en su grado medio y con multa del cien por ciento al cuatrocientos por ciento de lo defraudado.

Si, como medio para cometer los delitos previstos en los incisos anteriores, se hubiere hecho uso malicioso de facturas u otros documentos falsos, fraudulentos o adulterados, se aplicará la pena mayor asignada al delito más grave.

El que confeccione, venda o facilite, a cualquier título, guías de despacho, facturas, notas de débito, notas de crédito o boletas falsas, con o sin timbre del Servicio, será sancionado con la pena de presidio menor en su grado medio y multa de hasta 40 unidades tributarias anuales.

El que incurra en alguna de las conductas señaladas en el párrafo anterior para cometer o posibilitar la comisión de delitos de este número, será sancionado con la pena de presidio menor en su grado máximo y multa de hasta 100 unidades tributarias anuales.

5°.- La omisión maliciosa de declaraciones exigidas por las leyes tributarias para la determinación o liquidación de un impuesto, en que incurran el contribuyente o su representante, y los gerentes y administradores de personas jurídicas o los socios que tengan el uso de la razón social, con multa del cincuenta por ciento al trescientos por ciento del impuesto que se trata de eludir y con presidio menor en sus grados medio a máximo.

6°.- La no exhibición de libros de contabilidad o de libros auxiliares y otros documentos exigidos por el Director o el Director Regional de acuerdo con las disposiciones legales, la oposición al examen de los mismos o a la inspección de establecimientos de comercio, agrícolas, industriales o minerales, o el acto de entrabar en cualquier forma la fiscalización ejercida en conformidad a la ley, con multa de una unidad tributaria mensual a una unidad tributaria anual. Sin embargo, respecto de contribuyentes cuyos ingresos por ventas y servicios y otras actividades del giro hayan superado las 50.000 unidades de fomento durante el año comercial inmediatamente anterior, que no exhiban o aporten antecedentes específicamente requeridos en un procedimiento de fiscalización iniciado conforme al artículo 59, les será aplicable la multa establecida en el párrafo siguiente con las mismas limitaciones.

El que incumpla o entrabe la obligación de implementar y utilizar sistemas tecnológicos de información conforme al artículo 60 ter, con una multa de hasta 60 unidades tributarias anuales, con un límite equivalente al 15% del capital efectivo determinado al término del año comercial anterior a aquel en que se cometió la infracción. En caso que el contribuyente no esté obligado a determinarlo o no sea posible hacerlo, la multa a aplicar será de 1 a 5 unidades tributarias anuales.

Los contribuyentes autorizados a sustituir sus libros de contabilidad por hojas sueltas llevadas en forma computacional y aquellos autorizados a llevar sus inventarios, balances, libros o registros contables o auxiliares y todo otro documento de carácter tributario mediante aplicaciones informáticas, medios electrónicos u otros sistemas tecnológicos, que entraben, impidan o interfieran de cualquier forma la fiscalización ejercida conforme a la ley, con una multa de hasta 30 unidades tributarias anuales, con un límite equivalente al 10% del capital efectivo determinado al término del año comercial anterior a aquel en que se cometió la infracción. En caso que el contribuyente no esté obligado a determinarlo o no sea posible hacerlo, la multa a aplicar será de 1 unidad tributaria anual.

7°.- El hecho de no llevar la contabilidad o los libros auxiliares exigidos por el Director o el Director Regional de acuerdo con las disposiciones legales, o de mantenerlos atrasados, o de llevarlos en forma distinta a la ordenada o autorizada por la ley, y siempre que no se dé cumplimiento a las obligaciones respectivas dentro del plazo que señale el Servicio, que no podrá ser inferior a diez días, con multa de una unidad tributaria mensual a una unidad tributaria anual.

8°.- El comercio ejercido a sabiendas sobre mercaderías, valores o especies de cualquiera naturaleza sin que se hayan cumplido las exigencias legales relativas a la declaración y pago de los impuestos que graven su producción o comercio, con multa del cincuenta por ciento al cuatrocientos por ciento de los impuestos eludidos y con presidio o relegación menores en cualquiera de sus grados. La reincidencia será sancionada con pena de presidio o relegación menores en su grado máximo.

Para la determinación de la pena aplicable el tribunal tendrá especialmente en cuenta el valor de las especies comerciadas o elaboradas.

9°.- El ejercicio clandestino en cualquier de sus formas del comercio o de la industria con multa de una unidad tributaria anual a diez unidades tributarias anuales y presidio o relegación menores en cualquiera de sus grados y, además, con el comiso de los productos en instalaciones de fabricación y envases respectivos. La reincidencia será sancionada con pena de presidio o relegación menores en sus grados medio a máximo.

Para la determinación de la pena aplicable el tribunal tendrá especialmente en cuenta el valor de las especies comerciadas o elaboradas.

10°.- El no otorgamiento o el no envío de la información electrónica al Servicio de guías de despacho de facturas, notas de débito, notas de crédito o boletas en los casos y en la forma exigidos por las leyes, el uso de boletas no autorizadas o de facturas, notas de débito, notas de crédito o guías de despacho sin el timbre correspondiente, el fraccionamiento del monto de las ventas o el de otras operaciones para eludir el otorgamiento de boletas, con multa del cincuenta por ciento al quinientos por ciento del monto de la operación, con un mínimo de 2 unidades tributarias mensuales y un máximo de 40 unidades tributarias anuales.

En el caso de las infracciones señaladas en el párrafo primero, éstas además deberán ser sancionadas con clausura de hasta veinte días de la oficina, estudio, establecimiento, sucursal, medio de transporte, maquinaria o similar en que se haya cometido la infracción, el sitio en internet o del sitio dentro de la plataforma virtual o digital a través de la cual el contribuyente realiza el ejercicio de la actividad comercial. Asimismo, no se autorizará ni se permitirá la emisión al contribuyente de documentos tributarios. En caso de reiteración de infracciones, de acuerdo al párrafo tercero, el Director podrá solicitar la suspensión del dominio web o suspender el acceso al proveedor de pago o similar por el periodo que dure la clausura.

La reiteración de las infracciones señaladas en este número se sancionará además con presidio o relegación menor en su grado máximo. Para estos efectos se entenderá que hay reiteración cuando se cometan dos o más infracciones entre las cuales no medie un período superior a tres años.

Para los efectos de aplicar la clausura, el Servicio podrá requerir el auxilio de la fuerza pública, la que será concedida sin ningún trámite previo por el Cuerpo de Carabineros, pudiendo procederse con allanamiento y descerrajamiento si fuere necesario. En todo caso, se pondrán sellos oficiales y carteles en los establecimientos clausurados.

Cada sucursal se entenderá como establecimiento distinto para los efectos de este número.

En los casos de clausura, el infractor deberá pagar a sus dependientes las correspondientes remuneraciones mientras dure aquélla. No tendrán este derecho los dependientes que hubieren hecho incurrir al contribuyente en la sanción.

11°.- El retardo en enterar en Tesorería impuestos sujetos a retención o recargo, con multa de un diez por ciento de los impuestos adeudados. La multa indicada se aumentará en un dos por ciento por cada mes o fracción de mes de retardo, no pudiendo exceder el total de ella del treinta por ciento de los impuestos adeudados.

En los casos en que la omisión de la declaración en todo o en parte de los impuestos que se encuentren retenidos o recargados haya sido detectada por el Servicio en procesos de fiscalización, la multa prevista en este número y su límite máximo, serán de veinte y sesenta por ciento, respectivamente.

12°.- La reapertura de un establecimiento comercial o industrial o de la sección que corresponda, el uso de medios de transporte, maquinarias o similares, el uso de la plataforma virtual o digital mediante la cual realiza su actividad, o la emisión de documentos tributarios en papel o electrónicos, con violación de una clausura impuesta por el Servicio, con multa del veinte por ciento de una unidad tributaria anual a dos unidades tributarias anuales y con presidio o relegación menor en su grado medio.

13°.- La destrucción o alteración de los sellos o cerraduras puestos por el Servicio, o la realización de cualquiera otra operación destinada a desvirtuar la oposición de sello o cerraduras, con multa de media unidad tributaria anual a cuatro unidades tributarias anuales y con presidio menor en su grado medio.

Salvo prueba en contrario, en los casos del inciso precedente se presume la responsabilidad del contribuyente y, tratándose de personas jurídicas, de su representante legal.

14°.- La sustracción, ocultación o enajenación de especies que queden retenidas en poder del presunto infractor, en caso de que se hayan adoptado medidas conservativas, con multa de media unidad tributaria anual a cuatro unidades tributarias anuales y con presidio menor en su grado medio.

La misma sanción se aplicará al que impidiere en forma ilegítima el cumplimiento de la sentencia que ordene el comiso.

15°.- El incumplimiento de cualquiera de las obligaciones establecidas en los artículos 34° y 60° inciso penúltimo, con una multa del veinte por ciento al cien por ciento de una unidad tributaria anual.

16°.- La pérdida o inutilización no fortuita de los libros de contabilidad o documentos que sirvan para acreditar las anotaciones contables o que estén relacionados con las actividades afectas a cualquier impuesto, se sancionará de la siguiente manera:

a) Con multa de una unidad tributaria mensual a veinte unidades tributarias anuales, la que, en todo caso, no podrá exceder de 15% del capital propio; o

b) Si los contribuyentes no deben determinar capital propio, resulta imposible su determinación o aquél es negativo, con multa de media unidad tributaria mensual hasta diez unidades tributarias anuales.

Se presumirá no fortuita, salvo prueba en contrario, la pérdida o inutilización de los libros de contabilidad o documentos mencionados en el inciso primero, cuando se dé aviso de este hecho o se lo detecte con posterioridad a una notificación o cualquier otro requerimiento del Servicio que diga relación con dichos libros y documentación. Además, en estos casos, la pérdida o inutilización no fortuita se sancionará de la forma que sigue:

a) Con multa de una unidad tributaria mensual a treinta unidades tributarias anuales, la que, en todo caso, no podrá exceder de 25% del capital propio; o

b) Si los contribuyentes no deben determinar capital propio, no es posible determinarlo o resulta negativo, la multa se aplicará con un mínimo de una unidad tributaria mensual a un máximo de veinte unidades tributarias anuales.

La pérdida o inutilización de los libros de contabilidad o documentos mencionados en el inciso primero materializada como procedimiento doloso encaminado a ocultar o desfigurar el verdadero monto de las operaciones realizadas o a burlar el impuesto, será sancionada conforme a lo dispuesto en el inciso primero del Nº 4º del artículo 97 del Código Tributario.

En todos los casos de pérdida o inutilización, los contribuyentes deberán:

a) Dar aviso al Servicio dentro de los 10 días siguientes, y

b) Reconstituir la contabilidad dentro del plazo y conforme a las normas que fije el Servicio, plazo que no podrá ser inferior a treinta días.

El incumplimiento de lo previsto en el inciso anterior, será sancionado con multa de hasta diez unidades tributarias mensuales.

Para los efectos previstos en los incisos primero y segundo de este número, se entenderá por capital propio el definido en el artículo 41, Nº

1°, de la Ley sobre Impuesto a la Renta, vigente al inicio del año comercial en que ocurra la pérdida o inutilización.

En todo caso, la pérdida o inutilización de los libros de contabilidad suspenderá la prescripción establecida en los incisos primero y segundo del artículo 200, hasta la fecha en que los libros legalmente reconstituidos queden a disposición del Servicio.

17°.- La movilización o traslado de bienes corporales muebles realizado en vehículos destinados al transporte de carga sin la correspondiente guía de despacho o factura, otorgadas en la forma exigida por las leyes, será sancionado con una multa del 10% al 200% de una unidad tributaria anual. Si la movilización o traslado a que se refiere el presente párrafo se realizare a sabiendas o debiendo saber que no se han cumplido las exigencias legales relativas a la declaración y pago de impuestos que graven la producción o comercio, o que los bienes movilizados o trasladados son falsos o de comercialización prohibida, la multa será del 20% al 300% de una unidad tributaria anual.

Sorprendida la infracción, el vehículo no podrá continuar hacia el lugar de destino mientras no se exhiba la guía de despacho o factura correspondiente a la carga movilizada, pudiendo, en todo caso, regresar a su lugar de origen. Esta sanción se hará efectiva con la sola notificación del acta de denuncio y en su contra no procederá recurso alguno. En caso de que la infracción se cometa a propósito de la movilización o traslado de los bienes indicados en la oración final del párrafo anterior, se procederá a la incautación de los bienes

Para llevar a efecto la medida de que trata el inciso anterior, el funcionario encargado de la diligencia podrá recurrir al auxilio de la fuerza pública, la que le será concedida por el Jefe de Carabineros más inmediato, y en el menor plazo posible, sin más trámite, pudiendo procederse con allanamiento y descerrajamiento si fuere necesario.

18°.- Los que compren y vendan fajas de control de impuestos o entradas a espectáculos públicos en forma ilícita, serán sancionados con multa de uno a diez unidades tributarias anuales y con presidio menor en su grado medio.

La sanción pecuniaria establecida en el inciso precedente podrá hacerse efectiva indistintamente en contra del que compre, venda o mantenga fajas de control y entradas a espectáculos públicos en forma ilícita.

19°.- El incumplimiento de la obligación de exigir el otorgamiento de la factura o boleta, en su caso, y de retirarla del local o establecimiento del emisor, será sancionado con multa de hasta una unidad tributaria mensual en el caso de las boletas, y de hasta veinte unidades tributarias mensuales en el caso de facturas, previos los trámites del procedimiento contemplado en el artículo 165 de este Código, y sin perjuicio de que al sorprenderse la infracción, el funcionario del Servicio pueda solicitar el auxilio de la fuerza pública para obtener la debida identificación del infractor, dejándose constancia en la unidad policial respectiva.

20°.- La deducción como gasto o uso del crédito fiscal que efectúen, en forma reiterada, los contribuyentes del impuesto de Primera Categoría de la Ley de la Renta, que no sean sociedades anónimas abiertas, de desembolsos que sean rechazados o que no den derecho a dicho crédito, de acuerdo a la Ley de la Renta o al decreto ley N° 825, de 1974, por el hecho de ceder en beneficio personal y gratuito del propietario o socio de la empresa, su cónyuge o hijos, o de una tercera persona que no tenga relación laboral o de servicios con la empresa que justifique el desembolso o el uso del crédito fiscal, con multa de hasta el 200% de todos los impuestos que deberían haberse enterado en arcas fiscales, de no mediar la deducción indebida. La misma multa se aplicará cuando el contribuyente haya deducido los gastos o hecho uso del crédito fiscal respecto de los vehículos y aquellos incurridos en supermercados y comercios similares, a que se refiere el artículo 31 de la ley sobre Impuesto a la Renta, sin cumplir con los requisitos que dicha disposición establece.

21°.- La no comparecencia injustificada ante el Servicio, a un segundo requerimiento notificado al contribuyente conforme a lo dispuesto en el artículo 11, con una multa de una unidad tributaria mensual a una unidad tributaria anual, la que se aplicará en relación al perjuicio fiscal comprometido y procederá transcurridos 20 días desde el plazo de comparecencia indicado en la segunda notificación. El Servicio deberá certificar la concurrencia del contribuyente al requerimiento notificado.

22°.- El que autorice folios de facturas, boletas, guías de despacho, notas de crédito, notas de débito u otros documentos tributarios electrónicos a sabiendas que serán utilizados para defraudar al Fisco, será sancionado con pena de presidio menor en su grado máximo y multa de hasta 10 unidades tributarias anuales.

23°.- El que maliciosamente proporcionare datos o antecedentes falsos en la declaración inicial de actividades o en sus modificaciones o en las declaraciones exigidas con el objeto de obtener autorización de documentación tributaria, será sancionado con la pena de presidio menor en su grado máximo y con multa de hasta ocho unidades tributarias anuales.

El que concertado facilitare los medios para que en las referidas presentaciones se incluyan maliciosamente datos o antecedentes falsos, será sancionado con la pena de presidio menor en su grado mínimo y con multa de una unidad tributaria mensual a una unidad tributaria anual.

24°.- Los contribuyentes de los impuestos establecidos en la Ley sobre Impuesto a la Renta, que dolosamente reciban contraprestaciones de las instituciones a las cuales efectúen donaciones, en los términos establecidos en los incisos primero y segundo del artículo 11 de la ley N° 19.885, sea en beneficio propio o en beneficio personal de sus socios, directores o empleados, o del cónyuge o de los parientes consanguíneos hasta el segundo grado, de cualquiera de los nombrados, o simulen una donación, en ambos casos, de aquellas que otorgan algún tipo de beneficio tributario que implique en definitiva un menor pago de algunos de los impuestos referidos, serán sancionados con la pena de presidio menor en sus grados mínimo a medio.

Para los efectos de lo dispuesto en el inciso precedente, se entenderá que existe una contraprestación cuando en el lapso que media entre los seis meses anteriores a la fecha de materializarse la donación y los veinticuatro meses siguientes a esa data, el donatario entregue o se obligue a entregar una suma de dinero o especies o preste o se obligue a prestar servicios, cualquiera de ellos avaluados en una suma superior al 10% del monto donado o superior a 15 Unidades Tributarias Mensuales en el año a cualquiera de los nombrados en dicho inciso.

El donatario que dolosamente destine o utilice donaciones de aquellas que las leyes permiten rebajar de la base imponible afecta a los impuestos de la Ley sobre Impuesto a la Renta o que otorgan crédito en contra de dichos impuestos, a fines distintos de los que corresponden a la entidad donataria de acuerdo a sus estatutos, será sancionado con la pena de presidio menor en sus grados medio a máximo.

25°.- El que actúe como usuario de las Zonas Francas establecidas por ley, sin tener la habilitación correspondiente, o teniéndola, la haya utilizado con la finalidad de defraudar al Fisco, será sancionado con una multa de hasta ocho Unidades Tributarias Anuales y con presidio menor en sus grados medio a máximo.

Se sancionará con las penas establecidas en el inciso anterior a quien efectúe transacciones con una persona que actúe como usuario de Zona Franca, sabiendo que éste no cuenta con la habilitación correspondiente o teniéndola, la utiliza con la finalidad de defraudar al Fisco.

26°.- La venta o abastecimiento clandestinos de gas natural comprimido o gas licuado de petróleo para consumo vehicular, entendiéndose por tal aquellas realizadas por personas que no cuenten con las autorizaciones establecidas en el inciso cuarto del artículo 2° de la ley N° 18.502, será penado con presidio menor en su grado mínimo a medio y una multa de hasta cuarenta unidades tributarias anuales.

27°.- El que habiendo tomado conocimiento del inicio de un procedimiento administrativo o judicial tendiente a la determinación o liquidación del impuesto o el cobro judicial de obligaciones tributarias, ejecute actos o contratos que disminuyan su activo o aumenten su pasivo sin otra justificación económica o jurídica que la de perjudicar a la administración tributaria o frustrar total o parcialmente el cumplimiento de sus obligaciones tributarias, será castigado con la pena de presidio menor en su grado máximo.

Artículo 98.- De las sanciones pecuniarias responden el contribuyente y las demás personas legalmente obligadas. Tratándose de personas jurídicas, serán solidariamente responsables el gerente general, administrador o quienes cumplan las tareas de éstos, y los socios a quienes corresponda dicho cumplimiento, pero sólo en el caso que hayan incurrido personalmente en las infracciones. Se entenderá que incurren personalmente en las infracciones quienes hayan tomado parte en la ejecución del hecho, sea de una manera inmediata y directa, sea impidiendo o procurando impedir que se evite, o quienes, concertados para su ejecución, facilitan los medios con que se lleva a efecto el hecho o lo presencian sin tomar parte inmediata en él.

Artículo 99.- Las sanciones corporales y los apremios, en su caso, se aplicarán a quien debió cumplir la obligación y, tratándose de personas jurídicas, a los gerentes, administradores o a quienes hagan las veces de éstos y a los socios a quienes corresponda dicho cumplimiento pero sólo en el caso que hayan personalmente incurrido en las infracciones. Se entenderá que incurren personalmente en las infracciones quienes hayan tomado parte en la ejecución del hecho, sea de una manera inmediata y directa, sea impidiendo o procurando impedir que se evite, o quienes, concertados para su ejecución, facilitan los medios con que se lleva a efecto el hecho o lo presencian sin tomar parte inmediata en él.

Artículo 100.- El contador que al confeccionar o firmar cualquier declaración o balance o que como encargado de la contabilidad de un contribuyente incurriere en falsedad o actos dolosos, será sancionado con multa de una a diez unidades tributarias anuales y podrá ser castigado con presidio menor en sus grados medio a máximo, según la gravedad de la infracción, a menos que le correspondiere una pena mayor como copartícipe del delito del contribuyente, en cuyo caso se aplicará esta última. Además, se oficiará al Colegio de Contadores para los efectos de las sanciones que procedan.

Salvo prueba en contrario, no se considerará dolosa o maliciosa la intervención del contador, si existe en los libros de contabilidad, o al término de cada ejercicio, la declaración firmada del contribuyente, dejando constancia de que los asientos corresponden a datos que éste ha proporcionado como fidedignos.

Artículo 100 bis.- La persona natural o jurídica, respecto de quien se acredite haber diseñado o planificado los actos, contratos o negocios respecto de los que se hubiera declarado la existencia de abuso o simulación, según lo dispuesto en los artículos 4 ter, 4 quáter, y 4 quinquies, será sancionada con las multas que se indican a continuación.

La persona que haya diseñado o planificado los actos, contratos o negocios distinta del contribuyente, será sancionada con multa de 100 unidades tributarias anuales, salvo que: (a) exista reiteración respecto del mismo diseño o planificación, en cuyo caso la multa será de 250 unidades tributarias anuales; o (b) se acredite que los honorarios pactados sean superiores a 100 unidades tributarias anuales, caso en el cual la multa podrá extenderse hasta el total de los honorarios pactados con un tope de 250 unidades tributarias anuales. En caso de que el tercero fuese una persona jurídica, serán solidariamente responsables las personas naturales o jurídicas que hayan ejercido el cargo de directores, representantes o administradores del asesor, si han infringido sus deberes de dirección y supervisión respecto de éste, en consideración a los estándares establecidos en la Ley N° 20.393 que Establece la Responsabilidad Penal de las Personas Jurídicas.

En aquellos casos en que no exista un tercero que haya diseñado o planificado los actos, negocios o contratos respecto de los cuales se hubiere declarado la existencia de abuso o simulación, según lo dispuesto en los artículos 4 ter, 4 quáter, y 4 quinquies, o cuando existiendo el tercero el contribuyente no lo haya identificado dentro del proceso de fiscalización, será el contribuyente el sancionado con una multa equivalente al 100% de las diferencias de impuesto determinadas con un tope de 250 unidades tributarias anuales. En caso de existir, serán solidariamente responsables de la multa la o las personas naturales o jurídicas que hayan ejercido el cargo de directores, representantes y/o administradores de los mencionados contribuyentes al momento de cometerse el conjunto o series de hechos, actos o negocios jurídicos, si hubieren infringido sus deberes de dirección y supervisión respecto del contribuyente sancionado, en consideración a los estándares establecidos en la ley N° 20.393 que Establece la Responsabilidad Penal de las Personas Jurídicas.

No aplicará la multa dispuesta en el inciso anterior respecto de contribuyentes que determinen sus rentas conforme a lo dispuesto en la letra D del artículo 14 de la ley de la Renta.

En caso que el contribuyente haya deducido reclamo respecto de la resolución que declara el abuso o simulación en los términos que señala el artículo 4 quinquies, el Servicio sólo podrá solicitar la multa a que se refiere el presente artículo dentro del mismo procedimiento. Si no existe reclamo por parte del contribuyente, las multas deberán ser solicitadas por el Servicio de acuerdo con el procedimiento establecido en el artículo 161.

La prescripción de la acción para perseguir las sanciones pecuniarias al contribuyente o a sus directores, representantes y/o administradores, cuando corresponda, será de seis años contados desde la notificación de la resolución que declare la elusión. En aquellos casos en que el contribuyente haya deducido reclamo, precluirá la acción del Servicio si no se interpone al momento de presentar la contestación al reclamo dentro del plazo del artículo 132. En el caso de la acción contra el asesor, la prescripción será de seis años contados desde la notificación de la resolución que declare la elusión o, en caso de existir reclamo, desde que la sentencia que rechace el reclamo se encuentre ejecutoriada.

Artículo 100 ter[8].- Constituye una circunstancia calificada para que el Director decida perseguir únicamente la aplicación de una sanción pecuniaria según señala el inciso tercero del artículo 162 del Código Tributario, la cooperación eficaz que un contribuyente realice dentro del procedimiento de recopilación de antecedentes a que se refiere el N° 10 del artículo 161 y siempre que conduzca al esclarecimiento de delitos tributarios y permita la identificación de los demás responsables. Se entenderá por

---

8 Conforme al artículo 1° N° 8 transitorio de la ley 21.713, publicada el 24 de octubre de 2024, el artículo 100 ter entrará en vigencia seis meses después de la publicación en el Diario Oficial de dicha ley.

cooperación eficaz el suministro de datos o informaciones sustanciales, precisos, verídicos y comprobables, desconocidos por el Servicio, sin los cuales no se hubiese podido alcanzar los fines señalados.

El Servicio, mediante resolución, establecerá los parámetros objetivos para determinar el carácter sustancial, preciso, veraz, comprobable y desconocido de los antecedentes aportados.

En el evento que la mencionada cooperación eficaz se verifique durante la investigación a cargo del Ministerio Público una vez presentada la denuncia o querella en los términos del inciso primero del artículo 162, se podrá reducir la pena hasta en dos grados, siempre que la colaboración también se efectúe con el Ministerio Público. La reducción de pena se determinará con posterioridad a la individualización de la sanción penal según las circunstancias atenuantes o agravantes comunes que concurran; o de su compensación, de acuerdo con las reglas generales.

Lo dispuesto en el presente artículo no será aplicable cuando la colaboración se refiera a delitos cometidos únicamente por el contribuyente.

Artículo 100 quáter[9].- Tendrán la calidad de denunciantes anónimos las personas naturales que de manera voluntaria y en la forma que establezca el Servicio mediante resolución colaboren con investigaciones de hechos constitutivos de delitos tributarios aportando antecedentes sustanciales, precisos, veraces, comprobables y desconocidos para el Servicio, para la detección, constatación o acreditación de éstos, o de la participación del o de los responsables de dichos delitos. No tendrán la calidad de denunciantes anónimos quienes hayan incurrido en la conducta sancionada o ejerzan un cargo de administración o dirección respecto de la entidad denunciada cuando corresponda o los abogados que hubiesen prestado asesoría, durante los tres años anteriores a efectuar la denuncia. Del mismo modo, no podrán acogerse al procedimiento señalado en este artículo las personas naturales querelladas, con una investigación formalizada en

---

9 Conforme al artículo 1° N° 8 transitorio de la ley 21.713, publicada el 24 de octubre de 2024, el artículo 100 quáter entrará en vigencia seis meses después de la publicación en el Diario Oficial de dicha ley.

su contra, acusadas o que se encuentren cumpliendo condena, por delitos tributarios. Lo mismo regirá cuando respecto de cualquiera de los sujetos mencionados se haya ejercido la facultad de perseguir la multa de acuerdo al procedimiento previsto en el artículo 100 bis o en el artículo 161, ni quienes hayan recibido la información de las personas inhabilitadas en los términos de este inciso.

La calidad de denunciante anónimo se adquiere a partir de la dictación de la resolución fundada que emita el Servicio en la que se indique el cumplimiento de los requisitos del inciso anterior, la que deberá ser notificada al denunciante mediante correo electrónico. La resolución del Servicio a que se refiere este inciso, así como la identidad del denunciante anónimo, tendrán el carácter de secreto, salvo que el mismo denunciante renuncie a dicho anonimato. Las Policías, a requerimiento del Servicio, deberán adoptar todas las medidas de protección para el denunciante que sean pertinentes según las necesidades de cada caso.

Quien solicite que se le otorgue la calidad de denunciante anónimo aportando antecedentes falsos o fraudulentos, será sancionado con las penas de presidio menor en su grado medio a máximo y multa de 15 unidades tributarias mensuales, sin perjuicio de las acciones que el denunciado pueda interponer para resarcir los perjuicios causados. En caso de que el sancionado tenga la calidad de denunciante anónimo según lo dispuesto en el inciso anterior, de forma adicional perderá dicha calidad.

La resolución señalada en el inciso segundo y la identidad del denunciante anónimo, así como aquellos antecedentes que puedan servir para su identificación, tendrán el carácter de reservados conforme las reglas establecidas en los artículos 35 y 206, y no podrán ser divulgados en forma alguna. Únicamente podrán ser utilizados para cumplir con los objetivos de investigación que le son propios, salvo que el mismo denunciante renuncie a dicho anonimato. Toda persona que haya tomado conocimiento de la identidad de un denunciante anónimo o de quien haya solicitado tal calidad de conformidad al inciso anterior tendrá el deber de guardar secreto respecto de cualquier antecedente que permita identificar a dicho denunciante, y le será aplicable la facultad de abstenerse de declarar únicamente sobre dichos antecedentes, en los términos previstos en el artículo 303 del Código Procesal Penal y en el artículo 360 del Código de Procedimiento Civil. La infracción de la reserva de la información obtenida mediante las disposiciones de este artículo se sancionará con multa de 10 a 30 unidades tributarias mensuales. En caso de que el infractor desempeñe funciones en el Servicio o en otro organismo público, dicha infracción será sancionada, además, con la pena de reclusión menor en cualquiera de sus grados. Asimismo, dará lugar a responsabilidad administrativa y se sancionará con destitución del cargo.

De igual forma, la identidad de aquellas personas que soliciten la calidad de denunciante anónimo y entreguen antecedentes relativos a hechos constitutivos de delitos tributarios y aduaneros tendrá el carácter de secreta, aun cuando tales antecedentes no sean suficientes para dictar la resolución referida en el inciso segundo, a menos que proceda lo dispuesto en el inciso tercero.

El denunciante anónimo que colabore con el Servicio de conformidad a lo dispuesto en este artículo no será penal ni administrativamente responsable por efectuar dicha colaboración. Asimismo, tampoco será civilmente responsable por los perjuicios que se produzcan por el solo hecho de realizar la referida colaboración, salvo que proceda la excepción establecida en el inciso tercero.

Perderá la calidad de denunciante anónimo aquel que, habiéndose otorgado la resolución señalada en el inciso segundo, renuncie al anonimato o haga publicidad de la denuncia.

Artículo 100 quinquies[10].- En aquellos casos que producto de la información proporcionada se imponga judicialmente al imputado o infractor la obligación de pagar un monto de dinero por concepto de multa no inferior al mínimo que establece el delito, ya sea en el proceso penal o en un procedimiento bajo el artículo 161, con ocasión de haberse ejercido la opción del inciso tercero del artículo 162, el denunciante anónimo tendrá

---

10 Conforme al artículo 1° N° 8 transitorio de la ley 21.713, publicada el 24 de octubre de 2024, el artículo 100 quinquies entrará en vigencia seis meses después de la publicación en el Diario Oficial de dicha ley.

derecho a recibir el 10% de la multa que se aplique como consecuencia de la investigación y procedimiento en los cuales colaboró. Para la procedencia de la retribución establecida en el presente artículo el impuesto defraudado deberá ser superior a 100 unidades tributarias anuales.

Cuando distintos denunciantes anónimos hayan colaborado en las mismas conductas sancionadas, el premio señalado en el inciso anterior se distribuirá en la forma que determine el Servicio mediante resolución.

No tendrán derecho a la retribución establecida en el presente artículo aquellos denunciantes que hubieran renunciado al anonimato o que hubieran efectuado publicidad de la denuncia regulada en el artículo anterior.

Una vez enterada la multa por el infractor en la Tesorería General de la República corresponderá a esta institución entregar a cada denunciante anónimo el monto correspondiente, según indique el Servicio mediante resolución fundada. La Tesorería General de la República deberá comunicar el pago tan pronto ello haya ocurrido, y deberá tomar las medidas necesarias para cumplir con las obligaciones establecidas en el inciso cuarto del artículo anterior.

El monto percibido por el denunciante anónimo en virtud del presente artículo no constituirá renta y las operaciones necesarias para efectuar el pago correspondiente gozarán de secreto bancario.

Artículo 100 sexies.- Los contribuyentes que tomen conocimiento de la existencia de diferencias de impuestos que podrían fundarse en hechos constitutivos de delitos tributarios, podrán efectuar una autodenuncia ante la Dirección Nacional, siempre que cumplan los siguientes requisitos:

1. Acompañar una propuesta de las declaraciones de impuesto que corresponda rectificar, las que podrán incluir exclusivamente los tres años tributarios anteriores a aquel en que se realiza la solicitud.

2. No encontrarse, al momento de presentar la solicitud, bajo un procedimiento de fiscalización por los mismos impuestos contenidos en su autodenuncia.

3. No haber sido condenado por delitos tributarios, incluyendo las sentencias bajo el procedimiento del número 10 del artículo 161.

4. No haberse aceptado con anterioridad la aplicación del presente artículo.

Aprobada por el Comité Ejecutivo la autodenuncia del contribuyente, se determinarán las diferencias de impuestos y dictarán los giros que correspondan. En estos casos el contribuyente no será objeto de denuncia o querella en los términos del artículo 162 ni del procedimiento del número 10 del artículo 161.

En ningún caso las diferencias de impuesto determinadas conforme a este artículo podrán ser objeto de condonación respecto de los intereses y multas que correspondan. Sí podrá accederse a un convenio de pago ante el Servicio de Tesorerías.

Los giros emitidos por aplicación del presente artículo no serán objeto de recursos administrativos ni de la reclamación contenida en el artículo 124.

Lo dispuesto en el presente artículo no obsta a la posibilidad de rectificar declaraciones en la medida que no se funden en hechos constitutivos de delitos tributarios.

Párrafo 2°. De las infracciones cometidas por los funcionarios y ministros de fe y de las sanciones

Artículo 101.- Serán sancionados con suspensión de su empleo hasta por cinco meses y el 50% de su remuneración, los funcionarios del Servicio que cometan alguna de las siguientes infracciones:

1°.- Atender profesionalmente a los contribuyentes en cuanto diga relación con la aplicación de las leyes tributarias, excepto la atención profesional que puedan prestar a sociedades de beneficencia, instituciones privadas de carácter benéfico y, en general, fundaciones o corporaciones que no persigan fines de lucro.

2°.- Permitir o facilitar a un contribuyente el incumplimiento de las leyes tributarias.

3°.- Ofrecer su intervención en cualquier sentido para reducir la carga tributaria de un contribuyente o para liberarle, disminuirle o evitar que se le aplique una sanción.

4°.- Obstaculizar injustificadamente la tramitación o resolución de un asunto o cometer abusos comprobados en el ejercicio de su cargo.

5°.- Infringir la obligación de guardar el secreto de las declaraciones en los términos señalados en este Código.

En los casos de los números 2° y 3°, si se comprobare que el funcionario infractor hubiere solicitado o recibido una remuneración o recompensa, será sancionado con la destitución de su cargo y multa del cien por ciento del beneficio solicitado o aceptado como remuneración o recompensa, sin perjuicio de las penas contenidas en el Código Penal. En este caso, el plazo señalado en la letra e) del artículo 12 del Estatuto Administrativo será de diez años.

Igual sanción podrá aplicarse en las infracciones señaladas en los números 1°, 4° y 5°, atendida la gravedad de la falta.

La reincidencia en cualquiera de las infracciones señaladas en los números 1°, 4° y 5°, será sancionada con la destitución de su cargo del funcionario infractor.

Artículo 102.- Todo funcionario, sea fiscal o municipal o de instituciones o empresas públicas, incluyendo las que tengan carácter fiscal, semifiscal, municipal o de administración autónoma, que falte a las obligaciones que le impone este Código, o las leyes tributarias, será sancionado con multa del cinco por ciento de una unidad tributaria anual a cuatro unidades tributarias anuales. La reincidencia en un período de dos años será castigada con multa de media unidad tributaria anual a cuatro unidades tributarias anuales, sin perjuicio de las demás sanciones que puedan aplicarse de acuerdo con el estatuto que rija sus funciones.

Artículo 103.- Los notarios, Conservadores, archiveros y otros ministros de fe que infrinjan las obligaciones que les imponen las diversas leyes tributarias, serán sancionados en la forma prevista en dichas leyes.

Artículo 104.- Las mismas sanciones previstas en los artículos 102° y 103°, se impondrán a las personas en ellos mencionadas que infrinjan las obligaciones relativas a exigir la exhibición y dejar constancia de la cédula del rol único tributario o en su defecto del certificado provisorio, en aquellos casos previstos en este Código, en el Reglamento del Rol Único Tributario o en otras disposiciones tributarias.

Párrafo 3°. Disposiciones comunes

Artículo 105.- Las sanciones pecuniarias serán aplicadas administrativamente por el Servicio o por el Tribunal Tributario y Aduanero, de acuerdo con el procedimiento que corresponda del Libro Tercero, excepto en aquellos casos en que de conformidad al presente Código sean de la competencia de la justicia ordinaria civil.

La aplicación de las sanciones pecuniarias por la justicia ordinaria se regulará en relación a los tributos cuya evasión resulte acreditada en el respectivo juicio.

Sin perjuicio de lo dispuesto en el artículo 162°, si la infracción estuviere afecta a sanción corporal o a sanción pecuniaria y corporal, la aplicación de ellas corresponderá a los tribunales con competencia en lo penal.

El ejercicio de la acción penal es independiente de la acción de determinación y cobro de impuestos.

Artículo 106.- Las sanciones pecuniarias podrán ser remitidas, rebajadas o suspendidas, a juicio exclusivo del Director Regional si el contribuyente probare que ha procedido con antecedentes que hagan excusable la acción u omisión en que hubiere incurrido o si el implicado se ha denunciado y confesado la infracción y sus circunstancias.

Sin perjuicio de lo anterior, el Director Regional podrá anular las denuncias notificadas por infracciones que no constituyan amenazas para el interés fiscal u omitir los giros de las multas que se apliquen en estos casos, de acuerdo a normas o criterios de general aplicación que fije el Director.

Artículo 107.- Las sanciones que el Servicio o el Tribunal Tributario y Aduanero impongan se aplicarán dentro de los márgenes que corresponda, tomando en consideración:

1° La calidad de reincidente en infracción de la misma especie.

2° La calidad de reincidente en otras infracciones semejantes.

3° El grado de cultura del infractor.

4° El conocimiento que hubiere o pudiere haber tenido de la obligación legal infringida.

5° El perjuicio fiscal que pudiere derivarse de la infracción.

6° La cooperación que el infractor prestare para esclarecer su situación.

7° El grado de negligencia o el dolo que hubiere mediado en el acto u omisión.

8° Otros antecedentes análogos a los anteriores o que parezcan justo tomar en consideración atendida la naturaleza de la infracción y sus circunstancias.

Artículo 108.- Las infracciones a las obligaciones tributarias no producirán nulidad de los actos o contratos en que ellas incidan, sin perjuicio de la responsabilidad que corresponda, de conformidad a la ley, a los contribuyentes, ministros de fe o funcionarios por el pago de los impuestos, intereses y sanciones que procedan.

Artículo 109.- Toda infracción de las normas tributarias que no tenga señalada una sanción específica, será sancionada con multa no inferior a un uno por ciento ni superior a un cien por ciento de una unidad tributaria anual, o hasta del triple del impuesto eludido si la contravención tiene como consecuencia la evasión del impuesto.

Las multas establecidas en el presente Código no estarán afectas a ninguno de los recargos actualmente establecidos en disposiciones legales y aquellas que deban calcularse sobre los impuestos adeudados, se determinarán sobre los impuestos reajustados según la norma establecida en el artículo 53.

Artículo 110.- En los procesos criminales generados por infracción de las disposiciones tributarias, podrá constituir la causal de exención de responsabilidad penal contemplada en el N° 12° del artículo 10° del Código Penal o, en su defecto, la causal atenuante a que se refiere el número 1°

del artículo 11° de ese cuerpo de leyes, la circunstancia de que el infractor de escasos recursos pecuniarios, por su insuficiente ilustración o por alguna otra causa justificada, haga presumir que ha tenido un conocimiento imperfecto del alcance de las normas infringidas. El tribunal apreciará en conciencia los hechos constitutivos de la causal eximente o atenuante.

Artículo 111.- En los procesos criminales generados por infracción a las normas tributarias, la circunstancia de que el hecho punible no haya acarreado perjuicio al interés fiscal, como también el haberse pagado el impuesto debido, sus intereses y sanciones pecuniarias, serán causales atenuantes de responsabilidad penal.

Constituirá circunstancia agravante de responsabilidad penal que el delincuente haya utilizado, para la comisión del hecho punible, asesoría tributaria, documentación falsa, fraudulenta o adulterada, o se haya concertado con otros para realizarlo.

Igualmente constituirá circunstancia agravante de responsabilidad penal que el delincuente teniendo la calidad de productor, no haya emitido facturas, facilitando de este modo la evasión tributaria de otros contribuyentes.

Artículo 111 bis.- En los procesos criminales generados por infracción de las disposiciones tributarias, la imposición del monto de la multa inferior al señalado en este Código, conforme al artículo 70 del Código Penal, sólo procederá comprobándose un efectivo o considerable resarcimiento al perjuicio fiscal causado, entendiéndose para estos efectos el pago de, al menos, el 50% del monto del impuesto adeudado, debidamente reajustado a la fecha del pago. Lo establecido en este artículo aplicará también para aceptar la procedencia de acuerdos reparatorios.

Artículo 112.- En los casos de reiteración de infracciones a las leyes tributarias sancionadas con pena corporal, se aplicará la pena correspondiente a las diversas infracciones, estimadas como un solo delito, aumentándola, en su caso, conforme a lo dispuesto en el artículo 351 del Código Procesal Penal.

Sin perjuicio de lo dispuesto en el Nº 10 del artículo 97 en los demás casos de infracciones a las leyes tributarias, sancionadas con pena corporal, se entenderá que existe reiteración cuando se incurra en cualquiera de ellas en más de un ejercicio comercial anual.

Artículo 113.- Derogado.

Artículo 114.- Las acciones penales corporales y las penas respectivas prescribirán de acuerdo con las normas señaladas en el Código Penal.

En los mismos plazos relativos a los crímenes o simples delitos prescribirá la acción para perseguir la aplicación de la pena de multa, cuando se ejerza la opción a que se refiere el inciso tercero del artículo 162 de este Código.

LIBRO TERCERO
DE LA COMPETENCIA PARA CONOCER DE LOS ASUNTOS CONTENCIOSOS TRIBUTARIOS, DE LOS PROCEDIMIENTOS Y DE LA PRESCRIPCIÓN

TÍTULO I
DE LA COMPETENCIA PARA CONOCER DE LOS ASUNTOS CONTENCIOSOS TRIBUTARIOS

Artículo 115.- El Tribunal Tributario y Aduanero conocerá en primera o en única instancia, según proceda, de las reclamaciones deducidas por los contribuyentes y de las denuncias por infracción a las disposiciones tributarias, salvo que expresamente se haya establecido una regla diversa.

Será competente para conocer de las reclamaciones el Tribunal Tributario y Aduanero cuyo territorio jurisdiccional corresponda al de la unidad del Servicio que emitió la liquidación o el giro o que dictó la resolución en contra de la cual se reclame; en el caso de reclamaciones en contra del pago, será competente el Tribunal Tributario y Aduanero cuyo territorio jurisdiccional corresponda al de la unidad que emitió el giro al cual corresponda el pago, salvo los casos regulados en el artículo 65 ter donde será competente el Tribunal Tributario y Aduanero indicado en dicha disposición.

Cuando las liquidaciones, giros o resoluciones fueren emitidos por unidades de la Dirección Nacional, o el pago corresponda a giros efectuados por estas mismas unidades, la reclamación deberá presentarse ante el Tribunal Tributario y Aduanero en cuyo territorio tenía su domicilio el contribuyente al momento de ser notificado de revisión, citación, liquidación o giro. Esta misma regla será aplicada para efectos de la reclamación en contra de la resolución que declara la existencia de abuso o simulación. Lo anterior es sin perjuicio de lo establecido en el artículo 65 bis, en cuyo caso será competente para conocer el reclamo el tribunal señalado en dicha disposición.

El conocimiento de las infracciones a las normas tributarias y la aplicación de las sanciones pecuniarias por tales infracciones, corresponderá al Tribunal Tributario y Aduanero que tenga competencia en el territorio donde tiene su domicilio el infractor. Sin embargo, en los casos a que se refieren los números 1° y 2° del artículo 165, la aplicación administrativa de las sanciones corresponderá al Director Regional del domicilio del infractor.

Tratándose de infracciones cometidas en una sucursal del contribuyente, conocerá de ellas el Director Regional o Tribunal Tributario y Aduanero, según corresponda, que tenga competencia en el territorio dentro del cual se encuentre ubicada dicha sucursal, a menos que proceda lo dispuesto en el inciso cuarto del artículo 59 ter.

Artículo 116.- El Director Regional podrá delegar en funcionarios del Servicio la aplicación de las sanciones que correspondan a su competencia.

Artículo 117.- La representación del Fisco en los procesos jurisdiccionales seguidos en conformidad a los Títulos II, III y IV de este Libro, corresponderá exclusivamente al Servicio, que, para todos los efectos legales, tendrá la calidad de parte. Si éste lo considera necesario podrá requerir la intervención del Consejo de Defensa del Estado ante los tribunales superiores de justicia.

Los Directores Regionales, dentro de los límites de sus respectivas jurisdicciones territoriales, tendrán la representación del Servicio para los fines señalados en el inciso anterior, sin perjuicio de las facultades del Director, quien podrá en cualquier momento asumir dicha representación.

Artículo 118.- Para resolver en primera instancia sobre la fijación de los impuestos de la Ley de Timbres, Estampillas y Papel Sellado, en el caso del artículo 158°, será Juez competente el de Letras en lo Civil de Mayor Cuantía del lugar donde se otorgue el instrumento público o se solicite la autorización o protocolización del instrumento privado. En los demás casos, lo será el del domicilio del recurrente.

Artículo 119.- Será competente para conocer tanto de la declaración de abuso o simulación, establecida en el artículo 4° quinquies, como de la determinación y aplicación de la multa contemplada en el artículo 100 bis, el Tribunal Tributario y Aduanero en cuyo territorio jurisdiccional tenga su domicilio el contribuyente. Tratándose de contribuyentes personas jurídicas se entenderá que el domicilio de éstas corresponde al de la matriz.

No procederá lo dispuesto en el inciso anterior cuando sea aplicable el inciso segundo del artículo 65 bis, en cuyo caso se estará a lo señalado en dicha disposición.

Artículo 120.- Corresponde a las Cortes de Apelaciones conocer en segunda instancia de los recursos de apelación y casación en la forma que se deduzcan contra las resoluciones del Tribunal Tributario y Aduanero, en los casos en que ellos sean procedentes de conformidad a este Código.

Conocerá de estos recursos la Corte de Apelaciones en cuyo territorio jurisdiccional tenga asiento el Tribunal Tributario y Aduanero que dictó la resolución apelada.

Igualmente corresponde a las Cortes de Apelaciones conocer de las apelaciones que se deduzcan contra las sentencias que se dicten en conformidad al artículo 118°.

Artículo 121.- Derogado.

Artículo 122.- Corresponde a la Corte Suprema el conocimiento de los recursos de casación en la forma y en el fondo que se deduzcan contra las sentencias de segunda instancia dictadas por las Cortes de Apelaciones, en los casos en que ellos sean procedentes de conformidad al Código de Procedimiento Civil y a las disposiciones del presente Código.

TÍTULO II
DEL PROCEDIMIENTO GENERAL DE LAS RECLAMACIONES

Artículo 123.- Se sujetarán al procedimiento del presente Título todas las reclamaciones por aplicación de las normas tributarias, con excepción de las regidas expresamente por los Títulos III y IV de este Libro.

Artículo 123 bis.- Será procedente el recurso de reposición administrativa, en conformidad a las normas del Capítulo IV de la ley N° 19.880, respecto de los actos a que se refiere el artículo 124, con las siguientes modificaciones:

a) El plazo para presentar la reposición será de treinta días.

b) La reposición se entenderá rechazada en caso de no encontrarse notificada la resolución que se pronuncia sobre ella dentro del plazo de noventa días contado desde su presentación.

c) La presentación de la reposición suspenderá el plazo para la interposición de la reclamación judicial contemplada en el artículo siguiente.

d) El Director Regional podrá delegar la facultad de conocer y resolver las reposiciones administrativas a que se refiere este artículo en los funcionarios que determine, incluyendo la facultad de corregir de oficio o a petición de parte los vicios o errores manifiestos en que haya incurrido el acto impugnado.

La resolución que se pronuncie sobre la reposición administrativa podrá disponer la condonación de multas e intereses, de acuerdo con las políticas de condonación fijadas conforme al artículo 207.

e) Durante la tramitación de la reposición administrativa deberá darse audiencia al contribuyente para que diga lo propio a sus derechos y acompañe a dicha audiencia los antecedentes requeridos que sean estrictamente necesarios para resolver la petición. No deberá darse esta audiencia cuando el recurso sea declarado inadmisible por resolución fundada o cuando sea acogido completamente por el Servicio.

f) La prueba rendida deberá apreciarse fundadamente.

No serán procedentes en contra de las actuaciones a que se refiere el inciso primero los recursos jerárquico y extraordinario de revisión.

Los plazos a que se refiere este artículo se regularán por lo señalado en la ley Nº 19.880.

Artículo 124.- Toda persona podrá reclamar de la totalidad o de algunas de las partidas o elementos de una liquidación, giro, pago o resolución que incida en el pago de un impuesto o en los elementos que sirvan de base para determinarlo. En los casos en que haya liquidación y giro, no podrá reclamarse de éste, salvo que dicho giro no se conforme con la liquidación que le haya servido de antecedente.

Asimismo, podrá reclamar del avalúo asignado a un bien raíz en una tasación general, y de los giros de impuesto territorial que se emitan en virtud de dicha tasación cuando éstos no se conformen al avalúo vigente para la propiedad respectiva a la fecha de la emisión del giro, siempre que se fundamente en alguna de las siguientes causales:

1. Determinación errónea de la superficie de los terrenos o de algún otro factor que influya en su avalúo fiscal o sus construcciones.
2. Aplicación errónea de las tablas de clasificación respecto del bien gravado, o de una parte de él, así como la superficie de las diferentes calidades de terreno.
3. Errores de transcripción, de copia o de cálculo.
4. Inclusión errónea del mayor valor adquirido por los terrenos con ocasión de mejoras costeadas por los particulares, en los casos en que dicho mayor valor deba ser excluido de acuerdo con lo dispuesto por el artículo 8° de la ley N° 11.575.

También serán reclamables las modificaciones individuales de avalúo de un inmueble y de los giros que se emitan en virtud de dichas modificaciones siempre que éstos no se conformen al avalúo vigente para la propiedad respectiva a la fecha de la emisión del giro, cuando los contribuyentes se consideren perjudicados por dichas modificaciones de sus predios o cuando ellas fueran efectuadas de conformidad con lo dispuesto en el párrafo 2º del Título V de la Ley sobre Impuesto Territorial y en los artículos 25 y 26 de la ley N° 15.163.

En todos los casos, si hay giro y pago, no podrá reclamarse de este último, sino en cuanto no se conforme al giro.

Podrá reclamarse, asimismo, de la resolución administrativa que deniegue cualquiera de las peticiones a que se refiere el artículo 126.

Para la interposición del reclamo por cualquiera de las causales señaladas anteriormente, el reclamante siempre deberá invocar un interés actual comprometido.

El reclamo deberá interponerse en el término fatal de noventa días, contado desde la notificación correspondiente o, en el caso al que se refiere el inciso tercero, desde el envío del aviso respectivo. Con todo, dicho plazo fatal se ampliará a un año cuando el contribuyente, de conformidad con lo dispuesto en el inciso tercero del artículo 24, pague la suma determinada por el Servicio dentro del plazo de noventa días, contado desde la notificación correspondiente.

El plazo para la interposición del reclamo, en virtud de lo dispuesto en el inciso segundo, será dentro de los ciento ochenta días siguientes a la fecha de término de exhibición de los roles de avalúo.

Si no pudieran aplicarse las reglas precedentes sobre computación de plazos, éstos se contarán desde la fecha de la resolución, acto o hecho en que la reclamación se funde.

La resolución que califica las declaraciones, documentos, libros o antecedentes como no fidedignos conforme al inciso segundo del artículo 21 será reclamable conjuntamente con la resolución, liquidación o giro en que incida.

Artículo 125.- La reclamación deberá cumplir con los siguientes requisitos:

1°. Consignar el nombre o razón social, número de Rol Único Tributario, domicilio, profesión u oficio del reclamante y, en su caso, de la o las personas que lo representan y la naturaleza de la representación.

2°.- Precisar sus fundamentos.

3°.- Presentarse acompañada de los documentos en que se funde, excepto aquellos que por su volumen, naturaleza, ubicación u otras circunstancias, no puedan agregarse a la solicitud.

4°.- Contener, en forma precisa y clara, las peticiones que se someten a la consideración del Tribunal.

Si no se cumpliere con los requisitos antes enumerados, el Juez Tributario y Aduanero dictará una resolución, ordenando que se subsanen las omisiones en que se hubiere incurrido, dentro del plazo que señale el tribunal, el cual no podrá ser inferior a tres días, bajo apercibimiento de tener por no presentada la reclamación. Respecto de aquellas causas en que se permita la litigación sin patrocinio de abogado, dicho plazo no podrá ser inferior a quince días.

Artículo 126.- No constituirán reclamo las peticiones de devolución de impuestos cuyo fundamento sea:

1º Corregir errores propios del contribuyente.

2º Obtener la restitución de sumas pagadas doblemente, en exceso o indebidamente a título de impuestos, reajustes, intereses y multas.

Con todo, en los casos de pagos provenientes de una liquidación o giro, de los cuales se haya reclamado oportunamente, sólo procederá devolver las cantidades que se determinen en el fallo respectivo. Si no se hubiere reclamado no procederá devolución alguna, salvo que el pago se hubiere originado por un error manifiesto de la liquidación o giro.

3º La restitución de tributos que ordenen leyes de fomento o que establecen franquicias tributarias.

A lo dispuesto en este número se sujetarán también las peticiones de devolución de tributos o de cantidades que se asimilen a éstos, que, encontrándose dentro del plazo legal que establece este artículo, sean consideradas fuera de plazo de acuerdo a las normas especiales que las regulen.

Las peticiones a que se refieren los números precedentes deberán presentarse dentro del plazo de tres años contado desde el acto o hecho que le sirva de fundamento.

En ningún caso serán reclamables las circulares o instrucciones impartidas por el Director o por las Direcciones Regionales al personal, ni las respuestas dadas por los mismos o por otros funcionarios del Servicio a las consultas generales o particulares que se les formulen sobre aplicación o interpretación de las leyes tributarias.

Tampoco serán reclamables las resoluciones dictadas por el Director Regional o por la Dirección Regional sobre materias cuya decisión este Código u otros textos legales entreguen a su juicio exclusivo.

Artículo 127.- Cuando el Servicio proceda a reliquidar un impuesto, el interesado que reclame contra la nueva liquidación dentro del plazo que corresponda de conformidad al artículo 124, tendrá además derecho a solicitar, dentro del mismo plazo, y conjuntamente con la reclamación, la rectificación de cualquier error de que adolecieren las declaraciones o pagos de impuestos correspondientes al período reliquidado.

Se entenderá por período reliquidado para el efecto del inciso anterior, el conjunto de todos los años tributarios o de todo el espacio de tiempo que comprenda la revisión practicada por el Servicio.

La reclamación del contribuyente en que haga uso del derecho que le confiere el inciso 1° no dará lugar, en caso alguno, a devolución de impuestos, sino que a la compensación de las cantidades que se determinen en su contra.

Artículo 128.- Las sumas que un contribuyente haya trasladado o recargado indebidamente o en exceso, por concepto de impuestos, deberán ser enteradas en arcas fiscales, no pudiendo disponerse su devolución sino en los casos en que se acredite fehacientemente, a juicio exclusivo del Director Regional de Impuestos Internos, haberse restituido dichas sumas a las personas que efectivamente soportaron el gravamen indebido.

Artículo 129.- En las reclamaciones a que se refiere el presente Título, sólo podrán actuar las partes por sí o por medio de sus representantes legales o mandatarios.

Las partes deberán comparecer en conformidad a la normas establecidas en la ley N° 18.120, salvo que se trate de causas de cuantía inferior a treinta y dos unidades tributarias mensuales, en cuyo caso podrán comparecer sin patrocinio de abogado.

Artículo 130.- Se formará el proceso en soporte electrónico, con los escritos, documentos y actuaciones de toda especie que se presenten o verifiquen en el juicio.

Para ello, el Tribunal Tributario y Aduanero mantendrá registro de todos sus procedimientos, causas o actuaciones judiciales en medio digital o electrónico apto para producir fe y que permita garantizar la conservación y reproducción de su contenido. Dicho registro se denominará, para todos los efectos legales, Sistema de Administración de Causas Tributarias y Aduaneras, en adelante "el Sistema", y cada uno de los expedientes como "expediente" o "carpeta electrónica". La conservación y respaldo periódico de los registros estará a cargo de la Unidad Administradora de los Tribunales Tributarios y Aduaneros.

Se formará la carpeta electrónica con los escritos, documentos, resoluciones, actas de audiencias y actuaciones de toda especie que se presenten o verifiquen en el juicio. Estos antecedentes serán registrados y conservados íntegramente en orden sucesivo conforme a su fecha de presentación. El Sistema numerará automáticamente cada pieza del expediente en cifras y letras. Se exceptúan las piezas que por su naturaleza no puedan agregarse o que por motivos fundados se manden reservar fuera del expediente.

Durante la tramitación sólo las partes podrán imponerse de los autos del proceso. Esta limitación no comprende las sentencias definitivas de primera instancia, las cuales deberán ser publicadas por la Unidad Administradora del Tribunal y mantenerse a disposición permanente del público en el sitio electrónico de los Tribunales Tributarios y Aduaneros.

En aquellos casos en que otro tribunal requiera la remisión del expediente original o de algún cuaderno o pieza del proceso, el trámite se cumplirá mediante el envío de la correspondiente comunicación de la carpeta electrónica a la que deben acceder a través del Sistema. Lo mismo se aplicará cada vez que la ley ordene la remisión, devolución o envío del proceso o de cualquiera de sus piezas a otro tribunal.

Ninguna pieza del expediente electrónico podrá eliminarse sin que previamente lo decrete el Tribunal que conoce de la causa. Las partes, efectuarán sus presentaciones al Tribunal por medio digital o electrónico, y cargarán sus escritos y documentos en el Sistema a través del sitio en internet de los Tribunales Tributarios y Aduaneros, el cual entregará el comprobante de recepción correspondiente cuando éstos hayan sido recibidos. No obstante lo anterior, y atendido el volumen de los antecedentes, el Tribunal siempre podrá exigir que los documentos y demás pruebas que se acompañen al proceso sea presentados en forma física, ya sea en formato físico propiamente tal, o bien a través de la entrega de algún dispositivo de almacenamiento de datos electrónicos. Igual derecho tendrán las partes en caso que por el tamaño y volumen de los antecedentes no puedan presentarlos digitalmente. Si los documentos se presentan materialmente en el Tribunal, quedarán bajo la custodia del Secretario abogado, y deberá dejarse constancia de ello en el expediente electrónico.

Artículo 131.- Los plazos de días que se establecen en este Libro comprenderán sólo días hábiles. No se considerarán inhábiles para tales efectos ni para practicar las actuaciones y notificaciones que procedan, ni para emitir pronunciamientos, los días del feriado judicial a que se refiere el artículo 313 del Código Orgánico de Tribunales, en cuanto todos ellos deban cumplirse por o ante el Tribunal Tributario y Aduanero.

Artículo 131 bis.- Las resoluciones que dicte el Tribunal Tributario y Aduanero se notificarán a las partes mediante la publicación de su texto íntegro en el sitio en Internet del Tribunal.

Se dejará registro en el expediente electrónico y en el sitio en internet a que se refiere el inciso anterior de haberse efectuado la publicación y de su fecha. Los errores u omisiones en dichos registros no invalidarán la notificación.

Las notificaciones al reclamante de las sentencias definitivas, de las resoluciones que reciben la causa a prueba y de aquellas que declaren inadmisible un reclamo, pongan término al juicio o hagan imposible su continuación, serán efectuadas por carta certificada. Del mismo modo, lo serán aquellas que se dirijan a terceros ajenos al juicio. En estos casos, la notificación se entenderá practicada al tercer día contado desde aquél en que la carta fue expedida por el tribunal. Sin perjuicio de lo anterior, dichas resoluciones serán igualmente publicadas del modo que se establece en el inciso primero. En todo caso, la falta de esa publicación no anulará la notificación.

Para efectos de las notificaciones a que se refiere el inciso anterior, el reclamante deberá designar, en la primera gestión que realice ante el Tribunal, un domicilio dentro del radio urbano de una localidad ubicada en alguna de las comunas de la Región sobre cuyo territorio aquél ejerce competencia, y esta designación se considerará subsistente mientras no haga otra, aun cuando de hecho cambie su morada. Si se omite efectuar esta designación, el Tribunal dispondrá que ella se realice en un plazo de cinco días, bajo apercibimiento de que estas notificaciones se efectúen de conformidad con lo dispuesto en el inciso primero.

Cualquiera de las partes podrá solicitar para sí el aviso, mediante correo electrónico, del hecho de haber sido notificada de una o más resoluciones. En todo caso, la falta de este aviso no anulará la notificación.

La notificación al Servicio de la resolución que le confiere traslado del reclamo del contribuyente se efectuará por correo electrónico, a la dirección que el respectivo Director Regional deberá registrar ante el Tribunal Tributario y Aduanero de su jurisdicción. La designación de la dirección de correo electrónico se entenderá vigente mientras no se informe al tribunal de su modificación.

Sin perjuicio de lo señalado en los incisos anteriores, cualquiera de las partes y los terceros ajenos al juicio podrán solicitar que todas las notificaciones sean efectuadas por correo electrónico, para lo cual deberán designar una o más direcciones de correo electrónico. Esta designación se considerará subsistente mientras no se designe otra.

Artículo 132.- Del reclamo del contribuyente se conferirá traslado al Servicio por el término de veinte días. La contestación del Servicio deberá contener una exposición clara de los hechos y fundamentos de derecho en que se apoya, y las peticiones concretas que se someten a la decisión del Tribunal Tributario y Aduanero. Si, con los argumentos y antecedentes presentados en el reclamo, el Servicio concluye que las alegaciones del reclamante desvirtúan el acto impugnado, en su contestación podrá aceptar llanamente la pretensión contraria en todo o parte, según corresponda. Si el allanamiento fuere total, el Tribunal Tributario y Aduanero, citará a las partes a oír sentencia sin más trámite. En virtud de esta aceptación, el Servicio no podrá ser condenado en costas.

Vencido el plazo a que se refiere el inciso anterior, haya o no contestado el Servicio, el Tribunal Tributario y Aduanero, de oficio o a petición de parte, deberá llamar a las mismas a conciliación de conformidad al artículo 132 bis, citándolas para tales efectos a una audiencia oral. En dicha audiencia, el Juez Tributario y Aduanero propondrá las bases de arreglo, sin que las opiniones emitidas con tal propósito lo inhabiliten para seguir conociendo de la causa. La audiencia de conciliación se desarrollará en forma continua y podrá prolongarse en sesiones sucesivas, hasta su conclusión. Constituirán, para estos efectos, sesiones sucesivas, aquellas que tuvieran lugar en el día siguiente o subsiguiente de funcionamiento ordinario del Tribunal.

Vencido el plazo a que se refiere el inciso primero, cuando la conciliación o parte de ésta fuere rechazada, el Tribunal Tributario y Aduanero, de oficio o a petición de parte, deberá recibir la causa a prueba si hubiere controversia sobre algún hecho substancial y pertinente. La resolución que se dicte al efecto señalará los puntos sobre los cuales deberá recaer la prueba. En su contra, sólo procederán los recursos de reposición y de apelación, dentro del plazo de cinco días, contado desde la notificación. De interponerse apelación, deberá hacerse siempre en subsidio de la reposición y procederá en el solo efecto devolutivo. El recurso de apelación se tramitará en cuenta y en forma preferente. En los mismos términos, a menos que las partes pidan que se falle el pleito sin más trámite, podrá recurrirse contra la resolución en que explícita o implícitamente se niegue el trámite de recepción de la causa a prueba, y deberá considerarse para efectos del cómputo del plazo para interponer los recursos la fecha en que el Tribunal realice una actuación que implique la negación de dicho trámite.

El término probatorio será de veinte días y dentro de él se deberá rendir toda la prueba. El Servicio y el contribuyente deberán acreditar sus respectivas pretensiones dentro del procedimiento.

En los primeros cinco días del probatorio cada parte deberá acompañar una nómina de los testigos de que piensa valerse, con expresión de su nombre y apellido, domicilio y profesión u oficio. Sólo se examinarán testigos que figuren en dicha nómina. En el procedimiento no existirán testigos inhábiles, sin perjuicio de lo cual el tribunal podrá desechar de oficio a los que notoriamente aparezcan comprendidos en alguna de las situaciones del artículo 357 del Código de Procedimiento Civil. Se podrán dirigir a cualquier testigo preguntas tendientes a demostrar su credibilidad o falta de ella.

Se admitirá a declarar hasta un máximo de cuatro testigos por punto de prueba.

El Tribunal Tributario y Aduanero dará lugar a la petición de oficios cuando se trate de requerir información pertinente sobre los hechos materia del juicio, debiendo señalarse específicamente el o los hechos sobre los cuales se pide el informe.

Tratándose de solicitudes de oficios a las que acceda el Tribunal Tributario y Aduanero, éste deberá disponer su despacho inmediato a las personas o entidades requeridas, quienes estarán obligadas a evacuar la respuesta dentro del plazo que al efecto fije el tribunal, el que en todo caso no podrá exceder de quince días. A petición de la parte que lo solicita o de la persona o entidad requerida, el plazo para evacuar el oficio podrá ser ampliado por el tribunal, por una sola vez y hasta por quince días más, cuando existan antecedentes fundados que lo aconsejen.

Los mismos plazos indicados en el inciso precedente regirán para los peritos, en relación a sus informes, desde la aceptación de su cometido.

El Director, los Subdirectores y los Directores Regionales no tendrán la facultad de absolver posiciones en representación del Servicio.

Se admitirá, además, cualquier otro medio probatorio apto para producir fe.

Cuando hayan de practicarse diligencias probatorias fuera del lugar en que se sigue el juicio, o si durante el término de prueba ocurren entorpecimientos que imposibiliten la recepción de ésta, el Tribunal Tributario y Aduanero podrá ampliar, por una sola vez, el término probatorio por el número de días que estime necesarios, no excediendo en ningún caso de diez días, contados desde la fecha de notificación de la resolución que ordena la ampliación.

La prueba será apreciada por el Juez Tributario y Aduanero de conformidad con las reglas de la sana crítica. Al apreciar las pruebas de esta manera, el tribunal deberá expresar en la sentencia las razones jurídicas y las simplemente lógicas, científicas, técnicas o de experiencia en virtud de las cuales les asigna valor o las desestima y, asimismo, el razonamiento lógico y jurídico para llegar a su convicción. En general, tomará en especial consideración la multiplicidad, gravedad, precisión, concordancia y conexión de las pruebas o antecedentes del proceso que utilice, de manera que el examen conduzca lógicamente a la conclusión que convence al sentenciador.

Los actos o contratos solemnes sólo podrán ser acreditados por medio de la solemnidad prevista por la ley. En aquellos casos en que la ley requiera probar mediante contabilidad fidedigna, el juez deberá ponderar preferentemente dicha contabilidad.

Vencido el término de prueba, y dentro de los diez días siguientes, las partes podrán hacer por escrito las observaciones que el examen de la prueba les sugiera. Cumplido este plazo, se hayan o no presentado escritos, el Tribunal Tributario y Aduanero, a petición de parte, podrá llamar a las mismas a conciliación de conformidad al artículo 132 bis, citándolas para tales efectos a una audiencia en los términos del inciso segundo.

Si se rechaza la conciliación, existan o no diligencias pendientes, el Tribunal deberá citar a las partes a oír sentencia.

El Tribunal Tributario y Aduanero tendrá el plazo de sesenta días para dictar sentencia, contado desde que el Tribunal dicte la resolución a que se refiere el inciso anterior.

En los reclamos que recaigan sobre la resolución que califica las declaraciones, documentos, libros o antecedentes como no fidedignos conforme al inciso quinto del artículo 124, el Tribunal Tributario y Aduanero podrá dejar sin efecto la respectiva resolución por falta de fundamentación.

Artículo 132 bis.- La conciliación a que se refiere el artículo 132 podrá ser total o parcial. Será materia de conciliación el litigio sometido al conocimiento del Tribunal Tributario y Aduanero, incluyendo la existencia de los elementos que determinan la ocurrencia del hecho gravado establecido en la ley; la cuantía o monto del o los impuestos determinados y de los reajustes, intereses o multas; la calificación jurídica de los hechos conforme a los antecedentes aportados en el procedimiento, la ponderación o valoración de las pruebas respectivas y la existencia de vicios o errores manifiestos de legalidad, ya sea de forma o fondo.

En ningún caso la conciliación podrá consistir en la mera disminución del monto del o los impuestos adeudados, salvo cuando ello se funde en la existencia de errores de hecho o de derecho en su determinación, o en antecedentes que permitan concluir que no concurren los elementos del hecho gravado establecido en la ley o cuando los impuestos determinados resulten ser excesivos conforme a los demás antecedentes tenidos a la vista con motivo de la conciliación. La conciliación tampoco podrá tener por objeto el saneamiento de aquellos vicios de fondo que den lugar a la nulidad del acto administrativo reclamado, ni de los vicios de forma que cumplan con los requisitos a que se refiere el párrafo segundo del numeral 8° del artículo 1° de la ley N° 20.322. En la o las audiencias de conciliación que se lleven a cabo, el Servicio, conforme a sus facultades legales, podrá proponer la condonación total o parcial de los intereses penales o multas aplicados, conforme a los criterios generales que fije mediante resolución.

No obstante lo señalado en el artículo 132, el Tribunal Tributario y Aduanero que esté actualmente conociendo del asunto, de oficio o a petición de parte, podrá llamar a las mismas a conciliación en cualquier estado del juicio tramitado ante ellos.

El llamado a conciliación no procederá en los reclamos producto de la aplicación del artículo 161, con excepción de la liquidación, giro o diferencias que incidan en el pago de un impuesto o en los elementos que sirvan de base para determinarlo en caso que se reclamen en conjunto, conforme al artículo 124 inciso segundo; en aquellos que digan relación con hechos respecto de los cuales el Servicio haya ejercido la acción penal, y en los reclamos de liquidaciones, resoluciones o giros de impuesto que se relacionen con los hechos conocidos en los procedimientos a que se refiere este inciso.

El juez deberá rechazar el acuerdo cuando no se cumplan los requisitos que establece este artículo o recaiga sobre materias respecto de las cuales no se admite conciliación.

Sobre las bases de arreglo y la conciliación efectuada conforme a los incisos anteriores, y en la misma audiencia, deberá pronunciarse el abogado que represente al Servicio, quien podrá aceptarla o rechazarla. La decisión del abogado que represente al Servicio, cuando consista en aceptar la conciliación, total o parcial, deberá contener los fundamentos de hecho y de derecho en que se basa y las condiciones de dicha aceptación.

El Director, mediante resolución fundada, establecerá los criterios generales para aceptar las bases de arreglo para una conciliación efectuada conforme a los incisos anteriores.

De la conciliación total o parcial se levantará acta que consignará las especificaciones del arreglo y los antecedentes de hecho y de derecho en que se funda, la cual suscribirán el juez y las partes. Una vez aprobada la conciliación mediante resolución fundada por el Tribunal Tributario y Aduanero, se considerará como sentencia ejecutoriada para todos los efectos legales. Contra la resolución que aprueba la conciliación solo procederá el recurso contemplado en el inciso primero del artículo 182 del Código de Procedimiento Civil.

Artículo 132 ter.- Sin perjuicio de lo dispuesto en los artículos precedentes, trabada la litis y existiendo una gestión pendiente, el reclamante podrá ocurrir ante el Director, por una sola vez, para proponer las bases de un avenimiento extrajudicial sujeto a las mismas reglas y limitaciones dispuestas en el artículo anterior para la conciliación. Para estos efectos, no será necesario desistirse del reclamo.

Recibida la propuesta, el Comité Ejecutivo resolverá los términos en los que corresponde aprobar el avenimiento, total o parcial, conteniendo los fundamentos de hecho y de derecho en que se basa y las condiciones del mismo.

El Comité Ejecutivo deberá resolver sobre el avenimiento dentro de los cuarenta días siguientes a la presentación de la propuesta efectuada por el reclamante. En caso de no resolver dentro de dicho plazo, se entenderá que rechaza las bases de arreglo y el avenimiento extrajudicial.

Resuelto favorablemente el avenimiento extrajudicial, total o parcial, se procederá a levantar un acta firmada por las partes, la cual será autorizada por el tribunal competente. El acta deberá contener los términos del arreglo, así como una estricta relación de los antecedentes de hecho y de derecho en que se funda.

El Servicio mantendrá en su sitio web, la nómina de los juicios a que se haya puesto término conforme con este artículo, identificados por su número de rol y parte reclamante. Adicionalmente, el Servicio publicará en su sitio web los antecedentes generales que permitan un adecuado entendimiento de cada avenimiento extrajudicial acordado y los antecedentes de derecho en que se funda.

Artículo 133.- Las resoluciones que se dicten durante la tramitación del reclamo, con excepción de aquéllas a que se refieren el inciso tercero del artículo 132, inciso tercero del artículo 137, incisos primero y tercero del artículo 139 e inciso primero del artículo 140, sólo serán susceptibles del recurso de reposición, el cual deberá interponerse dentro del término de cinco días, contado desde la notificación correspondiente.

La resolución que falle la reposición no es susceptible de recurso alguno.

Artículo 134.- Pendiente el fallo de primera instancia, el Director Regional podrá disponer se practiquen nuevas liquidaciones en relación al mismo impuesto que hubiere dado origen a la reclamación.

Estas liquidaciones serán reclamables separadamente de conformidad a las reglas generales, sin perjuicio de la acumulación de autos que fuere procedente en conformidad a las normas del Código de Procedimiento Civil.

Formulado un reclamo, se entenderán comprendidos en él los impuestos que nazcan de hechos gravados de idéntica naturaleza de aquel que dio origen a los tributos objeto del reclamo y que se devenguen durante el curso de la causa.

Artículo 135.- Derogado.

Artículo 136.- El Juez Tributario y Aduanero dispondrá en el fallo la anulación o eliminación de los rubros del acto reclamado que correspondan a revisiones efectuadas fuera de los plazos de prescripción.

Artículo 137.- Cuando las facultades del contribuyente no ofrezcan suficiente garantía o haya motivo racional para creer que procederá a ocultar sus bienes, el Servicio podrá impetrar, en los procesos de reclamación a que se refiere este Título y en todos aquellos procedimientos donde una ley o artículo especial lo autorice, la medida cautelar de prohibición de celebrar actos o contratos sobre bienes o derechos específicos o la retención de bienes determinados del contribuyente. La solicitud de medida cautelar deberá ser fundada.

Esta medida cautelar se limitará a los bienes y derechos suficientes para responder de los resultados del proceso y se decretará, preferentemente, sobre bienes y derechos cuyo gravamen no afecte el normal desenvolvimiento del giro del contribuyente. Ella será esencialmente provisional y deberá hacerse cesar siempre que desaparezca el peligro que se ha procurado evitar o se otorgue caución suficiente.

La solicitud de medida cautelar se tramitará incidentalmente por el Tribunal Tributario y Aduanero, en ramo separado. En contra de la resolución que se pronuncie sobre aquélla sólo procederán los recursos de reposición y de apelación, dentro del plazo de cinco días contado desde la notificación. Si se interpusieran ambos, deberán serlo conjuntamente, entendiéndose la apelación en subsidio de la reposición. El recurso de apelación se concederá en el solo efecto devolutivo y será tramitado por la Corte de Apelaciones respectiva en cuenta y en forma preferente.

Artículo 137 bis.- Previo a la notificación de una liquidación cuyo origen sea una procedimiento por aplicación del artículo 4 quinquies o de aquellos regulados en el artículo 161, el Servicio podrá solicitar las medidas cautelares reguladas en el artículo anterior en carácter de prejudicial, ante el Tribunal Tributario y Aduanero correspondiente al domicilio del contribuyente en aquellos casos que, atendido el monto que deba liquidarse en comparación con el patrimonio del contribuyente, su comportamiento tributario previo u otras circunstancias de las cuales se deriven presunciones fundadas de que no se encontrará en condiciones de satisfacer la acreencia fiscal, en su oportunidad.

La solicitud deberá contener los fundamentos que dan cuenta que se trata de alguno de los procedimientos señalados en el inciso primero, los hechos en los cuales se funda y el monto de las diferencias de impuesto determinadas. La solicitud será tramitada como incidente y serán procedentes los recursos establecidos en el inciso tercero del artículo 137.

Decretada la medida, el Servicio deberá notificar la liquidación correspondiente dentro del plazo de treinta días desde la notificación de la resolución que dé cuenta de la medida decretada. En caso contrario, la medida quedará sin efecto por el sólo ministerio de la ley. El contribuyente podrá en cualquier momento solicitar la sustitución de la medida decretada o que ésta se practique sobre otros bienes siempre que la medida o el bien en reemplazo sea de una entidad similar.

La medida se encontrará vigente durante el plazo establecido en el artículo 124 para deducir el reclamo tributario. Deducido el reclamo el Servicio deberá señalar los fundamentos por los cuales se justifica la permanencia de la medida decretada al momento de evacuar el traslado al que se refiere el artículo 132. En cualquier etapa del juicio el contribuyente podrá solicitar el cese de la medida si acredita que ha desaparecido el peligro sobre el cual se fundó la solicitud del Servicio.

En aquellos casos que transcurrido el plazo señalado en el inciso anterior el contribuyente no hubiera deducido reclamación la medida decretada se mantendrá vigente hasta que el Servicio de Tesorerías haya iniciado el procedimiento establecido en el Título V del libro III.

En ningún caso el Servicio podrá solicitar estas medidas si se trata de deudas inferiores a 250 unidades tributarias mensuales o cuando se refiera a contribuyentes que declaren sus rentas según el artículo 34 o según las disposiciones del párrafo segundo del Título II, ambos de la Ley sobre Impuesto a la Renta.

Artículo 138.- Notificada que sea la sentencia que falle el reclamo no podrá modificarse o alterarse, salvo en cuanto se deba, de oficio o a petición de parte, aclarar los puntos oscuros o dudosos, salvar las omisiones o rectificar los errores de copia, de referencias o de cálculos numéricos que aparezcan en ella.

Artículo 139.- Contra la resolución que declare inadmisible un reclamo o haga imposible su continuación, podrán interponerse los recursos de reposición y de apelación, en el plazo de quince días contado desde la respectiva notificación. De interponerse apelación, deberá hacerse siempre en subsidio de la reposición y procederá en el solo efecto devolutivo. El recurso de apelación se tramitará en cuenta y en forma preferente.

La resolución que falle la reposición no es susceptible de recurso alguno, sin perjuicio de la apelación que se hubiere deducido subsidiariamente.

Procederá también la apelación contra las resoluciones que dispongan aclaraciones, agregaciones o rectificaciones a un fallo.

Asimismo, procederá el recurso de casación en contra de las sentencias interlocutorias de segunda instancia que pongan término al juicio o hagan imposible su continuación.

Artículo 140.- Contra la sentencia que falle un reclamo podrán interponerse los recursos de apelación y casación en la forma, dentro del plazo de quince días contados desde la fecha de su notificación. En caso que se deduzcan ambos recursos, estos se interpondrán conjuntamente y en un mismo escrito.

El término para interponer el recurso de apelación y casación en la forma no se suspende por la solicitud de aclaración, agregación o rectificación que se deduzca de acuerdo con el artículo 138.

Artículo 141.- Derogado.

Artículo 142.- El Tribunal Tributario y Aduanero deberá elevar los autos para el conocimiento de la apelación dentro de los quince días siguientes a aquel en que se notifique la concesión del recurso.

Artículo 143.- El recurso de apelación contra la sentencia definitiva se tramitará previa vista de la causa y no será necesaria la comparecencia de las partes en segunda instancia.

Artículo 144.- El reclamante o el Servicio podrán interponer los recursos de casación en el fondo y en la forma en contra del fallo de segunda instancia.

Además de lo establecido en el artículo 767 del Código de Procedimiento Civil, el recurso de casación en el fondo procederá en contra de sentencias que infrinjan las normas sobre apreciación de la prueba conforme a las reglas de la sana crítica, siempre que dicha infracción influya sustancialmente en lo dispositivo del fallo.

Artículo 145.- Los recursos de casación se sujetarán a las reglas contenidas en el Título XIX del Libro Tercero del Código de Procedimiento Civil. Para estos efectos, serán trámites esenciales, según correspondan, los mismos que establece el Código de Procedimiento Civil.

Sin perjuicio de lo anterior, en los juicios sobre reclamaciones tributarias no regirá la limitación contenida en el inciso segundo del artículo 768 del Código de Procedimiento Civil.

Artículo 146.- Derogado.

Artículo 147.- Salvo disposición en contrario del presente Código, no será necesario el pago previo de los impuestos, intereses y sanciones para interponer una reclamación en conformidad a este Libro, pero la interposición de ésta no obsta al ejercicio por parte del Fisco de las acciones de cobro que procedan.

Los contribuyentes podrán efectuar pagos a cuentas de impuestos reclamados, aun cuando no se encuentren girados. Las tesorerías abonarán estos valores en la cuenta respectiva de ingresos, aplicándose lo señalado en el artículo 50 cuando proceda.

El Tribunal Tributario y Aduanero podrá disponer la suspensión total o parcial del cobro judicial por un plazo determinado o hasta que se dicte sentencia de primera instancia, cuando se trate de aquella parte de los impuestos correspondientes a la reclamación que hubieren sido girados con anterioridad al reclamo.

Cuando no se presentare reclamación, la facultad mencionada en el inciso anterior podrá ser ejercida por el Director Regional.

Si se dedujere apelación en contra de la sentencia definitiva que rechaza parcial o totalmente una reclamación, en los casos a que se refieren los incisos anteriores, la Corte de Apelaciones respectiva podrá, a petición de parte, previo informe del Servicio de Tesorerías ordenar la suspensión total o parcial del cobro del impuesto por un plazo determinado que podrá ser renovado. Igualmente y también por un plazo determinado renovable, podrá hacerlo la Corte Suprema conociendo de los recursos de casación. El informe del Servicio de Tesorerías deberá entregarse dentro de los quince días siguientes de recibida la petición del tribunal, el cual podrá proceder sin él si no se entrega en el plazo señalado.

Las normas del inciso anterior no serán aplicables a los impuestos sujetos a retención ni a aquellos que por la ley deban ser materia de recargo en los cobros o ingresos de un contribuyente, en la parte que efectivamente se hubiere retenido o recargado por el reclamante.

Ejecutoriado un fallo, el expediente deberá ser devuelto en el plazo máximo de diez días al Tribunal de primera instancia.

Artículo 148.- En todas aquellas materias no sujetas a disposiciones especiales del presente Libro, se aplicarán, en cuanto fueren compatibles con la naturaleza de las reclamaciones, las normas establecidas en el Libro Primero y Segundo del Código de Procedimiento Civil.

TÍTULO III
DE LOS PROCEDIMIENTOS ESPECIALES

Párrafo 1°. Del procedimiento de reclamo de los avalúos de bienes raíces

Artículo 149.- Derogado.

Artículo 150.- Derogado.

Artículo 151.- Derogado.

Artículo 152.- Derogado.

Artículo 153.- Derogado.

Artículo 154.- Derogado.

Párrafo 2°. Del procedimiento especial de reclamo por vulneración de derechos

Artículo 155.- Si producto de un acto u omisión ilegal o arbitrario del Servicio, un particular considera vulnerados sus derechos contemplados en los numerales 21°, 22° y 24° del artículo 19 de la Constitución Política de la República, podrá recurrir ante el Tribunal Tributario y Aduanero en cuya jurisdicción se haya producido tal acto u omisión ilegal o arbitrario, siempre que no se trate de aquellas materias que deban ser conocidas en conformidad a alguno de los procedimientos establecidos en el Título II o en los Párrafos 1° y 3° de este Título o en el Título IV, todos del Libro Tercero de este Código.

La acción deberá presentarse por escrito, dentro del plazo fatal de quince días hábiles contado desde la ejecución del acto o la ocurrencia de la omisión, o desde que se haya tenido conocimiento cierto de los mismos, lo que se hará constar en autos.

Interpuesta la acción de protección a que se refiere el artículo 20 de la Constitución Política, en los casos en que ella proceda, no se podrá recurrir de conformidad a las normas de este Párrafo, por los mismos hechos.

Artículo 156.- Presentada la acción el Tribunal examinará si ha sido interpuesta en tiempo y si tiene fundamentos suficientes para acogerla a tramitación. Si su presentación ha sido extemporánea o adolece de manifiesta falta de fundamento, la declarará inadmisible por resolución fundada.

Acogida a tramitación, se dará traslado al Servicio por diez días. Vencido este plazo, haya o no contestado el Servicio, y existiendo hechos sustanciales y pertinentes controvertidos, se abrirá un término probatorio de diez días en el cual las partes deberán rendir todas sus pruebas. El Tribunal apreciará la prueba rendida de acuerdo a lo establecido en el inciso decimotercero del artículo 132.

Si fuere necesario allegar nuevos antecedentes al proceso para una mejor resolución del asunto, el Juez Tributario y Aduanero podrá, de oficio, decretar las diligencias probatorias que estime pertinentes, para lo cual dispondrá del plazo de diez días a contar del vencimiento del término probatorio.

Vencido el término probatorio o, en su caso, expirado el plazo especial referido en el inciso anterior, el Juez Tributario y Aduanero dictará sentencia en un plazo de diez días. El fallo contendrá todas las providencias que el Tribunal juzgue necesarias para restablecer el imperio del derecho y asegurar la debida protección del solicitante, sin perjuicio de los demás derechos que pueda hacer valer ante la autoridad o los tribunales correspondientes.

Contra la sentencia sólo procederá el recurso de apelación, en el plazo de quince días. El recurso será conocido en cuenta y en forma preferente por la Corte de Apelaciones, a menos que cualquiera de las partes, dentro del plazo de cinco días contado desde el ingreso de los autos en la secretaría de la Corte de Apelaciones, solicite alegatos.

El Tribunal podrá decretar orden de no innovar, en cualquier estado de la tramitación.

Artículo 157.- En lo no establecido por este Párrafo, y en cuanto la naturaleza de la tramitación lo permita, se aplicarán las demás normas contenidas en el Título II de este Libro. En todo caso, el solicitante podrá comparecer sin patrocinio de abogado.

Párrafo 3°. Del procedimiento de determinación judicial del impuesto de Timbres y Estampillas

Artículo 158.- El contribuyente y cualquiera otra persona que tenga interés comprometido, que tuviere dudas acerca del impuesto que deba pagarse con arreglo a las normas de la Ley de Timbres, Estampillas y Papel Sellado, podrá recurrir al juez competente, con arreglo al artículo 118, pidiendo su determinación.

El Tribunal solicitará informe al jefe del Servicio del lugar, quien deberá ser notificado de la resolución personalmente o por cédula, acompañándosele copia de los antecedentes allegados a la solicitud.

El Servicio será considerado, para todos los efectos legales, como parte en estas diligencias, y deberá evacuar el informe dentro de los seis días siguientes al de la notificación.

Vencido el plazo anterior, con el informe del Servicio o sin él, el Tribunal fijará el impuesto.

Del fallo que se dicte podrá apelarse. El recurso, se conocerá en el solo efecto devolutivo, se tramitará según las reglas del Título II de este Libro y gozará de preferencia para su vista.

El pago del impuesto cuyo monto haya sido determinado por sentencia ejecutoriada, tendrá carácter definitivo.

Artículo 159.- Derogado.

Artículo 160.- No será aplicable el procedimiento de este párrafo a las reclamaciones del contribuyente por impuestos a la Ley de Timbres, Estampillas y Papel Sellado, cuando ya se hubieren pagado o cuando, con anterioridad a la presentación de la solicitud a que se refiere el inciso 1° del artículo 158, el Servicio le notifique la liquidación o cobro de tales impuestos. En estos casos se aplicará el procedimiento general contemplado en el Título II de este Libro.

Párrafo 4°. Del procedimiento de declaración judicial de la existencia de abuso o simulación y de la determinación de la responsabilidad respectiva

Artículo 160 bis.- El Director deberá requerir la declaración de abuso o simulación a que se refiere el artículo 4° quinquies y, en su caso, la aplicación de la multa establecida en el artículo 100 bis ante el Tribunal Tributario y Aduanero competente, de manera fundada, acompañando los antecedentes de hecho y de derecho en que se sustenta y que permitan la determinación de los impuestos, intereses penales y multas a que dé lugar la declaración judicial a que se refiere este artículo.

Del requerimiento del Servicio se conferirá traslado al contribuyente y a los posibles responsables del diseño o planificación de los actos, contratos o negocios susceptibles de constituir abuso o simulación, por el término de noventa días. Su contestación deberá contener una exposición clara de los hechos y fundamentos de derecho en que basa su oposición a la declaración de abuso o simulación o, en su caso, a la responsabilidad por el diseño o planificación de los actos, contratos o negocios constitutivos de abuso o simulación. El Tribunal notificará al contribuyente por cédula, la resolución que confiere el traslado y la solicitud del Servicio al contribuyente a través de un ministro de fe del mismo tribunal.

En caso de existir dos o más contribuyentes requeridos por los mismos actos o negocios o conjunto o serie de ellos, será procedente la acumulación de autos a petición de parte. El procedimiento más nuevo se acumulará al más antiguo.

Vencido el plazo para evacuar el traslado, haya o no contestado el contribuyente o el posible responsable, el Tribunal citará a las partes a una audiencia que deberá fijarse a contar del séptimo día y no más allá del decimoquinto, contado desde la fecha de la notificación de dicha citación, con el objeto que expongan sobre los puntos planteados tanto en la solicitud como en la contestación, en caso que la hubiere. En caso que el contribuyente o el posible responsable aporten en esta audiencia nuevos antecedentes a los cuales el Servicio no haya tenido acceso previo, se le conferirá a éste un plazo de quince días para emitir los descargos pertinentes. El Tribunal procederá a levantar acta de la audiencia y dejar constancia en el expediente.

En la misma audiencia señalada en el inciso anterior el Tribunal, a petición de parte o de oficio, deberá llamar a las partes a conciliación de conformidad al artículo 132 bis. El Juez Tributario y Aduanero propondrá las bases de arreglo, sin que las opiniones emitidas con tal propósito lo inhabiliten para seguir conociendo de la causa. La audiencia se desarrollará en forma continua y podrá prolongarse en sesiones sucesivas, hasta su conclusión. Constituirán, para estos efectos, sesiones sucesivas aquellas que tuvieran lugar en el día siguiente o subsiguiente de funcionamiento ordinario del Tribunal. Será también procedente en este procedimiento lo dispuesto en el artículo 132 ter.

Vencido el plazo señalado en el inciso cuarto, cuando la conciliación o parte de esta fuere rechazada, y en la medida que hubiere controversia sobre algún hecho sustancial y pertinente, el Tribunal abrirá un término probatorio por un plazo de veinte días en los términos del inciso cuarto del artículo 132. En contra de la resolución que fije los puntos sobre los cuales deberá recaer la prueba, procederá el recurso de reposición y el de apelación en subsidio dentro del plazo de cinco días. Concluido el término probatorio, se otorgará a las partes un plazo de cinco días para efectuar observaciones a la prueba rendida, tras lo cual el Tribunal deberá dictar sentencia en un plazo de veinte días. El Tribunal apreciará la prueba de acuerdo a las reglas de la sana crítica y deberá fundar su decisión teniendo en consideración la naturaleza económica de los hechos imponibles conforme a lo establecido en el artículo 4° bis.

En contra de la resolución que se pronuncie sobre la solicitud procederá el recurso de apelación, el que deberá interponerse en el plazo de quince días contado desde la notificación respectiva, y se concederá en ambos efectos. La apelación se tramitará en cuenta, a menos que cualquiera de las partes, dentro del plazo de cinco días contado desde el ingreso de los autos en la Secretaría de la Corte de Apelaciones, solicite alegatos. En contra de la resolución de la Corte de Apelaciones procederá el recurso de casación en el fondo o la forma.

La liquidación, resolución o multa, según corresponda, que el Servicio dicte con ocasión de la resolución del Tribunal Tributario y Aduanero, así como los giros dictados en cumplimiento de la sentencia firme dictada en el procedimiento que declare la existencia del abuso o de la simulación o la responsabilidad por el diseño o planificación de los actos, contratos o negocios constitutivos de abuso o simulación, no serán susceptibles de reclamo alguno. Las controversias que surjan respecto al cumplimiento de la sentencia, serán resueltas en forma incidental por el Tribunal que la dictó.

En lo no establecido por este Párrafo, y en cuanto la naturaleza de la tramitación lo permita, se aplicarán las demás normas contenidas en el Título II de este Libro.

TÍTULO IV
DEL PROCEDIMIENTO PARA LA APLICACIÓN DE SANCIONES

Párrafo 1°. Procedimiento general

Artículo 161.- Las sanciones por infracción a las disposiciones tributarias, que no consistan en penas privativas de libertad, serán aplicadas por el Tribunal Tributario y Aduanero, previo el cumplimiento de los trámites que a continuación se indican:

1°. En conocimiento de haberse cometido una infracción o reunidos los antecedentes que hagan verosímil su comisión, se levantará un acta por el funcionario competente del Servicio, quien la notificará al denunciado personalmente o por cédula.

El acta señalada en el inciso anterior deberá ser presentada ante el Tribunal Tributario y Aduanero correspondiente al domicilio del denunciado, junto con la documentación y antecedentes que le sirven de sustento y un correo electrónico del denunciado. El Tribunal la tendrá por recibida mediante una resolución que será notificada al denunciado por correo electrónico y, en subsidio, a través de su publicación en el sitio web del respectivo tribunal. Para efectos de la notificación por correo electrónico al denunciado el tribunal deberá considerar la dirección electrónica que haya informado el Servicio, sin perjuicio que de existir otra dirección informada por el propio denunciado al tribunal deberá estarse a esta última.

2°. El denunciado podrá formular sus descargos dentro del plazo de diez días hábiles, contados desde la notificación de la resolución referida en el numeral precedente. Dicha presentación deberá cumplir con los requisitos que establece el artículo 125.

En las causas de cuantía igual o superior a treinta y dos unidades tributarias mensuales, se requerirá patrocinio y representación en los términos de los artículos 1° y 2° de la ley N° 18.120.

3°. Pendiente el procedimiento, se podrán tomar las medidas conservativas necesarias para evitar que desaparezcan los antecedentes que prueben la infracción o que se consumen los hechos que la constituyen, así como aquellas señaladas en el artículo 137, en forma que no se impida el desenvolvimiento de las actividades del contribuyente.

Contra la resolución que ordene las medidas anteriores y sin que ello obste a su cumplimiento, podrá ocurrirse ante el Tribunal que la dictó, dentro del término de cinco días, contado desde la notificación de la resolución respectiva, quien resolverá con citación del Jefe del Servicio del lugar donde se haya cometido la infracción. El fallo que se dicte sólo será apelable en lo devolutivo. El plazo para apelar será de 15 días, contado desde la notificación de la sentencia.

4°. Presentados los descargos se conferirá traslado al Servicio por el término de diez días. Vencido el plazo que dispone el denunciado para formular descargos o, en su caso, vencido el plazo de que dispone el Servicio para evacuar su traslado respecto de los descargos formulados, haya contestado o no, el Tribunal Tributario y Aduanero, de oficio o a petición de parte, deberá recibir la causa a prueba si hubiere controversia sobre algún hecho substancial y pertinente. La resolución que se dicte al efecto señalará los puntos sobre los cuales deberá recaer la prueba. En su contra sólo procederán los recursos de reposición y de apelación, dentro del plazo de cinco días, contado desde la notificación. De interponerse apelación, deberá hacerse siempre en subsidio de la reposición y procederá en el solo efecto devolutivo. El recurso de apelación se tramitará en cuenta y en forma preferente. El término probatorio será de veinte días y dentro de él se deberá rendir toda la prueba. El Servicio y el contribuyente deberán acreditar sus respectivas pretensiones dentro del procedimiento.

Vencido el término probatorio y dentro de los diez días siguientes las partes podrán hacer por escrito las observaciones que el examen de la prueba les sugiera. Si no fuera necesario cumplir nuevas diligencias, o cumplidas las que se hubieren ordenado, el Juez Tributario y Aduanero que esté conociendo del asunto citará a las partes a oír sentencia.

El Tribunal Tributario y Aduanero tendrá el plazo de sesenta días para dictar sentencia, contado desde que el tribunal dicte la resolución a que se refiere el inciso anterior.

5°. Contra la sentencia que se dicte sólo procederán los recursos a que se refiere el artículo 140.

En contra de la sentencia de segunda instancia, procederán los recursos de casación, en conformidad a los artículos 144 y 145.

6°. Suprimido.

7°. No regirá el procedimiento de este Párrafo respecto de los intereses o de las sanciones pecuniarias aplicados por el Servicio y relacionados con hechos que inciden en una liquidación o reliquidación de impuestos ya notificada al contribuyente. En tales casos, deberá reclamarse de dichos intereses y sanciones conjuntamente con el impuesto, y de conformidad a lo dispuesto en el Título II de este Libro.

8°. El procedimiento establecido en este Párrafo no será tampoco aplicable al cobro que la Tesorería haga de intereses devengados en razón de la mora o atraso en el pago.

9°. En lo establecido por este artículo y en cuanto la naturaleza de la tramitación lo permita, se aplicarán las demás normas contenidas en el Título II de este Libro.

10. No se aplicará el procedimiento de este Párrafo tratándose de infracciones que este Código sanciona con multa y pena privativa de libertad. En estos casos corresponderá al Servicio recopilar los antecedentes que habrán de servir de fundamento a la decisión del Director a que se refiere el artículo 162, inciso tercero.

Con el objeto de llevar a cabo la recopilación a que se refiere el inciso precedente, el Director podrá ordenar la aposición de sello y la incautación de los libros de contabilidad y demás documentos relacionados con el giro del negocio del presunto infractor.

Las medidas mencionadas en el inciso anterior podrán ordenarse para ser cumplidas en el lugar en que se encuentren o puedan encontrarse los respectivos libros de contabilidad y documentos, aunque aquél no corresponda al domicilio del presunto infractor.

Para llevar a efecto las medidas de que tratan los incisos anteriores, el funcionario encargado de la diligencia podrá recurrir al auxilio de la fuerza pública, la que será concedida por el Jefe de Carabineros más inmediato sin más trámite que la exhibición de la resolución que ordena dicha medida, pudiendo procederse con allanamiento y descerrajamiento si fuere necesario.

Contra la resolución que ordene dichas medidas y sin que ello obste a su cumplimiento, podrá ocurrirse ante el Juez Tributario y Aduanero competente, en el plazo de diez días contado desde la notificación de la resolución respectiva, quien resolverá con citación del Jefe del Servicio del lugar donde se haya cometido la infracción. El fallo que se dicte sólo será apelable en lo devolutivo. El plazo para apelar será de 15 días, contado desde la notificación de la sentencia.

Artículo 162.- Las investigaciones de hechos constitutivos de delitos tributarios sancionados con pena privativa de libertad sólo podrán ser iniciadas por denuncia o querella del Servicio. Con todo, la querella podrá también ser presentada por el Consejo de Defensa del Estado, a requerimiento del Director[11].

En las investigaciones penales y en los procesos que se incoen, la representación y defensa del Fisco corresponderá sólo al Director, por sí o por medio de mandatario, cuando la denuncia o querella fuere presentada por el Servicio, o sólo al Consejo de Defensa del Estado, en su caso. El denunciante o querellante ejercerá los derechos de la víctima, de conformidad al Código Procesal Penal. En todo caso, los acuerdos reparatorios que celebre, conforme al artículo 241 del Código Procesal Penal, no podrán contemplar el pago de una cantidad de dinero inferior al mínimo de la pena pecuniaria, sin perjuicio del pago del impuesto adeudado y los reajustes e intereses penales que procedan de acuerdo al artículo 53 de este Código.

Si la infracción pudiere ser sancionada con multa y pena privativa de libertad, el Director podrá, discrecionalmente, interponer la respectiva denuncia o querella o enviar los antecedentes al Director Regional para que persiga la aplicación de la multa que correspondiere a través del procedimiento administrativo previsto en el artículo anterior.

La circunstancia de haberse iniciado el procedimiento por denuncia administrativa señalado en el artículo anterior, no será impedimento para que, en los casos de infracciones sancionadas con multa y pena corporal, se interponga querella o denuncia. En tal caso, el Juez Tributario y Aduanero se declarará incompetente para seguir conociendo el asunto en cuanto se haga constar en el proceso respectivo el hecho de haberse acogido a tramitación la querella o efectuado la denuncia.

La interposición de la acción penal o denuncia administrativa no impedirá al Servicio proseguir los trámites inherentes a la determinación de los impuestos adeudados; igualmente no inhibirá al Juez Tributario

---

[11] Artículo 4 de la ley 21.426, establece que las policías podrán denunciar los delitos sancionados en los números 8 y 9 del artículo 97 del Código Tributario.

y Aduanero para conocer o continuar conociendo y fallar la reclamación correspondiente.

El Ministerio Público informará al Servicio, a la brevedad posible, los antecedentes de que tomare conocimiento con ocasión de las investigaciones de delitos comunes y que pudieren relacionarse con los delitos a que se refiere el inciso primero.

Si no se hubieren proporcionado los antecedentes sobre alguno de esos delitos, el Servicio los solicitará al fiscal que tuviere a su cargo el caso, con la sola finalidad de decidir si presentará denuncia o interpondrá querella, o si requerirá que lo haga al Consejo de Defensa del Estado. De rechazarse la solicitud, el Servicio podrá ocurrir ante el respectivo juez de garantía, quien decidirá la cuestión mediante resolución fundada.

Artículo 163.- Cuando el Director del Servicio debiere prestar declaración testimonial en un proceso penal por delito tributario, se aplicará lo dispuesto en los artículos 300 y 301 del Código Procesal Penal.

Si, en los procedimientos penales que se sigan por los mismos delitos, procediere la prisión preventiva, para determinar en su caso la suficiencia de la caución económica que la reemplazará, el tribunal tomará especialmente en consideración el hecho de que el perjuicio fiscal se derive de impuestos sujetos a retención o recargo o de devoluciones de tributos; el monto actualizado, conforme al artículo 53 de este Código, de lo evadido o indebidamente obtenido, y la capacidad económica que tuviere el imputado.

Artículo 164.- Las personas que tengan conocimiento de la comisión de infracciones a las normas tributarias, podrán efectuar la denuncia correspondiente ante la Dirección o Director Regional Competente.

El denunciante no será considerado como parte ni tendrá derecho alguno en razón de su denuncia, la que se tramitará con arreglo al procedimiento general establecido en este Párrafo o al que corresponda, de conformidad a este Libro.

Párrafo 2°. Procedimientos especiales para la aplicación de ciertas multas

Artículo 165.- Las denuncias por las infracciones sancionadas en los números 1°, 2°, 3°, 6°, 7°, 10°, 11°, 15, 16, 17, 19, 20 y 21 del artículo 97, en la primera parte del inciso cuarto del artículo 62 ter y en el artículo 109, se someterán al procedimiento que a continuación se señala:

1°. Las multas establecidas en los números 1 inciso primero, 2 y 11 del artículo 97 serán determinadas por el Servicio, o por los propios contribuyentes, y aplicadas sin otro trámite que el de ser giradas por el servicio o solucionadas por el contribuyente al momento de presentar la declaración o de efectuar el pago.

2°. En los casos a que se refieren los números 1°, inciso segundo, 3°, 6°, 7°, 10°, 15, 16, 17, 19, 20 y 21 del artículo 97, la primera parte del inciso cuarto del artículo 62 ter y artículo 109, las infracciones serán notificadas personalmente o por cédula por los funcionarios del Servicio, y las multas respectivas serán giradas inmediatamente de vencido el plazo a que se refiere el número 4 siguiente, en caso de que el contribuyente no haga uso del recurso establecido en dicho número. Si se presenta este recurso, se suspenderá el giro de la multa hasta que se resuelva sobre los descargos del contribuyente.

3°. Notificada la infracción o giro, según sea el caso, los contribuyentes acogidos al artículo 14 letra D) N° 8 de la ley sobre impuesto a la renta podrán, por una única vez solicitar la sustitución de la multa respectiva por la participación obligatoria del contribuyente o su representante a programas de capacitación en materias tributarias impartidos por el Servicio de manera presencial o a distancia.

Sólo podrá solicitarse lo dispuesto en este número respecto de las multas contempladas en el artículo 97 números 1°, inciso primero, 2°, 3°, 15, 19 y 21.

La solicitud de sustitución deberá presentarse dentro del plazo de reclamo a que se refiere el número 4° siguiente, individualizando a las personas que participarán en los programas de capacitación.

Autorizada por el Servicio la sustitución de la multa de conformidad a lo dispuesto precedentemente, si no se diere cumplimiento a la obligación de asistencia y aprobación de los programas de capacitación a que se refiere este número, o si, habiéndose dado cumplimiento, se incurre nuevamente, dentro del plazo de tres años contado desde la solicitud de sustitución, en las mismas conductas que motivaron la infracción, se aplicará la multa originalmente sustituida, incrementada en hasta un 25%. Los plazos establecidos en los artículos 200 y 201, se suspenderán durante el periodo a que se refiere este artículo.

4°. Notificado el giro de las multas a que se refiere el N° 1, o las infracciones de que trata el N° 2, el contribuyente podrá reclamar por escrito, dentro del plazo de quince días, contado desde la notificación del giro o de la infracción, en su caso, ante el Tribunal Tributario y Aduanero de su jurisdicción.

5°. Formulado el reclamo, se conferirá traslado al Servicio por el término de diez días. Vencido el plazo, haya o no contestado el Servicio, el Juez Tributario y Aduanero podrá recibir la causa a prueba si estima que existen hechos substanciales y pertinentes controvertidos, abriendo un término probatorio de ocho días. En la misma resolución determinará la oportunidad en que la prueba testimonial deba rendirse. Dentro de los dos primeros días del término probatorio las partes deberán acompañar una nómina de los testigos de que piensan valerse, con expresión de su nombre y apellido, domicilio y profesión u oficio. No podrán declarar más de cuatro testigos por cada parte. En todo caso, el tribunal podrá citar a declarar a personas que no figuren en las listas de testigos o decretar otras diligencias probatorias que estime pertinentes.

Las resoluciones dictadas en primera instancia se notificarán a las partes de conformidad con lo dispuesto en el artículo 131 bis.

6°. El Juez Tributario y Aduanero resolverá el reclamo dentro del trigésimo día desde que los autos queden en estado de sentencia y, en contra de ésta, sólo procederá el recurso de apelación para ante la Corte de Apelaciones respectiva, el que se concederá en ambos efectos. Dicho recurso deberá entablarse dentro de decimoquinto día, contado desde la notificación de dicha resolución. Si el recurso fuere desechado por la unanimidad de los miembros del tribunal de segunda instancia, éste ordenará que el recurrente pague, a beneficio fiscal, una cantidad adicional equivalente al diez por ciento de la multa reajustada, y se condenará en las costas del recurso al recurrente, de acuerdo a las reglas generales.

La Corte de Apelaciones verá la causa en forma preferente, en cuenta y sin esperar la comparecencia de las partes, salvo que estime conveniente el conocimiento de ella previa vista y en conformidad a las normas prescritas para los incidentes.

En contra de la sentencia de segunda instancia no procederán los recursos de casación en la forma y en el fondo.

7°. Se aplicarán las normas contenidas en el Título II de este Libro, al procedimiento establecido en este artículo, en cuanto la naturaleza de la tramitación lo permita. No se aplicará en este procedimiento lo dispuesto en el inciso segundo del artículo 129.

8°. La iniciación del procedimiento y la aplicación de sanciones pecuniarias no constituirán impedimento para el ejercicio de la acción penal que corresponda.

9°. Suprimido.

10°. La interposición de reclamo en contra de la liquidación de los impuestos originados en los hechos infraccionales sancionados en el N° 20 del artículo 97°, suspenderá la resolución de la reclamación que se hubiere deducido en contra de la notificación de la citada infracción, hasta que la sentencia definitiva que falle el reclamo en contra de la liquidación quede ejecutoriada.

Párrafo 3°. De las denuncias por infracciones a los impuestos a las asignaciones por causa de muerte y a las donaciones

Artículo 166.- Derogado.

Artículo 167.- Derogado.

TÍTULO V
DEL COBRO EJECUTIVO DE LAS OBLIGACIONES TRIBUTARIAS DE DINERO

Artículo 168.- La cobranza administrativa y judicial de las obligaciones tributarias que deban ser cobradas por el Servicio de Tesorerías, de acuerdo con la ley, se regirá por las normas de este Título.

Corresponde al Servicio de Tesorerías la facultad de solicitar de la justicia ordinaria los apremios en el caso especial a que se refiere el artículo 96 y, en general, el ejercicio de las demás atribuciones que le otorguen las leyes.

El Servicio de Tesorerías, a través de los funcionarios que designe nominativamente el Tesorero General, tendrá acceso, para el solo objeto de determinar los bienes del contribuyente, a todas las declaraciones de impuestos que haya formulado el contribuyente, como asimismo a todos los demás antecedentes que obren en poder del Servicio de Impuestos Internos, siendo aplicables en este caso la obligación y sanciones que este Código impone a los funcionarios del Servicio de Impuestos Internos, en relación al secreto de la documentación del contribuyente.

Para practicar las notificaciones por correo electrónico establecidas en el presente título, así como cualquier otra comunicación con el contribuyente, el Servicio de Tesorerías podrá utilizar el correo electrónico que el contribuyente haya registrado para estos efectos ante el Servicio de Impuestos Internos según el artículo 11. Dicho correo electrónico quedará registrado en el sitio personal del contribuyente quien estará facultado para modificarlo. Para ello deberá ingresar una nueva dirección de correo electrónico que será la válida para las actuaciones dispuestas en el presente inciso a partir del día siguiente de efectuada la modificación.

Artículo 169.- Constituyen título ejecutivo, por el solo ministerio de la ley, las listas o nóminas de los deudores que se encuentren en mora, las que contendrán, bajo la firma del Tesorero Regional o Provincial que corresponda, la individualización completa del deudor y su domicilio, con especificación del período y la cantidad adeudada por concepto de impuesto o de sanciones en su caso y del tipo de tributo, número en el rol si lo hubiere y de la orden de ingreso, boletín o documento que haga sus veces.

El Tesorero General de la República determinará por medio de instrucciones internas el soporte y la forma como deben prepararse las nóminas o listas de deudores morosos, como asimismo todas las actuaciones o diligencias administrativas que deban llevarse a efecto por el Servicio de Tesorerías, en cumplimiento de las disposiciones del presente Título. Las piezas que componen los expedientes administrativos de cobro tendrán el carácter de documentos electrónicos o digitalizados, según corresponda. Para estos efectos existirá un sistema de tramitación electrónica en el sitio web del Servicio de Tesorerías, apto para producir fe y que permita garantizar la conservación y reproducción de su contenido, a fin de que los contribuyentes realicen sus requerimientos en los procesos de cobro seguidos en su contra.

El Tesorero General podrá, por resolución fundada, excluir del procedimiento ejecutivo de este Título, aquellas obligaciones tributarias en que por su escaso monto o por otras circunstancias calificadas, no resulte conveniente efectuar la cobranza judicial, resolución que podrá modificar en cualquier momento. Decretada la exclusión y durante el tiempo que ésta dure, no se devengarán intereses moratorios ni multas, cuando estas últimas procedan.

Sin perjuicio de lo dispuesto en el inciso anterior, el Tesorero General de la República, por resolución interna, podrá ordenar la exclusión del procedimiento ejecutivo a que se refiere este Título de los contribuyentes que, se encuentren o no demandados, tengan deudas morosas fiscales cuyo valor por cada formulario, giro u orden, no exceda de 2 UTM vigente a la fecha de la mencionada resolución.

Artículo 170.- El Tesorero Regional o Provincial respectivo, actuando en el carácter de juez sustanciador, despachará el mandamiento de ejecución y embargo, mediante una providencia a continuación de la propia nómina de deudores morosos, que hará de auto cabeza del proceso.

El mandamiento de ejecución y embargo podrá dirigirse contra todos los deudores a la vez y no será susceptible de recurso alguno.

La ejecución podrá recaer sobre dineros, créditos u otras prestaciones en dinero que los contribuyentes morosos tengan derecho a percibir en razón de un contrato u obligación personal, una vez que se haya practicado el requerimiento de pago conforme a lo establecido en el artículo 171. El juez sustanciador ordenará la retención mediante resolución, que será notificada por correo electrónico o según lo dispuesto en el inciso tercero del artículo 171, cuando corresponda, al deudor y a la persona natural o jurídica que por cuenta propia o ajena o en el desempeño de un empleo o cargo, deba pagar al contribuyente aquella prestación en dinero o que la mantenga en depósito o bajo cualquier otro título, a fin de que retenga y/o entregue la suma embargada directamente a la orden del Tesorero Regional o Provincial que lo decretó, el que las ingresará a una cuenta de depósito mientras quede a firme la ejecución, caso este último en que las cantidades embargadas ingresarán a las cuentas correspondientes a los impuestos adeudados.

Sin perjuicio de lo señalado en el inciso anterior el Servicio de Tesorerías podrá implementar sistemas de comunicación y notificación por otros medios electrónicos distintos al correo electrónico respecto de las personas que deban practicar las retenciones enunciadas en el inciso anterior.

Si para obtener el pago de la cantidad adeudada fuere necesario efectuar más de un descuento mensual en los sueldos, remuneraciones, créditos u otras prestaciones de dinero del contribuyente moroso, la notificación para la primera retención será suficiente para cada una de las próximas retenciones hasta el pago total del monto de lo adeudado, sin necesidad de nuevo requerimiento.

La persona natural o jurídica que deba efectuar la retención deberá dar cuenta del resultado de la gestión en el plazo de diez días hábiles contados desde la fecha en que se le notifique la resolución que ordena la retención y remitir los fondos mediante depósito, transferencia electrónica o el medio electrónico que haya dispuesto para estos efectos el Servicio de Tesorerías. En caso de que no dé cumplimiento a la retención ordenada, quedará solidariamente responsable del pago de las sumas que haya dejado de retener o de remitir al Servicio de Tesorerías.

Sin perjuicio de la ejecución, la Tesorería Regional o Provincial podrá, en forma previa, concomitante o posterior, enviar comunicaciones administrativas a los deudores morosos y efectuar las diligencias que determinen las instrucciones del Tesorero General.

Artículo 171.- La notificación del hecho de encontrarse en mora y el requerimiento de pago al deudor se efectuará personalmente por el recaudador fiscal, quien actuará como ministro de fe, o bien, en las áreas urbanas, por correo electrónico o carta certificada conforme a las normas de los incisos quinto, sexto, séptimo y octavo del artículo 11 y del artículo 13, cuando así lo determine el juez sustanciador atendida las circunstancias del caso. Si se trata de la notificación personal, si el ejecutado no es habido, circunstancia que se acreditará con la certificación del funcionario recaudador, se le notificará por cédula en los términos previstos en el artículo 44 del Código de Procedimiento Civil. En este caso no será necesario cumplir con los requisitos señalados en el inciso primero de dicho artículo, ni se necesitará nueva providencia del Tesorero respectivo para la entrega de las copias que en él se dispone. La notificación hecha por carta certificada o por cédula, según el caso, se entenderá válida para todos los efectos legales y deberá contener copia íntegra del requerimiento. No obstante, el plazo para oponerse a la ejecución se contará desde la fecha en que se haya practicado el primer embargo. Si se trata del impuesto territorial, el Servicio de Tesorerías determinará la empresa de correos más apropiada para el despacho de la citada carta.

Cualquier resolución que no tenga asignada otra forma de notificación será practicada por correo electrónico dirigido a la dirección registrada en el sitio personal del contribuyente. El correo deberá incluir copia íntegra de la resolución y los demás datos necesarios para su acertada inteligencia. Cuando por disposición legal no proceda la notificación mediante correo electrónico, el Servicio de Tesorerías igualmente deberá remitir copia de ésta al correo electrónico del contribuyente que conste en su sitio personal o comunicársela mediante otros medios electrónicos. En dichos casos, el envío de esta copia sólo constituirá un aviso y no una notificación, por lo que la omisión o cualquier defecto contenido en el aviso por correo electrónico no viciará la notificación.

Quienes carezcan de los medios tecnológicos, no tengan acceso a medios electrónicos o sólo actúen excepcionalmente a través de ellos, podrán solicitar fundadamente al Servicio de Tesorerías que todas las notificaciones les sean practicadas por cédula o por carta certificada dirigida al domicilio del interesado. El Servicio de Tesorerías, mediante resolución, establecerá la forma en que se realice dicha solicitud para efectos de determinar el cumplimiento de los requisitos antes señalados. Asimismo, el Servicio de Tesorerías podrá establecer mediante resolución que las notificaciones que se realicen a contribuyentes domiciliados en determinadas zonas o comunas sean practicadas por cédula o carta certificada debido a la baja o nula conectividad, sin que en este caso se requiere presentar la solicitud indicada en el presente inciso.

Practicado el requerimiento en alguna de las formas indicadas en los incisos precedentes, sin que se obtenga el pago, el recaudador fiscal, personalmente, procederá a la traba del embargo; pero, tratándose de bienes raíces, el embargo no surtirá efecto respecto de terceros, sino una vez que se haya inscrito en el Conservador de Bienes Raíces correspondiente.

En igual forma se procederá en caso de bienes embargados que deban inscribirse en registros especiales, tales como acciones, propiedad literaria o industrial, bienes muebles agrícolas o industriales.

Además de los lugares indicados en el artículo 41° del Código de Procedimiento Civil, la notificación de la demanda ejecutiva podrá hacerse, en el caso del impuesto territorial, en la propiedad raíz de cuya contribución se trate; sin perjuicio también de la facultad del Tesorero Regional o Provincial para habilitar, con respecto de determinadas personas, día, hora y lugar. Tratándose de otros tributos, multas u otros créditos fiscales, la notificación de la demanda o de otras resoluciones podrá hacerse en el domicilio o residencia indicado por el contribuyente en su última declaración que corresponda al impuesto que se le cobra, en el último domicilio que el contribuyente haya registrado ante el Servicio de Impuestos Internos o ante los órganos y servicios públicos que hayan determinado la multa o crédito fiscal demandado.

Para facilitar estas diligencias, los recaudadores fiscales podrán exigir de los deudores morosos una declaración jurada de sus bienes y éstos deberán proporcionarla. Si así no lo hicieren y su negativa hiciere impracticable o insuficiente el embargo, el Abogado del Servicio de Tesorerías solicitará de la Justicia Ordinaria apremios corporales en contra del rebelde.

Artículo 172.- En los procesos a que se refiere este Código, el auxilio de la fuerza pública se prestará por el funcionario policial que corresponda a requerimiento del recaudador fiscal con la sola exhibición de la resolución del Tesorero Regional o Provincial o del Juez Ordinario en su caso, que ordene una diligencia que no haya podido efectuarse por oposición del deudor o de terceros.

Artículo 173.- Tratándose del cobro del impuesto territorial, el predio se entenderá embargado por el solo ministerio de la ley desde el momento que se efectúe el requerimiento, y le será aplicable lo dispuesto en el inciso 2° del artículo 171°.

Tratándose de bienes corporales muebles, los recaudadores fiscales, en caso de no pago por el deudor en el acto de requerimiento practicado de conformidad al artículo 171°, podrán proceder de inmediato a la traba del embargo, con el sólo mérito del mandamiento y del requerimiento practicado, dejando constancia en el expediente de todas estas diligencias.

Artículo 174.- Practicado el embargo, el recaudador confeccionará una relación circunstanciada de los bienes embargados bajo su firma y sello, la que además será firmada por el ejecutado o persona adulta de su domicilio y en caso de no querer firmar, dejará constancia de este hecho. En todo caso una copia de la relación de los bienes embargados deberá ser entregada al ejecutado o persona adulta que haya presenciado la diligencia. En todos los casos en que el embargo se haya efectuado en ausencia del ejecutado o de la persona adulta que lo represente, el recaudador fiscal remitirá la copia de la relación por mensaje dirigido al correo electrónico o carta certificada en los casos del inciso tercero del artículo 171, de lo que dejará constancia en el expediente.

El embargo de vehículos sujetos a inscripción podrá ser realizado de forma electrónica, lo que deberá ser notificado al deudor por correo electrónico o según lo dispuesto en el inciso tercero del artículo 171, cuando corresponda y comunicado a través del medio electrónico que el Registro Nacional de Vehículos Motorizados del Servicio de Registro Civil e Identificación señale para estos efectos. Para efectos de valoración se estará a la tasación fiscal para el año correspondiente al embargo que haya practicado el Servicio de Impuestos Internos o la del año inmediatamente anterior cuando aún no se haya publicado la tasación para el año respectivo.

La inscripción del embargo de bienes raíces ante el Conservador de Bienes Raíces respectivo y de otros bienes en registros especiales, según corresponda, podrá ser efectuada por medios electrónicos.

Verificado el embargo, el Tesorero Regional o Provincial podrá ordenar ampliación del mismo, siempre que haya justo motivo para temer que los bienes embargados no basten para cubrir las deudas de impuestos morosos, reajustes, intereses, sanciones y multas.

Artículo 175.- En los procesos seguidos contra varios deudores morosos, las resoluciones que no sean de carácter general sólo se notificarán a las partes a que ellas se refieran, y en todo caso las notificaciones producirán efectos separadamente respecto de cada uno de los ejecutados.

Los recaudadores fiscales podrán consignar en una sola certificación, numerando sus actuaciones y cumpliendo con lo dispuesto en el artículo 61 del Código de Procedimiento Civil, las diligencias análogas que se practiquen en un mismo día y expediente respecto de diversos ejecutados.

Cada Tesorería Regional o Provincial deberá "mantener dentro de sus dependencias instalaciones que permitan a los contribuyentes o a sus representantes legales examinar o consultar los expedientes de cobro y realizar las presentaciones que procedan de forma electrónica. La Tesorería deberá recibir todas las presentaciones que hagan valer los ejecutados o sus representantes legales, debiendo timbrar el original y las copias que se le presenten con la indicación de las fechas. En estos casos se podrá comparecer sin necesidad de ser representados por abogado habilitado para el ejercicio de la profesión.

Artículo 176.- El ejecutado podrá oponerse a la ejecución ante la Tesorería Regional o Provincial respectiva, mediante los soportes electrónicos habilitados por el Servicio de Tesorerías dentro del plazo de diez días hábiles contados desde la fecha del requerimiento de pago practicado conforme al artículo 171°. En la misma oposición, el contribuyente deberá señalar una o más direcciones de correo electrónico para efectos de las notificaciones indicadas en el inciso segundo del mismo artículo, sin perjuicio de lo dispuesto en el inciso segundo del artículo 171.

Cuando el volumen de los documentos impida o dificulte su presentación a través de los soportes electrónicos del Servicio de Tesorerías el ejecutado podrá aportar sus antecedentes en otros soportes electrónicos de lo cual deberá dejarse constancia en el expediente.

En los casos en que el requerimiento se practique en lugares apartados y de difícil comunicación con la Tesorería Regional o Provincial, o en caso de contribuyentes que se encuentren en las situaciones descritas en el inciso tercero del artículo 171, se tendrá como interpuesta en tiempo la oposición que se efectúe, por escrito, en las dependencias de la Tesorería Regional o Provincial respectiva, dentro del plazo señalado en el inciso anterior, o a través de carta certificada, en este último caso siempre que la recepción por el Servicio de Correos se haya verificado dentro del mismo plazo.

Se aplicarán a la oposición del ejecutado las normas contenidas en los artículos 461 y 462 del Código de Procedimiento Civil.

Artículo 177.- La oposición del ejecutado sólo será admisible cuando se funde en alguna de las siguientes excepciones:

1°.- Pago de la deuda.

2°.- Prescripción.

3°.- No empecer el título al ejecutado. En virtud de esta última excepción no podrá discutirse la existencia de la obligación tributaria y para que sea sometida a tramitación deberá fundarse en algún antecedente escrito y aparecer revestida de fundamento plausible. Corresponderá al juez sustanciador efectuar el examen de admisibilidad y si no concurrieren estos requisitos la desechará de plano.

Las demás excepciones del artículo 464° del Código de Procedimiento Civil se entenderán siempre reservadas al ejecutado para el juicio ordinario correspondiente, sin necesidad de petición ni declaración expresa.

El Tesorero Regional o Provincial en cualquier estado de la causa, de oficio o a petición de parte, dictará las resoluciones que procedan para corregir los errores o vicios manifiestos de que adolezca el cobro, tales como duplicidad o modificación posterior de boletines u órdenes de ingreso que le sirven de fundamento.

Sin perjuicio de las excepciones enumeradas en este artículo, el ejecutado que fuere a su vez acreedor del Fisco podrá solicitar administrativamente la compensación de las deudas respectivas extinguiéndose las obligaciones hasta la concurrencia de la de menor valor.

Para solicitar esa compensación, será necesario que se haya emitido la orden de pago correspondiente.

La Tesorería Regional o Provincial practicará una liquidación completa de las deudas cuya compensación se solicita. Si la deuda en favor del contribuyente fuera inferior a la del Fisco, aquél deberá depositar la diferencia.

Si efectuada la compensación quedare un saldo a favor del ejecutado se le pagará en su oportunidad o se le abonará en cuenta según lo solicite.

Se entenderá en todo caso causal justificada para solicitar ante quien corresponda la suspensión de los apremios hasta por sesenta días, la circunstancia de ser el ejecutado acreedor del Fisco y no poseer los demás requisitos que hacen procedente la compensación.

Artículo 178.- Recibido el escrito de oposición del ejecutado por la Tesorería Regional o Provincial, el Tesorero examinará su contenido y sólo podrá pronunciarse sobre ella cuando fundándose en el pago de la deuda proceda acogerla íntegramente, caso en el cual emitirá una resolución en este sentido, ordenando levantar el embargo aplicado y dejar sin efecto la ejecución. La resolución que dicte deberá notificarse al ejecutado por correo electrónico, sin perjuicio de lo indicado en el inciso tercero del artículo 171, cuando corresponda.

El Tesorero Regional o Provincial podrá asimismo acoger las alegaciones y defensas que se fundamenten en errores o vicios manifiestos de que adolezca el cobro.

En ningún caso podrá pronunciarse el Tesorero sobre un escrito de oposición sino para acogerlo; en los demás, las excepciones serán resueltas, por cuerda separada, por el Abogado del Servicio de Tesorerías o la Justicia Ordinaria en subsidio.

El Tesorero Regional o Provincial deberá pronunciarse sobre la oposición o las alegaciones del ejecutado dentro del plazo de cinco días al cabo de los cuales si no las ha acogido se entenderán reservadas para el Abogado del Servicio de Tesorerías, a quien se le remitirán en cuaderno separado conjuntamente con el principal, una vez concluidos los trámites de competencia del Tesorero Regional o Provincial y vencidos todos los plazos de que dispongan los contribuyentes contra quienes se ha dirigido la ejecución.

Sin embargo, el ejecutado podrá solicitar la remisión inmediata de los antecedentes al Abogado del Servicio de Tesorerías cuando la mantención del embargo le causare perjuicios. En tal caso sólo se enviará el cuaderno separado, con compulsa de las piezas del cuaderno principal que sean necesarias para la resolución de la oposición.

Artículo 179.- Si transcurriera el plazo que el ejecutado tiene para oponerse a la ejecución sin haberla deducido a tiempo, o habiéndola deducido, ésta no fuere de la competencia del Tesorero Regional o Provincial, o no la hubiere acogido, el expediente será remitido por éste en la forma y oportunidad señaladas en el artículo anterior al Abogado del Servicio de Tesorerías con la certificación de no haberse deducido oposición dentro del plazo, o con el respectivo escrito de oposición incorporado en el expediente.

El Abogado del Servicio de Tesorerías comprobará que el expediente se encuentre completo y, en su caso, ordenará que se corrijan por la Tesorería Regional o Provincial cualquiera deficiencia de que pudiere adolecer, y en especial deberá pronunciarse mediante resolución fundada acerca de las excepciones o alegaciones opuestas por el ejecutado, a quien se le notificará por correo electrónico lo resuelto, sin perjuicio de lo dispuesto en el inciso tercero del artículo 171.

El Abogado del Servicio de Tesorerías deberá evacuar los trámites señalados en el inciso anterior, en caso de ser procedentes, dentro del plazo de quince días hábiles contados desde la recepción de los antecedentes respectivos.

Subsanadas las deficiencias a que alude el inciso segundo, en su caso y no habiéndose acogido las excepciones opuestas por el ejecutado, el Abogado del Servicio de Tesorerías dentro del plazo de quince días hábiles computados en la misma forma que en el inciso anterior deberá remitir el expediente al Tribunal Ordinario señalado en el artículo 180°, con un escrito en el que se solicitará del Tribunal que se pronuncie sobre la oposición, exponiendo lo que juzgue oportuno en relación a ella, solicitud que se tramitará incidentalmente, conforme a las normas del Código de Procedimiento Civil. En el caso de no existir oposición solicitará que, en mérito del proceso se ordene el retiro de especies y demás medidas de realización que correspondan.

En el caso que la Tesorería Regional o Provincial o el Abogado del Servicio de Tesorerías no cumplan con las actuaciones señaladas en el artículo 177° o los incisos anteriores, dentro del plazo, el ejecutado tendrá derecho para solicitar al Tribunal Ordinario señalado en el inciso precedente que requiera el expediente para su conocimiento y fallo.

Artículo 180.- El expediente y el escrito a que se refiere el artículo anterior se remitirán ante el juez ordinario civil competente correspondiente al domicilio del demandado al momento de practicársele el requerimiento de pago.

Será competente para conocer en segunda instancia de estos juicios, la Corte de Apelaciones a cuya jurisdicción pertenezca el Juzgado referido en el inciso anterior.

En estos juicios, la competencia no se alterará por el fuero de que pueda gozar el ejecutado.

Artículo 181.- Serán aplicables para la tramitación y fallo de las excepciones opuestas por el ejecutado, las disposiciones de los artículos 467, 468, 469, 470, 472, 473 y 474 del Código de Procedimiento Civil, en lo que sean pertinentes.

La primera resolución del Tribunal Ordinario que recaiga sobre el escrito presentado por el Abogado del Servicio de Tesorerías, deberá notificarse por cédula.

Artículo 182.- Falladas las excepciones, por el Tribunal Ordinario, la resolución será notificada a las partes por cédula, las que podrán interponer todos los recursos que procedan de conformidad y dentro de los plazos señalados en el Código de Procedimiento Civil.

El recurso de apelación que se interponga en contra de la resolución que falle las excepciones opuestas suspenderá la ejecución.

Artículo 183.- En los casos en que se interponga el recurso de apelación y el ejecutado no cumpla con la consignación a que se refiere el artículo anterior, continuará la ejecución. Para lo cual el Juez conservará los autos originales y ordenará sacar compulsas en la forma y oportunidad señaladas en el Código de Procedimiento Civil, de las piezas que estime necesarias para la resolución del mismo, a costa del recurrente. Si el apelante no hiciere sacar las compulsas dentro del plazo señalado, el Juez declarará desierto el recurso sin más trámite.

Artículo 184.- Si no hubiere oposición del ejecutado, o habiéndola opuesto se encontrare ejecutoriada la resolución que le niega lugar o en los casos en que no deba suspenderse la ejecución de acuerdo con los artículos 182 y 183, el Juez ordenará el retiro de las especies embargadas y el remate, tratándose de bienes corporales muebles y designará como depositario a un recaudador fiscal con el carácter de definitivo, a menos que se solicite que recaiga en el deudor o en otra persona.

El recaudador fiscal procederá al retiro de las cosas muebles embargadas, debiendo otorgar al interesado un certificado en que dichas especies se individualicen bajo la firma y timbre del funcionario. Las especies retiradas serán entregadas para su inmediata subasta a la casa de martillo dependiente de la Dirección de Crédito Prendario y de Martillo que corresponda al lugar del juicio y si no hubiere oficina de dicha Dirección en la localidad, o habiéndola, siempre que así lo ordene el juez civil, serán entregadas en la casa de martillo que se señale en el escrito respectivo del Abogado del Servicio de Tesorerías o en la que el tribunal designe.

Con todo si el traslado resultare difícil u oneroso el Juez autorizará que las especies embargadas permanezcan en su lugar de origen y la subasta la efectúe un funcionario de la Dirección de Crédito Prendario o el martillero que el tribunal designe.

Artículo 185.- La subasta de los bienes raíces será decretada por el Juez de la causa, a solicitud del respectivo Abogado del Servicio de Tesorerías, cualesquiera que sean los embargos o prohibiciones que les afecten, decretados por otros juzgados, teniendo como única tasación la que resulte de multiplicar por 1,3 veces el avalúo fiscal que esté vigente para los efectos de la contribución de bienes raíces.

Los avisos a que se refiere el artículo 489 del Código de Procedimiento Civil, se reducirán en estos juicios a un aviso electrónico que se publicará en el sitio web del Servicio de Tesorerías o en el sitio web que señale el Tesorero General de la República, mediante resolución, el que se mantendrá publicado desde a lo menos quince días corridos antes de la fecha fijada para el remate por el tribunal respectivo, hasta la fecha de la subasta propiamente tal. Dichos avisos serán autorizados por el Secretario del Tribunal respectivo, e indicarán, a lo menos, los siguientes antecedentes: nombre del dueño del inmueble, su ubicación, tipo de impuesto y período, número de rol, si lo hay, y el tribunal que conoce del juicio. La certificación del hecho de haberse efectuado la publicación de la subasta, será realizada por el mismo Secretario. El Servicio de Tesorerías deberá emplear todos los medios a su alcance para dar la mayor publicidad posible a la subasta.

Artículo 186.- En todos los asuntos de carácter judicial que se produzcan o deriven del cobro, pago o extinción de obligaciones tributarias y créditos fiscales, asumirá la representación y patrocinio del Fisco, el Abogado del Servicio de Tesorerías que corresponda; no obstante, el Fiscal de la Tesorería General podrá asumir la representación del Fisco en cualquier momento. Lo anterior, sin perjuicio de las atribuciones que sobre estas materias le competan a otros organismos del Estado.

El Abogado del Servicio de Tesorerías podrá designar, bajo su responsabilidad, procurador a alguno de los funcionarios de Tesorerías.

Ni el Fiscal de la Tesorería General ni los Abogados del Servicio de Tesorerías estarán obligados a concurrir al Tribunal para absolver posiciones y deberán prestar sus declaraciones por escrito en conformidad a lo dispuesto por el artículo 362 del Código de Procedimiento Civil.

Artículo 187.- Para inhabilitar a los recaudadores fiscales será necesario expresar y probar alguna de las causales de implicancia o recusación de los jueces, en cuanto les sean aplicables.

Artículo 188.- Derogado.

Artículo 189.- Consignado el precio del remate y en el plazo de quince días, se dará conocimiento de la subasta a los jueces que hayan decretado embargo o prohibiciones de los mismos bienes.

En estos casos el saldo que resulte después de pagadas las contribuciones y los acreedores hipotecarios, quedará depositado a la orden del juez de la causa para responder a dichos embargos y prohibiciones quien decretará su cancelación en virtud de lo dispuesto en el inciso anterior.

Artículo 190.- Las cuestiones que se susciten entre los deudores morosos de impuestos y el Fisco, que no tengan señalado un procedimiento especial, se tramitarán incidentalmente y sin forma de juicio ante el propio Tesorero Regional o Provincial con informe del Abogado del Servicio de Tesorerías el que será obligatorio para aquél.

En lo que fuere compatible con el carácter administrativo de este procedimiento se aplicarán las normas contempladas en el Título I del Libro Tercero del Código de Procedimiento Civil.

Artículo 191.- Se tendrá como parte en segunda instancia al respectivo Abogado del Servicio de Tesorerías, aunque no comparezca personalmente a seguir el recurso.

Artículo 192.- El Servicio de Tesorerías podrá otorgar facilidades hasta de dos años, en cuotas periódicas, para el pago de los impuestos adeudados, facultad que ejercerá mediante normas o criterios de general aplicación que el Tesorero General determinará mediante resolución.

El plazo indicado en el inciso anterior podrá ser ampliado hasta tres años en casos calificados según normas y criterios objetivos de general aplicación establecidos por el Tesorero General. Asimismo, y bajo criterios objetivos y de general aplicación el Servicio de Tesorerías podrá excepcionalmente solicitar al contribuyente que otorgue garantías para los efectos de asegurar el cumplimiento del pago del convenio. Estas garantías podrán ser otorgadas por el deudor o un tercero indicado por el contribuyente. Siempre se requerirá una garantía cuando el plazo del convenio exceda de los dos años.

Facúltase al Tesorero General para condonar total o parcialmente los intereses y sanciones por la mora en el pago de los impuestos sujetos a la cobranza administrativa y judicial, mediante normas o criterios objetivos y de general aplicación, ciñéndose estrictamente a las políticas de condonación fijadas conforme al artículo 207.

No se aplicarán intereses sobre las cuotas de aquellos convenios que sean suscritos por contribuyentes sujetos al régimen contenido en el artículo 14 letra D) de la Ley sobre Impuesto a la Renta con un plazo de hasta dieciocho meses. Asimismo, en estos convenios no se podrá exigir un pago inicial que supere el 5% de la deuda.

No obstante lo dispuesto en los incisos anteriores, el Presidente de la República podrá ampliar el mencionado plazo para el pago de los impuestos atrasados de cualquiera naturaleza, en regiones o zonas determinadas, cuando a consecuencia de sismos, inundaciones, sequías prolongadas u otras circunstancias, se haya producido en dicha zona o región, una paralización o disminución notoria de la actividad económica. Se entenderán cumplidos estos requisitos, sin necesidad de declaración previa, en todas aquellas regiones o zonas en que el Presidente de la República disponga que se le apliquen las disposiciones del Título I de la Ley Nº 16.282.

La celebración de un convenio para el pago de los impuestos atrasados, implicará la inmediata suspensión de los procedimientos de apremio respecto del contribuyente que lo haya suscrito. Esta suspensión operará mientras el deudor se encuentre cumpliendo y mantenga vigente su convenio de pago.

Mientras el convenio de pago se encuentre vigente, el Servicio de Tesorerías podrá determinar que se condonen, total o parcialmente, los intereses moratorios a que se refiere el artículo 53 y las multas de los números 2 y 11 del artículo 97, que se devenguen durante la vigencia del convenio, ciñéndose estrictamente a las políticas señaladas en el inciso segundo precedente.

En todo caso, el contribuyente acogido a facilidades de pago, no podrá invocar contra el Fisco el abandono de la instancia, respecto de los tributos o créditos incluidos en los respectivos convenios.

Las formalidades a que deberán someterse los mencionados convenios, serán establecidas mediante instrucciones internas dictadas por el Tesorero General, el que estará facultado para decidir las circunstancias y condiciones en que se exigirá de los deudores la aceptación de letras de cambio a fin de facilitar el pago de las cuotas convenidas, como igualmente, para remitirlas en cobranza al Banco del Estado de Chile. Dicha Institución podrá percibir por la cobranza de estas letras la comisión mínima establecida para esta clase de operaciones.

No procederá en caso alguno la condonación de intereses respecto de contribuyentes que hayan sido condenados por el delito de cohecho a funcionarios del Servicio de Impuestos Internos, Servicio de Aduanas o Servicio de Tesorerías.

Artículo 193.- Los Abogados del Servicio de Tesorerías deberán velar por la estricta observancia de los preceptos de este Título y por la corrección y legalidad de los procedimientos empleados por las autoridades administrativas aquí establecidas en la sustanciación de estos juicios.

Los contribuyentes podrán reclamar ante el Abogado del Servicio de Tesorerías que corresponda de las faltas o abusos cometidos durante el juicio por el juez sustanciador o sus auxiliares, y el Abogado del Servicio de Tesorerías deberá adoptar las resoluciones que tengan por fin poner pronto remedio al mal que motiva la reclamación, las que obligarán a dichos funcionarios, debiendo informar al Tesorero Regional o Provincial que corresponda para la adopción de las medidas administrativas y aplicación de las sanciones que procedan.

Artículo 194.- Los notarios, conservadores, archiveros y oficiales civiles estarán obligados a proporcionar preferentemente las copias, inscripciones y anotaciones que les pida el Servicio de Tesorerías. El valor de sus actuaciones lo percibirán de los contribuyentes a medida que éstos obtengan el alzamiento de las medidas inscritas o anotadas.

También estarán obligados a entregar información la Dirección de Aeronáutica Civil y la Dirección General del Territorio Marítimo y Mercante respecto de los bienes que se encuentren inscritos en sus registros.

Artículo 195.- Las instituciones públicas y privadas, bancos, instituciones financieras, administradoras de fondos de pensiones u otras personas y entidades, que mantengan información que pueda contribuir al esclarecimiento y control de la cobranza o de los derechos que el Fisco haga valer en juicio, deberán proporcionar oportunamente la documentación e información que se les solicite, sin perjuicio de lo dispuesto en la ley N° 19.628, sobre Protección de la Vida Privada, y lo señalado en el artículo 154 de la ley General de Bancos, sobre secreto bancario.

Artículo 196.- El Tesorero General de la República podrá declarar incobrables los impuestos o contribuciones morosos que se hubieren girado, que correspondan a las siguientes deudas:

1°.- Las deudas que tengan las siguientes características:

a) Las deudas de monto no superior a media unidad tributaria mensual, siempre que haya transcurrido más de un semestre desde la fecha en que se hubieren hecho exigibles.

b) Las deudas cuyo monto, sin considerar multas e intereses, sea superior a media unidad tributaria mensual, pero inferior a 70 unidades tributarias mensuales, de contribuyentes que determinen sus rentas de conformidad con lo dispuesto en la letra D del artículo 14 de la Ley de Impuesto a la Renta o de personas naturales, sin giro de primera categoría y cuyos ingresos anuales en los últimos 3 ejercicios no superen en promedio las 70 unidades tributarias anuales, siempre que, en cualquier caso, cumplan con los siguientes requisitos:

i. Que hayan transcurrido dos años desde la fecha en que se hayan hecho exigibles.

ii. Que los fondos embargados en cuentas corrientes bancarias, depósitos a plazo, depósitos a la vista o vales vista, cuentas a la vista, cuentas de ahorro a plazo, cuentas de ahorro a la vista y cuentas de ahorro a plazo con giros diferidos hubieren sido imputados en su totalidad a la deuda.

iii. Que, de acuerdo con los antecedentes que mantenga el Servicio de Tesorerías, el contribuyente no tenga bienes muebles o inmuebles embargables, o bien que, teniendo bienes muebles embargados sujetos a avalúo fiscal, dicho avalúo no supere el 20% de la deuda.

iv. Que, habiendo sólo bienes muebles embargados, no sujetos a avalúo fiscal, o que éstos más los bienes muebles señalados en el numeral anterior, no constituyan garantía suficiente.

v. Que se hubiere iniciado la cobranza administrativa o judicial.

Para la verificación de los requisitos establecidos en los numerales ii. y iii. el Servicio de Tesorerías deberá indagar en todas las bases de datos que tenga disponibles la información respecto de los bienes del contribuyente informados en virtud de las facultades contenidas en los artículos 194 y 195.

Respecto de las deudas cuyo origen sean diferencias de impuestos, multas e intereses provenientes de la comisión de delitos tributarios, respecto de los cuales el Director haya ejercido la opción de perseguir la aplicación de la multa a través del procedimiento administrativo, según lo indicado en el inciso tercero del artículo 162; o de la aplicación de los artículos 4 bis, 4 ter, 4 quáter y 4 quinquies, se requerirá que la cobranza administrativa o judicial haya sido iniciada en un plazo no menor a cuatro años, además del cumplimiento de los demás requisitos.

c) Las deudas de un monto superior al 50% de una unidad tributaria mensual, a las que no le sean aplicables los supuestos de la letra b) anterior, deberán cumplir los mismos requisitos allí señalados con las siguientes modificaciones:

i. Que el contribuyente no tenga bienes muebles sujetos a registro o que teniendo bienes muebles sujetos a avalúo fiscal, éste no sea superior al 20% de la deuda.

ii. La cobranza administrativa o judicial se deberá haber iniciado hace más de 2 años, a menos que el origen de la deuda sea el indicado en el párrafo final de la letra b) anterior en cuyo caso se estará al plazo allí indicado.

d) Sin perjuicio de lo señalado en las letras anteriores, el Tesorero General de la República podrá siempre declarar la incobrabilidad de las deudas cuando se cumplan los siguientes requisitos:

i. Que durante los últimos tres años el contribuyente no registre movimientos tributarios, o bien, haya terminado su giro comercial o industrial.

ii. Que se cumplan los requisitos señalados en los numerales ii. y iii. de la letra b).

iii. Que se hubiere iniciado la cobranza administrativa o judicial hace más de cuatro años.

2°.- Las de aquellos contribuyentes cuya insolvencia haya sido debidamente comprobada, siempre que adicionalmente cumplan los requisitos señalados en la letra b) del número 1 anterior.

3°.- Las de los contribuyentes fallidos que queden impagos una vez liquidados totalmente los bienes.

4°.- Las de los contribuyentes que hayan fallecido sin dejar bienes.

5°.- Las de los contribuyentes que se encuentren ausentes del país tres o más años, siempre que no se conozcan bienes sobre los cuales puedan hacerse efectivas.

6°.- Las deudas por impuestos territoriales, que no alcanzaren a ser pagados con el precio obtenido en subasta pública del predio correspondiente.

7º.- Las que correspondan a contribuyentes que hayan deducido querella por haber sido estafados o defraudados en dineros entregados para el pago de impuestos determinados, y siempre que se haya condenado a los culpables por sentencia que se encuentre ejecutoriada o se haya decretado a su respecto la suspensión condicional del procedimiento.

La declaración de incobrabilidad sólo podrá efectuarse por aquella parte que no exceda, en los impuestos mensuales o esporádicos, de 150 unidades tributarias mensuales por cada período o impuesto; y en los impuestos anuales, en aquella parte que no exceda a 360 unidades tributarias mensuales por cada período.

Los contribuyentes que hayan deducido la querella a que se refiere el inciso primero de este número, podrán solicitar al juez de garantía que corresponda la suspensión del cobro judicial de los impuestos respectivos.

El tribunal podrá ordenar la suspensión total o parcial del cobro de los impuestos, por un plazo determinado que podrá ser renovado, previo informe del Servicio de Tesorerías y siempre que se haya formalizado la investigación.

La suspensión cesará de pleno derecho, cuando se dicte sobreseimiento temporal o definitivo o sentencia absolutoria. El tribunal deberá comunicar de inmediato la ocurrencia de cualquiera de estas circunstancias, al Servicio de Tesorerías, mediante oficio.

Decretada la suspensión del cobro judicial no procederá el abandono del procedimiento en el juicio ejecutivo correspondiente, mientras subsista aquélla.

Las sumas que en razón de los impuestos adeudados se hayan ingresado en arcas fiscales no darán derecho a devolución alguna.

En el caso que los contribuyentes obtengan de cualquier modo la restitución de todo o parte de lo estafado o defraudado, deberán enterarlo en arcas fiscales dentro del mes siguiente al de su percepción. Para todos los efectos legales las sumas a enterar en arcas fiscales se considerarán impuestos sujetos a retención.

No será aplicable el inciso segundo del artículo 197, a lo dispuesto en este número.

8°.- Las deudas por concepto de impuesto territorial o de otros créditos que afecten a la propiedad raíz sean a beneficio fiscal o municipal correspondientes a predios que se encuentren en alguna de las siguientes situaciones:

a) Que hayan sido eliminados del catastro de roles de avalúo fiscal del Servicio de Impuestos Internos.

b) Que no sean ubicados en terreno por el recaudador fiscal o que no se logre determinar un obligado al pago en de aquel impuesto.

c) Que, a la fecha de la declaración de incobrabilidad, los predios se encuentren actualmente exentos totalmente del pago de contribuciones o que a la fecha de declaración de incobrabilidad correspondan a propiedades fiscales, municipales y bienes nacionales de uso público, que no se encuentren concesionados, o a propiedades indígenas.

Sin perjuicio de lo señalado en los números anteriores no procederá la declaración de incobrables sobre deudas de contribuyentes que se encuentren en alguna de las siguientes circunstancias:

i. Contribuyentes que se encuentren querellados, denunciados, imputados o, en su caso, acusados por delitos tributarios, o hayan sido sancionados por ellos. Esta prohibición se mantendrá mientras dure el proceso o hasta el cumplimiento de la pena, según corresponda; y

ii. Contribuyentes que se encuentren sometidos al proceso de Recopilación de Antecedentes previsto en el numeral 10 del artículo 161, mientras éste dure.

Para efectos de lo dispuesto en el inciso anterior, el Servicio de Impuestos Internos y los otros organismos correspondientes, deberán informar periódicamente a la Tesorería la nómina de contribuyentes que se encuentren en la situación señalada en los numerales i. ii y iii. anteriores.

Artículo 197.- El Tesorero General de la República declarará la incobrabilidad de los impuestos y contribuciones morosos a que se refiere el artículo 196, de acuerdo con los antecedentes proporcionados por el Departamento de Cobranza del Servicio de Tesorerías, y procederá a la eliminación de los giros u órdenes respectivos. La nómina de deudores incobrables se remitirá a la Contraloría General de la República.

No obstante lo dispuesto en el inciso anterior, la Tesorería Regional o Provincial podrá revalidar las deudas en caso de ser habido el deudor o de encontrarse bienes suficientes en su dominio.

La revalidación indicada en el inciso anterior podrá ser realizada dentro del plazo máximo de tres años desde la declaración de incobrabilidad. Transcurrido el plazo indicado prescribirá, en todo caso, la acción del Fisco.

No obstante, para el caso de los contribuyentes señalados en la letra b) del artículo 196, el plazo indicado en el inciso anterior será de un año.

Artículo 197 bis.- Si no se ha iniciado la cobranza administrativa o judicial, los deudores morosos cuyas deudas se encuentren prescritas según lo dispuesto en el artículo 201 podrán solicitar a la Tesorería la declaración administrativa de prescripción de la deuda, a través del procedimiento que determine dicho organismo para estos efectos, mediante instrucción.

La prescripción será declarada a través de resolución fundada, por los Tesoreros Regionales o Provinciales, según corresponda, competentes dentro del territorio jurisdiccional en donde se encuentre domiciliado el deudor moroso. Sin perjuicio de ello, el Tesorero Regional o Provincial podrá delegar la facultad de conocer y resolver las solicitudes a que se refiere este artículo en el Abogado del Servicio de Tesorerías.

Durante la tramitación de la solicitud deberá darse audiencia al deudor moroso para que diga lo propio y acompañe los antecedentes requeridos que sean estrictamente necesarios para resolver la petición.

La solicitud se entenderá rechazada en caso de no encontrarse notificada la resolución que se pronuncia sobre ella, dentro del plazo de ciento veinte días contado desde su presentación.

A este procedimiento se aplicarán de forma supletoria las reglas de la ley N°19.880. A este respecto no serán procedentes los recursos jerárquico y extraordinario de revisión.

Asimismo, el juez sustanciador podrá inhibirse de iniciar las acciones de cobro cuando, al momento en que la deuda sea informada por el organismo girador a la Cuenta Única Tributaria del Servicio de Tesorerías, se encuentren cumplidos los plazos establecidos en los artículos 200 y 201. En estos casos procederá a declarar de oficio la prescripción de la acción de cobro ejecutivo y ordenará la eliminación de la deuda del registro en la Cuenta Única Tributaria.

Artículo 198.- Para el efecto previsto en el Nº 1 del artículo 117 de la Ley Nº 20.720, las obligaciones tributarias de dinero de los deudores comerciantes se considerarán como obligaciones mercantiles. Sólo el Fisco podrá invocar estos créditos.

Artículo 199.- En los casos de realización de bienes raíces en que no hayan concurrido interesados a dos subastas distintas decretadas por el juez, el Abogado del Servicio de Tesorerías podrá solicitar que el bien o bienes raíces sean adjudicados al Fisco, por su avalúo fiscal, debiéndose en este caso, pagar al ejecutado el saldo que resultare a favor de éste previamente a la suscripción de la escritura de adjudicación.

Los Tesoreros Regionales o Provinciales y recaudadores fiscales no podrán adquirir para sí, su cónyuge o para sus hijos las cosas o derechos en cuyo embargo o realización intervinieren.

TÍTULO VI
DE LA PRESCRIPCIÓN

Artículo 200.- El Servicio podrá liquidar un impuesto, revisar cualquiera deficiencia en su liquidación y girar los impuestos a que hubiere lugar, dentro del término de tres años contado desde la expiración del plazo legal en que debió efectuarse el pago.

El plazo señalado en el inciso anterior será de seis años para la revisión de impuestos sujetos a declaración, cuando ésta no se hubiere presentado o la presentada fuere maliciosamente falsa. Para estos efectos, constituyen impuestos sujetos a declaración aquellos que deban ser pagados previa declaración del contribuyente o del responsable del impuesto.

En los plazos señalados en los incisos anteriores y computados en la misma forma prescribirá la acción del Servicio para perseguir las sanciones pecuniarias que accedan a los impuestos adeudados.

Los plazos anteriores se entenderán aumentados por el término de tres meses desde que se cite al contribuyente, de conformidad al artículo 63 o a otras disposiciones que establezcan el trámite de la citación para determinar o reliquidar un impuesto, respecto de los impuestos derivados de las operaciones que se indiquen determinadamente en la citación. Si se prorroga el plazo conferido al contribuyente en la citación respectiva, se entenderán igualmente aumentados, en los mismos términos, los plazos señalados en este artículo. Si se requiere al contribuyente en los términos del inciso tercero del artículo 63, los plazos señalados se aumentarán en un mes.

Las acciones para perseguir las sanciones de carácter pecuniario y otras que no accedan al pago de un impuesto prescribirán en tres años contados desde la fecha en que se cometió la infracción.

Artículo 201.- En los mismos plazos señalados en el artículo 200, y computados en la misma forma, prescribirá la acción del Fisco para perseguir el pago de los impuestos, intereses, sanciones y demás recargos.

Estos plazos de prescripción se interrumpirán:

1°.- Desde que intervenga reconocimiento u obligación escrita.

2°.- Desde que intervenga notificación administrativa de un giro o liquidación.

3°.- Desde que intervenga requerimiento judicial.

En el caso del número 1°, a la prescripción del presente artículo sucederá la de largo tiempo del artículo 2.515 del Código Civil. En el caso del número 2°, empezará a correr un nuevo término que será de tres años, el cual sólo se interrumpirá por el conocimiento u obligación escrita o por el requerimiento judicial.

Decretada la suspensión del cobro judicial a que se refiere el artículo 147, no procederá el abandono de la instancia en el juicio ejecutivo correspondiente mientras subsista aquélla.

Los plazos establecidos en el presente artículo y en el que antecede se suspenderán durante el período en que el Servicio esté impedido, de acuerdo a lo dispuesto en el inciso 2° del artículo 24, de girar la totalidad o parte de los impuestos comprendidos en una liquidación cuyas partidas o elementos hayan sido objeto de una reclamación tributaria.

Artículo 202.- Derogado.

TÍTULO FINAL

Artículo 203.- El presente Código empezará a regir desde el 1° de Enero de 1975.

Artículo 204.- Derógase a contar de la fecha de vigencia del presente Código, el decreto con fuerza de ley N° 190, de 5 de Abril de 1960, sobre Código Tributario, y sus modificaciones.

Deróganse, además, y desde la misma fecha, las disposiciones legales tributarias preexistentes sobre las materias comprendidas en este texto, aún en la parte que no fueren contrarias a él.

Con todo, no se entenderán derogadas:

a) Las normas sobre fiscalización de impuestos, en lo que no fueren contrarias a las del presente Código;

b) Las normas que establezcan la solidaridad en el cumplimiento de obligaciones tributarias;

c) El Reglamento sobre Contabilidad Agrícola, y

d) Aquellas disposiciones que, de acuerdo con los preceptos de este Código deban mantenerse en vigor.

Artículo 205.- Lo dispuesto en el artículo 57 será aplicable solamente respecto de las cantidades pagadas con posterioridad al 1° de Enero de 1975. Las cantidades pagadas antes de esa fecha se regirán, para estos efectos, por la norma vigente a la fecha del pago.

Artículo 206.- La obligación de reserva establecida en el artículo 35 u otras leyes tributarias, se mantendrá respecto de los funcionarios del Servicio de Impuestos Internos y del Servicio de Tesorerías incluso después de haber cesado en sus funciones. De esta forma, si un ex funcionario de dichos servicios vulnera la obligación de reserva, se le aplicará una multa equivalente al daño producido, incrementada en la cantidad que corresponda a cualquier pago, promesa o recompensa que se hubiere recibido a cambio del acto que vulnera la reserva. La multa será aplicable una vez que se encuentre firme y ejecutoriada la sentencia dictada por el Tribunal Tributario y Aduanero conforme al procedimiento al que se refiere el artículo 161. En los mismos términos señalados y conforme al mismo procedimiento serán sancionadas las personas o entidades que directamente participen en actos destinados a trasgredir la obligación establecida en este artículo. Lo dispuesto en este artículo no afectará la libertad de informar ejercida en los términos establecidos en la ley N° 19.733, sobre libertades de opinión e información y ejercicio del periodismo.

La obligación de reserva establecida en el inciso anterior se extiende también a los funcionarios o personas de los servicios u organismos públicos que, por cualquier medio y en virtud de sus funciones, hayan tomado conocimiento de información entregada por el Servicio de Impuestos Internos que se encuentre sujeta a reserva de acuerdo con el artículo 35 u otras leyes. El Servicio, mediante resolución, establecerá los mecanismos para asegurar el debido cumplimiento de esta obligación. La infracción a la reserva dispuesta en el presente inciso tendrá las mismas sanciones aplicables a los funcionarios del Servicio de Impuestos Internos.

Artículo 207.- Corresponderá al Ministerio de Hacienda fijar un reglamento, mediante decreto[12], previa circular conjunta del Servicio de Impuestos Internos y del Servicio de Tesorerías, sobre las políticas de condonación a las cuales deberán ceñirse estrictamente los referidos Servicios en el ejercicio de sus facultades legales de condonación. El regla-

---

[12] Artículo sexto transitorio Ley 21.210: "En tanto no se dicte el decreto a que hace referencia el nuevo artículo 207 del Código Tributario, el Servicio de Impuestos Internos y el Servicio de Tesorerías deberán seguir aplicando las políticas de condonaciones fijadas en sus resoluciones y circulares vigentes a la fecha de publicación de esta ley en el Diario Oficial".

mento dictado en el ejercicio de esta facultad debe considerar siempre que la sanción final a aplicar al contribuyente, una vez descontado el monto condonado, esté acorde con el tipo de incumplimiento tributario de que se trate.

ARTÍCULOS TRANSITORIOS

Artículo 1°.- Las normas contenidas en el inciso 2° del artículo 24 y en el artículo 54 no se aplicarán respecto de las liquidaciones notificadas con anterioridad a la fecha de vigencia de este Código.

Artículo 2°.- Los términos que hubieren empezado a correr, y las actuaciones y diligencias que ya estuviesen iniciadas a la fecha en que entre en vigencia este Código, se regirán por la ley vigente al tiempo de su iniciación.

Artículo 3°.- Para los efectos de la reajustabilidad que establece el artículo 53°, todas las deudas impagas al 31 de Diciembre de 1973, se considerarán vencidas con esa misma fecha.

Artículo 4°.- A partir del 1° de Enero de 1975, la unidad tributaria se fija en la suma de E° 37.000. En el mes de Marzo de 1975, el valor de la unidad tributaria se reajustará de acuerdo con el porcentaje de variación que experimente el índice de precios al consumidor entre los meses de Noviembre de 1974, y Enero de 1975. A partir del mes de Abril de 1975, el monto de la unidad tributaria se reajustará mensualmente de acuerdo con el porcentaje de variación que experimente el índice de precios al consumidor en el segundo mes que anteceda al correspondiente a la actualización de dicha unidad.

Regístrese en la Contraloría General de la República, publíquese en el Diario Oficial e insértese en la Recopilación Oficial de dicha Contraloría.- AUGUSTO PINOCHET UGARTE, General de Ejército, Presidente de la República.- JOSE T. MERINO CASTRO, Almirante, Comandante en Jefe de la Armada.- GUSTAVO LEIGH GUZMAN, General del Aire, Comandante en Jefe de la Fuerza Aérea.- CESAR MENDOZA DURAN, General, Director General de Carabineros.- Jorge Cauas Lama, Ministro de Hacienda.

Lo que transcribo a U.- para su conocimiento.- Saluda atentamente a U.- Pedro Larrondo Jara, Capitán de Navío (AB.), Subsecretario de Hacienda.

ÍNDICE ANALÍTICO

A

Abuso de las formas Jurídicas
- Carga de la prueba: art. 4 bis
- Consulta: art. 26 bis
- Definición/supuestos: art. 4 ter
- Infracciones y delitos tributarios: art. 100 bis
- Procedimiento: art. 4 quinquies; art. 119; art. 160 bis

Aduana: art. 60 quinquies; art. 73

Alcaldes: art. 80

Apremios: art. 6.B.2; art. 48; art. 50; art. 93; art. 94; art. 95; art. 96; art. 99; art. 168; art. 177; art. 192

Archivero: art. 103; art. 194

Asistencia al contribuyente: art. 59 bis

Asociación o cuentas en participación: art. 28

Auxilio Fuerza: art. 60; art. 97.10 y 19; art. 161; art. 172

Avenimiento extrajudicial: art. 132 ter

Aviso de iniciación de actividades: art. 68

B

Balance
- Confección, deber contados: art. 20
- Deber de informar: art. 35; art. 84; art. 84 bis
- Fiscalización, examen: art. 60
- Infracciones y delitos tributarios: art. 97.3, 4, 6; art. 100
- Período: art. 16
- Término de giro: art. 69

Bancos:
- Deber de información: art. 82; art. 84; art. 85; art. 85 bis
- Pago: art. 47; art. 89; art. 195
- Secreto bancario: art. 62; art. 85 bis

Boletas: art. 8 quater; art. 23; art. 88; art. 97.4, 10 y 19

Buena fe:
- Cese de la presunción: art. 4 bis
- Efecto: art. 4 bis; art. 26
- Presunción: art. 4 bis; art. 8.bis.19

C

Calificación: art. 4 bis; art. 160 bis

Carga de la prueba:
- En abuso de las formas jurídicas y simulación: art. 4 bis

Carpeta Tributaria
- Iniciación actividades, aviso: art. 68
- Modificación información: art. 68
- Rut: art. 66
- Término de giro: art. 69

Circunstancias modificatorias de responsabilidad
- Agravantes: art. 97.4; art. 111

- Atenuantes: art. 110; art. 111
- Reiteración: art. 112

Citación
- Fiscalización, procedimiento: art. 8 bis 5; art. 59; art. 59 bis; art. 60 bis; art 65 bis
- Prescripción, aumento plazo: art. 63; art. 200
- Procedencia, obligatoria: art. 4 quinquies; art. 21; art. 22; art. 27; art. 69
- Regulación: art. 63; art. 64
- Término giro administrativo: art. 69

Cláusula Antielusivas
- Consultas: art. 26 bis
- Específicas, reconocimiento: art. 4 bis; art. 64
- General: art. 4 bis; art. 4 ter; art. 4 quater; art. 4 quinquies
- Procedimiento: art. 4 quinquies; art. 199; art. 160 bis

Cobro:
- Acción de cobro: art. 71; art. 105; art. 147; art. 173
- Prescripción, suspensión plazo: art. 201
- Suspensión, acción: art. 147; art. 197; art. 201

Código Tributario
- Aplicación: art. 1
- Clausura aplicativa interpretativa: art. 4

Compañías de seguros: art. 85 bis

Comparecencia:
- Administrativa: art. 9; art. 59 bis;
- Judicial: art. 129; art. 143; art. 157; art. 165; art. 175; art. 191

Compensación: art. 48; art. 51; art. 57; art. 127; art. 177

Competencia administrativa: art. 59 bis; art. 62 bis; art. 65 bis; art. 105

Competencia Judicial:
- Abuso o simulación: art. 4 quinquies; art. 119; art. 160 bis
- Apremios: art. 95
- Cortes de apelaciones: art. 120; art. 121; art. 180
- Información bancaria acceso, autorización judicial: art. 62 bis
- Juicio de cobro: art. 178; art. 179
- Reclamo general tributario: art. 115
- Reclamos timbre y estampillas: art. 118
- Sanciones pecuniarias: art. 105; art. 115

Condonación:
- Intereses penales: art. 6.B.4; art. 56; art. 123 bis; art. 132 bis; art. 192; art. 207
- Ministerio Hacienda, políticas condonación: art. 207
- Sanciones administrativas: art. 6.B.3; art. 106; art. 123 bis; art. 132 bis; art. 192; art. 207

Confianza legítima: art. 26

Conservadores Bienes Raíces: art. 74; art. 84 bis; art. 103; art. 171; art. 194

Contabilidad
- Apremio: art. 95

- Conservación, antecedentes contables: art. 17; art. 33 bis; art. 35; art. 59; art. 65
- Devengo, principio: art. 16
- En moneda extranjera: art. 18; art. 19
- Eximición obligación: art. 23
- Fiscalización, efecto de entrabar examen remoto: art. 60 bis
- Fiscalización, examen: art. 60; art. 60 bis
- Formas de llevarla: art. 17
- Infracciones y delitos: art. 97.4, 6, 7, 16; art. 100
- Obligación contabilidad: art. 17; art. 35
- Obligación, entrega de información: art. 33; art. 33 bis; art. 35
- Prueba administrativa: art. 21
- Prueba judicial: art. 132
- Requisitos; art. 16; art. 17; art. 18; art. 35
- Sistema contable, requisitos: art. 16

Contadores:
- Confección contabilidad, obligaciones: art. 20; art. 33 bis; art. 35
- Declaración jurada: art. 35
- Infracciones y delitos tributarios: art. 100

Contienda de competencia administrativa: art. 7

Contraloría General de la República:
- Devolución y compensación: art. 6.B.8 y 9

Contribuyente
- Definición: art. 8.5
- Derechos: art. 8 bis
- Inicio actividades, no residentes ni domiciliados: art. 68
- Relacionados, definición: art. 8.17

Conversión empresas individuales: art. 69

Cuentas corrientes: art. 61; art. 62; art. 62 bis; art. 66 bis; art. 85 bis

D

Deber de informar:
- Contribuyentes: art. 30; art. 33; art. 33 bis; art. 35; art. 62; art. 68; art. 69
- Funcionarios públicos: art. 87
- Infracciones y delitos tributarios: art. 97 1. y 2
- SII: art. 8 bis.1, 4, 5, 6, 16; art. 11; art. 33
- Bancos y otras Instituciones: art. 85 bis

Declaraciones de impuesto
- Moneda, tipo: art. 18
- Plazo:
  - Aumento, Director Regional: art. 31; art. 36
  - Ordinarios: art. 36
  - Presidente de la República: art. 36
  - Prórrogas: art. 36
- Propuesta de declaración: art. 33
- Rectificatorias: art. 36 bis; art. 56
- Requisitos: art. 30
- Revisión, facultad: art. 63
- Valor probatorio, impresiones: art. 30

Declaraciones Juradas
- Declaraciones juradas específicas: art. 60
- De domicilio y efectividad instalaciones: art. 8 ter
- Estado de situación: art. 60
- Iniciación de actividades: art. 68
- Modificación información: art. 68
- Obligación: art. 33 bis
- Término de giro: art. 69

Definiciones: art. 8

Delitos tributarios:
- Acción querella, investigación: art. 8 ter; art. 8 quater; art. 62; art. 162
- Prescripción: art. 114
- Tipos: art. 97

Derechos contribuyentes
- Al buen trato: art. 8 bis.2
- A ser informado: art. 8 bis.1, 4, 5, 6, 16
- Buena fe presunción: art. 4 bis; art. 8 bis.19
- Contradictoriedad: art. 8 bis.4, 10
- Devoluciones: art. 8 bis.3
- Documentos, a que se autoricen documentos: art. 8 ter
- Motivación actuaciones: art. 8 bis.4.
- No afectación al desarrollo de actividad económica: art. 8 bis.14; art. 60
- Prohibición de doble fiscalización: art. 8 bis.9; art. 59
- Respeto a la vida privada, datos personales y confidenciales: art. 8 bis.9; art. 61

Determinación sanción pecuniaria: art. 107; art. 111 bis

Devolución impuestos:
- Contraloría General de la República: art. 6.B.9
- Derecho contribuyente: art. 8 bis.3
- Procedencia: art. 26; art. 126; art. 128
- Reajustes e intereses: art. 57; art. 58

Director SII:
- Absolución posiciones: art. 132
- Acciones judiciales:
  - Abuso configuración: art. 4 quinquies; art. 160 bis
  - Penales: art. 161; art 162
- Avenimiento extrajudicial: art. 132 ter
- Conciliación: art. 132 bis
- Declaración y pago: art. 30; art. 36; art. 37; art. 39
- Fiscalización:
  - Estado situación: art. 60
  - Requerir información: art. 84; art. 85; art. 91
- Generales, facultades: art. 6.A
- Interpretativas, facultades: art. 6.A.1, 2; art. 8 bis.13
- Normativas, facultades: art. 8 bis.4; art. 37; art. 60 bis; art. 60 quater; art. 68; art. 83; art. 84 bis; art. 92 bis; art. 106
- Publicaciones: art. 6.A.4, 5; art. 8 bis 13; art. 15
- Representación judicial: art. 117
- Resolutor de recursos:
  - Jerárquico: art. 6.A.7
  - Resguardo: art. 8 bis.19
- Secreto, deber: art. 35

Director Regional:
- Absolución posiciones: art. 132
- Condonar intereses penales: art. 6.B.4; art. 56
- Declaración y pago: art. 31; art. 75; art. 92; art. 147
- Devoluciones: art. 6.B.8, 9; art. 128
- Error: art. 6.B.5; art. 47; art. 56
- Facultades: art. 6.B
- Fiscalización:
  - Auditorías, disponer: art. 60 quater
  - Estado situación: art. 60
  - Inventarios: art. 60
  - Requerir información: art. 84; art. 85; art. 91
- Generales, facultades: art. 6.B.1
- Interpretación, facultades: art. 6.B.1
- Notificación, judicial: art. 131
- Relativas a la contabilidad: art. 16; art. 17; art. 18; art. 33 bis; art. 35; art. 97.6, 7
- Resolutor recursos:
  - Reposición: art. 123 bis
  - Resguardo: art. 8 bis.19
- Resolver todo asunto tributario: art. 6.B.5
- Sanciones administrativas, aplicar, suspender, rebajar o condonar sanciones administrativas: art. 6.B.3; art. 106; art. 115; art. 116; art. 117
- Solicitar apremios: art. 6.B.2
- Subordinado Director Nacional: art. 6 inc. final; art. 7

Disolución sociedades: art. 70

División sociedades: art. 64

Doble tributación internacional:
- Facultad Presidente de la República: art. 5

E

Elusión
- Delimitación: art. 4 bis, art. 4 ter y 4 quater

Entidades sin personalidad jurídica
- Aviso de iniciación actividades: art. 68
- Rut: art. 66
- Término de giro: art. 69

Error:
- Contribuyentes, rectificatoria: art. 36 bis
  - Devolución impuestos: art. 126
  - Medidas preventivas: art. 33
  - Rectificación errores propios: art. 127
  - Rectificatoria: art. 36 bis
- Giro, cobro: art. 48; art. 177; art. 178
- SII
  - Corrección: art. 6.B.5; art. 123 bis
  - Intereses y multas, efecto: art. 6.B.4; art. 56; art. 57

Eximente responsabilidad, conocimiento imperfecto normas tributarias: art. 110

Expediente electrónico
- Definición: art. 8.16.
- Exclusión de antecedentes: art. 8.16
- Procedimiento consulta, abuso o simulación: art. 26 bis

F

Factura:
- Agravante art. 111
- Derecho a su obtención: art. 8 quater
- Infracciones y delitos tributario: art. 97.4, 10, y 19
- Obligación: art. 75; art. 88;

Fianza: art. 71

Fiduciario: art. 28

Fusión sociedades: art. 64; art. 69

G

Giros:
- Emisores: art. 37; art. 48
- Ingreso de dinero: art. 37
- Materia reclamable: art. 115; art. 124;
- Otros: art. 6.B.5; art. 30; art. 106; art. 132 bis;
- Prescripción: art. 200; art. 201
- Procedencia, casos: art. 24; art. 64; art. 165

J

Juramento:
- Atestiguar: art. 34;
- Declaraciones o información: art. 30

I

Impuestos, tipos:
- De retención o recargo: art. 24; art. 97.4, 11; art. 147: art. 163; art. 196
- Periódicos: art. 68
- Territorial: art. 36; art. 43; art. 44

Incautación:
- Trazabilidad, bienes y productos: art. 60 quinquies

Incobrabilidad: art. 196; art. 197

Infracciones y delitos tributarios:
- Actuación en Zonas Francas, sin habilitación: art. 97.25.
- Asesor de actos abusivos o simulados: art. 100 bis
- Compra o venta de fajas de control o entradas espectáculos, ilícitas: art. 97.18.
- Confección o venta de facturas falsas: art. 97.4.
- Contador que firme o confeccione declaraciones o contabilidad falsa: art. 100
- Declaración Incompleta u errónea: art. 97.3.
- Declaraciones maliciosamente incompletas o falsas: art. 97.4.
- Donaciones falsas, con contraprestaciones: art. 97.24.
- Ejercicio comercio e industria clandestinas: art. 97.8., 9.
- Exigir y retirarse de un local sin, boleta o factura: art. 97.19.
- Funcionarios y ministros de fe, ilícitos: art. 101; art. 102; art. 103; art. 104; art. 206
- Movilización o traslado bienes, sin documentos respaldo: art. 97.17.
- No comparecencia injustificada ante el SII: art. 97.21

- No exhibición libros contables o entrabe implementación y uso sistemas tecnológicos: art. 97.6.
- No llevar contabilidad adecuadamente: art. 97.7.
- No otorgamiento documentos IVA y boletas: art. 97.10.
- Omisión maliciosa de declaraciones: art. 97.5.
- Pérdida o inutilización libros y documentos contables: art. 97.16.
- Proporcionar datos o antecedentes falsos maliciosamente: art. 97.23
- Realización maniobras que aumente verdadero monto, créditos o imputaciones: art. 97.4.
- Realización maniobras que obtuviere devoluciones impuestos que no corresponden: art. 97.4
- Retardo en enterar en Tesorería impuesto sujeción o recargo: art. 97.11
- Retardo u omisión presentación declaraciones, base determinación impuesto: art. 97.2
- Retardo u omisión presentación declaraciones, no base determinación impuestos: art. 97.1.
- Uso cuños y medios tecnológicos para defraudar al fisco: art. 97.22
- Uso reiterado de gastos o créditos indebidos: art. 97.20
- Venta clandestina de gas y petróleo: art. 97.26.
- Violación de clausura y destrucción o alteración sellos o cerraduras fiscales: art. 97.12.,13.
- Violación medidas conservativas: art. 97.14.

Intercambio de información: art. 6.A.6; art. 61; art. 62 ter

Intereses: art. 3; art. 4 quinquies; art. 6 B. 4 y 9; art. 24; art. 31; art. 37; art. 48; art. 50; art. 53; art. 56; art. 57; art. 58; art. 132 bis; art. 147; art. 192; art. 201

Interpretación
- Clausura aplicativa interpretativa: art. 4
- Conforme a categorías jurídicas: art. 4 bis
- Devolución, procedencia: art. 26
- Efecto vinculante (consulta vinculante): art. 26
- Interpretación administrativa
  - Director Nacional: art. 6.A.1 y 2
  - Director Regional: art. 6.B.1
- Publicidad de interpretaciones: art. 6.A.2; art. 26

Inventarios:
- Examen, confección modificaciones: art. 60
- Informar, deber: art. 35; art. 60 quinquies
- Infracciones y delitos tributarios: art. 97. 4 y 6
- Obligaciones: art. 16; art. 20

Inversiones en el extranjero: art 33 bis

Irretroactividad/retroactividad
- Irretroactividad del cobro: art. 26
- Leyes tributaria: art. 3
- Retroactividad, principio pro reo: art. 3

L

Legítima razón de negocios: art. 64

Liquidación
- Carácter provisional: art. 25
- Contenido: art. 24
- Procedencia: art. 24; art. 64

M

Materias reclamables
- Actos administrativos: art. 124
- No reclamables, actos: art. 126
- Resoluciones específicas:
  - Avalúo bienes raíces: art. 149; art. 150
  - Metodología, actividades o técnica auditorías: art. 60 quater
  - Resolución que declara no fidedigno ciertos antecedentes: art. 124
  - Término giro administrativo: art. 69

Medidas conservativas: art. 97.14; art. 161

Medidas preventivas y de colaboración: art. 33

Medios tecnológicos
- Archivo de documentos: art. 92 bis
- Carpeta Tributaria electrónica: art. 8.16.
- Conexión remota, examen contabilidad por sistemas tecnológicos: art. 60 bis
- Contabilidad por sistemas tecnológicos: art. 17
- Control de actividades o contribuyente: art. 60 ter
- Declaraciones: art. 30
- Expediente electrónico: art. 8.16.
- Infracciones y delitos tributarios: art. 97.6.
- Implementación y fomento: art. 6.A.8.
- Sellos de control: art. 60 ter
- Sitio personal, definición: art. 8.16.
- Sitio web, definición: art. 8.15.
- Trazabilidad, sistemas: art. 60 quinquies

Ministerio Hacienda
- Condonaciones, política: art. 207
- Contabilidad, moneda extranjera: art. 18
- Control, determinación actividades y contribuyentes: art. 60 ter
- Declaración, aumento plazo: art. 35
- Promoción medios tecnológicos: art. 6.A.8
- Trazabilidad sistemas, características: art. 60 quinquies

Ministerio Público: art. 35; art. 162

Ministro fe, funcionarios: art. 86; art. 102; art. 171

Moneda extranjera
- Contabilidad, declaración y pago: art. 17; art. 18; art. 20
- Definición: art. 8. 12; art. 18

Municipalidades, avalúo fiscal inmuebles, art. 83; art. 149; art. 152

N

Notarios: art. 74; art. 75; art. 75 bis; art. 76; art. 78; art. 89; art. 103; art. 194

Notificaciones
- Administrativas
  - Autorizados para ser notificados, personas jurídicas: art. 14
  - Aviso de notificación: art. 11; art. 12
  - Lugares de notificación, domicilio y otros: art. 11; art. 13
  - Personal: art. 11; art. 12
  - Por aviso: art. 6.A.4; art. 6.B.10; art. 15
  - Por aviso postal simple, bienes raíces: art. 11
  - Por carta certificada; art. 11; art. 12; art. 13; art. 62; art. 62 bis
  - Por cédula: art. 11; art. 12
  - Por correo electrónico: art. 11; art. 11 bis
  - Por publicación en sitio personal del contribuyente: art. 11 ter; art. 13
- Judicial
  - Aviso de actuaciones: art. 62 bis; art. 131 bis; art. 174
  - Personal: art. 158; art. 161; art. 165; art. 171
  - Por avisos: Al banco titular de la información: art. 62; art. 62 bis
  - Por carta certificada: art. 95; art. 131 bis; art. 171; art. 174; art. 176
  - Por cédula: art. 62 bis; art. 158; art. 161; art. 165; art. 171; art. 178; art. 179; art. 181; art. 182
  - Por publicación en sitio internet: 131 bis

O

Obligación Tributaria
- Naturaleza legal: art. 4 bis

P

Pago
- Convenio: art. 53; art. 192
- Fraccionado: art. 50; art. 192
- Inoportuno:
  - Intereses penales: art. 3; art. 53; art. 54: art. 55
  - Multas: art. 97.1.
  - Reajuste: art. 53
- Lugar: art. 38; art. 42; art. 47
- Medios de pago: art. 38; art. 39; art. 40; art. 41
- Moneda, tipo: art. 18; art. 38
- Plazo:
  - Modificaciones (prórrogas): art. 36; art. 192
  - Ordinarios: art. 36
- Por carta certificada: art. 39
- Recibos/certificados de pagos: art. 48; art. 49; art. 50; art. 92
- Reclamo, pago impuestos a cuenta impuestos reclamados: art. 147
- Simultáneo a declaración: art. 30; art. 39

Precios, notoriamente inferiores: art. 64

Prescripción:
- Declaración judicial, oficio: art. 136
- Excepción: art. 177

- Límite fiscalización: art. 24; art. 34; art. 59
- Plazos: art. 100 bis; art. 200; art. 201
  - Aumento plazo: art. 11; art. 63; art. 69; art. 200
  - Plazo, renovación: art. 11
- Suspensión, plazo: art. 4 quinquies; art. 26 bis; art. 97.16; art. 165.3; art. 201
- Tipos
  - Cobro, acción: art. 201
  - Fiscalización, acción: art. 200
  - Infracciones asesor de abuso o simulación: art. 4 quinquies; art. 100 bis
  - Infracciones con pena corporal: art. 112
  - Sanciones pecuniarias que acceden a impuestos adeudados, acción: art. 200
  - Perseguir sanciones pecuniarias que no acceden a impuestos adeudados: art. 200

Prisión preventiva: art. 163

Procedimientos administrativos:
- Asuntos tributarios, cualquier: art. 6.B.5.
- Consulta, abuso o simulación: art. 26 bis
- Fiscalización: art. 59
  - Actuaciones de fiscalización: art. 65 bis
  - Expediente electrónico: art. 26 bis
  - Inicio: art. 8.bis.4; art. 54; art. 59; art. 63
  - Plazo: art. 59
  - Reposición administrativa: art. 123 bis; art. 149; art. 150
  - Secreto: art. 35
  - Término, certificación: art. 8 bis.4.F; art. 59; art. 69
  - Término de giro: art. 69
- Plazos:
  - Días hábiles: art. 10; art. 123 bis
  - Prórroga, último día inhábil: art. 10
- Principios
  - Bilateralidad, audiencia: art. 6.B.5; art. 123 bis
  - Economía y rapidez: art. 8 bis.10
  - No afectación al desarrollo de actividad económica: art. 8 bis.14; art. 60; art. 60 bis
  - Prohibición doble fiscalización: art. 8 bis.5; art. 59
  - Silencio positivo: art. 123 bis
- Prueba
  - Carga: art. 21
  - Conforme a formalidades legales: art. 8 bis.4.
  - Expediente, electrónico: art. 8.16
  - Limitaciones
    + No admisible en reclamo, si entraba acceso remoto: art. 60 bis
  - Procedimiento administrativo general: art. 6.B.5; art. 21
  - Valor probatorio: art. 8 bis.16; art. 21
- Recursos
  - De resguardo: art. 8 bis.19.
  - Jerárquico: art. 6.A.7; art. 123 bis

Procedimientos judiciales
- Del cobro ejecutivo de las obligaciones tributarias de dinero:
  - Apremio, retiro y remate: art. 184; art. 185; art. 189; art. 199
  - Comparecencia: art. 175; art. 191
  - Embargo: art. 170; art. 171; art. 173; art. 174
  - Juez sustanciador: art. 171; art. 177; art. 193
  - Oposición/ excepciones: art. 176; art. 177; art. 178; art. 179; art. 184
  - Recursos:
    + Apelación: art. 182; art. 183;
  - Título ejecutivo: art. 169
- Pago previo, no es requisito de procedencia reclamo: art. 147
- Procedimiento de acceso a información bancaria: art. 62 bis;
- Procedimiento de declaración judicial de la existencia de abuso o simulación y de la determinación de la responsabilidad respectiva: art. 160 bis
- Procedimiento de determinación judicial del impuesto de timbres y estampillas: art. 158; art. 160
- Procedimiento de reclamo de avalúos de bienes raíces:
  - Materias reclamables: art. 149; art. 150
  - Reclamo, contenido: art. 149; art. 150
  - Recursos, apelación: art. 152
- Procedimiento especiales para la aplicación de ciertas multas: art. 165
- Procedimiento especial por vulneración de derechos: art. 155; art. 156; art. 157
- Procedimiento general de reclamo
  - Avenimiento extrajudicial: art. 132 ter
  - Conciliación: art. 24; art. 132; art. 132 bis
  - Comparecencia: art. 129
  - Materias reclamables: art. 124; art. 126
  - Medida Cautelares: art. 137; art. 137 bis
  - Plazos días hábiles: art. 131 bis
  - Proceso, formación: art. 130
  - Prueba:
    + Acompañamiento, antecedentes que obren en expediente electrónico: art. 8.16
    + Recepción, carga, medios, valoración: art. 132
    + Valor probatorio antecedentes de expediente electrónico: art. 8.16
    + Valor probatorio declaraciones o informes presentadas por sistemas tecnológicos: art. 30
  - Reclamo, contenido: art. 125
  - Recursos:
    + Apelación: art. 120; art. 121; art. 132; art. 137; art. 139; art. 140; art. 142; art. 143; art. 147; art. 161.5
    + Recurso de aclaración, agregación o rectificación: art. 139
    + Recurso de casación forma y fondo: art. 120; art. 122; art.

139; art. 140; art. 144; art. 145; art. 147; art. 161.5.
+ Reposición: art. 132; art. 133; art. 137; art. 139; art. 161.5.
- Procedimiento general para la aplicación de sanciones: art. 161
- Recurso, procedimiento de resguardo: art. 8 bis.19.

R

Recaudador fiscal: art. 170; art. 171; art. 172; art. 173; art. 174; art. 175; art. 184; art. 185

Recopilación de antecedentes: art. 59; art. 161.10

Registros especiales: art. 67

Remisión
- General, a leyes tributarias y normas de derecho común: art. 2
- Procesal: art. 148; art. 181; art. 190

Reorganización empresarial: art. 64

Representante (Administradores, directores, gerentes, etc.)
- Autorización publicación información: art. 8.16
- Declaraciones, juramento: art. 35
- Definición: art. 8.6.
- Inversionistas extranjeros: art. 68
- Mandato, administrativo: art. 9
- Modificación, deber de información: art. 68
- Notificaciones: art. 9; art. 13; art. 14
- Representación judicial: art. 129
- Representación Tesorería: art. 175
- Requerimientos tecnológicos: art. 60 bis
- Responsabilidad:
  • Abuso derecho o simulación: art. 100 bis
  • Pecuniaria: art. 98
  • Pena corporal y apremios: art. 99
- Término: art. 9; art. 68
- Trust: art. 33 bis

Reserva (secreto)
- Bancos; cuentas corrientes: art. 61; art. 62; art. 62 bis
- Extensión temporal del deber: art. 206
- Información: art. 6.A.6; art. 8 bis.9,16; art. 30; art. 35; art. 60 bis; art. 61; art. 62; art. 85; art. 168; art. 195
- Información bancaria: art. 62; art. 85; art. 195
  • Excepciones: art. 62
- Infracciones y delitos tributarios: art. 30; art. 101; art. 206
- Procesos, conocimiento sólo partes; art. 130
- Procesos de fiscalización: art. 35
- Profesional: art. 60

Residente, definición: art. 8.8

Responsables
- Sanciones corporales y apremios: art. 99
- Sanciones pecuniarias: art. 98

Rol único tributario (RUT): art. 66; art. 72; art. 104

S

Servicio de Impuesto Internos
- Atribuciones, fiscalización y aplicación: art. 6
  - Auditorias, técnicas: art. 60 quater
  - Declaración jurada: art. 60
  - Estado de situación: art. 60
  - Inventarios, confección, modificación, examen: art. 60
  - Obtención de información; art. 60; art. 63
  - Revisión y examen declaraciones: art. 59; art. 60; art. 63
  - Revisión y examen contabilidad; art. 60; art. 60 bis;
- Facultades Director Nacional: art. 6.A.
- Facultades Directores Regionales: art. 6.B.
- Obligaciones
  - Derechos de contribuyentes: art. 8 bis; art. 8 ter; art. 8 quater; art. 59
  - Sujeción a procedimiento: art. 8 bis; art. 50
  - Respuesta a consultas: art. 26; art. 26 bis
  - Información pública:
    + Interpretaciones: art. 8 bis.13; art. 26; art. 26 bis
    + Estadística general tributaria: art. 35 inciso final
    + Avenimiento: art. 132 ter

Simulación:
- Consulta: art. 26 bis
- Supuestos: art. 4 quater

Solidaridad
- Conversión empresa individual: art. 69
- Notarios: art. 78
- Responsabilidad infraccional: art. 98
- Retenedor, embargo: art. 179

T

Tasar
- Base imponible, con sus antecedentes: art. 21; art. 22; art. 64
- Presunción: art. 65
- Sin citación previa: art. 64; art. 65

Técnica de auditoría:
- Definición: art. 60 quater
- Ejecución y diseño: art. 60 quater
- Validez, requisito: art. 60 quater

Tesoreros municipales: art. 80; art. 81

Testimonios bajo juramento: art. 34; art. 60

Término de giro: art. 69; art. 25

Transformación sociedad: art. 8.13; art. 69

Trust: art. 33 bis

V

Valor, corriente en plaza: art. 64

Vigencia de las leyes: art. 3

APÉNDICE

DECRETO CON FUERZA DE LEY Nº 3 DE 1969, QUE CREA EL ROL ÚNICO TRIBUTARIO Y ESTABLECE NORMAS PARA SU APLICACIÓN

Núm. 3.- Santiago, 29 de enero de 1969.- Vistos: las facultades que me confiere el artículo 13° de la ley 17.073; lo dispuesto en el artículo 72° de la Constitución Política del Estado, y

Considerando:

Que es necesario establecer un sistema que permita identificar a todos los contribuyentes del país y mantener un control del cumplimiento tributario, a fin de propender a su mejoramiento;

Que una adecuada identificación de los contribuyentes permitirá darles una mejor atención en sus relaciones con los Servicios de Impuestos Internos y Tesorerías, ya que se podrán simplificar y agilizar los procedimientos administrativos;

Que con el sistema que se establece se pretende lograr una mayor justicia tributaria, mediante el control de los contribuyentes que no dan cabal cumplimiento a las obligaciones establecidas por las leyes, lo que, además, permitirá incrementar la recaudación;

Que el Reglamento del Rol General de Contribuyentes contenido en el decreto de Hacienda 1.475, de 24 de febrero de 1959, fue derogado en virtud del artículo 14° de la ley 17.073, por lo que se hace necesario establecer nuevas normas que regirán el sistema de identificación de los contribuyentes, dicto el siguiente

DECRETO CON FUERZA DE LEY:

Artículo 1°.- Créase un Rol Único Tributario en el cual se identificará a todos los contribuyentes del país, de los diversos impuestos, y otras personas o entes que se señalan más adelante.

El Rol Único Tributario identificará a las personas naturales de acuerdo con un sistema y numeración que guardará relación con aquellos utilizados para iguales propósitos por el Servicio de Registro Civil e Identificación.

En lo que respecta a las personas jurídicas y demás entes sin personalidad jurídica que deberán ser identificados de acuerdo con lo dispuesto en el presente Reglamento, ello se hará por medio de métodos técnicos adecuados que establecerá el Director del Servicio de Impuestos Internos.

Artículo 2º.- La confección del Rol Único Tributario, su mantención y permanente actualización estarán a cargo del Servicio de Impuestos Internos, el cual dictará las normas internas necesarias para estos efectos.

Dicho Rol Único se llevará en la Dirección Nacional, en la cual deberá concentrarse y mantenerse la información de todos los contribuyentes del país, sin perjuicio de que puedan confeccionarse duplicados o copias parciales del mismo para uso en las diversas Oficinas de Impuestos Internos y Tesorerías, con el objeto de facilitar las actuaciones de los contribuyentes.

Artículo 3º.- El Servicio de Impuestos Internos identificará, incorporando al Rol Único Tributario, a las personas naturales y jurídicas, comunidades, patrimonios fiduciarios y aquellos sin titular, sociedades de hecho, asociaciones, agrupaciones o entes de cualquier especie, con o sin personalidad jurídica, siempre que causen y/o deban retener impuestos, en razón de las actividades que desarrollan.

Las personas o entidades sin domicilio o residencia en el país que posean uno o más establecimientos permanentes en Chile, y éstos, deberán enrolarse separadamente. Los contribuyentes a que se refiere este artículo, que deban enrolarse separadamente, deberán hacerlo asignando el rol vigente a aquel establecimiento permanente en Chile que realiza las principales actividades según el volumen de ingresos o patrimonio. Los demás establecimientos permanentes y el titular de los mismos deberán enrolarse en la forma que señale el Servicio, para cuyo efecto se deberá efectuar una solicitud de roles para todos ellos hasta el 31 de diciembre de 2016. A petición del interesado, el Servicio certificará los nuevos roles autorizados y su relación con aquel rol del establecimiento permanente indicado en primer término.

También deberán identificarse las personas o entes señalados en este artículo, cuando así lo disponga el Director de Impuestos Internos en razón de que puedan causar y/o llegar a tener la obligación de retener impuestos.

Artículo 4º.- El Servicio de Impuestos Internos proporcionará una cédula en que conste el nombre, razón social o denominación, el número correspondiente al Único Tributario y los demás antecedentes que el Director de Impuestos Internos estime conveniente consignar en ella, a las siguientes personas o entes:

a) Personas Jurídicas, sea que persigan o no fin de lucro.

b) Comunidades, patrimonios fiduciarios y aquellos sin titular, sociedades de hecho, asociaciones, agrupaciones y demás entes de cualquiera especie.

c) Personas naturales, a quienes, de acuerdo a la ley, no procede que se les otorgue cédula de identidad y desarrollen actividades para las que se encuentren legalmente habilitadas y que sean susceptibles de generar impuestos.

A las personas naturales, que poseyendo su Cédula Nacional de Identidad, soliciten el RUT para efectuar trámites o gestiones ante los Servicios de Impuestos Internos u otros organismos se les podrá proporcionar una cédula con los enunciados que se mencionan en el inciso primero.

Para los efectos de entregar la cédula respectiva a las personas y entes mencionados en el inciso anterior, o a quienes los representen, el Director de Impuestos Internos dictará las normas de procedimiento que estime convenientes.

Aquellas personas y entes mencionados en el inciso primero, que habiendo sido identificados por el Servicio de Impuestos Internos, no hayan recibido la cédula que dicho Servicio distribuya de oficio, deberán concurrir a la Oficina respectiva de ese Servicio a fin de obtener la cédula correspondiente.

Artículo 5º.- A los contribuyentes indicados en el inciso primero del artículo anterior que concurran a las oficinas de Impuestos Internos con el fin de identificarse, se les proporcionará un comprobante de petición de la Cédula de Rol Único Tributario el que hará las veces de tal Cédula por un plazo máximo de seis meses, contados desde la fecha de la petición. El Director de Impuestos Internos podrá prorrogar la vigencia de los comprobantes de petición de Cédula del Rol Único Tributario, sea en forma general o respecto de determinados contribuyentes, cuando razones fundadas así lo aconsejen. La resolución que establezca estas prórrogas se comunicará a los contribuyentes y personas o instituciones mencionadas en el artículo 10, mediante su publicación en la forma dispuesta en el artículo 15 del Código Tributario.

Artículo 6°.- Las personas naturales no identificadas en el Rol, que requieran su inscripción en el Rol Único Tributario, deberán concurrir a la oficina del Servicio de Impuestos Internos con su cédula de identidad, y los demás antecedentes que determine el Director de dicho Servicio. En el caso de personas jurídicas, será necesario acompañar copia de la escritura social o de modificación, en que conste su denominación actual, o de la inscripción en el Registro de Comercio, con certificación de su vigencia, cuando proceda.

En el caso de sociedades anónimas deberá presentarse un certificado extendido por la Superintendencia de Compañías de Seguros, Sociedades Anónimas y Bolsas de Comercio, o de la Superintendencia de Bancos, según sea el caso, en el que conste la razón social, su domicilio y el número de registro correspondiente.

Tratándose de personas jurídicas en formación, el Director de Impuestos Internos determinará los antecedentes que deberán proporcionarse al Servicio para obtener la cédula de Rol Único Tributario o el comprobante provisorio respectivo.

En los demás casos, las personas que tengan a su cargo la administración, gestión, custodia, o que deban velar por el cumplimiento tributario de los entes sin personalidad jurídica, o los con personalidad jurídica no comprendidos en los incisos anteriores, deberán acreditar, al solicitar la cédula correspondiente, la naturaleza jurídica del ente respectivo, a satisfacción del Servicio de Impuestos Internos, y acompañar los demás antecedentes que éste les solicite.

Artículo 7°.- El Servicio de Impuestos Internos a su juicio exclusivo, podrá proporcionar, a petición del interesado, duplicados de la Cédula de Rol Único, en los casos que en razón de las actividades desarrolladas o de la forma de organización adoptada por el contribuyente ello fuere necesario.

Las agencias, sucursales u oficinas que mantenga un contribuyente serán identificados a petición de la casa matriz, la que solicitará la Servicio de Impuestos Internos las cédulas adicionales que correspondan a cada una de sus agencias, sucursales u oficinas que tributen en forma separada de la casa matriz.

Artículo 8°.- Los contribuyentes a quienes se les hubiese extraviado, perdido o destruido la Cédula que se les ha entregado deberán solicitar al Servicio de Impuestos Internos copia de la cédula primitiva.

Artículo 9°.- En el caso de fallecimiento de una persona, el patrimonio hereditario indiviso podrá continuar utilizando el número de Rol Único Tributario del causante y la cédula respectiva, cuando corresponda, mientras no se determinen las cuotas de los comuneros en el patrimonio común. En todo caso, transcurrido el plazo de tres años desde la apertura de la sucesión, la cédula respectiva deberá ser devuelta al Servicio de Impuestos Internos, dentro del término de 60 días siguientes al vencimiento de dicho plazo.

En los casos de disolución de una persona jurídica, la cédula respectiva deberá ser entregada al Servicio de Impuestos Internos dentro de los 60 días siguientes a la fecha en que tal persona jurídica haya dejado de ser causante y/o retenedor de impuestos, en razón de la terminación de sus actividades.

En los demás casos de entes sin personalidad jurídica que deban identificarse, la cédula respectiva deberá ser devuelta al Servicio de Impuestos Internos, dentro de los 60 días siguientes a la fecha en que dejaren de ser causantes y/o retenedores de impuestos.

Las obligaciones de este artículo recaerán en los herederos, albaceas, administradores, gerentes socios, liquidadores, representantes, mandatarios o tenedores de bienes ajenos que tengan a su cargo velar por el cumplimiento de las obligaciones tributarias de las personas o entes correspondientes.

Artículo 10º.- Estarán obligados a exigir la exhibición de la cédula de Rol Único Tributario del interesado o interesados, las siguientes instituciones y funcionarios:

a) El Banco Central, el Banco del Estado, la Corporación de Fomento de la Producción y, en general, las instituciones de crédito, ya sean fiscales, semifiscales o de administración autónoma, y los bancos comerciales, en las tramitaciones de cualquiera solicitud de crédito o préstamos o las operaciones de carácter patrimonial que determine el Director de Impuestos Internos, que se realicen a través de ellas.

b) Las instituciones de previsión social, en la tramitación de solicitudes de créditos o préstamos, y otras operaciones de carácter patrimonial que señale el Director de Impuestos Internos.

c) Las Oficinas de Identificación de la República, respecto de las personas que soliciten pasaporte.

d) Las Aduanas de la República, respecto de las personas o empresas que efectúen importaciones o exportaciones de mercaderías.

e) Los notarios, respecto de las escrituras públicas o instrumentos privados que se otorguen, protocolicen o autoricen ante ellos, relativos a convenciones, actos o contratos de carácter patrimonial, excluyéndose los testamentos, actos relativos al estado civil de las personas, capitulaciones matrimoniales, mandatos no remunerados, y los demás que disponga excluir el Director.

f) Las instituciones fiscales, semifiscales y municipales, y las empresas fiscales, semifiscales y municipales de administración autónoma, respecto de los pagos que efectúen a quienes los hayan proveído de bienes o servicios.

g) Los habilitados de instituciones fiscales, semifiscales, y municipales, y los patrones, empleadores o pagadores, respecto de los empleados, obreros, o jubilados a quienes deben pagar remuneraciones, pensiones, montepíos u otros beneficios similares. Esta obligación no regirá respecto de las personas señaladas en esta letra que paguen sueldos, salarios, pensiones, montepíos u otros beneficios previsionales de un monto mensual igual o inferior a un sueldo vital mensual, que rija en el departamento de Santiago para los empleados particulares de la industria y del comercio.

h) Las personas que deban retener impuestos por remuneraciones u honorarios pagados a profesionales.

i) Los funcionarios del Servicio de Impuestos Internos, respecto de toda actuación, gestión, solicitud, o presentación que se haga ante dicha institución, y los funcionarios del Servicio de Tesorerías respecto de quienes soliciten el pago de obligaciones fiscales de cualquier especie, y en las demás actuaciones que sea necesario presentar la cédula de Rol Único Tributario a fin de identificar al contribuyente para su expedita atención.

j) Las demás personas, instituciones o funcionarios que determine el Director de Impuestos Internos.

Artículo 10 bis.- Las personas naturales, en todas las gestiones y trámites que efectúen ante las entidades o funcionarios que señala el artículo anterior o, en que la ley les exija exhibir la cédula del Rol Único Tributario para identificarse, podrán dar cumplimiento a tal exigencia exhibiendo su nueva Cédula Nacional de Identidad, salvo que se trate de las personas señaladas en la letra c) del inciso primero del artículo 4°.

Artículo 11°.- En los casos señalados en los artículos 10 y 10 bis, deberá dejarse siempre constancia en la solicitud, escritura, documento, recibo, planilla de pago, o actuación correspondiente del número del Rol Único Tributario o de la Cédula Nacional de Identidad, según proceda, de la o las personas solicitantes, o que concurran a suscribirlos u otorgarlos.

Artículo 12°.- Los productores, distribuidores y comerciantes mayoristas de bienes corporales muebles, deberán dejar constancia en las facturas o boletas que extiendan del número de la Cédula del Rol Único Tributario de los adquirentes, cuando éstos tengan la calidad de productores o comerciantes, o cuando por la naturaleza o monto de la operación, sea presumible que los bienes adquiridos serán objeto de posteriores transferencias.

Lo dispuesto en el inciso anterior será igualmente aplicable a los servicios, negocios o prestaciones a que se refiere el Título II de la ley Nº. 12.120 que se presten entre sí productores y comerciantes.

Artículo 13º.- El Servicio de Tesorerías programará las medidas contables y administrativas que estime convenientes para adaptar sus métodos de contabilización de ingresos y pagos de tributos al sistema de Rol Único Tributario, en forma que cada contribuyente posea una Cuenta Única Tributaria, identificada por su número de Rol Único.

Dicha Cuenta Única Tributaria deberá implantarse conforme a su programación; tendrá por objeto contabilizar los cargos y abonos del titular de ella, conocer individualmente los saldos adeudados y facilitar el control de los tributos y la atención del contribuyente.

La citada Cuenta Única Tributaria servirá, además, para que puedan efectuarse pagos parciales de impuestos en Tesorería, para abonar a boletines u órdenes de ingreso determinados, de conformidad con el artículo 50º del Código Tributario.

Artículo 14º.- Los funcionarios fiscales, semifiscales o municipales, o de instituciones o empresas públicas, sean fiscales, semifiscales, municipales o de administración autónoma; los notarios, los gerentes, administradores, habilitados, pagadores, empleadores, o patrones y las personas señaladas en el artículo 12º que no cumplan con las obligaciones impuestas por este reglamento, serán sancionadas en la forma dispuesta en el artículo 104º del Código Tributario.

Artículo 15º.- La adulteración o falsificación de Cédulas de Rol Único, el uso de una cédula adulterada, falsificada o de una auténtica que debió ser devuelta al Servicio de Impuestos Internos, de acuerdo con el artículo 9º, o la utilización en beneficio propio de una cédula perteneciente a un contribuyente distinto de quien la exhibe, será sancionada con arreglo a lo dispuesto en el artículo 109º del Código Tributario. Igual sanción se aplicará si se trata del uso indebido de un comprobante de petición de cédula.

Artículo 16°.- Las personas que realicen los hechos gravados en el decreto ley Nº 825, de 1974, sin estar identificadas en el Rol Único Tributario, serán consideradas comerciantes o industriales clandestinos para los efectos de aplicarles la sanción contemplada en el Nº 9 del artículo 97° del Código Tributario.

Artículo 17°.- La aplicación de las sanciones señaladas en los artículos anteriores, se someterá a los procedimientos que correspondan, de acuerdo con el párrafo 1° del Título IV del Libro Tercero del Código Tributario.

Artículo 18°.- El presente Reglamento entrará en vigencia a contar de la fecha de su publicación en el Diario Oficial.

Sin embargo, lo dispuesto en las letras b) y g) del artículo 10° del presente Reglamento se hará exigible en la fecha que determine el Director de Impuestos Internos, por resolución fundada, la que se comunicará a los contribuyentes e instituciones correspondientes, mediante su publicación en la forma dispuesta en el artículo 15° del Código Tributario, con un mes de anticipación a lo menos a la fecha en que se hará exigible la obligación establecida en el artículo 10°, respecto de las instituciones y demás personas señaladas en las letras mencionadas.

Tómese razón, comuníquese y publíquese.- EDUARDO FREI MONTALVA.- Andrés Zaldívar.

DECRETO LEY Nº 824 SOBRE IMPUESTO A LA RENTA[1-2]

Núm. 824.- Santiago, 27 de Diciembre de 1974.- Vistos: lo dispuesto en los decretos leyes Nºs 1 y 128, de 1973, y 527, de 1974, la Junta de Gobierno ha resuelto dictar el siguiente

DECRETO LEY:

Artículo 1°.- Apruébase el siguiente texto de la Ley sobre Impuesto a la Renta.

TÍTULO I. NORMAS GENERALES

Párrafo 1° De la materia y destino del impuesto

Artículo 1°.- Establécese, de conformidad a la presente ley, a beneficio fiscal, un impuesto sobre la renta.

Párrafo 2° Definiciones

Artículo 2°.- Para los efectos de la presente ley se aplicarán, en lo que no sean contrarias a ella, las definiciones establecidas en el Código

---

1 Art. 7° transitorio, Ley N° 21.210 señala: "*Las modificaciones contenidas en los numerales del artículo segundo de la presente ley que digan relación con los efectos tributarios para los convivientes del acuerdo de unión civil, regirán desde la entrada en vigencia de la ley N° 20.830, que crea el acuerdo de unión civil, salvo las referidas al inciso primero del artículo 6, al artículo 17 número 8 inciso segundo, al artículo 21, al artículo 41 F y al artículo 54 número 1, todos de la Ley sobre Impuesto a la Renta, que entrarán en vigencia según lo establecido en el artículo octavo transitorio de esta ley*".

2 Art. 8° transitorio, primer inciso, Ley N° 21.210 señala: "*Las modificaciones a la Ley sobre Impuesto a la Renta contenidas en el artículo 2° de la presente ley, entrarán en vigencia a contar del 1 de enero de 2020. En consecuencia, se aplicarán sus disposiciones a los hechos ocurridos a contar de dicha fecha*".

Tributario y, además, salvo que la naturaleza del texto implique otro significado, se entenderá:

1.- Por "renta", los ingresos que constituyan utilidades o beneficios que rinda una cosa o actividad y todos los beneficios, utilidades e incrementos de patrimonio que se perciban o devenguen, cualquiera que sea su naturaleza, origen o denominación.

2.- Por "renta devengada", aquélla sobre la cual se tiene un título o derecho, independientemente de su actual exigibilidad y que constituye un crédito para su titular.

3.- Por "renta percibida", aquélla que ha ingresado materialmente al patrimonio de una persona. Debe, asimismo, entenderse que una renta devengada se percibe desde que la obligación se cumple por algún modo de extinguir distinto al pago.

4.- Por "renta mínima presunta", la cantidad que no es susceptible de deducción alguna por parte del contribuyente.

5.- Por "capital efectivo", el total del activo con exclusión de aquellos valores que no representen inversiones efectivas, tales como valores intangibles, nominales, transitorios y de orden.

En el caso de contribuyentes no sometidos a las normas del artículo 41°, la valorización de los bienes que conforman su capital efectivo se hará por su valor real vigente a la fecha en que se determine dicho capital. Los bienes físicos del activo inmovilizado se valorizarán según su valor de adquisición debidamente reajustado de acuerdo a la variación experimentada por el índice de precios al consumidor en el período comprendido entre el último día del mes que anteceda al de su adquisición y el último día del mes que anteceda a aquél en que se determine el capital efectivo, menos las depreciaciones anuales que autorice la Dirección. Los bienes físicos del activo realizable se valorizarán según su valor de costo de reposición en la plaza respectiva a la fecha en que se determine el citado capital, aplicándose las normas contempladas en el N° 3 del artículo 41.

6.- Por "sociedades de personas", las sociedades de cualquier clase o denominación, excluyéndose únicamente a las anónimas.

Para todos los efectos de esta ley, las sociedades por acciones reguladas en el Párrafo 8° del Título VII del Código de Comercio, se considerarán anónimas.

7.- Por "año calendario", el período de doce meses que termina el 31 de Diciembre.

8.- Por "año comercial", el período de doce meses que termina el 31 de Diciembre o el 30 de Junio y, en los casos de término de giro, del primer ejercicio del contribuyente o de aquél en que opere por primera vez la autorización de cambio de fecha del balance, el período que abarque el ejercicio respectivo según las normas de los incisos séptimo y octavo del artículo 16 del Código Tributario.

9.- Por "año tributario", el año en que deben pagarse los impuestos o la primera cuota de ellos.

10.- "Por capital propio tributario", el conjunto de bienes, derechos y obligaciones, a valores tributarios, que posee una empresa. Dicho capital propio se determinará restando al total de activos que representan una inversión efectiva de la empresa, el pasivo exigible, ambos a valores tributarios. Para la determinación del capital propio tributario deberán considerarse los activos y pasivos valorados conforme a lo señalado en el artículo 41, cuando corresponda aplicar dicha norma[3].

Tratándose de una empresa individual, formarán parte del capital propio tributario los activos y pasivos del empresario individual que hayan estado incorporados al giro de la empresa, debiendo excluirse los activos y pasivos que no originen rentas gravadas en la primera categoría o que no correspondan al giro, actividades o negocios de la empresa.

11.- Por "impuestos finales", los impuestos global complementario y adicional establecidos en esta ley.

12.- Por "establecimiento permanente", un lugar que sea utilizado para la realización permanente o habitual de todo o parte del negocio, giro o actividad de una persona o entidad sin domicilio ni residencia en

---

[3] El Art. 32° transitorio de la Ley 21.210, establece un procedimiento para solucionar diferencias de impuestos cuyo origen corresponda a diferencias de capital propio tributario. (Ver artículo trigésimo segundo transitorio)

Chile, ya sea utilizado o no en forma exclusiva para este fin, tales como, oficinas, agencias, instalaciones, proyectos de construcción y sucursales.

También se considerará que existe un establecimiento permanente cuando una persona o entidad sin domicilio ni residencia en Chile realice actividades en el país representado por un mandatario y en el ejercicio de tales actividades dicho mandatario habitualmente concluya contratos propios del giro ordinario del mandante, desempeñe un rol principal que lleve a su conclusión o negocie elementos esenciales de éstos sin que sean modificados por la persona o entidad sin domicilio ni residencia en Chile. En consecuencia, no constituirá establecimiento permanente de una persona o entidad sin domicilio ni residencia en Chile un mandatario no dependiente ni económica ni jurídicamente del mandante, que desempeñe actividades en el ejercicio de su giro ordinario.

No se considerará que existe un establecimiento permanente si la persona o entidad sin domicilio ni residencia en Chile realiza exclusivamente actividades auxiliares del negocio o giro, o actividades preparatorias para la puesta en marcha del mismo en el país.

Párrafo 3° De los contribuyentes

Artículo 3°.- Salvo disposición en contrario de la presente ley, toda persona domiciliada o residente en Chile, pagará impuesto sobre sus rentas de cualquier origen, sea que la fuente de entradas esté situada dentro del país o fuera de él, y las personas no residentes en Chile estarán sujetas a impuestos sobre sus rentas cuya fuente esté dentro del país.

Con todo, el extranjero que constituya domicilio o residencia en el país, durante los tres primeros años contados desde su ingreso a Chile sólo estará afecto a los impuestos que gravan las rentas obtenidas de fuentes chilenas. Este plazo podrá ser prorrogado por el Director Regional en casos calificados. A contar del vencimiento de dicho plazo o de sus prórrogas, se aplicará, en todo caso, lo dispuesto en el inciso primero.

Artículo 4°.- Para los efectos de esta ley, la ausencia o falta de residencia en el país no es causal que determine la pérdida de domicilio en Chile si la persona conserva, en forma directa o indirecta, el asiento principal de sus negocios en Chile.

Artículo 5°.- Las rentas efectivas o presuntas de una comunidad hereditaria corresponderán a los comuneros en proporción a sus cuotas en el patrimonio común.

Mientras dichas cuotas no se determinen, el patrimonio hereditario indiviso se considerará como la continuación de la persona del causante y gozará y le afectarán, sin solución de continuidad, todos los derechos y obligaciones que a aquél le hubieren correspondido de acuerdo con la presente ley. Sin embargo, una vez determinadas las cuotas de los comuneros en el patrimonio común, la totalidad de las rentas que correspondan al año calendario en que ello ocurra deberán ser declaradas por los comuneros de acuerdo con las normas del inciso anterior.

En todo caso, transcurrido el plazo de tres años desde la apertura de la sucesión, las rentas respectivas deberán ser declaradas por los comuneros de acuerdo con lo dispuesto en el inciso primero. Si las cuotas no se hubieren determinado en otra forma se estará a las proporciones contenidas en la liquidación del impuesto de herencia. El plazo de tres años se contará computando por un año completo la porción de año transcurrido desde la fecha de la apertura de la sucesión hasta el 31 de Diciembre del mismo año.

Artículo 6°.- En los casos de comunidades cuyo origen no sea la sucesión por causa de muerte o la disolución de la sociedad conyugal o de la comunidad de bienes entre convivientes civiles que optaron por dicho régimen, como también en los casos de sociedades de hecho, los comuneros o socios serán solidariamente responsables de la declaración y pago de los impuestos de esta ley que afecten a las rentas obtenidas por la comunidad o sociedad de hecho.

Sin embargo, el comunero o socio se liberará de la solidaridad, siempre que en su declaración individualice a los otros comuneros o socios, indicando su domicilio y actividad y la cuota o parte que les corresponde en la comunidad o sociedad de hecho.

Artículo 7º.- También se aplicará el impuesto en los casos de rentas que provengan de:

1º- Depósitos de confianza en beneficio de las criaturas que están por nacer o de personas cuyos derechos son eventuales.

2º- Depósitos hechos en conformidad a un testamento u otra causa.

3º- Bienes que tenga una persona a cualquier título fiduciario y mientras no se acredite quiénes son los verdaderos beneficiarios de las rentas respectivas.

Artículo 8º.- Los funcionarios fiscales, de instituciones semifiscales, de organismos fiscales y semifiscales de administración autónoma y de instituciones o empresas del Estado, o en que tenga participación el Fisco o dichas instituciones y organismos, o de las Municipalidades y de las Universidades del Estado o reconocidas por el Estado, que presten servicios fuera de Chile, para los efectos de esta ley se entenderá que tienen domicilio en Chile.

Para el cálculo del impuesto, se considerará como renta de los cargos en que sirven la que les correspondería en moneda nacional si desempeñaren una función equivalente en el país.

Artículo 9º.- El impuesto establecido en la presente ley no se aplicará a las rentas oficiales u otras procedentes del país que los acredite, de los Embajadores, Ministros u otros representantes diplomáticos, consulares u oficiales de naciones extranjeras, ni a los intereses que se abonen a estos funcionarios sobre sus depósitos bancarios oficiales, a condición de que en los países que representan se concedan iguales o análogas exenciones a los representantes diplomáticos, consulares u oficiales del Gobierno de Chile. Con todo, esta disposición no regirá respecto de aquellos funcionarios indicados anteriormente que sean de nacionalidad chilena.

Con la misma condición de reciprocidad se eximirán, igualmente, del impuesto establecido en esta ley, los sueldos, salarios y otras remuneraciones oficiales que paguen a sus empleados de su misma nacionalidad los Embajadores, Ministros y representantes diplomáticos, consulares u oficiales de naciones extranjeras.

Párrafo 4° Disposiciones varias

Artículo 10°.- Se considerarán rentas de fuente chilena, las que provengan de bienes situados en el país o de actividades desarrolladas en él cualquiera que sea el domicilio o residencia del contribuyente.

Son rentas de fuente chilena, entre otras, las regalías, los derechos por el uso de marcas y otras prestaciones análogas derivadas del uso, goce o explotación en Chile de la propiedad industrial o intelectual.

Se encontrarán afectas al impuesto establecido en el artículo 58 número 3), las rentas obtenidas por un enajenante no residente ni domiciliado en el país, que provengan de la enajenación de derechos sociales, acciones, cuotas, bonos u otros títulos convertibles en acciones o derechos sociales, o de la enajenación de otros derechos representativos del capital de una persona jurídica constituida o residente en el extranjero, o de títulos o derechos de propiedad respecto de cualquier tipo de entidad o patrimonio, constituido, formado o residente en el extranjero, en los siguientes casos:

a) Cuando al menos un 20% del valor de mercado del total de las acciones, cuotas, títulos o derechos extranjeros que dicho enajenante posee, directa o indirectamente, en la sociedad o entidad extranjera, ya sea a la fecha de la enajenación o en cualquiera de los doce meses anteriores a esta, provenga de uno o más de los activos subyacentes indicados en los literales (i), (ii) y (iii) siguientes y en la proporción que corresponda a la participación indirecta que en ellos posee el enajenante extranjero. Para estos efectos, se atenderá al valor corriente en plaza de los referidos activos subyacentes chilenos o los que normalmente se cobren en convenciones de similar naturaleza considerando las circunstancias en que se realiza la operación, pudiendo el Servicio ejercer su facultad de tasación conforme a lo dispuesto en el artículo 64 del Código Tributario:

(i) Acciones, derechos, cuotas u otros títulos de participación en la propiedad, control o utilidades de una sociedad, fondo o entidad constituida en Chile;

(ii) Una agencia u otro tipo de establecimiento permanente en Chile de un contribuyente sin domicilio ni residencia en el país, considerándose para efectos tributarios que dicho establecimiento permanente es una empresa independiente de su matriz u oficina principal, y

(iii) Cualquier tipo de bien mueble o inmueble situado en Chile, o de títulos o derechos respecto de los mismos, cuyo titular o dueño sea una sociedad o entidad sin domicilio o residencia en Chile.

Además de cumplirse con el requisito establecido en esta letra, es necesario que la enajenación referida lo sea de, al menos, un 10% del total de las acciones, cuotas, títulos o derechos de la persona o entidad extranjera, considerando todas las enajenaciones, directas o indirectas, de dichas acciones, cuotas, títulos o derechos, efectuadas por el enajenante y otros miembros no residentes o domiciliados en Chile de su grupo empresarial, en los términos del artículo 96 de la ley Nº 18.045, sobre Mercado de Valores, en un período de doce meses anteriores a la última de ellas.

b) Cuando a la fecha de la enajenación de las acciones, cuotas, títulos o derechos extranjeros o en cualquier momento durante los doce meses anteriores a ésta, el valor corriente en plaza de uno o más de los activos subyacentes descritos en los literales (i), (ii) y (iii) de la letra a) anterior, y en la proporción que corresponda a la participación indirecta que en ellos posea el enajenante extranjero, sea igual o superior a 210.000 unidades tributarias anuales determinadas según el valor de ésta a la fecha de la enajenación. Será también necesario en este caso que se transfiera al menos un 10% del total de las acciones, cuotas, títulos o derechos de la persona jurídica o entidad extranjera, considerando todas las enajenaciones efectuadas por el enajenante y otros miembros no residentes o domiciliados en Chile de su grupo empresarial, en los términos del artículo 96 de la ley Nº 18.045, sobre Mercado de Valores, en un periodo de doce meses anteriores a la última de ellas.

c) Cuando las acciones, cuotas, títulos o derechos extranjeros enajenados, hayan sido emitidos por una sociedad o entidad domiciliada o constituida en uno de los territorios o jurisdicciones que se consideren como un régimen fiscal preferencial conforme a las reglas establecidas en el artículo 41 H. En este caso, bastará que cualquier porcentaje del valor de mercado del total de las acciones, cuotas, títulos o derechos extranjeros que dicho enajenante posea, directa o indirectamente, en la sociedad o entidad extranjera domiciliada o constituida en uno de estos territorios o jurisdicciones, provenga de uno o más de los activos subyacentes indicados en los literales (i), (ii) y (iii) de la letra a) anterior y en la proporción que corresponda a la participación indirecta que en ellos posea el enajenante extranjero, salvo que el enajenante, su representante en Chile o el adquirente, si fuere el caso, acredite en forma fehaciente ante el Servicio, que: (A) no existan personas con domicilio o residencia en Chile, que directa o indirectamente, y a cualquier título, sean titulares, accionistas o beneficiario de un 5% o más de las acciones, cuotas, títulos o derechos que se enajenan de la sociedad o entidad extranjera, y, que, además, (B) sus socios, accionistas, titulares o beneficiarios que controlan, directa o indirectamente, un 50% o más de su capital o utilidades, son residentes o domiciliados en territorio o jurisdicción que no tenga un régimen fiscal preferencial en los términos dispuestos en el artículo 41 H, en cuyo caso la renta obtenida por el enajenante extranjero sólo se gravará en Chile si se cumple con lo dispuesto en las letras a) o b) precedentes.

En la aplicación de las letras anteriores, para determinar el valor de mercado de las acciones, cuotas, títulos o derechos de la persona o entidad extranjera, el Servicio podrá ejercer las facultades del artículo 41 E.

Los valores anteriores cuando estén expresados en moneda extranjera, se considerarán según su equivalente en moneda nacional a la fecha de enajenación, considerando para tales efectos lo dispuesto en la letra a), del número 7.-, del artículo 41 A. En la determinación del valor corriente en plaza de los activos subyacentes indirectamente adquiridos a que se refieren los literales (i) y (ii) de la letra a) anterior, se excluirán las inversiones que las empresas o entidades constituidas en Chile mantengan en el extranjero a la fecha de enajenación de los títulos, cuotas, derechos o acciones extranjeras, así como cualquier pasivo contraído para su adquisición y que se encuentre pendiente de pago a dicha fecha. Las inversiones referidas se considerarán igualmente según su valor corriente en plaza. El Servicio, mediante resolución, determinará las reglas aplicables para correlacionar pasivos e inversiones en la aplicación de la exclusión establecida en este inciso.

El impuesto que grave las rentas de los incisos anteriores, se determinará, declarará y pagará conforme a lo dispuesto en el artículo 58 número 3).

Con todo, lo dispuesto en el inciso tercero anterior no se aplicará cuando las enajenaciones ocurridas en el exterior se hayan efectuado en el contexto de una reorganización del grupo empresarial, según éste se define en el artículo 96, de la ley N° 18.045, sobre Mercado de Valores, siempre que en dichas operaciones no se haya generado renta o un mayor valor para el enajenante, renta o mayor valor determinado conforme a lo dispuesto en el artículo 58 número 3).

Artículo 11°.- Para los efectos del artículo anterior, se entenderá que están situadas en Chile las acciones de una sociedad anónima constituida en el país. Igual regla se aplicará en relación a los derechos en sociedad de personas. También se considerarán situados en Chile los bonos y demás títulos de deuda de oferta pública o privada emitidos en el país por contribuyentes domiciliados, residentes o establecidos en el país.

En el caso de los créditos, bonos y demás títulos o instrumentos de deuda, la fuente de los intereses se entenderá situada en el domicilio del deudor, o de la casa matriz u oficina principal cuando hayan sido contraídos o emitidos a través de un establecimiento permanente en el exterior.

No se considerarán situados en Chile los valores extranjeros o los Certificados de Depósito de Valores emitidos en el país y que sean representativos de los mismos, a que se refieren las normas del Título XXIV de la ley N° 18.045, de Mercado de Valores, por emisores constituidos fuera del país u organismos de carácter internacional o en los casos del inciso segundo del artículo 183 del referido Título de dicha ley. Igualmente, no se considerarán situados en Chile los valores autorizados por la Superintendencia de Valores y Seguros para ser transados de conformidad a las normas del Título XXIV de la ley N° 18.045, siempre que estén respaldados en al menos un 90% por títulos, valores o activos extranjeros. El porcentaje restante sólo podrá ser invertido en instrumentos de renta fija cuyo plazo de vencimiento no sea superior a 120 días, contado desde su fecha de adquisición. Las cuotas de fondos de inversión y cuotas de fondos mutuos, se regirán por lo establecido en la ley N° 20.712 sobre Administración de Fondos de Terceros y Carteras Individuales.

Artículo 12°.- Cuando deban computarse rentas de fuente extranjera, sin perjuicio de lo dispuesto en el artículo 41 G, se considerarán las rentas líquidas percibidas, excluyéndose aquellas de que no se pueda disponer en razón de caso fortuito o fuerza mayor o de disposiciones legales o reglamentarias del país de origen. La exclusión de tales rentas se mantendrá mientras subsistan las causales que hubieren impedido poder disponer de ellas y, entretanto, no empezará a correr plazo alguno de prescripción en contra del Fisco. En el caso de las agencias u otros establecimientos permanentes en el exterior, se considerarán en Chile tanto las rentas percibidas como las devengadas, incluyendo los impuestos a la renta adeudados o pagados en el extranjero.

Artículo 13°.- El pago de los impuestos que correspondan por las rentas que provengan de bienes recibidos en usufructo o a título de mera tenencia, serán de cargo del usufructuario o del tenedor, en su caso, sin perjuicio de los impuestos que correspondan por los ingresos que le pueda representar al propietario la constitución del usufructo o del título de mera tenencia, los cuales se considerarán rentas.

Por las rentas que provengan de una asociación o cuentas en participación y de cualquier encargo fiduciario, se gravará al gestor con los impuestos de esta ley. No obstante, en caso que se pruebe la efectividad, condiciones y monto de la participación de un partícipe o beneficiario que sea contribuyente de impuesto de primera categoría, dicha participación se computará para la aplicación del impuesto referido según el régimen aplicable al contribuyente. Por su parte, si se prueba la efectividad, condiciones y monto de la participación de un partícipe o beneficiario contribuyente de impuestos finales, dicha participación se computará para la aplicación del impuesto referido y se podrá imputar como crédito el impuesto de primera categoría que gravó la asociación o cuentas en participación o el encargo, conforme con el artículo 14, el artículo 56 número 3) y el artículo 63.

En la forma y plazo que el Servicio determine mediante resolución, el gestor deberá informar los saldos iniciales y finales de la participación o cuenta y los créditos respectivos.

Artículo 14°.- Para aplicar los impuestos finales sobre las rentas o cantidades retiradas, repartidas, remesadas, o distribuidas por las empresas sujetas al impuesto de primera categoría, determinadas según el Título II, se aplicarán las siguientes reglas[4-5-6-7-8]:

A) Rentas provenientes de empresas obligadas a declarar el impuesto de primera categoría según renta efectiva determinada con contabilidad completa.

1.- Régimen tributario de los propietarios de las empresas, afectos a los impuestos finales.

Los propietarios de empresas que declaren el impuesto de primera categoría con base en renta efectiva determinada con contabilidad completa, quedarán gravados con los impuestos finales sobre todas las cantidades que a cualquier título retiren, les remesen, o les sean distribuidas desde dichas empresas, en conformidad a las reglas del presente artículo y lo

---

4 Art. 12° transitorio, Ley N° 21.210, señala: "*Desde la entrada en vigencia de la modificación incorporada por el artículo segundo de esta ley al artículo 14 de la Ley sobre Impuesto a la Renta, toda referencia que las leyes hagan a la letra B) del artículo 14 de la Ley sobre Impuesto a la Renta, vigente al 31 de diciembre de 2019, se entenderán efectuadas a la letra A) del artículo 14 del mismo cuerpo legal, vigente a contar del 1 de enero de 2020*".

5 Regímenes por defecto y opciones. Ver Art. 14° transitorio, Ley N° 21.210.

6 El Art. 10° transitorio, Ley N° 21.210, regula la transición de los contribuyentes sujetos al régimen de la letra A) del artículo 14 de la Ley sobre Impuesto a la Renta vigente al 31 de diciembre de 2019, que al 1 de enero del 2020 se incorporen al régimen de la letra A) del señalado artículo. (Ver ley 21.210 artículo décimo transitorio)

7 El Art. 11° transitorio, Ley N° 21.210, regula la transición de los contribuyentes sujetos al régimen de la letra B) del artículo 14 de la Ley sobre Impuesto a la Renta vigente al 31 de diciembre de 2019, que al 1 de enero del 2020 se incorporen al régimen de la letra A) del señalado artículo. (Ver ley 21.210 artículo undécimo transitorio).

8 El Art. 40° transitorio, Ley N° 21.210, regula la transición de los contribuyentes sujetos al régimen de la letra B) del artículo 14 de la Ley sobre Impuesto a la Renta vigente al 31 de diciembre de 2019, que al 1 de enero del 2020 se incorporen al régimen de la letra D) del señalado artículo. (Ver ley 21.210 artículo cuadragésimo transitorio)

dispuesto en los artículos 54, número 1; 58, números 1) y 2); 60 y 62 de la presente ley, salvo que se trate de ingresos no constitutivos de renta, rentas exentas de los impuestos finales, rentas con tributación cumplida o de devoluciones de capital y sus reajustes efectuados de acuerdo al número 7°.- del artículo 17.

2.- Registros tributarios de las rentas empresariales.

Las empresas sujetas a las disposiciones de esta letra deberán confeccionar al término de cada ejercicio los siguientes registros tributarios, donde deberán efectuar y mantener el control de las siguientes cantidades:

a) Registro RAI o de rentas afectas a los impuestos finales. Deberán registrar las rentas o cantidades que correspondan a la diferencia positiva, entre:

i) El valor positivo del capital propio tributario, y

ii) El saldo positivo de las cantidades que se mantengan en el registro REX, sumado al valor del capital aportado efectivamente a la empresa más sus aumentos y menos sus disminuciones posteriores, reajustado de acuerdo a la variación del índice de precios al consumidor entre el mes anterior a aquel en que se efectúa el aporte, aumento o disminución y el mes anterior al del término del año comercial.

Para estos efectos, si el capital propio fuese negativo, se considerará como valor cero.

Para el cálculo de estas rentas, se sumarán al capital propio tributario que se determine los retiros, remesas o dividendos efectuados durante el ejercicio, reajustados de acuerdo a la variación del índice de precios al consumidor entre el mes anterior a aquel en que se efectúa el retiro, remesa o distribución y el mes anterior al término del año comercial, y el saldo negativo del registro REX.

b) Registro DDAN o de diferencias entre la depreciación normal y las aceleradas que establecen los números 5 y 5 bis, del inciso cuarto del artículo 31.

Las empresas anotarán en este registro la diferencia positiva que se determine entre la depreciación acelerada y la normal de los bienes que se someten a depreciación acelerada. Asimismo, se anotarán los ajustes que correspondan por cualquier causa que impida continuar depreciando el bien, tales como su enajenación o que se haya terminado de depreciar aceleradamente.

Al confeccionar el registro, en primer término, se adicionará el remanente que provenga del ejercicio anterior, reajustados de acuerdo a la variación del índice de precios al consumidor entre el último día del segundo mes anterior al de iniciación del ejercicio y el último día del mes anterior al término del año comercial respectivo.

c) Registro REX o de rentas exentas e ingresos no constitutivos de renta. Deberán registrarse las rentas exentas de los impuestos finales, los ingresos no constitutivos de renta obtenidos por la empresa, y las rentas con tributación cumplida, así como todas aquellas cantidades de la misma naturaleza que perciba a título de retiros o dividendos provenientes de otras empresas.

Al confeccionar el registro, en primer término, se adicionarán o deducirán, según corresponda, los remanentes de cada tipo de renta o cantidad que provengan del ejercicio anterior, reajustados de acuerdo a la variación del índice de precios al consumidor entre el último día del segundo mes anterior al de iniciación del ejercicio y el último día del mes anterior al término del año comercial respectivo.

De estas cantidades se rebajarán, previo a su incorporación en este registro, los costos, gastos y desembolsos imputables a los ingresos netos de la misma naturaleza, según lo dispuesto en la letra e) del número 1 del artículo 33, de manera que se registrarán cantidades netas o líquidas disponibles para ser retiradas, remesadas o distribuidas. Si producto de esta rebaja se determina un saldo negativo, este deberá imputarse a los remanentes de ejercicios anteriores o a las rentas o cantidades que se determinen en el ejercicio siguiente, y así sucesivamente.

d) Registro SAC o de saldo acumulado de créditos. Deberá mantenerse el control y registro del saldo acumulado de créditos por impuesto de primera categoría que establecen los artículos 56, número 3), y 63, y el crédito total disponible contra impuestos finales establecido en el artículo 41 A, a que tendrán derecho los propietarios de estas empresas, sobre los retiros, remesas o distribuciones afectos a los impuestos finales, cuando corresponda conforme al número 5.- siguiente. Deberá controlarse de manera separada aquella parte de dichos créditos cuya devolución no sea procedente de acuerdo a la ley, en caso de determinarse un excedente producto de su imputación en contra del impuesto global complementario que corresponda pagar al propietario. Del mismo modo, se controlará en forma separada el crédito contra impuestos finales a que se refiere el artículo 41 A. El saldo acumulado de créditos estará compuesto por: (i) el impuesto de primera categoría que haya afectado a la empresa sobre la renta líquida imponible del año comercial respectivo; (ii) el monto del impuesto de primera categoría que corresponda a los retiros, dividendos o remesas afectos a los impuestos finales, que perciba de otras empresas sujetas a las disposiciones de esta letra o del número 3 de la letra D) de este artículo, y (iii) los créditos por impuestos pagados en el extranjero de acuerdo a las normas establecidas en el artículo 41 A, todos estos conceptos sumados al remanente de los mismos que provengan del ejercicio anterior, reajustados de acuerdo a la variación del índice de precios al consumidor entre el último día del segundo mes anterior al de iniciación del ejercicio y el último día del mes anterior al término del año comercial respectivo. Salvo lo señalado en el número (iii) anterior u otros casos que contempla la ley, los créditos que ingresen al registro SAC que establece esta letra d), incluyendo los señalados en el número (i) y (ii) precedentes, tendrán la obligación de restitución contemplada en los artículos 56 número 3 y 63.

Del saldo así determinado al término del ejercicio deberán rebajarse aquellos créditos que sean asignados a los retiros, remesas o distribuciones del ejercicio y a las partidas del inciso segundo, del artículo 21, en la forma establecida en los números 4 y 5 siguientes. En el caso de las partidas del inciso segundo del artículo 21, salvo el caso del impuesto de primera categoría, deberá rebajarse a todo evento y como última imputación del año comercial, el monto del crédito correspondiente al impuesto de primera categoría que corresponda sobre dichas partidas. Asimismo, en este registro se agregará o deducirá, según corresponda, el crédito asignado con motivo de reorganización de empresas, en los términos de la letra C), de este artículo. El Servicio determinará mediante resolución la forma en que deberán llevarse los registros con las cantidades que establece este número.

3.- Liberación de llevar ciertos registros. Con todo, quedan liberadas de llevar los registros RAI, DDAN y REX, las empresas que no mantengan rentas o cantidades que deban ser controladas en el registro REX, razón por la cual todos los retiros, remesas o distribuciones quedarán gravados con los impuestos finales, con derecho al crédito acumulado en el SAC, en los términos dispuestos en los números 4 y 5 siguientes, salvo que consistan en devoluciones de capital y sus reajustes efectuados de acuerdo al número 7°.- del artículo 17.

Sin embargo, en el caso que se efectúen retiros, remesas o distribuciones con cargo al capital aportado por los propietarios, en los términos del numeral v), del número 4 de esta letra, las empresas deberán reconstituir los registros antes señalados para el ejercicio correspondiente, para efectos de beneficiarse con el tratamiento tributario que se indica en dicho numeral.

4.- Orden de imputación y sus efectos tributarios.

Para la aplicación de los impuestos finales, los retiros, remesas o distribuciones del ejercicio se imputarán al término del ejercicio respectivo, reajustados de acuerdo a la variación del índice de precios al consumidor entre el mes anterior a aquel en que se efectúa el retiro, remesa o distribución y el mes anterior al término del año comercial, en el orden cronológico en que los retiros, remesas o distribuciones se efectúen, hasta agotar el saldo positivo de los registros RAI, DDAN y REX del número 2 anterior, en el orden y con los efectos que se indican a continuación:

(i) En primer lugar, a las rentas o cantidades anotadas en el registro RAI, afectándose con el impuesto final que corresponda.

(ii) En segundo lugar, a las rentas o cantidades anotadas en el registro DDAN afectándose con el impuesto final que corresponda.

(iii) En tercer lugar, a los ingresos con tributación cumplida, luego a las rentas exentas y posteriormente a los ingresos no constitutivos de renta, anotadas en el registro REX, las que no se afectarán con impuesto alguno, considerándose en todo caso aquellos efectuados con cargo a las rentas exentas del impuesto global complementario para efectos de la progresividad que establece el artículo 54. En el caso que las rentas sólo estén exentas del impuesto global complementario, y no del impuesto adicional, corresponderá la tributación con este último.

(iv) Agotadas las cantidades señaladas con anterioridad, la imputación se efectuará a las utilidades de balance retenidas en exceso de las tributables, conforme se refleje en el balance de la empresa al término del ejercicio comercial, afectándose con el impuesto final que corresponda.

(v) Posteriormente, agotadas las utilidades de balance retenidas en exceso de las tributables, la imputación se efectuará al capital y sus reajustes, hasta la concurrencia de la participación que le corresponda al propietario en el capital. Para estos efectos, se reajustará el capital según la variación del índice de precios al consumidor entre el mes anterior a aquel en que se efectúa el aporte, aumento o disminución y el mes anterior al término del año comercial. Cuando los retiros, remesas o distribuciones resulten imputados al capital y sus reajustes, no se afectarán con impuesto alguno, conforme al artículo 17 número 7°.-, en la medida que los retiros, remesas o distribuciones imputadas al capital sean formalizados como disminuciones de capital conforme al tipo de empresa que se trate. Para tal efecto, la disminución de capital deberá formalizarse a más tardar en el mes de febrero del año siguiente al del retiro, remesa o distribución. Tratándose del empresario individual, para hacer uso de esta imputación, la disminución de capital deberá informarse al Servicio dentro del mismo plazo.

(vi) Finalmente, cualquier retiro, remesa, o distribución que exceda de las cantidades señaladas precedentemente, se afectará con el impuesto final que corresponda.

El orden de imputación señalado precedentemente es sin perjuicio de las preferencias especiales de imputación establecidas en esta u otras leyes.

5.- Determinación del crédito aplicable a los propietarios de la empresa.

En todos aquellos casos en que, en conformidad al número anterior, los retiros, remesas o distribuciones de la empresa resulten afectos a los impuestos finales, los propietarios tendrán derecho al crédito a que se refieren los artículos 41 A, 56, número 3), y 63, con tope del saldo acumulado de crédito que se mantenga en el registro SAC al cierre del ejercicio.

El monto del crédito corresponderá al que resulte de aplicar a los retiros, dividendos y demás cantidades gravadas un factor resultante de dividir la tasa de impuesto de primera categoría vigente según el régimen en que se encuentre la empresa al cierre del año del retiro, remesa o distribución, por cien menos dicha tasa, todo ello expresado en porcentaje.

Las empresas liberadas de la obligación de llevar registros RAI, DDAN y REX, aplicarán esta misma regla para determinar el crédito que resulte aplicable.

El factor así determinado, se aplicará sobre los retiros, remesas o distribuciones afectos a impuestos finales y se imputará al SAC determinado al término del ejercicio, comenzando por la asignación de los créditos sin derecho a devolución, y una vez agotados estos, se asignarán los créditos con derecho a devolución.

El crédito a que se refiere el artículo 41 A, se asignará conjuntamente con las distribuciones o retiros de utilidades afectos a impuestos finales, o asignado a las partidas señaladas en el inciso segundo del artículo 21, según corresponda. Para este efecto, la distribución del crédito se efectuará aplicando una tasa de crédito que corresponderá a la diferencia entre la tasa de impuesto de primera categoría, según el régimen al que esté sujeta la empresa en el año del retiro, remesa o distribución y una tasa de 35%, sobre una cantidad tal que, al deducir dicha cantidad, el resultado arroje un monto equivalente al retiro, remesa, distribución o partida señalada, previamente incrementados en el monto del crédito que establecen los artículos 56 número 3) y 63. En todo caso, el crédito asignado no podrá ser superior al saldo de crédito contra impuestos finales que se mantenga registrado en el registro SAC.

En estos casos, cuando las rentas retiradas, remesadas o distribuidas tengan derecho al crédito por impuesto de primera categoría establecido en los artículos 56 número 3) y 63, o cuando deba rebajarse el crédito correspondiente a las partidas del inciso segundo del artículo 21, este se calculará sobre una cantidad tal que, al deducir dicho crédito de esa cantidad, el resultado arroje un monto equivalente al retiro, remesa, distribución o partida señalada, previamente incrementados en el monto del crédito que establece el artículo 41 A.

El remanente de crédito que se mantenga luego de las imputaciones referidas constituirá el saldo acumulado de crédito para el ejercicio siguiente.

6.- Opción de la empresa de anticipar a sus propietarios el crédito por impuesto de primera categoría.

En caso que los retiros, remesas o distribuciones resulten afectos a los impuestos finales y no se les asigne crédito, atendido que no existe un saldo acumulado de créditos al cierre del ejercicio o el total de éste haya sido asignado a una parte de dichos retiros, remesas o distribuciones, y quienes perciban tales cantidades sean contribuyentes que se encuentran gravados con dichos tributos, la empresa podrá optar voluntariamente por pagar a título de impuesto de primera categoría una suma equivalente a la que resulte de aplicar la tasa del referido tributo a una cantidad tal que al restarle dicho impuesto, la cantidad resultante sea el monto neto del retiro, remesa o distribución. Este impuesto deberá ser declarado y pagado según lo establecido en los artículos 65, 69 y 72, y podrá ser imputado por los propietarios en contra de los impuestos finales que graven a los retiros, remesas o distribuciones efectuados en el ejercicio conforme a lo dispuesto en el artículo 56, número 3) y 63.

Efectuado el pago del impuesto señalado, la empresa podrá deducir en la determinación de la renta líquida imponible correspondiente al año comercial en que se haya pagado el impuesto, y hasta el monto positivo que resulte de ésta, una suma equivalente a la cantidad sobre la cual se aplicó y pagó efectivamente la tasa del impuesto de primera categoría de acuerdo al párrafo anterior. Si de la deducción referida, se determinare un excedente, ya sea por la existencia de una pérdida para fines tributarios o por otra causa, dicho excedente podrá deducirse en el ejercicio siguiente y en los subsiguientes, hasta su total extinción. Para los efectos de su imputación, dicho excedente se reajustará según el porcentaje de variación del índice de precios al consumidor entre el mes anterior al del cierre del ejercicio en que se haya determinado y el mes anterior al cierre del ejercicio de su imputación.

Del pago voluntario de este impuesto no podrá deducirse ninguna clase de créditos que la ley establezca contra el impuesto de primera categoría.

7.- Normas para compensar rentas y créditos improcedentes.

Cuando la empresa hubiere informado al Servicio créditos de primera categoría en exceso de las sumas correspondientes, deberá pagar a título de impuesto las diferencias respectivas de acuerdo a lo dispuesto en los artículos 65, 69 y 72, en cuyo caso no procederá la rectificación de las declaraciones que hubieren sido presentadas por los respectivos propietarios, sea que se trate de contribuyentes de la primera categoría o de impuestos finales. El monto restituido corresponderá a una partida del inciso segundo del artículo 21 y deberá ser agregado al SAC en la medida que tal cantidad se haya rebajado de este registro.

Tampoco procederán dichas rectificaciones por los respectivos propietarios cuando se hubiere asignado un crédito menor respecto del ejercicio en que se constate la menor asignación del crédito por la empresa, lo que deberá informar al Servicio en la declaración anual de renta que corresponda. No obstante lo anterior, procederá la rectificación cuando así lo solicite el o los propietarios interesados, sin perjuicio que se ajusten los saldos del ejercicio y de los ejercicios siguientes, de las cantidades referidas en este artículo, cuando corresponda.

Lo dispuesto en los incisos anteriores también podrá aplicarse a las diferencias que se determinen sobre las utilidades o cantidades sobre las cuales se aplican los créditos e impuestos finales.

Con todo, procederá que el propietario o la empresa rectifique cuando se trate de diferencias que se originen en procesos de reorganización, respecto de los valores inicialmente registrados o declarados en procesos de fiscalización del Servicio, y que generen cambios impositivos en las declaraciones de los propietarios.

8.- Información anual al Servicio.

Las empresas sujetas a las disposiciones de esta letra A), deberán informar anualmente al Servicio, en la forma y plazo que éste determine mediante resolución, las siguientes materias:

a) El monto de los retiros, remesas o distribuciones que se realicen en el año comercial respectivo, y la renta que se asigne a los propietarios en virtud de lo señalado en el número 8 de la letra D) de este artículo, con indicación de los propietarios que las reciben, la fecha en que se hayan efectuado y si se trata de rentas o cantidades afectas a los impuestos finales, rentas exentas, ingresos no constitutivos de renta o rentas con tributación cumplida. También deberán informar el monto del crédito que hayan determinado para el ejercicio, de acuerdo a los artículos 41 A, 56 número 3), y 63, con indicación si el excedente que se determine luego de su imputación puede o no ser objeto de devolución.

b) El remanente proveniente del ejercicio anterior, aumentos o disminuciones del ejercicio, así como el saldo final que se determine para los registros RAI, DDAN, REX y SAC, según resulte aplicable.

c) El detalle de la determinación del saldo anual del registro RAI, identificando los valores que han servido para determinar el capital propio tributario y el capital aportado efectivamente a la empresa, más sus aumentos y disminuciones posteriores, reajustados de acuerdo a la variación del índice de precios al consumidor entre el mes anterior en que se efectúa el aporte, aumento o disminución y el mes anterior al del término del ejercicio. Asimismo, las empresas deberán informar su patrimonio financiero determinado al término del ejercicio.

d) El monto de las diferencias entre la depreciación acelerada y la normal que mantenga la empresa a que se refiere el registro DDAN, determinadas para cada bien, según corresponda.

Con todo, quedarán liberados de entregar la información señalada en las letras b) y d) anteriores, las empresas que se encuentren eximidas de llevar los registros conforme a lo señalado en el número 3 de esta letra A, a excepción del registro SAC, respecto del cual se deberá informar lo señalado en la letra b) anterior.

e) Las inversiones realizadas en el extranjero durante el año comercial anterior, con indicación del monto y tipo de inversión, del país o territorio en que se encuentre, en el caso de tratarse de acciones, cuotas o derechos, el porcentaje de participación en el capital de la sociedad o entidad constituida en el extranjero, el destino de los fondos invertidos, así como cualquier otra información adicional que el Servicio de Impuestos Internos requiera respecto de tales inversiones. Esta información deberá presentarse hasta el 30 de junio de cada año. El retardo u omisión en la presentación de la información, o la presentación de declaraciones incompletas o con antecedentes erróneos, será sancionada con una multa de diez unidades tributarias anuales, incrementada con una unidad tributaria anual adicional por cada mes de retraso, con tope de 50 unidades tributarias anuales. La referida multa se aplicará conforme al procedimiento establecido en el artículo 161 del Código Tributario.

Cuando las inversiones a que se refiere esta letra se hayan efectuado directa o indirectamente en países o territorios que se consideren como un territorio o jurisdicción que tiene un régimen fiscal preferencial de tributación conforme al artículo 41 H, en forma adicional, deberán informar anualmente, en el plazo señalado, el estado de dichas inversiones, con indicación de sus aumentos o disminuciones, el destino que las entidades receptoras han dado a los fondos respectivos, así como cualquier otra información que requiera el Servicio de Impuestos Internos respecto de las referidas inversiones. El retardo u omisión en la presentación de la información, o la presentación de declaraciones incompletas o con antecedentes erróneos, será sancionada en los mismos términos establecidos en el inciso anterior.

Lo señalado en los incisos precedentes aplicará sin perjuicio de lo establecido en el párrafo segundo del número (i) del inciso tercero del artículo 21, en cuyo caso el Servicio de Impuestos Internos deberá citar previamente al contribuyente conforme al artículo 63 del Código Tributario.

9.- Facultad especial de revisión del Servicio de Impuestos Internos.

Tratándose de una empresa que tenga, directa o indirectamente, propietarios contribuyentes de impuesto global complementario y que sus propietarios, directos o indirectos, sean contribuyentes relacionados, el Servicio de Impuestos Internos podrá revisar, conforme con este número 9, las razones comerciales, económicas, financieras, patrimoniales o administrativas para que los retiros o la distribución anual de las utilidades que corresponde a dichos propietarios relacionados se realice en forma desproporcionada a su participación en el capital de la empresa.

Si de la revisión efectuada el Servicio fundadamente determina que, considerando las circunstancias de la empresa y la de sus propietarios los retiros o, las distribuciones desproporcionadas carecen de las razones señaladas en el inciso anterior, previa citación del artículo 63 del Código Tributario, se aplicará a la empresa que realiza la distribución, o desde la cual se efectúan los retiros, lo establecido en el inciso primero del artículo 21 sobre la parte de la distribución o del retiro que corresponde al exceso sobre la participación en el capital del propietario.

El impuesto único podrá también ser declarado por la propia empresa de acuerdo al artículo 65, 69 y 72.

Producto de la declaración y pago del impuesto establecido en este número 9, se entenderá cumplida totalmente la tributación con el impuesto a la renta de tales cantidades, por lo que el contribuyente del impuesto de primera categoría, receptor de las mismas, las anotará en el registro REX señalado en la letra c) del número 2 de la letra A) de este artículo, como un ingreso no constitutivo de renta y podrán ser retiradas, remesadas o distribuidas en la oportunidad que se estime conveniente, con preferencia a cualquier otra suma y sin considerar las reglas de imputación que establece esta ley que estén vigentes a la fecha del retiro, remesa o distribución.

Si un propietario hubiere pagado impuesto global complementario por las utilidades percibidas, como consecuencia de la liquidación del Servicio de Impuestos Internos del impuesto que corresponda por aplicación de lo establecido en este número 9, se les devolverá el impuesto global complementario pagado en el mismo procedimiento administrativo, mediante una rectificación de su declaración y la acreditación del pago del impuesto único liquidado. Para estos efectos, se efectuará una redeterminación del impuesto aplicable al propietario, excluyendo los retiros o distribuciones, así como los créditos que se hubieren asignado a los mismos, los que se anotarán en el registro SAC de la empresa.

Para estos efectos, se entenderán relacionados los cónyuges, convivientes civiles y parientes ascendientes o descendientes hasta el segundo grado de consanguinidad.

B) Rentas provenientes de empresas que declaren el impuesto de primera categoría determinado sin contabilidad completa.

1.- En el caso de empresas afectas al impuesto de primera categoría que declaren rentas efectivas y que no las determinen sobre la base de un balance general, según contabilidad completa, las rentas establecidas en conformidad con el Título II, más todos los ingresos o beneficios percibidos o devengados por la empresa por participaciones en otras entidades, se gravarán respecto de los propietarios con los impuestos finales, en el mismo ejercicio al que correspondan.

2.- Las rentas presuntas se afectarán con los impuestos de primera categoría e impuestos finales, en el mismo ejercicio al que correspondan.

En los casos señalados en los números 1.- y 2.- anteriores, las rentas se entenderán retiradas o distribuidas por los propietarios en proporción a su participación en las utilidades. Si se tratare de una comunidad, las rentas se asignarán en proporción a sus respectivas cuotas en la comunidad.

C) Efectos tributarios de las reorganizaciones empresariales para fines de registros y asignación de capital propio tributario.

1.- Efectos de la división, conversión y fusión de empresas obligadas a determinar su renta efectiva con contabilidad completa.

a) En caso de división, deberán confeccionarse a dicha fecha los registros RAI, DDAN, REX y SAC de la empresa que se divide. El saldo de la totalidad de las cantidades que deban anotarse en los registros RAI, REX y SAC de la empresa, según el caso, a esa fecha, se asignará a cada una de ellas en proporción al capital propio tributario respectivo; y el saldo de las cantidades que deban anotarse en el registro DDAN, debe ser asignado conjuntamente con los bienes físicos del activo inmovilizado que dieron origen a la diferencia entre la depreciación normal y acelerada.

En estos casos, el capital efectivamente aportado se asignará en cada una de las empresas en la misma proporción antes señalada, considerando como capital efectivamente aportado el monto considerado en la determinación del registro RAI a la fecha de la división.

No obstante, las empresas podrán solicitar al Servicio de Impuestos Internos autorización para efectos de realizar las asignaciones correspondientes en base al patrimonio financiero. Dicha solicitud deberá efectuarse con antelación a la división. En caso que no se realice la solicitud, se deberá informar la misma al Servicio, debiendo, para efectos tributarios, realizar las asignaciones en base a lo señalado en los párrafos precedentes. El Servicio deberá resolver fundadamente la petición en el plazo de 15 días desde que la empresa pone a disposición del Servicio todos los antecedentes necesarios para resolver su presentación, tomando como consideración principal para efectos de su decisión, el debido cumplimiento de las obligaciones tributarias.

b) En el caso de la conversión o de la fusión, la empresa continuadora deberá llevar o mantener el registro y control de las cantidades anotadas en los registros RAI, DDAN, REX y SAC de la empresa convertida o absorbida determinadas a esa fecha. Estas cantidades se entenderán incorporadas a la empresa continuadora en la fecha en que se materialice la conversión o fusión, las que posteriormente se reajustarán al término del ejercicio. En estos casos, las empresas que se convierten o fusionan se afectarán con los impuestos que procedan, por las rentas determinadas en el año comercial correspondiente al término de su giro, sin que corresponda aplicar el impuesto a que se refiere el Nº 1 del artículo 38 bis. En el caso que la empresa continuadora y las absorbidas no se encuentren obligadas a llevar los registros conforme a lo dispuesto en el número 3 de la letra A) de este artículo, la empresa continuadora mantendrá dicha liberación. Para efectos de continuar determinando el RAI, las empresas absorbentes o continuadoras deberán considerar como un aumento efectivo de capital el monto que se haya utilizado como tal en el cálculo del registro RAI efectuado por la empresa absorbida o convertida a la fecha de la fusión o conversión.

2.- Efectos de la fusión o absorción de empresas obligadas a determinar su renta efectiva con contabilidad completa, con empresas sujetas a lo dispuesto en los artículos 14 letra B) número 1, 14 letra D), y 34.

a) En la fusión o absorción de empresas, en que la absorbente se encuentre sujeta a las disposiciones de la letra A) de este artículo, y una o más de las empresas absorbidas o fusionadas se encuentren sujetas a lo dispuesto en el número 1 de la letra B) o en la letra D) del mismo artículo, estas últimas deberán determinar, a la fecha de fusión o absorción, un inventario inicial considerando todos sus activos y pasivos a valor tributario, considerando una depreciación normal y de acuerdo a lo dispuesto en el artículo 41°.- para determinar un capital propio tributario al momento de la fusión. Para efectos tributarios, el capital propio tributario así determinado se entenderá que corresponde a un aumento efectivo de capital aportado por los nuevos propietarios a la empresa absorbente.

b) En la fusión o absorción de empresas, en que la absorbente se encuentre sujeta a las disposiciones de la letra A) de este artículo, y una o más de las empresas absorbidas o fusionadas se encuentren sujetas a lo dispuesto en el artículo 34, estas últimas deberán determinar a la fecha de fusión o absorción, un inventario inicial considerando todos sus activos y pasivos a valor tributario, de acuerdo a lo dispuesto en el artículo 34.- y determinar un capital propio tributario al momento de la fusión. Para efectos tributarios, el capital propio tributario así determinado, se entenderá que corresponde a un aumento efectivo de capital aportado por los nuevos propietarios a la empresa absorbente.

c) En caso que una empresa sujeta a las disposiciones del artículo 14 letra B) número 1, a la letra D) de este artículo, o al artículo 34, absorba o se fusione con otra sujeta a las disposiciones de la letra A) de este artículo, la empresa absorbente deberá incorporarse al régimen de renta efectiva según contabilidad completa de la letra A) de este artículo 14, a contar del inicio del año comercial en que se efectúa la fusión o absorción; para estos efectos, a las empresas absorbentes les serán aplicables, en todo lo pertinente, las reglas establecidas en las letras a) y b) anteriores de este número 2. Posteriormente, se aplicarán las disposiciones de la letra b) del número 1 de esta letra C).

3.- Efectos en empresas obligadas a determinar su renta efectiva con contabilidad completa, acogidas al artículo 14 letra A), al momento de optar por sujetarse a lo dispuesto en los artículos 14 letra B) número 1 o 34.

Las empresas obligadas a determinar su renta efectiva en base a contabilidad completa, acogidas al artículo 14 letra A), que opten por sujetarse a lo dispuesto en los artículos 14 letra B) número 1 o 34, deberán efectuar el siguiente tratamiento a las partidas que a continuación se indican, según sus saldos al 31 de diciembre del año anterior al que comiencen a tributar conforme al nuevo régimen, sin perjuicio de la tributación que afecte en dicho período a la empresa y a sus propietarios:

a) El saldo de rentas acumuladas en el registro RAI se entenderá retirado, remesado o distribuido al término del ejercicio anterior a aquel en que ingresan al nuevo régimen, a sus propietarios en la proporción en que participan en las utilidades de la empresa, para afectarse con los impuestos finales en dicho período, incrementado en una cantidad equivalente al crédito por impuesto de primera categoría y el crédito por impuestos finales establecido en el artículo 41 A, incorporados en el registro SAC.

El monto que resulte gravado con los impuestos finales conforme a esta letra, tendrá derecho a la proporción que corresponda del saldo de créditos registrados en el registro SAC. Para efectos de asignar la participación en las utilidades de la empresa se estará al capital enterado o pagado, o en su defecto, al capital suscrito o aportado. En el caso de comunidades, se estará a las cuotas de dominio según conste en un instrumento público.

b) En los mismos términos de la letra anterior, se entenderá retirado, remesado o distribuido el saldo de rentas acumuladas en el registro REX.

c) Si la empresa opta por acogerse al artículo 14 letra B) número 1, se deberá también aplicar lo siguiente:

i) Las pérdidas tributarias determinadas al término del ejercicio anterior deberán considerarse como un gasto del primer día del ejercicio inicial sujeto al nuevo régimen tributario.

ii) Los activos fijos físicos depreciables conforme a lo dispuesto en los números 5 y 5 bis del artículo 31, a su valor neto tributario, deberán considerarse como un gasto del primer día del ejercicio inicial sujeto al nuevo régimen tributario.

iii) Las existencias de bienes del activo realizable, a su valor tributario, deberán considerarse como un gasto del primer día del ejercicio inicial sujeto al nuevo régimen tributario.

iv) Los ingresos devengados y los gastos adeudados al término del ejercicio inmediatamente anterior al ingreso al nuevo régimen, no deberán ser reconocidos por el contribuyente al momento de su percepción o pago, según corresponda.

4.- Información de antecedentes sobre reorganizaciones empresariales:

Las empresas que se hayan sometido a algún proceso de reorganización empresarial, deberán comunicarlo al Servicio de Impuestos Internos, en la forma y plazo que establece el inciso sexto del artículo 68 del Código Tributario. Para esos efectos, el Servicio mediante resolución, establecerá la información que deberán proporcionar las empresas según cada tipo de reorganización de que se trate.

D) Régimen para las micro, pequeñas y medianas empresas (Pymes)[9].

Se aplicará un régimen especial para incentivar la inversión, capital de trabajo y liquidez de las Pymes, denominado Régimen Pro Pyme, según lo que se establece a continuación:

1.- Concepto de Pyme

Para efectos de este artículo, se entenderá por Pyme, aquella empresa que reúna las siguientes condiciones copulativas:

(a) Que el capital efectivo al momento del inicio de sus actividades no exceda de 85.000 unidades de fomento, según el valor de esta al primer día del mes de inicio de las actividades.

(b) Que el promedio anual de ingresos brutos percibidos o devengados del giro, considerando los tres ejercicios anteriores a aquel en que se vaya a ingresar al régimen, no exceda de 75.000 unidades de fomento, y mantenga dicho promedio mientras se encuentren acogidos al mismo. Si la empresa ejerciera actividades por menos de 3 ejercicios, el promedio se calculará considerando los ejercicios que corresponda a los que realice sus actividades.

Una vez ingresado al Régimen Pro Pyme, para efectos de calcular el promedio de tres años señalado en el párrafo anterior, sólo se considerarán

---

9 El artículo 2 de la ley N° 21.256 dispone para las empresas que cumplan con los requisitos del Régimen Pro Pyme de la letra D) del artículo 14, a los que les resulta aplicable el registro que contempla el artículo 59 de la Ley sobre Impuesto a las Ventas y Servicios, la opción de solicitar un reembolso del remanente acumulado de crédito fiscal de IVA.

los ejercicios que corresponda a aquellos en que la Pyme ha estado acogida a este régimen.

El límite de ingresos promedio de 75.000 unidades de fomento podrá excederse por una sola vez. Con todo, los ingresos brutos de un ejercicio no podrán exceder en ningún caso de 85.000 unidades de fomento.

Para efectos de realizar el cómputo, se considerarán ingresos del giro los que provienen de la actividad que realiza habitualmente el contribuyente, incluyendo ventas, exportaciones, prestaciones de servicios y otras operaciones; y, excluyendo aquellos ingresos extraordinarios, como en el caso de ganancias de capital, o esporádicos, como los obtenidos en la venta de activo inmovilizado.

Para el cómputo de los ingresos brutos del giro no se considerará el impuesto al valor agregado ni otros impuestos adicionales o específicos que se recarguen al precio o remuneración ni las rentas señaladas en la letra (c) siguiente.

Para los cálculos y límites que establece esta letra se utilizará el valor de la unidad de fomento que corresponda al último día del respectivo ejercicio.

El cálculo del promedio de ingresos brutos se determinará en base a la información de ventas contenida en el registro electrónico de compras y ventas, establecido en el artículo 59 de la Ley sobre Impuesto a las Ventas y Servicios, contenida en el decreto ley 825 de 1974. Dicha información será puesta a disposición en el sitio personal del contribuyente por el Servicio de Impuestos Internos y deberá ser complementada o ajustada por la empresa, según corresponda. El Servicio mediante una o más resoluciones establecerá la forma en que se llevará a cabo la determinación del ingreso bruto y la forma de poner a disposición la información.

Los créditos incobrables que correspondan a ingresos devengados que se castiguen durante el ejercicio, se descontarán para efectos del cómputo del promedio anual de ingresos brutos.

Adicionalmente, para el cálculo del promedio de ingresos brutos se deberá sumar los ingresos brutos del giro percibidos o devengados por las empresas o entidades relacionadas, y además, sumar las rentas de dichas empresas o entidades relacionadas provenientes de la tenencia, rescate o enajenación de inversiones en capitales mobiliarios, de la enajenación de derechos sociales o acciones, y las rentas que las entidades relacionadas perciban con motivo de participaciones en otras empresas o entidades.

Para efectos de este artículo, se considerarán empresas o entidades relacionadas según se establece en el artículo 8° número 17 del Código Tributario y los ingresos de las entidades relacionadas se sumarán, en su totalidad, en los casos de las letras a) y b) de dicho artículo; en tanto que, en los casos de las letras c), d) y e) del artículo referido se considerará la proporción que corresponda a la participación en el capital, utilidades, ingresos o derechos a votos, según resulte mayor.

Las empresas o entidades relacionadas deberán informar anualmente a la empresa respectiva, en la forma y plazo que establezca el Servicio de Impuestos Internos mediante resolución, el monto total de los ingresos que deban sumarse para efectos de determinar la aplicación de este régimen, los que se expresarán en unidades de fomento conforme a lo señalado en el párrafo sexto de esta letra (b).

(c) Que el conjunto de los ingresos que percibe la Pyme en el año comercial respectivo, correspondientes a las siguientes actividades, no excedan de un 35% del total de sus ingresos brutos del giro:

(i) Cualquiera de las descritas en los números 1°.- y 2°.- del artículo 20. Con todo, no se computarán para el cálculo del límite del 35% las rentas que provengan de la posesión o explotación de bienes raíces agrícolas.

(ii) Participaciones en contratos de asociación o cuentas en participación.

Para los efectos señalados en esta letra, se considerarán sólo los ingresos que consistan en frutos o cualquier otro rendimiento derivado del dominio, posesión o tenencia a título precario de los bienes y participaciones señaladas. No se considerarán las enajenaciones de tales bienes que generen una renta esporádica o la cesión a título oneroso de los derechos reales constituidos sobre dichos bienes.

(iii) De la posesión o tenencia a cualquier título de derechos sociales y acciones de sociedades o cuotas de fondos de inversión.

2.- Acceso al financiamiento de la Pyme

El Servicio de Impuestos Internos, previa solicitud, entregará, en el sitio personal de la Pyme, un informe de la situación tributaria de la empresa, con la información que mantenga a su disposición y sea relevante para facilitar el acceso al financiamiento de la Pyme, según lo determine mediante resolución. La Pyme podrá utilizar este informe para efectos de obtener financiamiento u otros que les parezcan necesarios, siendo de su exclusiva responsabilidad la veracidad de la información que contenga y entregarlo a terceros.

Con el propósito de promover el emprendimiento e innovación tecnológica, no se entenderán entidades relacionadas con la Pyme, aquellas que participen en ella o la financien con ese fin. Para estos efectos, el acuerdo en que conste la participación o financiamiento de la entidad en la Pyme, deberá estar previamente certificado por la Corporación de Fomento a la Producción y tener por finalidad apoyar la puesta en marcha, el desarrollo o crecimiento de emprendimientos o de proyectos de innovación tecnológica.

Mediante resolución conjunta con el Servicio de Impuestos Internos, la Corporación de Fomento a la Producción determinará los procedimientos de certificación y requisitos que deben cumplir los acuerdos entre las entidades y la Pyme. Dicha resolución deberá exigir, al menos, que el acuerdo contenga: (a) un plan de ejecución y desarrollo del emprendimiento o del proyecto de innovación tecnológica por un plazo no menor a 2 años, que refleje adecuadamente los costos en que incurrirá la Pyme para el logro de su objetivo, los que deberán ajustarse a las condiciones observadas en el mercado, (b) una prohibición de efectuar disminuciones de capital que afecten el aporte de la entidad que participa o financia la Pyme, durante el plazo de su plan de ejecución y desarrollo y (c) una declaración jurada de no encontrarse la entidad y la Pyme relacionadas de manera previa o coetánea al acuerdo en cuestión, a menos que esto ocurra únicamente por uno o más acuerdos previamente certificados en éstos términos.

3.- Tributación de la Pyme

La Pyme acogida al régimen de esta letra D) podrá optar por declarar su renta efectiva según contabilidad simplificada de acuerdo a lo establecido en el artículo 68, entre el 1 de enero y el 30 de abril del año en que ejerza dicha opción, la que se ejercerá en la forma y plazo que determine el Servicio de Impuestos Internos mediante resolución. La Pyme que no ejerza dicha opción deberá llevar contabilidad completa en cuyo caso, la determinación de sus resultados tributarios se realizará igualmente conforme a lo establecido en esta letra D), mediante los ajustes que corresponda realizar. Aún en el caso que la Pyme opte por llevar contabilidad simplificada, podrá llevar contabilidad completa, sin que ello altere la determinación de sus resultados tributarios conforme a esta letra D).

Para efectos de llevar la contabilidad simplificada y determinar la tributación de la Pyme, se aplicarán las siguientes reglas:

(a) El Servicio de Impuestos Internos pondrá a disposición, en el sitio personal del contribuyente, entre el 15 y el 30 de abril del año tributario respectivo, la información digital con la que cuente, en especial aquella contenida en el registro electrónico de compras y ventas establecido en el artículo 59 de la Ley sobre Impuesto a las Ventas y Servicios, contenida en el decreto ley Nº 825 de 1974, para que la Pyme realice su declaración y el pago de los impuestos anuales a la renta, complementando o ajustando, en su caso, la información que corresponda. Lo anterior no liberará a la empresa de realizar una rectificación de su declaración en caso que dicha empresa o terceros hayan entregado información inexacta o fuera de plazo al Servicio, siendo aplicables en ese caso los intereses y multas que correspondan de conformidad a la ley, sin perjuicio de lo establecido en el número 7 de la letra A) de este artículo que resultará aplicable a la Pyme.

Lo dispuesto en esta letra (a) también será aplicable respecto de las Pymes que opten por el régimen del número 8 de esta letra D).

(b) Deberá tributar anualmente con impuesto de primera categoría, con la tasa establecida en el artículo 20 para este tipo de empresas. Serán procedentes todos los créditos que correspondan conforme a las normas de esta ley a las Pymes sujetas a este régimen.

(c) Estará liberada de aplicar la corrección monetaria establecida en el artículo 41.

(d) Depreciará sus activos físicos del activo inmovilizado de manera instantánea e íntegra en el mismo ejercicio comercial en que sean adquiridos o fabricados.

(e) Reconocerá como gasto o egreso, las existencias e insumos del negocio adquiridos o fabricados en el año y no enajenados o utilizados dentro del mismo, según corresponda.

(f) Determinará la base imponible, sumando los ingresos del giro percibidos en el ejercicio y deduciendo los gastos o egresos pagados en el mismo, salvo en operaciones de la Pyme con entidades relacionadas que estén sujetas al régimen de tributación de la letra A) de este artículo, en cuyo caso la Pyme deberá determinar la base imponible y los pagos provisionales computando los ingresos percibidos o devengados y los gastos pagados o adeudados, conforme con las normas generales.

Para la determinación de la base imponible se aplicarán además las siguientes reglas:

(i) Normas especiales respecto de los ingresos.

Para determinar los ingresos provenientes del rescate o enajenación de las inversiones en capitales mobiliarios, o de la enajenación de participaciones a que se refiere la letra c), del número 1.- de esta letra D), o en general, en la enajenación de bienes que no pueden depreciarse conforme a esta ley, se rebajará del ingreso percibido, y en el mismo ejercicio en que ocurra, el valor de la inversión efectivamente realizada, reajustada de acuerdo con la variación del índice de precios al consumidor en el período comprendido entre el mes que antecede al del egreso o inversión y el mes anterior al de su enajenación o rescate, según corresponda.

En ningún caso formarán parte de los ingresos para efectos de determinar la base imponible de la Pyme las rentas percibidas con motivo de participaciones en otras empresas o entidades sujetas a la letra A) de este artículo o al régimen del número 3 de la letra D) de este artículo.

(ii) Normas especiales respecto de los egresos o gastos.

Se entenderá por gastos pagados o egresos aquellas cantidades efectivamente pagadas por concepto de compras, importaciones, prestaciones de servicios, remuneraciones, honorarios, intereses e impuestos que no sean los de esta ley. Asimismo, corresponderá a un egreso o gasto las pérdidas de ejercicios anteriores y los créditos incobrables castigados durante el ejercicio que previamente hayan sido reconocido en forma devengada o por préstamos otorgados por la Pyme.

En el caso de adquisiciones de bienes o servicios pagaderos en cuotas o a plazo, podrán rebajarse sólo aquellas cuotas o parte del precio o valor efectivamente pagado durante el ejercicio correspondiente.

Tratándose de la enajenación o rescate de inversiones en capitales mobiliarios, o en participaciones a que se refiere la letra c), del número 1.- de esta letra D), o en general, en bienes que no pueden depreciarse conforme a esta ley, el egreso respectivo, correspondiente al valor de la inversión efectivamente realizada, se deducirá en el ejercicio en que se perciba el valor de rescate o enajenación, reajustada de acuerdo con la variación del índice de precios al consumidor en el período comprendido entre el mes que antecede al de la inversión y el mes anterior al de su enajenación o rescate, según corresponda.

Para la deducción de los egresos o gastos, aplicará el artículo 31, con las modificaciones que establece este artículo y considerando la naturaleza de Pyme de las empresas acogidas a este régimen.

(g) Estará liberada de mantener y preparar los registros de rentas empresariales establecido en las letras (a), (b) y (c) el número 2 de la letra A) de este artículo, salvo que perciba o genere rentas exentas de los impuestos finales, ingresos no constitutivos de renta o rentas con tributación cumplida. En este último caso, podrá eximirse de esta obligación en caso que las modificaciones de capital, retiros o distribuciones y en general las operaciones que afecten el capital propio o los créditos respectivos se realicen mediante la emisión de documentos tributarios electrónicos según determine el Servicio de Impuestos Internos mediante resolución y de acuerdo a las reglas que se establecen a continuación.

Si la empresa no emitiera los documentos electrónicos respectivos, la Pyme preparará y mantendrá los registros de rentas empresariales a que se refieren las letras (a), (c) y (d) del número 2 de la letra A) de este artículo, para lo cual considerará el capital propio tributario que se determine conforme a la letra (j) del número 3 de esta letra D).

(h) No aplicará un orden de imputación a los retiros, remesas o distribuciones de utilidades si la Pyme no obtiene rentas exentas de los impuestos finales, ingresos no constitutivos de renta o rentas con tributación cumplida que se controlen en el registro REX, gravándose, en ese caso, todo retiro, remesa o distribución con impuestos finales, con derecho al crédito por impuesto de primera categoría, cuando proceda, según lo dispuesto en la letra (i) siguiente.

En los demás casos, para la aplicación de los impuestos finales, los retiros, remesas o distribuciones se imputarán conforme a lo dispuesto en el número 4 de la letra A) de este artículo.

(i) Para efectos de asignar los créditos establecidos en los artículos 56 N° 3, 63 y 41 A, deberán mantener y preparar el registro SAC, conforme a lo dispuesto en la letra d) del N° 2 de la letra A) de este artículo, registrando en forma separada los créditos por impuesto de primera categoría sin la obligación de restitución y aquellos con la obligación de restitución. Los créditos con obligación de restitución corresponden a aquellos que, directa o indirectamente, provienen de empresas acogidas al régimen establecido en la letra A) de este artículo.

La asignación del crédito del registro SAC se realizará conforme a lo dispuesto en el número 5.- de la letra A) de este artículo. En caso que se mantengan registrados créditos por impuesto de primera categoría sin la obligación de restitución y con la obligación de restitución, se asignarán en primer lugar los créditos sin obligación de restitución, y una vez agotados estos, se asignarán los créditos con obligación de restitución.

Para efectos de lo establecido en la letra (h) y en la letra (i) precedentes, podrá aplicarse a la empresa acogida al N° 3 de esta letra D), lo señalado en la letra a) del N° 8 de la letra A), según determine el Servicio de Impuestos Internos mediante resolución.

(j) Reglas especiales para determinar un capital propio tributario simplificado.

Para todos los efectos, la forma de determinación del capital propio tributario, al 1° de enero de cada año, de una Pyme acogida al Régimen Pro Pyme, se realizará determinando la diferencia entre:

- El valor del capital aportado formalizado mediante las disposiciones legales aplicables al tipo de empresa, más las bases imponibles del impuesto de primera categoría determinada cada año, según corresponda, más las rentas percibidas con motivo de participaciones en otras empresas; y,

- El valor de las disminuciones de capital, de las pérdidas, de las partidas del inciso segundo del artículo 21 pagadas y de los retiros y distribuciones efectuadas a los propietarios en cada año.

El capital propio tributario será informado por el Servicio de Impuestos Internos a la empresa, para que proceda a su complementación o rectificación en caso que corresponda, en la forma en que lo establezca mediante resolución.

(k) Reglas especiales para determinar los pagos provisionales mensuales.

Las empresas acogidas al Régimen Pro Pyme efectuarán un pago provisional conforme a lo siguiente:

(i) En el año del inicio de sus actividades, la tasa será de 0,25%.

(ii) Si los ingresos brutos del giro del año anterior no exceden de 50 mil unidades de fomento, se efectuarán con una tasa de 0,25% sobre los ingresos respectivos.

(iii) Si los ingresos brutos del giro del año anterior exceden de 50 mil unidades de fomento, se efectuarán con una tasa de 0,5% sobre los ingresos respectivos.

El saldo anual debidamente reajustado se imputará y podrá ponerse a disposición de los propietarios, según corresponda, de acuerdo a los artículos 93 a 97. El Servicio de Impuestos Internos instruirá la forma de determinación de los pagos provisionales y su puesta a disposición mediante resolución.

4.- Tributación de los propietarios contribuyentes de impuestos finales de la Pyme

Los propietarios de la Pyme quedarán afectos a los impuestos finales, conforme a las reglas establecidas en la letra A) de este artículo, considerando las disposiciones de esta letra D).

5.- Procedimiento para acogerse al Régimen Pro Pyme

Las empresas que cumplan con las condiciones establecidas en el número 1.- de esta letra D), y que no opten por otro régimen al momento de iniciar sus actividades, quedarán acogidas por el solo ministerio de la ley al Régimen Pro Pyme sin necesidad de efectuar una declaración expresa.

Lo anterior será informado por el Servicio de Impuestos Internos en el sitio personal del contribuyente al momento del inicio de actividades.

Tratándose de contribuyentes que hayan iniciado actividades en ejercicios anteriores, o respecto de los cuales no haya operado el Régimen Pro Pyme por el ministerio de la ley, la opción de acogerse al mismo se manifestará dando el respectivo aviso al Servicio de Impuestos Internos entre el 1 de enero al 30 de abril del año calendario en que se incorporen al referido régimen, en la forma y plazo que establezca dicho Servicio mediante resolución.

No obstante lo anterior, serán reclasificadas por el Servicio de Impuestos Internos al Régimen Pro Pyme aquellas Pymes que se encuentren sujetas a la letra A) del artículo 14, que al término del año comercial del inicio de sus actividades obtengan ingresos que no excedan de 1.000 unidades de fomento y que cumplan los requisitos que el Servicio establezca mediante resolución. En estos casos el Servicio de Impuestos Internos deberá realizar un aviso en el sitio personal del contribuyente, incluyendo información con las implicancias de este cambio.

6.- Traslado desde el régimen de la letra A) de este artículo al Régimen Pro Pyme

Las empresas sujetas al régimen de la letra A) de este artículo que pasen a estar sujetas al Régimen Pro Pyme, deberán efectuar el siguiente tratamiento a las partidas que a continuación se indican, según los valores contabilizados o saldos al 31 de diciembre del año anterior al ingreso al régimen, sin perjuicio de la tributación que afecte en dicho período a la empresa y a sus propietarios:

(a) Reconocerán como gasto o egreso del primer día del ejercicio sujeto a este régimen los activos fijos depreciables conforme a lo dispuesto en el número 5 o 5 bis del artículo 31, según su valor neto determinado conforme a esta ley.

(b) Reconocerán como gasto o egreso del primer día del ejercicio sujeto a este régimen las existencias e insumos que formen parte del activo realizable.

(c) Considerarán como un gasto o egreso del primer día del ejercicio sujeto a este régimen las pérdidas tributarias determinadas conforme a las disposiciones de esta ley.

(d) No deberán reconocer nuevamente, al momento de su percepción o pago, según corresponda, los ingresos devengados y los gastos adeudados hasta el término del ejercicio inmediatamente anterior al del ingreso al presente régimen, sin perjuicio de la obligación de mantenerlos registrados y controlados.

(e) Registrarán como saldo inicial del registro RAI, el saldo del registro RAI que mantenga al 31 de diciembre del año anterior al de ingreso al régimen.

(f) Registrarán como saldo inicial del registro REX, el saldo del registro REX que mantenga al 31 de diciembre del año anterior al de ingreso al régimen.

(g) Reconocerán como saldo inicial del registro SAC, el saldo acumulado de crédito en el registro SAC al 31 de diciembre del año anterior al ingreso al régimen.

Lo dispuesto en las letras (e) y (f) de este número aplicará sólo en caso que la empresa que ingresa al Régimen Pro Pyme tenga a esa fecha rentas exentas de los impuestos finales, ingresos no constitutivos de renta o rentas con tributación cumplida.

El Servicio de Impuestos Internos mediante resolución señalará la forma de preparar y mantener la información y los registros respectivos.

Las Pymes que ingresen al régimen informarán al Servicio de Impuestos Internos entre el 1 de enero al 30 de abril del año calendario en que se incorporen al mismo, si tuvieren saldos en los registros señalados en las letras (e), (f) y (g), según lo determine el Servicio mediante resolución.

7.- Retiro o exclusión del Régimen Pro Pyme

Las empresas que opten por abandonar el Régimen Pro Pyme o que, por incumplimiento de alguno de los requisitos, deban abandonarlo obligatoriamente, darán aviso al Servicio de Impuestos Internos entre el 1 de enero y el 30 de abril del año comercial en que decidan abandonarlo o del año comercial siguiente a aquel en que ocurra el incumplimiento, según corresponda, en la forma y plazo que establezca el Servicio de Impuestos

Internos mediante resolución. En este caso, las empresas quedarán sujetas a las normas de la letra A) de este artículo a contar del día 1 de enero del año comercial del aviso.

Con motivo del cambio de régimen, los ingresos devengados y los gastos adeudados que no hayan sido computados en virtud de las disposiciones de esta letra D) deberán ser reconocidos y deducidos, respectivamente por la empresa, al momento de su incorporación al régimen de la letra A) de este artículo.

Adicionalmente, cuando la empresa decida o deba abandonar el Régimen Pro Pyme y corresponda aplicar el régimen de la letra A) de este artículo, se estará a las siguientes reglas:

(a) Capital propio tributario

Se considerará el valor resultante de lo dispuesto en el capital propio tributario determinado conforme a la letra (j) del número 3.- de este Régimen Pro Pyme.

(b) Valoración del inventario inicial de activos y pasivos

Se deberá preparar un inventario inicial, aplicando las siguientes reglas:

(i) Maquinarias, vehículos, equipos y enseres

Serán valorizados en un peso, los que no quedarán sometidos a las normas del artículo 41 y deberán permanecer en los registros contables hasta la eliminación total del bien motivada por la venta, castigo, retiro u otra causa.

Sin perjuicio de lo anterior, podrá reconocer el valor neto de adquisición reajustado de acuerdo al N° 2 del artículo 41, menos una amortización lineal por el plazo transcurrido entre su adquisición y la fecha de cambio de régimen.

(ii) Materias primas y productos en diferentes estados

Serán valorizados en un peso, los que no quedarán sometidos a las normas del N° 3 del artículo 41 y deberán permanecer en los registros contables hasta la eliminación total del bien motivada por la venta, castigo, retiro u otra causa. Sin perjuicio de lo anterior, podrá reconocer el valor de adquisición o de traspaso de costos o de venta menos el margen de comercialización del respectivo contribuyente, según proceda.

(iii) Bienes raíces

Tratándose de bienes raíces depreciables, éstos serán valorizados en un peso, los que no quedarán sometidos a las normas del artículo 41 y deberán permanecer en los registros contables hasta la eliminación total del bien motivada por la venta, castigo, retiro u otra causa.

(iv) Intangibles tales como marcas, patentes o derechos

El valor de adquisición pagado, o su valor de inscripción a falta de aquel, reajustado de acuerdo a la variación del índice de precios al consumidor entre el mes anterior al desembolso y el mes anterior al cierre del año comercial respectivo.

(v) Bienes no depreciables

Se reconocerá el valor de adquisición, reajustado de acuerdo al Nº 2 del artículo 41 entre el mes anterior a la adquisición y el mes anterior al cierre del ejercicio respectivo.

(vi) Otros bienes

Los criterios señalados en los literales i), ii), iv) o v) serán aplicables según corresponda a la naturaleza del respectivo bien.

El Servicio de Impuestos Internos podrá definir un criterio aplicable distinto en caso de ser requerido por un contribuyente.

(vii) Los pasivos exigibles se reconocerán según el tipo de obligación de que se trate, sean éstos reajustables, en moneda extranjera o según el reajuste acordado, según corresponda.

Cuando la valorización de los activos que corresponda se realice en un peso o según el valor de adquisición reajustado en caso de bienes no depreciables o intangibles, no procederá efectuar ningún ajuste a los resultados que se obtengan a partir del 1 de enero del año en que se encuentre bajo el régimen de la letra A) de este artículo. En aquellos casos en que se aplique una valorización distinta a la señalada anteriormente en este inciso, se reconocerán los efectos en la determinación del capital propio tributario al término del ejercicio en que se encuentre bajo el régimen de la letra A) de este artículo y procederá en su caso la depreciación normal del artículo 31, sin que se deba reconocer un ingreso tributable por el cambio de régimen.

La incorporación al régimen de la letra A) no podrá generar utilidades o pérdidas distintas a las señaladas en los incisos anteriores, provenientes de partidas que afectaron o debían afectar el resultado de algún ejercicio bajo la aplicación del Régimen Pro Pyme.

(c) Registro de las utilidades acumuladas al cambio de régimen

A contar del capital propio señalado en la letra (a) precedente y del capital efectivamente pagado, deberá determinarse la cantidad o los ajustes a las utilidades pendientes de tributación, a las rentas exentas de los impuestos finales, a los ingresos no constitutivos de renta, a las rentas con tributación cumplida y el crédito de primera categoría que pudiere estar disponible, las que pasarán a formar parte de los saldos iniciales de los registros a que se refiere la letra A) de este artículo. El Servicio establecerá mediante resolución la forma y plazo para dar cumplimiento a estos registros.

8.- Régimen opcional de transparencia tributaria

Las Pymes podrán optar por acogerse a un régimen de transparencia tributaria, en caso que, además de los requisitos establecidos en el número 1 anterior, sus propietarios sean contribuyentes de impuestos finales durante el ejercicio respectivo, incluyendo a los contribuyentes que se encuentren en el tramo exento de impuesto global complementario. Para estos efectos, aquel empresario individual que haya asignado la participación en la Pyme a la contabilidad de la empresa individual deberá igualmente tributar con impuestos finales sobre la base imponible que determine la Pyme, en la forma que señala la letra (b) siguiente.

(a) Tributación de la Pyme en el régimen de transparencia tributaria

La Pyme que opte por el régimen se sujetará a las siguientes reglas:

(i) Quedará liberada del impuesto de primera categoría y sus propietarios se afectarán con impuestos finales sobre la base imponible que determine la empresa, en la forma que señala la letra (b) siguiente.

(ii) Estará liberada, para efectos tributarios, de llevar contabilidad completa, practicar inventarios, confeccionar balances, efectuar depreciaciones, aplicar corrección monetaria conforme con el artículo 41 y llevar los registros de rentas empresariales establecidos en el número 2 de la letra A.

(iii) Realizará el control de los ingresos y egresos de acuerdo al registro electrónico de compras y ventas establecido en el artículo 59 de la Ley sobre Impuesto a las Ventas y Servicios, contenida en el decreto ley N° 825 de 1974, salvo en caso que no se encuentre obligada a llevar dicho registro, en que llevará un libro de ingresos y egresos, en el que se registrará el resumen diario, tanto de los ingresos percibidos como devengados que obtenga, así como los egresos pagados o adeudados, según instruya el Servicio de Impuestos Internos mediante resolución.

Adicionalmente, las Pymes acogidas a este régimen deberán llevar un libro de caja que reflejará cronológicamente el resumen diario del flujo de sus ingresos y egresos, según instruya el Servicio de Impuestos Internos mediante resolución.

La Pyme podrá también llevar contabilidad completa, sin que se altere la forma de determinación de sus resultados tributarios conforme a este número 8.

(iv) Determinará la base imponible, aplicando lo establecido en las letras (d), (e) y (f) del número 3, con los siguientes ajustes:

Para efectos de determinar la base imponible, se incluirán todos los ingresos y egresos, sin considerar su fuente u origen ni si se trata de cantidades no afectas o exentas conforme a la ley.

Formarán también parte de los ingresos para efectos de determinar la base imponible, las rentas percibidas con motivo de participaciones en otras empresas o entidades sujetas a la letra A o B del artículo 14 o sujetas al régimen del número 3 de esta letra D).

Estas rentas se incorporarán a la base imponible incrementándose previamente en una cantidad equivalente al crédito por impuesto de primera categoría que establecen los artículos 56 número 3) y 63. Dicho crédito se imputará en contra de los impuestos finales que deban pagar los propietarios en el mismo ejercicio. Para los efectos de su imputación, dicho crédito se reajustará según la variación del índice de precios al consumidor entre el mes anterior al del cierre del ejercicio en que se haya determinado y el mes anterior al cierre del ejercicio de su imputación.

(v) La base imponible se afectará con los impuestos finales en el mismo ejercicio en que se determine, de la que no podrá deducirse ningún crédito o rebaja, salvo los que se establecen en este número 8 y en el artículo 33 bis, no siendo aplicable lo señalado en la letra (i) del número 3 de esta letra D.

El crédito del artículo 33 bis, se imputará a los impuestos finales que afecten a los propietarios, y se asignará en la forma dispuesta en la letra (b) siguiente. Para todos los efectos, este crédito se entenderá que corresponde a un crédito por impuesto de primera categoría y no podrá exceder del monto del impuesto que hubiere gravado a la base imponible que determine la empresa durante el ejercicio si esta hubiere estado afecta.

El Servicio de Impuestos Internos entregará a la empresa la información que tenga a su disposición respecto de los créditos a que se refiere este número (v), para su complementación o rectificación, según determine mediante resolución.

(vi) No aplicará un orden de imputación a los retiros, remesas o distribuciones de utilidades.

(vii) Las Pymes con ingresos que excedan las 50.000 unidades de fomento determinadas en conformidad a la letra (b) del número 1 de esta letra D), y estén sometidas a este régimen opcional de transparencia tributaria, determinarán un capital propio tributario simplificado según la información que dispone el Servicio de Impuestos Internos de acuerdo a lo establecido en la letra (j) del número 3 de la letra D) de este artículo, considerando las disposiciones de esta letra (a).

(viii) Para determinar los pagos provisionales mensuales aplicará lo señalado en la letra (k) del número 3 de esta letra D), aplicando una tasa de 0,2% en el ejercicio de su inicio de actividades, y en los ejercicios posteriores en la medida que los ingresos brutos del giro del año anterior no excedan de 50 mil unidades de fomento.

(b) Tributación de los propietarios de la Pyme acogida a la transparencia tributaria

Los propietarios de la Pyme quedarán afectos a los impuestos finales, conforme a las reglas establecidas en la letra A) de este artículo, considerando las disposiciones de este número 8 de la letra D).

La tributación de los propietarios sobre la base imponible que determine la Pyme corresponderá según la forma que ellos hayan acordado repartir sus utilidades de acuerdo a lo estipulado en el pacto social, los estatutos o, si no son procedentes dichos instrumentos por el tipo de empresa de que se trata, en una escritura pública. En caso que no resulte aplicable lo anterior, la proporción que corresponderá a cada propietario se determinará de acuerdo a la participación en el capital enterado o pagado, y en su defecto, el capital aportado o suscrito. Para el caso de comuneros que no hayan acordado una forma distinta mediante una escritura pública, la proporción se determinará según su cuota en el bien de que se trate.

(c) Procedimiento para acogerse a la transparencia tributaria

Tratándose de contribuyentes que inicien sus actividades, la opción de acogerse al régimen de transparencia tributaria se manifestará hasta el 30 de abril del año calendario siguiente a dicho inicio. En este caso, transcurrido el primer año calendario acogido a este régimen, podrán excepcionalmente optar por abandonarlo a contar del 1 de enero del año calendario siguiente, debiendo avisar tal circunstancia al Servicio de Impuestos Internos entre el 1 de enero y el 30 de abril del año en que se incorporan al régimen de la letra A) o del número 3 de la letra D) de este artículo.

El Servicio de Impuestos Internos informará de la opción del régimen de transparencia tributaria a las empresas que realicen un inicio de actividades.

Tratándose de otros contribuyentes, la opción de acogerse se manifestará dando el respectivo aviso al Servicio de Impuestos Internos entre el 1 de enero al 30 de abril del año calendario en que se incorporen al referido régimen, en la forma y plazo que establezca dicho Servicio mediante resolución.

Para ejercer la opción, los empresarios individuales, las empresas individuales de responsabilidad limitada y los contribuyentes del artículo 58, número 1), deberán presentar al Servicio de Impuestos Internos, en la oportunidad que este señale mediante resolución, una declaración suscrita por la Pyme, en la que contenga la decisión de acogerse a la transparencia tributaria. Tratándose de comunidades, la declaración en que se ejerce el derecho a esta opción deberá ser suscrita por todos los comuneros, quienes deben adoptar por unanimidad dicha decisión. En el caso de sociedades de personas y sociedades por acciones, la opción se ejercerá presentando la declaración suscrita por la sociedad, acompañada de una escritura pública en que conste el acuerdo unánime de todos los socios o accionistas. Tratándose de sociedades anónimas, la opción se ejercerá presentando la declaración suscrita por la sociedad, acompañada de una escritura pública de la junta extraordinaria en que conste el acuerdo de las dos terceras partes de las acciones emitidas con derecho a voto.

(d) Traslado desde el régimen de la letra A) de este artículo o desde el régimen del número 3 de esta letra D) al régimen de transparencia tributaria

Las empresas que opten por ingresar desde el régimen de la letra A) o desde el régimen del número 3 de esta letra D), al régimen de transparencia tributaria, aplicarán lo señalado en el número 6 de esta letra D), con los siguientes ajustes:

(i) No determinarán los registros RAI, REX y SAC, según lo señalan las letras (e), (f) y (g) del número 6 de esta letra D), sin perjuicio de informar el saldo de dichos registros al cierre del año anterior al ingreso al régimen, al Servicio de Impuestos Internos, según lo determine mediante resolución.

(ii) Deberán considerar como un ingreso diferido, las rentas o cantidades que correspondan a la diferencia entre el valor positivo del capital propio tributario y las cantidades que se indican a continuación:

- El monto de los aportes de capital efectivamente pagados o enterados, más los aumentos y descontadas las disminuciones del mismo, todos reajustados según la variación del índice de precios al consumidor entre el mes anterior al aporte, aumento o disminución y el último mes del año anterior al cambio de régimen.

- Las cantidades anotadas en el registro REX, establecido en el número 2 de la letra A) o de acuerdo a la letra (g) del número 3 de la letra D).

El ingreso diferido se computará incrementado en una cantidad equivalente al crédito por impuesto de primera categoría establecido en los artículos 56 número 3) y 63, que mantenga la empresa registrados en el SAC establecido en el número 2 de la letra A) o según la letra (g) del número 3 de la letra D). Tal crédito se imputará a los impuestos finales que deban pagar los propietarios luego de que la empresa se incorpore al régimen de transparencia tributaria. Para tal efecto, el crédito se reajustará según la variación del índice de precios al consumidor entre el mes anterior al cambio de régimen y el mes anterior al término del ejercicio respectivo. En caso de resultar un excedente de crédito, este se imputará contra los impuestos finales en la misma forma en los ejercicios siguientes. Este crédito no dará derecho a devolución, o a imputación contra impuestos distintos a los impuestos finales. Con todo, el crédito que se impute en el ejercicio respectivo, no excederá de la cantidad que se determine al aplicar la tasa efectiva de impuestos finales de cada propietario sobre el ingreso diferido incrementado que les corresponda reconocer en dicho ejercicio.

El Servicio de Impuestos Internos entregará a la empresa la información que tenga a su disposición respecto de los créditos a que se refiere este número (ii), para su complementación o rectificación, según determine mediante resolución.

El ingreso diferido se computará dentro de los ingresos percibidos o devengados del ejercicio respectivo, en un periodo de hasta diez ejercicios comerciales consecutivos, contados desde el ingreso al régimen de transparencia tributaria. Para esos efectos se computará como mínimo una décima parte del ingreso en cada ejercicio, hasta su total computación independientemente que abandonen o no el régimen de transparencia. En caso que la empresa termine sus actividades, aquella parte del ingreso diferido cuyo reconocimiento se encuentre pendiente se computará como un ingreso del ejercicio del término de giro. Para efectos de su cómputo, el ingreso diferido se reajustará de acuerdo a la variación del índice de precios al consumidor entre el mes anterior al cierre del año que precede al de incorporación al régimen y el mes anterior al término del ejercicio en que se compute.

El ingreso diferido no se considerará para efectos del artículo 84 ni para computar el límite de ingresos establecido en la letra (b) del número 1 de esta letra D).

(e) Retiro o exclusión del régimen de transparencia tributaria

Las empresas que opten por abandonar el régimen de transparencia tributaria o que, por incumplimiento de alguno de los requisitos, deban abandonarlo obligatoriamente, les será aplicable lo señalado en el número

7 de esta letra D), cuando pasen al régimen de la letra A). En aquellos casos en que pasen al régimen del número 3 de la letra D), sólo deberán preparar los registros respectivos en los casos que corresponda, y determinar su capital propio tributario conforme con la letra (a) este número 8, sin que se produzcan utilidades o pérdidas, provenientes de partidas que afectaron o debían afectar el resultado de algún ejercicio bajo la aplicación del régimen de transparencia.

Las empresas que se hayan retirado del régimen de transparencia tributaria podrán volver a incorporarse después de transcurridos cinco años comerciales consecutivos acogidos a las reglas de la letra A) o a las del número 3 de la letra D) de este artículo, pudiendo para estos efectos sumar el plazo en cualquiera de dichos regímenes.

(f) Obligación de informar y certificar

Las empresas acogidas al régimen de transparencia tributaria deberán informar anualmente al Servicio de Impuestos Internos y certificar a sus propietarios, en la forma y plazo que el Servicio determine mediante resolución, la base imponible y la parte que le corresponda a los propietarios, el monto de los pagos provisionales y el monto de los créditos que conforme a este régimen le corresponda a cada propietario declarar e imputar, según corresponda al régimen de este número 8, con indicación de aquellos créditos por impuesto de primera categoría con obligación de restitución por provenir, directa o indirectamente, de empresas acogidas al régimen establecido en la letra A) de este artículo.

E) Incentivo al ahorro para empresas con ingresos brutos anuales inferiores a 100.000 unidades de fomento.

Los contribuyentes sujetos a las disposiciones de la letra A) y D) del presente artículo, salvo aquellos acogidos al número 8.- de la referida letra D), cuyo promedio anual de ingresos de su giro no exceda de las 100.000 unidades de fomento en los tres años comerciales anteriores, podrán optar anualmente por efectuar una deducción de la renta líquida imponible afecta al impuesto de primera categoría hasta por un monto equivalente al 50% de la renta líquida imponible que se mantenga invertida en la empresa.

La referida deducción no podrá exceder del equivalente a 5.000 unidades de fomento, según el valor de ésta el último día del año comercial respectivo.

Para los efectos señalados en esta letra, se considerará que la renta líquida imponible que se mantiene invertida en la empresa corresponde a la determinada de acuerdo al Título II de esta ley, descontados los gastos rechazados del inciso segundo del artículo 21 que forma parte de ella y las cantidades retiradas, remesadas o distribuidas en el mismo año comercial, sea que éstas deban gravarse o no con los impuestos de esta ley. Las empresas sujetas a la letra A) de ese artículo deberán reajustar dichas cantidades de acuerdo al inciso final del número 1 del artículo 41.

Para el cálculo del límite de ingresos brutos que establece el párrafo primero de esta letra, las empresas sujetas a la letra A) de este artículo expresarán los ingresos del ejercicio en unidades de fomento según el valor de ésta en el último día del respectivo ejercicio y la empresa deberá sumar a sus ingresos los obtenidos por sus empresas relacionadas en los términos establecidos en el número 17 del artículo 8 del Código Tributario, de la misma forma señalada en la letra D) de este artículo. Por su parte, las empresas acogidas a la letra D) de este artículo, aplicarán lo señalado en la letra (b) del número 1 de dicha letra.

Los contribuyentes deberán ejercer la opción a que se refiere esta letra, dentro del plazo para presentar la declaración anual de impuestos a la renta respectiva, debiendo manifestarlo de manera expresa en la forma que establezca el Servicio mediante resolución.

No podrán invocar el incentivo que establece esta letra las empresas cuyos ingresos provenientes de instrumentos de renta fija y de la posesión o explotación a cualquier título de derechos sociales, cuotas de fondos de inversión, cuotas de fondos mutuos, acciones de sociedades anónimas, contratos de asociación o cuentas en participación, excedan del 20% del total de sus ingresos brutos del ejercicio determinados según lo señalado en el inciso cuarto anterior.

F) Exención de impuesto adicional por ciertos pagos al extranjero.

Los pagos realizados por empresas sujetas a lo establecido en el artículo 14 letra A) o D) cuyo promedio anual de ingresos de su giro no exceda de 100.000 unidades de fomento en los tres años comerciales anteriores a aquel en que se realiza el pago respectivo, por la prestación de servicios de publicidad en el extranjero y el uso y suscripción de plataformas de servicios tecnológicos de internet, a contribuyentes no domiciliados ni residentes en Chile, estarán exentos del impuesto adicional establecido en el número 2 del artículo 59.

Para efectos de determinar los ingresos de su giro, las empresas sujetas a la letra D) de este artículo aplicarán lo establecido en su letra (b) número 1. Por su parte, las empresas sujetas a la letra A) de este artículo convertirán sus ingresos del ejercicio según el valor de la unidad de fomento al último día del cierre del año respectivo y deberán aplicar las normas para la letra (b) del número 1 de la letra D) de este artículo para sumar los resultados de sus empresas o entidades relacionadas.

No obstante, si el contribuyente no domiciliado ni residente en Chile que presta el servicio se encuentran en la circunstancia indicada en la parte final del inciso primero del artículo 59, que se acredite y declare en la forma señalada en dicho inciso, no será procedente la exención y en su reemplazo aplicará una tasa de impuesto adicional de 20%.

G) Contribuyentes no sujetos al artículo 14.

Las disposiciones de este artículo no resultan aplicables a aquellos contribuyentes que, no obstante obtener rentas afectas al impuesto de primera categoría, carecen de un vínculo directo o indirecto con personas que tengan la calidad de propietarios y que resulten gravados con los impuestos finales, tales como las fundaciones y corporaciones reguladas en el Título XXXIII, del Libro I del Código Civil, y de las empresas en que el Estado tenga la totalidad de su propiedad. No obstante, las cooperativas, y todo contribuyente, podrán aplicar este artículo debiendo en ese caso cumplir con todas sus disposiciones.

H) Definiciones.

Para los efectos de este artículo y de las normas relacionadas con él, se entenderá por:

a) Empresa: la empresa individual, la empresa individual de responsabilidad limitada, los contribuyentes del artículo 38, las comunidades, las sociedades de personas, sociedades por acciones y sociedades anónimas, según corresponda.

b) Propietarios: el titular de la empresa individual o empresa individual de responsabilidad limitada, el contribuyente del artículo 58 número 1), el socio, accionista o comunero. También se considerará propietarios a los usufructuarios de dichos derechos o acciones, cuando corresponda.

c) Renta con tributación cumplida: rentas o cantidades que fueron gravadas con los impuestos a la renta contenidos en esta u otras leyes, sin que tengan pendiente tributación con impuestos finales.

Artículo 14 bis.- Derogado.

Artículo 14 ter.- Derogado.

Artículo 14 quáter.- Derogado.

Artículo 15°.- Para determinar los impuestos establecidos por esta ley, los ingresos se imputarán al ejercicio en que hayan sido devengados o percibidos, de acuerdo con las normas pertinentes de esta ley y del Código Tributario.

Cuando con motivo de la fusión de sociedades, comprendiéndose dentro de este concepto la reunión del total de los derechos o acciones de una sociedad en manos de una misma persona, el valor de la inversión total realizada en derechos o acciones de la sociedad fusionada, resulte menor al valor total o proporcional, según corresponda, que tenga el capital propio de la sociedad absorbida, determinado de acuerdo al artículo 41 de esta ley, la diferencia que se produzca deberá, en primer término, distribuirse entre todos los activos no monetarios que se reciben con motivo de la fusión cuyo valor tributario sea superior al corriente en plaza. La distribución se efectuará en la proporción que represente el valor corriente en plaza de cada uno de dichos bienes sobre el total de ellos, disminuyéndose el valor tributario de éstos hasta concurrencia de su valor corriente en plaza o de los que normalmente se cobren o cobrarían en convenciones de similar naturaleza, considerando las circunstancias en que se realiza la operación. De subsistir la diferencia o una parte de ella, ésta se considerará como un ingreso diferido y se imputará por el contribuyente dentro de sus ingresos brutos en un lapso de hasta diez ejercicios comerciales consecutivos contados desde aquel en que éste se generó, incorporando como mínimo un décimo de dicho ingreso en cada ejercicio, hasta su total imputación.

Si el contribuyente pone término al giro de sus actividades, aquella parte del ingreso diferido cuyo reconocimiento se encuentre pendiente, deberá agregarse a los ingresos del ejercicio del término de giro. El valor de adquisición de los derechos o acciones a que se refiere el inciso anterior, para determinar la citada diferencia, deberá reajustarse según el porcentaje de variación del Índice de Precios al Consumidor entre el mes anterior al de la adquisición de los mismos y el mes anterior al del balance correspondiente al ejercicio anterior a aquel en que se produce la fusión.

Para los efectos de su imputación, el ingreso diferido que se haya producido durante el ejercicio, se reajustará de acuerdo con el porcentaje de variación experimentado por el Índice de Precios al Consumidor, en el período comprendido entre el mes anterior a aquel en que se produjo la fusión de la respectiva sociedad y el último día del mes anterior al del balance. Por su parte, el saldo del ingreso diferido por imputar en los ejercicios siguientes, se reajustará de acuerdo al porcentaje de variación del Índice de Precios al Consumidor en el período comprendido entre el mes anterior al del cierre del ejercicio anterior y el mes anterior al del balance.

Conforme a lo dispuesto en el artículo 64 del Código Tributario, el Servicio podrá tasar fundadamente los valores determinados por el contribuyente. La diferencia que se determine en virtud de la referida tasación, se considerará como un ingreso del ejercicio en que se produce la fusión.

Tratándose de los contratos de construcción de obras de uso público cuyo precio se pague con la concesión temporal de la explotación de la obra, el ingreso respectivo se entenderá devengado en el ejercicio en que se inicie su explotación y será equivalente al costo de construcción de la misma, representado por las partidas y desembolsos que digan relación a la construcción de ella, tales como mano de obra, materiales, utilización de servicios, gastos financieros y subcontratación por administración o suma alzada de la construcción de la totalidad o parte de la obra.

Si la construcción la realiza el concesionario por cesión, el ingreso respectivo se entenderá devengado en el ejercicio señalado en el inciso anterior y será equivalente al costo de construcción en que efectivamente hubiere incurrido el cesionario. A dicho costo deberá adicionarse el valor de adquisición de la concesión.

El ingreso bruto por concepto de los servicios de conservación, reparación y explotación de la obra dada en concesión se entenderá devengado en la fecha de su percepción y será equivalente a la diferencia que resulte de restar al ingreso total anual percibido por concepto de la explotación de la concesión, la cantidad que resulte de dividir el costo de construcción de la obra, descontados los eventuales subsidios estatales, por el número de meses que medie entre la puesta en servicio de la obra y el término de la concesión, multiplicada por el número de meses del ejercicio respectivo. Dicho plazo podrá, alternativamente y a elección del concesionario, ser reducido a un tercio. No se considerará ingreso el subsidio pagado por el concedente al concesionario original o al concesionario por cesión, como aporte a la construcción de la obra. No obstante, dicho ingreso deberá documentarse en la forma que señale el Director del Servicio de Impuestos Internos.

En el caso de que los servicios señalados en el inciso anterior sean prestados por el concesionario por cesión, el ingreso bruto se entenderá devengado en la fecha de su percepción. Dicho ingreso será equivalente a la diferencia que resulte de restar al ingreso total anual percibido por concepto de la explotación de la concesión, la cantidad que resulte de dividir el valor de adquisición de la concesión de explotación por el número de meses que medie entre la fecha de cesión de la concesión y el término de ésta, multiplicada por el número de meses del ejercicio respectivo. Dicho plazo podrá, alternativamente y a elección del concesionario, ser reducido a un tercio.

Si la concesión hubiere sido adquirida por cesión antes del término de la construcción, el ingreso por los servicios de conservación, reparación y explotación será equivalente a la diferencia que resulte de restar al ingreso total anual percibido por concepto de la explotación de la concesión, la cantidad que resulte de dividir el costo total de la obra por el número de meses que medie entre la fecha de la puesta en servicio de la obra y el término de la concesión, multiplicada por el número de meses del ejercicio respectivo. Dicho plazo podrá, alternativamente y a elección del concesionario, ser reducido a un tercio. Para estos efectos, el costo total de la obra será equivalente al costo de construcción en que efectivamente hubiere incurrido el concesionario por cesión más el valor de adquisición de la concesión de explotación.

Artículo 16°.- Para los efectos del artículo 27 del Código Tributario, tratándose de la venta separada de bienes muebles e inmuebles de un establecimiento afecto a las disposiciones de la Categoría Primera de esta ley, se considerará como una sola operación la enajenación de estos bienes efectuada en el lapso de un año.

Artículo 17°.- No constituye renta:

1°.- La indemnización de cualquier daño emergente y del daño moral, siempre que la indemnización por este último haya sido establecida por sentencia ejecutoriada. Tratándose de bienes susceptibles de depreciación, la indemnización percibida hasta concurrencia del valor inicial del bien reajustado de acuerdo con el porcentaje de variación experimentada por el índice de precios al consumidor entre el último día del mes que antecede al de la adquisición del bien y el último día del mes anterior a aquél en que haya ocurrido el siniestro que da origen a la indemnización.

Lo dispuesto en este número no regirá respecto de la indemnización del daño emergente en el caso de bienes incorporados al giro de un negocio, empresa o actividad, cuyas rentas efectivas deban tributar con el impuesto de la Primera Categoría, sin perjuicio de la deducción como gasto de dicho daño emergente.

2°.- Las indemnizaciones por accidentes del trabajo, sea que consistan en sumas fijas, rentas o pensiones.

3°.- Las sumas percibidas por el beneficiario o asegurado en cumplimiento de contratos de seguros de vida, seguros de desgravamen, seguros dotales o seguros de rentas vitalicias durante la vigencia del contrato, al vencimiento del plazo estipulado en él o al tiempo de su transferencia o liquidación. Sin embargo, la exención contenida en este número no comprende las rentas provenientes de contratos de seguros de renta vitalicia convenidos con los fondos capitalizados en Administradoras de Fondos de Pensiones, en conformidad a lo dispuesto en el Decreto Ley N° 3.500, de 1980.

Lo dispuesto en este número se aplicará también a aquellas cantidades que se perciban en cumplimiento de un seguro dotal por el mero hecho de cumplirse el plazo estipulado, siempre que dicho plazo sea superior a cinco años, pero sólo por aquella parte que no exceda anualmente de diecisiete unidades tributarias mensuales, según el valor de dicha unidad al 31 de diciembre del año en que se perciba el ingreso, considerando cada año que medie desde la celebración del contrato y el año en que se perciba el ingreso y el conjunto de los seguros dotales contratados por el perceptor. Para determinar la renta correspondiente se deducirá del monto percibido, acrecentado por todas las sumas percibidas con cargo al conjunto de seguros dotales contratados por el contribuyente debidamente reajustadas según la variación del índice de precios al consumidor ocurrida entre el primero del mes anterior a la percepción y el primero del mes anterior al término del año respectivo, aquella parte de los ingresos percibidos anteriormente que se afectaron con los impuestos de esta ley y el total de la prima pagada a la fecha de percepción del ingreso, reajustados en la forma señalada. Si de la operación anterior resultare un saldo positivo, la compañía de seguros que efectúe el pago deberá retener un 15% de dicho saldo, retención que se sujetará, en lo que corresponda, a lo dispuesto en el Párrafo 2° del Título V de esta ley. Con todo, se considerará renta toda cantidad percibida con cargo a un seguro dotal, cuando no hubiere fallecido el asegurado, o se hubiere invalidado totalmente, si el monto pagado por concepto de prima hubiere sido rebajado de la base imponible del impuesto establecido en el artículo 43°.

4°.- Las sumas percibidas por los beneficiarios de pensiones o rentas vitalicias derivadas de contratos que, sin cumplir con los requisitos establecidos en el Párrafo 2° del título XXXIII del Libro IV del Código Civil, hayan sido o sean convenidos con sociedades anónimas chilenas, cuyo objeto social sea el de constituir pensiones o rentas vitalicias, siempre que el monto mensual de las pensiones o rentas mencionadas no sea, en conjunto, respecto del beneficiario, superior a un cuarto de una unidad tributaria.

5°.- El valor de los aportes recibidos por sociedades y sus reajustes, sólo respecto de éstas.

Tampoco constituirá renta el mayor valor o sobreprecio y sus reajustes obtenidos por sociedades anónimas en la colocación de acciones de su propia emisión, los que se considerarán capital respecto de la sociedad. Asimismo, no constituirán renta las sumas o bienes que tengan el carácter de aportes entregados por el asociado al gestor de una cuenta en participación, sólo respecto de la asociación, y siempre que fueren acreditados fehacientemente.

6°.- La distribución de utilidades o de fondos acumulados que las sociedades anónimas hagan a sus accionistas en forma de acciones total o parcialmente liberadas o mediante el aumento del valor nominal de las acciones, todo ello representativo de una capitalización equivalente, como así también, la parte de los dividendos que provengan de los ingresos a que se refiere este artículo, sin perjuicio de lo dispuesto en el artículo 29 respecto de los números 25 y 28 del presente artículo.

Las acciones totalmente liberadas a que refiere el párrafo anterior, no tendrán valor de adquisición en su futura enajenación y el mayor valor obtenido en la misma no se beneficiará con la tributación contemplada en el artículo 107. Tratándose de acciones parcialmente liberadas o de acciones que aumentaron su valor nominal, no formará parte del valor de adquisición de las mismas aquella parte liberada o aquella en que aumentó su valor nominal, respectivamente, no siendo procedente en dicha parte la tributación contemplada en el artículo 107 respecto del mayor valor obtenido en su enajenación.

7°.- Las devoluciones de capital, hasta el valor de aporte o de adquisición de su participación, y sus reajustes, siempre que no correspondan a utilidades capitalizadas que deban pagar los impuestos de esta ley. Las sumas retiradas, remesadas o distribuidas por estos conceptos se imputarán y afectarán con los impuestos de primera categoría, global complementario o adicional, según corresponda, en la forma dispuesta por el artículo 14.

8°.- Las cantidades que se señalan a continuación, obtenidas por personas naturales, siempre que no se originen en la enajenación de bienes asignados a su empresa individual, con las excepciones y en los casos y condiciones que se indican en los párrafos siguientes:

a) Enajenación o cesión de acciones de sociedades anónimas, en comandita por acciones o de derechos sociales en sociedades de personas.

i) No constituirá renta aquella parte que se obtenga hasta la concurrencia del costo tributario del bien respectivo, esto es, aquel conformado por su valor de aporte o adquisición, incrementado o disminuido, según el caso, por los aumentos o disminuciones de capital posteriores efectuados por el enajenante, debidamente reajustados de acuerdo al porcentaje de variación experimentado por el índice de precios al consumidor entre el mes anterior al de adquisición, aporte, aumento o disminución de capital, y el mes anterior al de la enajenación[10].

ii) Para determinar el mayor valor que resulte de la enajenación, se deducirá del precio o valor asignado a dicha enajenación, el costo tributario del bien respectivo.

iii) Del mayor valor así determinado deberán deducirse las pérdidas provenientes de la enajenación de los bienes señalados en esta letra, obtenidas en el mismo ejercicio. Para estos efectos, dichas pérdidas se reajustarán de acuerdo con el porcentaje de variación del índice de precios al consumidor en el período comprendido entre el mes anterior al de la enajenación que produjo esas pérdidas y el mes anterior al del cierre del ejercicio. En todo caso, para que proceda esta deducción, dichas pérdidas deberán acreditarse fehacientemente ante el Servicio.

iv) El mayor valor que se determine conforme a los literales anteriores, se afectará con impuestos finales en base percibida.

[10] El Art. 13° transitorio, Ley N° 21.210, regula la enajenación de acciones y derechos sociales en empresas acogidas al régimen de la letra A) del artículo 14 de la Ley sobre Impuesto a la Renta vigente al 31 de diciembre de 2019. (Ver ley 21.210 artículo tercero transitorio)

v) Sin perjuicio de lo anterior, el impuesto global complementario podrá declararse y pagarse sobre la base de renta devengada, en cuyo caso podrán aplicarse las siguientes reglas:

El mayor valor referido se entenderá devengado durante el período de años comerciales en que las acciones o derechos sociales que se enajenan han estado en poder del enajenante, hasta un máximo de diez años, en caso de ser superior a éste, y aun cuando en dichos años el enajenante no hubiere obtenido rentas afectas al señalado impuesto o las obtenidas hubieren quedado exentas del mismo. Para tal efecto, las fracciones de años se considerarán como un año completo.

La cantidad correspondiente a cada año se obtendrá de dividir el total del mayor valor obtenido, reajustado en la forma indicada en el párrafo siguiente, por el número de años de tenencia de las acciones o derechos sociales, con un máximo de diez.

Para los efectos de realizar la declaración anual, respecto del citado mayor valor serán aplicables las normas sobre reajustabilidad del número 4° del artículo 33, y no se aplicará en ningún período la exención establecida en el artículo 57.

Las cantidades reajustadas correspondientes a cada año se convertirán a unidades tributarias mensuales, según el valor de esta unidad en el mes de diciembre del año en que haya tenido lugar la enajenación, y se ubicarán en los años en que se devengaron, con el objeto de liquidar el impuesto global complementario de acuerdo con las normas vigentes y según el valor de la citada unidad en el mes de diciembre de los años respectivos.

Las diferencias de impuestos o reintegros de devoluciones que se determinen por aplicación de las reglas anteriores, según corresponda, se expresarán en unidades tributarias mensuales del año respectivo y se solucionarán en el equivalente de dichas unidades en el mes de diciembre del año en que haya tenido lugar la enajenación.

El impuesto que resulte de la reliquidación establecida precedentemente se deberá declarar y pagar en el año tributario que corresponda al año calendario o comercial en que haya tenido lugar la enajenación.

La reliquidación del impuesto global complementario conforme con los párrafos anteriores en ningún caso implicará modificar las declaraciones de impuesto a la renta correspondientes a los años comerciales que se tomaron en consideración para efectos del cálculo de dicho impuesto.

vi) Cuando el conjunto de los resultados determinados en la enajenación de los bienes a que se refieren las letras a), c) y d) de este número, no exceda del equivalente a 10 unidades tributarias anuales, según su valor al cierre del ejercicio en que haya tenido lugar la enajenación, se considerarán para los efectos de esta ley como un ingreso no constitutivo de renta. En caso que excedan dicha suma, los respectivos mayores valores se afectarán con la tributación que corresponda.

b) Enajenación de bienes raíces situados en Chile, o de derechos o cuotas respecto de tales bienes raíces poseídos en comunidad[11].

i) Se aplicarán, en lo que fuesen pertinentes, las reglas señaladas en los literales ii) y iii), de la letra a) anterior. No obstante, para efectos de esta letra b), el costo tributario también estará conformado por el valor de adquisición del bien respectivo y los desembolsos incurridos en mejoras que hayan aumentado su valor, reajustados de acuerdo a la variación del índice de precios al consumidor entre el mes anterior al de la adquisición o mejora, según corresponda, y el mes anterior a la enajenación. Las referidas mejoras deberán haber sido efectuadas por el enajenante o un tercero, siempre que hayan pasado a formar parte de la propiedad del enajenante, y declaradas en la oportunidad que corresponda ante el Servicio, en la forma que establezca mediante resolución, para ser incorporadas en la determinación del avalúo fiscal de la respectiva propiedad para los fines del impuesto territorial, con anterioridad a la enajenación.

---

[11] Art. 23° transitorio, Ley N° 21.210, señala: *"Para los efectos de lo dispuesto en la letra b) del número 8°.- del artículo 17 de la Ley sobre Impuesto a la Renta, según su texto vigente al 31 de diciembre de 2019, se entenderá que las operaciones a que se refiere el inciso tercero del referido número 8°.- fueron realizadas por contribuyentes que determinaban el impuesto de primera categoría sobre rentas efectivas, si al momento de su enajenación, los bienes formaban parte del giro, actividades o negociaciones de su empresa individual. La misma regla se aplicará para los efectos de lo dispuesto en el numeral XVI.- del artículo tercero transitorio de la ley número 20.780".*

ii) No constituirá renta, asimismo, aquella parte del mayor valor que no exceda, independiente del número de enajenaciones realizadas o del número de bienes raíces de propiedad del contribuyente, la suma total equivalente a 8.000 unidades de fomento. Para el cómputo del valor de ésta, se utilizará el valor de la unidad de fomento que corresponda al último día del ejercicio en que tuvo lugar la enajenación respectiva. El Servicio mantendrá a disposición de los contribuyentes los antecedentes de que disponga sobre las enajenaciones que realicen para efectos de computar el límite señalado.

iii) En caso que el mayor valor referido exceda en todo o en parte el límite del ingreso no constitutivo de renta anterior, se gravará dicho exceso con el impuesto global complementario o adicional, según corresponda, o bien, tratándose de personas naturales con domicilio o residencia en Chile, con un impuesto único y sustitutivo de 10%, a elección del enajenante, en ambos casos sobre la base de renta percibida.

iv) Lo establecido en los números ii) y iii) precedentes aplicará siempre que entre la fecha de adquisición y enajenación del bien raíz transcurra un plazo que exceda de un año. No obstante, dicho plazo será de cuatro años en caso de una enajenación de un bien raíz producto de una subdivisión de terrenos, urbanos o rurales, o derivado de la construcción de edificios por pisos o departamentos, incluyendo en este caso las bodegas y los estacionamientos, el que se contará desde la adquisición o la construcción, según corresponda.

v) Sin perjuicio de lo anterior, el impuesto global complementario que corresponda conforme a los números precedentes podrá declararse y pagarse sobre la base de la renta devengada, en cuyo caso podrán aplicarse las reglas dispuestas en el literal v), de la letra a) anterior.

vi) En la enajenación de los bienes referidos, adquiridos por sucesión por causa de muerte, el enajenante podrá deducir, en la proporción que le corresponda, como crédito en contra del impuesto respectivo, el impuesto sobre las asignaciones por causa de muerte de la ley número 16.271 pagado sobre dichos bienes. El monto del crédito corresponderá a la suma equivalente que resulte de aplicar al valor del impuesto efectivamente pagado por el asignatario, la proporción que se determine entre el valor del bien raíz respectivo que se haya considerado para el cálculo del impuesto y el valor líquido del total de las asignaciones que le hubieren correspondido al enajenante de acuerdo a la ley. El monto del crédito a que tenga derecho el enajenante, se determinará al término del ejercicio en que se efectúe la enajenación, y para ello el valor del impuesto sobre las asignaciones por causa de muerte, el valor del bien y de las asignaciones líquidas que le hubieren correspondido al enajenante, se reajustarán de acuerdo a la variación del índice de precios al consumidor entre el mes anterior a la fecha de pago del referido impuesto y el mes anterior al término del ejercicio en que se efectúa la enajenación.

c) Enajenación de pertenencias mineras y derechos de aguas. Para determinar el mayor valor obtenido en la enajenación de dichos bienes y el ingreso no constitutivo de renta, se aplicarán, en lo que fuesen pertinentes, las reglas establecidas en los literales i), ii), iii) y vi) de la letra a) anterior. En el evento que proceda gravar el mayor valor determinado, este se afectará con los impuestos global complementario o adicional, según corresponda, sobre la base de la renta percibida.

d) Enajenación de bonos y demás títulos de deuda. Para determinar el mayor valor obtenido en la enajenación de dichos bienes y el ingreso no constitutivo de renta, se aplicarán, en lo que fuesen pertinentes, las reglas establecidas en los literales i), ii), iii) y vi) de la letra a) anterior. Sin embargo, en este caso, el valor de adquisición deberá disminuirse con las amortizaciones de capital recibidas por el enajenante, reajustadas de acuerdo al porcentaje de variación del índice de precios al consumidor entre el mes anterior a la amortización y el mes anterior a la enajenación. En el evento que proceda gravar el mayor valor determinado, este se afectará con los impuestos global complementario o adicional, según corresponda, sobre la base de renta percibida.

e) Enajenación del derecho de propiedad intelectual o industrial. No constituye renta el mayor valor obtenido en su enajenación, siempre que el enajenante sea el respectivo inventor o autor.

f) No constituye renta la adjudicación de bienes en la partición de una comunidad hereditaria y a favor de uno o más herederos del causante, de uno o más herederos de éstos, o de los cesionarios de ellos, ya sea que se trate de personas naturales o no. El valor de adquisición para fines tributarios de los bienes que se le adjudiquen corresponderá al valor que se haya considerado para los fines del impuesto a las herencias en relación al bien de que se trate, reajustado de acuerdo a la variación del índice de precios al consumidor entre el mes anterior al de la apertura de la sucesión y el mes anterior al de la adjudicación.

g) No constituye renta la adjudicación de bienes que se efectúe en favor del propietario, comunero, socio o accionista, se trate de una persona natural o no, con ocasión de la liquidación o disolución de una empresa o sociedad, en tanto, la suma de los valores tributarios del total de los bienes que se le adjudiquen, no exceda del capital que haya aportado a la empresa, determinado en conformidad al número 7°.- de este artículo, más las rentas o cantidades que le correspondan en la misma y que se hayan considerado para efectos de la aplicación en el artículo 38 bis, al término de giro. El valor de adquisición de los bienes que se le adjudiquen corresponderá a aquel que haya registrado la empresa o sociedad de acuerdo a las normas de la presente ley al término de giro, conforme a lo establecido en el referido artículo 38 bis.

h) No constituye renta la adjudicación de bienes en liquidación de sociedad conyugal a favor de cualquiera de los cónyuges, de comunidad de bienes a favor de cualquiera de los convivientes civiles, o de uno o más de los herederos o cesionarios de éstos o aquellos y ya sea que se trate de personas naturales o no. El valor de adquisición para fines tributarios de los bienes que se le adjudiquen corresponderá al valor de adjudicación. Las reglas precedentes se aplicarán a la adjudicación de bienes con ocasión de la liquidación de la comunidad pactada por los convivientes civiles.

i) No constituye renta el mayor valor proveniente de la enajenación de vehículos destinados al transporte de pasajeros o exclusivamente al transporte de carga ajena, que sean de propiedad de personas naturales que a la fecha de enajenación posean sólo uno de dichos vehículos, aun cuando lo hubiere asignado a su empresa individual que tributa sobre renta presunta.

j) No se considerará enajenación, para los efectos de esta ley, las cesiones de instrumentos financieros que se efectúen con ocasión de un contrato de retrocompra celebrado con un banco, corredora de bolsa o agente de valores. La diferencia que en estos casos se determine entre el valor de la compraventa al contado y el valor de la compraventa a plazo, celebradas ambas operaciones en forma conjunta y simultánea, será considerada para el vendedor al contado como un gasto por intereses de aquellos indicados en el número 1°.-, del inciso cuarto del artículo 31, y para el comprador al contado, como un ingreso percibido o devengado, según corresponda, el que tributará conforme a las normas generales de esta ley. Las reglas referidas en este párrafo se aplicarán ya sea que el comprador al contado sea una persona natural o no, y aun cuando actúe en su calidad de empresario individual.

k) No se considerará enajenación, para los efectos de esta ley, ya sea que las partes sean personas naturales o no, y aun cuando se trate de bienes asignados a su empresa individual, la cesión y la restitución de acciones de sociedades anónimas abiertas con presencia bursátil, que se efectúen con ocasión de un préstamo o arriendo de acciones, en una operación bursátil de venta corta, siempre que las acciones que se den en préstamo o en arriendo se hubieren adquirido en una bolsa de valores del país o en un proceso de oferta pública de acciones regido por el título XXV de la ley número 18.045, con motivo de la constitución de la sociedad o de un aumento de capital posterior, o de la colocación de acciones de primera emisión.

Para determinar los impuestos que graven los ingresos que perciba o devengue el cedente por las operaciones señaladas en el inciso anterior, se aplicarán las normas generales de esta ley. En el caso del cesionario, los ingresos que obtuviese producto de la enajenación de las acciones cedidas se entenderán percibidos o devengados, en el ejercicio en que se deban restituir las acciones al cedente, cuyo costo se reconocerá conforme a lo establecido en el artículo 30.

Lo dispuesto en los dos párrafos anteriores se aplicará también al préstamo de bonos en operaciones bursátiles de venta corta. En todo caso, el prestatario deberá adquirir los bonos que deba restituir en alguno de los mercados formales a que se refiere el artículo 48 del decreto ley N° 3.500, de 1980.

l) Tratamiento tributario de los planes de compensación laboral que consistan en la entrega de opciones para adquirir acciones, bonos u otros títulos emitidos en Chile o en el exterior.

i) Planes de compensación laboral pactados en contratos individuales de trabajo o en contratos o convenios colectivos de trabajo.

No constituye renta para los directores, consejeros y trabajadores, la entrega que efectúa la empresa, o sus relacionados, en los términos del número 17 del artículo 8º del Código Tributario, de una opción para adquirir acciones, bonos u otros títulos emitidos en Chile o en el exterior, así como tampoco el ejercicio de la misma. Sin embargo, el mayor valor obtenido en la enajenación de la respectiva opción tributará conforme a lo dispuesto en el número iv) de la letra a) anterior, el que será equivalente a la diferencia entre el precio o valor de enajenación y el valor pagado con ocasión de la entrega de la opción, de existir.

El mayor valor obtenido en la enajenación de las acciones, bonos u otros títulos emitidos en Chile o en el exterior adquiridos una vez ejercida la opción tributará conforme a las reglas generales. Para estos efectos, se entenderá por mayor valor la diferencia entre el precio o valor de enajenación y el monto que se determine de la suma de los valores pagados con ocasión de la entrega o adquisición y ejercicio de la opción, de existir. No obstante, en caso que aplique al mayor valor lo dispuesto en el artículo 107, se afectará con impuestos finales la diferencia entre el valor de adquisición determinado de acuerdo a lo indicado en el número iii) siguiente, y la cantidad que corresponda a la suma de los valores pagados con ocasión de la entrega y ejercicio de la opción, si fuera aplicable.

ii) Planes de compensación laboral que no fueron pactados en contratos individuales de trabajo o en convenios o contratos colectivos de trabajo.

No constituye renta para los directores, consejeros y trabajadores, la entrega que efectúa la empresa, o sus relacionados, en los términos del número 17 del artículo 8º del Código Tributario, de una opción para adquirir acciones, bonos u otros títulos emitidos en Chile o en el exterior.

Constituye mayor remuneración para las referidas personas el ejercicio de la respectiva opción, remuneración que se gravará con el impuesto único de segunda categoría, o con impuestos finales, según corresponda, y que será equivalente a la diferencia entre el valor de adquisición de las acciones, bonos u otros títulos emitidos en Chile o en el exterior, de acuerdo a lo indicado en el literal iii) siguiente, y el monto que se determine de la suma de los valores pagados con ocasión de la entrega y ejercicio de la opción, de existir.

Asimismo, el mayor valor obtenido en la enajenación de la respectiva opción tributará conforme a lo dispuesto en el número iv) de la letra a) anterior, y será equivalente a la diferencia entre el precio o valor de enajenación y el valor pagado con ocasión de la entrega de la opción, de existir.

El mayor valor obtenido en la enajenación de las acciones, bonos u otros títulos emitidos en Chile o en el exterior adquiridos una vez ejercida la opción, tributará conforme a las reglas generales. Para estos efectos, se entenderá por mayor valor la diferencia entre el precio o valor de enajenación y el valor de adquisición de dichas acciones, bonos o títulos, a que se refiere el literal iii) siguiente.

iii) Para efectos de lo dispuesto en los literales i) y ii) precedentes, se deberán tener presente las siguientes reglas, según corresponda:

Los valores pagados con ocasión de la entrega y ejercicio de una opción se reajustarán de acuerdo al porcentaje de variación experimentado por el índice de precios al consumidor entre el mes anterior al de su pago y el mes anterior al de la enajenación de la opción o de las de acciones, bonos u otros títulos emitidos en Chile o en el exterior, según corresponda.

Se considerará como valor de adquisición de las acciones, adquiridas mediante el ejercicio de una opción, el valor de libros o el valor de mercado, a que se refieren los artículos 130 a 132 del Decreto Supremo número 702, de 2011, del Ministerio de Hacienda, que aprueba el nuevo reglamento de sociedades anónimas, según se trate de acciones de sociedades anónimas cerradas o abiertas. En el caso de acciones emitidas en el exterior, se utilizarán los mismos parámetros de valoración, atendiendo a las características de las acciones de que se trate.

Tratándose de bonos u otros títulos emitidos en Chile o en el exterior, adquiridos mediante el ejercicio de una opción, se considerará como valor de adquisición el valor de mercado, tomando en cuenta, entre otros elementos, su valor nominal, la tasa de cupón, el plazo para su rescate o la calificación del instrumento.

Los valores de adquisición referidos en los dos párrafos precedentes se reajustarán de acuerdo al porcentaje de variación experimentado por el índice de precios al consumidor entre el mes anterior al de la adquisición de las acciones, bonos o demás títulos y el mes anterior al de la enajenación de los mismos.

m) Enajenaciones de toda clase de bienes no contemplados en las letras precedentes. Se aplicarán, en lo que fuesen pertinentes, las reglas señaladas en los literales i), ii), iii) y iv) de la letra a) anterior. En estos casos, el costo tributario estará conformado por el valor de adquisición de los respectivos bienes, debidamente reajustado de acuerdo al porcentaje de variación experimentado por el índice de precios al consumidor entre el mes anterior a la adquisición y el mes anterior al de la enajenación.

No obstante lo dispuesto en las letras precedentes, si la enajenación de dichos bienes se efectúa por el propietario a una sociedad de personas o anónima cerrada en que participe directa o indirectamente; o, al cónyuge, conviviente civil o parientes ascendientes o descendientes hasta el segundo grado de consanguinidad; o, a un relacionado en los términos del número 17 del artículo 8° del Código Tributario; o, a los directores, gerentes, administradores, ejecutivos principales o liquidadores, así como a toda entidad controlada directamente o indirectamente por estos últimos, el mayor valor obtenido se gravará con impuestos finales en base devengada. Lo establecido en este inciso no aplicará a la entrega y ejercicio de opciones a que se refiere la letra l) anterior.

Por su parte, en los mismos casos señalados en el inciso anterior, no se aplicará lo dispuesto en los literales v) y vi) de la letra a) anterior, esto es, la renta no podrá considerarse devengada en más de un ejercicio y no tendrá lugar el ingreso no constitutivo de renta de 10 unidades tributarias anuales.

El Servicio podrá aplicar lo dispuesto en el artículo 64 del Código Tributario, cuando el valor de la enajenación de un bien raíz o de otros bienes o valores que se transfieran sea notoriamente superior al valor comercial de los inmuebles de características y ubicación similares en la localidad respectiva, o de los corrientes en plaza, considerando las circunstancias en que se realiza la operación. La diferencia entre el valor de la enajenación y el que se determine en virtud de esta disposición estará sujeta a la tributación establecida en el literal ii) del inciso primero del artículo 21. La tasación, liquidación y giro que se efectúen con motivo de la aplicación del citado artículo 64 del Código Tributario podrán reclamarse en la forma y plazos que esta disposición señala y de acuerdo con los procedimientos que indica.

Para los efectos de este número, se entenderá por fecha de adquisición o enajenación la del respectivo contrato, instrumento u operación, sin perjuicio que, tratándose de las operaciones de la letra b) anterior, se considerará la fecha de la inscripción respectiva.

9°.- La adquisición de bienes de acuerdo con los párrafos 2° y 4° del Título V del Libro II del Código Civil, o por prescripción, sucesión por causa de muerte o donación.

10°.- Los beneficios que obtiene el deudor de una renta vitalicia por el mero hecho de cumplirse la condición que le pone término o disminuye su obligación de pago, como también el incremento del patrimonio derivado del cumplimiento de una condición o de un plazo suspensivo de un derecho, en el caso de fideicomiso y del usufructo.

11°.- Las cuotas que eroguen los asociados.

12°.- El mayor valor que se obtenga en la enajenación ocasional de bienes muebles de uso personal del contribuyente o de todos o algunos de los objetos que forman parte del mobiliario de su casa habitación.

13°.- La asignación familiar, los beneficios previsionales y la indemnización por desahucio y la de retiro hasta un máximo de un mes de remuneración por cada año de servicio o fracción superior a seis meses.

Tratándose de dependientes del sector privado, se considerará remuneración mensual el promedio de lo ganado en los últimos 24 meses, excluyendo gratificaciones, participaciones, bonos y otras remuneraciones extraordinarias y reajustando previamente cada remuneración de acuerdo a la variación que haya experimentado el Índice de Precios al Consumidor entre el último día del mes anterior al del devengamiento de la remuneración y el último día del mes anterior al del término del contrato.

14º.- La alimentación, movilización o alojamiento proporcionado al empleado u obrero sólo en el interés del empleador o patrón, o la cantidad que se pague en dinero por esta misma causa, siempre que sea razonable a juicio del Director Regional.

15º.- Las asignaciones de traslación y viáticos, a juicio del Director Regional.

16º.- Las sumas percibidas por concepto de gastos de representación siempre que dichos gastos estén establecidos por ley.

17º.- Las pensiones o jubilaciones de fuente extranjera.

18º.- Las cantidades percibidas o los gastos pagados con motivo de becas de estudio.

19º.- Las pensiones alimenticias que se deben por ley a determinadas personas, únicamente respecto de éstas.

20º.- La constitución de la propiedad intelectual, como también la constitución de los derechos que se originen de acuerdo a los Títulos III, IV, V y VI del Código Minería y su artículo 72, sin perjuicio de los beneficios que se obtengan de dichos bienes.

21º.- El hecho de obtener de la autoridad correspondiente una merced, una concesión o un permiso fiscal o municipal.

22º.- Las remisiones, por ley, de deudas, intereses u otras sanciones.

23º.- Los premios otorgados por el Estado o las Municipalidades, por la Universidad de Chile, por la Universidad Técnica del Estado, por una Universidad reconocida por el Estado, por una corporación o fundación de derechos público o privado, o por alguna otra persona o personas designadas por ley, siempre que se trate de galardones establecidos de un modo permanente en beneficio de estudios, investigaciones y creaciones de ciencias o de arte, y que la persona agraciada no tenga la calidad de empleado u obrero de la entidad que lo otorga; como asimismo, los premios del Sistema de Pronósticos y Apuestas creados por el Decreto Ley Nº 1.298, de 1975.

24º.- Los premios de rifas de beneficencia autorizadas previamente por decreto supremo.

25º.- Los reajustes y amortizaciones de bonos, pagarés y otros títulos de créditos emitidos por cuenta o con garantía del Estado y los emitidos por cuenta de instituciones, empresas y organismos autónomos del Estado y las Municipalidades; los reajustes y las amortizaciones de los bonos o letras hipotecarias emitidas por instituciones de crédito hipotecario; los reajustes de depósitos de ahorro en el Banco del Estado de Chile, en la Corporación de la Vivienda y en las Asociaciones de Ahorro y Préstamos; los reajustes de los certificados de ahorro reajustables del Banco Central de Chile, de los bonos y pagarés reajustables de la Caja Central de Ahorros y Préstamos y de las hipotecas del sistema nacional de ahorros y préstamos, y los reajustes de los depósitos y cuotas de ahorros en cooperativas y demás instituciones regidas por el Decreto R.R.A. Nº 20, de 5 de abril de 1963, todo ello sin perjuicio de lo dispuesto en el artículo 29.

También se comprenderán los reajustes que en las operaciones de crédito de dinero de cualquier naturaleza, o instrumentos financieros, tales como bonos, debentures, pagarés, letras o valores hipotecarios estipulen las partes contratantes, se fije por el emisor o deban, según la ley, ser presumidos o considerados como tales, pero sólo hasta las sumas o cantidades determinadas de acuerdo con lo dispuesto en el artículo 41 bis, todo ello sin perjuicio de lo señalado en el artículo 29.

26°.- Los montepíos a que se refiere la ley número 5.311.

27°.- Las gratificaciones de zona establecidas o pagadas en virtud de una ley.

28°.- El monto de los reajustes que, de conformidad a las disposiciones del párrafo 3o del Título V de esta ley, proceda respecto de los pagos provisionales efectuados por los contribuyentes, sin perjuicio de lo dispuesto en el artículo 29°.

29°.- Los ingresos que no se consideren rentas o que se reputen capital según texto expreso de una ley.

30°.- La parte de los gananciales que uno de los cónyuges, sus herederos o cesionarios, perciba del otro cónyuge, sus herederos o cesionarios, como consecuencia del término del régimen patrimonial de participación en los gananciales.

31.- Las compensaciones económicas convenidas por los cónyuges o los convivientes civiles en escritura pública, acta de avenimiento o transacción y aquellas decretadas por sentencia judicial.

Artículo 18°.- Derogado.

Artículo 18 bis.- Derogado.

Artículo 18 ter.- Derogado.

Artículo 18 quáter.- Derogado.

TÍTULO II. DEL IMPUESTO CEDULAR POR CATEGORÍAS

Artículo 19°.- Las normas de este Título se aplicarán a todas las rentas percibidas o devengadas.

PRIMERA CATEGORÍA. DE LAS RENTAS DEL CAPITAL Y DE LAS EMPRESAS COMERCIALES, INDUSTRIALES, MINERAS Y OTRAS

Párrafo 1° De los contribuyentes y de la tasa del impuesto

Artículo 20°[12].- Establécese un impuesto de 25% que podrá ser imputado a los impuestos finales de acuerdo con las normas de los artículos 56, número 3), y 63. Conforme a lo anterior, para los contribuyentes que se acojan al Régimen Pro Pyme contenido en la letra D) del artículo 14, la

---

[12] El artículo 1 de la ley N° 21.256 modificado por la ley N° 21.578 publicada en el Diario Oficial el 30 de mayo de 2023, establece lo siguiente: "Disminúyese transitoriamente la tasa establecida en el artículo 20 de la Ley sobre Impuesto a la Renta, contenida en el artículo 1° del decreto ley N° 824, de 1974, para las empresas acogidas al Régimen Pro Pyme contemplado en la letra D) del artículo 14 de dicha ley, a 10 por ciento para las rentas que se perciban o devenguen durante los ejercicios 2020, 2021, 2022 y 2023. Respecto de las rentas que se perciban o devenguen durante el ejercicio 2024, dicha tasa será de 12,5 por ciento.
A los contribuyentes que se beneficien de la disminución transitoria de tasa que contempla el inciso anterior se les disminuirá a la mitad la tasa de pagos provisionales mensuales que, según lo establecido en la letra D) del artículo 14 de la Ley sobre Impuesto a la Renta, les corresponde pagar en los ejercicios 2020, 2021, 2022, 2023 y 2024. La disminución de la tasa de pagos provisionales mensuales aplicará respecto de la declaración y pago que corresponda realizar en el mes subsiguiente a la publicación de esta ley en el Diario Oficial.

tasa será de 25%. En el caso de los contribuyentes sujetos al régimen del artículo 14 letra A, el impuesto será de 27%. Este impuesto se determinará, recaudará y pagará sobre:

1°.- La renta de los bienes raíces en conformidad a las normas siguientes:

a) Tratándose de contribuyentes que posean o exploten a cualquier título bienes raíces se gravará la renta efectiva de dichos bienes.

En el caso de los bienes raíces agrícolas, del monto del impuesto de esta categoría podrá rebajarse el impuesto territorial pagado por el período al cual corresponde la declaración de renta. Sólo tendrá derecho a esta rebaja el propietario o usufructuario. Si el monto de la rebaja contemplada en este párrafo excediere del impuesto aplicable a las rentas de esta categoría, dicho excedente no podrá imputarse a otro impuesto ni solicitarse su devolución. Tampoco dará derecho a devolución conforme a lo dispuesto en los artículos 56, número 3 y 63, ni a ninguna otra disposición legal, el impuesto de primera categoría en aquella parte que se haya deducido de dicho tributo el crédito por el impuesto territorial. El Servicio, mediante resolución, impartirá las instrucciones para el control de lo dispuesto en este párrafo.

La cantidad cuya deducción se autoriza en el párrafo anterior se reajustará de acuerdo con el porcentaje de variación experimentado por el índice de precios al consumidor en el período comprendido entre el mes anterior a la fecha de pago de la contribución y el mes anterior al de cierre del ejercicio respectivo.

b) En el caso de contribuyentes que no declaren su renta efectiva según contabilidad completa, y den en arrendamiento, subarrendamiento, usufructo u otra forma de cesión o uso temporal, bienes raíces, se gravará la renta efectiva de dichos bienes, acreditada mediante el respectivo contrato, sin deducción alguna.

Para estos efectos, se considerará como parte de la renta efectiva el valor de las mejoras útiles, contribuciones, beneficios y demás desembolsos convenidos en el respectivo contrato o posteriormente autorizados, siempre que no se encuentren sujetos a la condición de reintegro y queden a beneficio del arrendador, subarrendador, nudo propietario o cedente a cualquier título de bienes raíces.

Serán aplicables a los contribuyentes de esta letra las normas de los dos últimos párrafos de la letra a) de este número, salvo aquellos que den dichos inmuebles en arrendamiento, subarrendamiento, usufructo u otra forma de cesión o uso temporal al cónyuge, conviviente civil, o parientes ascendientes o descendientes hasta el segundo grado de consanguinidad; o, a relacionados conforme con el artículo 8 número 17 del Código Tributario; o, al cónyuge, conviviente civil, o parientes ascendientes o descendientes hasta el segundo grado de consanguinidad de las personas señaladas en las letras c) y e) del artículo 8 número 17 del Código Tributario, ya referido.

c) Las empresas constructoras e inmobiliarias por los inmuebles que construyan o manden construir para su venta posterior, podrán imputar al impuesto de este párrafo el impuesto territorial pagado desde la fecha de la recepción definitiva de las obras de edificación, aplicándose las normas de los dos últimos párrafos de la letra a) de este número.

2°. Las rentas provenientes de capitales mobiliarios, entendiéndose por estos últimos aquellos activos o instrumentos de naturaleza mueble, corporales o incorporales, que consistan en frutos derivados del dominio, posesión o tenencia a título precario de dichos bienes.

En el caso de los instrumentos de deuda de oferta pública a que se refiere el artículo 104, las rentas se gravarán cuando se hayan devengado, y se considerarán devengadas en cada ejercicio, a partir de la fecha que corresponda a su colocación y así sucesivamente hasta su pago. El impuesto se aplicará a los titulares de los referidos instrumentos, y gravará los intereses que hayan devengado en el año calendario o comercial respectivo, desde la fecha de su colocación o adquisición hasta el día de su enajenación o rescate, ambas inclusive. El interés devengado se determinará de la siguiente forma: (i) multiplicando la tasa de interés fiscal anual del instrumento determinada conforme al artículo 104, por el capital del mismo, a su valor nominal o par; (ii) el resultado obtenido conforme al literal anterior se dividirá por los días del año calendario, en base a lo establecido en los términos de emisión del instrumento respectivo para el pago del interés o cupón, y (iii) finalmente, se multiplicará tal resultado por el número de días del año calendario o comercial en que el título haya estado en poder del contribuyente titular, en base a lo establecido en los términos de emisión del instrumento respectivo para el pago del interés o cupón.

No obstante las rentas de este número, percibidas o devengadas por contribuyentes que desarrollen actividades de los números 1°, 3°, 4° y 5° de este artículo, que demuestren sus rentas efectivas mediante un balance general, y siempre que la inversión generadora de dichas rentas forme parte del patrimonio de la empresa, se comprenderán en estos últimos números, respectivamente.

3°.- Las rentas de la industria, del comercio, de la minería y de la explotación de riquezas del mar y demás actividades extractivas, compañías aéreas, de seguros, de los bancos, asociaciones de ahorro y préstamos, sociedades administradoras de fondos, sociedades de inversión o capitalización, de empresas financieras y otras de actividad análoga, constructora, periodísticas, publicitarias, de radiodifusión, televisión, procesamiento automático de datos y telecomunicaciones.

4°.- Las rentas obtenidas por corredores, sean titulados o no, sin perjuicio de lo que al respecto dispone el N° 2° del artículo 42°, comisionistas con oficina establecida, martilleros, agentes de aduanas, embarcadores y otros que intervengan en el comercio marítimo, portuario y aduanero, y agentes de seguros que no sean personas naturales; colegios, academias e institutos de enseñanza particulares y otros establecimientos particulares de este género; clínicas, hospitales, laboratorios y otros establecimientos análogos particulares y empresas de diversión y esparcimiento.

5°.- Todas las rentas, cualquiera que fuera su origen, naturaleza o denominación, cuya imposición no esté establecida expresamente en otra categoría ni se encuentren exentas.

6°.- Los premios de lotería, pagarán el impuesto, de esta categoría con una tasa del 15% en calidad de impuesto único de esta ley. Este impuesto se aplicará también sobre los premios correspondientes a boletos no vendidos o no cobrados en el sorteo anterior.

Artículo 20 bis.- Derogado.

Artículo 21°.- Las sociedades anónimas, los contribuyentes del número 1 del artículo 58, los empresarios individuales, comunidades y sociedades de personas que declaren sus rentas efectivas de acuerdo a un balance general según contabilidad completa, deberán declarar y pagar conforme a los artículos 65, número 1, y 69 de esta ley, un impuesto único de 40%, que no tendrá el carácter de impuesto de categoría, el que se aplicará sobre:

i. Las partidas del número 1 del artículo 33, que correspondan a retiros de especies o a cantidades representativas de desembolsos de dinero que no deban imputarse al valor o costo de los bienes del activo y que beneficien directa o indirectamente a los relacionados a la empresa o sus propietarios, según dispone el inciso final de este artículo, o bien, en aquellos casos en que el contribuyente no logre acreditar la naturaleza y efectividad del desembolso. La tributación señalada se aplicará, salvo que estas partidas resulten gravadas conforme a lo dispuesto en el literal i) del inciso tercero de este artículo;

ii. Las cantidades que se determinen por aplicación de lo dispuesto en los artículos 17, número 8, inciso cuarto; 35 inciso tercero, 36, inciso segundo; 38, 41 E, 70 y 71 de esta ley, y aquellas que se determinen por aplicación de lo dispuesto en los incisos tercero al sexto del artículo 64, y en el artículo 65 del Código Tributario, según corresponda, y

No se afectarán con este impuesto, ni con aquel señalado en el inciso tercero siguiente: (i) los gastos anticipados que deban ser aceptados en ejercicios posteriores; (ii) el impuesto de Primera Categoría; el impuesto único de este artículo, el impuesto establecido en el número 2, del artículo 38 bis y el impuesto territorial, todos ellos pagados; (iii) los intereses, reajustes y multas pagados al Fisco, municipalidades y a organismos o instituciones públicas creadas por ley; (iv) las partidas a que se refiere el número 12° del artículo 31 y las patentes mineras, en ambos casos en la parte que no puedan ser deducidas como gasto, y (v) los gastos efectuados por Corporaciones y Fundaciones chilenas, salvo que se aplique, según su naturaleza, los supuestos del numeral iii) del inciso tercero.

Los contribuyentes de los impuestos global complementario o adicional, que sean propietarios, comuneros, socios o accionistas de empresas, comunidades o sociedades que determinen su renta efectiva de acuerdo a un balance general según contabilidad completa, deberán declarar y pagar los impuestos referidos, según corresponda, sobre las cantidades que se señalan a continuación en los literales i) al iv), impuestos cuyo importe se incrementará en un monto equivalente al 10% de las citadas cantidades. Esta tributación se aplicará en reemplazo de la establecida en el inciso primero:

i) Las partidas del número 1 del artículo 33, que corresponden a retiros de especies o a cantidades representativas de desembolsos de dinero que no deban imputarse al valor o costo de los bienes del activo, cuando hayan beneficiado al propietario, socio, comunero o accionista. En estos casos, el Servicio podrá, fundadamente, determinar el beneficio que tales sujetos han experimentado. Cuando dichas cantidades beneficien a dos o más accionistas, comuneros o socios y no sea posible determinar el monto del beneficio que corresponde a cada uno de ellos, se afectarán con la tributación establecida en este inciso, en proporción a su participación en el capital o en las utilidades de la empresa o sociedad respectiva.

El Servicio de Impuestos Internos podrá revisar la efectividad de los montos declarados como utilidades afectas a impuestos finales no retiradas, remesadas o distribuidas de la empresa, y los activos que la representan, para efectos de determinar la procedencia de lo señalado en este número (i) siempre que el Servicio determine en forma fundada que constituyen un retiro, remesa o distribución encubierta, que haya debido resultar imputada a cantidades afectas a dichos impuestos cuando así corresponda de acuerdo a lo dispuesto en el artículo 14. Para estos efectos el Servicio considerará, entre otros elementos, las utilidades de balance acumuladas en la empresa a la fecha de la revisión, los activos de la misma y la relación entre dichos antecedentes y el monto que se pretende como retiro, remesa o distribución encubierta. Asimismo, deberá considerar el origen de los activos, junto a otras circunstancias relevantes, lo que deberá ser expresado por el Servicio, fundadamente, al determinar que se trata de un retiro, remesa o distribución encubierto de cantidades afectas a la tributación de este inciso.

ii) Los préstamos que la empresa, establecimiento permanente, la comunidad o sociedad respectiva, con excepción de las sociedades anónimas abiertas, efectúe a sus propietarios, comuneros, socios o accionistas contribuyentes de los impuestos global complementario o adicional, en la medida que el Servicio determine de manera fundada que constituyen un retiro, remesa o distribución, encubierta, que resulte imputada a cantidades afectas a dichos impuestos cuando así corresponda de acuerdo a lo señalado en el artículo 14. La tributación de este inciso se aplicará sobre el total de la cantidad prestada, reajustada según el porcentaje de variación del Índice de Precios al Consumidor entre el mes anterior al del otorgamiento del préstamo y el mes que antecede al término del ejercicio, deduciéndose debidamente reajustadas todas aquellas cantidades que el propietario, socio o accionista beneficiario haya restituido a la empresa o sociedad a título de pago del capital del préstamo y sus reajustes durante el ejercicio respectivo. Para estos efectos el Servicio considerará, entre otros elementos, las utilidades de balance acumuladas en la empresa a la fecha del préstamo y la relación entre éstas y el monto prestado; el destino y destinatario final de tales recursos; el plazo de pago del préstamo, sus prórrogas o renovaciones, tasa de interés u otras cláusulas relevantes de la operación, circunstancias y elementos que deberán ser expresados por el Servicio, fundadamente, al determinar que el préstamo es un retiro, remesa o distribución encubierto de cantidades afectas a la tributación de este inciso.

Las sumas que establece este numeral se deducirán en la empresa, comunidad o sociedad acreedora, de las cantidades a que se refieren el número 4.-, de la letra A), del artículo 14 y el número 2.- de la letra B), de dicho artículo, en la misma forma que los retiros, remesas o distribuciones.

iii) El beneficio que represente el uso o goce, a cualquier título, o sin título alguno, que no sea necesario para producir la renta, de los bienes del activo de la empresa o sociedad respectiva. Para estos efectos, se presumirá de derecho que el valor mínimo del beneficio será del 10% del valor del bien determinado para fines tributarios al término del ejercicio; del

20% del mismo valor en el caso de automóviles, station wagons y vehículos similares; y del 11% del avalúo fiscal tratándose de bienes raíces, o en cualquiera de los casos señalados, el monto equivalente a la depreciación anual mientras sea aplicable, cuando represente una cantidad mayor, cualquiera que sea el período en que se hayan utilizado los bienes en el ejercicio o en la proporción que justifique fehacientemente el contribuyente.

Del valor mínimo del beneficio calculado conforme a las reglas anteriores podrán rebajarse las sumas efectivamente pagadas que correspondan al período por el uso o goce del bien, aplicándose a la diferencia la tributación establecida en este inciso tercero.

En el caso de contribuyentes que realicen actividades en zonas rurales, no se aplicará la tributación establecida en el inciso tercero al beneficio que represente el uso o goce de los activos de la empresa ubicados en tales sitios. Tampoco se aplicará dicha tributación al beneficio que represente el uso o goce de los bienes de la empresa destinados al esparcimiento de su personal, o el uso de otros bienes por éste, si estuviera disponible y pudiera ser utilizada por todos los trabajadores de la empresa, bajo criterios de universalidad y sin exclusiones. En caso que dicho uso fuere exclusivo para ciertos trabajadores o para directores de la empresa, se aplicará el impuesto establecido en el inciso primero de este artículo, que será de cargo de la empresa, comunidad o sociedad propietaria y el beneficio por dicho uso se calculará conforme a las reglas precedentes.

Cuando el uso o goce de un mismo bien se haya concedido simultáneamente a más de un socio, comunero o accionista no sea posible determinar la proporción del beneficio que corresponde a cada uno de ellos, éste se determinará distribuyéndose conforme a las reglas que establece el artículo 14, letra A), para la atribución de rentas. En caso que el uso o goce se haya conferido por un período inferior al año comercial respectivo, circunstancia que deberá ser acreditada por el beneficiario, ello deberá ser considerado para efectos del cálculo de los impuestos.

Las sumas que establece este numeral no se deducirán en la empresa, comunidad o sociedad respectiva, de las cantidades a que se refieren el número 4.- de la letra A) del artículo 14, y el número 2.- de la letra B) del mismo artículo.

iv) En el caso que cualquier bien de la empresa, comunidad o sociedad sea entregado en garantía de obligaciones, directas o indirectas, del propietario, comunero, socio o accionista, y ésta fuera ejecutada por el pago total o parcial de tales obligaciones, se aplicará la tributación de este párrafo al propietario, comunero, socio o accionista cuyas deudas fueron garantizadas de esta forma. En este caso, la tributación referida se calculará sobre la garantía ejecutada, según su valor corriente en plaza, conforme a lo dispuesto en el artículo 64 del Código Tributario.

Las sumas que establece este numeral, hasta el valor tributario del activo que resulta ejecutado, se deducirán en la empresa, comunidad o sociedad respectiva, de las cantidades a que se refieren el número 4.- de la letra A) del artículo 14, y el número 2.- de la letra B), de dicho artículo, en la misma forma que los retiros, remesas o distribuciones.

Para la aplicación de la tributación establecida en el inciso tercero, se entenderá que las partidas señaladas en el literal i) benefician, que el préstamo se ha efectuado, que el beneficio señalado en el literal iii) se ha conferido o que se han garantizado obligaciones al propietario, comunero, socio o accionista, según sea el caso, cuando dichas cantidades tengan como beneficiario de las partidas señaladas en el literal i), deudor del préstamo, beneficiario por el uso o goce señalado en el literal iii), o sujeto cuyas deudas se han garantizado, a sus respectivos cónyuges, convivientes civiles, hijos no emancipados legalmente, o bien a cualquier persona relacionada con aquellos conforme a las normas de relación del número 17 del artículo 8° del Código Tributario o, a los directores, gerentes, administradores, ejecutivos principales o liquidadores, así como a toda entidad controlada directamente o indirectamente por ellos, y, además, se determine que el beneficiario final, en el caso de los préstamos y garantías es el propietario, socio, comunero o accionista respectivo.

Párrafo 2° De los pequeños contribuyentes

Artículo 22°.- Los contribuyentes que se enumeran a continuación que desarrollen las actividades que se indican pagarán anualmente un impuesto de esta Categoría que tendrá el carácter de único:

1°.- Los "pequeños mineros artesanales", entendiéndose por tales las personas que trabajan personalmente una mina y/o una planta de beneficio de minerales, propias o ajenas, con o sin la ayuda de su familia y/o con un máximo de cinco dependientes asalariados. Se comprende también en esta denominación las sociedades legales mineras que no tengan más de seis socios, y las cooperativas mineras, y siempre que los socios o cooperados tengan todos el carácter de mineros artesanales de acuerdo con el concepto antes descrito.

2°.- Los "pequeños comerciantes que desarrollen actividades en la vía pública", entendiéndose por tales las personas naturales que prestan servicios o venden productos en la vía pública, en forma ambulante o estacionada y directamente al público, según calificación que quedará determinada en el respectivo permiso municipal, sin perjuicio de la facultad del Director Regional para excluir a determinados contribuyentes del régimen que se establece en el artículo 24, cuando existan circunstancias que los coloquen en una situación de excepción con respecto del resto de los contribuyentes de su misma actividad o cuando la rentabilidad de sus negocios no se compadezca con la tributación especial a que estén sometidos.

3°.- Los "Suplementeros", entendiéndose por tales los pequeños comerciantes que ejercen la actividad de vender en la vía pública, periódicos, revistas, folletos, fascículos y sus tapas, álbunes de estampas y otros impresos análogos.

4°.- Los "Propietarios de un taller artesanal u obrero", entendiéndose por tales personas naturales que posean una pequeña empresa y que la exploten personalmente, destinada a la fabricación de bienes o a la prestación de servicios de cualquier especie, cuyo capital efectivo no exceda de 10 unidades tributarias anuales al comienzo del ejercicio respectivo, y que no emplee más de 5 operarios, incluyendo los aprendices y los miembros del núcleo familiar del contribuyente. El trabajo puede ejercerse en un local o taller o a domicilio, pudiendo emplearse materiales propios o ajenos.

5°.- Los pescadores artesanales inscritos en el registro establecido al efecto por la Ley General de Pesca y Acuicultura, que sean personas naturales, calificados como armadores artesanales a cuyo nombre se exploten una o dos naves que, en conjunto, no superen las quince toneladas de registro grueso.

Para determinar el tonelaje de registro grueso de las naves sin cubierta, éste se estimará como el resultado de multiplicar la eslora por la manga, por el puntal y por el factor 0.212, expresando en metros las dimensiones de la nave.

Tratándose de naves con cubierta, que no cuenten con certificado de la autoridad marítima que acredite su tonelaje de registro grueso, éste se estimará como el resultado de multiplicar la eslora por la manga, por el puntal y por el factor 0.279, expresando en metros las dimensiones de la nave.

Artículo 23°.- Los pequeños mineros artesanales estarán afectos a un impuesto único sustitutivo de todos los impuestos de esta ley por las rentas provenientes de la actividad minera, que se aplicará sobre el valor neto de las ventas de productos mineros con arreglo a las siguientes tasas:

1% si el precio internacional del cobre, en base al cual se calcula la tarifa de compra de los minerales, no excede de 397,00 centavos de dólar por libra;

2% si el precio internacional del cobre, en base al cual se calcula la tarifa de compra de los minerales, excede de 397,00 centavos de dólar por libra y no sobrepasa de 510,49 centavos de dólar por libra; y

4% si el precio internacional del cobre, en base al cual se calcula la tarifa de compra de los minerales, excede de 510,49 centavos de dólar por libra[13].

Se entiende por valor neto de la venta el precio recibido por el minero, excluida o deducida la renta de arrendamiento o regalía, cuando proceda.

El Servicio de Impuestos Internos, previo informe del Ministerio de Minería, determinará la equivalencia que corresponda respecto del precio internacional del oro y la plata, a fin de hacer aplicable la escala anterior

---

13 Los valores expresados son aquellos actualizados por el Decreto Exento N° 50 del Ministerio de Hacienda, publicado el día 14 de febrero de 2025.

a las ventas de dichos minerales y a las combinaciones de esos minerales con cobre.

Si se trata de otros productos mineros sin contenido de cobre, oro o plata, la tasa será del 2% sobre el valor neto de la venta.

No obstante, estos contribuyentes podrán optar por tributar anualmente mediante el régimen de renta presunta contemplado en el art. 34°.

Artículo 24°.- Los pequeños comerciantes que desarrollen sus actividades en la vía pública pagarán en el año en que realicen dichas actividades, un impuesto anual cuyo monto será el que se indica a continuación, según el caso:

1°.- Comerciantes de ferias libres, media unidad tributaria mensual vigente en el mes en que sea exigible el tributo, y

2°.- Comerciantes estacionados, media unidad tributaria mensual vigente en el mes en que sea exigible el tributo.

A los suplementeros no se les aplicará este tributo, salvo cuando se encuentren en la situación descrita en el inciso segundo del artículo 25.

Artículo 25°.- Los suplementeros pagarán anualmente el impuesto de esta categoría con una tasa del 0,5% del valor total de las ventas de periódicos, revistas, folletos y otros impresos que expendan dentro de su giro.

Los suplementeros estacionados que, además de los impresos inherentes a su giro, expendan cigarrillos, números de lotería, gomas de mascar, dulces y otros artículos de escaso valor, cualquiera que sea su naturaleza, pagarán por esta última actividad, el impuesto a que se refiere el artículo anterior, con un monto equivalente a un cuarto de unidad tributaria mensual vigente en el mes en que sea exigible el tributo, sin perjuicio de lo que les corresponda pagar por su actividad de suplementeros.

Artículo 26°.- Las personas naturales propietarias de un pequeño taller artesanal o taller obrero, pagarán como impuesto de esta Categoría la cantidad que resulte mayor entre el monto de dos unidades tributarias mensuales vigentes en el último mes del ejercicio respectivo y el monto de los pagos provisionales obligatorios a que se refiere la letra c) del artículo 84, reajustados conforme al artículo 95.

Para los efectos de la determinación del capital efectivo existente al comienzo del ejercicio respectivo, se agregará a éste el valor comercial en plaza de las maquinarias y equipos de terceros, cuyo uso o goce hayan sido cedidos al taller a cualquier título, y que se encuentren en posesión del contribuyente a la fecha de la determinación del citado capital. Asimismo, se adicionará al capital efectivo el valor comercial en plaza de las referidas maquinarias y equipos ajenos que hayan sido utilizados por la empresa en el ejercicio comercial anterior y que hayan sido restituidos a sus propietarios con antelación a la fecha de determinación del mencionado capital efectivo. En esta última situación, el propietario de dichos bienes que deba tributar conforme a las normas de este artículo, deberá computarlos también en el cálculo de su capital efectivo por su valor comercial en plaza.

Los contribuyentes de este artículo cuyo capital efectivo, existente al comienzo del ejercicio, determinado según las normas del inciso anterior exceda en cualquier momento dentro del ejercicio respectivo, del límite de diez unidades tributarias anuales, por causa que no sea la de utilidades generadas por el taller dentro del mismo ejercicio, quedarán obligados a demostrar la renta efectiva acreditada mediante contabilidad fidedigna a partir del 1º de Enero del año siguiente en relación con rentas que se perciban o devenguen desde dicha fecha.

Artículo 26 bis.- Los pescadores artesanales señalados en el número 5º del artículo 22, pagarán como impuesto de esta categoría una cantidad equivalente a:

– Media unidad tributaria mensual, vigente en el último mes del ejercicio respectivo, los armadores artesanales de una o dos naves artesanales que, en su conjunto, no superen las cuatro toneladas de registro grueso;

– Una unidad tributaria mensual, vigente en el último mes del ejercicio respectivo, los armadores artesanales de una o dos naves artesanales que, en su conjunto, tengan sobre cuatro y hasta ocho toneladas de registro grueso, y

- Dos unidades tributarias mensuales, vigentes en el último mes del ejercicio respectivo, los armadores artesanales de una o dos naves que, en conjunto, tengan sobre ocho y hasta quince toneladas de registro grueso.

Artículo 27°.- Para los fines de justificar gastos de vida o inversiones, se presume que las rentas cuya tributación se ha cumplido mediante las disposiciones de este párrafo es equivalente a dos unidades tributarias anuales, excepto en el caso de los contribuyentes referidos en el artículo 23° en que la presunción será equivalente al 10% de las ventas anuales de minerales.

Estas mismas rentas presuntas se gravarán con el impuesto global complementario o adicional si los contribuyentes de este párrafo han obtenido rentas de otras actividades gravadas de acuerdo con los números 3, 4 y 5 del artículo 20°.

Artículo 28°.- El Presidente de la República podrá disponer que el impuesto establecido en los artículos 24° y 26° se aplique conjuntamente con el otorgamiento del derecho, permiso o licencia municipal correspondiente, fijando la modalidad de cobro, plazo para su ingreso en arcas fiscales y otras medidas pertinentes. Si el derecho, permiso o licencia se otorga por un período inferior a un año, el impuesto respectivo se reducirá proporcionalmente al lapso que aquellos abarquen, considerándose como mes completo toda fracción inferior a un mes.

Facúltase al Presidente de la República para incorporar a otros grupos o gremios de pequeños contribuyentes a un sistema simplificado de tributación, bajo condiciones y características similares a las establecidas en este párrafo, ya sea sobre la base de una estimación de la renta imponible, fijación de un impuesto de cuantía determinada u otro sistema, facultándosele también para establecer su retención o su aplicación con la respectiva patente o permiso municipal.

Párrafo 3° De la base imponible

Artículo 29°.- Constituyen "ingresos brutos" todos los ingresos derivados de la explotación de bienes y actividades incluidas en la presente categoría, excepto los ingresos que no constituyan renta a que se refiere el artículo 17. En los casos de contribuyentes de esta categoría que estén obligados o puedan llevar, según la ley, contabilidad fidedigna, se considerarán dentro de los ingresos brutos los reajustes mencionados en los números 25 y 28 del artículo 17 y las rentas referidas en el número 2 del artículo 20°. Sin embargo, estos contribuyentes podrán rebajar del impuesto el importe del gravamen retenido sobre dichas rentas que para estos efectos tendrá el carácter de pago provisional sujeto a las disposiciones del Párrafo 3° del Título V. Las diferencias de cambio en favor del contribuyente, originadas de créditos, también constituirán ingresos brutos.

El monto a que asciende la suma de los ingresos mencionados, será incluido en los ingresos brutos del año en que ellos sean devengados o, en su defecto, del año en que sean percibidos por el contribuyente, con excepción de las rentas mencionadas en el número 2° del artículo 20°, que se incluirán en el ingreso bruto del año en que se perciban.

Los ingresos obtenidos con motivo de contratos de promesa de venta de inmueble se incluirán en los ingresos brutos del año en que se suscriba el contrato de venta correspondiente. En los contratos de construcción por suma alzada el ingreso bruto, representado por el valor de la obra ejecutada, será incluido en el ejercicio en que se formule el cobro respectivo.

Con todo, no se considerará en los ingresos brutos la diferencia positiva entre el valor nominal y el de adquisición en operaciones de compra de títulos de crédito y carteras de crédito, sin perjuicio del reconocimiento como ingreso bruto de las sumas que sean percibidas. El mismo tratamiento tendrá la adquisición y colocación de bonos a un valor inferior al nominal o de emisión. Lo dispuesto en este inciso no se aplicará en el caso de empresas relacionadas conforme a la definición contemplada en el número 17 del artículo 8 del Código Tributario, salvo que se acredite que las operaciones se han realizado de acuerdo a precios o valores normales de mercado que habrían acordado partes no relacionadas.

Constituirán ingresos brutos del ejercicio los anticipos de intereses que obtengan los bancos, las empresas financieras y otras similares.

El ingreso bruto de los servicios de conservación, reparación y explotación de una obra de uso público entregada en concesión, será equivalente a la diferencia que resulte de restar del ingreso total mensual percibido por el concesionario por concepto de la explotación de la concesión, la cantidad que resulte de dividir el costo total de la obra por el número de meses que comprenda la explotación efectiva de la concesión o, alternativamente, a elección del concesionario, por un tercio de este plazo. En el caso del concesionario por cesión, el costo total a dividir en los mismos plazos anteriores, será equivalente al costo de la obra en que él haya incurrido efectivamente más el valor de adquisición de la concesión. Si se prorroga el plazo de la concesión antes del término del período originalmente concebido, se considerará el nuevo plazo para los efectos de determinar el costo señalado precedentemente, por aquella parte del valor de la obra que reste a la fecha de la prórroga. De igual forma, si el concesionario original o el concesionario por cesión asume la obligación de construir una obra adicional, se sumará el valor de ésta al valor residual de la obra originalmente construida para determinar dicho costo. Para los efectos de lo dispuesto en este inciso, deberán descontarse del costo los eventuales subsidios estatales y actualizarse de conformidad al artículo 41, N° 7.

Artículo 30°.- La renta bruta de una persona natural o jurídica que explote bienes o desarrolle actividades afectas al impuesto de esta categoría en virtud de los N°s 1, 3, 4 y 5 del artículo 20, será determinada deduciendo de los ingresos brutos el costo directo de los bienes y servicios que se requieran para la obtención de dicha renta. En el caso de mercaderías adquiridas en el país, se considerará como costo directo el valor o precio de adquisición, según la respectiva factura, contrato o convención, y optativamente el valor del flete (9-a-b) y seguros hasta las bodegas del adquirente. Si se trata de mercaderías internadas al país, se considerará como costo directo el valor CIF, los derechos de internación, los gastos de desaduanamiento y optativamente el flete y seguros hasta las bodegas del importador. Respecto de bienes producidos o elaborados por el contribuyente, se considerará como costo directo el valor de la materia prima aplicando las normas anteriores y el valor de la mano de obra. El costo directo del mineral extraído considerará también la parte del valor de adquisición de las pertenencias respectivas que corresponda a la proporción que el mineral extraído represente en el total del mineral que técnicamente se estime contiene el correspondiente grupo de pertenencias, en la forma que determine el Reglamento.

Para los efectos de establecer el costo directo de venta de las mercaderías, materias primas y otros bienes del activo realizable o para determinar el costo directo de los mismos bienes cuando se apliquen a procesos productivos y/o artículos terminados o en proceso, deberán utilizarse los costos directos más antiguos, sin perjuicio que el contribuyente opte por utilizar el método denominado "Costo Promedio Ponderado". El método de valorización adoptado respecto de un ejercicio determinará a su vez el valor de las existencias al término de éste, sin perjuicio del ajuste que ordena el artículo 41°. El método elegido deberá mantenerse consistentemente a lo menos durante cinco ejercicios comerciales consecutivos.

Tratándose de bienes enajenados o prometidos enajenar a la fecha del balance respectivo que no hubieren sido adquiridos, producidos, fabricados o construidos totalmente por el enajenante, se estimará su costo directo de acuerdo al que el contribuyente haya tenido presente para celebrar el respectivo contrato. En todo caso, el valor de la enajenación o promesa deberá arrojar una utilidad estimada de la operación que diga relación con la que se ha obtenido en el mismo ejercicio respecto de las demás operaciones; todo ello, sin perjuicio de ajustar la renta bruta definitiva de acuerdo al costo directo real en el ejercicio en que dicho costo se produzca.

No obstante, en el caso de contratos de promesa de venta de inmuebles, el costo directo de su adquisición o construcción se deducirá en el ejercicio en que se suscriba el contrato de venta correspondiente. Tratándose de contratos de construcción por suma alzada, el costo directo deberá deducirse en el ejercicio en que se presente cada cobro.

En los contratos de construcción de una obra de uso público a que se refiere el artículo 15, el costo representado por el valor total de la obra, en los términos señalados en los incisos sexto y séptimo del referido artículo, deberá deducirse en el ejercicio en que se inicie la explotación de la obra.

En los casos en que no pueda establecerse claramente estas deducciones, la Dirección Regional podrá autorizar a los contribuyentes que dichos costos directos se rebajen conjuntamente con los gastos necesarios para producir la renta, a que se refiere el artículo siguiente.

Artículo 31°.- La renta líquida de las personas referidas en el artículo anterior se determinará deduciendo de la renta bruta todos los gastos necesarios para producirla, entendiendo por tales aquellos que tengan aptitud de generar renta, en el mismo o futuros ejercicios y se encuentren asociados al interés, desarrollo o mantención del giro del negocio, que no hayan sido rebajados en virtud del artículo 30°, pagados o adeudados, durante el ejercicio comercial correspondiente, siempre que se acrediten o justifiquen en forma fehaciente ante el Servicio. No se deducirán los gastos incurridos en la adquisición, mantención o explotación de bienes no destinados al giro del negocio o empresa, de los bienes de los cuales se aplique la presunción de derecho a que se refiere el literal iii) del inciso tercero del artículo 21 y la letra f), del número 1°, del artículo 33, como tampoco en la adquisición y arrendamiento de automóviles, station wagons y similares, cuando no sea éste el giro habitual, y en combustible, lubricantes, reparaciones, seguros y, en general, todos los gastos para su mantención y funcionamiento. No obstante, procederá la deducción de los gastos respecto de los vehículos señalados, cuando el Director, mediante resolución fundada, lo establezca por cumplirse los requisitos establecidos en la primera parte de este inciso.

Sin perjuicio de lo indicado en el inciso precedente, los gastos incurridos en el extranjero se acreditarán con los correspondientes documentos emitidos en el exterior de conformidad a las disposiciones legales del país respectivo, siempre que conste en ellos, a lo menos, la individualización y domicilio del prestador del servicio o del vendedor de los bienes adquiridos según corresponda, la naturaleza u objeto de la operación y la fecha y monto de la misma. El contribuyente deberá presentar una traducción al castellano de tales documentos cuando así lo solicite el Servicio de Impuestos Internos. Aun en el caso que no exista el respectivo documento de respaldo, la Dirección Regional podrá aceptar la deducción del gasto si a su juicio éste es razonable y necesario para la operación del contribuyente, atendiendo a factores tales como la relación que exista entre las ventas, servicios, gastos o los ingresos brutos y el desembolso de que se trate de igual o similar naturaleza, de contribuyentes que desarrollen en Chile la misma actividad o una semejante.

Respecto de las cantidades a que se refiere el artículo 59, cuando se originen en actos o contratos celebrados con partes directa o indirectamente relacionadas de la entidad local respectiva en los términos del artículo 41 E, sólo procederá su deducción como gasto en el año calendario o comercial de su pago, abono en cuenta o puesta a disposición. Para que proceda su deducción, se requiere que se haya declarado y pagado el respectivo impuesto adicional, salvo que tales cantidades se encuentren exentas o no gravadas con el citado tributo, ya sea por ley o por aplicación de un convenio para evitar la doble tributación internacional. Adicionalmente, para que sea procedente su deducción deberán cumplir con los requisitos que establece este artículo, en cuanto sean aplicables. Lo dispuesto en este inciso, no obsta a la aplicación de lo dispuesto en el citado artículo 41 E.

Procederá la deducción de los siguientes gastos especiales, siempre que, además de los requisitos que para cada caso se señalen, cumplan los requisitos generales de los gastos a que se refiere el inciso primero, en la medida que a estos últimos les sean aplicables estos requisitos generales conforme a la naturaleza del gasto respectivo:

1°.- Los intereses pagados o devengados sobre las cantidades adeudadas, dentro del año a que se refiere el impuesto.

Con todo, los intereses y demás gastos financieros que conforme a las disposiciones de este artículo cumplan con los requisitos para ser deducidos como gastos, que provengan de créditos destinados a la adquisición de derechos sociales, acciones, bonos y, en general, cualquier tipo de capital mobiliario, podrán ser deducidos como tales.

2°.- Los impuestos establecidos por leyes chilenas, en cuanto se relacionen con el giro de la empresa y siempre que no sean los de esta ley, con excepción del impuesto territorial[14], a menos que en este último caso no proceda su utilización como crédito y que no constituyan contribuciones

---

[14] Modificado por la ley N° 21.591 Ley sobre Royalty a la Minería, publicada el 10 de agosto de 2023 en el Diario Oficial, reemplazó la expresión "establecido en el artículo 64 bis en el ejercicio en que se devengue, ni de bienes raíces", por la voz "territorial".

especiales de fomento o mejoramiento. No procederá esta rebaja en los casos en que el impuesto haya sido sustituido por una inversión en beneficio del contribuyente.

3°.- Las pérdidas sufridas por el negocio o empresa durante el año comercial a que se refiere el impuesto, comprendiendo las que provengan de delitos contra la propiedad.

Se incluye, también, la deducción del costo para fines tributarios de aquellos alimentos destinados al consumo humano, alimentos para mascotas, productos de higiene y aseo personal, y productos de aseo y limpieza, libros, artículos escolares, ropa, juguetes, materiales de construcción, entre otros, que correspondan a bienes de uso o consumo, cuyas características y condiciones se determinen mediante resolución del Servicio. Para estos efectos, se exigirá que se trate de bienes respecto de los cuales su comercialización se ha vuelto inviable por razones de plazo, desperfectos o fallas en su fabricación, manipulación o transporte, por modificaciones sustantivas en las líneas de comercialización que conlleven la decisión de productores y vendedores de eliminar tales bienes del mercado pero que, conservando sus condiciones para el consumo o uso según corresponda, son entregados gratuitamente a instituciones sin fines de lucro, debidamente inscritas ante el Servicio, para su distribución gratuita, consumo o utilización entre personas naturales de escasos recursos beneficiarias de tales instituciones, u otras instituciones sin fines de lucro que las puedan utilizar en el cumplimiento de sus fines, todas circunstancias que deberán ser acreditadas de manera fehaciente ante el Servicio, en la forma que éste determine mediante resolución.

Del mismo modo, se procederá en la entrega gratuita de especialidades farmacéuticas y otros productos farmacéuticos que autorice el reglamento que emite el Ministerio de Salud para el control de los productos farmacéuticos de uso humano, bajo los requisitos y condiciones que dicho reglamento determine, a los establecimientos asistenciales públicos o privados, para ser dispensados en la misma condición de gratuidad a los pacientes.

En conformidad con lo dispuesto en la ley número 20.920, que establece marco para la gestión de residuos, la responsabilidad extendida del productor y fomento al reciclaje, no se aceptará como gasto y se afectará con el impuesto único establecido en el inciso primero del artículo 21, la destrucción voluntaria de materias primas, insumos o bienes procesados o terminados que puedan ser entregados gratuitamente en los términos de los párrafos anteriores.

Podrán, asimismo, deducirse las pérdidas de ejercicios anteriores, siempre que concurran los requisitos del inciso primero, las cuales deberán imputarse al ejercicio inmediatamente siguiente y así sucesivamente.

Las rentas o cantidades que se perciban a título de retiros o dividendos provenientes de otras empresas no se imputarán a las pérdidas de la empresa receptora. Por su parte, el monto del impuesto de primera categoría asociado a los retiros o dividendos que se perciban de otras empresas, se controlará en el registro SAC de la empresa receptora, establecido en el artículo 14 letra A N° 2 letra d).

Las pérdidas se determinarán aplicando a los resultados del balance las normas relativas a la determinación de la renta líquida imponible contenidas en este párrafo y su monto se reajustará, cuando deba imputarse a los años siguientes, de acuerdo con el porcentaje de variación experimentada por el índice de precios al consumidor en el período comprendido entre el último día del mes anterior al del cierre del ejercicio comercial en que se generaron las pérdidas y el último día del mes anterior al del cierre del ejercicio en que proceda su deducción.

Con todo, las sociedades con pérdidas que en el ejercicio hubieren sufrido cambio en la propiedad de los derechos sociales, acciones o del derecho a participación en sus utilidades, no podrán deducir las pérdidas generadas antes del cambio de propiedad de los ingresos percibidos o devengados con posterioridad a dicho cambio. Ello siempre que, además, con motivo del cambio señalado o en los doce meses anteriores o posteriores a él la sociedad haya cambiado de giro o ampliado el original a uno distinto, salvo que mantenga su giro principal, o bien al momento del cambio indicado en primer término, no cuente con bienes de capital u otros activos propios de su giro de una magnitud que permita el desarrollo de su actividad o de un valor proporcional al de adquisición de los derechos o acciones, o pase a obtener solamente ingresos por participación, sea como socio o accionista, en otras sociedades o por reinversión de utilidades. Para este efecto, se entenderá que se produce cambio de la propiedad en el ejercicio cuando los nuevos socios o accionistas adquieran o terminen de adquirir, directa o indirectamente, a través de sociedades relacionadas, a lo menos el 50% de los derechos sociales, acciones o participaciones. Lo dispuesto en este inciso no se aplicará cuando el cambio de propiedad se efectúe entre empresas relacionadas, en los términos que establece el número 17 del artículo 8° del Código Tributario[15].

4°.- Los créditos incobrables castigados durante el año, siempre que hayan sido contabilizados oportunamente y se hayan agotado prudencialmente los medios de cobro.

Sin perjuicio de lo dispuesto en el párrafo anterior, los contribuyentes podrán deducir de su renta líquida, salvo que se trate de operaciones con relacionados, en los términos del número 17.- del artículo 8° del Código Tributario, los créditos que se encuentren impagos por más de 365 días contados desde su vencimiento o el valor que resulte de aplicar un porcentaje sobre el monto de los créditos vencidos. El Servicio, mediante sucesivas resoluciones, establecerá los rangos de porcentajes tomando de referencia indicadores de incobrabilidad del sector o mercado relevante en que opera el contribuyente. Las recuperaciones totales o parciales de créditos se considerarán de acuerdo a lo dispuesto en el artículo 29.

Las provisiones y castigos de los créditos incluidos en la cartera vencida de los bancos e instituciones financieras, entendiéndose dentro de estas últimas a las empresas operadoras y/o emisoras de tarjetas de crédito no bancarias, de acuerdo a las instrucciones que impartan en conjunto la Superintendencia de Bancos e Instituciones Financieras y el Servicio de Impuestos Internos. Las recuperaciones totales o parciales de créditos se considerarán de acuerdo a lo dispuesto en el artículo 29.

Las instrucciones de carácter general que se impartan en virtud del inciso anterior, serán también aplicables a las remisiones de créditos ries-

---

[15] Art. 27° transitorio, inciso primero, Ley N° 21.210, señala: "Las modificaciones incorporadas por el artículo segundo de la presente ley a lo dispuesto en los párrafos segundo, tercero, cuarto y quinto del artículo 31 N° 3 de la Ley sobre Impuesto a la Renta, entrarán en vigencia el 1° de enero del año 2024, respecto de retiros y dividendos percibidos a partir de dicha fecha...".

gosos que efectúen los bancos y sociedades financieras a sus deudores, en la parte en que se encuentren afectos a provisiones constituidas conforme a la normativa sobre clasificación de la cartera de créditos establecida por la Superintendencia de Bancos e Instituciones financieras.

Las normas generales que se dicten deberán contener, a lo menos, las siguientes condiciones:

a) Que se trate de créditos clasificados en las dos últimas categorías de riesgo establecidas para la clasificación de cartera, y

b) Que el crédito de que se trata haya permanecido en alguna de las categorías indicadas a lo menos por el período de un año, desde que se haya pronunciado sobre ella la Superintendencia.

Lo dispuesto en este número se aplicará también a los créditos que una institución financiera haya adquirido de otra, siempre que se cumpla con las condiciones antedichas.

Lo dispuesto en el párrafo segundo no se aplicará en el caso de créditos entre empresas consideradas relacionadas conforme al número 17 del artículo 8° del Código Tributario, salvo que se trate de empresas o sociedades de apoyo al giro. Se entenderá que constituyen empresas o sociedades de apoyo al giro aquellas sociedades o empresas cuyo objeto único sea prestar servicios destinados a facilitar el cumplimiento o desarrollo del negocio de empresas relacionadas, o que por su intermedio se pueda realizar operaciones del giro de las mismas.

5°[16].- Una cuota anual de depreciación por los bienes físicos del activo inmovilizado a contar de su utilización en la empresa, calculada sobre el

---

[16] Sobre esta materia, ver artículos vigésimo primero transitorio (establece régimen extraordinario de depreciación para algunos bienes adquiridos entre el 1 de octubre de 2019 y 31 de mayo de 2020) y vigésimo segundo transitorio (régimen especial de depreciación para inversiones en la Región de La Araucanía realizadas entre el 1 de octubre de 2019 y el 31 de mayo de 2020), de la Ley N° 21.210. Ver también el artículo vigésimo segundo transitorio bis, introducido por la Ley N° 21.256, de 2 de septiembre de 2020, que establece regímenes de depreciación extraordinarios transitorios, entre el 1 de junio de 2020 y 31 de diciembre de 2022.

valor neto de los bienes a la fecha del balance respectivo, una vez efectuada la revalorización obligatoria que dispone el artículo 41°.

El porcentaje o cuota correspondiente al período de depreciación dirá relación con los años de vida útil que mediante normas generales fije la Dirección y operará sobre el valor neto total del bien. No obstante, el contribuyente podrá aplicar una depreciación acelerada, entendiéndose por tal aquélla que resulte de fijar a los bienes físicos del activo inmovilizado adquiridos nuevos o internados, una vida útil equivalente a un tercio de la fijada por la Dirección o Dirección Regional. No podrán acogerse al régimen de depreciación acelerada los bienes nuevos o internados cuyo plazo de vida útil total fijada por la Dirección o Dirección Regional sea inferior a tres años. Los contribuyentes podrán en cualquiera oportunidad abandonar el régimen de depreciación acelerada, volviendo así definitivamente al régimen normal de depreciaciones a que se refiere este número. Al término del plazo de depreciación del bien, éste deberá registrarse en la contabilidad por un valor equivalente a un peso, valor que no quedará sometido a las normas del artículo 41°, y que deberá permanecer en los registros contables hasta la eliminación total del bien motivada por la venta, castigo, retiro u otra causa. Tratándose de bienes que se han hecho inservibles para la empresa antes del término del plazo de depreciación que se les haya asignado, podrá aumentarse al doble la depreciación correspondiente.

En todo caso, cuando se aplique el régimen de depreciación acelerada, sólo se considerará para los efectos de lo dispuesto en el artículo 14, la depreciación normal que corresponde al total de los años de vida útil del bien. La diferencia que resulte en el ejercicio respectivo entre la depreciación acelerada y la depreciación normal, sólo podrá deducirse como gasto para los efectos de primera categoría.

La Dirección Regional, en cada caso particular, a petición del contribuyente o del Comité de Inversiones Extranjeras, podrá modificar el régimen de depreciación de los bienes cuando los antecedentes así lo hagan aconsejable.

Para los efectos de esta ley no se admitirán depreciaciones por agotamiento de las sustancias naturales contenidas en la propiedad minera, sin perjuicio de lo dispuesto en el inciso primero del artículo 30.

5° bis.- Para los efectos de lo dispuesto en el número 5° precedente, los contribuyentes que en los 3 ejercicios anteriores a aquel en que comience la utilización del bien, sea que se trate de bienes nuevos o usados, tengan un promedio anual de ingresos del giro igual o inferior a 100.000 unidades de fomento, podrán depreciar los bienes del activo inmovilizado considerando como vida útil del respectivo bien el equivalente a un décimo de la vida útil fijada por la Dirección o Dirección Regional, expresada en años, despreciando los valores decimales que resulten. En todo caso, la vida útil resultante no podrá ser inferior a un año. Si la empresa tuviere una existencia inferior a 3 ejercicios, el promedio se calculará considerando los ejercicios de existencia efectiva.

Para efectos de determinar el promedio de ingresos anuales del giro conforme a lo dispuesto en los párrafos precedentes, los ingresos de cada mes se expresarán en unidades de fomento según el valor de ésta en el último día del mes respectivo.

En lo demás, se aplicarán las reglas que establece el número 5° anterior.

6°.- Sueldos, salarios y otras remuneraciones, pagados o adeudados por la prestación de servicios personales.

Se aceptarán como gasto las asignaciones de movilización, alimentación, viático, las cantidades por concepto de gastos de representación, participaciones, gratificaciones legales y contractuales e indemnizaciones, como así también otros conceptos o emolumentos de similar naturaleza, siempre que los mismos guarden relación directa con la naturaleza de la actividad de los trabajadores en la empresa. Tratándose de pagos voluntarios por estos conceptos, se aceptarán como gasto cuando se paguen o abonen en cuenta y se retengan o paguen los impuestos que sean aplicables.

Tratándose de personas que por cualquiera circunstancia personal o por la importancia de su haber en la empresa, cualquiera sea la condición jurídica de ésta, hayan podido influir, a juicio de la Dirección Regional, en la fijación de sus remuneraciones, éstas sólo se aceptarán como gasto en la parte que, según el Servicio, sean razonablemente proporcionadas a la importancia de la empresa, a las rentas declaradas, a los servicios prestados y a la rentabilidad del capital, sin perjuicio de los impuestos que procedan respecto de quienes perciban tales pagos.

No obstante disposición legal en contrario, para fines tributarios, se aceptará como gasto la remuneración razonablemente proporcionada en los términos del párrafo anterior, que se asigne al socio, accionista o empresario individual que efectivamente trabaje en el negocio o empresa. En todo caso, dichas remuneraciones se considerarán rentas del artículo 42, número 1. Asimismo, se aceptará como gasto las remuneraciones pagadas al cónyuge o conviviente civil del propietario o a sus hijos, en la medida que se trate de una remuneración razonablemente proporcionada en los términos del párrafo anterior y que efectivamente trabajen en el negocio o empresa.

Las remuneraciones por servicios prestados en el extranjero se aceptarán también como gastos, siempre que se acrediten fehacientemente y se encuentren, por su naturaleza, vinculadas directa o indirectamente al desarrollo del giro.

En el caso de reorganizaciones de grupos empresariales, sea que consistan en reorganizaciones societarias o de funciones, incluyendo los procesos de toma de control o traspasos dentro de grupos económicos, que contemplen el traslado total o parcial de trabajadores dentro de un mismo grupo empresarial, sin solución de continuidad laboral, en que se reconozcan por el nuevo empleador los años de servicio prestados a otras empresas del grupo, procederá la deducción como gasto el pago de las indemnizaciones que correspondan por años de servicio al término de la relación laboral, proporcionalmente según el tiempo trabajado en las empresas donde se hayan prestado efectivamente los servicios.

6° bis.- Las becas de estudio que se paguen a los hijos de los trabajadores de la empresa, siempre que ellas sean otorgadas con relación a las cargas de familia u otras normas de carácter general y uniforme aplicables a todos los trabajadores de la empresa. En todo caso, el monto de la beca por cada hijo, no podrá ser superior en el ejercicio hasta la cantidad equivalente a una y media unidad tributaria anual, salvo que el beneficio corresponda a una beca para estudiar en un establecimiento de educación superior y se pacte en un contrato o convenio colectivo de trabajo, caso en el cual este límite será de hasta un monto equivalente a cinco y media unidades tributarias anuales.

7°.- Las donaciones efectuadas cuyo único fin sea la realización de programas de instrucción básica o media gratuitas, técnica, profesional o universitaria en el país, ya sean privados o fiscales, ya sea que los programas de instrucción sean realizados directamente por la institución donataria o a través de otras entidades o establecimientos docentes, académicos o educacionales, sólo en cuanto no excedan del 2% de la renta líquida imponible de la empresa o del 1,6°/°° del capital propio de la empresa al término del correspondiente ejercicio. Esta disposición no será aplicada a las empresas afectas a la ley N° 16.624.

Lo dispuesto en el inciso anterior se aplicará también a las donaciones que se hagan a los Cuerpos de Bomberos de la República, Fondo de Solidaridad Nacional, Fondo de Abastecimiento y Equipamiento Comunitario, Servicio Nacional de Menores y a los Comités Habitacionales Comunales.

Las donaciones a que se refiere este número no requerirán del trámite de la insinuación y estarán exentas de toda clase de impuestos.

8°.- Los reajustes y diferencias de cambio provenientes de créditos o préstamos destinados al giro del negocio o empresa, incluso los originados en la adquisición de bienes del activo inmovilizado y realizable.

9°.- Los gastos de organización y puesta en marcha, los cuales podrán ser amortizados hasta en un lapso de seis ejercicios comerciales consecutivos contados desde que se generaron dichos gastos o desde el año en que la empresa comience a generar ingresos de su actividad principal, cuando este hecho sea posterior a la fecha en que se originaron los gastos.

En el caso de empresas cuyo único giro según la escritura de constitución sea el de desarrollar determinada actividad por un tiempo inferior a 6 años no renovable o prorrogable, los gastos de organización y puesta en marcha se podrán amortizar en el número de años que abarque la existencia legal de la empresa.

Cuando con motivo de la fusión de sociedades, comprendiéndose dentro de este concepto la reunión del total de los derechos o acciones de una sociedad en manos de una misma persona, el valor de la inversión total realizada en los derechos o acciones de la sociedad fusionada, resulte mayor al valor total o proporcional, según corresponda, que tenga el capital propio de la sociedad absorbida, determinado de acuerdo al artículo 41 de esta ley, la diferencia que se produzca deberá, en primer término, distribuirse entre todos los activos no monetarios que se reciben con motivo de la fusión cuyo valor tributario sea inferior al corriente en plaza. La distribución se efectuará en la proporción que represente el valor corriente en plaza de cada uno de dichos bienes sobre el total de ellos, aumentándose el valor tributario de éstos hasta concurrencia de su valor corriente en plaza o de los que normalmente se cobren o cobrarían en convenciones de similar naturaleza, considerando las circunstancias en que se realiza la operación. De subsistir la diferencia o una parte de ella, ésta se considerará como un activo intangible, sólo para los efectos de que sea castigado o amortizado a la disolución de la empresa o sociedad, o bien, al término de giro de la misma. Con todo, este activo intangible formará parte del capital propio de la empresa, y se reajustará anualmente conforme a lo dispuesto en el número 6 del artículo 41.

El valor de adquisición de los derechos o acciones a que se refiere el inciso anterior, para determinar la citada diferencia, deberá reajustarse según el porcentaje de variación del Índice de Precios al Consumidor entre el mes anterior al de la adquisición de los mismos y el mes anterior al del balance correspondiente al ejercicio anterior a aquel en que se produce la fusión.

Conforme a lo dispuesto en el artículo 64 del Código Tributario, el Servicio podrá tasar fundadamente los valores de los activos determinados por el contribuyente en caso que resulten ser notoriamente superiores a los corrientes en plaza o los que normalmente se cobren o cobrarían en convenciones de similar naturaleza, considerando las circunstancias en que se realiza la operación. La diferencia determinada en virtud de la referida tasación, se considerará como parte del activo intangible, según lo señalado en este número.

10°.- Los gastos incurridos en la promoción o colocación en el mercado de artículos nuevos fabricados o producidos por el contribuyente, pudiendo el contribuyente prorratearlos hasta en tres ejercicios comerciales consecutivos, contados desde que se generaron dichos gastos.

11°.- Los gastos incurridos en la investigación científica y tecnológica en interés de la empresa aún cuando no sean necesarios para producir la renta bruta del ejercicio, pudiendo ser deducidos en el mismo ejercicio en que se pagaron o adeudaron o hasta en seis ejercicios comerciales consecutivos.

12°.- Los pagos que se efectúen al exterior por los conceptos indicados en el inciso primero del artículo 59 de esta ley, hasta por un máximo de 4% de los ingresos por ventas o servicios, del giro, en el respectivo ejercicio.

El límite establecido en el inciso anterior no se aplicará cuando, en el ejercicio respectivo, entre el contribuyente y el beneficiario del pago no exista o no haya existido relación directa o indirecta en el capital, control o administración de uno u otro. Para que sea aplicable lo dispuesto en este inciso, dentro de los dos meses siguientes al del término del ejercicio respectivo, el contribuyente o su representante legal, deberá formular una declaración jurada en la que señale que en dicho ejercicio no ha existido la relación indicada. Esta declaración deberá conservarse con los antecedentes de la respectiva declaración anual de impuesto a la renta, para ser presentada al Servicio cuando éste lo requiera. El que maliciosamente suscriba una declaración jurada falsa será sancionado en conformidad con el artículo 97, número 4, del Código Tributario.

Tampoco se aplicará el límite establecido en el inciso primero de este número, si en el país de domicilio del beneficiario de la renta ésta se grava con impuestos a la renta con tasa igual o superior a 30%. El Servicio de Impuestos Internos, de oficio o a petición de parte, verificará los países que se encuentran en esta situación.

Para determinar si los montos pagados por los conceptos indicados en el inciso primero de este número se encuentran o no dentro del límite allí indicado, deberán sumarse en primer lugar todos los pagos que resulten de lo dispuesto en los incisos segundo y tercero. Los restantes pagos se sumarán a continuación de aquéllos.

13°.- Los gastos o desembolsos incurridos con motivo de exigencias, medidas o condiciones medioambientales impuestas para la ejecución de un proyecto o actividad, contenidas en la resolución dictada por la autoridad competente que apruebe dicho proyecto o actividad de acuerdo a la legislación vigente sobre medio ambiente.

También podrán deducirse: a) los gastos o desembolsos en los que el titular incurra con ocasión de compromisos ambientales incluidos en el estudio o en la declaración de impacto ambiental, respecto de un proyecto o actividad que cuente o deba contar, de acuerdo con la legislación vigente sobre medio ambiente, con una resolución dictada por la autoridad competente que apruebe dicho proyecto o actividad y b) los gastos o desembolsos efectuados en favor de la comunidad y que supongan un beneficio de carácter permanente, tales como gastos asociados a la construcción de obras o infraestructuras de uso comunitario, su equipamiento o mejora, el financiamiento de proyectos educativos o culturales específicos y otros aportes de similar naturaleza. En ambos casos, los gastos o desembolsos deben constar en un contrato o convenio suscrito con un órgano de la administración del Estado. Dichos pagos o desembolsos no deben efectuarse directa o indirectamente en beneficio de empresas del mismo grupo empresarial en los términos del número 14 del artículo 8° del Código Tributario o de personas o entidades relacionadas en los términos del número 17 de la misma norma. Si los pagos o desembolsos exceden de la cantidad mayor entre la suma equivalente al 2% de la renta líquida imponible del ejercicio respectivo, del 1,6 por mil del capital propio tributario de la empresa, según el valor de éste al término del ejercicio respectivo, o del 5% de la inversión total anual que se efectúe en la ejecución del proyecto, dicho exceso no será aceptado como gasto.

14°. Los desembolsos o descuentos, ordenados por entidades fiscalizadoras, que efectivamente pague el contribuyente en cumplimiento de una obligación legal de compensar el daño patrimonial a sus clientes o usuarios, cuando dicha obligación legal no exija probar la negligencia del contribuyente.

Las cantidades que obtenga el contribuyente tras repetir en contra de los terceros responsables se agregará a la renta líquida del ejercicio en que se perciban. En estos casos, las sumas que pague el tercero responsable para reembolsar los desembolsos o descuentos a que se refiere este número, no serán aceptados como gasto deducible de la renta líquida imponible del tercero responsable, pero no se gravarán con el impuesto establecido en el artículo 21 de esta ley. Asimismo, pendientes las acciones de repetición en contra de los terceros responsables, los desembolsos o descuentos efectuados en cumplimiento de la obligación legal de compensar no constituirán un activo para efectos tributarios ni tendrán el tratamiento contemplado en el número 4 de este artículo. Si se determina la negligencia del contribuyente por autoridad competente, los desembolsos o descuentos pagados no serán aceptados como gasto deducible de la renta líquida imponible, pero no se gravarán con el impuesto establecido en el artículo 21 de esta ley.

Las mismas reglas anteriores se aplicarán en caso que el contribuyente, sin mediar culpa infraccional de su parte, reponga o restituya un producto, o bonifique o devuelva cantidades pagadas, a sus clientes o usuarios en los términos de los artículos 19, 20 y 21 de la ley número 19.496. En estos casos, se considerarán como un menor ingreso del ejercicio en que se obtuvieron las cantidades pagadas y se agregarán a la renta líquida imponible del ejercicio en que efectúen la referida reposición, restitución, bonificación o devolución, y hasta el valor de reposición, tratándose de productos.

También constituyen gasto los desembolsos acordados entre partes no relacionadas que tengan como causa el cumplimiento de una transacción, judicial o extrajudicial, o el cumplimiento de una cláusula penal.

Artículo 32°.- La renta líquida determinada en conformidad al artículo anterior se ajustará de acuerdo con las siguientes normas según lo previsto en el artículo 41°:

1°.- Se deducirán de la renta líquida las partidas que se indican a continuación:

a) El monto del reajuste del capital propio inicial del ejercicio;

b) El monto del reajuste de los aumentos de dicho capital propio, y

c) El monto del reajuste de los pasivos exigibles reajustables o en moneda extranjera, en cuanto no estén deducidos conforme a los artículos 30° y 31° y siempre que se relacionen con el giro del negocio o empresa.

2°.- Se agregarán a la renta líquida las partidas que se indican a continuación:

a) El monto del reajuste de las disminuciones del capital propio inicial del ejercicio, y

b) El monto de los ajustes del activo a que se refieren los números 2° al 9° del artículo 41°, a menos que ya se encuentren formando parte de la renta líquida.

c) El monto de los ajustes de precio de transferencia realizados por el contribuyente, regulados en el numeral 9 del artículo 41 E.

Artículo 33°.- Para la determinación de la renta liquida imponible, se aplicarán las siguientes normas:

1°.- Se agregarán a la renta líquida las partidas que se indican a continuación y siempre que hayan disminuido la renta líquida declarada:

a) Suprimida.

b) Suprimida.

c) Los retiros particulares en dinero o especies efectuados por el contribuyente;

d) Las sumas pagadas por bienes del activo inmovilizado o mejoras permanentes que aumenten el valor de dichos bienes y los desembolsos que deban imputarse al costo de los bienes citados;

e) Los costos, gastos y desembolsos que sean imputables a ingresos no reputados renta o rentas exentas, los que deberán rebajarse de los beneficios que dichos ingresos o rentas originan;

En los casos de gastos y desembolsos imputables tanto a rentas gravadas como ingresos no renta y/o rentas exentas de los impuestos finales, se deberá agregar aquella parte asociada a los ingresos no renta y rentas exentas. Para determinar dicho valor el contribuyente deberá optar por una de las siguientes alternativas, la cual deberá mantener por al menos 3 años comerciales consecutivos:

1) Aplicar al total de gastos de utilización común, pagados o adeudados en el ejercicio, el porcentaje que resulte de dividir el total de ingresos no constitutivos de rentas y rentas exentas de los impuestos finales, sobre

el total de ingresos brutos del ejercicio, incluyendo dentro de estos últimos los ingresos no renta y rentas exentas.

2) Aplicar al total de gastos de utilización común, pagados o adeudados en el ejercicio, el factor que resulte de multiplicar el resultado individual de las operaciones señaladas en las letras a) y b) siguientes:

a) La proporción entre el monto de los activos que generan rentas no gravadas y exentas de los impuestos finales sobre el monto total de activos asociados a la generación de tales rentas. Los valores aludidos se determinarán al cierre del ejercicio considerando lo dispuesto en el artículo 41, según proceda. Si dichos activos no existieren al término del ejercicio, se atenderá a su valor al inicio del ejercicio o en su defecto, al valor de adquisición.

b) La proporción entre los ingresos no constitutivos de rentas y rentas exentas de los impuestos finales, sobre el total de ingresos brutos, incluidos en estos últimos los ingresos no renta y rentas exentas, al término del ejercicio respectivo, relacionadas con los activos y gastos de este inciso.

Para las operaciones descritas en las letras a) y b) anteriores deberá considerarse la permanencia en días de dichos activos e ingresos brutos durante el ejercicio respectivo, tomando como base 365 días o la cantidad que corresponda al año comercial respectivo.

3) Con todo, cuando las metodologías señaladas anteriormente no reflejen adecuadamente la situación del modelo de negocios del contribuyente, éste podrá proponer al Servicio un método alternativo que podrá considerar factores de proporcionalidad, fijos o móviles, en base al valor presente de los flujos futuros de los respectivos bienes o funciones, u otra metodología basada en técnicas de general aceptación. Para este efecto, se aplicará el procedimiento previsto en el artículo 26 bis del Código Tributario, en la forma y con los requisitos que el Servicio regulará mediante resolución.

f) Los gastos o desembolsos provenientes de los siguientes beneficios que se otorguen a las personas señaladas en el inciso segundo del N° 6 del artículo 31° o a accionistas de sociedades anónimas cerradas o a accionistas de sociedades anónimas abiertas dueños del 10% o más de las acciones, al empresario individual o socios de sociedad de personas y a personas que en general tengan interés en la sociedad o empresa: uso o goce que no sea necesario para producir la renta, de bienes a título gratuito o avaluados en un valor inferior al costo, casos en los cuales se les aplicará como renta a los beneficiarios no afectados por el artículo 21 la presunción de derecho establecida en el literal iii) del inciso tercero de dicho artículo, sin perjuicio de lo dispuesto en la oración final de ese inciso, condonación total o parcial de deudas, exceso de intereses pagados, arriendos pagados o percibidos que se consideren desproporcionados, acciones suscritas a precios especiales y todo otro beneficio similar, y sin perjuicio de los impuestos que procedan respecto de sus beneficiarios, y

g) Las cantidades cuya deducción no autoriza el artículo 31° o que se rebajen en exceso de los márgenes permitidos por la ley o la Dirección Regional, en su caso.

2°.- Se deducirán de la renta líquida las partidas que se señalan a continuación, siempre que hayan aumentado la renta líquida declarada:

a) Los dividendos percibidos y las utilidades sociales percibidas o devengadas por el contribuyente en tanto no provengan de sociedades o empresas constituidas fuera del país, aún cuando se hayan constituido con arreglo a las leyes chilenas;

b) Rentas exentas por esta ley o leyes especiales chilenas. En el caso de intereses exentos, sólo podrán deducirse los determinados de conformidad a las normas del artículo 41 bis.

c) Las cantidades a que se refieren los numerales i. del inciso primero e i) del inciso tercero, del artículo 21.

3°.- Los agregados a la renta líquida que procedan de acuerdo con las letras a), b), c), f) y g), del N° 1° se efectuarán reajustándolos previamente de acuerdo con el porcentaje de variación que haya experimentado el Índice de Precios al Consumidor en el período comprendido entre el último día del mes anterior a la fecha de la erogación o desembolso efectivo de la respectiva cantidad y el último día del mes anterior a la fecha del balance.

4°.- La renta líquida correspondiente a actividades clasificadas en esta categoría, que no se determine en base a los resultados de un balance general, deberá reajustarse de acuerdo con el porcentaje de variación experimentada por el índice de precios al consumidor en el período comprendido entre el último día del mes anterior a aquél en que se percibió o devengó y el último día del mes anterior al del cierre del ejercicio respectivo. Tratándose de rentas del artículo 20, N° 2, se considerará el último día del mes anterior al de su percepción.

No quedará sujeta a las normas sobre reajuste contempladas en este número ni a las de los artículos 54° inciso penúltimo, y 62°, inciso primero, la renta líquida imponible que se establezca en base al sistema de presunciones que contempla el artículo 34°. Tampoco quedará sujeta a las normas sobre reajuste antes señaladas, la renta líquida imponible que se determine por inversiones en el extranjero e ingresos gravados en el extranjero, la cual se regirá por lo dispuesto en el artículo 41 A número 7 letra a) y 41 B inciso primero.

5°.- Derogado.

Artículo 33 bis.- Crédito por inversiones en activo fijo.

a) Los contribuyentes que declaren el impuesto de primera categoría sobre renta efectiva determinada según contabilidad completa, que en los 3 ejercicios anteriores a aquel en que adquieran, terminen de construir o tomen en arrendamiento con opción de compra los bienes respectivos, según corresponda, registren un promedio de ventas anuales que no superen las 25.000 unidades de fomento, tendrán derecho a un crédito equivalente al 6% del valor de los bienes físicos del activo inmovilizado, adquiridos nuevos, terminados de construir durante el ejercicio o que tomen en arrendamiento, según proceda. Para este efecto, las ventas anuales se expresarán en unidades de fomento, considerando para ello el valor de los ingresos mensuales según el valor de la unidad de fomento al término de cada mes. Si la empresa tuviere una existencia inferior a 3 ejercicios, el promedio se calculará considerando los ejercicios de existencia efectiva.

Respecto de los bienes construidos, no darán derecho a crédito las obras que consistan en mantención o reparación de los mismos. Tampoco darán derecho a crédito los activos que puedan ser usados para fines habitacionales o de transporte, excluidos los camiones, camionetas de cabina simple y otros destinados exclusivamente al transporte de carga o buses que presten servicios interurbanos o rurales de transporte público remunerado de pasajeros, inscritos como tales en el Registro Nacional de Servicios de Transporte de Pasajeros, que lleva el Ministerio de Transportes y Telecomunicaciones.

El crédito establecido en el inciso primero se deducirá del impuesto de primera categoría que deba pagarse por las rentas del ejercicio en que ocurra la adquisición o término de la construcción, y, de producirse un exceso, no dará derecho a devolución.

Para los efectos de calcular el crédito, los bienes se considerarán por su valor actualizado al término del ejercicio, en conformidad con las normas del artículo 41 de esta ley, y antes de deducir la depreciación correspondiente.

En ningún caso el monto anual del crédito podrá exceder de 500 unidades tributarias mensuales, considerando el valor de la unidad tributaria mensual del mes de cierre del ejercicio.

El crédito establecido en este artículo no se aplicará a las empresas del Estado ni a las empresas en las que el Estado, sus organismos o empresas o las municipalidades tengan una participación o interés superior al 50% del capital.

Tampoco se aplicará dicho crédito respecto de los bienes que una empresa entregue en arrendamiento con opción de compra.

Para los efectos de lo dispuesto en este artículo se entenderá que forman parte del activo físico inmovilizado los bienes corporales muebles nuevos que una empresa toma en arrendamiento con opción de compra. En este caso el crédito se calculará sobre el monto total del contrato.

b) Aquellos contribuyentes que en los 3 ejercicios anteriores a aquel en que adquieran, terminen de construir, o tomen en arrendamiento con opción de compra los bienes respectivos, según corresponda, registren un promedio de ventas anuales superior a 25.000 unidades de fomento y que no supere las 100.000 unidades de fomento, tendrán derecho al crédito establecido en los incisos precedentes con el porcentaje que resulte de multiplicar 6% por el resultado de dividir 100.000 menos los ingresos anuales, sobre 75.000. Para este efecto, las ventas anuales se expresarán en unidades de fomento, considerando para ello el valor de los ingresos mensuales según el valor de la unidad de fomento al término de cada mes.

Si la empresa tuviere una existencia inferior a 3 ejercicios, el promedio se calculará considerando los ejercicios de existencia efectiva.

Si el porcentaje que resulte es inferior al 4%, será este último porcentaje el que se aplicará para la determinación del referido crédito.

En todo lo demás, se aplicarán las reglas establecidas en la letra a) precedente.

c) Eliminada.

En todo lo demás, se aplicarán las reglas establecidas en la letra a) precedente.

Artículo 34°.- Rentas presuntas.

1.- Normas generales.

Los contribuyentes cuya actividad sea la explotación de bienes raíces agrícolas, la minería o el transporte terrestre de carga o pasajeros, atendidas las condiciones en que desarrollan su actividad, podrán optar por pagar el impuesto de primera categoría sobre la base de la renta presunta, determinada de la forma que para cada caso dispone este artículo, y siempre que cumplan con los requisitos que a continuación se establecen.

Sólo podrán acogerse al régimen de presunción de renta contemplado en este artículo, los contribuyentes cuyas ventas o ingresos netos anuales de la primera categoría, no excedan de 9.000 unidades de fomento, tratándose de la actividad agrícola; 5.000 unidades de fomento en la actividad de transporte, o no excedan de 17.000 unidades de fomento, en el caso de la minería. Para la determinación de las ventas o ingresos, se computarán la totalidad de ingresos obtenidos por los contribuyentes, sea que provengan de actividades sujetas al régimen de renta efectiva o presunta, según corresponda, y no se considerarán las enajenaciones ocasionales de bienes muebles o inmuebles que formen parte del activo inmovilizado del contribuyente. Para este efecto, las ventas o ingresos de cada mes deberán expresarse en unidades de fomento de acuerdo con el valor de ésta el último día del mes respectivo.

La opción a que se refiere el primer párrafo de este número, deberá ejercerse dando el respectivo aviso al Servicio entre el 1 de enero y el 30 de abril, del año calendario en que se incorporan al referido régimen, entendiéndose que las rentas obtenidas a contar de dicho año tributarán en conformidad con el régimen de renta presunta. Sin perjuicio de la regla anterior, tratándose de contribuyentes que inicien actividades, la opción deberá ejercerse dentro del plazo que establece el artículo 68 del Código Tributario, siempre que no registren a la fecha de inicio de actividades, un capital efectivo superior a 18.000 unidades de fomento, tratándose de la actividad agrícola, 10.000 unidades de fomento en el caso del transporte, o de 34.000 unidades de fomento, en el caso de la actividad minera, determinado según el valor de esta unidad al día de inicio de actividades.

Sólo podrán acogerse a las disposiciones de este artículo las personas naturales que actúen como empresarios individuales, las empresas individuales de responsabilidad limitada y las comunidades, cooperativas, sociedades de personas y sociedades por acciones, conformadas en todo momento, desde que se incorporan a este régimen y mientras se mantengan acogidos a él, sólo por comuneros, cooperados, socios o accionistas personas naturales.

No podrán acogerse a las disposiciones del presente artículo los contribuyentes que posean o exploten, a cualquier título, derechos sociales, acciones de sociedades o cuotas de fondos de inversión, salvo que los ingresos provenientes de tales inversiones no excedan del 10% de los ingresos brutos totales del año comercial respectivo. En caso de exceder dicho límite, se aplicará lo dispuesto en el inciso penúltimo de este artículo.

Para el control del límite de las ventas o ingresos a que se refiere este número, los contribuyentes que se acojan a las disposiciones de este artículo considerarán la información de sus documentos tributarios electrónicos o en su defecto un sistema de control de su flujo de ingresos, que cumpla con los requisitos y forma que establezca el Servicio, mediante resolución. Con todo, los contribuyentes que califiquen como microempresas según lo prescrito en el artículo 2° de la ley N° 20.416, que sean personas naturales que actúen como empresarios individuales, empresas individuales de responsabilidad limitada o comunidades, estarán exentas de esta última obligación.

El Servicio de Impuestos Internos deberá llevar un Registro de Contribuyentes acogidos al régimen de presunción de renta a que se refiere este artículo.

2.- Determinación de la renta presunta.

a) Actividad agrícola.

Se presume de derecho que la renta líquida imponible de los contribuyentes que exploten bienes raíces agrícolas, es igual al 10% del avalúo fiscal del predio, vigente al 1° de enero del año en que debe declararse el impuesto.

Serán aplicables a estos contribuyentes, las normas de los dos últimos párrafos de la letra a) del número 1° del artículo 20.

b) Transporte terrestre de carga o pasajeros.

Se presume de derecho que la renta líquida imponible de los contribuyentes que exploten vehículos de transporte terrestre de carga o pasajeros, es igual al 10% del valor corriente en plaza del vehículo, incluido su remolque, acoplado o carro similar, respectivamente. Para estos efectos, se entenderá que el valor corriente en plaza del vehículo es el determinado por el Director del Servicio de Impuestos Internos al 1° de enero de cada año en que deba declararse el impuesto, mediante resolución que será publicada en el Diario Oficial o en otro diario de circulación nacional.

c) Minería.

Se presume de derecho que la renta líquida imponible de la actividad minera, incluyendo en ella la actividad de explotación de plantas de beneficio de minerales, siempre que el volumen de los minerales tratados provenga en más de un 50% de la pertenencia explotada por el mismo contribuyente, será la que resulte de aplicar sobre las ventas netas anuales de productos mineros, la siguiente escala:

4% si el precio promedio de la libra de cobre en el año o ejercicio respectivo, no excede de 374,25 centavos de dólar;

6% si el precio promedio de la libra de cobre en el año o ejercicio respectivo, excede de 374,25 centavos de dólar y no sobrepasa de 397,00 centavos de dólar;

10% si el precio promedio de la libra de cobre en el año o ejercicio respectivo, excede de 397,00 centavos de dólar y no sobrepasa de 453,69 centavos de dólar;

15% si el precio promedio de la libra de cobre en el año o ejercicio respectivo, excede de 453,69 centavos de dólar y no sobrepasa de 510,49 centavos de dólar; y

20% si el precio promedio de la libra de cobre en el año o ejercicio respectivo, excede de 510,49 centavos de dólar[17].

Por precio de la libra de cobre se entiende el Precio de Productores Chilenos fijado por la Comisión Chilena del Cobre.

Para estos efectos, el valor de las ventas mensuales de productos mineros deberá reajustarse de acuerdo con la variación experimentada por el índice de precios al consumidor en el período comprendido entre el mes anterior al de las ventas y el mes anterior al del cierre del ejercicio respectivo.

El Servicio de Impuestos Internos, previo informe del Ministerio de Minería, determinará la equivalencia que corresponda respecto del precio promedio del oro y la plata, a fin de hacer aplicable la escala anterior a las ventas de dichos minerales y a las combinaciones de esos minerales con cobre.

Si se trata de otros productos mineros sin contenido de cobre, oro o plata, se presume de derecho que la renta líquida imponible es del 6% del valor neto de la venta de ellos.

Las cantidades expresadas en centavos de dólar de los Estados Unidos de Norteamérica, que conforman las escalas contenidas en el artículo 23 y en el presente artículo, serán reactualizadas antes del 15 de febrero de cada año, mediante decreto supremo, de acuerdo con la variación experimentada por el índice de precios al consumidor en dicho país, en el año calendario precedente, según lo determine el Banco Central de Chile. Esta reactualización regirá, en lo que respecta a la escala del artículo 23, a contar del 1 de marzo del año correspondiente y hasta el último día del

---

17 Los valores de esta escala fueron actualizados por el Decreto Exento N° 50 del Ministerio de Hacienda, publicado el 14 de febrero de 2025 en el Diario Oficial.

mes de febrero del año siguiente y, en cuanto a la escala de este artículo, regirá para el año tributario en que tenga lugar la reactualización.

3.- Normas de relación.

Para establecer si el contribuyente cumple con el límite de ventas o ingresos establecido en el número 1.- anterior, deberá sumar a sus ingresos por ventas y servicios los ingresos por ventas y servicios obtenidos por las personas, empresas, comunidades, cooperativas y sociedades con las que esté relacionado, sea que realicen o no la misma actividad por la que se acoge al régimen de renta presunta a que se refiere este artículo. Si al efectuar las operaciones descritas el resultado obtenido excede dicho límite, tanto el contribuyente como las personas, empresas, comunidades, cooperativas y sociedades con las que esté relacionado y que determinen su renta conforme a este artículo, deberán determinar el impuesto de esta categoría sobre renta efectiva determinada en base a un balance general, según contabilidad completa conforme al artículo 14 A o según lo contemplado en la letra D) del mismo artículo, si cumplen los requisitos para acogerse a esta última disposición.

Para la determinación de los ingresos no se considerarán las enajenaciones ocasionales de bienes muebles o inmuebles que formen parte del activo inmovilizado del contribuyente, y los ingresos de cada mes deberán expresarse en unidades de fomento de acuerdo con el valor de ésta en el último día del mes respectivo.

Para estos efectos, se considerarán relacionados con una persona, empresa, comunidad, cooperativa o sociedad, cualquiera sea su naturaleza jurídica, los contribuyentes que cumplan con las normas de relación establecidas en el número 17 del artículo 8° del Código Tributario.

En estos casos deberán computar la proporción de los ingresos totales que corresponda a la relación que la persona natural mantiene con dicha entidad.

Tratándose de los casos señalados en las letras a) y b) del número 17 del artículo 8° del Código Tributario, el contribuyente deberá sumar a sus ingresos el total de los ingresos obtenidos por sus entidades relacionadas, sea que mantenga la relación directamente o a través de otra u otras empresas.

En el caso de las entidades relacionadas de acuerdo a las letras c) y d) del número 17 del artículo 8 del Código Tributario, que no se encuentren en las situaciones descritas en las letras a), b) y e) del mismo artículo, computarán el porcentaje de ingresos obtenidos por sus entidades relacionadas que le corresponda según su participación en el capital o las utilidades, ingresos o derechos de voto. Cuando el porcentaje de participación en el capital sea distinto al porcentaje que le corresponde en las utilidades, ingresos o derechos a voto, se deberá considerar el porcentaje de participación mayor.

Las entidades relacionadas conforme a las reglas del número 17 del artículo 8° del Código Tributario, deberán informar anualmente a la empresa o sociedad respectiva, en la forma y plazo que establezca el Servicio mediante resolución, el monto total de los ingresos de su giro percibidos o devengados en el ejercicio respectivo, los que se expresarán en unidades de fomento conforme a lo señalado.

4.- Otras normas.

Los contribuyentes que, por incumplimiento de alguno de los requisitos establecidos en este artículo, salvo el contemplado en el inciso cuarto del número 1 de este artículo, deban abandonar el régimen de renta presunta, lo harán a contar del primero de enero del año comercial siguiente a aquel en que ocurra el incumplimiento, sujetándose en todo a las normas comunes de esta ley. Sin perjuicio de lo anterior, si en el año, de manera individual, se excede el límite de ingresos que corresponda a cada actividad, se deberá establecer la renta líquida imponible de dicho año de acuerdo a un porcentaje sobre los ingresos brutos, en la forma que señala el número 5 siguiente. En tal caso, podrán optar por aplicar las disposiciones de la letra A) del artículo 14, dando el respectivo aviso al Servicio entre el 1 de enero y el 30 de abril del año calendario en que se incorporan al referido régimen, en la forma que establecen las normas referidas, o bien podrán optar por el de Régimen Pro Pyme del artículo 14 letra D), siempre que cumplan los requisitos para acogerse a dicha disposición. Los contribuyentes no podrán volver al régimen de renta presunta, salvo que no desarrollen la actividad agrícola, minera o de transporte terrestre de carga o pasajeros, según corresponda, por 5 ejercicios consecutivos o más, caso en el cual deberá estarse a las reglas de los números precedentes para determinar si pueden o no volver a acogerse al régimen de renta presunta. Para los efectos de computar el plazo de 5 ejercicios, se considerará que el contribuyente desarrolla actividades agrícolas, mineras o de transporte, cuando, respectivamente, arrienda o cede en cualquier forma el goce de pertenencias mineras, predios agrícolas o vehículos, cuya propiedad o usufructo conserva. Cuando se incumpla el requisito establecido en el párrafo cuarto del número 1.- de este artículo, esto es, que correspondan al tipo de entidades allí indicadas y los comuneros, cooperados, socios o accionistas sean en todo momento personas naturales, se considerará que han abandonado el régimen desde el 1 de enero del año comercial en que se produce el incumplimiento y que se han incorporado a partir de esa fecha al régimen establecido en la letra A) del artículo 14, debiendo dar aviso de tal circunstancia entre el 1 de enero y el 30 de abril del año comercial siguiente.

Asimismo, los contribuyentes a que se refiere este artículo, que tomen en arrendamiento o que a otro título de mera tenencia exploten el todo o parte de predios agrícolas, pertenencias mineras o vehículos motorizados de transporte de carga o pasajeros, de contribuyentes que deban tributar sobre su renta efectiva demostrada mediante un balance general según contabilidad completa de acuerdo a la letra A) del artículo 14, o de acuerdo al Régimen Pro Pyme de la letra D) del artículo 14, cuando opten por este régimen y cumplan los requisitos para acogerse a dicha disposición, quedarán sujetos a uno de estos regímenes, según corresponda, a contar del 1 de enero del año siguiente a aquel en que concurran tales circunstancias, y no podrán volver al régimen de renta presunta, salvo que, se cumplan dentro del mismo plazo de 5 ejercicios, las condiciones señaladas en el párrafo anterior.

Los contribuyentes de este artículo podrán optar por pagar el impuesto de esta categoría sobre sus rentas efectivas demostradas mediante un balance general según contabilidad completa de acuerdo a la letra A) del artículo 14, o de acuerdo al Régimen Pro Pyme de la letra D) del artículo 14, cuando puedan optar y cumplan los requisitos para acogerse, según corresponda. Una vez ejercida dicha opción no podrán reincorporarse al sistema de presunción de renta. El ejercicio de la opción se efectuará dando aviso al Servicio entre el 1 de enero y el 30 de abril del año calendario en que deseen cambiar, quedando sujetos a todas las normas comunes de esta ley a contar del día primero de enero del año del aviso.

El contribuyente que por efecto de las normas de relación quede obligado a declarar sus impuestos sobre renta efectiva deberá informar de ello, mediante carta certificada, a las personas, empresas, comunidades, cooperativas o sociedades con las que se encuentre relacionado. Las personas, empresas, comunidades, cooperativas o sociedades que reciban dicha comunicación deberán, a su vez, informar conforme al mismo procedimiento a todos los contribuyentes que tengan en ellas una participación superior al 10% de la propiedad, capital, utilidades o ingresos en ella.

5.- Inventario de activos y pasivos, y utilidades acumuladas por el retiro o exclusión del régimen simplificado.

Los contribuyentes que se encuentren acogidos al régimen de tributación sobre renta presunta que establece este artículo y que opten o deban abandonarlo por dejar de cumplir los requisitos para mantenerse en el mismo, deberán en tales casos declarar su renta efectiva sobre la base de contabilidad completa, registrando sus activos y pasivos en el balance inicial que al efecto deberán confeccionar a contar del 1 de enero del año siguiente a la exclusión o retiro, de acuerdo a las siguientes normas:

A) Contribuyentes que exploten bienes raíces agrícolas.

a) Los terrenos agrícolas se registrarán por su avalúo fiscal a la fecha de balance inicial o por su valor de adquisición reajustado de acuerdo a la variación del Índice de Precios al Consumidor entre el último día del mes anterior a la adquisición y el último día del mes anterior al balance inicial, a elección del contribuyente.

b) Los demás bienes físicos del activo inmovilizado se registrarán por su valor de adquisición o construcción, debidamente documentado y actualizado de acuerdo a la variación del Índice de Precios al Consumidor entre el último día del mes anterior al de la adquisición o desembolso y el último día del mes anterior al del balance, deduciendo la depreciación normal que corresponda por el mismo período en virtud de lo dispuesto en el número 5° del artículo 31.

c) El valor de costo de los bienes del activo realizable se determinará en conformidad con las normas del artículo 30, de acuerdo con la documentación correspondiente, y se actualizará a su costo de reposición según las normas contenidas en el artículo 41, número 3°.-.

d) Las plantaciones, siembras, bienes cosechados en el predio y animales nacidos en él, se valorizarán a su costo de reposición a la fecha del balance inicial, considerando su calidad, el estado en que se encuentren, su duración real a contar de esa fecha, y su relación con el valor de bienes similares existentes en la misma zona.

e) Los demás bienes del activo se registrarán por su costo o valor de adquisición, debidamente documentado y actualizado en conformidad con las normas del artículo 41.

f) Los pasivos se registrarán según su monto exigible, debidamente documentado y actualizado de acuerdo con las normas del artículo 41.

g) Los pasivos que obedezcan a operaciones de crédito de dinero sólo podrán registrarse si se ha pagado oportunamente el impuesto de timbres y estampillas, a menos que se encuentren expresamente exentos de éste.

h) La diferencia positiva que se determine entre los activos y pasivos registrados en la forma antes indicada, se considerará capital para efectos tributarios. Si la diferencia es negativa, en ningún caso podrá deducirse en conformidad con el artículo 31, número 3°.-.

B) Contribuyentes que desarrollan actividades mineras.

Estos contribuyentes deberán aplicar las normas establecidas en las letras a) a la h), de la letra A) anterior, a excepción de lo establecido en la letra d).

Lo señalado en la letra a) se aplicará respecto de los terrenos de propiedad del contribuyente que hayan sido destinados a su actividad de explotación minera.

C) Contribuyentes que desarrollan la actividad de transporte.

Estos contribuyentes deberán aplicar las normas establecidas en las letras a) a la h), de la letra A) anterior, a excepción de lo establecido en la letra d), con las siguientes modificaciones:

Lo señalado en la letra a) se aplicará respecto de los terrenos no agrícolas, de propiedad del contribuyente, que hayan sido destinados a su actividad de transporte.

Respecto de lo indicado en la letra b), opcionalmente podrán registrar los vehículos motorizados de transporte terrestre de carga o de pasajeros de acuerdo con su valor corriente en plaza, fijado por el Servicio en el ejercicio anterior a aquel en que deban determinar su renta según contabilidad completa. Ese valor deberá actualizarse por la variación del Índice de Precios al Consumidor entre el último día del mes anterior a la publicación de la lista que contenga dicho valor corriente en plaza en el Diario Oficial y el último día del mes anterior al del cierre del ejercicio en que esa lista haya sido publicada.

D) Normas comunes.

a) Para todos los efectos tributarios, se presumirá que los activos incluidos en el balance inicial han sido adquiridos con ingresos que tributaron con anterioridad. El Servicio podrá rebajar los valores registrados en el balance inicial, haciendo uso del procedimiento establecido en el artículo 64 del Código Tributario, en todos aquellos casos en que la valorización del contribuyente no cumpla los requisitos señalados en este número 5.- o no se acredite fehacientemente. Las diferencias que se determinen por aplicación de dicha facultad no se afectarán con lo dispuesto en el artículo 21.

b) Los contribuyentes a que se refiere este número, respecto de los bienes físicos del activo inmovilizado existentes a la fecha del balance inicial, podrán aplicar el régimen de depreciación acelerada establecido en los números 5 y 5 bis, ambos del artículo 31, en tanto cumplan los requisitos para tal efecto.

c) El primer año comercial en que deban declarar su renta efectiva mediante balance general, según contabilidad completa, los contribuyentes deberán dar aviso de esta circunstancia al Servicio, en la forma y plazo que éste establezca mediante resolución, debiendo acompañar el balance inicial mencionado en el párrafo primero de esta letra. La falta de este aviso hará aplicable el plazo de prescripción a que se refiere el inciso segundo del artículo 200 del Código Tributario.

d) Los ingresos que se perciban a contar del momento en que el contribuyente deba determinar su renta efectiva según contabilidad completa, y que correspondan a contratos u operaciones celebrados con anterioridad a esa fecha, deberán ser considerados en el ejercicio de su percepción a menos que hubieran sido facturados y entregados los bienes o prestados los servicios, cuando el contribuyente estaba aún bajo el régimen de renta presunta, en cuyo caso se estará a las reglas generales sobre devengo.

e) Las enajenaciones del todo o parte de predios agrícolas, o del todo o parte de pertenencias mineras efectuadas por los contribuyentes a que se refiere este número 5.-, en el ejercicio inmediatamente anterior a aquél en que deban operar bajo el régimen de renta efectiva según contabilidad completa o en el primer ejercicio sometido a dicho régimen, obligarán a los adquirentes de tales predios o pertenencias mineras, según el caso, a tributar también según ese sistema. La misma norma se aplicará respecto de las enajenaciones hechas por estos últimos en los ejercicios citados. Lo dispuesto en esta letra se aplicará también cuando, durante los ejercicios señalados, los contribuyentes entreguen en arrendamiento o a cualquier otro título de mera tenencia el todo o parte de predios agrícolas, el todo o parte de pertenencias o vehículos de transporte de carga terrestre o de pasajeros. En tal circunstancia, el arrendatario o mero tenedor quedará también sujeto al régimen de renta efectiva según contabilidad completa. Se aplicará respecto de lo dispuesto en este inciso lo prescrito en el artículo 75 bis del Código Tributario; sin embargo, en estos casos, el enajenante, arrendador o persona que a título de mera tenencia entregue el predio, la pertenencia o el vehículo de carga, podrá cumplir con la obligación de informar su régimen tributario hasta el último día hábil del mes de enero del año en que deba comenzar a determinar su renta efectiva según contabilidad completa. En este caso, la información al adquirente, arrendatario o mero tenedor deberá efectuarse mediante carta certificada dirigida a través de un notario al domicilio que aquél haya señalado en el contrato y, en la misma forma, al Director Regional del Servicio correspondiente al mismo domicilio.

E) Sistemas de contabilidad que podrán llevar para acreditar la renta efectiva.

Para estos efectos, serán aplicables las disposiciones del Código de Comercio, del Código Tributario y de esta ley, en lo que resulten pertinentes.

Los contribuyentes que realicen actividades agrícolas deberán aplicar, además, lo dispuesto en el decreto supremo número 1.139, de 1990, del Ministerio de Hacienda, que establece Normas contables para los contribuyentes obligados a declarar la renta efectiva, o que opten a ello, para los efectos de la Ley sobre Impuesto a la Renta y aprueba el Reglamento sobre Contabilidad Agrícola.

Los contribuyentes que exploten pertenencias mineras deberán aplicar lo dispuesto en el decreto supremo número 209, de 1990, del Ministerio de Minería, que reglamenta forma de costear el valor de adquisición de las pertenencias mineras.

Artículo 34 bis.- Derogado.

Artículo 35°.- Cuando la contabilidad del contribuyente no refleje adecuadamente la renta efectiva debido a caso fortuito o fuerza mayor, acreditada conforme a las reglas generales, el contribuyente dispondrá del plazo de 6 meses, contado desde el hecho respectivo, para ajustar su contabilidad, y reemplazar las declaraciones correspondientes. Los plazos de prescripción se entenderán aumentados por igual plazo. El contribuyente deberá informar al Servicio en la forma que éste determine mediante resolución. Para estos efectos, el Servicio habilitará un expediente electrónico de acuerdo a lo dispuesto y con los efectos que señala el artículo 21 del Código Tributario. No podrán acogerse a este procedimiento quienes se encuentren formalizados, querellados o sancionados por delito tributario dentro de los 3 años tributarios anteriores al que corresponda.

Con todo, cuando la renta líquida del contribuyente respecto de los ingresos brutos se encuentre dentro de los márgenes observados para contribuyentes de similar actividad, negocio, segmento o localidad que publique el Servicio, no procederá la calificación de no fidedigna de la contabilidad, debiéndose en todo caso aplicar lo dispuesto en el inciso anterior.

Cuando la renta líquida imponible no pueda determinarse clara y fehacientemente, por falta de antecedentes o cualquiera otra circunstancia, imputable al contribuyente, situación que deberá ser declarada fundadamente por el Servicio en el acto respectivo, se presume que la renta mínima imponible de las personas sometidas al impuesto de esta categoría es igual al 10% del capital efectivo invertido en la empresa o a un porcentaje de las ventas realizadas durante el ejercicio, el que será determinado por la Dirección Regional, tomando como base, entre otros antecedentes, un promedio de los porcentajes obtenidos por este concepto o por otros contribuyentes que giren en el mismo ramo o en la misma plaza. Corresponderá, en cada caso, al Director Regional, adoptar una u otra base de determinación de la renta.

Artículo 36°.- Sin perjuicio de otras normas de esta ley, para determinar la renta efectiva de los contribuyentes que efectúen importaciones o exportaciones, o ambas operaciones, la Dirección Regional podrá, respecto de dichas operaciones, impugnar los precios o valores en que efectúen sus transacciones o contabilicen su movimiento, cuando ellos difieran de los que se obtienen de ordinario en el mercado interno o externo. Para estos efectos, la Dirección Regional podrá solicitar informe del Servicio Nacional de Aduanas.

Se presume que la renta mínima imponible de los contribuyentes que comercien en importación o exportación, o en ambas operaciones, será respecto de dichas operaciones, igual a un porcentaje del producto total de las importaciones o exportaciones, o de la suma de ambas, realizadas durante el año por el cual deba pagarse el impuesto, que fluctuará, según su naturaleza, entre un uno y doce por ciento. El Servicio determinará, en cada caso, el porcentaje mínimo para los efectos de este artículo, con los antecedentes que obren en su poder.

La presunción establecida en el inciso anterior sólo se aplicará cuando no se acredite fehacientemente por el contribuyente la renta efectiva. Para determinar el producto de las importaciones o exportaciones realizadas se atenderá a su valor de venta.

Artículo 37°.- En el caso de los bancos que no estén constituidos en calidad de sociedades chilenas, y sin perjuicio de lo dispuesto en los artículos 31, inciso tercero y 41 E, la Dirección Regional podrá rechazar como gasto necesario para producir la renta el exceso que determine por las cantidades pagadas o adeudadas a sus casas matrices por concepto de intereses, comisiones y cualquier otro pago que provenga de operaciones financieras cuando los montos de estas cantidades no guarden relación con las que se cobran habitualmente en situaciones similares, conforme a los antecedentes que proporcione el Banco Central de Chile y la Superintendencia de Bancos e Instituciones Financieras a solicitud del respectivo Director Regional.

Artículo 37 bis.- Derogado[18].

Artículo 38°.- La renta de las agencias, sucursales u otras formas de establecimientos permanentes de empresas extranjeras que operen en Chile, se determinará sobre la base de los resultados obtenidos por éstos en su gestión en el país y en el exterior que les sean atribuibles de acuerdo a las disposiciones de este artículo. Para los efectos de determinar los resultados atribuibles al establecimiento permanente, se considerarán sólo aquellas rentas originadas por actividades desarrolladas por éste, o por bienes que hayan sido asignados al establecimiento permanente o utilizados por él, y se aplicará, en lo que sea pertinente, lo dispuesto en los artículos 12, 41 A y 41 B. Sin perjuicio de lo anterior, los contribuyentes a que se refiere este artículo deberán determinar los referidos resultados del establecimiento permanente de que se trate sobre la base de un balance general según contabilidad completa, considerándose como si se tratara de una empresa totalmente separada e independiente de su matriz, tanto respecto de las operaciones que lleve a cabo con ella; con otros establecimientos permanentes de la misma matriz; con empresas relacionadas con aquella en los términos del artículo 41 E, o con terceros independientes. Para llevar a cabo ajustes a

18 Artículo derogado por la ley 21.540 de 15 de febrero de 2023.

los resultados del establecimiento permanente a fin de adecuarlos a lo dispuesto en este artículo, cuando ello sea procedente, tanto el contribuyente como el Servicio deberán estarse a lo dispuesto en el artículo 41 E, en cuanto sea aplicable.

Sin perjuicio de lo dispuesto en el artículo 35, cuando los elementos contables de estos establecimientos permanentes no permitan establecer su renta efectiva, el Servicio podrá determinar la renta afecta, aplicando a los ingresos brutos del establecimiento permanente la proporción que guarden entre sí la renta líquida total de la casa matriz y los ingresos brutos de ésta, determinados todos estos rubros conforme a las normas de la presente ley. Podrá, también, fijar la renta afecta, aplicando al activo del establecimiento permanente, la proporción existente entre la renta líquida total de la casa matriz y el activo total de ésta.

Será aplicable a la asignación de activos de cualquier clase, corporales o incorporales, que se efectúe desde el exterior por la matriz a un establecimiento permanente en el país, o desde éste a su matriz extranjera o a otro establecimiento permanente ubicado en Chile o en el exterior, lo dispuesto en el inciso tercero del artículo 64 del Código Tributario. Tratándose de la asignación de acciones o derechos sociales en sociedades constituidas en el país efectuada desde el exterior por la matriz a un establecimiento permanente en el país, el Servicio carecerá de la facultad de tasar con tal que dicha asignación obedezca a una legítima razón de negocios, no origine un flujo efectivo de dinero para la matriz y sea efectuada y registrada en la contabilidad del establecimiento permanente al valor contable o tributario en que los activos estaban registrados en ella.

Artículo 38 bis.- Al término de giro de las empresas acogidas a las reglas de la primera categoría, sea que se haya declarado por la empresa o en caso que, por aplicación de lo dispuesto en el inciso sexto del artículo 69 del Código Tributario, el Servicio de Impuestos Internos pueda liquidar o girar los impuestos correspondientes, se aplicarán las siguientes normas:

1.- Las empresas que declaren sobre la base de su renta efectiva según contabilidad completa sujetas a las disposiciones de la letra A) del artículo 14, deberán considerar retiradas, remesadas o distribuidas las rentas o cantidades acumuladas en ella, indicadas en el inciso siguiente, incrementadas en una cantidad equivalente al 100% del crédito por impuesto de primera categoría y al crédito por impuestos finales establecido en el artículo 41 A, incorporados en el registro SAC, por parte de sus propietarios, en la proporción en que participan en las utilidades de la empresa, para afectarse con la tributación que a continuación se indica.

Tales cantidades corresponden a las diferencias positivas que se determinen entre el valor positivo del capital propio tributario de la empresa, a la fecha de término de giro incrementado en el saldo negativo del registro REX, asignándole valor cero si resultare negativo y las siguientes cantidades:

i) El saldo positivo de las cantidades anotadas en el registro REX; y

ii) El monto de los aportes de capital enterados efectivamente en la empresa, más los aumentos y descontadas las disminuciones posteriores que se hayan efectuado del mismo, todos ellos reajustados de acuerdo al porcentaje de variación del Índice de Precios al Consumidor entre el mes anterior a la fecha de aporte, aumento o disminución de capital, y el mes anterior al término de giro.

Estas empresas tributarán por esas rentas o cantidades con un impuesto del 35%, sólo respecto a la parte de las rentas o cantidades que correspondan a los propietarios contribuyentes de impuestos finales o propietarios no obligados a llevar contabilidad completa. Contra este impuesto, podrá deducirse la proporción que corresponda del saldo de créditos registrados en el registro SAC, aplicando cuando corresponda, la obligación de restitución conforme a los artículos 56 N° 3 y 63.

El exceso de créditos que se produzca, luego de imputar los créditos señalados al impuesto del 35% por término de giro, no podrá ser imputado a ninguna otra obligación tributaria, ni dará derecho a devolución.

Respecto a la parte de las rentas o cantidades que correspondan a propietarios que consistan en empresas sujetas a las disposiciones de la letra A) o D) N° 3, del artículo 14, ésta deberá considerarse retirada o distribuida a dichos propietarios a la fecha del término de giro, con el crédito que les corresponda proporcionalmente.

2.- Las empresas acogidas al N° 3 de la letra D) del artículo 14, cuyos propietarios tributan en base a retiros, deberán considerar retiradas, remesadas o distribuidas las rentas o cantidades acumuladas en ella, indicadas en el número 1.- precedente y tributar según las reglas señaladas en el mismo numeral. Para este efecto, deberán considerar como capital propio tributario de la empresa el determinado considerando el siguiente valor de los activos:

i) Aquellos que formen parte de su activo realizable, valorados según costo de reposición.

ii) Los bienes físicos de su activo inmovilizado, a su valor actualizado al término de giro, conforme al artículo 31 número 5 y artículo 41, aplicando la depreciación normal.

iii) Los demás activos valorizados conforme a lo dispuesto en el artículo 41.

Las empresas acogidas al régimen del N° 8 de la letra D) del artículo 14, al término de giro deberán practicar un inventario final en el que registrarán los bienes conforme con las mismas reglas señaladas en los números (i), (ii) y (iii) precedentes. En estos casos, la diferencia de valor que se determine entre la suma de las partidas señaladas en dichos números y el monto de las pérdidas determinadas conforme a esta ley al término de giro, se gravará con el impuesto final que corresponde entendiéndose percibida por los propietarios, en la proporción en que participan en las utilidades de la empresa. También se gravará al término de giro el ingreso diferido pendiente de tributación, al que se refiere la letra (d) del número 8 de la letra D) del artículo 14.

3.- Los propietarios de las empresas señaladas en el número 1 y 2 precedentes, que sean contribuyentes del impuesto global complementario, podrán optar por declarar, las rentas o cantidades que les correspondan, conforme a la determinación señalada en dichos números 1 y 2, como afectas al impuesto global complementario de acuerdo con las siguientes reglas:

La renta o cantidad que le corresponda se entenderá devengada durante el período de años comerciales en que ha sido propietario, excluyendo el año del término de giro, hasta un máximo de diez años, y aun cuando en dichos años no hubiere obtenido rentas afectas al señalado impuesto o las obtenidas hubieren quedado exentas del mismo. Para tal efecto, las fracciones de años se considerarán como un año completo.

La cantidad correspondiente a cada año se obtendrá de dividir el total de la renta o cantidad, reajustado en la forma indicada en el párrafo siguiente, por el número de años determinado conforme al párrafo anterior.

Las cantidades reajustadas correspondientes a cada año se convertirán a unidades tributarias mensuales, según el valor de esta unidad en el mes del término de giro, y se ubicarán en los años en que se devengaron, con el objeto de liquidar el impuesto global complementario de acuerdo con las normas vigentes y según el valor de la citada unidad en el mes de diciembre para cada año respectivo.

Las diferencias de impuestos o reintegros de devoluciones que se determinen por aplicación de las reglas anteriores, según corresponda, se expresarán en unidades tributarias mensuales del año respectivo y se solucionarán en el equivalente de dichas unidades en el término de giro.

Aquella porción del impuesto de que trata este artículo, contra el cual se imputen créditos del registro SAC que hayan sido cubiertos con el crédito por impuesto territorial pagado o se originen en el crédito establecido en el artículo 41 A, no podrán ser objeto de devolución.

Esta reliquidación del impuesto global complementario conforme con los párrafos anteriores en ningún caso implicará modificar las declaraciones de impuesto a la renta correspondientes a los años comerciales que se tomen en consideración para efectos del cálculo de dicho impuesto.

La reliquidación de que trata este número, será efectuada en reemplazo del impuesto establecido en el Nº 1 anterior. Con dicha finalidad, la reliquidación deberá efectuarse en conjunto con el término de giro de la empresa, mediante la declaración y pago del impuesto global complementario que corresponda, sin considerar para estos efectos el año en que se efectúa la reliquidación. Si solo algunos propietarios ejercen la opción de reliquidar, la empresa deberá pagar el impuesto establecido en el N° 1 únicamente respecto a la parte de las rentas o cantidades que correspondan a aquellos propietarios que no ejerzan la opción. No obstante, en caso que el propietario no ejerciera la opción de reliquidar en conjunto con el término de giro de la empresa, y en consecuencia, esta última haya pagado el impuesto establecido en el N° 1 anterior, el propietario podrá ejercer la opción de reliquidar en su declaración anual de impuesto a la renta que corresponda al ejercicio del término de giro, en los mismos términos señalados, pudiendo solicitar la devolución del impuesto establecido en el N° 1 pagado por la empresa, en exceso del impuesto reliquidado que le corresponda pagar.

Lo contemplado en el párrafo anterior no aplicará para aquellos casos en que, por aplicación de lo dispuesto en el inciso sexto del artículo 69 del Código Tributario, el Servicio pueda liquidar o girar los impuestos correspondientes.

4.- En los casos señalados en los números 1 y 2 anteriores, la empresa que termina su giro deberá pagar los impuestos respectivos que se determinen a esa fecha.

En caso que la empresa haya optado voluntariamente por anticipar a sus propietarios el crédito por impuesto de primera categoría, conforme al N° 6 de la letra A) del artículo 14 de esta ley, podrá deducir de la renta líquida imponible del ejercicio de término de giro, hasta el monto positivo que resulte de ésta, la cantidad sobre la cual se aplicó y pagó efectivamente la tasa del impuesto de primera categoría, que no haya sido ajustada previamente. En caso que se produzca un excedente este se extinguirá.

5.- El valor de adquisición para fines tributarios de los bienes que se adjudiquen los propietarios de las empresas de que trata este artículo, en la disolución o liquidación de las mismas, corresponderá a aquel que haya registrado la empresa de acuerdo a las normas de la presente ley, a la fecha del término de giro, considerando el valor determinado conforme al número 2 precedente para las empresas que resulte aplicable. La empresa certificará el valor de adquisición de los bienes al adjudicatario respectivo en la forma y plazo que establezca el Servicio mediante resolución. En esta adjudicación no corresponderá aplicar la facultad de tasación dispuesta en el artículo 64 del Código Tributario.

En caso que el valor de los bienes, determinado según el inciso anterior, que corresponde adjudicar a las empresas sujetas a las disposiciones de la letra A) o D) Nº 3 del artículo 14, exceda del valor de la inversión total realizada por dichas empresas en la empresa que realiza el término de giro, la diferencia que se produzca deberá reconocerse como un ingreso del ejercicio de la empresa adjudicataria. Por su parte, en caso que el valor de los bienes, determinado según el inciso anterior, que corresponda adjudicar a las empresas sujetas a las disposiciones de la letra A) o D) Nº 3 del artículo 14, sea menor al valor de la inversión total realizada por dichas empresas en la empresa que realiza el término de giro, la diferencia que se produzca deberá deducirse como un gasto del ejercicio de la empresa adjudicataria.

El valor de la inversión total realizada para determinar la diferencia a que se refiere el inciso anterior deberá reajustarse según la variación del Índice de Precios al Consumidor entre el mes anterior al de adquisición de dicha inversión y el mes anterior al del balance correspondiente al ejercicio anterior a aquel en que se produce el término de giro.

Párrafo 4º De las exenciones

Artículo 39º.- Estarán exentas del impuesto de la presente categoría las siguientes rentas:

1º.- Las utilidades pagadas por sociedades de personas respecto de sus socios y los dividendos pagados por sociedades anónimas o en comandita por acciones respecto de sus accionistas, con excepción de las que provengan de sociedades extranjeras, que no desarrollen actividades en el país.

2º.- Las rentas que se encuentren exentas expresamente en virtud de leyes especiales.

3º.- La renta efectiva de los bienes raíces no agrícolas obtenida por personas naturales.

4º.- Los intereses o rentas que provengan de:

a) Los bonos, pagarés y otros títulos de créditos emitidos por cuenta o con garantía del Estado o por las instituciones, empresas y organismos autónomos del Estado.

b) Los bonos o letras hipotecarios emitidos por las instituciones autorizadas para hacerlo.

c) Los bonos, debentures, letras, pagarés o cualquier otro título de crédito emitidos por la Caja Central de Ahorros y Préstamos; Asociaciones de Ahorro y Préstamos; empresas bancarias de cualquier naturaleza; sociedades financieras; institutos de financiamiento cooperativo y las cooperativas de ahorro y crédito.

d) Los bonos o debentures emitidos por sociedades anónimas.

e) Las cuotas de ahorro emitidas por cooperativas y los aportes de capital en cooperativas.

f) Los depósitos en cuentas de ahorro para la vivienda.

g) Los depósitos a plazo en moneda nacional o extranjera y los depósitos de cualquiera naturaleza efectuados en alguna de las instituciones mencionadas en la letra c) de este número.

h) Los efectos del comercio emitidos por terceros e intermediados por alguna de las instituciones financieras fiscalizadas por la Superintendencia de Bancos e Instituciones Financieras o por intermediarios fiscalizados por la Superintendencia de Compañías de Seguros, Sociedades Anónimas y Bolsas de Comercio.

Las exenciones contempladas en los Nos 2° y 4° de este artículo, relativas a operaciones de crédito o financieras, no regirán cuando las rentas provenientes de dichas operaciones sean obtenidas por empresas que desarrollen actividades clasificadas en los N°s 3, 4 y 5 del artículo 20 y declaren la renta efectiva.

Artículo 40°.- Estarán exentas del impuesto de la presente categoría las rentas percibidas por las personas que en seguida se enumeran:

1°.- El Fisco y demás instituciones que comparten la personalidad jurídica del Fisco, así como las instituciones fiscales y semifiscales, las instituciones fiscales y semifiscales de administración autónoma, las instituciones y organismos autónomos del Estado y las Municipalidades.

2°.- Las instituciones exentas por leyes especiales.

3°.- Las instituciones de ahorro y previsión social que determine el Presidente de la República. La Asociación del Boy Scouts de Chile y las instituciones de Socorros Mutuos afiliados a la Confederación Mutualistas de Chile, y

4°.- Las instituciones de beneficencia que determine el Presidente de la República. Sólo podrán impetrar este beneficio aquellas instituciones que no persigan fines de lucro y que tengan por objeto principal y efectivo proporcionar ayuda, aun cuando no se otorgue de manera totalmente gratuita, de modo directo a personas de escasos recursos económicos que no alcanzan a satisfacer sus necesidades básicas. En caso que, concedida la exención, el Servicio constate y declare fundadamente el incumplimiento de los requisitos señalados, podrá liquidar y girar los impuestos que corresponda por el o los años en que se verificó el incumplimiento.

5°.- Los comerciantes ambulantes, siempre que no desarrollen otra actividad gravada en esta categoría.

6°.- Las empresas individuales que obtengan rentas líquidas de esta categoría conforme a los números 1, 3, 4 y 5 del artículo 20°, que no excedan en conjunto de una unidad tributaria anual.

7°.- Eliminado.

Con todo, las exenciones a que se refieren los números 1, 2 y 3 no regirán respecto de las empresas que pertenezcan a las instituciones mencionadas en dichos números ni de las rentas clasificadas en los números 3 y 4 del artículo 20°. Para los efectos de este artículo, la empresa pertenece a una institución cuando, compartiendo su personalidad jurídica, permite a la institución realizar actividades a través de un conjunto constituido por el capital y el trabajo, encaminado a la realización de actividades mercantiles, industriales o de prestación de servicios con fines lucrativos.

Párrafo 5° De la corrección monetaria de los activos y pasivos

Artículo 41°.- Los contribuyentes de esta categoría que declaren sus rentas efectivas conforme a las normas contenidas en el artículo 20°, demostradas mediante un balance general, deberán reajustar anualmente su capital propio y los valores o partidas del activo y del pasivo exigible, conforme a las siguientes normas:

1°.- El capital propio tributario inicial del ejercicio se reajustará de acuerdo con el porcentaje de variación experimentada por el índice de precios al consumidor en el período comprendido entre el último día del segundo mes anterior al de iniciación del ejercicio y el último día del mes anterior al del balance.

Los aumentos del capital propio ocurridos en el ejercicio se reajustarán de acuerdo con el porcentaje de variación experimentada por el índice mencionado en el período comprendido entre el último día del mes anterior al del aumento y el último día del mes anterior al del balance.

Las disminuciones de capital propio ocurridas en el ejercicio se reajustarán de acuerdo con el porcentaje de variación que haya experimentado el citado índice en el período comprendido entre el último día del mes anterior al del retiro y el último día del mes anterior al del balance. Los retiros personales del empresario o socio, los dividendos repartidos por sociedades anónimas y toda cantidad que se invierta en bienes o derechos que la ley excluya del capital propio, se considerarán en todo caso disminuciones de capital y se reajustarán en la forma indicada anteriormente.

2°.- El valor neto inicial en el ejercicio respectivo de los bienes físicos del activo inmovilizado se reajustará en el mismo porcentaje referido en el inciso primero del número 1°. Respecto de los bienes adquiridos durante el ejercicio, su valor neto inicial se reajustará de acuerdo con el porcentaje de variación experimentada por el índice mencionado en el número 1°, en el período comprendido entre el último día del mes anterior al de adquisición y el último día del mes anterior al del balance.

Los bienes adquiridos con créditos en moneda extranjera o con créditos reajustables también se reajustarán en la forma señalada, pero las diferencias de cambio o el monto de los reajustes, pagados o adeudados, no se considerarán como mayor valor de adquisición de dichos bienes, sino que se cargarán a los resultados del balance y disminuirán la renta líquida cuando así proceda de acuerdo con las normas de los artículos 31° y 33°.

3º.- El valor de adquisición o de costo directo de los bienes físicos del activo realizable, existentes a la fecha del balance, se ajustará a su costo de reposición a dicha fecha. Para estos fines se entenderá por costos de reposición de un artículo o bien, el que resulte de aplicar las siguientes normas:

a) Respecto de aquellos bienes en que exista factura, contrato o convención para los de su mismo género, calidad y características, durante el segundo semestre del ejercicio comercial respectivo, su costo de reposición será el precio que figure en ellos, el cual no podrá ser inferior al precio más alto del citado ejercicio.

b) Respecto de aquellos bienes en que sólo exista factura, contrato o convención para los de su mismo género, calidad o características durante el primer semestre del ejercicio comercial respectivo, su costo de reposición será el precio más alto que figure en los citados documentos, reajustado según el porcentaje de variación experimentada por el índice de precios al consumidor entre el último día del segundo mes anterior al segundo semestre y el último día del mes anterior al del cierre del ejercicio correspondiente.

c) Respecto de los bienes cuyas existencias se mantienen desde el ejercicio comercial anterior, y de los cuales no exista factura, contrato o convención durante el ejercicio comercial correspondiente, su costo de reposición se determinará reajustando su valor de libros de acuerdo con la variación experimentada por el índice de precios al consumidor entre el último día del segundo mes anterior al de iniciación del ejercicio comercial y el último día del mes anterior al de cierre de dicho ejercicio.

d) El costo de reposición de aquellos bienes adquiridos en el extranjero respecto de los cuales exista internación de los de su mismo género, calidad y características durante el segundo semestre del ejercicio comercial respectivo, será equivalente al valor de la última importación.

Respecto de aquellos bienes adquiridos en el extranjero en que la última internación de los de su mismo género, calidad y característica se haya realizado durante el primer semestre, su costo de reposición será equivalente al valor de la última importación, reajustado éste según el porcentaje de variación experimentada por el tipo de cambio de la respectiva moneda extranjera ocurrida durante el segundo semestre.

Tratándose de aquellos bienes adquiridos en el extranjero y de los cuales no exista importación para los de su mismo género, calidad o característica durante el ejercicio comercial correspondiente, su costo de reposición será equivalente al valor de libros reajustado según el porcentaje de variación experimentada por el tipo de cambio de la moneda respectiva durante el ejercicio.

Por el valor de importación se entenderá el valor C.I.F. según tipo de cambio vigente a la fecha de la factura del proveedor extranjero, más los derechos de internación y gastos de desaduanamiento.

La internación del bien se entenderá realizada en la oportunidad en que se produzca su nacionalización. Con anterioridad los bienes se encontrarán en tránsito, debiendo valorizarse cada desembolso en base al porcentaje de variación experimentada por la respectiva moneda extranjera entre la fecha de su erogación y la del balance.

Para los efectos de esta letra, se considerará la moneda extranjera según su valor de cotización, tipo comprador, en el mercado bancario.

e) Respecto de los productos terminados o en proceso, su costo de reposición se determinará considerando la materia prima de acuerdo con las normas de este número y la mano de obra por el valor que tenga en el último mes de producción, excluyéndose las remuneraciones que no correspondan a dicho mes.

En los casos no previstos en este número, la Dirección Nacional determinará la forma de establecer el costo de reposición.

Con todo, el contribuyente que esté en condiciones de probar fehacientemente que el costo de reposición de sus existencias a la fecha del balance es inferior del que resulta de aplicar las normas anteriores, podrá asignarles el valor de reposición que se desprende de los documentos y antecedentes probatorios que invoque.

4°.- El valor de los créditos o derechos en moneda extranjera o reajustables, existentes a la fecha del balance, se ajustará de acuerdo con el valor de cotización de la respectiva moneda o con el reajuste pactado, en su caso. El monto de los pagos provisionales mensuales pendientes de imputación a la fecha del balance se reajustará de acuerdo a lo previsto en el artículo 95°.

5°.- El valor de las existencias de monedas extranjeras y de monedas de oro se ajustará a su valor de cotización, tipo comprador, a la fecha del balance, de acuerdo al cambio que corresponda al mercado o área en el que legalmente deban liquidarse.

6°.- El valor de los derechos de llave, pertenencias y concesiones mineras, derechos de fabricación, derechos de marca y patentes de invención, pagados efectivamente, se reajustará aplicando las normas del número 2°. El valor del derecho de usufructo se reajustará aplicando las mismas normas a que se refiere este número.

7°.- El monto de los gastos de organización y de puesta en marcha registrado en el activo para su castigo, en ejercicios posteriores, se reajustará de acuerdo con las normas del número 2°. De igual modo se procederá con los gastos y costos pendientes a la fecha del balance que deban ser diferidos a ejercicios posteriores.

8°.- El valor de adquisición de las acciones de sociedades anónimas o de sociedades en comandita por acciones se reajustará de acuerdo con la variación del índice de precios al consumidor, en la misma forma que los bienes físicos del activo inmovilizado. Para estos efectos se aplicarán las normas sobre determinación del valor de adquisición establecidas en el artículo 17, número 8.

9°.- Los derechos en sociedades de personas se reajustarán en la misma forma indicada en el número anterior.

Cuando los contribuyentes señalados en el inciso primero de este artículo enajenen los derechos a que se refiere este número o las acciones señaladas en el número anterior, podrán deducir como costo para los fines de esta ley el valor de adquisición reajustado conforme a lo dispuesto en el número 8 precedente, al término del ejercicio anterior a la fecha de enajenación, considerando además los aumentos y disminuciones de capital que se efectúen durante el ejercicio respectivo, de acuerdo a lo dispuesto en el artículo 17, número 8, sin considerar reajuste alguno sobre dichas cantidades.

10°.- Las deudas u obligaciones en moneda extranjera o reajustables, existentes a la fecha del balance, se reajustarán de acuerdo a la cotización de la respectiva moneda a la misma fecha o con el reajuste pactado, en su caso.

11°.- En aquellos casos en que este artículo no establezca normas de reajustabilidad para determinados bienes, derechos, deudas u obligaciones, la Dirección Nacional determinará a su juicio exclusivo la forma en que debe efectuarse su reajustabilidad.

12°.- Al término de cada ejercicio, los contribuyentes sometidos a las disposiciones del presente artículo, deberán registrar en sus libros de contabilidad los ajustes exigidos por este precepto, de acuerdo a las siguientes normas:

a) Los ajustes del capital propio inicial y de sus aumentos, efectuados de conformidad a lo dispuesto en los incisos primero y segundo del N° 1° se cargarán a una cuenta de resultados denominada "Corrección Monetaria" y se abonarán al pasivo no exigible en una cuenta denominada "Revalorización del Capital Propio";

b) Los ajustes a que se refiere el inciso tercero del N° 1° se cargarán a la cuenta "Revalorización del Capital Propio" y se abonarán a la cuenta "Corrección Monetaria";

c) Los ajustes señalados en los números 2° al 9°, se cargarán a la cuenta de Activo que corresponda y se abonarán a la cuenta "Corrección Monetaria", a menos que por aplicación del artículo 29° ya se encuentren formando parte de ésta.

d) Los ajustes a que se refiere el N° 10°, se cargarán a la cuenta "Corrección Monetaria" y se abonarán a la cuenta del Pasivo Exigible respectiva, siempre que así proceda de acuerdo con las normas de los artículos 31° y 33°.

13°.- El mayor valor que resulte de la revalorización del capital propio y de sus variaciones no estará afecto a impuesto y será considerado "capital propio" a contar del primer día del ejercicio siguiente, pudiendo traspasarse su valor al capital y/o reservas de la empresa. El menor valor que eventualmente pudiese resultar de la revalorización del capital propio y sus variaciones, será considerado una disminución del capital y/o reservas a contar de la misma fecha indicada anteriormente. No obstante, el reajuste que corresponda a las utilidades estará afecto al Impuesto Global Complementario o Adicional, cuando sea retirado o distribuido.

Los contribuyentes que enajenen ocasionalmente bienes y cuya enajenación sea susceptible de generar rentas afectas al impuesto de esta categoría y que no estén obligados a declarar sus rentas mediante un balance general, deberán para los efectos de determinar la renta proveniente de la enajenación, deducir del precio de venta el valor inicial actualizado de dichos bienes, según la variación experimentada por el índice de precios al consumidor en el período comprendido entre el último día del mes que antecede al de la adquisición del bien y el último día del mes anterior al de la enajenación, debiendo deducirse las depreciaciones correspondientes al período respectivo.

Artículo 41 bis.- Los contribuyentes no incluidos en el artículo anterior, que reciban intereses por cualquier obligación de dinero, quedarán sujetos para todos los efectos tributarios y en especial para los del artículo 20, a las siguientes normas:

1.- El valor del capital originalmente adeudado en moneda del mismo valor adquisitivo se determinará reajustando la suma numérica originalmente entregada o adeudada de acuerdo con la variación de la unidad de fomento experimentada en el plazo que comprende la operación.

2.- En las obligaciones de dinero se considerará interés la cantidad que el acreedor tiene derecho a cobrar al deudor, en virtud de la ley o de la convención, por sobre el capital inicial debidamente reajustado en conformidad a lo dispuesto en el N° 1 de este artículo. No se considerarán interés sin embargo, las costas procesales y personales, si las hubiere.

Párrafo 6° De las normas relativas a la tributación internacional

Artículo 41 A.- Los contribuyentes o entidades domiciliados, residentes, constituidos o establecidos en Chile, que obtengan rentas que hayan soportado impuestos en el extranjero, se regirán por las normas de este artículo para efectos de utilizar como crédito los impuestos pagados sobre dichas rentas.

1.- Rentas cuyos impuestos soportados en el extranjero pueden ser utilizados como crédito.

Darán derecho a crédito los impuestos soportados en el extranjero respecto de las siguientes rentas:

a) Dividendos y retiros de utilidades;

b) Rentas por el uso de intangibles, tales como marcas, patentes y fórmulas;

c) Rentas por la prestación de servicios profesionales o técnicos, o servicios calificados de exportación;

d) Rentas clasificadas en los números 1 y 2 del artículo 42;

e) Rentas de establecimientos permanentes situados en el extranjero;

f) Rentas pasivas que resulten de la aplicación de lo dispuesto en el artículo 41 G, cuando corresponda a las rentas a que se refieren las letras a), b) y g) de este numeral; y

g) Rentas provenientes de países con los cuales Chile haya suscrito un convenio para evitar la doble tributación, que esté vigente y en el que se haya comprometido el otorgamiento de un crédito por el o los impuestos a la renta pagados en el otro país contratante.

2.- Impuestos soportados en el extranjero que pueden ser utilizados como crédito.

Darán derecho a crédito los siguientes impuestos soportados en el extranjero:

a) Crédito directo por impuesto de retención.

Dará derecho a crédito el impuesto a la renta retenido en el extranjero sobre las rentas señaladas en el número 1 de este artículo.

b) Crédito indirecto por impuesto corporativo.

Dará derecho a crédito el impuesto a la renta pagado por la sociedad o entidad en el extranjero, en la parte que proporcionalmente corresponda a las utilidades que se remesan a Chile, o que deban computarse de acuerdo a lo establecido en el artículo 41 G.

Tratándose de establecimientos permanentes situados en el extranjero, o entidades controladas sin domicilio ni residencia en Chile conforme con el artículo 41 G, también darán derecho a crédito los impuestos a la renta que se adeuden hasta el ejercicio siguiente sobre las rentas de dichos establecimientos permanentes o entidades controladas que se deban incluir en la renta líquida imponible del contribuyente con domicilio, residencia, constituido o establecido en Chile. Para estos efectos, se considerarán sólo los impuestos pagados hasta el 31 de diciembre del ejercicio de presentación de la declaración anual de impuestos a la renta, conforme a lo dispuesto en el artículo 69. En caso que los impuestos sean pagados luego de la fecha de presentación de la declaración anual de impuestos a la renta, conforme a lo dispuesto en el artículo 69, el crédito podrá utilizarse en el ejercicio siguiente.

c) Crédito indirecto respecto de entidades subsidiarias.

También dará derecho a crédito el impuesto a la renta pagado o retenido por una o más sociedades o entidades en la parte que proporcionalmente corresponda a las utilidades que repartan a la sociedad o entidad que remesa dichas utilidades a Chile, o que se devenguen de acuerdo a lo establecido en el artículo 41 G, siempre que todas se encuentren domiciliadas o residentes, o estén constituidas o establecidas en el mismo país y la referida sociedad o entidad que remesa las utilidades a Chile o cuyas rentas se devengan conforme con el artículo 41 G, sea dueña directa o indirecta del 10% o más del capital de las sociedades o entidades subsidiarias señaladas.

Asimismo, dará derecho a crédito el impuesto pagado o retenido por una sociedad o entidad domiciliada o residente, constituida o establecida en un tercer país con el cual Chile haya suscrito un convenio para evitar la doble tributación internacional u otro que permita el intercambio de información para fines tributarios, que se encuentre vigente, en el cual se hayan aplicado los impuestos acreditables en Chile. En este caso, la sociedad o entidad que remesa las utilidades a Chile o cuya renta se devenga conforme con el artículo 41 G, deberá ser dueña directa o indirecta del 10% o más del capital de las sociedades o entidades subsidiarias señaladas.

d) Crédito por impuesto adicional.

Dará derecho a crédito el impuesto adicional de esta ley, cuando las rentas que deban reconocerse en Chile correspondan en su origen a rentas de fuente chilena obtenidas por contribuyentes o entidades sin domicilio ni residencia en el país.

3.- Determinación del monto de crédito por impuestos soportados en el extranjero.

Al término de cada ejercicio los contribuyentes determinarán una Renta Imponible y una Renta Neta para efectos del uso del crédito conforme con este artículo.

La Renta Imponible estará conformada por la Renta Neta más la totalidad de impuestos que pueden ser utilizados como créditos, con sus respectivos topes.

La Renta Neta consistirá en el resultado consolidado de utilidad líquida percibida o pérdida en relación a rentas respecto de las cuales se soportaron los impuestos en el extranjero, que constituya la renta del contribuyente afecta a impuesto en Chile, deducidos los gastos para producirla, en la proporción que corresponda. Para la determinación de la Renta Neta, se aplicarán, en lo que corresponda, las normas de esta ley sobre determinación de la base imponible de primera categoría, con excepción de la deducción de la pérdida de ejercicios anteriores y de la aplicación de las reglas de corrección monetaria y de depreciación.

El crédito total disponible corresponderá a los impuestos soportados en el extranjero, el cual no podrá exceder de la cantidad menor entre el tope individual y el tope global que se describen a continuación:

a) Tope individual.

Corresponderá a la cantidad menor entre el impuesto efectivamente soportado en el extranjero y un 35% sobre la renta bruta de cada tipo de renta gravada en el extranjero, considerada en forma separada. Cuando no pueda acreditarse la renta bruta, el crédito no podrá exceder del 35% de una cantidad tal, que al restarle dicho 35%, el resultado sea equivalente a la renta líquida percibida.

b) Tope global.

Corresponderá al 35% de la cantidad que resulte de sumar a la Renta Neta de cada ejercicio, la cantidad menor entre los impuestos soportados en el extranjero y el tope individual precedentemente indicado.

Los contribuyentes que deban considerar como devengadas o percibidas las rentas pasivas a que se refiere el artículo 41 G, calcularán la Renta Neta y los topes individual y global para la aplicación del crédito, en el ejercicio en que se devenguen las rentas pasivas y, posteriormente, realizarán nuevamente la referida determinación en el ejercicio en que se perciban los dividendos o retiros de utilidades que correspondan a dichas rentas pasivas devengadas en ejercicios anteriores, considerando los valores reajustados. Para la determinación del crédito y del tope individual y global en el ejercicio en que se percibe el retiro o dividendo, se deberá computar el impuesto soportado respecto de dichas rentas en el ejercicio en que se consideraron devengadas y el impuesto retenido sobre los dividendos o retiros percibidos. Del crédito así calculado, deberá descontarse aquel que se rebajó del impuesto respectivo en el ejercicio en que se devengaron las rentas pasivas del artículo 41 G, reajustado. La determinación del crédito en el ejercicio en que se percibe el retiro o dividendo no afectará en caso alguno el crédito utilizado en el ejercicio en que se devengó la renta pasiva.

4.- Imputación del crédito por impuestos soportados en el extranjero, correspondiente a rentas clasificadas en el artículo 20.

El crédito anual por impuestos soportados en el extranjero, determinado en conformidad a lo dispuesto en el número anterior, constituirá el crédito total disponible del contribuyente para el ejercicio respectivo, el que se deducirá del impuesto de primera categoría y de los impuestos finales, en la forma que se indica a continuación:

A) Aplicación del crédito en relación con empresas definidas en el artículo 14.

a) Crédito imputable contra el impuesto de primera categoría.

i) Se agregará a la base imponible del impuesto de primera categoría, el crédito total disponible referido en el inciso primero, de este número 4.

ii) El crédito que se imputará contra el impuesto de primera categoría será equivalente a la cantidad que resulte de aplicar la tasa de dicho impuesto sobre la Renta Imponible determinada de acuerdo a este artículo.

iii) El crédito determinado en la forma indicada precedente, se imputará a continuación de aquellos créditos o deducciones que no dan derecho a reembolso y antes de aquellos que lo permiten.

iv) Cuando en el ejercicio respectivo se determine un excedente del crédito imputable contra el impuesto de primera categoría, ya sea por la existencia de una pérdida para fines tributarios o por otra causa, dicho excedente se imputará en los ejercicios siguientes, hasta su total extinción. Para efectos de su imputación, dicho crédito se reajustará según la variación del Índice de Precios al Consumidor entre el último día del mes anterior al del cierre del ejercicio en que se haya determinado y el último día del mes anterior al cierre del ejercicio de su imputación.

v) El impuesto de primera categoría que haya sido pagado con crédito por impuestos soportados en el extranjero y que constituya, al momento del retiro o distribución, crédito conforme con lo que establecen los artículos 56 número 3) y 63, deberá registrarse en el saldo acumulado de crédito del registro SAC establecido en el artículo 14, letra A, número 2, letra d, y podrá deducirse de los impuestos finales, de acuerdo con lo indicado en la letra b) siguiente.

vi) No podrá en caso alguno ser objeto de devolución el impuesto de primera categoría en aquella parte en que se haya deducido de dicho tributo el crédito por impuestos soportados en el extranjero. Tampoco otorgará tal derecho, cualquier otro crédito al que se impute el crédito por impuestos de primera categoría que haya sido pagado de la forma indicada.

b) Crédito imputable contra los impuestos finales.

La cantidad que resulte después de restar al crédito total disponible, aquella parte imputable al impuesto de primera categoría conforme a lo establecido en la letra a) precedente, constituirá el saldo de crédito imputable contra los impuestos finales.

El saldo de crédito aludido en el párrafo anterior, deberá registrarse en el registro SAC establecido en el artículo 14, letra A, número 2, letra d, y podrá deducirse de los impuestos finales, sin derecho a devolución o imputación a otros impuestos, o a recuperarse en los años posteriores, en caso de existir un remanente.

B) Personas naturales domiciliadas o residentes en Chile.

Las rentas que soportaron impuestos en el extranjero percibidas, o devengadas conforme con el artículo 41 G, por personas naturales domiciliadas o residentes en Chile, siempre que no formen parte de los activos asignados a su empresa individual, se encontrarán exentas del impuesto de primera categoría, debiendo afectarse la Renta Imponible determinada de acuerdo a este artículo, con el impuesto global complementario establecido en el artículo 52.

El crédito total disponible a que se refiere el inciso primero del presente número 4, se imputará contra el impuesto global complementario determinado en el ejercicio. El remanente de crédito que se determine, no dará derecho a devolución o imputación a otros impuestos ni podrá recuperarse en los años posteriores.

5.- Imputación del crédito por impuestos soportados en el extranjero, correspondiente a rentas clasificadas en los números 1 y 2 del artículo 42.

a) Imputación contra el impuesto global complementario.

Los contribuyentes domiciliados o residentes en Chile que perciban rentas que soportaron impuestos en el extranjero clasificadas en el número 2 del artículo 42, podrán imputar como crédito contra el impuesto establecido en el artículo 52, los impuestos soportados en el extranjero respecto de dichas rentas.

El crédito anual por los impuestos soportados en el extranjero deberá ser imputado en contra del impuesto global complementario que se calcule sobre la Renta Imponible determinada de conformidad con lo establecido en el número 3 de este artículo.

El remanente de crédito que se determine, no dará derecho a devolución o imputación a otros impuestos, ni podrá recuperarse en los años posteriores.

b) Imputación contra el impuesto único de segunda categoría.

Los contribuyentes domiciliados o residente en Chile que perciban rentas que soportaron impuestos en el extranjero clasificadas en el número 1 del artículo 42, podrán imputar como crédito contra el impuesto establecido en el número 1 del artículo 42, los impuestos soportados en el extranjero por dichas rentas.

Para efectos de determinar el crédito, se aplicará lo establecido en el número 3 precedente, considerando que la Renta Imponible determinada conforme con este artículo estará conformada por las rentas líquidas percibidas clasificadas en el número 1 del artículo 42, más la totalidad de los impuestos que pueden ser utilizados como créditos, aplicando sólo el tope individual.

Para la imputación del crédito, los contribuyentes deberán efectuar una reliquidación anual del impuesto único de segunda categoría en conformidad a lo dispuesto en el artículo 47. El crédito anual que corresponda por los impuestos soportados en el extranjero que se calcula sobre la Renta Imponible determinada conforme al párrafo anterior, deberá ser imputado en contra del impuesto único de segunda categoría reliquidado que corresponda a las rentas que soportaron los impuestos en el extranjero.

El exceso que resulte de la comparación del impuesto único de segunda categoría pagado o retenido en Chile y el de la reliquidación de dicho impuesto, rebajado el crédito, se imputará a otros impuestos anuales o se devolverá al contribuyente por el Servicio de Tesorerías de acuerdo con las normas del artículo 97.

Lo anterior, salvo que los contribuyentes del artículo 42 número 1 obtuvieran, en el mismo ejercicio, otras rentas gravadas con el impuesto global complementario, en cuyo caso la Renta Imponible determinada conforme con este artículo se gravará de acuerdo a la letra a) precedente.

Si se determina un remanente de crédito, este no dará derecho a devolución o imputación contra otros impuestos, ni podrá recuperarse en los años posteriores.

6.- Registro de Inversiones en el Extranjero y deberes de información.

Los contribuyentes que realicen inversiones de las que produzcan rentas respecto de las cuales se tendría derecho a crédito conforme con este artículo, deberán inscribirse en el Registro de Inversiones en el Extranjero que llevará el Servicio de Impuestos Internos. La inscripción deberá realizarse en el año en que se efectúe la inversión respectiva. Alternativamente, en vez de inscribirse en el registro, los contribuyentes podrán presentar una declaración jurada en la forma y plazo que señale el Servicio mediante resolución. El Servicio emitirá una resolución donde determinará las formalidades del registro y la forma de realizar la inscripción. Asimismo, los contribuyentes deberán informar las inversiones, rentas e impuestos y demás antecedentes necesarios para identificar dichos conceptos en la forma y plazo que establezca el Servicio de Impuestos Internos mediante resolución.

El retardo u omisión en la inscripción o presentación de las declaraciones establecidas en esta letra, o la presentación de dicha declaración incompleta o con antecedentes erróneos, será sancionada con una multa de diez unidades tributarias mensuales, incrementada con una unidad tributaria mensual adicional por cada mes de retraso, con tope de cien unidades tributarias mensuales. La referida multa se aplicará conforme al procedimiento establecido en el artículo 161 del Código Tributario.

7.- Normas comunes.

a) Para efectuar el cálculo del crédito por los impuestos soportados en el extranjero, tanto los impuestos respectivos como las rentas a que se refiere este artículo, se convertirán a su equivalente en pesos chilenos de acuerdo a la paridad cambiaria entre la moneda nacional y la moneda extranjera correspondiente, vigente en la fecha en que dichas cantidades se perciban, salvo que se trate de contribuyentes que no estén obligados a aplicar las normas sobre corrección monetaria, en cuyo caso se utilizará la paridad cambiaria vigente al término del ejercicio respectivo.

Para determinar la paridad cambiaria entre la moneda nacional y la moneda extranjera, se estará a la información que publique el Banco Central de Chile en conformidad a lo dispuesto en el número 6 del Capítulo I del Compendio de Normas de Cambios Internacionales. Si la moneda extranjera en que se ha efectuado el pago no es una de aquellas informada por el Banco Central, el impuesto pagado en el extranjero en dicha divisa deberá primeramente ser calculado en su equivalente en dólares de los Estados Unidos de América, de acuerdo a la paridad entre ambas monedas que se acredite en la forma y plazo que establezca el Servicio de Impuestos Internos mediante resolución, para luego convertirse a su equivalente en pesos chilenos de la forma ya indicada. A falta de norma especial, para efectos de establecer el tipo de cambio aplicable, se considerará el valor de las respectivas divisas en el día en que se ha percibido o devengado, según corresponda, la respectiva renta.

No se aplicará el reajuste a que se refiere este número cuando el contribuyente lleve su contabilidad en moneda extranjera, sin perjuicio de convertir los impuestos que corresponda pagar en el extranjero y las rentas gravadas en el extranjero a su equivalente en la misma moneda extranjera en que lleva su contabilidad.

b) Darán derecho a crédito los impuestos obligatorios a la renta pagados, retenidos o adeudados en forma definitiva en el extranjero, siempre que sean equivalentes o similares a los impuestos contenidos en la presente ley, ya sea que se apliquen sobre rentas determinadas de resultados reales o rentas presuntas sustitutivas de ellos. Los créditos otorgados por la legislación extranjera al impuesto pagado en el extranjero, se considerarán como parte de este último. Si el total o parte de un impuesto a la renta fuere acreditable a otro impuesto a la renta, respecto de la misma renta, se rebajará el primero del segundo, a fin de no generar una doble deducción de un mismo impuesto respecto de la misma renta determinada por un mismo contribuyente. Si la aplicación o monto del impuesto soportado en el extranjero depende de su admisión como crédito contra el impuesto a la renta que grava en el país de residencia al contribuyente que obtiene una renta de las incluidas en este artículo, dicho impuesto no dará derecho a crédito en Chile.

c) Los impuestos pagados, retenidos o adeudados en el extranjero, deberán acreditarse mediante el correspondiente comprobante de pago o declaración de impuestos en el extranjero, o bien, con un certificado oficial expedido por la autoridad competente del país extranjero. Cuando no se disponga del comprobante de pago, declaración de impuestos en el extranjero o el certificado oficial expedido por la autoridad competente del país extranjero, el contribuyente podrá acreditarlo por cualquier medio de prueba legal. Para la acreditación será suficiente una traducción no oficial de los antecedentes, salvo que se requiera por motivos fundados una traducción oficial en un proceso de fiscalización conforme con el artículo 59 del Código Tributario. De la misma forma deberá acreditarse la participación en las sociedades y entidades extranjeras que dan origen al crédito directo e indirecto. Los funcionarios del Servicio deberán agotar todos los medios que estén a su disposición para los efectos de verificar la veracidad y exactitud de los antecedentes aportados, aun cuando se trate de documentos que no hubiesen sido traducidos, legalizados o autenticados.

e) El Servicio de Impuestos Internos podrá verificar la efectividad de los pagos o retenciones de los impuestos soportados en el extranjero y el cumplimiento de las demás condiciones que se establecen en el presente artículo, a través de intercambios de información de conformidad con los convenios suscritos que correspondan.

Artículo 41 B.- Los contribuyentes que tengan inversiones en el extranjero e ingresos de fuente extranjera no podrán aplicar, respecto de estas inversiones e ingresos, lo dispuesto en los números 7 y 8 del artículo 17, con excepción de las letras f), g) y h) de dicho número, y en el artículo 57. No obstante, estos contribuyentes podrán retornar al país el capital invertido en el exterior sin quedar afectos a los impuestos de esta ley hasta el monto invertido, siempre que la suma respectiva se encuentre previamente registrada en o declarada ante el Servicio de Impuestos Internos en la forma establecida en el número 6 del artículo 41 A, y se acredite con instrumentos públicos o certificados de autoridades competentes del país extranjero, debidamente autentificados. En los casos en que no se haya efectuado oportunamente el registro o declaración o no se pueda contar con la referida documentación, la disminución o retiro de capital deberá acreditarse mediante la documentación pertinente, debidamente autentificada, cuando corresponda, de la forma y en el plazo que establezca el Servicio de Impuestos Internos mediante resolución. Para efectos de lo anterior, los contribuyentes que obtengan ingresos de fuente extranjera o que retornen el capital invertido en el exterior, deberán convertir dichas cantidades a su equivalente en pesos chilenos de acuerdo a la paridad cambiaria entre la moneda nacional y la moneda extranjera correspondiente vigente al termino del ejercicio respectivo conforme a lo dispuesto en la letra a), del número 7 del artículo 41 A.

Las empresas constituidas en Chile que declaren su renta efectiva según contabilidad deberán aplicar las disposiciones de esta ley con las siguientes modificaciones:

1.- En el caso que tengan agencias u otros establecimientos permanentes en el exterior, el resultado de ganancias o pérdidas que obtengan se reconocerá en Chile sobre base percibida o devengada. Dicho resultado se calculará aplicando las normas de esta ley sobre determinación de la base imponible de primera categoría, con excepción de la deducción de la pérdida de ejercicios anteriores dispuesta en el número 3 del artículo 31, y se agregará a la renta líquida imponible de la empresa al término del ejercicio. El resultado de las rentas extranjeras se determinará en la moneda del país en que se encuentre radicada la agencia o establecimiento permanente y se convertirá a moneda nacional de acuerdo con el tipo de cambio establecido en la letra a), del número 7 del artículo 41 A, vigente al término del ejercicio en Chile.

2.- Aplicarán el artículo 21 por las partidas que correspondan a las agencias o establecimientos permanentes que tengan en el exterior.

3.- Las inversiones efectuadas en el exterior en acciones, derechos sociales y en agencias o establecimientos permanentes, se considerarán como activos en moneda extranjera para los efectos de la corrección monetaria, aplicándose al respecto el número 4 del artículo 41. Para determinar la renta proveniente de la enajenación de las acciones y derechos sociales, los contribuyentes sujetos al régimen de corrección monetaria de activos y pasivos deducirán el valor al que se encuentren registrados dichos activos al comienzo del ejercicio, incrementándolo o disminuyéndolo previamente con las nuevas inversiones o retiros de capital. Los contribuyentes que no estén sujetos a dicho régimen deberán aplicar el inciso segundo del artículo 41 para calcular el mayor valor en la enajenación de los bienes que correspondan a dichas inversiones. El tipo de cambio que se aplicará en este número será el resultante de aplicar la letra a), del número 7 del artículo 41 A. También formarán parte del costo referido anteriormente, las utilidades o cantidades que se hayan afectado con las normas del artículo 41 G que se encuentren acumuladas en la entidad controlada a la fecha de enajenación y que previamente se hayan gravado con el impuesto que corresponda al contribuyente o entidad que controla a dicha entidad. Para estos efectos, las citadas utilidades o cantidades se considerarán por el monto a que se refiere el artículo 41 G.

4.- Los créditos o deducciones del impuesto de primera categoría, en los que la ley no autorice expresamente su rebaja del impuesto que provenga de las rentas de fuente extranjera, sólo se deducirán del tributo que se determine por las rentas chilenas. Para estos efectos se considerará que el impuesto de primera categoría aplicado sobre las rentas de fuente extranjera, es aquel que se determine sobre la renta imponible de fuente extranjera a que se refiere el número 3.- del artículo 41 A.

Artículo 41 C.- Derogado.

Artículo 41 D[19] [20]**.-** Derogado.

Artículo 41 E.- Para los efectos de esta ley, el Servicio podrá impugnar los precios, valores o rentabilidades fijados, o establecerlos en caso de no haberse fijado alguno, cuando las operaciones transfronterizas y aquellas que den cuenta de las reorganizaciones o reestructuraciones empresariales o de negocios que contribuyentes domiciliados, o residentes o establecidos en Chile, que se lleven a cabo con partes relacionadas en el extranjero y no cumplan con el principio de plena competencia, esto es, cuando sus operaciones no se hayan efectuado a precios, valores o rentabilidades normales de mercado.

---

19 Art. 1° Transitorio, Ley 21.047, señala: *"La eliminación del artículo 41 D de la Ley sobre Impuesto a la Renta dispuesta por el número 3 del artículo 1 de la presente ley entrará en vigencia el 1 de enero del año 2022. No obstante lo anterior, a partir de la publicación de la presente ley, no podrán ingresar nuevas empresas al régimen establecido en la norma del artículo 41 D".*

20 Art. 20°, Ley 21.210 señala: *"Toda referencia efectuada en la ley al derogado artículo 41 D del decreto ley N° 824, de 1974, del Ministerio de Hacienda, que aprueba texto que indica de la Ley sobre Impuesto a la Renta, o al listado de países contemplado en dicha norma, debe entenderse efectuada al artículo 41 H de la misma ley".*

Las disposiciones de este artículo se aplicarán respecto de las reorganizaciones o reestructuraciones empresariales o de negocios señaladas cuando a juicio del Servicio, en virtud de ellas, se haya producido a cualquier título o sin título alguno, el traslado desde Chile al extranjero o viceversa, de funciones, activos, riesgos, bienes y/o actividades susceptibles de generar rentas gravadas en el país, o se ponga término a convenciones, acuerdos o contratos vigentes o se lleven a cabo modificaciones sustanciales de ellos, y se estime que en la respectiva reorganización o restructuración no se cumple el principio de plena competencia, para cuyos efectos deberá aplicar los métodos referidos en este artículo.

Se entenderá por precios, valores o rentabilidades normales de mercado los que hayan o habrían acordado u obtenido partes independientes en operaciones y circunstancias comparables, considerando por ejemplo, las características de los mercados relevantes, las funciones, activos y riesgos asumidos por las partes, las características específicas, componentes y elementos determinantes de los bienes, servicios, contratos, o cualquier otra operación o circunstancias razonablemente relevantes según el caso que se analice. Cuando tales operaciones no se hayan efectuado a sus precios, valores o rentabilidades normales de mercado, el Servicio podrá impugnarlos fundadamente, conforme a lo dispuesto en este artículo.

1.- Normas de relación.

Para los efectos de este artículo, las partes intervinientes se considerarán relacionadas cuando:

a) Una de ellas participe directa o indirectamente en la dirección, control, capital, utilidades o ingresos de la otra, o

b) Una misma persona o personas participen directa o indirectamente en la dirección, control, capital, utilidades o ingresos de ambas partes, entendiéndose todas ellas relacionadas entre sí.

Se considerarán partes relacionadas una agencia, sucursal o cualquier otra forma de establecimiento permanente con su casa matriz; con otros establecimientos permanentes de la misma casa matriz; con partes relacionadas de esta última y establecimientos permanentes de aquellas.

También existe relación cuando las operaciones se lleven a cabo con partes residentes, domiciliadas, establecidas o constituidas en un país, territorio o jurisdicción a los que se refiere el artículo 41 H, independientemente de si forman parte o no de un mismo grupo empresarial.

Igualmente, se considerará que existe relación entre los intervinientes cuando una parte lleve a cabo una o más operaciones con un tercero que, a su vez, lleve a cabo, directa o indirectamente, con un relacionado de aquella parte, una o más operaciones similares o idénticas a las que realiza con la primera, cualquiera sea la calidad en que dicho tercero y las partes intervengan en tales operaciones.

2.- Métodos de precios de transferencia.

El Servicio, para los efectos de impugnar conforme a este artículo los precios, valores o rentabilidades respectivos, deberá citar al contribuyente de acuerdo con el artículo 63 del Código Tributario, para que aporte todos los antecedentes que sirvan para comprobar que sus operaciones con partes relacionadas se han efectuado a precios, valores o considerando rentabilidades normales de mercado, según alguno de los siguientes métodos:

a) Método de Precio Comparable no Controlado: Es aquel que consiste en determinar el precio o valor normal de mercado de los bienes o servicios, considerando el que hayan o habrían pactado partes independientes en operaciones y circunstancias comparables;

b) Método de Precio de Reventa: Consiste en determinar el precio o valor normal de mercado de los bienes o servicios, considerando el precio o valor a que tales bienes o servicios son posteriormente revendidos o prestados por el adquirente a partes independientes. Para estos efectos, se deberá deducir del precio o valor de reventa o prestación, el margen de utilidad bruta que se haya o habría obtenido por un revendedor o prestador en operaciones y circunstancias comparables entre partes independientes. El margen de utilidad bruta se determinará dividiendo la utilidad bruta por las ventas de bienes o prestación de servicios en operaciones entre partes independientes. Por su parte, la utilidad bruta se determinará deduciendo de los ingresos por ventas o servicios en operaciones entre partes independientes, los costos de ventas del bien o servicio;

c) Método de Costo más Margen: Consiste en determinar el precio o valor normal de mercado de bienes y servicios que un proveedor transfiere a una parte relacionada, a partir de sumar a los costos directos e indirectos de producción, sin incluir gastos generales ni otros de carácter operacional, incurridos por tal proveedor, un margen de utilidad sobre dichos costos que se haya o habría obtenido entre partes independientes en operaciones y circunstancias comparables. El margen de utilidad sobre costos se determinará dividiendo la utilidad bruta de las operaciones entre partes independientes por su respectivo costo de venta o prestación de servicios. Por su parte, la utilidad bruta se determinará deduciendo de los ingresos obtenidos de operaciones entre partes independientes, sus costos directos e indirectos de producción, transformación, fabricación y similares, sin incluir gastos generales ni otros de carácter operacional;

d) Método de División de Utilidades: Consiste en determinar la utilidad que corresponde a cada parte en las operaciones respectivas, mediante la distribución entre ellas de la suma total de las utilidades obtenidas en tales operaciones. Para estos efectos, se distribuirá entre las partes dicha utilidad total, sobre la base de la distribución de utilidades que hayan o habrían acordado u obtenido partes independientes en operaciones y circunstancias comparables;

e) Método Transaccional de Márgenes Netos: Consiste en determinar el margen neto de utilidades que corresponde a cada una de las partes en las transacciones u operaciones de que se trate, tomando como base el que hubiesen obtenido partes independientes en operaciones y circunstancias comparables. Para estos efectos, se utilizarán indicadores operacionales de rentabilidad o márgenes basados en el rendimiento de activos, márgenes sobre costos o ingresos por ventas, u otros que resulten razonables, y

f) Métodos residuales: Cuando atendidas las características y circunstancias del caso no sea posible aplicar alguno de los métodos mencionados precedentemente, el contribuyente podrá determinar los precios o valores de sus operaciones utilizando otros métodos que razonablemente permitan determinar o estimar los precios o valores normales de mercado que hayan o habrían acordado partes independientes en operaciones y circunstancias comparables. En tales casos calificados el contribuyente deberá justificar que las características y circunstancias especiales de las operaciones no permiten aplicar los métodos precedentes.

El contribuyente deberá emplear el método más apropiado considerando las características y circunstancias del caso en particular. Para estos efectos, se deberán tener en consideración las ventajas y desventajas de cada método; la aplicabilidad de los métodos en relación al tipo de operaciones y a las circunstancias del caso; la disponibilidad de información relevante; la existencia de operaciones comparables; selección de la parte analizada; número de años de información financiera utilizada; de rangos y ajustes de comparabilidad y cualquier otro antecedente que se estime pertinente.

3.- Estudios o informes de precios de transferencia.

Los contribuyentes podrán acompañar un estudio de precios de transferencia que dé cuenta de la determinación de los precios, valores o rentabilidades de sus operaciones con partes relacionadas.

La aplicación de los métodos o presentación de estudios a que se refiere este artículo, es sin perjuicio de la obligación del contribuyente de mantener a disposición del Servicio la totalidad de los antecedentes en virtud de los cuales se han aplicado tales métodos o elaborado dichos estudios, ya sean antecedentes propios o de la o las partes relacionadas ubicadas en el extranjero, que tengan vinculación con la operación que se analiza ello conforme a lo dispuesto por los artículos 59 y siguientes del Código Tributario. El Servicio podrá requerir información a autoridades extranjeras respecto de las operaciones que sean objeto de fiscalización por precios de transferencia.

4.- Ajustes de precios de transferencia.

Si el contribuyente, a juicio del Servicio, no logra acreditar que la o las operaciones con sus partes relacionadas se han efectuado a precios, valores o rentabilidades normales de mercado, este último determinará fundadamente, para los efectos de esta ley, tales precios, valores o rentabilidades, utilizando los medios probatorios aportados por el contribuyente y cualesquiera otros antecedentes de que disponga, incluyendo aquellos que hayan sido obtenidos desde el extranjero, debiendo aplicar para tales efectos los métodos ya señalados.

Determinados por el Servicio los precios, valores o rentabilidades normales de mercado para la o las operaciones de que se trate, se practicará la liquidación de impuestos o los ajustes respectivos, y la determinación de los intereses y multas que correspondan, considerando especialmente lo siguiente:

El ajuste de precios de transferencia podrá llevarse a cabo mediante la determinación de una cifra única, ya sea un precio o un margen de utilidad comparable, que constituirá la referencia para establecer si una operación cumple las condiciones de plena competencia. Sin embargo, en caso de que haya dos o más precios, valores o rentabilidades consideradas comparables, se deberá utilizar un rango intercuartil.

Si el precio, valor o margen de la transacción analizada se encuentra fuera del rango intercuartil, contenido entre el primer y el tercer cuartil, se considerará que el valor, precio o margen no es de plena competencia.

Cuando el contribuyente acepte el análisis de precios de transferencia del Servicio y rectifique su declaración de impuestos anuales a la renta, el ajuste de precios de transferencia se realizará mediante la determinación de una cifra única, o bien a un punto o valor dentro del rango intercuartil, según se establezca con el Servicio. Si el Servicio emite una liquidación de impuestos conforme al artículo 24 del Código Tributario o una resolución, según corresponda, el ajuste por precios de transferencia se realizará siempre a la cifra única o a la mediana del rango intercuartil, según el caso.

Cuando en virtud de los ajustes de precios, valores o rentabilidades a que se refiere este artículo, se determine una diferencia, esta cantidad se afectará en el ejercicio a que corresponda, sólo con el impuesto único del inciso primero del artículo 21, ya sea que el contribuyente rectifique su declaración de impuestos anuales a la renta o se emita una liquidación de impuestos o resolución según corresponda.

En los casos en que se liquide el impuesto único del inciso primero del artículo 21, se aplicará además una multa equivalente al 5% del monto de la diferencia, salvo que el contribuyente haya cumplido debida y oportunamente con la entrega de los antecedentes requeridos por el Servicio durante la fiscalización. El Servicio determinará mediante circular los antecedentes mínimos que deberá aportar para que la multa no sea procedente.

Los ajustes de precios, valores o rentabilidades de mercado determinados conforme al presente artículo no producirán efectos en otros impuestos distintos de los establecidos en la presente ley.

5.- Reclamación.

El contribuyente podrá reclamar de la liquidación en que se hayan fijado los precios, valores o rentabilidades asignados a la o las operaciones de que se trata y determinado los impuestos, intereses y multas aplicadas, de acuerdo al procedimiento general establecido en el Libro III del Código Tributario.

6.- Declaración.

Los contribuyentes domiciliados, residentes o establecidos en Chile que realicen operaciones con partes relacionadas, incluidas las reorganizaciones o reestructuraciones empresariales a que se refiere este artículo, deberán presentar anualmente una o más declaraciones con la información que requiera el Servicio, en la forma y plazo que éste establezca mediante resolución. En dichas declaraciones, el Servicio podrá solicitar, entre otros antecedentes, que los contribuyentes aporten información sobre las características de sus operaciones tanto con partes relacionadas como no relacionadas, los métodos aplicados para la determinación de los precios o valores de tales operaciones, información de sus partes relacionadas en el exterior, entendiéndose por tales aquellas señaladas en el numeral 1 de este artículo. La no presentación de la declaración que corresponda, o su presentación errónea, incompleta o extemporánea, se sancionará con una multa de 10 a 50 unidades tributarias anuales. Con todo, dicha multa no podrá exceder del límite mayor entre el equivalente al 15% del capital propio del contribuyente determinado conforme al numeral 10.- del artículo 2 o el 5% de su capital efectivo. La aplicación de dicha multa se someterá al procedimiento establecido por el número 1°, del artículo 165, del Código Tributario. Si una declaración presentada conforme a este número fuere maliciosamente falsa, se sancionará conforme a lo dispuesto por el inciso primero, del número 4°, del artículo 97, del Código Tributario. El contribuyente podrá solicitar al Director Regional respectivo, o al Director de Grandes Contribuyentes, según corresponda, por una vez, prórroga de hasta tres meses del plazo para la presentación de la declaración que corresponda. La prórroga concedida ampliará, en los mismos términos, el plazo de fiscalización a que se refiere la letra a), del artículo 59 del Código Tributario.

7.- Acuerdos anticipados.

Los contribuyentes que pretendan presentar una solicitud de acuerdo anticipado que determine los precios, valores o rentabilidades normales de mercado de las operaciones vinculadas que llevarán a cabo con sus partes relacionadas ubicadas en el exterior, podrán presentar una consulta previa al Servicio, cuyo contenido será el siguiente:

a) Identificación de las personas o entidades que vayan a realizar las operaciones.

b) Descripción de las operaciones objeto del acuerdo anticipado.

c) Elementos básicos de la propuesta de valoración que pretenda formular.

d) Indicación de un correo electrónico para las comunicaciones entre el contribuyente y el Servicio.

El Servicio analizará la consulta previa, podrá requerir a los contribuyentes las aclaraciones y antecedentes que estime pertinentes, y comunicará a los interesados la viabilidad del acuerdo previo de valoración dentro de los dos meses siguientes a la fecha de presentación de dicha solicitud. Esta comunicación se realizará al correo electrónico que indique el contribuyente y se referirá exclusivamente a la posibilidad de presentación del acuerdo anticipado y no a su resultado, por tanto, no impide el derecho del contribuyente a presentar la solicitud. El Servicio determinará mediante resolución la forma y oportunidad en que podrá presentarse la consulta previa.

Se haya o no presentado una consulta previa, los contribuyentes que realicen operaciones con partes relacionadas podrán proponer al Servicio un acuerdo anticipado en cuanto a la determinación del precio, valor o rentabilidad normal de mercado de tales operaciones para estos efectos, en la forma y oportunidad que establezca el Servicio mediante resolución. El contribuyente interesado deberá presentar una solicitud con una descripción de las operaciones respectivas, sus precios, valores o rentabilidades normales de mercado y el período que debiera comprender el acuerdo, acompañada de la documentación o antecedentes en que se funda y de un informe o estudio de precios de transferencia en que se hayan aplicado a tales operaciones los métodos a que se refiere este artículo. El Servicio, mediante resolución, podrá rechazar a su juicio exclusivo, la solicitud de acuerdo anticipado, la que no será reclamable, ni admitirá recurso alguno. En caso de que el Servicio acepte total o parcialmente la solicitud del contribuyente, se dejará constancia del acuerdo anticipado en un acta, la que será suscrita por el Servicio y un representante del contribuyente autorizado expresamente al efecto, y deberá constar en ella los antecedentes en que se funda. El Servicio podrá suscribir acuerdos anticipados en los cuales intervengan además otras administraciones tributarias a los efectos de determinar anticipadamente el precio, valor o rentabilidad normal de mercado de las respectivas operaciones llevando a cabo las coordinaciones necesarias para su correcta implementación de acuerdo con la normativa vigente de cada jurisdicción. Si se trata de la importación de mercancías, el acuerdo deberá ser suscrito en conjunto con el Servicio Nacional de Aduanas. El Ministerio de Hacienda establecerá mediante resolución el procedimiento a través del cual ambas instituciones resolverán sobre la materia.

El acuerdo anticipado, una vez suscrita el acta, se aplicará respecto de las operaciones llevadas a cabo por el solicitante a partir del mismo año comercial en que se suscriba el acta de acuerdo anticipado y por los cuatro años comerciales siguientes, y podrá ser prorrogado o renovado, previo acuerdo suscrito por el contribuyente, el Servicio de Impuestos Internos, el Servicio Nacional de Aduanas, cuando se trate de importaciones de mercancías, y, cuando corresponda, por la otra u otras administraciones tributarias. Asimismo, podrá determinarse que sus efectos alcancen a las operaciones realizadas hasta en los tres años comerciales anteriores a la suscripción del acuerdo, no se aplicará respecto de dichos periodos el impuesto único del inciso primero del artículo 21, sin intereses penales ni multas, y será además aplicable lo dispuesto en el párrafo final del número 4 del presente artículo.

El Servicio de Impuestos Internos, y el Servicio Nacional de Aduanas cuando corresponda, efectuarán un seguimiento del cumplimiento del acuerdo por parte del contribuyente, para lo cual en la respectiva acta se fijará la forma y plazo en que el contribuyente entregará un informe anual en el que se demuestre la conformidad de sus precios de transferencia con las condiciones pactadas. De no cumplirse con dicha obligación se requerirá al contribuyente para que presente dicho informe bajo apercibimiento que, en caso de no hacerlo dentro del plazo de treinta días, el Servicio podrá poner término al acuerdo anticipado por incumplimiento de las obligaciones del contribuyente. El término del acuerdo anticipado regirá desde el mismo ejercicio en que se notifique la resolución que así lo establece.

El Servicio deberá pronunciarse respecto de la solicitud del contribuyente ya sea concurriendo a la suscripción del acta respectiva o rechazándola mediante resolución, dentro del plazo de doce meses contado desde que el contribuyente haya entregado o puesto a disposición de dicho Servicio la totalidad de los antecedentes que estime necesarios para resolverla. En caso de que el Servicio no se pronuncie dentro del plazo señalado, o bien el contribuyente no aporte los antecedentes solicitados por el Servicio dentro de este procedimiento, se entenderá rechazada la solicitud del contribuyente. Éste podrá volver a proponer la suscripción del acuerdo. Para los efectos del cómputo del plazo, se dejará constancia de la entrega o puesta a disposición referida en una certificación del jefe de la oficina del Servicio que conozca de la solicitud.

El Servicio podrá, en cualquier tiempo, dejar sin efecto el acuerdo anticipado cuando la solicitud del contribuyente se haya basado en antecedentes erróneos, maliciosamente falsos, hayan variado sustancialmente los antecedentes o circunstancias esenciales que se tuvieron a la vista al momento de su suscripción, prórroga o renovación, o cuando el contribuyente incumpla total o parcialmente el acuerdo. La resolución que deje sin efecto el acuerdo anticipado deberá fundarse en el carácter erróneo de los antecedentes, en su falsedad maliciosa, en la variación sustancial de los antecedentes o circunstancias esenciales en virtud de las cuales el Servicio aceptó la solicitud de acuerdo anticipado o en el incumplimiento del acuerdo; señalará de qué forma éstos son erróneos, maliciosamente falsos, han variado sustancialmente o en qué forma se incumplió el acuerdo, según corresponda, y detallará los antecedentes que se han tenido a la vista para tales efectos. La resolución que deje sin efecto el acuerdo anticipado regirá a partir de su notificación al contribuyente, salvo cuando se funde en el carácter maliciosamente falso de los antecedentes de la solicitud, caso en el cual se dejará sin efecto a partir de la fecha de suscripción del acta original o de sus renovaciones o prórrogas, considerando la oportunidad en que tales antecedentes hayan sido invocados por el contribuyente. Asimismo, la resolución será comunicada, cuando corresponda, a la o las demás administraciones tributarias respectivas. Esta resolución no será reclamable ni procederá a su respecto recurso alguno, ello sin perjuicio de la reclamación o recursos que procedan respecto de las resoluciones, liquidaciones o giros de impuestos, intereses y multas dictadas o aplicadas por el Servicio que sean consecuencia de haberse dejado sin efecto el acuerdo anticipado. Por su parte, el contribuyente podrá dejar sin efecto el acuerdo anticipado que haya suscrito cuando hayan variado sustancialmente los antecedentes o circunstancias esenciales que se tuvieron a la vista al momento de su suscripción, prórroga o renovación. Para estos efectos, deberá manifestar su voluntad en tal sentido a través de aviso por escrito al Servicio, en la forma que éste establezca mediante resolución, de modo que el referido acuerdo quedará sin efecto desde la fecha del aviso, y podrá el Servicio ejercer respecto de las operaciones del contribuyente la totalidad de las facultades que le confiere la ley.

Sin perjuicio de lo señalado en el párrafo anterior, la presentación de antecedentes maliciosamente falsos en una solicitud de acuerdo anticipado que haya sido aceptada total o parcialmente por el Servicio será sancionada en la forma establecida por el inciso primero, del número 4°, del artículo 97 del Código Tributario.

Una vez suscrita el acta de acuerdo anticipado, o sus prórrogas o renovaciones, y mientras se encuentren vigentes de acuerdo a lo señalado precedentemente, el Servicio de Impuestos Internos y el Servicio Nacional de Aduanas cuando corresponda, no podrán determinar diferencias de impuestos por precios de transferencias o valoración aduanera en las operaciones comprendidas en él, siempre que el valor de las importaciones, los precios, valores o rentabilidades hayan sido establecidos o declarados por el contribuyente conforme a los términos previstos en el acuerdo.

Las actas de acuerdos anticipados y los antecedentes en virtud de los cuales han sido suscritas quedarán amparados por el deber de secreto que establece el artículo 35 del Código Tributario. Aquellos contribuyentes que autoricen al Servicio la publicación de los criterios, razones económicas, financieras, comerciales, entre otras, y métodos en virtud de los cuales se suscribieron los acuerdos anticipados conforme a este número, deberán dejar constancia de la autorización en el acta respectiva. Si así lo autorizan, serán incluidos en una nómina pública de contribuyentes socialmente responsables que mantendrá dicho Servicio, mientras se encuentre vigente el acuerdo. Aun cuando no hayan autorizado ser incluidos en la nómina precedente, no se aplicará respecto de ellos interés penal y multa algunos con motivo de las infracciones y diferencias de impuestos que se determinen durante dicha vigencia, salvo que se trate de infracciones susceptibles de ser sancionadas con penas corporales, caso en el cual serán excluidos de inmediato de la nómina señalada. Lo anterior es sin perjuicio del deber del contribuyente de subsanar las infracciones cometidas dentro del plazo que señale el Servicio, el que no podrá ser inferior a treinta días hábiles contados desde la notificación de la infracción; y/o declarar y pagar las diferencias de impuestos determinadas, y sin perjuicio de su derecho a reclamar de tales actuaciones, según sea el caso. Cuando el contribuyente no haya subsanado la infracción y/o declarado y pagado los impuestos respectivos dentro de los plazos que correspondan, salvo que haya deducido reclamación respecto de tales infracciones, liquidaciones o giros, el Servicio girará sin más trámite los intereses penales y multas que originalmente no se habían aplicado. En caso de haberse deducido reclamación, procederá el giro señalado cuando no haya sido acogida por sentencia ejecutoriada o el contribuyente se haya desistido de ella.

8.- Ajuste correspondiente.

Los contribuyentes podrán, previa autorización del Servicio tanto respecto de la naturaleza como del monto del ajuste, rectificar el precio, valor o rentabilidad de las operaciones llevadas a cabo con partes relacionadas, sobre la base de los ajustes de precios de transferencia que hayan efectuado otros Estados con los cuales se encuentre vigente un Convenio para evitar la doble tributación internacional que no prohíba dicho ajuste, y respecto de los cuales no se hayan deducido, ni se encuentren pendientes, los plazos establecidos para deducir recursos o acciones judiciales o administrativas. No obstante lo anterior, cuando se hayan deducido dichos recursos o acciones, el contribuyente podrá acogerse a lo dispuesto en este número en tanto el ajuste deba considerarse definitivo en virtud de la respectiva sentencia judicial o resolución administrativa. Para estos efectos, el Servicio deberá aplicar respecto de las operaciones materia de rectificación, en la forma señalada, los métodos contemplados en este artículo. La solicitud de rectificación deberá ser presentada en la forma que fije el Servicio mediante resolución, acompañada de todos los documentos en que se funde, incluyendo copia del instrumento que dé cuenta del ajuste practicado por el otro Estado, dentro del plazo de un año contado desde que el ajuste de precios de transferencia se considere definitivo en la otra jurisdicción. El Servicio deberá denegar total o parcialmente la rectificación solicitada por el contribuyente, cuando el ajuste de precios de transferencia efectuado por el otro Estado se estime incompatible con las disposiciones de esta ley, sin que en este caso proceda recurso administrativo o judicial alguno.

Cuando con motivo de este ajuste resultare una diferencia de impuestos a favor del contribuyente, para los efectos de su devolución, ésta se reajustará de acuerdo al porcentaje de variación que haya experimentado el Índice de Precios al Consumidor en el período comprendido entre el mes anterior al del pago del impuesto y el mes anterior a la fecha de la resolución que ordene su devolución.

9.- Autoajuste de precios de transferencia realizado por el contribuyente.

Los contribuyentes podrán ajustar sus precios, valores o rentabilidades en las operaciones llevadas a cabo con partes relacionadas ubicadas en el extranjero, considerando aquellos que habrían acordado u obtenido partes independientes en operaciones y circunstancias comparables, cuando en su análisis determinen que sus operaciones vinculadas no cumplen el principio de plena competencia, para cuyos efectos deberá aplicar los métodos referidos en este artículo.

En consecuencia, se entenderá por autoajuste de precios de transferencia aquel que realice un contribuyente en forma previa a un requerimiento del Servicio y en el que determine, en su opinión, un precio, valor o rentabilidad de plena competencia en el marco de una operación vinculada, aunque dicho precio difiera del importe realmente cargado entre las empresas relacionadas.

Este autoajuste podrá llevarse a cabo mediante la determinación de una cifra única, ya sea un precio o un margen de utilidad comparable, que constituirá la referencia para establecer si una operación cumple las condiciones de plena competencia. En caso de que haya dos o más precios, valores o rentabilidades consideradas comparables, deberá utilizar un rango intercuartil, pudiendo ajustarse a cualquier punto o valor dentro del indicado rango.

El ajuste determinado deberá ser agregado a la base imponible del impuesto de primera categoría y sólo procederá cuando ello implique un aumento de la base imponible indicada. No se podrán realizar ajustes para disminuir la renta líquida imponible de primera categoría y determinar un menor impuesto o una mayor pérdida tributaria. El ajuste tendrá solo efectos sobre los impuestos establecidos en la presente ley, en los términos establecidos en el párrafo final del número cuatro del presente artículo.

Los contribuyentes deberán conservar la totalidad de los antecedentes que permitan acreditar que el autoajuste aplicado a la o las operaciones con sus partes relacionadas, se ha efectuado considerando los precios, valores o rentabilidades normales de mercado. En caso de que el Servicio determine un ajuste respecto de estas operaciones, este se afectará con el impuesto único del inciso primero del artículo 21 de esta ley, conforme a lo establecido en el número cuatro de este artículo.

Artículo 41 F.- Los intereses, comisiones, remuneraciones por servicios y gastos financieros y cualquier otro recargo convencional, incluyendo los que correspondan a reembolsos, recargos de gastos incurridos por el acreedor o entidad relacionada en beneficio directo o indirecto de otras empresas relacionadas en el exterior que afecten los resultados del contribuyente domiciliado, residente, establecido o constituido en el país, en virtud de los préstamos, instrumentos de deuda y otros contratos u operaciones a que se refiere este artículo, y que correspondan al exceso de endeudamiento determinado al cierre del ejercicio, se gravarán con un impuesto único de tasa 35%, de acuerdo a las siguientes reglas:

1. Este impuesto gravará a los contribuyentes domiciliados, residentes, constituidos o establecidos en Chile, por los conceptos señalados precedentemente que correspondan al exceso de endeudamiento y que se hayan pagado, abonado en cuenta o puesto a disposición durante el ejercicio respectivo.

2. Este impuesto se declarará y pagará anualmente en la forma y plazo que establecen los artículos 65, número 1, y 69, respecto de los intereses y demás partidas del inciso primero, pagados, abonados en cuenta o puestos a disposición durante el ejercicio respectivo en beneficio de entidades relacionadas constituidas, domiciliadas, residentes o establecidas en el extranjero.

3. Para que exista el exceso a que se refiere este artículo, el endeudamiento total anual del contribuyente debe ser superior a tres veces su patrimonio al término del ejercicio respectivo.

4. Para los fines de este artículo, por patrimonio se entenderá el capital propio determinado al 1 de enero del ejercicio respectivo, o a la fecha de la iniciación de actividades, según corresponda, de conformidad a lo dispuesto en el artículo 41. Se agregará, considerando proporcionalmente su permanencia en el período respectivo, el valor de los aportes y aumentos efectivos de capital efectuados dentro del ejercicio. Se deducirá del valor del capital propio señalado, considerando proporcionalmente aquella parte del período en que tales cantidades no hayan permanecido en el patrimonio, el valor de las disminuciones efectivas de capital, así como los retiros o distribuciones del ejercicio respectivo.

También se deducirá del valor del capital propio tributario, determinado en la forma señalada, el valor de aquel aporte que directa o indirectamente haya sido financiado con préstamos, créditos, instrumentos de deuda y otros contratos u operaciones a que se refiere el número 5 siguiente con partes directa o indirectamente relacionadas, salvo que se encuentren pagados en el ejercicio respectivo, a menos que el pago se haya efectuado o financiado directa o indirectamente con ese mismo tipo de préstamos, instrumentos de deuda y otros contratos u operaciones.

Cuando por aplicación de las normas señaladas se determine un valor negativo del patrimonio, se considerará que éste es igual a 1.

5. Por endeudamiento total anual se considerará la suma de los valores de los créditos y pasivos señalados en las letras a), b), c), d), g) y h) del Nº 1 del artículo 59, que la empresa registre durante el ejercicio, así como cualquier otro crédito o pasivo contratado con partes domiciliadas, residentes, constituidas o establecidas en el exterior, sean relacionadas o no. Igualmente, formará parte del endeudamiento total anual el valor de los créditos o pasivos contratados con partes domiciliadas, residentes, constituidas o establecidas en Chile.

Se incluirán también las deudas o pasivos de un establecimiento permanente en el exterior de la empresa domiciliada, residente, establecida o constituida en Chile. El impuesto se aplicará sobre aquellas partidas del inciso primero que correspondan al establecimiento permanente, aplicando en lo que corresponda las reglas de este artículo.

En el caso de fusiones, divisiones, disoluciones o cualquier otro acto jurídico u operación que implique el traspaso o la novación de deudas, éstas se considerarán en el cálculo de exceso de endeudamiento de la empresa a la cual se traspasó o asumió la deuda, préstamos, créditos y otros contratos u operaciones a que se refiere este artículo, a contar de la fecha en que ocurra dicha circunstancia.

Para el cálculo del endeudamiento total anual, se considerarán la suma de los valores de los créditos, deudas, pasivos y demás contratos u operaciones a que se refiere este artículo, a su valor promedio por los meses de permanencia en el mismo, más los intereses y demás partidas del inciso primero devengados en estas mismas deudas que no se hubieren pagado, abonado en cuenta o puesto a disposición, y que a su vez devenguen intereses u otra de las partidas señaladas a favor del acreedor.

Con todo, no se considerarán dentro del endeudamiento total anual aquellos créditos o pasivos contratados con partes no relacionadas y cuyo plazo sea igual o inferior a 90 días, incluidas sus prórrogas o renovaciones.

6. Se considerará que el beneficiario de las partidas a que se refiere el inciso primero es una entidad relacionada con quien las paga, abona en cuenta o pone a disposición cuando:

i) Eliminado.

ii) El beneficiario se encuentre domiciliado, residente, constituido o establecido en un territorio o jurisdicción que quede comprendido en al menos dos de los supuestos que establece el artículo 41 H.

iii) El beneficiario y quién paga, abona en cuenta o pone a disposición, pertenezcan al mismo grupo empresarial, o directa o indirectamente posean o participen en 10% o más del capital o de las utilidades del otro o cuando se encuentren bajo un socio o accionista común que directa o indirectamente posea o participe en un 10% o más del capital o de las utilidades de uno u otro, y dicho beneficiario se encuentre domiciliado, residente, constituido o establecido en el exterior.

iv) El financiamiento es otorgado con garantía directa o indirecta de terceros relacionados con el deudor en los términos señalados en los numerales ii), iii) y v) de este número, siempre que los terceros se encuentren domiciliados o residentes en el extranjero y sean los beneficiarios finales de los intereses del financiamiento.

v) Se trate de instrumentos financieros colocados y adquiridos por empresas independientes y que posteriormente son adquiridos o traspasados a empresas relacionadas en los términos señalados en los numerales i) al iv) anteriores.

vi) Una parte lleve a cabo una o más operaciones con un tercero que, a su vez, lleve a cabo, directa o indirectamente, con un relacionado de aquella parte, una o más operaciones similares o idénticas a las que realiza con la primera, cualquiera sea la calidad en que dicho tercero y las partes intervengan en tales operaciones.

7. Respecto de las operaciones a que se refiere este artículo, el deudor deberá presentar una declaración sobre las deudas, sus garantías y si entre los beneficiarios finales de los intereses y demás partidas señaladas en el inciso primero de este artículo se encuentran entidades relacionadas en los términos señalados en el número 6 anterior, todo ello en la forma y plazo que establezca el Servicio mediante resolución. Si el deudor se negare a

formular dicha declaración o si la presentada fuera incompleta o falsa, se entenderá que existe relación entre el perceptor del interés y demás partidas y el deudor, o entre el deudor y acreedor de las deudas no informadas, según corresponda.

8. Para determinar la base imponible del impuesto que establece este artículo, cuando resulte un exceso de endeudamiento conforme a lo dispuesto en el número 3, se aplicará el porcentaje que se obtenga de dividir el endeudamiento total anual de la empresa menos tres veces el patrimonio, por el referido endeudamiento total anual, todo ello multiplicado por cien, sobre la suma de los intereses y demás partidas a que se refiere el inciso primero, pagadas, abonadas en cuenta o puestas a disposición durante el ejercicio respectivo, que: i) Se hayan afectado con el impuesto adicional con tasa 4%, o ii) Se hayan afectado con una tasa de impuesto adicional inferior a 35% o no se hayan afectado con dicho tributo, en virtud de la aplicación de una rebaja o deducción, de una exención establecida por ley o de la aplicación de un convenio para evitar la doble tributación internacional suscrito por Chile que se encuentre vigente.

En todo caso, la base imponible del impuesto que establece este artículo no podrá exceder de la suma total de los intereses y demás partidas a que se refiere el inciso anterior, pagadas, abonadas en cuenta o puestas a disposición durante el ejercicio respectivo.

9. Se dará de crédito al impuesto resultante, el monto de la retención total o proporcional, según corresponda, de Impuesto Adicional que se hubiese declarado y pagado sobre los intereses y demás partidas del inciso primero del número 8 anterior que se afecten con este tributo.

10. El impuesto resultante será de cargo de la empresa deudora, la cual podrá deducirlo como gasto, de acuerdo con las normas del artículo 31.

11. Con todo, no se aplicará el impuesto que establece este artículo cuando el contribuyente acredite ante el Servicio que el financiamiento obtenido y los servicios recibidos corresponden al financiamiento del desarrollo, ampliación o mejora de uno o más proyectos en Chile, otorgados mayoritariamente por entidades no relacionadas con el deudor, en que por razones legales, financieras o económicas, las entidades prestamistas o prestadoras de servicios hayan exigido constituir entidades de propiedad

común con el deudor o sus entidades relacionadas, o que por otras circunstancias, los créditos otorgados queden comprendidos en las normas de relación del número 6 anterior, todo lo anterior siempre que los intereses y las demás cantidades a que se refiere el inciso primero, así como las garantías que existan, se hayan pactado a sus valores normales de mercado, para cuyos efectos se aplicará lo dispuesto en el artículo 41 E.

12. La entrega maliciosa de información incompleta o falsa en la declaración jurada a que se refiere éste artículo, que implique la no aplicación de lo dispuesto en los párrafos precedentes, se sancionará en la forma prevista en el inciso primero del artículo 97, Nº 4, del Código Tributario.

13. La norma de control que establece este artículo no se aplicará cuando el deudor sea un banco, compañía de seguros, cooperativa de ahorro y crédito, emisores de tarjetas de crédito, agentes administradores de mutuos hipotecarios endosables, cajas de compensación de asignación familiar y las demás entidades de crédito autorizadas por ley o una caja, sujetas, según corresponda, a la fiscalización de la Superintendencia de Bancos e Instituciones financieras, a la Superintendencia de Valores y Seguros y, o a la Superintendencia de Seguridad Social.

Tampoco se aplicará cuando el deudor sea una entidad cuya actividad haya sido calificada de carácter financiero por el Ministerio de Hacienda mediante resolución fundada, y siempre que al término de cada año comercial se determine que a lo menos durante 330 días continuos o discontinuos, el 90% o más del total de los activos de dicha entidad corresponden a créditos otorgados o a bienes entregados en arrendamiento con opción de compra a personas o entidades no relacionadas. Para estos efectos, se considerarán los activos a su valor tributario de acuerdo a las normas de esta ley, y se entenderá que existe relación cuando se cumplan las condiciones de los numerales iii), iv), v) o vi) del número 6 de este artículo. No procederá la calificación referida, cuando la entidad sea considerada como filial, coligada, agencia u otro tipo de establecimiento permanente o como parte de un mismo grupo empresarial de personas o entidades que queden comprendidas en al menos dos de los supuestos que establece el artículo 41 H.

Con todo, el endeudamiento con entidades relacionadas e independientes no podrá durante el año comercial ser superior al 120% del total de los créditos otorgados o de los bienes entregados en arrendamiento con opción de compra. En caso de producirse un exceso que no se corrija en el plazo de 90 días contados desde su ocurrencia, se aplicará lo dispuesto en los incisos precedentes. Para estos efectos, la entidad que haya sido calificada de carácter financiero deberá informar al Servicio, en la forma y plazo que establezca mediante resolución, el cumplimiento de los requisitos que establece este párrafo.

Artículo 41 G.- No obstante lo dispuesto en el artículo 12 y en los artículos precedentes de este Párrafo, los contribuyentes o patrimonios de afectación con domicilio, residencia o constituidos en Chile, que directa o indirectamente controlen entidades sin domicilio ni residencia en el país, deberán considerar como devengadas o percibidas las rentas pasivas percibidas o devengadas por dichas entidades controladas, conforme a las reglas del presente artículo.

A.- Entidades controladas sin domicilio ni residencia en Chile.

Para los efectos de este artículo, se entenderá por entidades controladas sin domicilio o residencia en Chile, aquellas que, cualquiera sea su naturaleza, posean personalidad jurídica propia o no, tales como sociedades, fondos, comunidades, patrimonios o trusts, constituidas, domiciliadas, establecidas, formalizadas o residentes en el extranjero, cumplan con los siguientes requisitos copulativos:

1) Para efectos de los impuestos de la presente ley, las rentas de la entidad controlada, no deban computarse en Chile de conformidad al artículo 41 B, Nº 1.

2) Sean controladas por entidades o patrimonios constituidos, domiciliados, establecidos o residentes en Chile. Se entenderá que la entidad es controlada por tales contribuyentes cuando al cierre del ejercicio respectivo o en cualquier momento durante los doce meses precedentes, éstos, por sí solos o en conjunto y en la proporción que corresponda, con personas o entidades relacionadas, cualquiera sea la naturaleza de los intervinientes,

posean directa o indirectamente, respecto de la entidad de que se trate, el 50% o más de:

i) El capital, o

ii) Del derecho a las utilidades, o

iii) De los derechos a voto.

También se considerarán entidades controladas, cuando los contribuyentes, entidades o patrimonios constituidos, domiciliados, establecidos o residentes en Chile, directa o indirectamente, por sí o a través de las referidas personas relacionadas, puedan elegir o hacer elegir a la mayoría de los directores o administradores de las entidades en el exterior o posean facultades unilaterales para modificar los estatutos, o para cambiar o remover a la mayoría de los directores o administradores, y aquellas entidades que estén bajo el control de una entidad controlada directa o indirectamente por los contribuyentes, entidades o patrimonio constituidos, domiciliados, establecidos o residentes en Chile.

Salvo prueba en contrario, se presumirá que se trata de una entidad controlada para los fines de este artículo, cualquiera sea el porcentaje de participación en el capital, las utilidades o el derecho a voto que tenga directa o indirectamente el contribuyente constituido, domiciliado, establecido o residente en Chile, cuando aquélla se encuentre constituida, domiciliada o residente en un país o territorio con un régimen fiscal preferencial.

Del mismo modo, se presume que se trata de una entidad controlada cuando el contribuyente constituido, domiciliado, establecido o residente en Chile tenga, directa o indirectamente, una opción de compra o adquisición de una participación o derecho en dicha entidad, en los términos de los literales i), ii) o iii) anteriores.

Para efectos del presente artículo se entenderá como personas o entidades relacionadas a las señaladas en el número 17 del artículo 8 del Código Tributario. Asimismo, salvo prueba en contrario, se presumirá como relacionados al cónyuge, conviviente civil o parientes ascendientes o descendientes hasta el segundo grado de consanguinidad. También se presumirá como relacionados, salvo prueba en contrario, a los parientes hasta el segundo grado de consanguinidad cuando participen en la misma entidad o patrimonio constituido en Chile a través de la cual se controla una entidad sin domicilio ni residencia en Chile.

Las presunciones establecidas en el párrafo anterior deberán fundarse, además, en la existencia de alguno de los supuestos contenidos en el párrafo segundo del número 2 de la letra A del presente artículo.

Para los efectos señalados, no se considerarán como personas o entidades relacionadas el controlador que sea una entidad no constituida, establecida, ni domiciliada o residente en Chile, que a su vez no sea controlada por una entidad local.

B.- País o territorio con un régimen fiscal preferencial.

Para los efectos de lo dispuesto en el presente artículo se entenderá como un país o territorio con un régimen fiscal preferencial aquéllos a que se refiere el artículo 41 H.

C.- Rentas pasivas.

Para los efectos de lo dispuesto en el presente artículo, se considerarán rentas pasivas las siguientes:

1. Dividendos, retiros, repartos y cualquier otra forma de distribución, o devengo de utilidades provenientes de participaciones en otras entidades, incluso cuando se hubiesen capitalizado en el extranjero. No obstante, no se considerará renta pasiva la distribución, reparto o devengo de utilidades que una entidad controlada sin domicilio ni residencia en Chile haya obtenido desde otra entidad que, a su vez, sea controlada directa o indirectamente por la primera, cuando esta última no tenga como giro o actividad principal la obtención de rentas pasivas.

2. Intereses y demás rentas a que se refiere el artículo 20, número 2, de esta ley, salvo que la entidad controlada no domiciliada que las genera sea una entidad bancaria o financiera regulada como tal por las autoridades del país respectivo y no se encuentre constituida, establecida, domiciliada o residente en una jurisdicción o territorio que se considere como un régimen fiscal preferencial conforme a las reglas establecidas en el artículo 41 H.

3. Rentas derivadas de la cesión del uso, goce o explotación de marcas, patentes, fórmulas, programas computacionales y otras prestaciones similares, sea que consistan en regalías o cualquier otra forma de remu-

neración; excepto las rentas provenientes de proyectos de investigación y desarrollo definidos conforme a la letra f) del artículo 1° de la ley N° 20.241, que establece un incentivo tributario a la inversión en investigación y desarrollo, y que sean aprobados previamente por la Corporación de Fomento de la Producción, conforme al procedimiento que determine dicha institución mediante resolución conjunta con el Servicio de Impuestos Internos.

4. Ganancias de capital o mayores valores provenientes de la enajenación de bienes o derechos que generen rentas de las indicadas en los números precedentes.

5. Las rentas provenientes del arrendamiento o cesión temporal de bienes inmuebles, salvo que la entidad controlada tenga por giro o actividad principal la explotación de inmuebles situados en el país donde se encuentre constituida, domiciliada o residente.

6. Las ganancias de capital provenientes de la enajenación de inmuebles, salvo que éstos hubieran sido utilizados o explotados en el desarrollo de una actividad empresarial generadora de rentas distintas de aquellas calificadas como pasivas de acuerdo a este artículo.

7. Las rentas provenientes de la cesión de derechos sobre las facultades de usar o disfrutar cualquiera de los bienes o derechos generadores de las rentas consideradas pasivas de acuerdo con los números precedentes.

8. Las rentas que las entidades controladas no domiciliadas ni residentes en Chile obtengan como consecuencia de operaciones realizadas con contribuyentes constituidos, domiciliados, establecidos o residentes en Chile, siempre que: a) sean partes relacionadas en los términos del artículo 41 E; b) tales rentas constituyan gasto deducible para los contribuyentes constituidos, domiciliados, establecidos o residentes en el país para la determinación de sus impuestos a la renta en Chile, o deban formar parte de valores sujetos a depreciación o amortización en Chile, según proceda, y c) dichas rentas no sean de fuente chilena, o siendo de fuente chilena o extranjera, estén sujetas a una tasa de impuesto en Chile menor al 35%.

Si las rentas pasivas a que se refiere este artículo representan el 80% o más del total de los ingresos de la entidad controlada constituida, domiciliada o residente en el extranjero, el total de los ingresos de ésta serán considerados como rentas pasivas para los efectos de este artículo.

Se presumirá, salvo prueba en contrario, que: (i) Todas las rentas obtenidas por una entidad controlada constituida, domiciliada o residente en un territorio o jurisdicción a que se refiere el artículo 41 H, son rentas pasivas. (ii) Una entidad controlada domiciliada, constituida o residente en un país o territorio con un régimen fiscal preferencial, genera en el ejercicio a lo menos una renta neta pasiva igual al resultado de multiplicar la tasa de interés promedio que cobren las empresas del sistema financiero del referido país o territorio por el valor de adquisición de la participación o el valor de participación patrimonial, el que resulte mayor, que corresponda a la participación, directa o indirecta, de los propietarios constituidos, domiciliados o residentes en Chile. En caso que el país o territorio publique oficialmente la tasa de interés promedio de las empresas de su sistema financiero, se utilizará dicha tasa. En caso que no pueda determinarse la tasa indicada, se utilizará la tasa promedio que establezca anualmente el Ministerio de Hacienda mediante decreto supremo.

Lo dispuesto en este artículo se aplicará sólo cuando las rentas pasivas de la entidad controlada excedan del 10% de los ingresos totales de aquella, en el ejercicio que corresponda. Sin perjuicio de lo anterior, no se aplicará lo dispuesto en este artículo cuando el valor de los activos de la entidad controlada susceptibles de producir rentas pasivas, considerados proporcionalmente según su permanencia en el ejercicio, no exceda de un 20% del valor total de sus activos, determinado también proporcionalmente en la forma señalada. Tampoco se aplicará cuando las rentas pasivas de la entidad controlada se hayan gravado con impuestos a la renta cuya tasa efectiva sea igual o superior a un 30% en el país donde se encuentra domiciliada, establecida o constituida dicha entidad, conforme a las normas que ahí se apliquen.

D.- Forma de reconocer en Chile las rentas percibidas o devengadas de conformidad a este artículo.

Las rentas pasivas percibidas o devengadas por las entidades controladas, se considerarán a su vez percibidas o devengadas por sus propietarios constituidos, domiciliados, establecidos o residentes en Chile, al cierre del ejercicio respectivo, conforme a las siguientes reglas:

1. Las rentas pasivas se considerarán percibidas o devengadas por los propietarios domiciliados o residentes en Chile, en proporción a la participación, directa o indirecta, que ellos tengan en la entidad controlada. Para los efectos de determinar dicha proporción, el Servicio podrá ejercer las facultades de fiscalización que correspondan.

2. Para determinar el monto de las rentas pasivas que debe computarse en Chile, se aplicarán las normas de esta ley sobre determinación de la base imponible de primera categoría, y se agregará a la renta líquida imponible de la empresa al término del ejercicio, salvo que el resultado arroje una pérdida, caso en el cual no se reconocerá en el país.

3. Cuando los gastos deducibles incidan en la generación de las rentas pasivas y de otras rentas, la deducción se efectuará en la misma proporción que tales rentas pasivas representen en los ingresos totales de la entidad controlada.

4. El resultado de las rentas pasivas extranjeras se determinará en la moneda del país en que se encuentre radicada la entidad respectiva y se convertirá, cuando corresponda, a moneda nacional de acuerdo con el tipo de cambio establecido en la letra a), del número 7 del artículo 41 A, vigente al término del ejercicio en Chile.

5. Los contribuyentes deberán aplicar el artículo 21 a las entidades controladas que tengan en el exterior.

6. Los contribuyentes constituidos, domiciliados, establecidos o residentes en Chile a que se refiere este artículo no deberán considerar como devengadas las rentas pasivas percibidas o devengadas en el ejercicio por entidades controladas en el exterior, cuando no excedan de 2.400 unidades de fomento en total al término del ejercicio respectivo.

Para determinar si un contribuyente cumple con el límite señalado en el párrafo anterior deberá considerar también aquellas rentas pasivas obtenidas, dentro del mismo ejercicio, por personas o entidades con las que esté relacionado. Si al efectuar la agregación anterior el resultado obtenido excede dicho límite, tanto el contribuyente como todos sus relacionados deberán considerar como devengadas la totalidad de sus rentas pasivas, según las disposiciones del presente artículo. Para estos efectos se entenderán como relacionados con un contribuyente las personas y entidades en los términos del número 2) de la letra A) de este artículo.

Lo dispuesto en el presente numeral no procederá cuando las rentas pasivas percibidas o devengadas procedan de una entidad controlada domiciliada o residente en un país o territorio con un régimen fiscal preferencial.

E.- Dividendos que corresponden a rentas pasivas.

Los dividendos retiros, repartos y cualquier otra forma de distribución de utilidades, beneficios o ganancias que las entidades controladas distribuyan a los contribuyentes con domicilio o residencia en Chile, no estarán gravados en el país con el impuesto a la renta cuando correspondan a las rentas netas pasivas que hubiesen tributado previamente de conformidad al presente artículo. En estos casos, deberá estarse a lo dispuesto en el artículo 41 A.

Para estos efectos, se considerará que los dividendos y otras formas de distribución de utilidades, beneficios o ganancias distribuidas corresponden a las rentas netas pasivas en la misma proporción que dichas rentas representan en el total de las rentas netas de la entidad controlada. La misma regla se aplicará para la determinación de la distribución de utilidades que la entidad que distribuye hubiese recibido a su vez de otras entidades controladas, y así sucesivamente.

F.- Obligaciones de registro e información.

Los contribuyentes constituidos, domiciliados, establecidos o residentes en el país deberán mantener un registro detallado y actualizado de las rentas pasivas que se hayan computado en el país de acuerdo a este artículo, de los dividendos u otra forma de participación en las utilidades, beneficios o ganancias provenientes de entidades controladas, así como del o los impuestos pagados o adeudados respecto de estas rentas en el exterior, entre otros antecedentes.

El Servicio, mediante resolución, fijará la información que debe anotarse en el citado registro, pudiendo requerir al contribuyente, en la forma y plazo que éste establezca mediante resolución una o más declaraciones con la información que determine para los efectos de aplicar y fiscalizar el cumplimiento de lo dispuesto en este artículo. La no presentación de esta declaración, o su presentación errónea, incompleta o extemporánea, se sancionará con una multa de 10 a 50 unidades tributarias anuales. Con todo, dicha multa no podrá exceder del límite mayor entre el equivalente al 15% del capital propio del contribuyente determinado conforme al número 10 del artículo 2 o el 5% de su capital efectivo. La aplicación de dicha multa se someterá al procedimiento establecido en el número 1° del artículo 165 del Código Tributario. Si la declaración presentada conforme a este número fuere maliciosamente falsa, se sancionará conforme a lo dispuesto en el párrafo primero del número 4° del artículo 97 del Código Tributario. El contribuyente podrá solicitar al Director Regional respectivo, o al Director de Grandes Contribuyentes, según corresponda, por una vez, prórroga de hasta tres meses del plazo para la presentación de la citada declaración. La prórroga concedida ampliará, en los mismos términos, el plazo de fiscalización a que se refiere la letra a) del artículo 59 del Código Tributario.

Artículo 41 H.- Para los efectos de esta ley se considerará que un territorio o jurisdicción tiene un régimen fiscal preferencial cuando cumpla copulativamente las condiciones indicadas a continuación:

a) No haya celebrado con Chile un convenio que permita el intercambio de información para fines tributarios o el celebrado no se encuentre vigente o, si se encuentra vigente, contiene limitaciones que impide un intercambio efectivo de información.

b) No reúna las condiciones para ser considerado cumplidor o sustancialmente cumplidor en materia de transparencia e intercambio de información con fines fiscales. Para estos efectos se estará a las calificaciones realizadas por el Foro Global sobre Transparencia e Intercambio de Información para Fines Fiscales u otro organismo internacional que lo reemplace siempre que Chile sea un miembro permanente.

El Servicio se pronunciará mediante resolución de los territorios o jurisdicciones que se encuentran en la situación que establece este artículo.

SEGUNDA CATEGORÍA. DE LAS RENTAS DEL TRABAJO

Párrafo 1° De la materia y tasa del impuesto

Artículo 42°.- Se aplicará, calculará y cobrará un impuesto en conformidad a lo dispuesto en el artículo 43, sobre las siguientes rentas:

1°.- Sueldos, sobresueldos, salarios, premios, dietas, gratificaciones, participaciones y cualesquiera otras asimilaciones y asignaciones que aumenten la remuneración pagada por servicios personales, montepíos y pensiones, exceptuadas las imposiciones obligatorias que se destinen a la formación de fondos de previsión y retiro, y las cotizaciones que se destinen a financiar las prestaciones de salud, calculadas sobre el límite máximo imponible del artículo 16 del decreto ley N° 3.500, de 1980. En el caso de pensionados, se considerará el límite máximo imponible indicado en el artículo 85 del decreto ley N° 3.500, de 1980. Asimismo, se exceptúa la cotización para el seguro de desempleo establecido en la letra a) del artículo 5° de la ley N° 19.728, que establece un seguro de desempleo, calculada sobre la base establecida en el artículo 6° de dicha ley, como también las cantidades por concepto de gastos de representación.

Cuando los depósitos efectuados en la cuenta de ahorro voluntario a que se refiere el artículo 21 del decreto ley N° 3.500, de 1980, se destinen a anticipar o mejorar la pensión, para los efectos de aplicar el impuesto establecido en el artículo 43, se rebajará de la base de dicho tributo el monto que resulte de aplicar a la pensión el porcentaje que en el total del fondo destinado a ella representen tales depósitos. Este saldo será determinado por la Administradora de Fondos de Pensiones de acuerdo a lo establecido en el artículo 22 del decreto ley N° 3.500, de 1980, registrando separadamente el capital invertido, expresado en unidades tributarias mensuales, el que corresponderá a la diferencia entre los depósitos y los retiros netos, convertidos cada uno de ellos al valor que tenga dicha unidad en el mes en que se efectúen estas operaciones.

Respecto de los obreros agrícolas el impuesto se calculará sobre la misma cantidad afecta a imposiciones del Servicio de Seguro Social, sin ninguna deducción.

Los choferes de taxis, que no sean propietarios de los vehículos que exploten, tributarán con el impuesto de este número con tasas de 3,5% sobre el monto de dos unidades tributarias mensuales, sin derecho a deducción alguna. El impuesto debe ser recaudado mensualmente por el propietario del vehículo el que debe ingresarlo en arcas fiscales entre el 1° y el 12 del mes siguiente.

2°.- Ingresos provenientes del ejercicio de las profesiones liberales o de cualquiera otra profesión u ocupación lucrativa no comprendida en la primera categoría ni en el número anterior, incluyéndose los obtenidos por los auxiliares de la administración de justicia por los derechos que conforme a la ley obtienen del público, los obtenidos por los corredores que sean personas naturales y cuyas rentas provengan exclusivamente de su trabajo o actuación personal, sin que empleen capital, y los obtenidos por sociedades de profesionales que presten exclusivamente servicios o asesorías profesionales.

Para los efectos del inciso anterior se entenderá por "ocupación lucrativa" la actividad ejercida en forma independiente por personas naturales y en la cual predomine el trabajo personal basado en el conocimiento de una ciencia, arte, oficio o técnica por sobre el empleo de maquinarias, herramientas, equipos u otros bienes de capital.

Sin perjuicio de lo dispuesto en los incisos anteriores, las sociedades de profesionales que presten exclusivamente servicios o asesorías profesionales, podrán optar por declarar sus rentas de acuerdo con las normas de la primera categoría, sujetándose a sus disposiciones para todos los efectos de esta ley. El ejercicio de la opción deberá practicarse dentro de los tres primeros meses del año comercial respectivo, presentando una declaración al Servicio de Impuestos Internos en dicho plazo, acogiéndose al citado régimen tributario, el cual regirá a contar de ese mismo año. Para los efectos de la determinación en el primer ejercicio de los pagos provisionales mensuales a que se refiere la letra a) del artículo 84°, se aplicará por el ejercicio completo, el porcentaje que resulte de la relación entre los ingresos brutos percibidos o devengados en el año comercial anterior y el impuesto de primera categoría que hubiere correspondido declarar, sin considerar el reajuste del artículo 72°, pudiéndose dar de abono a estos pagos provisionales las retenciones o pagos provisionales efectuados en dicho ejercicio por los mismos ingresos en virtud de lo dispuesto en el artículo 74°, número 2° y 84°, letra b), aplicándose al efecto la misma modalidad de imputación que señala el inciso primero del artículo 88°. Los contribuyentes que optaren por declarar de acuerdo con las normas de la primera categoría, no podrán volver al sistema de tributación de la segunda categoría.

En ningún caso quedarán comprendidas en este número las rentas de sociedades de profesionales que exploten establecimientos tales como clínicas, maternidades, laboratorios u otros análogos, ni de las que desarrollen algunas de las actividades clasificadas en el artículo 20.

Artículo 42 bis.- Los contribuyentes del artículo 42°, N° 1, que efectúen depósitos de ahorro previsional voluntario, cotizaciones voluntarias y ahorro previsional voluntario colectivo de conformidad a lo establecido en los párrafos 2 y 3 del Título III del decreto ley N° 3.500, de 1980, podrán acogerse al régimen que se establece a continuación:

1. Podrán rebajar, de la base imponible del impuesto único de segunda categoría, el monto del depósito de ahorro previsional voluntario, cotización voluntaria y ahorro previsional voluntario colectivo, efectuado mediante el descuento de su remuneración por parte del empleador, hasta por un monto total mensual equivalente a 50 unidades de fomento, según el valor de ésta al último día del mes respectivo.

2. Podrán reliquidar, de conformidad al procedimiento establecido en el artículo 47°, el impuesto único de segunda categoría, rebajando de la base imponible el monto del depósito de ahorro previsional voluntario, cotización voluntaria y ahorro previsional voluntario colectivo, que hubieren efectuado directamente en una institución autorizada de las definidas en la letra p) del artículo 98 del decreto ley N° 3.500, de 1980, o en una administradora de fondos de pensiones, hasta por un monto total máximo anual equivalente a la diferencia entre 600 unidades de fomento, según el valor de ésta al 31 de diciembre del año respectivo, menos el monto total del ahorro voluntario, de las cotizaciones voluntarias y del ahorro previsional voluntario colectivo, acogidos al número 1 anterior.

Para los efectos de impetrar el beneficio, cada inversión efectuada en el año deberá considerarse según el valor de la unidad de fomento en el día que ésta se realice.

3. En caso que los recursos originados en depósitos de ahorro previsional voluntario, cotizaciones voluntarias o ahorro previsional voluntario colectivo a que se refieren los párrafos 2 y 3 del Título III del decreto ley Nº 3.500, de 1980, sean retirados y no se destinen a anticipar o mejorar las pensiones de jubilación, el monto retirado, reajustado en la forma dispuesta en el inciso penúltimo del número 3 del artículo 54º, quedará afecto a un impuesto único que se declarará y pagará en la misma forma y oportunidad que el impuesto global complementario. La tasa de este impuesto será tres puntos porcentuales superior a la que resulte de multiplicar por el factor 1,1, el producto, expresado como porcentaje, que resulte de dividir, por el monto reajustado del retiro efectuado, la diferencia entre el monto del impuesto global complementario determinado sobre las remuneraciones del ejercicio incluyendo el monto reajustado del retiro y el monto del mismo impuesto determinado sin considerar dicho retiro. Si el retiro es efectuado por una persona pensionada o, que cumple con los requisitos de edad y de monto de pensión que establecen los artículos 3º y 68 letra b) del decreto ley Nº 3.500, de 1980, o con los requisitos para pensionarse que establece el decreto ley Nº 2.448, de 1979, no se aplicarán los recargos porcentuales ni el factor antes señalados.

Las administradoras de fondos de pensiones y las instituciones autorizadas que administren los recursos de ahorro previsional voluntario desde las cuales se efectúen los retiros descritos en el inciso anterior, deberán practicar una retención de impuesto, con tasa 15% que se tratará conforme a lo dispuesto en el artículo 75º de esta ley y servirá de abono al impuesto único determinado. Con todo, no se considerarán retiros los traspasos de recursos que se efectúen entre las entidades administradoras, siempre que cumplan con los requisitos que se señalan en el numeral siguiente.

Los recursos originados en depósitos de ahorro previsional voluntario, cotizaciones voluntarias o ahorro previsional voluntario colectivo, acogidos a lo dispuesto en el número 1 del presente artículo, y que hayan sido destinados a pólizas de seguros de vida autorizadas por la Superintendencia de Valores y Seguros como planes de ahorro previsional voluntario, se gravarán en caso de muerte del asegurado con el impuesto que establece este numeral, en aquella parte que no se haya destinado a financiar costos de cobertura. Dicho impuesto, cuya tasa será, en este caso, de un 15%, deberá ser retenido por la Compañía de Seguros al momento de efectuar el pago de tales recursos a los beneficiarios, y enterado en arcas fiscales hasta el día 12 del mes siguiente a aquél en que haya efectuado la retención. Para los efectos de la determinación de este impuesto, las cantidades afectas a la tributación señalada se reajustarán en la forma dispuesta en el inciso penúltimo, del número 3 del artículo 54. El impuesto a que se refiere este inciso no se aplicará cuando los beneficiarios hayan optado por destinar tales recursos a la cuenta de capitalización individual del asegurado.

4. Al momento de incorporarse al sistema de ahorro a que se refiere este artículo, la persona deberá manifestar a las administradoras de fondos de pensiones o a las instituciones autorizadas, su voluntad de acogerse al régimen establecido en este artículo, debiendo mantener vigente dicha expresión de voluntad. La entidad administradora deberá dejar constancia de esta circunstancia en el documento que dé cuenta de la inversión efectuada. Asimismo, deberá informar anualmente respecto de los montos de ahorro y de los retiros efectuados, al contribuyente y al Servicio de Impuestos Internos, en la oportunidad y forma que este último señale.

5. Eliminado.

6. También podrán acogerse al régimen establecido en este artículo las personas indicadas en el inciso tercero del número 6° del artículo 31, hasta por el monto en unidades de fomento que represente la cotización obligatoria que efectúe en el año respectivo, de acuerdo a lo dispuesto en el primer inciso del artículo 17 del decreto ley N° 3.500, de 1980.

Si el contribuyente no opta, al momento de incorporarse al sistema de ahorro a que se refiere este artículo, por acogerse al régimen establecido en el inciso anterior, o habiendo optado sus depósitos exceden de los límites que establece dicho inciso, los depósitos de ahorro previsional voluntario, las cotizaciones voluntarias, el ahorro previsional voluntario colectivo correspondiente a los aportes del trabajador, a que se refieren los números 2. Y 3. del Título III del decreto ley N° 3.500, de 1980, o el exceso en su caso, no se rebajarán de la base imponible del impuesto único de segunda categoría y no estarán sujetos al impuesto único que establece el número 3. del inciso primero de este artículo, cuando dichos recursos sean retirados. En todo caso, la rentabilidad de dichos aportes estará sujeta a las normas establecidas en el artículo 22 del mencionado decreto ley. Asimismo, cuando dichos aportes se destinen a anticipar o mejorar la pensión, para los efectos de aplicar el impuesto establecido en el artículo 43, se rebajará el monto que resulte de aplicar a la pensión el porcentaje que en el total del fondo destinado a pensión representen las cotizaciones voluntarias, aportes de ahorro previsional voluntario y aportes de ahorro previsional voluntario colectivo que la persona hubiere acogido a lo dispuesto en este inciso y los que no hubiese podido acoger por exceder de los límites que establece el inciso primero. El saldo de dichas cotizaciones y aportes será determinado por las Administradoras de Fondos de Pensiones de acuerdo a lo establecido en el artículo 20 L del decreto ley Nº 3.500, de 1980.

Los aportes que los empleadores efectúen a los planes de ahorro previsional voluntario colectivo se considerarán como gasto necesario para producir la renta de aquéllos. A su vez, cuando los aportes del empleador, más la rentabilidad que éstos generen, sean retirados por éste, aquéllos serán considerados como ingresos para efectos de la Ley sobre Impuesto a la Renta. En este último caso, la Administradora o Institución Autorizada deberá efectuar la retención establecida en el Nº 3 de este artículo.

Artículo 42 ter.- El monto de los excedentes de libre disposición, calculado de acuerdo a lo establecido en el decreto ley Nº 3.500, de 1980, determinado al momento en que los afiliados opten por pensionarse, podrá ser retirado libre de impuesto hasta por un máximo anual equivalente a 200 unidades tributarias mensuales, no pudiendo, en todo caso, exceder dicha exención el equivalente a 1.200 unidades tributarias mensuales. Con todo, el contribuyente podrá optar, alternativamente, por acoger sus retiros a una exención máxima de 800 unidades tributarias mensuales durante un año. Aquella parte del excedente de libre disposición que corresponda a recursos originados en depósitos convenidos, tributará de acuerdo al siguiente artículo.

Para que opere la exención señalada, los aportes que se efectúen para constituir dicho excedente, por concepto de cotización voluntaria, depósito de ahorro voluntario o depósito de ahorro previsional voluntario colectivo, deberán haberse efectuado con a lo menos cuarenta y ocho meses de anticipación a la determinación de dicho excedente.

Los retiros que efectúe el contribuyente se imputarán, en primer lugar, a los aportes más antiguos, y así sucesivamente.

Artículo 42 quáter.- El monto de los excedentes de libre disposición, calculado de acuerdo a lo establecido en el decreto ley N° 3.500, de 1980, que corresponda a depósitos convenidos efectuados por sobre el límite establecido en el inciso tercero del artículo 20 del citado decreto ley, podrá ser retirado libre de impuestos. Con todo, la rentabilidad generada por dichos depósitos, tributará conforme a las reglas generales. Aquella parte de los excedentes de libre disposición que correspondan a recursos originados en depósitos convenidos de montos inferiores al límite contemplado en el artículo 20 del decreto ley N° 3.500, de 1980, tributará conforme a las reglas generales.

Artículo 43°.- Las rentas de esta categoría quedarán gravadas de la siguiente manera:

1.- Rentas mensuales a que se refiere el N° 1 del artículo 42, a las cuales se aplicará la siguiente escala de tasas:

Sobre la parte que exceda de 13,5 y no sobrepase las 30 unidades tributarias mensuales, 4%;

Sobre la parte que exceda de 30 y no sobrepase las 50 unidades tributarias mensuales, 8%;

Sobre la parte que exceda de 50 y no sobrepase las 70 unidades tributarias mensuales, 13,5%;

Sobre la parte que exceda de 70 y no sobrepase las 90 unidades tributarias mensuales, 23%;

Sobre la parte que exceda de 90 y no sobrepase las 120 unidades tributarias mensuales, 30,4%;

Sobre la parte que exceda de 120 y no sobrepase las 310 unidades tributarias mensuales, 35%; y

Sobre la parte que exceda de 310 unidades tributarias mensuales, 40%.

El impuesto de este número tendrá el carácter de único respecto de las cantidades a las cuales se aplique. Las regalías por concepto de alimentación que perciban en dinero los trabajadores eventuales y discontinuos, que no tienen patrón fijo y permanente, no serán consideradas como remuneraciones para los efectos del pago del impuesto de este número.

Los trabajadores eventuales y discontinuos que no tienen patrón fijo y permanente, pagarán el impuesto de este número por cada turno o díaturno de trabajo, para lo cual la escala de tasas mensuales se aplicará dividiendo cada tramo de ella por el promedio mensual de turnos o días turnos trabajados.

Para los créditos, se aplicará el mismo procedimiento anterior.

Los obreros agrícolas cuyas rentas sobrepasan las 10 unidades tributarias mensuales pagarán como impuesto de este número un 3,5% sobre la parte que exceda de dicha cantidad, sin derecho a los créditos que se establecen en el artículo 44°.

2.- Las rentas mencionadas en el N° 2 del artículo 42 sólo quedarán afectas al Impuesto Global Complementario o Adicional, en su caso, cuando sean percibidas.

Artículo 44°.- Derogado.

Artículo 45°.- Las rentas correspondientes a períodos distintos de un mes tributarán aplicando en forma proporcional la escala de tasas contenidas en el artículo 43°.

Para los efectos de calcular el impuesto contemplado en el artículo 42°, N° 1, las rentas accesorias o complementarias al sueldo, salario o pensión, tales como bonificaciones, horas extraordinarias, premios, dietas, etc., se considerará que ellas corresponden al mismo período en que se perciban, cuando se hayan devengado en un solo período habitual de pago. Si ellas se hubieren devengado en más de un período habitual de pago, se computarán en los respectivos períodos en que se devengaron.

Artículo 46°.- Tratándose de remuneraciones del número 1° del artículo 42 pagadas íntegramente con retraso, ellas se ubicarán en el o los períodos en que se devengaron y el impuesto se liquidará de acuerdo con las normas vigentes en esos períodos.

En el caso de diferencia o saldos de remuneraciones o de remuneraciones accesorias o complementarias devengadas en más de un período y que se pagan con retraso, las diferencias o saldos se convertirán en unidades tributarias y se ubicarán en los períodos correspondientes, reliquidándose de acuerdo al valor de la citada unidad en los períodos respectivos.

Los saldos de impuestos resultantes se expresarán en unidades tributarias y se solucionarán en el equivalente de dichas unidades del mes de pago de la correspondiente remuneración.

Para los efectos del inciso anterior, las remuneraciones voluntarias que se paguen en relación a un determinado lapso, se entenderá que se han devengado uniformemente en dicho lapso, el que no podrá exceder de doce meses.

Artículo 47°.- Los contribuyentes del número 1°, del artículo 42, que durante un año calendario o en una parte de él hayan obtenido rentas de más de un empleador, patrón o pagador simultáneamente, deberán reliquidar el impuesto del número 1, del artículo 43, aplicando al total de sus rentas imponibles, la escala de tasas que resulte en valores anuales, según la unidad tributaria del mes de diciembre y los créditos y demás elementos de cálculo del impuesto. En los casos que de la reliquidación no resulte un mayor impuesto a pagar, el contribuyente no estará obligado a realizarla.

Estos contribuyentes podrán efectuar pagos provisionales a cuenta de las diferencias que se determinen en la reliquidación, las cuales deben declararse anualmente en conformidad al número 5, del artículo 65.

Los demás contribuyentes del impuesto del número 1°, del artículo 43, que no se encuentren obligados a reliquidar dicho tributo conforme al inciso primero, ni a declarar anualmente el Impuesto Global Complementario por no haber obtenido otras rentas gravadas con el referido tributo, podrán efectuar una reliquidación anual de los impuestos retenidos durante el año, aplicando el mismo procedimiento descrito anteriormente.

Para la aplicación de lo dispuesto en los incisos anteriores, las rentas imponibles se reajustarán en conformidad al inciso penúltimo del número 3 del artículo 54 y los impuestos retenidos según el artículo 75.

La cantidad a devolver que resulte de la reliquidación a que se refieren los incisos precedentes, se reajustará en la forma establecida en el artículo 97 y se devolverá por el Servicio de Tesorerías, en el plazo que señala dicha disposición.

Se faculta al Presidente de la República para eximir a los citados contribuyentes de dicha declaración anual, reemplazándola por un sistema que permita la retención del impuesto sobre el monto correspondiente al conjunto de las rentas percibidas.

Artículo 48°.- Las participaciones o asignaciones percibidas por los directores o consejeros de las sociedades anónimas quedarán afectas a los impuestos del Título III o IV, según corresponda.

Artículo 49°.- Derogado.

Artículo 50°.- Los contribuyentes señalados en el número 2 del artículo 42° deberán declarar la renta efectiva proveniente del ejercicio de sus profesiones u ocupaciones lucrativas. Para la deducción de los gastos les serán aplicables las normas que rigen esta materia respecto de la Primera Categoría, en cuanto fueren pertinentes.

Especialmente, procederá la deducción como gasto de las imposiciones previsionales de cargo del contribuyente que en forma independiente se haya acogido a un régimen de previsión. En el caso de sociedades de profesionales, procederá la deducción de las imposiciones que los socios efectúen en forma independiente a una institución de previsión social.

Asimismo, procederá la deducción de aquellas cantidades señaladas en el artículo 42° bis, que cumpla con las condiciones que se establecen en los números 3 y 4 de dicho artículo, aun cuando el contribuyente se acoja a lo dispuesto en el inciso siguiente. Para estos efectos, se convertirá la cantidad pagada por dichas cotizaciones a unidades de fomento, según el valor de ésta al último día del mes en que se pagó la cotización respectiva. En ningún caso esta rebaja podrá exceder al equivalente a 600 unidades de fomento, de acuerdo al valor de ésta al 31 de diciembre del año respectivo. La cantidad deducible señalada considerará el ahorro previsional voluntario que el contribuyente hubiere realizado como trabajador dependiente.

Con todo, los contribuyentes del N° 2 del artículo 42° que ejerzan su profesión u ocupación en forma individual, podrán declarar sus rentas sólo a base de los ingresos brutos, sin considerar los gastos efectivos. En tales casos, los contribuyentes tendrán derecho a rebajar a título de gastos necesarios para producir la renta, un 30% de los ingresos brutos anuales. El monto de las cotizaciones previsionales que se enteren por estos trabajadores independientes no se rebajará como gasto necesario para producir la renta. En ningún caso dicha rebaja podrá exceder de la cantidad de 15 unidades tributarias anuales vigentes al cierre del ejercicio respectivo.

Artículo 51°.- Los ingresos y gastos mensuales de los contribuyentes referidos en el N° 2 del artículo 42 se reajustarán en base a la variación experimentada por el índice de precios al consumidor en el período comprendido entre en el último día del mes anterior al de la percepción del ingreso o del desembolso efectivo del gasto y el último día del mes anterior a la fecha de término del respectivo ejercicio.

TÍTULO III. DEL IMPUESTO GLOBAL COMPLEMENTARIO

Párrafo 1° De la materia y tasa del impuesto

Artículo 52°.- Se aplicará, cobrará y pagará anualmente un impuesto global complementario sobre la renta imponible determinada en conformidad al párrafo 2 de este Título, de toda persona natural, residente o que tenga domicilio o residencia en el país, y de las personas o patrimonios a que se refieren los artículo 5°, 7° y 8°, con arreglo a las siguientes tasas:

Las rentas que no excedan de 13,5 unidades tributarias anuales, estarán exentas de este impuesto;

Sobre la parte que exceda de 13,5 y no sobrepase las 30 unidades tributarias anuales, 4%;

Sobre la parte que exceda de 30 y no sobrepase las 50 unidades tributarias anuales, 8%;

Sobre la parte que exceda de 50 y no sobrepase las 70 unidades tributarias anuales, 13,5%;

Sobre la parte que exceda de 70 y no sobrepase las 90 unidades tributarias anuales, 23%;

Sobre la parte que exceda de 90 y no sobrepase las 120 unidades tributarias anuales, 30,4%;

Sobre la parte que exceda de 120 y no sobrepase las 310 unidades tributarias anuales, 35%; y

Sobre la parte que exceda de 310 unidades tributarias anuales, 40%.

La tasa que en definitiva se aplique de acuerdo con este artículo con motivo de lo dispuesto en el artículo 14, podrá llegar hasta un máximo de 44,45%, para cuyo efecto se aplicará lo señalado en el artículo 56.

Artículo 52 bis.- El Presidente de la República, los ministros de Estado, los subsecretarios, los senadores y los diputados, que obtengan mensualmente rentas del artículo 42, número 1 de la presente ley, provenientes de dicha función, y que superen el equivalente a 150 unidades tributarias mensuales, se gravarán con el Impuesto Único de Segunda Categoría aplicando al efecto las escalas de tasas que se indica en la letra a) siguiente, en reemplazo de la contenida en el artículo 43, número 1. Para estos efectos se considerará el valor de la unidad tributaria del mes respectivo.

Las autoridades a que se refiere el inciso anterior que obtengan rentas provenientes de las funciones señaladas y deban gravarse respecto de ellas con el Impuesto Global Complementario, cuando superen el equivalente a 150 unidades tributarias anuales, se gravarán con dicho tributo, aplicando al efecto la escala de tasas que se indica en la letra b) siguiente, en reemplazo de la contenida en el artículo 52 de la presente ley. Para estos efectos se considerará el valor de la unidad tributaria anual del último mes del año comercial respectivo.

Para la aplicación del Impuesto Global Complementario de los contribuyentes a que se refiere el inciso primero, cuando deban incluir otras rentas distintas de las señaladas anteriormente en su declaración anual de impuesto, se aplicará el referido tributo sobre el conjunto de ellas de acuerdo a las reglas generales sobre la materia, y considerando la escala de tasas señalada en el inciso anterior. No obstante ello, cuando la suma de las otras rentas, no señaladas en este artículo, exceda de la suma de 150 unidades tributarias anuales, se dará de crédito contra el impuesto que resulte de aplicar la escala mencionada al conjunto de rentas, la cantidad que resulte de multiplicar el referido exceso por una tasa de 5%.

a) Las rentas del artículo 42, número 1, que obtengan mensualmente quedarán gravadas de la siguiente manera:

1.- Rentas mensuales a que se refiere el Nº 1 del artículo 42, a las cuales se aplicará la siguiente escala de tasas:

Sobre la parte que exceda de 13,5 y no sobrepase las 30 unidades tributarias mensuales, 4%.

Sobre la parte que exceda de 30 y no sobrepase las 50 unidades tributarias mensuales, 8%.

Sobre la parte que exceda de 50 y no sobrepase las 70 unidades tributarias mensuales, 13,5%.

Sobre la parte que exceda de 70 y no sobrepase las 90 unidades tributarias mensuales, 23%.

Sobre la parte que exceda de 90 y no sobrepase las 120 unidades tributarias mensuales, 30,4%.

Sobre la parte que exceda de 120 y no sobrepase las 150 unidades tributarias mensuales, 35%.

Sobre la parte que exceda de 150 unidades tributarias mensuales, 40%.

b) Las rentas gravadas con el impuesto global complementario quedarán gravadas de la siguiente manera:

Las rentas que no excedan de 13,5 unidades tributarias anuales, estarán exentas de este impuesto.

Sobre la parte que exceda de 13,5 y no sobrepase las 30 unidades tributarias anuales, 4%.

Sobre la parte que exceda de 30 y no sobrepase las 50 unidades tributarias anuales, 8%.

Sobre la parte que exceda de 50 y no sobrepase las 70 unidades tributarias anuales, 13,5%.

Sobre la parte que exceda de 70 y no sobrepase las 90 unidades tributarias anuales, 23%.

Sobre la parte que exceda de 90 y no sobrepase las 120 unidades tributarias anuales, 30,4%.

Sobre la parte que exceda de 120 y no sobrepase las 150 unidades tributarias anuales, 35%.

Sobre la parte que exceda las 150 unidades tributarias anuales, 40%.

Artículo 53°.- Los cónyuges que estén casados bajo el régimen de participación en los gananciales o de separación de bienes, sea ésta convencional, legal o judicial, incluyendo la situación contemplada en el artículo 150 del Código Civil, así como los convivientes civiles que se sometan al régimen de separación total de bienes, declararán sus rentas independientemente.

Sin embargo, los cónyuges o convivientes civiles con separación total convencional de bienes deberán presentar una declaración conjunta de sus rentas cuando los cónyuges no hayan liquidado efectivamente la sociedad conyugal o conserven sus bienes en comunidad o cuando los convivientes civiles no hayan liquidado su comunidad de bienes, o cuando, en uno u otro caso, cualquiera de ellos tuviere poder del otro para administrar o disponer de sus bienes.

Párrafo 2° De la base imponible

Artículo 54°.- Para los efectos del presente impuesto, la expresión renta bruta global comprende:

1°.- La totalidad de las cantidades percibidas o retiradas por el contribuyente a cualquier título desde la empresa, comunidad o sociedad respectiva, en conformidad a lo dispuesto en el artículo 14 y en el número 7º.- del artículo 17 de esta ley.

Las cantidades a que se refieren los literales i) al iv) del inciso tercero del artículo 21, en la forma y oportunidad que dicha norma establece, gravándose con el impuesto de este título el que se aplicará incrementado en un monto equivalente al 10% sobre las citadas partidas. Asimismo, formarán parte de la renta bruta global las rentas asignadas en virtud de lo establecido en el número 8 de la letra D) del artículo 14.

Se incluirán también las rentas o cantidades percibidas de empresas o sociedades constituidas en el extranjero y aquellas que resulten de la aplicación de lo dispuesto en el artículo 41 G, en ambos casos luego de haberse gravado previamente con el impuesto de primera categoría cuando corresponda, y las rentas establecidas con arreglo a lo dispuesto en los artículos 70 y 71.

Las rentas del artículo 20, número 2, y las rentas referidas en el número 8 del artículo 17, obtenidas por personas naturales que no estén obligadas a declarar según contabilidad, podrán compensarse rebajando las pérdidas de los beneficios que se hayan derivado de este mismo tipo de inversiones en el año calendario.

Se incluirán también todas las demás rentas que se encuentren afectas al impuesto de este título, y que no estén señaladas de manera expresa en el presente número o los siguientes.

Cuando corresponda aplicar el crédito establecido en el artículo 56, número 3, tratándose de las cantidades referidas en el párrafo primero de este número, retiradas o distribuidas de empresas sujetas a las disposiciones de la letra A) del artículo 14, se agregará un monto equivalente a dicho crédito para determinar la renta bruta global del mismo ejercicio. Se procederá en los mismos términos cuando corresponda aplicar el crédito contra impuestos finales establecido en el artículo 41 A.

2º.- Las rentas exentas del impuesto de categoría o sujetas a impuestos sustitutivos, que se encuentren afectas al impuesto global complementario de acuerdo con las leyes respectivas. Las rentas que gocen de la rebaja parcial de la tasa del impuesto de categoría, en virtud de leyes especiales quedarán afectas en su totalidad al impuesto global complementario, salvo que la ley respectiva las exima también de dicho impuesto. En este último caso, dichas rentas se incluirán en la renta bruta global para los efectos de lo dispuesto en el número siguiente.

3°.- Las rentas totalmente exentas de impuesto global complementario, las rentas parcialmente exentas de este tributo, en la parte que lo estén, las rentas sujetas a impuestos sustitutivos especiales y las rentas referidas en el N° 1 del artículo 42°.

Las rentas comprendidas en este número, se incluirán en la renta bruta global sólo para los efectos de aplicar la escala progresiva del impuesto global complementario; pero se dará de crédito contra el impuesto que resulte de aplicar la escala mencionada al conjunto de las rentas a que se refiere este artículo, el impuesto que afectaría a las rentas exentas señaladas en este número si se les aplicara aisladamente la tasa media que, según dicha escala, resulte para el conjunto total de rentas del contribuyente.

Tratándose de las rentas referidas en el N° 1 del artículo 42, se dará de crédito el impuesto único a la renta retenido por dichas remuneraciones, reajustado en la forma indicada en el artículo 75.

La obligación de incluir las rentas exentas en la renta bruta global, no regirá respecto de aquellas rentas que se encuentran exentas del impuesto global complementario en virtud de contratos suscritos por autoridad competente, en conformidad a la ley vigente al momento de la concesión de las franquicias respectivas.

Para los fines de su inclusión en la renta bruta global, las rentas clasificadas en los artículos 42° N° 1 y 48°, como asimismo todas aquellas rentas o cantidades a que se refieren los literales i) al iv), del inciso tercero del artículo 21 que no han sido objeto de reajuste o de corrección monetaria en virtud de otras disposiciones de la presente ley, deberán reajustarse de acuerdo con el porcentaje de variación experimentada por el índice de precios al consumidor en el período comprendido entre el último día del mes que antecede al de la obtención de la renta o desembolso de las cantidades referidas y el último día del mes de noviembre del año respectivo. La Dirección Nacional podrá establecer un solo porcentaje de reajuste a aplicarse al monto total de las rentas o cantidades aludidas, considerando las variaciones generalizadas de dichas rentas o cantidades en el año respectivo, las variaciones del índice de precios al consumidor y los periodos en que dichas variaciones se han producido.

Tratándose de rentas o cantidades establecidas mediante balances practicados en fechas diferentes al 31 de diciembre, dichas rentas o cantidades se reajustarán adicionalmente en el porcentaje de variación experimentada por el índice de precios al consumidor entre el último día del mes anterior al del balance y el mes de noviembre del año respectivo.

4°. Los intereses provenientes de los instrumentos de deuda de oferta pública a que se refiere el artículo 104, los que se gravarán cuando se hayan devengado en la forma establecida en el número 2° del artículo 20.

Artículo 54 bis.- Derogado.

Artículo 55°.- Para determinar la renta neta global se deducirán de la renta bruta global las siguientes cantidades:

a) El impuesto territorial efectivamente pagado en el año calendario o comercial a que corresponda la renta bruta global, incluso el correspondiente a la parte de los bienes raíces destinados al giro de las actividades indicadas en los artículos 20 Nos, 3°, 4° y 5° y 42° N° 2. No procederá esta rebaja en el caso de bienes raíces cuyas rentas no se computen en la renta bruta global así como tampoco en aquellos casos en que el impuesto territorial sea crédito contra el impuesto de este título.

b) Las cotizaciones a que se refiere el inciso primero del artículo 20 del decreto ley N° 3.500, de 1980, efectivamente pagadas por el año comercial al que corresponda la renta bruta global, que sean de cargo del contribuyente empresario individual, socio de sociedades de personas o socio gestor de sociedades en comandita por acciones, siempre que dichas cotizaciones se originen en las rentas que retiren las citadas personas en empresas o sociedades que sean contribuyentes del impuesto de Primera Categoría y que determinen su renta imponible sobre la base de un balance general según contabilidad. Esta deducción no procederá por las cotizaciones correspondientes a las remuneraciones a que se refiere el inciso tercero del número 6 del artículo 31.

En el caso de sociedades de personas, excluidos los accionistas de sociedades en comandita por acciones, la deducción indicada en la letra a) precedente podrán ser impetradas por los socios en proporción a la forma en que se distribuyan las utilidades sociales.

Las cantidades cuya deducción autoriza este artículo y que hayan sido efectivamente pagadas en el año calendario o comercial anterior a aquél en que debe presentarse la declaración de este tributo, se reajustarán de acuerdo con el porcentaje de variación experimentada por el índice de precios al consumidor en el período comprendido entre el último día del mes que antecede al del pago del impuesto o de la cotización previsional, según corresponda, y el mes de noviembre del año correspondiente.

Artículo 55 bis.- Los contribuyentes personas naturales, gravados con este impuesto, o con el establecido en el artículo 43° N° 1, podrán rebajar de la renta bruta imponible anual los intereses efectivamente pagados durante el año calendario al que corresponde la renta, devengados en créditos con garantía hipotecaria que se hubieren destinado a adquirir o construir una o más viviendas, o en créditos de igual naturaleza destinados a pagar los créditos señalados.

Para estos efectos se entenderá como interés deducible máximo por contribuyente, la cantidad menor entre 8 unidades tributarias anuales y el interés efectivamente pagado. La rebaja será por el total del interés deducible en el caso en que la renta bruta anual sea inferior al equivalente de 90 unidades tributarias anuales, y no procederá en el caso en que ésta sea superior a 150 unidades tributarias anuales. Cuando dicha renta sea igual o superior a 90 unidades tributarias anuales e inferior o igual a 150 unidades tributarias anuales, el monto de los intereses a rebajar se determinará multiplicando el interés deducible por el resultado, que se considerará como porcentaje, de la resta entre 250 y la cantidad que resulte de multiplicar el factor 1,667 por la renta bruta anual del contribuyente, expresada en unidades tributarias anuales.

Esta rebaja podrá hacerse efectiva sólo por un contribuyente persona natural por cada vivienda adquirida con un crédito con garantía hipotecaria. En el caso que ésta se hubiere adquirido en comunidad y existiere más de un deudor, deberá dejarse constancia en la escritura pública respectiva, de la identificación del comunero que se podrá acoger a la rebaja que dispone este artículo.

Para los efectos de la aplicación de lo dispuesto en este artículo, las personas gravadas con el impuesto establecido en el N° 1 del artículo 43°, deberán efectuar una reliquidación anual de los impuestos retenidos durante el año, deduciendo del total de sus rentas imponibles, las cantidades rebajables de acuerdo al inciso primero. Al reliquidar deberán aplicar la escala de tasas que resulte en valores anuales, según la unidad tributaria del mes de diciembre y los créditos y demás elementos de cálculo del impuesto.

Para la aplicación de lo dispuesto en el inciso anterior, las rentas imponibles se reajustarán en conformidad con lo dispuesto en el inciso penúltimo del número 3 del artículo 54° y los impuestos retenidos según el artículo 75°. Para estos efectos y del Impuesto Global Complementario, se aplicará a los intereses deducibles la reajustabilidad establecida en el inciso final del artículo 55°.

La cantidad a devolver que resulte de la reliquidación a que se refieren los dos incisos precedentes, se reajustará en la forma dispuesta en el artículo 97° y se devolverá por el Servicio de Tesorerías, en el plazo que señala dicha disposición.

Las entidades acreedoras deberán proporcionar tanto al Servicio de Impuestos Internos como al contribuyente, la información relacionada con los créditos a que se refiere este artículo, por los medios, forma y plazos que dicho Servicio determine.

Artículo 55 ter.- Los contribuyentes personas naturales, gravados con este impuesto, o con el establecido en el artículo 43, número 1, podrán imputar anualmente como crédito, en contra de dichos tributos, la cantidad de 4,4 unidades de fomento por cada hijo, según su valor al término del ejercicio. Este crédito se otorga en atención a los pagos a instituciones de enseñanza pre escolar, básica, diferencial y media, reconocidas por el Estado, por concepto de matrícula y colegiatura de sus hijos y, asimismo, por los pagos de cuotas de centros de padres, transporte escolar particular y todo otro gasto de similar naturaleza y directamente relacionado con la educación de sus hijos. El referido crédito se aplicará conforme a las reglas de los siguientes incisos.

Sólo procederá el crédito respecto de hijos no mayores de 25 años, que cuenten con el certificado de matrícula emitido por alguna de las instituciones señaladas en el inciso anterior y que exhiban un mínimo de asistencia del 85%, salvo impedimento justificado o casos de fuerza mayor, requisitos todos, que serán especificados en un reglamento del Ministerio de Educación.

La suma anual de las rentas totales del padre y de la madre, se hayan o no gravado con estos impuestos, no podrá exceder de 792 unidades de fomento anuales, según el valor de ésta al término del ejercicio.

Para los efectos de la aplicación de lo dispuesto en este artículo, los contribuyentes gravados con el impuesto establecido en el Nº 1 del artículo 43, deberán efectuar una reliquidación anual de los impuestos retenidos durante el año. Al reliquidar deberán aplicar la escala de tasas que resulte en valores anuales, según la unidad tributaria del mes de diciembre y los créditos y demás elementos de cálculo del impuesto.

Para la aplicación de lo dispuesto en el inciso anterior, las rentas se reajustarán en conformidad con lo dispuesto en el inciso penúltimo del artículo 54 y los impuestos retenidos según el artículo 75. Por su parte, el monto del crédito de 4,4 unidades de fomento se considerará según el valor de la misma al término del respectivo ejercicio.

Cuando con motivo de la imputación del crédito establecido en este artículo proceda devolver el todo o parte de los impuestos retenidos o de los pagos provisionales efectuados por el contribuyente, la devolución que resulte de la reliquidación a que se refiere el inciso quinto anterior, se reajustará en la forma dispuesta en el artículo 97 y se devolverá por el Servicio de Tesorerías, en el plazo que señala dicha disposición. Si el monto del crédito establecido en este artículo excediere los impuestos señalados, dicho excedente no podrá imputarse a ningún otro impuesto ni solicitarse su devolución.

Las instituciones de educación pre escolar, básica, diferencial y media, y los contribuyentes que imputen este crédito, deberán entregar al Servicio la información y documentación pertinente para acreditar el cumplimiento de los requisitos, por los medios, forma y plazos que dicho Servicio establezca mediante resolución.

Artículo 56°.- A los contribuyentes afectos a este impuesto se les otorgarán los siguientes créditos contra el impuesto final resultante, créditos que deberán imputarse en el orden que a continuación se establece:

1) Derogado.

2) La cantidad que resulte de aplicar las normas del N° 3 del artículo 54.

3) La cantidad que resulte de aplicar a las rentas o cantidades que se encuentren incluidas en la renta bruta global, la misma tasa del impuesto de primera categoría con la que se gravaron. También tendrán derecho a este crédito por impuesto de primera categoría y el crédito contra impuestos finales que establece el artículo 41 A, por el monto que se determine conforme a lo dispuesto en el N° 5, de la letra A), del artículo 14, sobre las rentas retiradas o distribuidas desde empresas sujetas a tal disposición, por la parte de dichas cantidades que integren la renta bruta global de las personas aludidas, sea que al momento de generarse dichos créditos la entidad respectiva tenga o no propietarios contribuyentes de impuestos finales. Asimismo, tendrán derecho a crédito las personas naturales que sean socios o accionistas de sociedades, por las cantidades obtenidas por éstas en su calidad de socias o accionistas de otras sociedades, por la parte de dichas cantidades que integre la renta bruta global de las personas aludidas. También procederá el crédito que corresponda por aplicación de los números 3 y 4 de la letra D) del artículo 14 y de las letras (a) y (d) del número 8 de la referida letra D). En los demás casos, procederá el crédito por el impuesto de primera categoría que hubiere gravado las demás rentas o cantidades incluidas en la renta bruta global.

En ningún caso dará derecho al crédito referido en el inciso anterior, el impuesto establecido en el artículo 20 determinado sobre rentas presuntas y de cuyo monto pueda rebajarse el impuesto territorial pagado.

Sin perjuicio de lo anterior, los contribuyentes que utilicen el crédito por impuesto de primera categoría sujeto a la obligación de restitución acumulado en el registro SAC de empresas sujetas al artículo 14, sea que éste se impute contra los impuestos que deba declarar anualmente el contribuyente o que el contribuyente solicite una devolución del excedente que se determine, deberán restituir a título de débito fiscal, una cantidad equivalente al 35% del monto del referido crédito. Para todos los efectos legales, dicho débito fiscal se considerará un mayor impuesto global complementario determinado. En todo caso, esta obligación de restitución no será aplicable en caso que el crédito sea utilizado por cooperados cuya renta imponible no exceda de 50 unidades tributarias anuales.

4) La cantidad que resulte de aplicar una tasa del 5%, sobre aquella parte de la suma total de retiros o dividendos afectos a impuesto global complementario percibidos en el ejercicio y que tengan derecho al crédito establecido en el número 3 anterior sujeto a la obligación de restitución, que exceda de trescientas diez unidades tributarias anuales, según el valor de ésta al término del ejercicio. Para estos efectos, los referidos retiros o dividendos se incrementarán en el monto del crédito señalado en el número 3 anterior y en el monto del crédito contra impuestos finales que corresponda conforme a la letra A) del artículo 41 A.

5) En el caso de personas naturales propietarias o usufructuarias de bienes raíces no agrícolas, que tributen en renta efectiva por la explotación de dichos bienes mediante el respectivo contrato, podrán imputar como crédito el impuesto territorial pagado hasta el monto neto del impuesto global complementario determinado. El referido crédito se imputará antes de los que dan derecho a imputación o a devolución. En caso de generarse un excedente, éste no tendrá derecho a devolución ni a imputación a otro impuesto. Para este efecto, el respectivo impuesto territorial deberá estar pagado dentro del año comercial respectivo.

Los créditos o deducciones que las leyes permiten rebajar de los impuestos establecidos en esta ley y que dan derecho a devolución del excedente se aplicarán a continuación de aquéllos no susceptibles de reembolso.

Si el monto de los créditos establecidos en este artículo excediere del impuesto de este Título, dicho excedente no podrá imputarse a ningún otro impuesto ni solicitarse su devolución, salvo que el exceso provenga del crédito establecido en el N° 3 de este artículo, respecto de las cantidades efectivamente gravadas en primera categoría, con excepción de la parte en que dicho tributo haya sido cubierto con el crédito por el impuesto territorial pagado, o del indicado en el N° 2 de este artículo, respecto de las cantidades señaladas en el inciso tercero, del N° 3 del artículo 54, en cuyo caso se devolverá conforme al artículo 97. Para este efecto, la empresa anotará separadamente la parte del saldo acumulado de crédito que haya sido cubierto por el impuesto territorial pagado.

Artículo 57°.- Estarán exentas del impuesto global complementario las rentas del artículo 20 N° 2 cuando el monto total de ellas no exceda en conjunto de veinte unidades tributarias mensuales vigentes en el mes de diciembre de cada año, y siempre que dichas rentas sean percibidas por contribuyentes cuyas otras rentas consistan únicamente en aquellas sometidas a la tributación de los artículos 22 y/o 42° N° 1. En los mismos términos y por igual monto estarán exentas del impuesto de primera categoría y del impuesto global complementario las rentas provenientes de mayor valor en la enajenación de acciones de sociedades anónimas o derechos en sociedades de personas.

Asimismo estará exento del impuesto global complementario el mayor valor obtenido en el rescate de cuotas de fondos mutuos por los contribuyentes señalados en el inciso anterior cuando su monto no exceda de 30 unidades tributarias mensuales vigentes al mes de diciembre de cada año.

También estarán exentas del impuesto global complementario las rentas que se eximen de aquel tributo en virtud de leyes especiales, todo ello sin perjuicio de lo dispuesto en el N° 3 del artículo 54°.

Artículo 57 bis.- Derogado.

TÍTULO IV. DEL IMPUESTO ADICIONAL

Artículo 58°.- Se aplicará, cobrará y pagará un impuesto adicional a la renta, con tasa del 35%, en los siguientes casos:

1) Las personas naturales que no tengan residencia ni domicilio en Chile y las sociedades o personas jurídicas constituidas fuera del país, in-

cluso las que se constituyan con arreglo a las leyes chilenas y fijen su domicilio en Chile, que tengan en Chile cualquiera clase de establecimientos permanentes, tales como sucursales, oficinas, agentes o representantes, pagarán este impuesto por el total de las rentas que, remesen al exterior o sean retiradas conforme a lo dispuesto en los artículos 14; 17, número 7, y 38 bis, con excepción de los intereses a que se refiere el N° 1 del artículo 59°. Para estos efectos, el impuesto contemplado en este número se considerará formando parte de la base imponible representada por los retiros o remesas brutos.

2) Las personas que carezcan de domicilio o residencia en el país pagarán este impuesto por la totalidad de las utilidades y demás cantidades que las sociedades anónimas o en comandita por acciones respecto de sus accionistas, constituidas en Chile, o acuerden distribuir a cualquier título, en su calidad de accionistas, en conformidad a lo dispuesto en los artículos 14; 17, número 7, y 38 bis. Estarán exceptuadas del gravamen establecido en este número las devoluciones de capitales internados al país que se encuentren acogidos a las franquicias del decreto ley N° 600, de 1974, de la ley Orgánica Constitucional del Banco Central de Chile y demás disposiciones legales vigentes, pero únicamente hasta el monto del capital efectivamente internado en Chile.

Cuando corresponda aplicar el crédito establecido en el artículo 63, se agregará un monto equivalente a dicho crédito para determinar la base imponible de este impuesto. Se procederá en los mismos términos cuando en estos casos corresponda aplicar el crédito contra impuestos finales establecido en el artículo 41 A.

3) También pagarán el impuesto de este artículo, en carácter de único, los contribuyentes no residentes ni domiciliados en el país, que enajenen las acciones, cuotas, títulos o derechos a que se refiere el inciso tercero del artículo 10. La renta gravada, a elección del enajenante, será: (a) la cantidad que resulte de aplicar, al precio o valor de enajenación de las acciones, cuotas, títulos o derechos extranjeros enajenados, rebajado por el costo de adquisición que en ellos tenga el enajenante, la proporción que represente el valor corriente en plaza o los que normalmente se cobren o cobrarían en convenciones de similar naturaleza,

considerando las circunstancias en que se realiza la operación, de los activos subyacentes a que se refieren los literales (i), (ii) y (iii) de la letra a), del inciso tercero, del artículo 10 y en la proporción correspondiente en que ellos son indirectamente adquiridos con ocasión de la enajenación ocurrida en el exterior, sobre el precio o valor de enajenación de las referidas acciones, cuotas, títulos o derechos extranjeros; (b) la proporción del precio o valor de enajenación de las acciones, cuotas, títulos o derechos extranjeros, que represente el valor corriente en plaza o los que normalmente se cobren o cobrarían en convenciones de similar naturaleza, considerando las circunstancias en que se realiza la operación, de los activos subyacentes a que se refieren los literales (i), (ii) y (iii) de la letra a), del inciso tercero, del artículo 10 y en la proporción correspondiente en que ellos son indirectamente adquiridos con ocasión de la enajenación ocurrida en el exterior, por el precio o valor de enajenación de las referidas acciones, cuotas, títulos o derechos extranjeros, rebajado el costo tributario de los activos subyacentes situados en Chile del o los dueños extranjeros directos de los mismos y que se adquieren indirectamente con ocasión de la enajenación correspondiente.

El costo tributario de los activos subyacentes situados en Chile, será aquel que habría correspondido aplicar conforme a la legislación chilena, si ellos se hubieran enajenado directamente. Tratándose de una agencia u otro tipo de establecimiento permanente referido en el literal (ii) de la letra a), del inciso tercero, del artículo 10, el costo tributario corresponderá al capital propio determinado según balance al 31 de diciembre del año anterior a la enajenación, descontadas las utilidades o cantidades pendientes de retiro o distribución desde la agencia.

Cuando no se acredite fehacientemente el valor de adquisición de las referidas acciones, cuotas, títulos o derechos, que tenga el enajenante extranjero, el Servicio determinará la renta gravada con impuestos en Chile conforme a la letra (b) precedente con la información que obre en su poder, perdiéndose la posibilidad de elección establecida anteriormente. Cuando los valores anteriormente indicados estén expresados en moneda extranjera se convertirán a moneda nacional según su equivalente a la fecha de enajenación, considerando para tales efectos lo dispuesto en el número 1, de la letra D, del artículo 41 A.

Este impuesto deberá ser declarado y pagado por el enajenante no domiciliado ni residente en el país, sobre base devengada, conforme a lo dispuesto en los artículos 65, número 1, y 69, de esta ley. Las rentas a que se refiere el artículo 10 podrán, a juicio del contribuyente, considerarse como esporádicas para efectos de lo dispuesto en el artículo 69 Nº 3. No se aplicará lo establecido en este inciso, cuando el impuesto haya sido retenido en su totalidad por el comprador conforme a lo dispuesto por el número 4, del artículo 74.

En caso que el impuesto no sea declarado y pagado conforme a lo dispuesto precedentemente, el Servicio, con los antecedentes que obren en su poder y previa citación, podrá liquidar y girar el tributo adeudado al adquirente de las acciones, cuotas, títulos o derechos emitidos por la sociedad o entidad extranjera. Con todo, responderá solidariamente sobre las cantidades señaladas, junto con el adquirente de las acciones, la entidad, empresa o sociedad emisora de los activos subyacentes a que se refiere el literal (i) del inciso tercero del artículo 10, o la agencia u otro establecimiento permanente en Chile a que se refiere el literal (ii) de la citada disposición.

El Servicio podrá exigir al enajenante, a su representante en Chile o a la sociedad, entidad constituida en el país o al adquirente, una declaración en la forma y plazo que establezca mediante resolución, en la cual se informe el precio o valor de enajenación de los títulos, derechos, cuotas o acciones, y el valor corriente en plaza de los activos subyacentes situados en Chile a que se refiere el inciso tercero del artículo 10, así como cualquier otro antecedente que requiera para los efectos de la determinación del impuesto de este número.

Con todo, el enajenante o el adquirente, en su caso, podrá, en sustitución del impuesto establecido en este número, optar por acoger la renta gravada determinada conforme a las reglas anteriores, al régimen de tributación que habría correspondido aplicar de haberse enajenado directamente los activos subyacentes situados en Chile a que se refieren los literales (i), (ii) y (iii) de la letra a), del inciso tercero del artículo 10, que hayan originado la renta gravada, por aplicación del inciso tercero del mismo artículo. Esta alternativa se aplicará considerando las normas y los requisitos y condiciones que hubieran sido aplicables a la enajenación por el titular directo de dichos bienes, incluyendo la existencia de un ingreso no renta que pudiere contemplar la legislación tributaria chilena vigente al momento de la enajenación extranjera.

Artículo 59°.- Se aplicará un impuesto de 30% sobre el total de las cantidades pagadas o abonadas en cuenta, sin deducción alguna, a personas sin domicilio ni residencia en el país, por el uso, goce o explotación de marcas, patentes, fórmulas y otras prestaciones similares, sea que consistan en regalías o cualquier forma de remuneración, excluyéndose las cantidades que correspondan a pago de bienes corporales internados en el país hasta un costo generalmente aceptado. Con todo, la tasa de impuesto aplicable se reducirá a 15% respecto de las cantidades que correspondan al uso, goce o explotación de patentes de invención, de modelos de utilidad, de dibujos y diseños industriales, de esquemas de trazado o topografías de circuitos integrados, y de nuevas variedades vegetales, de acuerdo a las definiciones y especificaciones contenidas en la Ley de Propiedad Industrial y en la Ley que Regula Derechos de Obtentores de Nuevas Variedades Vegetales, según corresponda. Asimismo, se gravarán con tasa de 15% las cantidades correspondientes al uso, goce o explotación de programas computacionales, entendiéndose por tales el conjunto de instrucciones para ser usados directa o indirectamente en un computador o procesador, a fin de efectuar u obtener un determinado proceso o resultado, contenidos en un soporte físico o intangible, de acuerdo con la definición o especificaciones contempladas en la Ley Sobre Propiedad Intelectual, salvo que las cantidades se paguen o abonen en cuenta por el uso de programas computacionales estándar, entendiéndose por tales aquellos en que los derechos que se transfieren se limitan a los necesarios para permitir el uso del mismo, y no su explotación comercial, ni su reproducción o modificación con cualquier otro fin que no sea habilitarlo para su uso, en cuyo caso estarán exentas de este impuesto. No obstante, la tasa de impuesto aplicable será de 30% cuando el acreedor o beneficiario de las regalías o remuneraciones se encuentren constituidos, domiciliados o residentes en alguno de los países que se consideren como un régimen fiscal preferencial conforme a las reglas establecidas en el artículo 41 H. El contribuyente local obligado a retener el impuesto deberá acreditar estas circunstancias y efectuar una declaración jurada, en la forma y plazo que establezca el Servicio de Impuestos Internos mediante resolución.

Las cantidades que se paguen al exterior a productores y/o distribuidores extranjeros por materiales para ser exhibidos a través de proyecciones de cine y televisión que no queden afectas a impuesto en virtud del artículo 58 N° 1, tributarán con la tasa señalada en el inciso segundo del artículo 60 sobre el total de dichas cantidades, sin deducción alguna.

Aquellas cantidades que se paguen por el uso de derechos de edición o de autor, estarán afectos a una tasa de 15%.

Este impuesto se aplicará, con tasa 35%, respecto de las rentas que se paguen o abonen en cuenta a personas a que se refiere el inciso primero por concepto de:

1) Intereses. Estarán afectos a este impuesto, pero con una tasa del 4%, los intereses provenientes de:

a) Depósitos en cuenta corriente y a plazo en moneda extranjera, efectuados en cualquiera de las instituciones autorizadas por el Banco Central de Chile para recibirlos;

b) Créditos otorgados desde el exterior por instituciones bancarias o financieras extranjeras o internacionales, así como por compañías de seguros y fondos de pensiones extranjeros que se encuentren acogidos a lo establecido en la letra A), del artículo 9° transitorio, de la Ley que Regula la Administración de Fondos de Terceros y Carteras Individuales.

Para la procedencia de la tasa de 4% conforme con el párrafo anterior, el crédito no deberá ser otorgado mediante cualquier tipo de acuerdo estructurado de forma tal que la institución bancaria o financiera extranjera o internacional que reciba los intereses, los transfiera a otra persona o entidad que sea domiciliada o residente en el extranjero, y que no tendría derecho a la tasa reducida si hubiera recibido directamente los intereses del deudor. Adicionalmente, para la procedencia de la tasa de 4%, la institución bancaria o financiera deberá entregar al pagador de los intereses una declaración en la que deje constancia que no ha celebrado un acuerdo estructurado en los términos señalados.

Para efectos de lo dispuesto en este numeral, se entenderá por institución financiera extranjera o internacional, aquella entidad domiciliada, residente o constituida en el extranjero que tenga por objeto principal el otorgamiento de créditos, financiamiento u otras operaciones con esos fines, siempre que sus ingresos provengan mayoritariamente de su objeto principal, que sus operaciones de financiamiento sean realizadas en forma periódica, y que dicha entidad financiera cuente con un capital pagado y reservas igual o superior a la mitad del mínimo que se exija para la constitución de los bancos extranjeros en Chile, por la Ley General de Bancos, contenida en el decreto con fuerza de ley Nº 3 de 1997, del Ministerio de Hacienda. Mediante resolución el Servicio de Impuestos Internos establecerá un registro voluntario de inscripción de instituciones financieras extranjeras o internacionales, y el respectivo procedimiento de inscripción, para efectos de que una entidad financiera pueda verificar el cumplimiento de estos requisitos en caso de así requerirlo.

El pagador del interés informará al Servicio de Impuestos Internos en el plazo que éste determine, las condiciones de la operación.

No obstante lo anterior, no se gravarán con los impuestos de esta ley los intereses provenientes de los créditos a que se refiere el párrafo anterior, cuando el deudor sea una institución financiera constituida en el país y siempre que ésta hubiere utilizado dichos recursos para otorgar un crédito al exterior. Para estos efectos, la institución deberá informar al Servicio de Impuestos Internos, en la forma y plazo que éste señale, el total de los créditos otorgados al exterior con cargo a los recursos obtenidos mediante los créditos a que se refiere esta disposición.

c) Saldos de precios correspondientes a bienes internados al país con cobertura diferida o con sistema de cobranzas;

d) Bonos o debentures emitidos en moneda extranjera por empresas constituidas en Chile. El pagador del interés informará al Servicio de Impuestos Internos en el plazo que éste determine, las condiciones de la operación. El pagador del interés informará al Servicio de Impuestos Internos en el plazo que éste determine, las condiciones de la operación;

e) Bonos o debentures y demás títulos emitidos en moneda extranjera por el Estado de Chile o por el Banco Central de Chile; y

f) Las Aceptaciones Bancarias Latinoamericanas ALADI (ABLAS) y otros beneficios que generen estos documentos.

g) los instrumentos señalados en las letras a), d) y e) anteriores, emitidos o expresados en moneda nacional.

h) Los instrumentos de deuda de oferta pública a que se refiere el artículo 104, los que se gravarán cuando se hayan devengado en la forma establecida en el número 2° del artículo 20.

2) Remuneraciones por servicios prestados en el extranjero. Con todo, estarán exentas de este impuesto las sumas pagadas en el exterior por fletes, por gastos de embarque y desembarque, por almacenaje, por pesaje, muestreo y análisis de los productos, por seguros y por operaciones de reaseguros que no sean aquellos gravados en el número 3, de este artículo, comisiones, por telecomunicaciones internacionales, y por someter productos chilenos a fundición, refinación o a otros procesos especiales. Las respectivas operaciones y sus características deberán ser informadas al Servicio de Impuestos Internos en la forma y plazo que éste determine mediante resolución.

Igualmente estarán exentas de este impuesto las sumas pagadas, en el caso de bienes y servicios exportables, por publicidad y promoción, por análisis de mercado, por investigación científica y tecnológica, y por asesorías y defensas legales ante autoridades administrativas, arbitrales o jurisdiccionales del país respectivo. Para que proceda esta exención los servicios señalados deben guardar estricta relación con la exportación de bienes y servicios producidos en el país y los pagos correspondientes, considerarse razonables a juicio del Servicio de Impuestos Internos, debiendo para este efecto los contribuyentes comunicarlos, en la forma y plazo que fije el Director de dicho Servicio. Lo dispuesto en este párrafo se aplicará también a las sumas pagadas al exterior por trabajos y servicios de ingeniería o técnicos, en el caso de servicios exportables, siempre que el Servicio Nacional de Aduanas califique dichos servicios como exportación, de acuerdo a lo establecido en el número 16 de la letra E del artículo 12 del decreto ley N° 825, de 1974.

En los casos que los pagos señalados los efectúen Asociaciones Gremiales que representen a los exportadores bastará, para que proceda la exención, que dichos pagos se efectúen con divisas de libre disponibilidad a que se refiere el inciso anterior, proporcionadas por los propios socios de tales entidades y que sean autorizados por el Servicio de Impuestos Internos, de acuerdo con las normas que al efecto imparta. Estarán afectas a este impuesto, con una tasa de 15%, las remuneraciones pagadas a personas naturales o jurídicas, por trabajos de ingeniería o técnicos y por aquellos servicios profesionales o técnicos que una persona o entidad conocedora de una ciencia o técnica, presta a través de un consejo, informe o plano, sea que se presten en Chile o el exterior. Sin embargo, se aplicará una tasa de 20% si los acreedores o beneficiarios de las remuneraciones se encuentran en cualquiera de las circunstancias indicadas en la parte final del inciso primero de este artículo, lo que deberá ser acreditado y declarado en la forma indicada en tal inciso.

3) Primas de seguros contratados en compañías no establecidas en Chile que aseguren cualquier interés sobre bienes situados permanentemente en el país o la pérdida material en tierra sobre mercaderías sujetas al régimen de admisión temporal o en tránsito en el territorio nacional, como también las primas de seguros de vida u otros del segundo grupo, sobre personas domiciliadas o residentes en Chile, contratados con las referidas compañías.

El impuesto de este número, que será el 22%, se aplicará sobre el monto de la prima de seguro o de cada una de las cuotas en que se haya dividido la prima, sin deducción de suma alguna. Tratándose de reaseguros contratados con las compañías a que se refiere el inciso primero de este número, en los mismos términos allí señalados, el impuesto será de 2% y se calculará sobre el total de la prima cedida, sin deducción alguna.

Estarán exentas del impuesto a que se refiere este número, las primas provenientes de seguros del casco y máquinas, excesos, fletes, desembolsos y otros propios de la actividad naviera; y los de aeronaves, fletes y otros, propios de la actividad de aeronavegación, como asimismo los seguros de protección e indemnización relativos a ambas actividades y los seguros y reaseguros, por créditos de exportación. Estarán también exentas del impuesto las remuneraciones o primas provenientes de fianzas, seguros y reaseguros que garanticen el pago de las obligaciones por los créditos o derechos de terceros, derivadas del financiamiento de las obras o por la emisión de títulos de deuda, relacionados con dicho financiamiento, de las empresas concesionarias de obras públicas a que se refiere el decreto supremo N° 900, de 1996, del Ministerio de Obras Públicas, que contiene el texto refundido, coordinado y sistematizado del decreto con fuerza de ley N° 164 de 1991 del mismo Ministerio, Ley de Concesiones de Obras Públicas, de las empresas portuarias creadas en virtud de la ley N° 19.542 y de las empresas titulares de concesiones portuarias a que se refiere la misma ley.

4) Fletes marítimos, comisiones o participaciones en fletes marítimos desde o hacia puertos chilenos, y demás ingresos por servicios a las naves y a los cargamentos en puertos nacionales o extranjeros que sean necesarios para prestar dicho transporte.

El impuesto de este número será de 5% y se calculará sobre el monto total de los ingresos provenientes de las operaciones referidas en el inciso anterior, sin deducción alguna.

Este impuesto gravará también a las empresas navieras extranjeras que tengan establecimientos permanentes en Chile; pero dichas empresas podrán rebajar, de los impuestos que deban pagar en conformidad a las normas de esta ley, el gravamen de este número pagado por el período al cual corresponda la declaración de renta respectiva. Para los efectos de hacer esta rebaja, el impuesto pagado se reajustará según la variación experimentada por el índice de precios al consumidor en el período comprendido entre el último día del mes anterior al de su pago y el último día del mes anterior a la fecha de cierre del ejercicio. Si el monto de la rebaja contemplada en este inciso excediere de los impuestos contra los cuales procede aplicarse el excedente no podrá imputarse a ningún otro ni solicitarse su devolución.

Los armadores, los agentes, consignatarios y embarcadores de naves, según corresponda, retendrán o recaudarán y entregarán en arcas fiscales este impuesto, por sí o por cuenta de quienes representen, dentro del mes subsiguiente a aquél en que la nave extranjera haya recalado en el último puerto chileno en cada viaje.

El impuesto establecido en este número no se aplicará a dichos ingresos generados por naves extranjeras, a condición de que, en los países donde esas naves estén matriculadas, no exista un impuesto similar o se concedan iguales o análogas exenciones a las empresas navieras chilenas. Cuando la nave opere o pertenezca a una empresa naviera domiciliada en un país distinto de aquél en que se encuentra matriculada aquélla, el requisito de la reciprocidad se exigirá respecto de cada país. Sin perjuicio de lo expresado, el impuesto tampoco se aplicará cuando los ingresos provenientes de la operación de naves se obtengan por una persona jurídica constituída o domiciliada en un país extranjero, o por una persona natural que sea nacional o residente de un país extranjero, cuando dicho país extranjero conceda igual o análoga exención en reciprocidad a la persona jurídica constituída o domiciliada en Chile y a las personas naturales chilenas o residentes en el país. El Ministro de Hacienda, a petición de los interesados, calificará las circunstancias que acrediten el otorgamiento de la exención, pudiendo, cuando fuere pertinente, emitir el certificado de rigor.

5) Arrendamiento, subarrendamiento, fletamento, subfletamento, usufructo o cualquier otra forma de cesión del uso o goce temporal de naves extranjeras que se destinen o utilicen en servicios de cabotaje o cuando los contratos respectivos permitan o no prohíban utilizar la nave para el cabotaje, pagarán el impuesto de este artículo con tasa de 20%. No se considerará cabotaje al transporte de contenedores vacíos entre puntos del territorio nacional.

El impuesto de este Título no se aplicará a las sumas pagadas o abonadas en cuenta por los conceptos señalados, en el caso de naves que se reputen chilenas en conformidad al artículo 6° del decreto ley N° 3.059, de 1979, con excepción de las indicadas en su inciso tercero. Sin embargo, si dentro del plazo estipulado en dicho artículo 6°, no se opta por la compra ni se celebra el contrato prometido o se pone término anticipado al contrato sin ejercitar dicha opción o celebrar el contrato prometido, se devengará el impuesto de este Título con tasa del 20%, por las sumas pagadas o abonadas en cuenta por el arrendamiento, el que deberá pagarse dentro del mes siguiente a aquél en que venció el plazo para ejercitar la opción o celebrar el contrato prometido o aquél en que se puso término anticipado al contrato. Los impuestos que resulten adeudados se reajustarán en la variación que experimente la unidad tributaria mensual, entre el mes en que se devengaron y el mes en que efectivamente se paguen.

6) Las cantidades que pague el arrendatario en cumplimiento de un contrato de arrendamiento con o sin opción de compra de un bien de capital importado, susceptible de acogerse a sistema de pago diferido de tributos aduaneros.

El impuesto se aplicará sobre la parte que corresponda a la utilidad o interés comprendido en la operación, los que, para estos efectos, se presume de derecho que constituirán el 5% del monto de cada cuota que se pague en virtud del contrato mencionado.

En todo caso quedarán afectos a la tributación única establecida en el inciso anterior sólo aquellas cantidades que se paguen o abonen en cuenta en cumplimiento de un contrato de arrendamiento en consideración al valor normal que tengan los bienes respectivos en el mercado internacional. El pagador de la renta informará al Servicio de Impuestos Internos en el plazo que éste determine, las condiciones de la operación.

El impuesto de este artículo tendrá el carácter de impuesto único a la renta respecto de las cantidades a las cuales se aplique.

Artículo 59 bis.- Los contribuyentes no domiciliados ni residentes en Chile estarán exentos del impuesto adicional por la prestación de los servicios señalados en el artículo 8 letra n) de la ley de impuesto a las ventas y servicios contenida en el decreto ley N° 825 de 1974, a personas naturales que no tienen la calidad de contribuyentes del impuesto establecido en el referido decreto ley.

Artículo 60°.- Las personas naturales que no tengan residencia ni domicilio en Chile y las sociedades o personas jurídicas constituidas fuera del país, incluso las que se constituyan con arreglo a las leyes chilenas, que perciban o devenguen rentas de fuente chilena que no se encuentren afectas a impuesto de acuerdo con las normas de los artículos 58 y 59, pagarán respecto de ellas un impuesto adicional de 35%.

No obstante, la citada tasa será de 20% cuando se trate de remuneraciones provenientes exclusivamente del trabajo o habilidad de personas, percibidas por las personas naturales a que se refiere el inciso anterior, sólo cuando éstas hubieren desarrollado en Chile actividades científicas, culturales o deportivas. Este impuesto deberá ser retenido y pagado antes de que dichas personas se ausenten del país, por quien o quienes contrataron sus servicios, de acuerdo con las normas de los artículos 74° y 79°.

El impuesto establecido en este artículo tendrá el carácter de impuesto único a la renta respecto de las rentas referidas en el inciso segundo, en reemplazo del impuesto de la Segunda Categoría, y se aplicará sobre las cantidades que se paguen, se abonen en cuenta o se pongan a disposición de las personas mencionadas en dicho inciso, sin deducción alguna.

Artículo 61°.- Derogado.

Artículo 62°.- Para determinar la renta imponible en el caso de los impuestos establecidos en el N° 1 del artículo 58° y en el artículo 60 se sumarán las rentas imponibles de las distintas categorías y se incluirán también aquéllas exentas de los impuestos cedulares, exceptuando sólo las rentas gravadas con el impuesto del N° 1 del artículo 43°. Se observarán las normas de reajuste señaladas en el inciso penúltimo del número 3 del artículo 54° para la determinación de la renta imponible afecta al impuesto adicional. Se incluirá la totalidad de las cantidades percibidas o retiradas por el contribuyente a cualquier título desde la empresa, en conformidad a lo dispuesto en el artículo 14 y en el número 7°.- del artículo 17 de esta ley. El impuesto que grava estas rentas se devengará en el año en que se retiren de las empresas o se remesen al exterior.

Se incluirán las cantidades a que se refieren los literales i) al iv), del inciso tercero, del artículo 21, en la forma y oportunidad que dicha norma establece, gravándose con el impuesto de este título, el que se aplicará incrementado en un monto equivalente al 10% sobre las citadas partidas.

Respecto del artículo 60, inciso primero, podrá deducirse de la renta imponible, a que se refiere el inciso primero, la contribución territorial pagada, comprendida en las cantidades declaradas.

Las rentas del artículo 20°, número 2° y las rentas referidas en el número 8° del artículo 17°, percibidas por personas que no estén obligadas a declarar según contabilidad, podrán compensarse rebajando las pérdidas de los beneficios que se hayan derivado de este mismo tipo de inversiones en el año calendario.

Se incluirán también las rentas presuntas determinadas según las normas de esta ley y las rentas establecidas con arreglo a lo dispuesto en los artículos 70 y 71.

Cuando corresponda aplicar el crédito establecido en el artículo 63, tratándose de las cantidades retiradas o distribuidas de empresas sujetas a las disposiciones del artículo 14, se agregará, un monto equivalente a dicho crédito para determinar la base imponible del mismo ejercicio. Tratándose de las rentas referidas en el número 8 del artículo 17, éstas se incluirán cuando hayan sido percibidas o devengadas, según corresponda, de acuerdo con las reglas establecidas en dicha norma. Se procederá en los mismos términos cuando en estos casos corresponda aplicar el crédito contra impuestos finales establecido en el artículo 41 A.

Artículo 63°.- A los contribuyentes del impuesto adicional, que obtengan rentas señaladas en los artículos 58 y 60 inciso primero, se les otorgará un crédito equivalente al monto que resulte de aplicar las normas señaladas en el inciso siguiente.

El crédito corresponderá a la cantidad que resulte de aplicar a las rentas o cantidades que se encuentren incluidas en la base imponible, la misma tasa del impuesto de primera categoría con la que se gravaron. También tendrán derecho a este crédito por impuesto de primera categoría y el crédito contra impuestos finales que establece el artículo 41 A, por el monto que se determine conforme a lo dispuesto en el número 5 de la letra A) del artículo 14, sobre las rentas retiradas o distribuidas desde empresas sujetas a tal disposición, por la parte de dichas cantidades que integren la base imponible de las personas aludidas, sea que al momento de generarse dichos créditos la entidad respectiva tenga o no propietarios contribuyentes de impuestos finales. Asimismo, tendrán derecho a crédito los contribuyentes de impuesto adicional que sean socios o accionistas de sociedades, por las cantidades obtenidas por éstas en su calidad de socias o accionistas de otras sociedades, por la parte de dichas cantidades que integre la base imponible de las personas aludidas. También procederá el crédito que corresponda por aplicación de los números 3 y 4 de la letra D) del artículo 14 y de las letras (a) y (d) del número 8 de la referida letra D). En los demás casos, procederá el crédito por el impuesto de primera categoría que hubiere gravado las demás rentas o cantidades incluidas en la base imponible de este impuesto.

En ningún caso dará derecho al crédito referido en los incisos anteriores el impuesto establecido en el artículo 20 determinado sobre rentas presuntas y de cuyo monto pueda rebajarse el impuesto territorial pagado.

Los créditos o deducciones que las leyes permiten rebajar de los impuestos establecidos en esta ley y que dan derecho a devolución del excedente se aplicarán a continuación de aquéllos no susceptibles de reembolso.

Sin perjuicio de lo anterior, los contribuyentes que imputen el crédito por impuesto de primera categoría sujeto a la obligación de restitución acumulado en el registro SAC de empresas sujetas al artículo 14, deberán restituir a título de débito fiscal, una cantidad equivalente al 35% del monto del referido crédito. Para todos los efectos legales, dicho débito fiscal se considerará un mayor impuesto adicional determinado. En todo caso, esta obligación de restitución no será aplicable a contribuyentes del impuesto adicional residentes en países con los cuales Chile haya suscrito un convenio para evitar la doble tributación que se encuentre vigente y que sean beneficiarios de las rentas retiradas, remesadas o distribuidas; siempre que en el referido convenio se haya acordado que el impuesto de primera categoría será deducible del impuesto adicional que sea aplicable conforme al convenio o, que se contemple otra cláusula que produzca el mismo efecto.

Artículo 64°.- Facúltase al Presidente de la República para dictar normas que en conformidad a los convenios internacionales suscritos y a la legislación interna eviten la doble tributación internacional o aminoren sus efectos.

TÍTULO IV BIS. IMPUESTO ESPECÍFICO A LA ACTIVIDAD MINERA

Artículo 64 bis.- Derogado[21].

Artículo 64 ter.- Derogado[22].

TÍTULO V. DE LA ADMINISTRACIÓN DEL IMPUESTO

Párrafo 1° De la declaración y pago anual

Artículo 65°.- Están obligados a presentar anualmente una declaración jurada de sus rentas, en cada año tributario:

1°.- Los contribuyentes gravados en la primera categoría del Título II o en el número 1° del artículo 58°, por las rentas devengadas o percibidas en el año calendario o comercial anterior, sin perjuicio de las normas especiales del artículo 69°. No estarán obligados a presentar esta declaración los contribuyentes que exclusivamente desarrollan actividades gravadas en los artículos 23° y 25°; en cuanto a los contribuyentes gravados en los artículos 24° y 26°, tampoco estarán obligados a presentar dicha declaración si el Presidente de la República ha hecho uso de la facultad que le confiere el inciso 1° del artículo 28. Asimismo el Director podrá liberar de la obligación establecida en este artículo a los contribuyentes no domiciliados ni residentes en Chile que solamente obtengan rentas de capitales mobiliarios, sea que éstas se originen en la tenencia o en la enajenación de dichos títulos, o rentas de aquellas que establezca el Servicio de Im-

---

[21] La Ley n° 21.591 Ley sobre Royalty a la Minería, publicada el 10 de agosto de 2023 en el Diario Oficial, deroga los artículos 64 bis y 64 ter.

[22] La Ley n° 21.591 Ley sobre Royalty a la Minería, publicada el 10 de agosto de 2023 en el Diario Oficial, deroga los artículos 64 bis y 64 ter.

puestos Internos mediante resolución, aun cuando estos contribuyentes hayan designado un representante a cargo de dichas inversiones en el país. En este caso se entenderá, para los efectos de esta ley, que el inversionista no tiene un establecimiento permanente de aquellos a que se refiere el artículo 58° número 1°).

2°.- Los contribuyentes gravados con el impuesto contenido en la Ley sobre Royalty a la Minería[23].

3°.- Los contribuyentes del impuesto global complementario establecido en el Título III, por las rentas a que se refiere el artículo 54°, obtenidas en el año calendario anterior, siempre que éstas, antes de efectuar cualquiera rebaja, excedan, en conjunto, del límite exento que establece el artículo 52.

No estarán obligados a presentar la declaración a que se refiere este número los contribuyentes de los artículos 22° y 42° N° 1, cuando durante el año calendario anterior hubieren obtenido únicamente rentas gravadas según dichos artículos u otras rentas exentas de global complementario.

4°.- Los contribuyentes a que se refiere el artículo 60, inciso primero, por las rentas percibidas, devengadas o retiradas en el año anterior.

5°.- Los contribuyentes del artículo 47°, inciso primero y tercero, aunque en este último caso, no estarán obligados, sino que podrán optar por reliquidar, presentando anualmente la declaración jurada de sus rentas.

Estas declaraciones podrán ser hechas en un solo formulario, en su caso, y deberán contener todos los antecedentes y comprobaciones que la Dirección exija para la determinación del impuesto y el cumplimiento de las demás finalidades a su cargo.

Iguales obligaciones pesan sobre los albaceas, partidores, encargados fiduciarios o administradores, de cualquier género.

Artículo 66°.- Los síndicos, depositarios, interventores y demás personas que administren bienes o negocios de empresas, sociedades o cualquier otra persona jurídica deberán presentar la declaración jurada de estas

---

[23] Modificación introducida por la ley N° 21.591, publicada el 10 de agosto de 2023 en el Diario Oficial.

personas en la misma forma que se requiere para dichas entidades. El impuesto adeudado sobre la base de la declaración prestada por el síndico, depositario, interventor o representante, será recaudado en la misma forma que si fuera cobrado a la persona jurídica de cuyos bienes tengan la custodia, administración o manejo.

Artículo 67°.- Si las corporaciones, sociedades, empresas o cualquiera persona jurídica extranjera obligada a la declaración a que se refiere el artículo 65°, no tuvieren sucursal u oficina en Chile, sino un agente o representante, éste deberá presentar la declaración jurada.

Artículo 68°.- Los contribuyentes no estarán obligados a llevar contabilidad alguna para acreditar las rentas clasificadas en el N° 2 del artículo 20°, y en el artículo 22°, excepto en la situación prevista en el último inciso del artículo 26°, en el artículo 34° y en el N° 1 del artículo 42°, sin perjuicio de los libros auxiliares u otros registros especiales que exijan otras leyes o el Director Nacional. Con todo, estos contribuyentes deberán llevar un registro o libros de ingresos diarios, cuando estén sometidos al sistema de pagos provisionales en base a sus ingresos brutos.

Asimismo el director podrá liberar de la obligación de llevar contabilidad a aquellos contribuyentes no domiciliados ni residentes en el país, que solamente obtengan renta producto de la tenencia o enajenación de capitales mobiliarios o rentas de aquellas que establezca el Servicio de Impuestos Internos mediante resolución, aun cuando estos contribuyentes hayan designado un representante a cargo de sus inversiones en el país. En ejercicio de esta facultad el Director podrá exigir que la persona a cargo de las inversiones en el país lleve un libro de ingresos y egresos.

Sin embargo, los contribuyentes que declaren en la forma establecida en el inciso final del artículo 50, no estarán obligados a llevar contabilidad y ningún otro registro o libro de ingresos diarios.

Los siguientes contribuyentes estarán facultados para llevar una contabilidad simplificada:

a) Los contribuyentes de la Primera Categoría del Título II que, a juicio exclusivo de la Dirección Regional, tengan un escaso movimiento, capitales pequeños en relación al giro de que se trate, poca instrucción o se encuentren en cualquiera otra circunstancia excepcional. A estos contribuyentes la Dirección Regional podrá exigirles una planilla con detalle cronológico de las entradas y un detalle aceptable de los gastos. La Dirección Regional podrá cambiar el sistema aplicable a estos contribuyentes, pero dicha modificación regirá a contar del año calendario o comercial siguiente.

b) Los contribuyentes que obtengan rentas clasificadas en la Segunda Categoría del Título II, de acuerdo con el N° 2 del artículo 42°, con excepción de las sociedades de profesionales y de los acogidos a las disposiciones del inciso final del artículo 50, podrán llevar respecto de esas rentas un solo libro de entradas y gastos en el que se practicará un resumen anual de las entradas y gastos.

c) Los contribuyentes acogidos al artículo 14 letra D), de acuerdo a las reglas señaladas en el número 3 de dicho artículo. No obstante llevar contabilidad simplificada a estos contribuyentes les aplicará lo establecido en el artículo 21, lo que excluye a los contribuyentes del número 8 de la referida letra D) del artículo 14.

d) Las Fundaciones y Corporaciones que únicamente perciban aportes o donaciones cuyo destino esté exclusivamente orientado a ejecutar el objeto o fin para el cual fueron constituidas, y que no desarrollen actividades gravadas con el impuesto de primera categoría, podrán llevar un estado de fuentes y usos, el cual contendrá al menos la identificación del aportante o donante, el monto y tipo de aportes o donaciones recibidas y las especificaciones de uso de los mismos, considerando datos del perceptor de tales desembolsos, monto total pagado, número y tipo de documentos recibidos o emitidos, según corresponda. El registro de las operaciones en el estado de fuentes y usos deberá efectuarse en orden cronológico.

Los demás contribuyentes no indicados en los incisos anteriores deberán llevar contabilidad completa o un solo libro si la Dirección Regional así lo autoriza.

Artículo 68 bis.- Los contribuyentes que perciban rentas por el ejercicio de aquellas actividades señaladas en el artículo 42 N° 2 y en el artículo

48 deberán emitir boletas de honorarios en forma electrónica en la forma y en el plazo que determine el Servicio de Impuestos Internos mediante una resolución.

La obligación de emitir documentos electrónicos establecida en el inciso anterior no será aplicable en el caso de contribuyentes que desarrollen su actividad en un lugar geográfico sin cobertura de datos móviles o fijos de operadores de telecomunicaciones que tienen infraestructura, sin acceso a energía eléctrica, o en lugares declarados como zonas afectadas por catástrofe conforme al decreto supremo Nº 104, de 1977, del Ministerio del Interior, que fija el texto refundido, coordinado y sistematizado del Título I de la ley Nº 16.282, a quienes el Servicio de Impuestos Internos les deberá autorizar y timbrar boletas de honorarios en papel. En estos casos, el Servicio de Impuestos Internos, de oficio o a petición de parte, dictará una o más resoluciones, según sea necesario, individualizando al contribuyente o grupo de contribuyentes que se encuentren en alguna de las situaciones referidas, en base a la información entregada por los organismos técnicos que corresponda, respecto de las zonas geográficas del territorio nacional que no cuentan con los servicios o suministros respectivos y el plazo durante el cual dicha situación se mantendrá o debiese mantenerse. Dicha información deberá ser entregada por los organismos referidos en forma periódica conforme lo solicite el Servicio de Impuestos Internos.

El contribuyente que presente una solicitud para obtener una resolución según lo que se establece en el inciso anterior podrá emitir boletas de honorarios en papel mientras que la solicitud no sea resuelta, debiendo el Servicio de Impuestos Internos autorizar y timbrar aquellas boletas de honorarios que sean necesarias para su actividad mientras esté pendiente la resolución. En todo caso, transcurridos treinta días corridos desde la presentación sin que la solicitud sea resuelta por el Servicio de Impuestos Internos, ésta se entenderá aceptada.

Tratándose de lugares declarados como zonas afectadas por catástrofe por terremoto o inundación, el Servicio de Impuestos Internos, dentro de los cinco días siguientes a la publicación en el Diario Oficial del respectivo decreto que realiza tal declaración, podrá de oficio dictar una resolución fundada autorizando el timbraje de boletas de honorarios en papel respecto de aquellas localidades afectadas que así lo determine.

Artículo 69°.- Las declaraciones anuales exigidas por esta ley serán presentadas en el mes de abril de cada año, en relación a las rentas obtenidas en el año calendario o comercial anterior, salvo las siguientes excepciones:

1°.- Los contribuyentes a que se refiere el N° 1 del artículo 65, cuyos balances se practiquen en el mes de junio, deberán presentar su declaración de renta en el mes de octubre del mismo año.

2°.- Aquellos contribuyentes que terminen su giro, deberán declarar en la oportunidad señalada en el Código Tributario.

3°.- Aquellos contribuyentes que obtengan rentas esporádicas afectas al impuesto de primera categoría o al impuesto global complementario, según sea el caso, deberán declarar dentro del mes siguiente al de obtención de la renta, a menos que el citado tributo haya sido retenido en su totalidad de conformidad con lo dispuesto en los artículos 73 o 74. Se excluyen de esta norma los ingresos mencionados en las letras a), b) y c) del número 1.- del artículo 41 A. Si se tratare de rentas afectas a impuesto global complementario, deberá utilizarse para esta declaración mensual la tabla de cálculo establecida en el artículo 43 y reliquidarse posteriormente según las reglas generales de este impuesto.

4°.- Aquellos contribuyentes sin domicilio ni residencia en Chile que deban pagar el impuesto del artículo 58 número 3), en relación al mayor valor obtenido en las enajenaciones a que se refiere el inciso tercero del artículo 10, podrán declarar dentro del mes siguiente al de obtención de la renta correspondiente. Con todo, cuando estos contribuyentes se encuentren obligados a presentar una declaración anual por otras rentas, podrán abonar los impuestos declarados y pagados de conformidad a este número, debidamente reajustados o convertidos a moneda nacional, según proceda, en la forma que señale el Servicio mediante resolución.

Artículo 70°.- Se presume que toda persona disfruta de una renta a lo menos equivalente a sus gastos de vida y de las personas que viven a sus expensas.

Si el interesado no probare el origen de los fondos con que ha efectuado sus gastos, desembolsos o inversiones, se presumirá que corresponden a utilidades afectas al impuesto de Primera Categoría según el N° 3° del artículo 20 o clasificadas en la Segunda Categoría conforme al N° 2° del artículo 42, atendiendo a la actividad principal del contribuyente.

Los contribuyentes que no estén obligados a llevar contabilidad completa, podrán acreditar el origen de dichos fondos por todos los medios de prueba que establece la ley.

Cuando el contribuyente probare el origen de los fondos, pero no acreditare haber cumplido con los impuestos que hubiese correspondido aplicar sobre tales cantidades, los plazos de prescripción establecidos en el artículo 200 del Código Tributario se entenderán aumentados por el término de seis meses contados desde la notificación de la citación efectuada en conformidad con el artículo 63 del Código Tributario, para perseguir el cumplimiento de las obligaciones tributarias y de los intereses penales y multas que se derivan de tal incumplimiento.

Artículo 71°.- Si el contribuyente alegare que sus ingresos o inversiones provienen de rentas exentas de impuesto o afectas a impuestos sustitutivos, o de rentas efectivas de un monto superior que las presumidas de derecho, deberá acreditarlo mediante contabilidad fidedigna o en caso de que no se encuentre obligado a llevarla, por cualquier medio de prueba legal. En estos casos el Director Regional deberá comprobar el monto líquido de dichas rentas. Si el monto declarado por el contribuyente no fuere correcto, el Director Regional podrá fijar o tasar dicho monto, tomando como base la rentabilidad de las actividades a las que se atribuyen las rentas respectivas o, en su defecto, considerando otros antecedentes que obren en poder del Servicio.

La diferencia de renta que se produzca entre lo acreditado por el contribuyente y lo tasado por el Director Regional, se gravará de acuerdo con lo dispuesto en el inciso segundo del artículo 70°.

Cuando el volumen de ingresos brutos que aparezcan atribuidos a una actividad amparada en una presunción de renta de derecho o afecta a impuestos sustitutivos del de la renta no se compadeciere significativamente con la capacidad de producción o explotación de dicha actividad, el Director Regional podrá exigir al contribuyente que explique esta circunstancia. Si la explicación no fuere satisfactoria, el Director Regional procederá a tasar el monto de los ingresos que no provinieren de la actividad mencionada, los cuales se considerarán renta del artículo 20° N° 5, para todos los efectos legales.

Artículo 72°.- Los impuestos establecidos en esta ley que deban declararse en la forma señalada en el artículo 69°, se pagarán, en la parte no cubierta con los pagos provisionales a que se refiere el párrafo 3° de este Título, en una sola cuota dentro del plazo legal para entregar la respectiva declaración. La falta de pago no obstará para que la declaración se efectúe oportunamente.

Los impuestos establecidos en esta ley que deban declararse en la forma señalada en el artículo 69° y pagarse en moneda nacional, excepto aquellos a que se refieren los números 3° y 4° del citado artículo, se pagarán reajustados en el porcentaje de variación experimentada por el índice de precios al consumidor entre el último día del mes anterior al del cierre del ejercicio o año respectivo y el último día del mes anterior a aquél en que legalmente deban pagarse.

Si del impuesto calculado hubiere que rebajar impuestos ya pagados o retenidos o el monto de los pagos provisionales a que se refiere el párrafo tercero de este Título, el reajuste se aplicará sólo al saldo de impuesto adeudado, una vez efectuadas dichas rebajas.

Párrafo 2°. De la retención del impuesto

Artículo 73°.- Las oficinas públicas y las personas naturales o jurídicas que paguen por cuenta propia o ajena, rentas mobiliarias gravadas en la primera categoría del Título II, según el N° 2 del artículo 20, deberán retener y deducir el monto del impuesto de dicho título, al tiempo de hacer el pago de tales rentas. La retención se efectuará sobre el monto íntegro de las rentas indicadas.

Tratándose de intereses anticipados o descuento de valores provenientes de operaciones de crédito de dinero no se efectuará la retención dispuesta en el inciso anterior, sin perjuicio que el beneficio de estas rentas ingrese en arcas fiscales el impuesto del artículo 20° N° 2 una vez transcurrido el plazo a que corresponda la operación.

Cuando estas rentas no se paguen en dinero y estén representadas por otros valores, deberá exigirse a los beneficiados, previamente, el pago del impuesto correspondiente.

Artículo 74°.- Estarán igualmente sometidos a las obligaciones del artículo anterior:

1°.- Los que paguen rentas gravadas en el N° 1 del artículo 42°.

2°.- Las instituciones fiscales, semifiscales, los organismos fiscales y semifiscales de administración autónoma, las Municipalidades, las personas jurídicas en general, y las personas que obtengan rentas de la Primera Categoría, que estén obligados, según la ley, a llevar contabilidad, que paguen rentas del N° 2 del artículo 42. La retención se efectuará con una tasa provisional del 17%.

3°.- Las sociedades anónimas que paguen rentas gravadas en el artículo 48°. La retención se efectuará con una tasa provisional del 10%.

4°.- Las personas o entidades que remesen al exterior, abonen en cuenta, pongan a disposición o paguen rentas o cantidades afectas al impuesto adicional de acuerdo con los artículos 58, 59 y 60, casos en los cuales la retención deberá efectuarse con la tasa de impuesto adicional que corresponda.

Tratándose de empresas sujetas a las disposiciones de la letra A) y de la letra D) del artículo 14, la retención que deba efectuarse sobre los retiros, remesas o distribuciones realizadas que se afecten con el impuesto adicional, se efectuará incrementando previamente la base en virtud de los artículos 58 y 62, con derecho a los créditos establecidos en los artículos 41 A y 63, determinados conforme a lo dispuesto en el número 5 de la letra A) del artículo 14. En estos casos se otorgará un crédito provisorio por impuesto de primera categoría, sujeto a la obligación de restitución en los casos que corresponda conforme a los artículos 14 y 63, que se utilizará al momento de la retención, cuya tasa será la que corresponda asignar en el año del retiro, remesa o distribución. También se otorgará un crédito provisorio por aquel a que se refiere el artículo 41 A, siempre que, al momento de la retención, la empresa mantenga un saldo en el registro SAC al término del ejercicio anterior y, en ese caso, hasta el tope del crédito mantenido en el saldo del SAC, o bien, cuando en el ejercicio en que se realice la retención, la empresa que debe realizar dicha retención haya percibido retiros o dividendos que den derecho a dicho crédito, caso en el cual el crédito provisorio se otorgará hasta el tope del impuesto pagado en el extranjero. En todo caso, la tasa de crédito provisorio que procede según el artículo 41 A corresponderá a la diferencia entre la tasa del impuesto adicional y la tasa provisoria de crédito por impuesto de primera categoría que resulte aplicable en el año del retiro, remesa o distribución.

Si al término del ejercicio se determina que la deducción del crédito por impuesto de primera categoría establecido en el artículo 63, o el crédito a que se refiere el artículo 41 A, otorgados en forma provisoria sobre los retiros remesas o distribuciones, resultare indebida, total o parcialmente, la empresa deberá pagar al Fisco, por cuenta del contribuyente de impuesto adicional, la diferencia de impuesto que resulte al haberse deducido un mayor crédito, sin perjuicio del derecho de la empresa de repetir contra aquél. Esta cantidad se pagará en la declaración anual a la renta que deba presentar la empresa, reajustada en el porcentaje de variación del Índice de Precios al Consumidor entre el mes anterior al de la retención y el mes anterior a la presentación de la declaración de impuesto a la renta.

Si el crédito por impuesto de primera categoría que se imputó por la empresa en contra de la retención de impuesto adicional que afecta a los retiros, remesas o distribuciones consiste en un monto menor al que corresponde, el propietario podrá solicitar la devolución del exceso de retención conforme al artículo 126 del Código Tributario, o a través de su declaración anual de impuesto a la renta, aun cuando no se encuentre obligado a efectuar dicha declaración de acuerdo al artículo 65. El propietario podrá también solicitar que la respectiva suma incremente el SAC, establecido en la letra d) del número 2 de la letra A) del artículo 14, de la empresa al término del ejercicio correspondiente, lo que se hará constar mediante una declaración jurada simple que, en ese caso, la empresa deberá tener a disposición del Servicio.

En el caso de las cantidades señaladas en los literales i) al iv) del inciso tercero del artículo 21, la empresa respectiva deberá efectuar una retención anual del 45% sobre dichas sumas, la que se declarará en conformidad a los artículos 65, número 1 y 69.

El monto de lo retenido provisionalmente se dará de abono al conjunto de los impuestos que declare el contribuyente respecto de las mismas rentas o cantidades afectadas por la retención.

Cuando al término del ejercicio los créditos establecidos en los artículos 41 A y 63, correspondientes a los retiros y remesas se informen a los propietarios para efectos de imputarlos en su declaración anual de impuestos, y asciendan a un monto mayor o menor al que corresponde, se aplicará lo dispuesto en el inciso primero o segundo del número 7 de la letra A), del artículo 14, según resulte aplicable.

Tratándose de las rentas señaladas en la letra B) del artículo 14, la retención se efectuará de manera anual, sobre la renta que corresponda al propietario con tasa del 35%, con deducción del crédito establecido en el artículo 63, cuando la empresa respectiva se hubiere gravado con el impuesto de primera categoría. La retención en estos casos se declarará en conformidad a los artículos 65, número 1 y 69.

Igual obligación de retener, tendrán los contribuyentes que remesen al exterior, pongan a disposición, abonen en cuenta o paguen a contribuyentes sin domicilio ni residencia en Chile, rentas o cantidades provenientes de las operaciones señaladas en las letras a), b), c), d), i) y m) del número 8 del artículo 17. La retención se efectuará con una tasa provisional del 10% sobre el total de las cantidades que se remesen al exterior, paguen, abonen en cuenta o pongan a disposición del contribuyente sin domicilio o residencia en Chile, sin deducción alguna, salvo que pueda determinarse el mayor valor afecto a impuesto, caso en el cual la retención se efectuará con la tasa del 35% sobre dicho mayor valor, montos que en ambos casos se darán de abono al conjunto de los impuestos que declare el contribuyente respecto de las mismas rentas o cantidades afectadas por la retención, sin perjuicio de su derecho de imputar en su declaración anual el remanente que resultare a otros impuestos anuales de esta ley o a solicitar su devolución en la forma prevista en el artículo 97. Si con la retención declarada y pagada se han solucionado íntegramente los impuestos que afectan al contribuyente, este último quedará liberado de presentar la referida declaración anual.

Sin perjuicio de la declaración anual a la que pueda encontrarse obligado, el contribuyente enajenante podrá presentar una solicitud al Servicio de Impuestos Internos con anterioridad al vencimiento del plazo legal para la declaración y pago de la retención, en la forma que este establezca mediante resolución, con la finalidad de que se determine previamente el mayor valor sobre el cual deberá calcularse el monto de la retención. La presentación de esta solicitud suspenderá el plazo para efectuar la retención correspondiente contemplada en el artículo 79, hasta su resolución. Dicha solicitud deberá incluir, además de la estimación del mayor valor de la operación, todos los antecedentes que lo justifiquen. El Servicio se pronunciará fundadamente sobre dicha solicitud en un plazo de veinte días hábiles, contado desde la fecha en que el contribuyente enajenante haya puesto a disposición de aquel todos los antecedentes necesarios para resolver la solicitud, de lo que se dejará constancia en una certificación emitida por la oficina correspondiente del Servicio. Vencido este plazo sin que el Servicio se haya pronunciado sobre la solicitud, se entenderá que ésta ha sido aceptada, caso en el cual el monto de la retención se tendrá por determinado conforme a la propuesta del contribuyente enajenante y la retención se efectuará por el adquirente conforme a las reglas generales. El mayor valor que se haya determinado de acuerdo a lo anterior no podrá ser objeto de fiscalización alguna, salvo que los antecedentes acompañados por el contribuyente enajenante sean maliciosamente falsos, incompletos o erróneos, caso en el cual el Servicio, previa citación conforme al artículo 63 del Código Tributario, podrá liquidar y girar al contribuyente enajenante las diferencias de impuestos que se detecten conforme a las reglas generales, más los reajustes, intereses y multas pertinentes, o bien, en el caso que se proceda aplicar la tasación del valor de enajenación conforme al artículo 64 del Código Tributario.

En todo caso, podrá no efectuarse la retención si se acredita, en la forma que establezca el Servicio mediante resolución, que los impuestos de retención o definitivos aplicables a la operación han sido declarados y pagados directamente por el contribuyente de impuesto adicional, o que se trata de cantidades que correspondan a ingresos no constitutivos de renta o rentas exentas de los impuestos respectivos o que de la operación respectiva resultó un menor valor o pérdida para el contribuyente, según corresponda. En estos casos, cuando no se acredite fehacientemente el cumplimiento de alguna de las causales señaladas, el contribuyente obligado a retener, será responsable del entero de la retención a que se refiere este número, sin perjuicio de su derecho a repetir en contra del contribuyente sin domicilio o residencia en Chile.

No obstante lo dispuesto en los párrafos anteriores, los contribuyentes que remesen, distribuyan, abonen en cuenta, pongan a disposición o paguen rentas o cantidades a contribuyentes sin domicilio o residencia en Chile que sean residentes de países con los que exista un convenio vigente para evitar la doble tributación internacional y sean beneficiarios de dicho convenio, tratándose de rentas o cantidades que conforme al mismo sólo deban gravarse en el país del domicilio o residencia, o se les aplique una tasa inferior a la que corresponda de acuerdo a esta ley, podrán no efectuar las retenciones establecidas en este número o efectuarlas con la tasa prevista en el convenio, según sea el caso, cuando el beneficiario de la renta o cantidad les acredite mediante la entrega de un certificado emitido por la autoridad competente del otro Estado Contratante, su residencia en ese país y le declare en la forma que establezca el Servicio mediante resolución, que al momento de esa declaración no tiene en Chile un establecimiento permanente o base fija a la que se deban atribuir tales rentas o cantidades, y que cumple con los requisitos para ser beneficiario de las disposiciones del convenio respecto de la imposición de las rentas o cantidades señaladas. Se presumirá salvo prueba en contrario que un certificado de residencia fiscal emitido por autoridad competente, acreditará la residencia fiscal del contribuyente durante el año calendario en que se haya emitido. Cuando el Servicio establezca en el caso particular que no concurrían los requisitos para aplicar las disposiciones del respectivo convenio en virtud de las cuales no se efectuó retención alguna o la efectuada lo fue por un monto inferior a la que hubiese correspondido de acuerdo a este artículo, el contribuyente obligado a retener, será responsable del entero de la retención que total o parcialmente no se hubiese efectuado, sin perjuicio de su derecho a repetir en contra del contribuyente no residente ni domiciliado en Chile.

Tratándose de las enajenaciones a que se refieren los artículos 10, inciso tercero, y 58, número 3), los adquirentes de las acciones, cuotas, derechos y demás títulos efectuarán una retención con una tasa provisional del 20% sobre el total de las cantidades que pongan a disposición del enajenante, sin deducción alguna, o 35% sobre la renta gravada determinada conforme a la letra b) del número 3) del artículo 58, retención que se declarará en conformidad a los artículos 65, número 1, y 69, o conforme al artículo 79, a elección del contribuyente.

5°.- Las empresas periodísticas, editoras, impresoras e importadoras de periódicos, revistas e impresos, que vendan estos artículos a los suplementeros, sea directamente o por intermedio de agencias o de distribuidores, deberán retener el impuesto referido en el artículo 25° con la tasa del 0,5% aplicada sobre el precio de venta al público de los respectivos periódicos, revistas e impresos que los suplementeros hubieren vendido efectivamente.

6°.- Los compradores de productos mineros de los contribuyentes a que se refiere la presente ley deberán retener el impuesto referido en el artículo 23° de acuerdo con las tasas que en dicha disposición se establecen, aplicadas sobre el valor neto de venta de los productos. Igual retención, y con las mismas tasas, procederá respecto de los demás vendedores de minerales que determinen sus impuestos de acuerdo a presunciones de renta. El contribuyente podrá solicitar a los compradores la retención de un porcentaje mayor.

7°.- Los emisores de instrumentos de deuda de oferta pública a que se refiere el artículo 104, respecto de los tenedores de los mismos, con una tasa del 4% sobre los intereses devengados a la fecha de cada pago de interés o cupón o de un pago anticipado o rescate, desde el pago de cupón anterior o fecha de emisión, según sea el caso.

Esta retención reemplazará a la que se refiere el número 4° de este artículo respecto de los mismos intereses, pagados o abonados en cuenta a contribuyentes sin domicilio ni residencia en el país. En el caso de contribuyentes domiciliados o residentes en Chile, el 4% sobre los intereses devengados durante el período en que dichos instrumentos hayan estado en su propiedad podrá darse de abono a los impuestos anuales de Primera Categoría o Global Complementario que graven los respectivos intereses, según corresponda, con derecho a solicitar la devolución del excedente que pudiese resultar de dicho abono.

El emisor deberá declarar al Servicio de Impuestos Internos, en la forma y plazo que éste determine, los antecedentes de las retenciones que haya debido efectuar conforme a este número. La no presentación de esta declaración o su presentación extemporánea, incompleta o errónea será sancionada con la multa establecida en el número 2° del artículo 97 del Código Tributario, la que se aplicará conforme al procedimiento del artículo 165 del mismo texto legal.

Después de cada retención, los inversionistas que no tengan la calidad de contribuyentes para los efectos de esta ley podrán solicitar por escrito al Servicio de Impuestos Internos la devolución del 4% sobre los intereses devengados durante el período en que dichos instrumentos hayan sido de su propiedad, mediante una declaración jurada en que identifiquen los instrumentos de deuda respectivos y el período en que dichos instrumentos hayan sido de su propiedad durante el plazo transcurrido entre dicha retención y la retención anterior o colocación de los instrumentos, según corresponda, todo ello en la forma y oportunidad que establezca el referido Servicio mediante resolución. La solicitud de devolución deberá presentarse a más tardar el día 5 del mes siguiente a cada fecha de retención. Dicha devolución se hará hasta el día 12 del mes siguiente a la fecha de retención, mediante un procedimiento que establecerá el Servicio de Impuestos Internos mediante resolución. La entrega maliciosa de información incompleta o falsa en la declaración jurada a que se refiere este párrafo, en virtud de la cual se obtenga una devolución indebida o superior a la que correspondiere, se sancionará en la forma prevista en el párrafo tercero del número 4° del artículo 97 del Código Tributario.

Se exceptúa al emisor de la obligación de retener el 4% establecido en este numeral cuando se trate de instrumentos de deuda de oferta pública que hayan establecido, en sus condiciones de emisión, que la retención se efectuará en la forma señalada en el numeral 8° siguiente.

8°.- Los representantes, custodios, intermediarios, depósitos de valores u otras personas domiciliadas o constituidas en el país que hayan sido designadas o contratadas por contribuyentes sin domicilio ni residencia en Chile, para los efectos de cumplir con las obligaciones tributarias provenientes de la tenencia o enajenación de los instrumentos de deuda de oferta pública a que se refiere el artículo 104 cuyas condiciones de emisión señalen que la retención se sujetará a lo establecido en este numeral, con una tasa de 4% sobre los intereses devengados durante el ejercicio respectivo, conforme a lo dispuesto en el artículo 20, número 2°, letra g). Esta retención reemplazará a la que establece el número 4° de este artículo respecto de los mismos intereses, pagados o abonados en cuenta a los contribuyentes sin domicilio ni residencia en Chile. Las personas señaladas precedentemente deberán informar al Servicio de Impuestos Internos, en la forma y plazo que éste determine mediante resolución, sobre los antecedentes de las retenciones que hayan debido efectuar conforme a este número. La no presentación de esta declaración o su presentación extemporánea, incompleta o errónea, será sancionada con la multa establecida en el número 2°, del artículo 97, del Código Tributario, la que se aplicará conforme al procedimiento del artículo 165 del mismo texto legal. Esta disposición no será aplicable a aquellos instrumentos incluidos en la nómina de instrumentos elegibles señalada en el número 4 del artículo 104, los que se regirán por lo establecido en el numeral anterior.

Artículo 75°.- Las retenciones practicadas de acuerdo a lo dispuesto en los artículos 73° y 74° que deban, según la ley, darse de abono a impuestos anuales, tendrán la calidad de pagos provisionales para los efectos de la imputación a que se refiere el artículo 95, y se reajustarán según la variación experimentada por el índice de precios al consumidor en el período comprendido entre el último día del mes anterior al de su retención y el último día del mes anterior a la fecha de cierre del ejercicio.

Artículo 76°.- Los habilitados o pagadores de rentas sujetas a retención, los de instituciones bancarias, de ahorro o retiro, los socios administradores de sociedades de personas y los gerentes y administradores de sociedades anónimas, serán considerados codeudores solidarios de sus respectivas instituciones, cuando ellas no cumplieren con la obligación de retener el impuesto que señala esta ley.

Artículo 77°.- Las personas naturales o jurídicas obligadas a retener el impuesto deberán llevar un registro especial en el cual se anotará el impuesto retenido y el nombre y la dirección de la persona por cuya cuenta se retenga. La Dirección determinará la forma de llevar el registro. En los libros de contabilidad y en los balances se dejará también constancia de las sumas retenidas. El Servicio podrá examinar, para estos efectos, dichos registros y libros.

La obligación de llevar el registro especial mencionado en el inciso anterior no regirá para las personas obligadas a retener el impuesto establecido en el artículo 25.

Artículo 78°.- Dentro de los primeros doce días de cada mes, las personas obligadas a efectuar las retenciones a que se refieren los números 1, 2, 3, 5 y 6 del artículo 74° deberán declarar y pagar todos los tributos que hayan retenido durante el mes anterior.

Artículo 79°.- Las personas obligadas a efectuar las retenciones a que se refiere el artículo 73° y el número 4 del artículo 74° deberán declarar y pagar los impuestos retenidos hasta el día 12 del mes siguiente de aquél en que fue pagada, distribuida, retirada, remesada, abonada en cuenta o puesta a disposición del interesado la renta respecto de la cual se ha efectuado la retención. No obstante, la retención que se efectúe por las cantidades a que se refieren los literales i) al iv), del inciso tercero del artículo 21 y por las rentas a que se refiere el inciso tercero del artículo 10 y 58 número 3), se declarará y pagará de acuerdo con las normas establecidas en los artículos 65, Nº 1, 69 y 72. Las retenciones que se efectúen conforme a lo dispuesto por los números 7º y 8º del artículo 74, se declararán y pagarán en el primer caso, dentro de los cinco días hábiles siguientes a la retención, sin reajuste alguno desde la fecha de retención respectiva, lo que se entenderá que ocurre cuando se produce el pago de interés al inversionista; y en el segundo, dentro del mes de enero siguiente al término del ejercicio en que se devengaron los intereses respectivos, sin perjuicio de lo dispuesto por el artículo 69 del Código Tributario.

Artículo 80º.- Si el monto total de la cantidad que se debe retener por concepto de un impuesto de categoría de aquellos que deben enterarse mensualmente, resultare inferior a la décima parte de una unidad tributaria mensual, la persona que deba retener o pagar dicho impuesto podrá hacer la declaración de seis meses conjuntamente.

Artículo 81º.- El impuesto sobre los premios de lotería será retenido por la oficina principal de la empresa o sociedad que los distribuya y enterado en la Tesorería fiscal correspondiente, dentro de los quince días siguientes al sorteo.

Artículo 82º.- Los impuestos sujetos a retención se adeudarán desde que las rentas se paguen, se abonen en cuenta, se contabilicen como gasto, se distribuyan, retiren, remesen o se pongan a disposición del interesado, considerando el hecho que ocurra en primer término, cualquiera que sea la forma de percepción.

Artículo 83º.- La responsabilidad por el pago de los impuestos sujetos a retención en conformidad a los artículos anteriores recaerá únicamente sobre las personas obligadas a efectuar la retención, siempre que el contribuyente a quien se le haya debido retener el impuesto acredite que dicha retención se efectuó. Si no se efectúa la retención, la responsabilidad por el pago recaerá también sobre las personas obligadas a efectuarla, sin perjuicio de que el Servicio pueda girar el impuesto al beneficiario de la renta afecta y de lo dispuesto en el artículo 73.

Párrafo 3° Declaración y pago mensual provisional

Artículo 84°.- Los contribuyentes obligados por esta ley a presentar declaraciones anuales de Primera y/o Segunda Categoría, deberán efectuar mensualmente pagos provisionales a cuenta de los impuestos anuales que les corresponda pagar, cuyo monto se determinará en la forma que se indica a continuación:

a) Un porcentaje sobre el monto de los ingresos brutos mensuales, percibidos o devengados por los contribuyentes que desarrollen las actividades a que se refieren los números 1°, 3°, 4° y 5° del artículo 20, que declaren impuestos sobre renta efectiva. Para la determinación del monto de los ingresos brutos mensuales se estará a las normas del artículo 29.

El porcentaje aludido en el inciso anterior se establecerá sobre la base del promedio ponderado de los porcentajes que el contribuyente debió aplicar a los ingresos brutos mensuales del ejercicio comercial inmediatamente anterior, pero debidamente incrementado o disminuido en la diferencia porcentual que se produzca entre el monto total de los pagos provisionales obligatorios, actualizados conforme al artículo 95, y el monto total del impuesto de primera categoría que debió pagarse por el ejercicio indicado, sin considerar el reajuste del artículo 72.

Si el monto de los pagos provisionales obligatorios hubiera sido inferior al monto del impuesto anual indicado en el inciso anterior, la diferencia porcentual incrementará el promedio de los porcentajes de pagos provisionales determinados. En el caso contrario, dicha diferencia porcentual disminuirá en igual porcentaje el promedio aludido.

El porcentaje así determinado se aplicará a los ingresos brutos del mes en que deba presentarse la declaración de renta correspondiente al ejercicio comercial anterior y hasta los ingresos brutos del mes anterior a aquél en que deba presentarse la próxima declaración de renta.

En los casos en que el porcentaje aludido en el inciso anterior no sea determinable, por haberse producido pérdidas en el ejercicio anterior o no pueda determinarse por tratarse del primer ejercicio comercial o por otra circunstancia, se considerará que dicho porcentaje es de un 1%.

Las ventas que se realicen por cuenta de terceros no se considerarán, para estos efectos, como ingresos brutos. En el caso de prestación de servicios, no se considerarán entre los ingresos brutos las cantidades que el contribuyente reciba de su cliente como reembolso de pagos hechos por cuenta de dicho cliente, siempre que tales pagos y los reembolsos a que den lugar se comprueben con documentación fidedigna y se registren en la contabilidad debidamente individualizados y no en forma global o estimativa;

Sin perjuicio de lo anterior, cuando el contribuyente experimente cambios relevantes en sus ingresos, costos o gastos que afecten o puedan afectar significativamente la renta líquida del ejercicio, podrá recalcular la tasa de los pagos provisionales a que se refiere esta letra. Para este efecto se considerarán las siguientes reglas:

i) La disminución o aumento de la renta líquida estimada de manera provisional determinada de acuerdo al literal siguiente, deberá ser al menos de un 30% respecto del monto de dicho concepto determinado por el trimestre que finaliza el 31 de marzo, 30 de junio o 30 de septiembre del mismo ejercicio, según corresponda, de acuerdo a los registros contables respectivos.

ii) La renta líquida provisional a que se refiere el numeral i) anterior se preparará de acuerdo a las reglas generales de determinación de la renta líquida, sin considerar ajustes de corrección monetaria ni determinar partidas a que se refiere el artículo 21 y constituirán un estado de situación de conformidad al artículo 60 del Código Tributario.

iii) La nueva tasa de pago provisional se determinará multiplicando la tasa de pago provisional mensual que debió utilizar el contribuyente en el trimestre inmediatamente anterior por uno más el porcentaje de variación determinado conforme al numeral i) anterior.

iv) La nueva tasa se utilizará respecto de los ingresos brutos que se perciban o devenguen a contar del mes siguiente de la fecha que corresponda a la determinación que permite este párrafo.

v) Los contribuyentes que recalculen sus pagos provisionales mensuales por aplicación de este inciso deberán mantener a disposición del Servicio de Impuestos Internos los antecedentes de la renta líquida provisional del trimestre respectivo mediante el expediente electrónico.

vi) El Servicio, mediante una o más resoluciones, establecerá las reglas necesarias para facilitar y hacer efectiva esta opción.

b) 17% sobre el monto de los ingresos mensuales percibidos por los contribuyentes que desempeñen profesiones liberales, por los auxiliares de la administración de justicia respecto de los derechos que conforme a la ley obtienen del público y por los profesionales Contadores, Constructores y Periodistas, con o sin título universitario. La misma tasa anterior se aplicará para los contribuyentes que desempeñen cualquier otra profesión u ocupación lucrativa y para las sociedades de profesionales;

c) 3% sobre el monto de los ingresos brutos de los talleres artesanales u obreros a que se refiere el artículo 26°. Este porcentaje será del 1,5% respecto de dichos talleres que se dediquen a la fabricación de bienes en forma preponderante;

d) Salvo los contribuyentes mencionados en la letra a) de este artículo, los mineros sometidos a las disposiciones de la presente ley darán cumplimiento al pago mensual obligatorio, con las retenciones a que se refiere el número 6° del artículo 74;

e) 0,3% sobre el precio corriente en plaza de los vehículos a que se refiere el artículo 34, respecto de los contribuyentes mencionados en dicha disposición sujetos al régimen de renta presunta. Se excepcionarán de esta obligación las personas naturales cuya presunción de renta determinada en cada mes del ejercicio comercial respectivo, sobre el conjunto de los vehículos que exploten, no exceda de una unidad tributaria anual;

f) Derogada.

g) Derogada.

h) Derogada[24].

i) Derogada.

---

[24] Eliminada por la ley N° 21.591, publicada el 10 de agosto de 2023 en el Diario Oficial. Obligación de pagar pagos provisionales mensuales a contribuyentes del artículo 64 bis.

La tasa que se determine conforme a este párrafo, se aplicará a los ingresos brutos del mes en que deba presentarse la declaración de renta correspondiente al ejercicio comercial anterior y hasta los ingresos brutos del mes anterior a aquel en que deba presentarse la próxima declaración de renta.

Para los fines indicados en este artículo, no formarán parte de los ingresos brutos el reajuste de los pagos provisionales contemplados en el Párrafo 3° de este Título, las rentas gravadas en el extranjero a que se refiere el artículo 41 A y el ingreso bruto a que se refieren los incisos segundo al sexto del artículo 15 y las rentas señaladas en la letra a), del número 2, del artículo 33.

Artículo 85°.- Derogado.

Artículo 86°.- Los contribuyentes que durante un ejercicio comercial obtengan ingresos brutos correspondientes a rentas total o parcialmente exentas del impuesto de primera categoría, y que no las hubieran obtenido en el ejercicio comercial anterior, podrán reducir la tasa de pago provisional obligatorio a que se refiere el artículo 84 letra a), en la misma proporción que corresponda a los ingresos exentos dentro de los ingresos totales de cada mes en que ello ocurra. La tasa así reducida se aplicará únicamente en el mes o meses en que se produzca la situación aludida. Para estos efectos, no se considerarán rentas exentas, aquellas señaladas en la letra a), del número 2, del artículo 33.

Artículo 87°.- Derogado.

Artículo 88°.- Los contribuyentes sometidos obligatoriamente al sistema de pagos provisionales mensuales podrán efectuar pagos voluntarios por cualquier cantidad, de un modo esporádico o permanente. Estos pagos provisionales voluntarios podrán ser imputados por el contribuyente al cumplimiento de los posteriores pagos provisionales obligatorios que correspondan al mismo ejercicio comercial, gozando del reajuste a que se refiere el artículo 95° hasta el último día del mes anterior al de su imputación.

Los contribuyentes en general, no sometidos obligatoriamente al sistema de pagos provisionales mensuales, podrán efectuar pagos provisionales de un modo permanente o esporádico, por cualquier cantidad, a cuenta de alguno o de todos los impuestos a la renta de declaración o pago anual.

Los contribuyentes del N° 1, del artículo 42° que obtengan rentas de más de un empleador, patrón o pagador simultáneamente, podrán solicitar a cualquiera de los respectivos habilitados o pagadores que les retenga una cantidad mayor que la que les corresponde por concepto de impuesto único de segunda categoría, la que tendrá el carácter de un pago provisional voluntario.

Artículo 89°.- El impuesto retenido en conformidad a lo dispuesto en el N° 2 del artículo 74° tendrá el carácter de pago provisional y se dará de crédito al pago provisional que debe efectuarse de acuerdo con la letra b), del artículo 84°. Si la retención del impuesto hubiere afectado a la totalidad de los ingresos percibidos en un mes, no habrá obligación de presentar declaración de pago provisional por el período correspondiente.

Artículo 90°.- Los contribuyentes de la primera categoría que en un año comercial obtuvieran pérdidas para los efectos de declarar dicho impuesto, podrán suspender los pagos provisionales correspondientes a los ingresos brutos del primer trimestre del año comercial siguiente. Si la situación de pérdida se mantiene en el primer, segundo y tercer trimestre de dicho ejercicio comercial, o se produce en alguno de los citados trimestres, podrán suspender los pagos provisionales correspondientes a los ingresos brutos del trimestre siguiente a aquél en que la pérdida se produjo. Producida utilidad en algún trimestre, deberán reanudarse los pagos provisionales correspondientes a los ingresos brutos del trimestre inmediatamente siguiente.

Los contribuyentes que se encuentren en situación de suspender los pagos provisionales mensuales deberán mantener un estado de pérdidas y ganancias acumuladas hasta el trimestre respectivo a disposición del Servicio de Impuestos Internos. Este estado de pérdidas y ganancias deberá ajustarse de acuerdo a las reglas que esta ley establece para el cálculo de la renta líquida imponible de primera categoría, incluyendo la consideración de pérdidas de arrastre, si las hubiere, y los ajustes derivados del mecanismo de la corrección monetaria.

La confección de un estado de pérdidas y ganancias maliciosamente incompleto o falso, dará lugar a la aplicación del máximo de las sanciones contempladas en el artículo 97, número 4°, del Código Tributario, sin perjuicio de los intereses penales y reajustes que procedan por los pagos provisionales no efectuados[25].

Artículo 91°.- El pago del impuesto provisional mensual se realizará directamente en Tesorería, entre el 1° y el 12 del mes siguiente al de obtención de los ingresos.

No obstante, los contribuyentes mencionados en la letra e) del artículo 84° podrán acumular los pagos provisionales obligatorios hasta por 4 meses e ingresarlos en Tesorería entre el 1° y el 12 (24-a-a-1) de abril, agosto y diciembre, respectivamente.

Los pagos voluntarios se podrán efectuar en cualquier día hábil del mes.

Artículo 92°.- Derogado.

Artículo 93°.- El impuesto provisional pagado en conformidad con los artículos anteriores por el año calendario o período de balance, deberá ser imputado en orden sucesivo, para pagar las siguientes obligaciones tributarias:

1°.- Impuesto a la renta de Categoría, que debe declararse en el mes de abril, (24-a-b) por las rentas del año calendario anterior o en otra fecha, señalada por la Ley de la Renta.

---

[25] La ley N° 21.591, Ley sobre Royalty a la Minería, publicada el 10 de agosto del 2023, en el Diario Oficial, suprimió el inciso final del artículo 90, el que disponía: "Lo dispuesto en este artículo será también aplicable a los contribuyentes señalados en la letra h) del artículo 84, pero la suspensión de los pagos provisionales sólo procederá en el caso que la renta imponible operacional, anual o trimestral según corresponda, a que se refiere el artículo 64 bis, no exista o resulte negativo el cálculo que allí se establece".

2. Impuesto establecido en la Ley sobre Royalty a la Minería[26].

3°.- Suprimido.

4°.- Impuesto Global Complementario o Adicional que deben declarar los contribuyentes individuales, por las rentas del año calendario anterior, y

5°.- Otros impuestos de declaración anual.

Artículo 94°.- El impuesto provisional pagado por sociedades de personas deberá ser imputado en orden sucesivo a las siguientes obligaciones tributarias:

1°.- Impuesto a la renta de Categoría, que debe declararse en el mes de abril, por las rentas del año calendario anterior o en otra fecha, señalada por la Ley de la Renta.

2. Impuesto establecido en la Ley sobre Royalty a la Minería[27].

3°.- Impuesto Global Complementario o Adicional que deban declarar los socios de sociedades de personas. En este caso, aquella parte de los pagos provisionales que se imputen por los socios se considerará para todos los efectos de esta ley, como retiro efectuado en el mes en que se realice la imputación.

4°.- Derogado.

5°.- Otros impuestos de declaración anual.

Artículo 95°.- Para los efectos de realizar las imputaciones de los pagos provisionales, éstos se reajustarán de acuerdo con el porcentaje de variación que haya experimentado el Índice de Precios al Consumidor entre el último día del mes anterior a la fecha de ingreso en arcas fiscales de cada pago provisional y el último día del mes anterior a la fecha del balance respectivo, o del cierre del ejercicio respectivo. En ningún caso se considerará el reajuste establecido en el artículo 53° del Código Tributario.

---

26 Modificación introducida por la ley N° 21.591, publicada el 10 de agosto de 2023 en el Diario Oficial.

27 Modificación introducida por la ley N° 21.591, publicada el 10 de agosto de 2023 en el Diario Oficial.

En los casos de balances o ejercicios cerrados en fecha anterior al mes de Diciembre, los excedentes de pagos provisionales que se produzcan después de su imputación al impuesto de categoría y al impuesto del artículo 21°, cuando proceda, se reajustarán de acuerdo con el porcentaje de variación experimentado por el Índice de Precios al Consumidor en el período comprendido entre el segundo mes anterior al del balance y/o cierre del ejercicio respectivo y el mes de Octubre del año correspondiente, para su imputación al impuesto Global Complementario o Adicional a declararse en el año calendario siguiente.

Artículo 96°.- Cuando la suma de los impuestos anuales a que se refieren los artículos anteriores, resulte superior al monto de los pagos provisionales reajustados en conformidad al artículo 95°, la diferencia adeudada deberá reajustarse de acuerdo con el artículo 72° y pagarse en una sola cuota al instante de presentar la respectiva declaración anual.

Artículo 97°.- El saldo que resultare a favor del contribuyente de la comparación referida en el artículo 96, le será devuelto por el Servicio de Tesorerías dentro de los 30 días siguientes a la fecha en que venza el plazo normal para presentar la declaración anual del impuesto a la renta.

En aquellos casos en que la declaración anual se presente con posterioridad al período señalado, cualquiera sea su causa, la devolución del saldo se realizará por el Servicio de Tesorerías dentro del mes siguiente a aquél en que se efectuó dicha declaración.

Para los efectos de la devolución del saldo indicado en los incisos anteriores, éste se reajustará previamente de acuerdo con el porcentaje de variación experimentado por el Índice de Precios al Consumidor en el período comprendido entre el último día del mes anterior al del balance, término del año calendario o comercial y el último día del mes en que se declare el impuesto correspondiente.

En caso que el contribuyente dejare de estar afecto a impuesto por término de su giro o actividades y no existiere otro impuesto al cual imputar el respectivo saldo a favor, deberá solicitarse su devolución ante el Servicio de Impuestos Internos, en cuyo caso el reajuste se calculará en la forma señalada en el inciso tercero, pero sólo hasta el último día del mes anterior al de devolución.

El Servicio de Tesorerías podrá efectuar la devolución a que se refieren los incisos precedentes, mediante depósito en la cuenta corriente, de ahorro a plazo o a la vista que posea el contribuyente. Cuando el contribuyente no tenga alguna de las cuentas referidas o el Servicio de Tesorerías carezca de información sobre aquellas, la devolución podrá efectuarse mediante la puesta a disposición del contribuyente de las sumas respectivas mediante vale vista bancario o llevarse a cabo a través de un pago directo por caja en un banco o institución financiera habilitados al efecto.

El contribuyente que perciba una cantidad mayor a la que le corresponda deberá restituir la parte indebidamente percibida, reajustada ésta, previamente, según el porcentaje de variación del Índice de Precios al Consumidor experimentado entre el último día del mes anterior al de devolución y el último día del mes anterior al reintegro efectivo; más un interés del 1,5% mensual por cada mes o fracción del mes, sin perjuicio de aplicar las sanciones que establece el Código Tributario en su artículo 97, Nº 4 cuando la devolución tenga su origen en una declaración o solicitud de devolución, maliciosamente falsa o incompleta.

Sin embargo, no se devengará interés sobre la restitución de la parte indebidamente percibida, cuando dicha circunstancia se haya debido a una causa imputable al Servicio de Impuestos Internos o Tesorería, lo cual deberá ser declarado por el respectivo Director Regional o Tesorero Regional o Provincial en su caso.

Artículo 98º.- El pago provisional mensual será considerado, para los efectos de su declaración, pago y aplicación de sanciones, como impuesto sujeto a retención y, en consecuencia, le serán aplicables todas las disposiciones que al respecto rigen en este Título y en el Código Tributario.

Artículo 99º.- Las declaraciones y pagos provisionales deberán registrarse en una cuenta especial, dentro de la contabilidad del contribuyente.

Artículo 100°.- Facúltase al Presidente de la República para reducir porcentajes establecidos en el artículo 84° de este párrafo y/o para modificar la base imponible sobre la cual ellos se aplican, cuando la rentabilidad de un sector de la economía o de una actividad económica determinada así lo requiera para mantener una adecuada relación entre el pago provisional y el monto definitivo del impuesto. En uso de esta facultad se podrán fijar porcentajes distintos por ramas industriales y sectores comerciales. Esta facultad se ejercerá previo informe del Servicio de Impuestos Internos y los porcentajes que se determinen entrarán a regir a contar de la fecha que se indique en el decreto supremo que los establezca.

Párrafo 4° De los informes obligatorios

Artículo 101°.- Las personas naturales o jurídicas que estén obligadas a retener el impuesto, deberán presentar al Servicio o a la oficina que éste designe, antes del 15 de marzo de cada año, un informe en que expresen con detalles los nombres y direcciones de las personas a las cuales hayan efectuado durante el año anterior el pago que motivó la obligación de retener, así como el monto de la suma pagada y de la cantidad retenida en la forma y cumpliendo las especificaciones que indique la Dirección. No obstante, la Dirección podrá liberar del referido informe a determinadas personas o grupos de personas o respecto de un determinado tributo sujeto a retención.

Iguales obligaciones pesarán sobre:

a) Las personas que paguen rentas o cualquier otro producto de acciones, incluso de acciones al portador;

b) Los Bancos o Bolsas de Comercio por las rentas o cualquier otro producto de acciones nominativas que, sin ser de su propiedad, figuren inscritas a nombre de dichas instituciones;

c) Los que paguen rentas a personas sin domicilio ni residencia en Chile.

Sin perjuicio de lo dispuesto en los incisos anteriores, las mismas personas obligadas a retener el impuesto de Segunda Categoría sobre las rentas gravadas en el N° 1 del artículo 42°, quedarán también obligadas a certificar por cada persona, en la forma y oportunidad que determine la

Dirección, el monto total de las rentas del citado Nº 1 del artículo 42º que se le hubiere pagado en el año calendario, los descuentos que se hubieren hecho de dichas rentas por concepto de leyes sociales y, separadamente, por concepto de impuesto de Segunda Categoría, y el número de personas por las cuales se le pagó asignación familiar. Esta certificación se hará sólo a petición del respectivo empleado, obrero o pensionado, para acompañarlo a la declaración que exigen los números 3 y 5 del artículo 65º. El incumplimiento de esta obligación, la omisión de certificar parte de las rentas o la certificación de cantidades no descontadas por concepto de leyes sociales y/o de impuesto de segunda categoría se sancionará con la multa que se establece en el inciso primero del Nº 6 del artículo 97º del Código Tributario, por cada infracción.

A la obligación establecida en el inciso primero quedarán sometidos los Bancos e Instituciones Financieras respecto de los intereses u otras rentas que paguen o abonen a sus clientes, durante el año inmediatamente anterior a aquél en que deba presentarse el informe, por operaciones de captación de cualquier naturaleza que éstos mantengan en dichas instituciones y el Banco Central de Chile respecto de las operaciones de igual naturaleza que efectúe. Dicho informe deberá ser presentado antes del 15 de marzo de cada año y deberá cumplir con las exigencias que al efecto establezca el Servicio de Impuestos Internos.

Artículo 102º.- Cuando con motivo de revisiones efectuadas por el Servicio de Impuestos Internos se constataren indicios de que un contribuyente podría estar infringiendo las disposiciones de la Ley de Cambios Internacionales o las normas impuestas por el Comité Ejecutivo del Banco Central de Chile, la Dirección Regional respectiva deberá comunicar oportunamente los antecedentes del caso al Banco Central de Chile, a fin de que éste adopte las medidas correspondientes.

Párrafo 5º Disposiciones varias

Artículo 103º.- Los contribuyentes que dejaren de estar afectos al impuesto Global Complementario en razón de que perderán su domicilio y residencia deberán declarar y pagar la parte del impuesto devengado correspondiente al año calendario de que se trate antes de ausentarse del país.

En tal caso, los créditos contra el impuesto, contemplados en los números 1° y 2° del artículo 56° se concederán en forma proporcional al período a que corresponden las rentas declaradas. Asimismo, se aplicarán proporcionalmente las unidades tributarias referidas en los artículos 52° y 57°.

La prescripción de las acciones del Fisco por impuestos se suspende en caso que el contribuyente se ausente del país por el tiempo que dure la ausencia.

Transcurridos diez años no se tomará en cuenta la suspensión del inciso anterior.

TÍTULO VI. DISPOSICIONES ESPECIALES RELATIVAS AL MERCADO DE CAPITALES

Artículo 104°.- No obstante lo dispuesto en el artículo 17°, número 8°, no constituirá renta el mayor valor obtenido en la enajenación de los instrumentos de deuda de oferta pública a que se refiere este artículo, siempre que se cumpla con los requisitos indicados en los siguientes números 1 y 2:

1.- Instrumentos beneficiados.

Podrán acogerse a las disposiciones de este artículo los instrumentos que cumplan con los siguientes requisitos copulativos:

a) Que se trate de instrumentos de deuda de oferta pública previamente inscritos en el Registro de Valores conforme a la ley N° 18.045.

b) Que hayan sido emitidos en Chile.

c) Que se establezca, en la respectiva escritura de emisión, que los instrumentos se acogerán a lo dispuesto en este artículo y que, además de la tasa de cupón o de carátula, se determine, para cada colocación y después de cada una de ellas, una tasa de interés fiscal para efectos del cálculo de los intereses devengados conforme al inciso segundo, del número 2, del artículo 20.

d) Que se trate de instrumentos que contemplen al menos un pago de interés o cupón por año, cuyo valor porcentual no sea inferior a 1/25 veces el valor de la tasa de interés fiscal.

La tasa de interés fiscal aludida en el párrafo anterior corresponderá a la tasa de colocación anual del instrumento, la que se expresa en porcentaje y que en la fórmula que se describe a continuación, se identifica como "TF". Esta tasa corresponderá al número positivo que permita cumplir la siguiente igualdad:

$$\text{Precio de transacción} = \sum_{t=fc}^{N} F_t * \frac{1}{(1+TF)^{\frac{t-fc}{365}}}$$

La fórmula precedente es una identidad que indica que el precio del instrumento colocado corresponde a la suma del valor presente de cada flujo de caja "F" que el emisor del instrumento se compromete a pagar en cada fecha "t" y hasta el vencimiento del instrumento en la fecha "N".

El valor presente de cada flujo de caja F que el instrumento se compromete a pagar en una determinada fecha t corresponde al flujo de caja F, multiplicado por un factor de descuento que corresponde al inverso de la suma de 1 más la tasa anual de colocación del instrumento "TF" elevada al número que resulte de dividir los días transcurridos entre la fecha en que ocurre el flujo respectivo y la fecha de colocación "fc" (t-fc), por 365.

De acuerdo a lo anterior, las variables intervinientes en la ecuación indicada anteriormente se definen de la siguiente manera:

TF = Tasa fiscal por determinar y corresponde a la tasa de colocación del instrumento. Esta tasa se expresa en porcentaje.

= Sumatoria desde la fecha de colocación del instrumento, fecha que definimos como "fc", hasta el vencimiento del instrumento en la fecha "N".

$$\sum_{t=fc}^{N}$$

Ft = Flujo de caja (que incluye cupón y, o amortización de capital) que promete pagar el instrumento al tenedor de éste en una fecha "t", según la tabla de desarrollo del instrumento, expresados como porcentaje del valor nominal.

t = Fecha de ocurrencia de un flujo de caja.

Precio de transacción = Relación expresada en porcentaje, entre la suma de dinero desembolsada por el o los inversionistas para adquirir el monto colocado por el emisor respecto a su valor nominal.

No obstante lo anterior, una o varias colocaciones de la misma emisión, posteriores a la primera, tendrán la misma tasa de interés fiscal que aquella, sólo si su respectiva tasa de colocación es menor o igual a la tasa de interés fiscal de la primera colocación, en cuyo caso se aplicará la tasa de interés fiscal correspondiente a la colocación inicial, siempre que, previo a la respectiva colocación, el emisor haya informado a la Comisión para el Mercado Financiero, en la forma que ésta determine mediante norma de carácter general, que acogerá dicha colocación a lo dispuesto en este inciso. En todo caso, dicha norma de carácter general deberá incluir la forma de identificar las colocaciones que tengan tasa fiscal distinta de una misma emisión.

En caso de aumentar el monto emitido de una misma serie de títulos que cumplan copulativamente los requisitos señalados en las letras a), b) y c) precedentes, a través de una reapertura, de la cual se deje constancia en la escritura de emisión, el nuevo monto emitido y sus respectivas colocaciones, tendrán la misma tasa de interés fiscal de la primera colocación, sólo si la tasa de colocación de cada una de ellas es menor o igual a la tasa de interés fiscal de la primera colocación de la emisión de la serie original, y siempre que el emisor haya informado a la Comisión para el Mercado Financiero, en la forma que ésta determine mediante norma de carácter general, que acogerá dicha emisión a lo dispuesto en este inciso. En este caso podrá aplicarse lo dispuesto en el inciso precedente, cumpliéndose los requisitos que allí se establecen, respecto de las sucesivas colocaciones de la misma reapertura.

La tasa de interés fiscal será informada después de cada colocación, dentro del mismo día, por el emisor de los títulos a la Comisión para el Mercado Financiero, quien mantendrá un registro público de dichas tasas.

2.- Contribuyentes beneficiados.

Podrán acogerse a las disposiciones de este artículo, los contribuyentes que enajenen los instrumentos a que éste se refiere, cumpliendo con lo señalado en las letras a) o b) siguientes:

a) Que entre la fecha de adquisición y enajenación de los instrumentos haya transcurrido a lo menos un año, o bien, el plazo inferior o la liberación de transcurrir un plazo, según se fije mediante decreto expedido bajo la fórmula "Por orden del Presidente de la República" por el Ministerio de Hacienda. En el caso de la primera dictación, de la modificación o reemplazo del señalado decreto, el plazo de permanencia que regirá para aquellos tenedores de bonos que hayan adquirido los títulos con anterioridad a su entrada en vigencia, será el menor entre el que falte por completar para cumplir con el que establece la ley o, en su caso, el que señala el decreto vigente al momento de la compra, y el plazo que señale el nuevo decreto que se dicte.

b) Que hayan adquirido y enajenado los instrumentos en una Bolsa local, en un procedimiento de subasta continua que contemple un plazo de cierre de las transacciones que permita la activa participación de todos los intereses de compra y de venta, el que, para efectos de este artículo, deberá ser previamente autorizado por la Comisión para el Mercado Financiero y el Servicio de Impuestos Internos mediante resolución conjunta. Además, que hayan adquirido y enajenado los instrumentos por intermedio de un corredor de bolsa o agente de valores registrado en la Comisión para el Mercado Financiero, excepto en el caso de los bancos, en la medida que actúen de acuerdo a sus facultades legales.

Tratándose de contribuyentes sin domicilio ni residencia en el país, deberán contratar o designar un representante, custodio, intermediario, depósito de valores u otra persona domiciliada o constituida en el país, que sea responsable de cumplir con las obligaciones tributarias que pudiesen afectarlos. El representante, custodio, intermediario, depósito de valores o quién haya sido contratado o designado, deberá proveer la información que el Servicio de Impuestos Internos les requiera, en la oportunidad y plazos que éste fije.

3.- Disposiciones especiales relativas a los pagos anticipados.

En el caso del pago anticipado o rescate por el emisor del todo o parte de los instrumentos de deuda a que se refiere este artículo, se considerarán intereses todas aquellas sumas pagadas por sobre el saldo del capital adeudado, además de los intereses referidos en el artículo 20, número 2, inciso tercero. Para los efectos de esta ley, los intereses a que se refiere este número se entenderán devengados en el ejercicio en que se produzca el pago anticipado o rescate.

Lo dispuesto en este numeral no tendrá aplicación tratándose de los instrumentos de deuda incorporados en la nómina señalada en el número 4 de este artículo, incluido su canje por instrumentos de deuda correspondientes al mismo emisor, los cuales se regirán por las reglas generales.

4.- Los instrumentos emitidos por el Banco Central de Chile o por la Tesorería General de la República podrán acogerse a lo dispuesto en este artículo aunque no cumplan con uno o más de los requisitos señalados en el número 1 y 2 anteriores, siempre que los respectivos títulos se encuentren incluidos en la nómina de instrumentos elegibles que, para estos efectos, establecerá el Ministro de Hacienda mediante decreto supremo expedido bajo la fórmula "Por orden del Presidente de la República", y que cumplan con las características y condiciones que en el mismo se definan, incluyendo la tasa de interés fiscal. Respecto de estos instrumentos procederá solamente la retención señalada en el número 7° del artículo 74. Tratándose de los instrumentos emitidos por el Banco Central de Chile, su inclusión en dicha nómina de instrumentos elegibles deberá ser previamente solicitada por dicho organismo.

Respecto de los instrumentos a que se refiere este número, los requisitos dispuestos en la letra b) del número 2 se entenderán cumplidos cuando la adquisición o enajenación tenga lugar en alguno de los sistemas establecidos por el Banco Central de Chile o por el Ministerio de Hacienda, según corresponda, para operar con las instituciones o agentes que forman parte del mercado primario de dichos instrumentos de deuda. Asimismo, tales requisitos se entenderán cumplidos cuando se trate de adquisiciones o enajenaciones de instrumentos elegibles que correspondan a operaciones de compra de títulos con pacto de retroventa que efectúe el Banco Central de Chile con las empresas bancarias.

5.- Disposiciones relativas a deberes de información, sanciones y normas complementarias.

El emisor de los instrumentos a que se refiere este artículo, los depósitos de valores donde tales instrumentos estén depositados, las bolsas de valores del país que los acepten a cotización, los representantes de los tenedores de tales instrumentos, los custodios, intermediarios u otras personas responsables de cumplir con las obligaciones tributarias que pudiesen afectar a los contribuyentes tenedores, u otras personas que hayan participado en estas operaciones, deberán declarar al Servicio de Impuestos Internos, en la forma y plazo que éste determine mediante resolución, las características de dichas operaciones, individualizando a las partes e intermediarios que hayan intervenido, los valores de emisión y colocación de los instrumentos, si se efectuara la retención del impuesto a los intereses devengados de acuerdo a lo dispuesto en los números 7° u 8° del artículo 74 y las demás materias que establezca, asimismo, dicho Servicio. La no presentación de esta declaración o su presentación tardía, incompleta o errónea, será sancionada con la multa establecida en el número 1°, del artículo 97, del Código Tributario, conforme al procedimiento del artículo 165, número 2°, del mismo cuerpo legal.

La emisión o utilización de declaraciones maliciosamente falsas, se sancionarán en la forma prevista en el inciso primero, del número 4°, del artículo 97 del Código Tributario.

En caso que la información que se suministre conforme al presente número resultare ser falsa, o cuando la enajenación no se hubiere adecuado a las condiciones de mercado al tiempo de su realización, el inversionista o su administrador quedarán afectos a una multa de hasta el 20% del monto de las inversiones realizadas en el país, no pudiendo, en todo caso, dicha multa ser inferior al equivalente a 20 unidades tributarias anuales, la que podrá hacerse efectiva sobre el patrimonio del inversionista, sin perjuicio del derecho de éste contra el administrador. Las personas que hayan sido contratadas para los efectos de cumplir con las obligaciones tributarias provenientes de la tenencia o enajenación de los instrumentos de deuda de oferta pública a que se refiere este artículo, serán solidariamente responsables de esta multa, salvo que, cuando se haya aplicado con motivo de la entrega de información falsa, acrediten que las declaraciones de que se trate se fundaron en documentos proporcionados por el inversionista, o su administrador correspondiente, o que no tuvo incidencia en la inadecuación de la operación a las condiciones de mercado, y que el representante o intermediario no estuvo en condiciones de verificar en el giro ordinario de sus negocios. La multa que se establece en el presente párrafo se aplicará conforme al procedimiento del artículo 165, número 2°, del Código Tributario.

El Servicio de Impuestos Internos podrá aplicar, respecto de las operaciones que establece este artículo, lo dispuesto en el artículo 17, N° 8, inciso quinto, de la presente ley y en el artículo 64 del Código Tributario, en cuyo caso, la diferencia que se determine entre el precio o valor de la operación y el de la tasación se gravará conforme al inciso primero del artículo 21 de esta ley.

6.- Tratamiento de las pérdidas en la enajenación de los instrumentos a que se refiere este artículo.

Las pérdidas obtenidas en la enajenación de los instrumentos a que se refiere este artículo, solamente serán deducibles de los ingresos no constitutivos de renta del contribuyente.

Artículo 105°.- Los contribuyentes del Impuesto de Primera Categoría que determinen su renta efectiva según contabilidad completa, que cedan o prometan ceder a sociedades securitizadoras establecidas en el Título XVIII de la ley N° 18.045, el todo o parte de los flujos de pago que se generen con posterioridad a la fecha de la cesión y que comprendan más de un ejercicio, provenientes de sus ventas o servicios del giro, para la determinación de los impuestos que establece esta ley, deberán aplicar las siguientes normas:

a) Los ingresos por ventas o servicios del giro correspondientes a los flujos de pago cedidos o prometidos ceder, de los contribuyentes a que se refiere este artículo, se deberán imputar en los ejercicios comprendidos en la cesión en que se perciban o devenguen, conforme a las normas generales de esta ley, deduciéndose también de acuerdo a las mismas normas, los costos y gastos necesarios para la obtención de tales ingresos;

b) Para todos los efectos de esta ley, el cedente deberá considerar como un pasivo la totalidad de las cantidades percibidas, a que tenga derecho a título de precio de la cesión o promesa, en contra de la sociedad securitizadora durante los ejercicios comprendidos por el contrato de cesión o promesa de cesión de flujos de pago. Igualmente, el cedente considerará como un pago del pasivo a que se refiere esta letra, todas las cantidades pagadas a la sociedad securitizadora en cumplimiento de las obligaciones que emanan del contrato de cesión o promesa de cesión de flujos de pago durante los períodos respectivos;

c) El resultado proveniente del contrato de que trata este artículo será determinado por el cedente en cada ejercicio comprendido en el mismo, y será equivalente a la diferencia entre el pasivo que corresponda proporcionalmente a cada ejercicio y los pagos a que se refiere la letra b). En esa misma oportunidad, y de acuerdo a las mismas reglas, la sociedad securitizadora deberá registrar en la contabilidad del patrimonio separado respectivo, los resultados provenientes del contrato a que se refiere este artículo, sin perjuicio que los excedentes obtenidos en la gestión del patrimonio separado no estarán afectos al Impuesto a la Renta en tanto dichos excedentes no sean traspasados al patrimonio común de la sociedad securitizadora.

El Servicio, previa citación, podrá tasar el precio o valor de la cesión a que se refiere este artículo en los casos en que éste sea notoriamente inferior o superior a los corrientes en plaza o de los que normalmente se cobren en convenciones de similar naturaleza considerando las circunstancias en que se realiza la operación.

Artículo 106°.- Derogado.

Artículo 107°[28].- El mayor valor obtenido en la enajenación o rescate, según corresponda, de los valores a que se refiere este artículo, se regirá para los efectos de esta ley por las siguientes reglas:

---

28 Artículo tercero transitorio, ley N° 21.420, señala: "Tratándose de la enajenación de los valores indicados en el artículo 107 de la Ley sobre Impuesto a la Renta

1) Acciones de sociedades anónimas abiertas constituidas en Chile con presencia bursátil.

No obstante lo dispuesto en el artículo 17, número 8, se afectará con un impuesto con tasa de 10%, que tendrá el carácter de impuesto único a la renta, el mayor valor obtenido en la enajenación de acciones emitidas por sociedades anónimas abiertas con presencia bursátil, que cumplan con los siguientes requisitos:

a) La enajenación deberá ser efectuada en: i) una bolsa de valores del país autorizada por la Comisión para el Mercado Financiero, o ii) en un proceso de oferta pública de adquisición de acciones regida por el Título XXV de la ley N° 18.045 o iii) en el aporte de valores acogido a lo dispuesto en el artículo 109;

b) Las acciones deberán haber sido adquiridas en: i) una bolsa de valores del país autorizada por la Comisión para el Mercado Financiero, o ii) en un proceso de oferta pública de adquisición de acciones regida por el Título XXV de la ley N° 18.045, o iii) en una colocación de acciones de primera emisión, con motivo de la constitución de la sociedad o de un aumento de capital posterior, o iv) con ocasión del canje de valores de oferta pública convertibles en acciones, o v) en un rescate de valores acogido a lo dispuesto en el artículo 109, y

c) En el caso previsto en el literal iii), de la letra b), si las acciones se hubieren adquirido antes de su colocación en bolsa, el mayor valor afecto al impuesto único será el que se produzca por sobre el valor superior entre el de dicha colocación o el valor de libros que la acción tuviera el día antes de su colocación en bolsa, quedando en consecuencia afecto a los

---

adquiridos con anterioridad a la entrada en vigencia del artículo 1, para efectos de determinar el mayor valor afecto al impuesto único con tasa de 10%, los contribuyentes con domicilio o residencia en Chile podrán considerar como valor de adquisición y/o aporte, además de las alternativas establecidas en el numeral 7) del referido artículo 107, vigente según la disposición transitoria precedente, el precio de cierre oficial del valor respectivo al 31 de diciembre del año 2021. El precio de cierre se determinará conforme a las instrucciones que para estos efectos imparta la Comisión para el Mercado Financiero, dentro del plazo de noventa días anteriores a la entrada en vigencia del numeral 4 del artículo 1.

impuestos de esta ley, en la forma dispuesta en el artículo 17, el mayor valor que resulte de comparar el valor de adquisición inicial, debidamente reajustado en la forma dispuesta en dicho artículo, con el valor señalado precedentemente. Para determinar el valor de libros se aplicará lo dispuesto en el artículo 130 del decreto supremo Nº 702, de 2011, del Ministerio de Hacienda, que Aprueba el Nuevo Reglamento de Sociedades Anónimas, o el que lo reemplace.

En el caso previsto en el literal iv), de la letra b) anterior, se considerará como precio de adquisición de las acciones el precio asignado en el canje.

2) Cuotas de fondos de inversión.

Lo dispuesto en el numeral 1) será también aplicable a la enajenación, en una bolsa de valores del país autorizada por la Comisión para el Mercado Financiero, de cuotas de fondos de inversión regidos por la ley Nº 20.712, que tengan presencia bursátil. Asimismo, se aplicará a la enajenación en dichas bolsas de las cuotas señaladas que no tengan presencia bursátil o al rescate de tales cuotas cuando el fondo se liquide o sus partícipes acuerden una disminución voluntaria de capital, siempre y cuando se establezca en la política de inversiones de los reglamentos internos, que a lo menos el 90% de la cartera de inversiones del fondo se destinará a la inversión en acciones con presencia bursátil. En ambos casos, para acogerse a lo dispuesto en este artículo, la política de inversiones de este tipo de fondos, contenida en su reglamento interno, deberá establecer la obligación por parte de la administradora de distribuir entre los partícipes la totalidad de los dividendos o distribuciones e intereses percibidos que provengan de los emisores de los valores en que el fondo haya invertido, durante el transcurso del ejercicio en el cual éstos hayan sido percibidos o dentro de los 180 días siguientes al cierre de dicho ejercicio, y hasta por el monto de los beneficios netos percibidos en el ejercicio, según dicho concepto está definido en la Ley 20.712, menos las amortizaciones de pasivos financieros que correspondan a dicho período y siempre que tales pasivos hayan sido contratados con a lo menos 6 meses de anterioridad a dichos pagos.

Lo dispuesto en el párrafo anterior no resultará aplicable a las enajenaciones y rescates, según corresponda, de cuotas de fondos de inversión que dejaren de dar cumplimiento al porcentaje de inversión o a la obligación de distribución contemplados en el reglamento interno respectivo por causas imputables a la administradora o, cuando no siendo imputables a la administradora, dichos incumplimientos no hubieran sido regularizados dentro de los tres meses siguientes de producidos. Se tendrá por incumplido el requisito de porcentaje de inversión, si las inversiones del fondo respectivo en acciones con presencia bursátil resultasen inferiores a un 90% por un período continuo o discontinuo de 30 o más días en un año calendario.

Las administradoras de los fondos deberán certificar anualmente al Servicio de Impuestos Internos, en la forma y plazo que éste lo requiera mediante resolución, el cumplimiento de los requisitos establecidos en este numeral. La emisión de certificados maliciosamente falsos se sancionará conforme a lo dispuesto en el párrafo tercero del número 4° del artículo 97 del Código Tributario.

3) Cuotas de fondos mutuos.

3.1) Cuotas de fondos mutuos cuyas inversiones consistan en valores con presencia bursátil.

Se afectará con un impuesto con tasa de 10%, que tendrá el carácter de impuesto único a la renta, el mayor valor obtenido en la enajenación de cuotas de fondos mutuos de la ley N° 20.712, que cumplan con los siguientes requisitos:

a) La enajenación deberá ser efectuada: i) en una bolsa de valores del país autorizada por la Comisión para el Mercado Financiero o ii) mediante el aporte de valores conforme a lo dispuesto en el artículo 109, o iii) mediante el rescate de las cuotas del fondo;

b) Las cuotas deberán haber sido adquiridas: i) en la emisión de cuotas del fondo respectivo, o ii) en una bolsa de valores del país autorizada por la Comisión para el Mercado Financiero; o iii) en un rescate de valores efectuado de conformidad a lo dispuesto en el artículo 109;

c) La política de inversiones del reglamento interno del fondo respectivo deberá establecer que a lo menos el 90% de su cartera se destinará a la inversión en los valores que tengan presencia bursátil a que se refiere este artículo, y en los valores a que se refiere el artículo 104. Se tendrá por incumplido este requisito si las inversiones del fondo respectivo en tales instrumentos resultasen inferiores a dicho porcentaje por causas imputables a la ejecución de la política de inversiones por parte de la sociedad administradora o, cuando ello ocurra por otras causas, si en este último caso dicho incumplimiento no es subsanado dentro de un período máximo de seis meses contado desde que éste se ha producido. Las administradoras de los fondos deberán certificar al Servicio de Impuestos Internos, en la forma y plazo que éste lo requiera mediante resolución, el cumplimiento de los requisitos a que se refiere esta letra. La emisión de certificados maliciosamente falsos se sancionará conforme a lo dispuesto en el párrafo tercero, del Nº 4º, del artículo 97, del Código Tributario;

d) El reglamento interno del fondo respectivo deberá contemplar la obligación de la sociedad administradora de distribuir entre los partícipes la totalidad de los dividendos percibidos entre la fecha de adquisición de las cuotas y la enajenación o rescate de las mismas, provenientes de los emisores de los valores a que se refiere la letra c) anterior. De igual forma, el reglamento interno deberá contemplar la obligación de distribuir entre los partícipes un monto equivalente a la totalidad de los intereses devengados por los valores a que se refiere el artículo 104 en que haya invertido el fondo durante el ejercicio comercial respectivo, conforme a lo dispuesto en el artículo 20. Esta última distribución deberá llevarse a cabo en el ejercicio siguiente al año comercial en que tales intereses se devengaron, independientemente de la percepción de tales intereses por el fondo o de la fecha en que se hayan enajenado los instrumentos de deuda correspondientes, y

e) La política de inversiones del fondo contenida en su reglamento interno deberá contemplar la prohibición de adquirir valores que en virtud de cualquier acto o contrato priven al fondo de percibir los dividendos, intereses, repartos u otras rentas provenientes de tales valores que se hubiese acordado o corresponda distribuir. La sociedad administradora que infrinja esta prohibición será sancionada con una multa de 1 unidad tributaria anual por cada uno de los valores adquiridos en contravención a dicha prohibición, sin perjuicio de las sanciones que correspondan conforme a lo dispuesto en el Título III del decreto ley N° 3.538, de 1980.

3.2) Cuotas de fondos mutuos con presencia bursátil.

Se afectará con un impuesto con tasa de 10%, que tendrá el carácter de impuesto único a la renta, el mayor valor obtenido en la enajenación de cuotas de fondos mutuos de la ley 20.712, que tengan presencia bursátil y no puedan acogerse al número 3.1) anterior, siempre que se cumplan los siguientes requisitos:

a) La enajenación de las cuotas deberá efectuarse: i) en una bolsa de valores del país autorizada por la Comisión para el Mercado Financiero, o ii) mediante su aporte conforme a lo dispuesto en el artículo 109, o iii) mediante el rescate de las cuotas del fondo cuando se realice en forma de valores conforme a lo dispuesto en el artículo 109;

b) La adquisición de las cuotas deberá efectuarse: i) en la emisión de cuotas del fondo respectivo, o ii) en una bolsa de valores del país autorizada por la Comisión para el Mercado Financiero, o iii) en un rescate de valores efectuado conforme a lo dispuesto en el artículo 109;

c) La política de inversiones del reglamento interno del fondo respectivo deberá establecer que a lo menos el 90% de su cartera se destinará a la inversión en los siguientes valores emitidos en el país o en el extranjero:

c.1) Valores de oferta pública emitidos en el país: i) acciones de sociedades anónimas abiertas constituidas en Chile y admitidas a cotización en a lo menos una bolsa de valores del país; ii) instrumentos de deuda de oferta pública a que se refiere el artículo 104 y valores representativos de deuda cuyo plazo sea superior a tres años admitidos a cotización en a lo menos una bolsa de valores del país que paguen intereses con una periodicidad no superior a un año, y iii) otros valores de oferta pública que generen periódicamente rentas y que estén establecidos en el reglamento que dictará mediante decreto supremo el Ministerio de Hacienda.

c.2) Valores de oferta pública emitidos en el extranjero: Debe tratarse de valores que generen periódicamente rentas tales como intereses, dividendos o repartos, en que los emisores deban distribuir dichas rentas con una periodicidad no superior a un año. Asimismo, tales valores deberán ser ofrecidos públicamente en mercados que, cuenten con estándares al menos similares a los del mercado local, en relación a la revelación de información, transparencia de las operaciones y sistemas institucionales de regulación, supervisión, vigilancia y sanción sobre los emisores y sus títulos. El mismo reglamento fijará una nómina de aquellos mercados que cumplan con los requisitos que establece este párrafo. Se entenderán incluidos en esta letra los valores a que se refiere el inciso final del artículo 11, siempre que cumplan con los requisitos señalados precedentemente.

Se tendrá por incumplido el requisito establecido en esta letra si las inversiones del fondo respectivo en tales instrumentos resultasen inferiores a dicho porcentaje por un período continuo o discontinuo de 30 o más días en un año calendario. Las administradoras de los fondos deberán certificar anualmente al Servicio de Impuestos Internos, en la forma y plazo que éste lo requiera mediante resolución, el cumplimiento de los requisitos a que se refiere esta letra. La emisión de certificados maliciosamente falsos se sancionará conforme a lo dispuesto en el párrafo tercero del número 4° del artículo 97 del Código Tributario;

d) El reglamento interno del fondo respectivo deberá contemplar la obligación de la sociedad administradora de distribuir entre los partícipes la totalidad de los dividendos e intereses percibidos entre la fecha de adquisición de las cuotas y la enajenación o rescate de las mismas, provenientes de los emisores de los valores a que se refiere la letra c) anterior, salvo que se trate de intereses provenientes de los valores a que se refiere el artículo 104. En este último caso, el reglamento interno deberá contemplar la obligación de distribuir entre los partícipes un monto equivalente a la totalidad de los intereses devengados por dichos valores durante el ejercicio comercial respectivo conforme a lo dispuesto en el artículo 20. Esta última distribución deberá llevarse a cabo en el ejercicio siguiente al año comercial en que tales intereses se devengaron, independientemente de la percepción de tales intereses por el fondo o de la fecha en que se hayan enajenado los instrumentos de deuda correspondientes;

e) Cuando se hayan enajenado acciones, cuotas u otros títulos de similar naturaleza con derecho a dividendos o cualquier clase de beneficios, sean éstos provisorios o definitivos, durante los cinco días previos a la determinación de sus beneficiarios, la sociedad administradora deberá distribuir entre los partícipes del fondo un monto equivalente a la totalidad de los dividendos o beneficios a que se refiere esta letra, el que se considerará percibido por el fondo.

Cuando se hayan enajenado instrumentos de deuda dentro de los cinco días hábiles anteriores a la fecha de pago de los respectivos intereses, la sociedad administradora deberá distribuir entre los partícipes del mismo un monto equivalente a la totalidad de los referidos intereses, el que se considerará percibido por el fondo, salvo que provengan de los instrumentos a que se refiere el artículo 104.

En caso de que la sociedad administradora no haya cumplido con la obligación de distribuir a los partícipes las rentas a que se refiere esta letra, dicha sociedad quedará afecta a una multa de hasta un cien por ciento de tales rentas, no pudiendo esta multa ser inferior al equivalente a 1 unidad tributaria anual. La aplicación de esta multa se sujetará al procedimiento establecido en el artículo 165 del Código Tributario. Además, la sociedad administradora deberá pagar por tales rentas un impuesto único y sustitutivo de cualquier otro tributo de esta ley con tasa de 35%. Este impuesto deberá ser declarado y pagado por la sociedad administradora en el mes de abril del año siguiente al año comercial en que debió efectuarse la distribución de tales rentas. Respecto del impuesto a que se refiere este párrafo, no se aplicará lo dispuesto en el artículo 21, y se considerará como un impuesto sujeto a retención para los efectos de la aplicación de sanciones, y

f) La política de inversiones del fondo contenida en su reglamento interno deberá contemplar la prohibición de adquirir valores que en virtud de cualquier acto o contrato priven al fondo de percibir los dividendos, intereses, repartos u otras rentas provenientes de tales valores que se hubiese acordado o corresponda distribuir. La sociedad administradora que infrinja esta prohibición será sancionada con una multa de 1 unidad tributaria anual por cada uno de los valores adquiridos en contravención a dicha prohibición, sin perjuicio de las sanciones que correspondan conforme a lo dispuesto en el Título III del decreto ley N° 3.538, de 1980.

4) Presencia bursátil.

También se aplicará lo dispuesto en este artículo, cuando la enajenación se efectúe dentro de los 90 días siguientes a aquél en que el título o valor hubiere perdido presencia bursátil. En este caso el mayor valor obtenido se afectará con el impuesto único de tasa 10% sólo hasta el equivalente al precio promedio que el título o valor hubiere tenido en los últimos 90 días en que tuvo presencia bursátil. El exceso sobre dicho valor se gravará con los impuestos de primera categoría, global complementario o adicional, según corresponda. Para que proceda lo anterior, el contribuyente deberá acreditar, cuando el Servicio de Impuestos Internos así lo requiera, con un certificado de una bolsa de valores, tanto la fecha de la pérdida de presencia bursátil de la acción, como el valor promedio señalado.

5) Las pérdidas obtenidas en la enajenación, en bolsa o fuera de ella, de los valores a que se refiere este artículo, solamente serán deducibles de los ingresos derivados de la enajenación de valores afectos a la tributación establecida en este artículo, obtenidas por el contribuyente en el mismo ejercicio o en los ejercicios siguientes, en el evento que el contribuyente no registre tales ingresos o éstos sean inferiores a dichas pérdidas. Para estos efectos, las pérdidas se reajustarán de acuerdo con el porcentaje de variación del Índice de Precios al Consumidor en el período comprendido entre el mes anterior al de la enajenación que produjo esas pérdidas y el mes anterior al del cierre del ejercicio que corresponda. En caso de que la pérdida hubiere sido deducida de la base imponible afecta al impuesto de primera categoría, ésta deberá ser agregada en la determinación de la renta líquida imponible, de conformidad con lo dispuesto en la letra e) del número 1 del artículo 33. Con todo, para que proceda esta deducción, las pérdidas deberán acreditarse fehacientemente ante el Servicio de Impuestos Internos.

6) Retención, declaración y pago del impuesto.

El adquirente o corredor de bolsa o agente de valores que actúa por cuenta del vendedor sin domicilio ni residencia en Chile deberá retener el monto del impuesto único al momento en que el precio de enajenación sea pagado, remesado, abonado en cuenta o puesto a disposición del enajenante.

En los casos señalados en el párrafo anterior, la retención se efectuará con la tasa del 10% sobre el mayor valor afecto al impuesto establecido en este artículo, salvo que el adquirente o corredor de bolsa o agente de valores que actúa por cuenta del vendedor sin domicilio ni residencia en Chile, no disponga de información suficiente para efectos de determinar dicho mayor valor, en cuyo caso la retención se practicará con una tasa provisional del 1% sobre el total del precio de enajenación sin deducción alguna.

Las retenciones practicadas conforme a este artículo se enterarán en arcas fiscales en el plazo establecido en la primera parte del artículo 79. Procederá además lo dispuesto en el artículo 83 y en lo que fuere aplicable el número 4 del artículo 74.

El monto del impuesto retenido se dará de abono al total del impuesto único que se determine en los resultados obtenidos en las operaciones reguladas por el presente artículo. Para estos efectos, se aplicará al monto retenido lo establecido en el artículo 75.

Los contribuyentes enajenantes estarán obligados a presentar la declaración anual a que se refiere el artículo 65 y solucionar en dicha oportunidad la diferencia entre las cantidades retenidas y el monto del impuesto aplicable. Si el total de las retenciones practicadas fuere superior al monto del impuesto que efectivamente deba aplicarse en el ejercicio correspondiente, el saldo que resultare a favor del contribuyente le será devuelto según lo establecido en el artículo 97.

Sin perjuicio de lo señalado en el párrafo anterior, si con la retención declarada y pagada se han solucionado íntegramente los impuestos que afectan al contribuyente conforme a este artículo, este último quedará liberado de presentar la referida declaración anual.

7) Determinación del mayor valor.

Para efectos de determinar el mayor valor afecto al impuesto único con tasa de 10%, los contribuyentes con domicilio o residencia en Chile podrán considerar como valor de adquisición y/o aporte, a su elección:

a) El precio de cierre oficial de los valores respectivos, al 31 de diciembre del año de la adquisición, considerando primero los valores más antiguos según su fecha de adquisición, lo que podrá ser propuesto por el Servicio de Impuestos Internos en la declaración de renta del año tributario que corresponda en virtud de la información que dicho Servicio tenga a su disposición.

Dicha propuesta no liberará al contribuyente de complementar, o ajustar la información que corresponda de acuerdo con las normas generales; o

b) El valor de adquisición y/o aporte conforme a las normas generales establecidas en la Ley sobre Impuesto a la Renta.

Por su parte, los contribuyentes sin domicilio ni residencia en Chile, para efectos de determinar el mayor valor afecto al impuesto único con tasa de 10% deberán considerar el valor de adquisición y/o aporte conforme a la letra b) anterior.

8) Efectos del pago del impuesto.

Efectuada la declaración y pago del referido impuesto se entenderá cumplida totalmente la tributación con el impuesto a la renta de las cantidades a que se refiere este artículo, por lo que se deberán anotar como rentas con tributación cumplida en el registro REX o de rentas exentas e ingresos no constitutivos de renta establecido en la letra c) del número 2 de la letra A del artículo 14, y podrán ser retiradas, remesadas o distribuidas conforme a las reglas generales de imputación.

Deberá incorporarse en el registro señalado en el párrafo anterior el resultado neto de las rentas que fueron afectadas con el impuesto único de tasa 10%, es decir, una vez deducidos los costos, gastos y desembolsos que sean imputables al término del ejercicio, según lo establecido en la letra e) del número 1 del artículo 33.

9) Inversionistas institucionales.

Sin perjuicio de lo anterior, no constituirá renta el mayor valor obtenido por inversionistas institucionales, sea que se encuentren domiciliados o residentes en Chile o en el extranjero, en la enajenación de los instrumentos indicados en este artículo que cumplan con los requisitos en él establecidos. Para estos efectos, debe entenderse por inversionista institucional aquellos a que se refiere la letra e) del artículo 4° bis de la ley N° 18.045.

Artículo 108°.- El mayor valor obtenido en el rescate o enajenación de cuotas de fondos mutuos que no se encuentren en las situaciones reguladas por el artículo 107, se considerará renta afecta a las normas de la primera categoría, global complementario o adicional de esta ley, según corresponda, a excepción del que obtengan los contribuyentes que no estén obligados a declarar sus rentas efectivas según contabilidad, el cual estará exento del impuesto de la referida categoría.

El mayor valor se determinará como la diferencia entre el valor de adquisición y el de rescate o enajenación. Para los efectos de determinar esta diferencia, el valor de adquisición de las cuotas se expresará en su equivalente en unidades de fomento según el valor de dicha unidad a la fecha en que se efectuó el aporte y el valor de rescate se expresará en su equivalente en unidades de fomento según el valor de esta unidad a la fecha en que se efectúe el rescate.

Para los efectos de lo dispuesto en este artículo, no se considerará rescate la liquidación de las cuotas de un fondo mutuo que haga el partícipe para reinvertir su producto en otro fondo mutuo que no sea de los descritos en los numerales 3.1 y 3.2 del artículo anterior. Para ello, el partícipe deberá instruir a la sociedad administradora del fondo mutuo en que mantiene su inversión, mediante un poder que deberá cumplir las formalidades y contener las menciones mínimas que el Servicio de Impuestos Internos establecerá mediante resolución, para que liquide y transfiera, todo o parte del producto de su inversión, a otro fondo mutuo administrado por ella o a otra sociedad administradora, quien lo destinará a la adquisición de cuotas en uno o más de los fondos mutuos administrados por ella.

Los impuestos a que se refiere el presente artículo se aplicarán, en el caso de existir reinversión de aportes en fondos mutuos, comparando el valor de las cuotas adquiridas inicialmente por el partícipe, expresadas en unidades de fomento según el valor de dicha unidad el día en que se efectuó el aporte, menos los rescates de capital no reinvertidos efectuados en el tiempo intermedio, expresados en unidades de fomento según su valor el día en que se efectuó el rescate respectivo, con el valor de las cuotas que se rescatan en forma definitiva, expresadas de acuerdo al valor de la unidad de fomento del día en que se efectúe dicho rescate.

Las sociedades administradoras de los fondos mutuos de los cuales se liquiden las cuotas y las administradoras de los fondos mutuos en que se reinviertan los recursos, deberán informar al Servicio de Impuestos Internos en la forma y plazos que éste determine, sobre las inversiones recibidas, las liquidaciones de cuotas no consideradas rescates y sobre los rescates efectuados. Además, las sociedades administradoras de los fondos mutuos de los cuales se realicen liquidaciones de cuotas no consideradas rescates, deberán emitir un certificado en el cual consten los antecedentes que exija el Servicio de Impuestos Internos en la forma y plazos que éste determine.

La no emisión por parte de la sociedad administradora del certificado en la oportunidad y forma señalada en el inciso anterior, su emisión incompleta o errónea, la omisión o retardo de la entrega de la información exigida por el Servicio de Impuestos Internos, así como su entrega incompleta o errónea, se sancionará con una multa de una unidad tributaria mensual hasta una unidad tributaria anual por cada incumplimiento, la cual se aplicará de conformidad al procedimiento establecido en el N° 1 del artículo 165 del Código Tributario.

Artículo 109°.- El mayor o menor valor en el aporte y rescate de valores en fondos cuyo reglamento interno contemple ese tipo de aportes y rescates, se determinará, para efectos tributarios, conforme a las siguientes reglas:

1) Adquisición de cuotas mediante el aporte de valores.

a) El valor de adquisición de las cuotas del fondo para aquellos inversionistas que efectúen aportes en valores, se determinará conforme al valor cuota, definido por el Reglamento de la ley que regule la Administración de Fondos de Terceros y Carteras Individuales.

b) El precio de enajenación de los valores que se aportan corresponderá al valor al que esos títulos o instrumentos fueron valorizados por la administradora del fondo correspondiente al convertir el aporte en cuotas del mismo, y deberá estar contenido en un certificado que al efecto emitirá la administradora del fondo.

2) Rescate de cuotas mediante la adquisición de valores.

a) El valor de rescate de las cuotas del fondo para aquellos inversionistas que lo efectúen mediante la adquisición de valores que formen parte de la cartera del fondo, se determinará en la misma forma señalada en la letra a) del número precedente, y deberá estar contenido en un certificado que al efecto emitirá la administradora del fondo.

b) El valor de adquisición de los títulos o instrumentos mediante los cuales se efectúa el rescate a que se refiere el literal anterior, será aquél empleado por la administradora del fondo respectivo para pagar el rescate en esos valores. Del mismo modo, el valor de tales títulos o instrumentos deberá constar en el certificado que al efecto emitirá la administradora.

Artículo 110°[29].- Para efectos de lo dispuesto en esta ley, constituirán valores con presencia bursátil los que se determinen en conformidad a la ley N° 18.045 de Mercado de Valores.

Sin perjuicio de lo anterior, si la presencia bursátil está dada exclusivamente en virtud de un contrato que asegure la existencia diaria de ofertas de compra y venta de los valores de acuerdo al párrafo tercero de la letra g) del artículo 4 bis de la ley N° 18.045, el tratamiento del mayor valor[30] según las reglas de este Título VI aplicará sólo por el plazo de un año contado desde la primera oferta pública de valores que se realice luego de inscrito el emisor o depositado el reglamento en el correspondiente registro de la Comisión para el Mercado Financiero, según corresponda.

Artículo 2°.- El nuevo texto de la Ley sobre Impuesto a la Renta que se establece en el artículo 1° del presente decreto ley regirá a contar del 1° de enero de 1975, afectando, en consecuencia, a las rentas percibidas

---

29 Art. 26° transitorio, Ley N° 21.210, señala: *"El plazo de un año señalado en el inciso segundo del artículo 110 de la Ley sobre Impuesto a la Renta que se incorpora mediante el artículo segundo de la presente ley, se computará a partir del día primero del mes siguiente a la publicación de esta ley en el Diario Oficial, respecto de los emisores inscritos o de los reglamentos depositados en el correspondiente registro de la Comisión para el Mercado Financiero, con anterioridad a la entrada en vigencia de la presente ley".*

30 La ley N° 21.420, que entró en vigencia el día 1 de abril de 2022, elimina la frase "como un ingreso no constitutivo de renta". Esta norma, de acuerdo al artículo segundo transitorio de la ley N° 21.420, entrará en vigencia transcurridos seis meses contados desde el primer día del mes siguiente de su publicación en el Diario Oficial, y por lo tanto, se aplicará a las enajenaciones efectuadas a partir de dicha fecha.

o devengadas desde esa misma fecha, como asimismo, a las rentas correspondientes a ejercicios financieros finalizados desde dicha fecha.

No obstante, se aplicarán las siguientes normas especiales de vigencia, tratándose de las situaciones que se indican:

1°.- El nuevo texto de la Ley sobre Impuesto a la Renta regirá sobre el mayor valor que se obtenga en enajenaciones de bienes raíces que se efectúen desde el 1° de enero de 1975, cualquiera que sea la fecha del balance del contribuyente; por lo tanto, las enajenaciones realizadas hasta el 31 de diciembre de 1974 se regirán por el texto de la Ley sobre Impuesto a la Renta vigente al 31 de diciembre de 1974.

2°.- El N° 3 del artículo 56° y el artículo 63° regirán desde el año tributario 1977. No obstante, el crédito a que se refiere el artículo 63° regirá desde el 1° de enero de 1976 respecto de las cantidades a que se refiere el N° 2 del artículo 58° que las sociedades anónimas y en comandita por acciones distribuyan o paguen a contar de dicha fecha.

3°.- Las disposiciones del artículo 97°, en cuanto a reajustes de los remanentes de pagos provisionales, regirán respecto de los pagos provisionales efectuados en ejercicios comerciales o períodos de la renta que finalicen a partir del 1° de enero de 1975, y hasta los remanentes originados con motivo de la declaración del año tributario 1978.

4°.- Las normas del artículo 84°, sobre obligación de efectuar pagos provisionales mensuales, regirán a contar de los ingresos brutos del mes de enero de 1975.

Artículo 3°.- A partir de la fecha de vigencia de los preceptos de la nueva ley sobre Impuesto a la Renta, cuyo texto se contiene en el artículo 1° del presente decreto ley, quedarán derogadas las disposiciones de la anterior Ley de Impuesto a la Renta contenida en el artículo 5° de la Ley N° 15.564 y del artículo 12 del decreto ley N° 297, de 1974 y sus modificaciones posteriores.

Artículo 4°.- A partir del 1° de Enero de 1975, respecto de las ventas de minerales que se efectúen desde dicha fecha, los impuestos establecidos en las leyes N° 10.270 y 11.127 pasarán a tener el carácter de mínimos de impuestos a la rente y a favor de la Corporación de la Vivienda, respectivamente. Por consiguiente, desde la fecha indicada los contribuyentes regidos por las leyes mencionadas quedarán sometidos a las disposiciones de la Ley sobre Impuesto, a la Renta, respecto de los ingresos que devenguen desde dicha fecha, sin perjuicio de los impuestos establecidos en las leyes mencionadas en primer término.

Artículo 5°.- Derógase, a partir del año tributario 1976, el impuesto adicional del 6% sobre la renta imponible de las empresas periodísticas y agencias noticiosas, establecido en la letra c) del artículo 27° de la ley N° 10.621. En los casos de empresas que practican sus balances al 30 de Junio, esta derogación regirá desde el año tributario 1975 por el ejercicio comercial finalizado al 30 de Junio de 1975.

Artículo 6°.- Derógase, a partir del año tributario 1976, el régimen tributario para la pequeña industria y artesanado establecido en la ley N° 17.386 y sus modificaciones posteriores.

Artículo 7°.- Derógase, a partir del año tributario 1976, el artículo 64° de la ley N° 17.073. En los casos de empresas que practiquen su balance al 30 de Junio, esta derogación regirá desde el año tributario 1975 por el ejercicio comercial al 30 de Junio de 1975.

Los gastos devengados y acumulados hasta el 30 de Junio de 1974 ó 31 de Diciembre de 1974, según sea la fecha del último balance, cuya deducción quedó diferida en virtud de lo dispuesto en el artículo 64° de la ley N° 17.073, se deducirán en el ejercicio comercial en que se paguen, para los fines de la determinación de la renta imponible de Primera Categoría, en cuanto sean procedentes de acuerdo con las normas del artículo 31° de la Ley sobre Impuesto a Renta, según nuevo texto.

Artículo 8°.- Derógase, a partir del 1° de Enero de 1975, el artículo 109° de la ley N° 16.250 y sus modificaciones, y condónase el impuesto de declaración anual que en virtud de dicho artículo debería pagarse por el año tributario 1975 en relación con el ejercicio comercial finalizado el 31 de Diciembre de 1974.

Artículo 9°.- Derogado.

Artículo 10°.- Prohíbese a las Municipalidades del país otorgar permisos o patentes para ejercer el comercio en la vía pública, sin antes exigir el pago del impuesto a la renta, cuando el Presidente de la República haya hecho uso de la facultad que le confiere el inciso 1° del artículo 28° de la Ley sobre Impuesto a la Renta, según nuevo texto, para que el impuesto respectivo se cobre conjuntamente con dichos permisos o patentes.

Artículo 11°.- Condónanse los impuestos a la renta y a favor de la Corporación de la Vivienda que los suplementeros, comerciantes de ferias libres, comerciantes estacionados en la vía pública y comerciantes ambulantes estuvieren adeudando hasta el año tributario 1975 por el ejercicio comercial 1974, sólo respecto de las rentas provenientes de sus actividades en la vía pública. Exceptúanse de esta condonación los contribuyentes que además de las actividades indicadas hayan ejercido o ejerzan otras actividades clasificadas en los números 3, 4 y 5 del artículo 20 de la Ley sobre Impuesto a la Renta, según nuevo texto.

Artículo 12°.- A partir del año tributario 1976, por las rentas percibidas o devengadas en el año comercial 1975, las personas jurídicas que hayan celebrado contratos con las empresas de la Gran Minería destinados a fundir o refinar minerales en el país u otros contratos necesarios para el funcionamiento de dichas empresas o para la inversión contemplada en los decretos dictados de acuerdo con la ley N° 16.624, deberán tributar con todos los impuestos de la Ley sobre Impuesto a la Renta sobre el monto Integro de sus rentas.

Esta disposición prevalecerá sobre las normas tributarias establecidas en el artículo 59° de la ley N° 16.624 y en los decretos de inversión dictados al amparo de dicha ley, no procediendo indemnización alguna.

Artículo 13°.- Suprímese en el artículo 494 del Código de Comercio la frase que sigue a la expresión "nominativa".

Artículo 14°.- Deróngase, a contar del 1° de Enero de 1975, los recargos e impuestos regionales en favor de las provincias de Ñuble y Osorno, establecidos en las leyes N°s 16.419 y 12.084 y sus modificaciones, respectivamente. En el caso de impuestos de declaración mensual, esta derogación regirá respecto de los impuestos que deban declararse a contar del mes de Enero de 1975, y en el caso de impuestos de declaración anual, la derogación regirá desde el año tributario 1975.

Artículo 15°.- Deróganse las disposiciones del decreto de Hacienda N° 3.090, de 11 de Agosto de 1964, sobre Reglamento de Contabilidad Agrícola, y sus modificaciones posteriores, que sean incompatibles con las de la Ley sobre Impuesto a la Renta, según nuevo texto.

Con todo, se entenderán vigentes las disposiciones contenidas en los artículos 18°, 19°, 20°, 21° y 22° del citado decreto, que se refieren a normas especiales sobre depreciación de los bienes que se emplean habitualmente en la explotación agropecuaria.

Facúltase al Presidente de la República para dictar un nuevo Reglamento de Contabilidad Agrícola dentro del plazo de 180 días a contar de la fecha de publicación del presente decreto ley.

Artículo 16°.- Las personas contratadas a honorarios, que presten servicios sujetos a jornada diaria de trabajo, cuyos emolumentos se fijen de acuerdo a lo dispuesto en el artículo 33° del decreto ley N° 249, de 1973, y los perciban en cuotas mensuales, se regirán, en materia de impuesto a la renta, por las normas del impuesto único a los trabajadores establecido en el N° 1 del artículo 42° de la Ley sobre Impuesto a la Renta, según nuevo texto, respecto de dichos honorarios.

Artículo 17°.- Las cooperativas y sociedades auxiliares de cooperativas se regirán, para todos los efectos legales, por las siguientes normas.

1°.- Los organismos indicados quedarán sometidos a las disposiciones del artículo 41 de la Ley de Impuesto a la Renta, observándose para estos efectos las siguientes normas especiales:

a) Los ajustes del capital propio inicial y de sus aumentos, como asimismo los ajustes del pasivo exigible reajustable o en moneda extranjera, se cargarán a una cuenta denominada "Fluctuación de Valores".

b) Los ajustes de las disminuciones del capital propio y de los activos sujetos a revalorización se abonarán a la cuenta "Fluctuación de Valores".

c) El saldo de la cuenta "Fluctuación de Valores" no incidirá en la determinación del remanente del ejercicio, sino que creará, incrementará o disminuirá, según el caso, la reserva de las cooperativas a que se refiere la letra g) de este número, salvo inexistencia o insuficiencia de ella.

d) Para el solo efecto de la determinación de la renta líquida imponible afecta al impuesto de primera categoría, en aquellos casos en que así proceda de acuerdo con lo dispuesto en el Nº 2, el mayor o menor valor que anualmente refleje el saldo de la cuenta "Fluctuación de Valores" deberá agregarse o deducirse, según el caso, del remanente que sirva de base para la referida determinación.

e) El Departamento de Cooperativas de la Dirección de Industria y Comercio fijará la forma de distribución del monto de la revalorización del capital propio entre las diferentes cuentas del pasivo no exigible. Dicha revalorización se aplicará a los aportes de los socios que se mantengan hasta el cierre del ejercicio anual. Asimismo, el Banco Central de Chile podrá establecer la permanencia mínima de los aportes para tener derecho a reajuste total o parcial.

f) Las cooperativas deberán confeccionar sus balances anuales que aún no hubieren sido aprobados en junta general de socios, ajustándose a las normas sobre corrección monetaria y demás disposiciones que les sean aplicables.

g) Las reservas acumuladas en la cuenta "Fluctuación de Valores" no podrán repartirse durante la vigencia de la cooperativa.

2º.- Aquella parte del remanente que corresponda a operaciones realizadas con personas que no sean socios estará afecta al impuesto a la renta de Primera Categoría y al impuesto a favor de la Corporación de la Vivienda. Para estos fines, el remanente comprenderá el ajuste por corrección monetaria del ejercicio registrado en la cuenta "Fluctuación de Valores".

Dicha parte se determinará aplicando la relación porcentual existente entre el monto de los ingresos brutos correspondientes a operaciones con personas que no sean socios y el monto total de los ingresos brutos correspondientes a todas las operaciones.

Para establecer el remanente, los descuentos que conceda la cooperativa a sus socios en las operaciones con éstos no disminuirán los resultados del balance, sino que se contabilizarán en el activo en el carácter de anticipo de excedentes. Asimismo, los retiros de excedentes durante el ejercicio que efectúen los socios, o las sumas que la cooperativa acuerde distribuir por el mismo concepto, que no correspondan a excedentes de ejercicios anteriores, no disminuirán los resultados del balance, sino que se contabilizarán en el activo en el carácter de anticipo de excedentes.

3°.- Los intereses provenientes de aportes de capital o de cuotas de ahorro tributarán con los impuestos global complementario o adicional.

4°.- Los socios, cuyas operaciones con la respectiva cooperativa formen parte o digan relación con su giro habitual, deberán contabilizar en el ejercicio respectivo las cantidades que la cooperativa les haya reconocido a favor de ellos o repartido por concepto de excedentes, distribuciones y/o devoluciones que no sean de capital. Estas cantidades pasarán a formar parte de los ingresos brutos del socio correspondiente, para todos los efectos legales.

No obstante, si el socio debiera tributar con el impuesto a la renta por su giro habitual en base a un mecanismo no relacionado con la renta efectiva, no quedará obligado a tributar separadamente por dichas cantidades, salvo en cuanto a los pagos provisionales mensuales que deba efectuar en base a los ingresos brutos, de acuerdo con las normas del artículo 84° de la Ley sobre Impuesto a la Renta, según nuevo texto.

5°.- A las cooperativas de trabajo les afectarán sólo las normas de los números 1° y 3° del presente artículo.

Las participaciones o excedentes que corresponda a los socios de cooperativas de trabajo se considerarán rentas del número 1° del artículo 42° de la Ley sobre Impuesto a la Renta, incluso aquella parte que se destine o reconozca como aporte de capital de los socios. El impuesto único establecido en dicha disposición legal se aplicará, retendrá y se ingresará en

Tesorería en cada oportunidad de pago de anticipo de participaciones o excedentes, como asimismo en la oportunidad de la liquidación definitiva de éstos, dentro del plazo previsto en la ley mencionada.

6°.- A las cooperativas de vivienda sólo les afectarán las normas de los números 1° y 3°. Los socios de estas cooperativas no podrán enajenar en forma habitual sus derechos en la cooperativa o los inmuebles que se construyan por intermedio de ella.

7°.- Las sociedades auxiliares de servicio técnico, excepto las de servicio financiero, quedarán sometidas a las mismas normas que se establecen en este artículo para las cooperativas de trabajo.

8°.- Las sociedades auxiliares de servicios financieros quedarán sometidas a las normas de los números 1°, 2°, 3° y 4° del presente artículo.

9°.- Las cooperativas y sociedades auxiliares de cooperativas, sin excepción, se regirán además por las disposiciones del Título V de la Ley sobre el Impuesto a la Renta, según nuevo texto, en cuanto a las declaraciones, retenciones y pagos de impuestos e informes obligatorios, en lo que les sean aplicables.

10°.- Las cooperativas no estarán obligadas a efectuar pagos provisionales mensuales obligatorios a cuenta del impuesto a la renta. No obstante, pueden hacerlo voluntariamente, por cualquier cantidad y en cualquiera fecha.

11.- Para los fines de aplicar la tributación del número segundo que antecede, la cooperativa deberá considerar que los ingresos brutos corresponden a operaciones con personas que no sean socios cuando provengan de:

a) Cualquier operación que no sea propia del giro de la cooperativa, realizada con personas que no sean socios.

b) Cualquier operación que sea propia del giro de la cooperativa y cumpla las siguientes condiciones copulativas:

i. Que los bienes o servicios propios del giro de la cooperativa sean utilizados o consumidos, a cualquier título, por personas que no sean socios; y,

ii. Que las materias primas, insumos, servicios u otras prestaciones que formen parte principal de los bienes o servicios propios del giro de la cooperativa hayan sido adquiridos de o prestados por personas que no sean socios, a cualquier título.

Para estos efectos se considerará que las materias primas, insumos, servicios o cualquier otra prestación constituyen parte principal de los bienes o servicios del giro de la cooperativa cuando, en términos de costos de fabricación, producción o prestación de éstos, signifiquen más del 50% de su valor de costo total. La cooperativa deberá llevar un control en el Libro de Inventarios y Balance, que permita identificar el porcentaje señalado.

No se considerarán formando parte de los ingresos brutos de la cooperativa aquellos provenientes de utilizar o consumir, a cualquier título, materias primas, insumos, servicios u otras prestaciones proporcionadas por los socios de la respectiva cooperativa y que formen parte principal de los bienes o servicios del giro de la cooperativa. Tampoco se considerarán los bienes o servicios del giro de la cooperativa que sean utilizados o consumidos, a cualquier título, entre ésta y sus cooperados.

Artículo 18°.- Derógase a partir del 1° de enero de 1975, la letra a) del artículo 2° de la Ley N° 11.766.

DISPOSICIONES TRANSITORIAS (ARTS. 1-17)

Artículo 1° transitorio.- Para los contribuyentes de la Primera Categoría de la Ley sobre Impuesto a la Renta que practiquen sus balances al 31 de Diciembre de 1974 y que habitualmente negocien con bienes físicos del activo realizable el porcentaje establecido en el número 2° del artículo 35° de la ley citada, según texto vigente a dicha fecha, será, por esta última vez, de 30%.

Artículo 2° transitorio.- Los impuestos a la renta de declaración anual correspondientes al año tributario 1975 por el ejercicio comercial al 31 de Diciembre de 1974, en la parte no cubierta con los pagos provisionales correspondientes, se pagarán reajustados en el porcentaje de variación experimentada por el índice de precios al consumidor en el período comprendido entre el mes de noviembre de 1974 y el segundo mes anterior a aquél en que legalmente deban pagarse dichos impuestos, en reemplazo del reajuste establecido en el artículo 77° de la ley sobre Impuesto a la Renta, según texto vigente para el año tributario mencionado. Al efecto, se observarán las normas sobre redondeo que se contemplan en el citado artículo 77°.

Artículo 3° transitorio.- Para los fines de determinar el impuesto a la renta correspondiente al año tributario 1975 por el ejercicio comercial al 31 de Diciembre de 1974, los Bancos, Compañías de Seguros, empresas financieras y otras de actividades similares deberán computar como renta afecta el monto de los reajustes percibidos o devengados en dicho ejercicio comercial proveniente de todas las inversiones financieras y créditos reajustables. Para los mismos fines no se excluirán del cálculo del capital propio las citadas inversiones y créditos.

Artículo 4° transitorio.- Para la aplicación del artículo 12° del decreto ley N° 297, de 1974, por el año tributario 1975, se considerará el valor de los camiones que determine la Dirección Nacional de Impuestos Internos con vigencia desde el 1° de Enero de 1975. Para los mismos fines se considerará el sueldo vital vigente en el mes en que legalmente proceda el pago del impuesto a la renta.

Artículo 5° transitorio.- Las declaraciones anuales de renta correspondientes al año tributario 1975 por el ejercicio comercial al 31 de Diciembre de 1974 se presentarán entre los días 2 y 30 de Mayo de 1975. Dentro del mismo plazo deberán pagarse los impuestos adeudados correspondientes a dichas declaraciones.

Artículo 6° transitorio.- Para los fines del impuesto a la renta correspondiente al año tributario 1975, el porcentaje de presunción de renta de los bienes raíces no agrícolas o el monto de ella, a que se refiere el inciso primero de la letra d) del número 1° del artículo 20° de la Ley sobre Impuesto a la Renta, según texto vigente para dicho año tributario, se reducirá en la misma proporción en que la renta legal máxima de dichos inmuebles no haya tenido en el año calendario 1974 el mismo aumento que el avalúo fiscal.

Artículo 7° transitorio.- Los montos de capital efectivo a que se refiere la ley N° 17.386 y sus modificaciones posteriores, respecto de la pequeña industria y artesanado, se determinará considerando como sueldo vital mensual la cantidad de E° 6.700.- reajustada en el porcentaje de variación experimentada por el índice de precios al consumidor durante el año calendario 1974. Para estos efectos, dicha cantidad reajustada se redondeará a la centena, despreciándose las fracciones menores a E° 50.- y las mayores o iguales elevándose a la centena superior.

Este mismo sueldo vital se considerará para la aplicación del impuesto mínimo que se establece en la ley mencionada.

Artículo 8° transitorio.- Los contribuyentes del N° 1 del artículo 36° de la Ley sobre Impuesto a la Renta, según texto vigente al 31 de Diciembre de 1974, que durante el año calendario 1974 o en una parte de él hayan percibido rentas de más de un empleador, patrón o pagador simultáneamente, deberán reliquidar el impuesto único de Segunda Categoría correspondiente a dicho año, aplicando al conjunto de rentas de sus empleos secundarios la tasa más alta del N° 1 del artículo 37° de la ley citada que haya afectado a las rentas del empleo principal en el primer mes del período a reliquidar. A la cantidad resultante se le dará de abono el monto del impuesto único de Segunda Categoría retenido sobre las remuneraciones de los empleos secundarios.

Artículo 9° transitorio.- Los plazos que se establecen en los artículos 56° y 57° de la Ley sobre Impuesto a la Renta, según texto vigente al 31 de Diciembre de 1974, seguirán corriendo para la reinversión de las ganancias de capital producidas con anterioridad al 1° de Enero de 1975, incluso en el caso de contribuyentes que practiquen sus balances al 30 de Junio de 1975.

Artículo 10° transitorio.- Para los fines de la aplicación de la ley sobre Impuesto a la Renta, según nuevo texto, se fija el monto de la unidad tributaria mensual a regir en el mes de Enero de 1975 en la cantidad de E° 37.000.

Artículo 11° transitorio.- Mientras no entre a operar la Caja de Previsión Social creada por la ley N° 17.592, lo dispuesto en el inciso penúltimo del N° 6 del artículo 31° de la Ley sobre Impuesto a la Renta, según nuevo texto, se aplicará sin sujeción al requisito de que se efectúen imposiciones previsionales sobre los sueldos asignados al empresario o socios, a menos que el interesado efectúe imposiciones en otra Caja de Previsión. Con todo, en esta situación, el sueldo mensual deducible como gasto no podrá exceder de cinco unidades tributarias mensuales ni de quince unidades tributarias mensuales en total en el caso de sociedades de personas.

Artículo 12° transitorio.- Por los años tributarios 1976 y 1977, la tasa del Impuesto de Primera Categoría de la Ley de la Renta será de 20% y 15%, respectivamente.

Tratándose de balances correspondientes a fechas distintas del 31 de diciembre, las tasas aplicables a los resultados de dichos balances que se hayan practicado en el curso de los años calendarios 1975 y 1976 serán de 20% y 18%, respectivamente.

Respecto del impuesto sujeto a retención las tasas de 20% y 18% se entenderán haber regido para las efectuadas en el curso de los años calendarios 1975 y 1976, respectivamente, y será de un 10% para las retenciones que se efectúen en el curso del año calendario 1977.

Aquellos contribuyentes que en el curso del año 1977 se les hubiere efectuado retenciones de impuesto de Primera Categoría con la tasa del 12%, podrán imputar las sumas efectivamente retenidas, en conformidad a las normas generales contenidas en la Ley de la Renta para los pagos provisionales mensuales.

Artículo 13° transitorio.- Los contribuyentes de la Primera Categoría de la Ley sobre Impuesto a la Renta, según nuevo texto, que durante el año 1975 deben cumplir con los pagos provisionales obligatorios en base a porcentajes determinados en el año 1974, deberán seguir cumpliendo como mínimo, con los citados pagos en relación a esos mismos porcentajes hasta el término del período para el cual fueros previstos o hasta los ingresos brutos del mes de abril de 1975 en los casos de balances al 31 de Diciembre de 1974.

Con todo, las sociedades anónimas y en comandita por acciones, estén o no totalmente exentas del impuesto a la renta de Primera Categoría, deberán recalcular el porcentaje de pagos provisionales obligatorios a efectuarse sobre los ingresos brutos de Enero de 1975 y meses posteriores, considerando para establecer la relación porcentual referida en la letra a) del artículo 84° de la Ley sobre Impuesto a la Renta, según nuevo texto, la incidencia de la tasa de impuesto de Primera Categoría y de la tasa adicional del artículo 21°, que se establecen en la ley mencionada, como si hubieran regido en los años anteriores al de su vigencia.

Artículo 14° transitorio.- Las sociedades anónimas y las en comanditas por acciones que distribuyan cantidades provenientes del ejercicios comerciales cerrados con anterioridad al 1° de enero de 1975, deberán pagar respecto de ellas, en todo caso, la tasa adicional establecida en el artículo 21 de la Ley sobre Impuesto a la Renta, en el año tributario correspondiente al de su distribución, salvo que provengan de cantidades total o parcialmente exentas del impuesto global complementario.

Artículo 15° transitorio.- Lo dispuesto en el artículo 17° del presente decreto ley, sobre régimen tributario de las cooperativas y sociedades auxiliares de cooperativas, regirá de acuerdo con las siguientes normas sobre vigencia:

a) Lo dispuesto en los números 1° y 2° regirá desde el 1° de Enero de 1975, respecto de los ejercicios financieros que se cierren desde dicha fecha;

b) Lo dispuesto en los números 3°, 4°, 6°, inciso segundo, y 9° regirá desde el 1° de Enero de 1975, respecto de los hechos que ocurran a contar de dicha fecha;

c) Lo dispuesto en el número 5°, regirá desde el año tributario 1975, en cuanto a la tributación de los socios de cooperativas de trabajo, y

d) Las demás disposiciones regirán en concordancia con las vigencias anteriores.

Artículo 16° transitorio.- Los contribuyentes de la Primera Categoría de la Ley Sobre Impuesto a la Renta, que practiquen balances al 31 de diciembre de 1974 y que estén sometidos a las normas sobre revalorización del capital propio, podrán actualizar, por una sola vez, los bienes y obligaciones que se indican en este artículo existentes en la fecha señalada, de acuerdo con las siguientes normas;

1.- Los bienes físicos del activo inmovilizado se revalorizarán hasta el valor de costo de reposición que dichos bienes tengan al 31 de diciembre de 1974, considerándose el estado en que se encuentren y la duración real a contar desde esa fecha. La nueva duración y valoración que se asigne a los bienes referidos determinará la depreciación futura de ellos.

No podrán ser objeto de la revalorización señalada los bienes que hayan sido revalorizados de acuerdo con el Decreto Ley N° 110, de 1973, y sus modificaciones posteriores, ni tampoco aquellos bienes cuya vida útil restante a contar desde el 1° de enero de 1975 sea inferior a cinco años.

2.- Los bienes físicos del activo realizable existente según inventarios practicados el 31 de diciembre de 1974, se revalorizarán hasta su valor de costo de reposición a dicha fecha. Para estos fines se entenderá por costo de reposición el que resulte de aplicar las siguientes normas:

a) Respecto de aquellos bienes en que exista factura, contrato o convención escrito para los de su mismo género, calidad y características, durante el segundo semestre de 1974, su costo de reposición será el precio que figure en ellos, el cual no podrá ser inferior al precio más alto del citado año.

b) Respecto de aquellos bienes de los cuales no exista factura, contrato o convención escrito en el segundo semestre de 1974, su costo de reposición se determinará reajustando su costo directo de acuerdo con la variación experimentada por el índice de precios al consumidor entre los meses de mayo y octubre de 1974.

c) Respecto de los bienes cuyas existencias se mantienen desde el ejercicio comercial anterior al del año 1974, y de los cuales no exista factura, contrato o convención escrito durante el ejercicio comercial finalizado el 31 de diciembre de 1974, su costo de reposición se determinará reajustando su valor de libros de acuerdo con la variación experimentada por el índice de precios al consumidor entre el segundo mes anterior al de iniciación de dicho ejercicio comercial y el mes de octubre de 1974.

d) Respecto de las mercaderías y materias primas importadas, su costo de reposición se determinará reajustando su costo directo de acuerdo con la variación del tipo de cambio de la respectiva moneda extranjera, ocurrida entre la fecha de adquisición de los bienes o del último inventario, según corresponda, y el 31 de diciembre de 1974. Del mismo modo, se procederá respecto de las mercaderías y materias primas importadas que se encuentren en tránsito al 31 de diciembre de 1974. Para estos efectos, se considerará la moneda extranjera según su valor de cotización, tipo comprador, en el mercado bancario.

e) Respecto de los productos terminados o en proceso, su costo de reposición se determinará considerando la materia prima de acuerdo con las normas de este número y la mano de obra por el valor que hayan tenido en el último mes de producción, excluyéndose las remuneraciones que no correspondan a dicho mes.

3.- El valor de las existencias de monedas extranjeras y de monedas de oro se ajustará hasta su valor de cotización, tipo comprador, al 31 de diciembre de 1974, de acuerdo al cambio que corresponda al mercado o área en el que legalmente deban liquidarse.

4.- Los activos nominales y transitorios pagados efectivamente, tales como: derechos de llave, derechos de marca, gastos de organización, gastos o costos diferidos a futuros ejercicios, gastos de puesta en marcha, etc., se actualizarán hasta el valor que resulte de reajustar su valor libros al 31 de diciembre de 1974, de acuerdo con la variación experimentada por el índice de precios al consumidor en el período comprendido entre el segundo mes que antecede a aquél en que se incurrió en el gasto y el mes de octubre de 1974. Sin embargo, si dichos activos provienen de ejercicios comerciales anteriores al cerrado el 31 de diciembre de 1974, el reajuste indicado se efectuará por la variación experimentada por el índice de precios al consumidor en el período comprendido entre el segundo mes que antecede al de iniciación del ejercicio respectivo y el mes de octubre de 1974.

5.- El valor de las acciones de sociedades anónimas se actualizará según la cotización bursátil promedio producida en el mes de diciembre de 1974. Con respecto a las acciones que no tengan cotización bursátil, su actualización se efectuará considerando el valor libro ajustado según la empresa emisora de acuerdo al último balance practicado por ella.

6.- El valor de los créditos o instrumentos financieros reajustables o en moneda extranjera, deberá actualizarse de acuerdo con el valor de cotización de la respectiva moneda o con el reajuste pactado, según corresponda, al 31 de diciembre de 1974.

7.- El valor de los aportes o derechos en sociedades de personas se actualizará ajustándolo al valor de libros que les corresponda en la respectiva sociedad de personas.

8.- El valor de las deudas u obligaciones en moneda extranjera o reajustables, deberá actualizarse de acuerdo a la cotización de la respectiva moneda o con el reajuste pactado, al 31 de diciembre de 1974, sin perjuicio de lo dispuesto en el artículo 7° del presente decreto ley.

9.- Los contribuyentes de la Primera Categoría de la Ley sobre Impuesto a la Renta que practiquen sus balances al 30 de junio de 1975 podrán acogerse a la revalorización a que se refiere el presente artículo, respecto de los bienes y obligaciones existentes en la fecha del balance inmediatamente anterior al indicado, aplicándose las normas anteriores, pero adecuándolas a la fecha del balance mencionado en último término.

10.- Sobre el mayor valor que se asigne a los bienes referidos en los números 1 al 4, deberá pagarse un impuesto único con las siguientes tasas:

a) Bienes físicos del activo inmovilizado, excepto bienes raíces, 10%;

b) Bienes Raíces, 5%;

c) Bienes físicos del activo realizable, monedas extranjeras y de oro, 35%;

d) Activos transitorios, 15%, y

e) Activos nominales, 10%.

Los contribuyentes que practicaron su balance al 30 de junio de 1974 y cuyo próximo balance sea el 30 de junio de 1975, podrán optar por pagar el impuesto que resulte de aplicar la tasa señalada en la letra c), reajustado en un 98%, caso en el cual la revalorización de los bienes indicados en esa letra surtirá sus efectos legales desde el 1° de julio de 1974. En caso contrario, dicha revalorización sólo surtirá sus efectos legales desde el 1° de enero de 1975.

La actualización de las partidas señaladas en los números 5 al 8 no estará afecta al impuesto único. No obstante, respecto de ellas la actualización será obligatoria, aun cuando el contribuyente, no se acoja a la revalorización de los bienes referidos en los N°s. 1 al 4.

11.- Para acogerse a la revalorización de que trata este artículo los contribuyentes deberán solicitarla por escrito a más tardar el 31 de marzo de 1975. En dicha solicitud el interesado deberá señalar separadamente los activos y pasivos que se revalorizarán, debiendo indicar el folio del libro de inventarios en que se encuentren registrados; su valor de inventario a la fecha del balance; el nuevo valor que se les asigna y la diferencia afecta al impuesto único que proceda.

12.- El impuesto único que afecta a la revalorización se pagará con una cuota al contado al momento de presentar la declaración, cuyo monto será como mínimo un 20% del impuesto total, y el saldo en cuotas iguales a pagarse en los meses de mayo a noviembre de 1975. Cada una de las cuotas indicadas se pagará reajustada de acuerdo con la variación que experimente el Índice de Precios al Consumidor entre el mes de noviembre de 1974 y el segundo mes anterior al del pago de la cuota respectiva, más un interés anual del 8% por el mismo período en que opere el reajuste mencionado. El contribuyente podrá anticipar el pago de una o más cuotas del impuesto caso en el cual el reajuste e interés se aplicará sólo en relación al mes en que ocurra dicho pago. Sin embargo, el contribuyente que opte por pagar la totalidad del impuesto dentro del mes de marzo de 1975 no estará afecto a reajuste ni interés alguno.

13.- El mayor valor asignado a los bienes del activo con motivo de la revalorización que se autoriza por este artículo, surtirá sus efectos legales desde el 1° de enero de 1975, y se considerará capital propio a contar de dicha fecha, todo ello sin perjuicio de lo previsto en el número siguiente.

La actualización de los activos derivada de esta revalorización se registrará en la contabilidad con abono a una cuenta de pasivo no exigible y la actualización de los pasivos con cargo a la cuenta que corresponda.

14.- En caso que los nuevos valores asignados a los bienes indicados en los números 1 al 4 excedan, a juicio del Director Regional, ostensiblemente de los previstos en el presente artículo, quedará sin efecto la revalorización impetrada respecto del grupo de bienes en que ello se produzca. En este caso el impuesto único pagado, correspondiente a la revalorización que queda sin efecto, excluidos el reajuste y los intereses correspondientes, pasará a tener el carácter de pago provisional de impuesto a la renta.

15.- Los contribuyentes sujetos a impuestos sustitutivos y aquellos que declaraban sus rentas en base a presunciones, que a contar del 1° de enero de 1975, deban declarar sus rentas efectivas de acuerdo con las normas generales de la Ley sobre Impuesto a la Renta, según nuevo texto, también podrán acogerse a la revalorización contemplada en este artículo.

16.- El impuesto único, los reajustes e intereses determinados de acuerdo con las normas de este artículo no serán deducibles para determinar los impuestos de la Ley sobre Impuesto a la Renta.

Artículo 17° transitorio.- Declárase que la variación del índice de precios al consumidor a que se refiere el N° 29 del artículo 17 de la Ley sobre Impuesto a la Renta, intercalado por el artículo 10° del decreto ley N° 787, de 1974, se debe computar desde el segundo mes anterior a aquél en que comience a correr el plazo de la operación y el segundo mes anterior a aquél en que termine dicho plazo.

Regístrese en la Contraloría General de la República, publíquese en el Diario Oficial e insértese en la Recopilación Oficial de dicha Contraloría.- AUGUSTO PINOCHET UGARTE, General de Ejército, Presidente de la República.- JOSE T. MERINO CASTRO, Almirante, Comandante en Jefe de la Armada.- GUSTAVO LEIGH GUZMAN, General del Aire, Comandante en Jefe de la Fuerza Aérea.- CESAR MENDOZA DURAN, General, Director General de Carabineros.- Jorge Cauas Lama, Ministro de Hacienda.

Lo que transcribo a U. para su conocimiento.- Saluda a U.- Pedro Larrondo Jara, Capitán de Navío (AB), Subsecretario de Hacienda.

DECRETO LEY Nº 825 SOBRE IMPUESTO A LAS VENTAS Y SERVICIOS

TÍTULO I. NORMAS GENERALES

Párrafo 1º De la materia y destino del impuesto

Artículo 1º.- Establécese, a beneficio fiscal, un impuesto sobre las ventas y servicios, que se regirá por las normas de la presente ley

Párrafo 2º Definiciones

Artículo 2º.- Para los efectos de esta ley, salvo que la naturaleza del texto implique otro significado, se entenderá:

1º) Por "venta", toda convención independiente de la designación que le den las partes, que sirva para transferir a título oneroso el dominio de bienes corporales muebles, bienes corporales inmuebles construidos, de una cuota de dominio sobre dichos bienes o de derechos reales constituidos sobre ellos, como, asimismo, todo acto o contrato que conduzca al mismo fin o que la presente ley equipare a venta. Los terrenos no se encontrarán afectos al impuesto establecido en esta ley.

2º) Por "servicio", la acción o prestación que una persona realiza para otra y por la cual percibe un interés, prima, comisión o cualquiera otra forma de remuneración[31].

Tratándose de un servicio que comprenda conjuntamente prestaciones tanto afectas como no afectas o exentas del impuesto establecido en esta ley, sólo se gravarán aquellas que, por su naturaleza, se encuentren afectas. En consecuencia, cada prestación será gravada, o no, de forma separada y atendiendo a su naturaleza propia, para lo cual se deberá determi-

---

31 El artículo octavo transitorio de la ley Nº21.420 señala: "Con todo, dichas modificaciones no se aplicarán respecto de servicios comprendidos en licitaciones del Estado y compras públicas que hayan sido adjudicadas o contratadas con anterioridad al 1 de enero de 2023".

nar el valor de cada una independientemente. No obstante, si un servicio comprende un conjunto de prestaciones tanto afectas, como no afectas o exentas, que no puedan individualizarse unas de otras, se afectará con el impuesto de esta ley la totalidad de dicho servicio. Para efectos de la determinación de los valores respectivos el Servicio de Impuestos Internos podrá aplicar lo establecido en el artículo 64 del Código Tributario.

3°) Por "vendedor" cualquier persona natural o jurídica, incluyendo las comunidades y las sociedades de hecho, que se dedique en forma habitual a la venta de bienes corporales muebles e inmuebles, sean ellos de su propia producción o adquiridos de terceros. Corresponderá al Servicio de Impuestos Internos calificar la habitualidad. Con todo, no se considerará habitual la enajenación de inmuebles que se efectúe como consecuencia de la ejecución de garantías hipotecarias así como la enajenación posterior de inmuebles adjudicados o recibidos en pago de deudas y siempre que exista una obligación legal de vender dichos inmuebles dentro de un plazo determinado; y los demás casos de ventas forzadas en pública subasta autorizadas por resolución judicial.

Se considera también "vendedor" al productor, fabricante o vendedor habitual de bienes corporales inmuebles que venda materias primas o insumos que, por cualquier causa, no utilice en sus procesos productivos.

4°) Por "prestador de servicios" cualquier persona natural o jurídica, incluyendo las comunidades y las sociedades de hecho, que preste servicios en forma habitual o esporádica.

5°) Por "periodo tributario", un mes calendario, salvo que esta ley o la Dirección Nacional de Impuestos Internos señale otro diferente.

Párrafo 3° De los contribuyentes.

Artículo 3°.- Son contribuyentes, para los efectos de esta ley, las personas naturales o jurídicas, incluyendo las comunidades y las sociedades de hecho, que realicen ventas, que presten servicios o efectúen cualquier otra operación gravada con los impuestos establecidos en ella.

En el caso de las comunidades y sociedades de hecho, los comuneros y socios serán solidariamente responsables de todas las obligaciones de esta ley que afecten a la respectiva comunidad o sociedad de hecho.

No obstante lo dispuesto en el inciso primero, el tributo afectará al adquirente, beneficiario del servicio o persona que deba soportar el recargo o inclusión, en los casos que lo determine esta ley o las normas generales que imparta la Dirección Nacional del Servicio de Impuestos Internos, para lo cual podrá considerar, entre otras circunstancias, el volumen de ventas y servicios o ingresos registrados, por los vendedores y prestadores de servicios y, o los adquirentes y beneficiarios o personas que deban soportar el recargo o inclusión. En virtud de esta facultad, la Dirección referida podrá disponer el cambio de sujeto del tributo también sólo por una parte de la tasa del impuesto, como asimismo autorizar a los vendedores o prestadores de servicios, que por la aplicación de lo dispuesto en este inciso no puedan recuperar oportunamente sus créditos fiscales, a imputar el respectivo impuesto soportado o pagado a cualquier otro impuesto fiscal incluso de retención o de recargo que deban pagar por el mismo período tributario, a darle el carácter de pago provisional mensual de la ley de la renta, o a que les sea devuelto conforme a los artículos 80 y siguientes, caso en el cual la solicitud deberá formularse dentro del mes siguiente al de la retención del tributo efectuado por el adquirente o beneficiario del servicio; pero en todos los casos hasta el monto del débito fiscal correspondiente.

Igualmente, la Dirección podrá determinar que las obligaciones que afecten a los contribuyentes a que se refieren los incisos primero y segundo correspondan a un vendedor o prestador del servicio, o al mandatario, también respecto del impuesto que debe recargar el adquirente o beneficiario, por las ventas o servicios que estos últimos a su vez efectúen o presten a terceros cuando se trate de contribuyentes de difícil fiscalización.

En los casos a que se refiere el inciso anterior, la Dirección podrá, para los efectos de la aplicación del Impuesto al Valor Agregado, determinar la base imponible correspondiente a la transferencia o prestación de servicio que efectúe el adquirente o beneficiario, cuando se trate de especies no sujetas al régimen de fijación de precios.

Asimismo, la Dirección podrá imponer a los vendedores o prestadores de servicios exentos, la obligación de retener, declarar y pagar el tributo que corresponda a los adquirentes afectos o a determinadas personas que importen desde los recintos de Zonas Francas.

La Dirección podrá disponer, mediante una o más resoluciones fundadas, que los emisores de tarjetas de pago con provisión de fondos, débito, crédito u otros sistemas de pago análogos recarguen, retengan, declaren y/o paguen el total o una parte de los impuestos contemplados en esta ley, respecto de todo o parte de las operaciones realizadas por personas naturales o jurídicas u otro tipo de entidades sin personalidad jurídica domiciliadas o residentes en el extranjero que no se hayan sujetado al régimen de tributación simplificada establecido en el párrafo 7° bis y que se solucionen por su intermedio.

Artículo 3 bis[32]***.*** *También será contribuyente del impuesto establecido en esta ley y en la forma establecida en el presente artículo, el operador de una plataforma digital de intermediación, como si fuera un vendedor habitual del bien o prestador del servicio que se concluye a través de la plataforma digital que opere y siempre que se trate de una operación gravada con el impuesto establecido en la presente ley.*

Las disposiciones de este artículo no serán aplicables cuando el servicio subyacente sea prestado o el bien sea vendido por o a un contribuyente de esta ley.

Se entenderá por "plataforma digital de intermediación" la interfaz que a través de internet, permita o facilite a terceros la conclusión de ventas o servicios; y por "operador", las personas naturales o jurídicas u otras entidades, nacionales o extranjeras, con o sin domicilio o residencia en Chile, que explotan económicamente una plataforma digital. No se considerará como plataforma digital a los servicios que sólo consistan en publicidad o procesamiento de pagos.

---

32 Dispone el artículo tercero transitorio de la ley 21713 publicada el día 24 de octubre de 2024, que esta norma entrará en vigencia 12 meses después de la publicación.

Cuando más de una plataforma digital de intermediación facilite de forma conjunta o simultáneamente una misma operación, se considerará contribuyente, bajo el presente artículo, sólo aquella que autorice o procese el pago de la operación gravada.

Los contribuyentes señalados en el presente artículo que no tengan domicilio o residencia en Chile se sujetarán a las disposiciones del párrafo 7 bis del Título II.

Párrafo 4° Otras disposiciones

Artículo 4°.- Estarán gravadas con el impuesto de esta ley las ventas de bienes corporales muebles e inmuebles ubicados en territorio nacional, independientemente del lugar en que se celebre la convención respectiva.

Para los efectos de este artículo se entenderán ubicados en territorio nacional, aún cuando al tiempo de celebrarse la convención se encuentren transitoriamente fuera de él, los bienes cuya inscripción, matrícula, patente o padrón hayan sido otorgados en Chile.

Asimismo, se entenderán ubicados en territorio nacional los bienes corporales muebles adquiridos por una persona que no tenga el carácter de vendedor o de prestador de servicios, cuando a la fecha en que se celebre el contrato de compraventa, los respectivos bienes ya se encuentren embarcados en el país de procedencia.

También se entenderán ubicados en territorio nacional los bienes corporales muebles situados en el extranjero, adquiridos de forma remota, a un no domiciliado ni residente en Chile, por una persona que no tenga el carácter de vendedor o de prestador de servicios, cuando los bienes tengan por destino el territorio nacional, aún antes de su embarque o envío desde el extranjero, siempre que su precio, incluyendo todo cargo accesorio que sea cobrado en la misma operación, no exceda de USD 500 o su equivalente en moneda nacional[33].

---

[33] Dispone el artículo tercero transitorio de la ley 21713 publicada el día 24 de octubre de 2024, que este inciso entrará en vigencia 12 meses después de la publicación.

Artículo 5°.- El impuesto establecido en esta ley gravará los servicios prestados o utilizados en el territorio nacional, sea que la remuneración correspondiente se pague o perciba en Chile o en el extranjero.

Se entenderá que el servicio es prestado en el territorio nacional cuando la actividad que genera el servicio es desarrollada en Chile, independientemente del lugar donde éste se utilice.

Tratándose de los servicios que sean prestados en forma remota, se presumirá que el servicio es utilizado en el territorio nacional si, al tiempo de contratar dichos servicios o realizar los pagos correspondientes a ellos, concurriesen al menos dos de las siguientes situaciones:

i. Que la dirección IP del dispositivo utilizado por el usuario u otro mecanismo de geolocalización indiquen que este se encuentra en Chile;

ii. Que la tarjeta, cuenta corriente bancaria u otro medio de pago utilizado para el pago se encuentre emitido o registrado en Chile;

iii. Que el domicilio indicado por el usuario para la facturación o la emisión de comprobantes de pago se encuentre ubicado en el territorio nacional; o,

iv. Que la tarjeta de módulo de identidad del suscriptor (SIM) del teléfono móvil mediante el cual se recibe el servicio tenga como código de país a Chile.

Artículo 6°.- Los impuestos de la presente ley afectarán también al Fisco, instituciones semifiscales, organismos de administración autónoma, municipales y a las empresas de todos ellos, o en que ellos tengan participación, aún en los casos en que las leyes por que se rijan los eximan de toda clase de impuestos o contribuciones, presentes o futuros.

Artículo 7°.- Los impuestos que establece esta ley se aplicarán sin perjuicio de los tributos especiales contemplados en otras leyes que gravan la venta, producción o importación de determinados productos o mercaderías o la prestación de ciertos servicios.

TÍTULO II. IMPUESTO AL VALOR AGREGADO

Párrafo 1° Del hecho gravado

Artículo 8°.- El impuesto de este Título afecta a las ventas y servicios. Para estos efectos serán consideradas también como ventas y servicios según corresponda:

a) Las importaciones, sea que tengan o no el carácter de habituales.

Asimismo se considerará venta la primera enajenación de los vehículos automóviles importados al amparo de las partidas del Capítulo 0 del Arancel Aduanero, en cuya virtud gozan de exención total o parcial de derechos e impuestos con respecto a los que les afectarían en el régimen general.

Los Notarios no podrán autorizar ningún documento ni las firmas puestas en él, tratándose de un contrato afecto al impuesto que grava la operación establecida en el inciso anterior, sin que se les acredite previamente el pago del mismo, debiendo dejar constancia de este hecho en el instrumento respectivo. A su vez, el Servicio de Registro Civil e Identificación no inscribirá en su Registro de Vehículos Motorizados ninguna transferencia de los vehículos señalados, si no constare, en el Título respectivo el hecho de haberse pagado el impuesto;

b) Los aportes a sociedades y otras transferencias de dominio de bienes corporales muebles e inmuebles, efectuados por vendedores, que se produzcan con ocasión de la constitución, ampliación o modificación de sociedades en la forma que lo determine la Dirección Nacional de Impuestos Internos;

c) Las adjudicaciones de bienes corporales muebles e inmuebles de su giro, realizadas en liquidaciones de sociedades civiles y comerciales. Igual norma se aplicará respecto de las sociedades de hecho y comunidades, salvo las comunidades hereditarias y provenientes de la disolución de la sociedad conyugal;

d) Los retiros de bienes corporales muebles e inmuebles efectuados por un vendedor o por el dueño, socios, directores o empleados de la empresa, para su uso o consumo personal o de su familia, ya sean de su propia producción o comprados para la reventa, o para la prestación de servicios, cualquiera que sea la naturaleza jurídica de la empresa. Para estos efectos, se considerarán retirados para su uso o consumo propio todos los bienes que faltaren en los inventarios del vendedor o prestador de servicios y cuya salida de la empresa no pudiere justificarse con documentación fehaciente, salvo los casos de fuerza mayor, calificada por el Servicio de Impuestos Internos, u otros que determine el Reglamento.

Igualmente serán considerados como ventas los retiros de bienes corporales muebles e inmuebles destinados a rifas y sorteos, aún a título gratuito, y sean o no de su giro, efectuados con fines promocionales o de propaganda por los vendedores afectos a este impuesto.

Lo establecido en el inciso anterior será aplicable, del mismo modo, a toda entrega o distribución gratuita de bienes corporales muebles e inmuebles que los vendedores efectúen con iguales fines.

No se considerarán comprendidas en esta letra, las entregas gratuitas a que se refiere el N° 3 del artículo 31 de la Ley sobre Impuesto a la Renta que cumplan con los requisitos que para cada caso establece la citada disposición. El contribuyente respectivo no perderá el derecho al uso del crédito fiscal por el impuesto que se le haya recargado en la adquisición de los bienes respectivos ni se aplicarán las normas de proporcionalidad para el uso del crédito fiscal que establece esta ley.

Los impuestos que se recarguen en razón de los retiros a que se refiere esta letra, no darán derecho al crédito establecido en el artículo 23°;

e) Los contratos de instalación o confección de especialidades y los contratos generales de construcción[34];

---

[34] El artículo 5 de la ley N° 21.420, elimina el artículo 21 del decreto ley N° 910, de 1975 y el número 6 del artículo 23 de la Ley de Impuestos a las Ventas y Servicios, que establecían un crédito especial para la construcción, derogación que debía entrar en vigencia el 1 de abril de 2022. El artículo único de la ley 21.462 modificó los artículos transitorios quinto y sexto de la ley 21.420, postergando la entrada en vigencia de la derogación antes señalada para el 1 de enero del año 2025. Luego, el artículo 5 de la ley 21.558 publicada el 25 de abril del 2023 en el Diario Oficial modificó nuevamente el artículo quinto transitorio de la ley 21.420 postergando la derogación para el 1 de enero del año 2027.

Los contribuyentes que hayan realizado las ventas y celebrado los contratos antes referidos con anterioridad al 1 de enero del año 2023, si han obtenido el respectivo permiso municipal de edificación con anterioridad a dicha fecha y siempre que al 31 de diciembre del año 2023 las obras ya se hayan iniciado, mantendrán el beneficio de deducir un 0,65 del débito del Impuesto al Valor Agregado respecto de las ventas y contratos generales de construcción de dichas obras, conforme a lo dispuesto en el artículo 21 del decreto ley Nº 910, de 1975, vigente a la fecha de publicación de esta ley en el Diario Oficial. Si cumplen con los mismos requisitos antes señalados, mantendrán el beneficio las empresas constructoras por las ventas de viviendas que se encuentren exentas de Impuesto al Valor Agregado, por efectuarse a beneficiarios de un subsidio habitacional otorgado por el Ministerio de Vivienda y Urbanismo, conforme con lo dispuesto en la primera parte del artículo 12, letra F, del decreto ley Nº 825, de 1974, el cual será equivalente a un 0,1235 del valor de la venta y se deducirá de los pagos provisionales obligatorios de la Ley sobre Impuesto a la Renta. La obra se entenderá iniciada una vez realizados los trazados y comenzadas las excavaciones contempladas en los planos del proyecto, conforme lo señalado en el artículo 1.4.17 de la Ordenanza General de Urbanismo y Construcciones. El Servicio de Impuestos Internos determinará la forma de verificar el inicio de la obra mediante resolución.

Artículo sexto transitorio: El monto que las empresas constructoras tendrán derecho a deducir de sus pagos provisionales obligatorios de la Ley sobre Impuesto a la Renta, conforme a lo señalado en el artículo 21 del decreto ley Nº 910, de 1975, será de un 0,325 del débito del Impuesto al Valor Agregado que deban determinar en la venta de bienes corporales inmuebles para habitación por ellas construidos y en los contratos generales de construcción de dichos inmuebles que no sean por administración, realizadas y celebrados, respectivamente, a contar del 1 de enero del año 2023, siempre que hayan obtenido el respectivo permiso municipal de edificación y las obras se hayan iniciado antes del 1 de enero del año 2025. La obra se entenderá iniciada conforme se establece en el inciso segundo del artículo transitorio anterior. Asimismo, el beneficio de las empresas constructoras por las ventas de viviendas que se encuentren exentas de Impuesto al Valor Agregado, por efectuarse a beneficiarios de un subsidio habitacional otorgado por el Ministerio de Vivienda y Urbanismo, conforme lo dispuesto en la primera parte del artículo 12, letra F, del decreto ley Nº 825, de 1974, realizadas desde el 1 de enero del año 2023 hasta el 31 de diciembre del año 2024, será equivalente a un 0,06175 del valor de la venta.

También tendrán derecho a deducir un 0,325 del débito del Impuesto al Valor Agregado que deban determinar los contratos generales de construcción que se suscriban con las entidades e instituciones que expresamente señala el inciso se-

f) La venta de establecimientos de comercio y, en general, la de cualquier otra universalidad que comprenda bienes corporales muebles e inmuebles de su giro o que formen parte del activo inmovilizado del contribuyente, estos últimos, siempre que cumplan los requisitos señalados en la letra m) del presente artículo. Este tributo no se aplicará a la cesión del derecho de herencia;

g) El arrendamiento, subarrendamiento, usufructo o cualquiera otra forma de cesión del uso o goce temporal de bienes corporales muebles, inmuebles amoblados, inmuebles con instalaciones o maquinarias que permitan el ejercicio de alguna actividad comercial o industrial y de todo tipo de establecimientos de comercio.

Para calificar que se trata de un inmueble amoblado o un inmueble con instalaciones o maquinarias que permitan el ejercicio de alguna actividad comercial o industrial se deberá tener presente que los bienes muebles o las instalaciones y maquinarias sean suficientes para su uso para habitación u oficina, o para el ejercicio de la actividad industrial o comercial, respectivamente. Para estos efectos, el Servicio, mediante resolución, determinará los criterios generales y situaciones que configurarán este hecho gravado;

h) El arrendamiento, subarrendamiento o cualquier otra forma de cesión del uso o goce temporal de marcas, patentes de invención, procedimientos o fórmulas industriales y otras prestaciones similares;

i) El estacionamiento de automóviles y otros vehículos en playas de estacionamiento u otros lugares destinados a dicho fin;

---

gundo; los contratos de ampliación, modificación, reparación, mantenimiento o de urbanización, respecto de las viviendas sociales señaladas en el inciso cuarto; y las adjudicaciones que recaigan sobre bienes corporales inmuebles para habitación, que hagan los socios, comuneros o cooperados indicados en el inciso quinto, todos del artículo 21 del decreto ley N° 910, de 1975, en la medida que los contratos o adjudicaciones sean celebrados a contar del 1 de enero del año 2023 y que hayan obtenido el respectivo permiso municipal de edificación y/o las obras se hayan iniciado, según corresponda, antes del 1 de enero del año 2025".

j) Las primas de seguros de las cooperativas de servicios de seguros, sin perjuicio de las exenciones contenidas en el artículo 12;

k) Derogada.

l) Los contratos de arriendo con opción de compra que recaigan sobre bienes corporales inmuebles realizados por un vendedor;

m) La venta de bienes corporales muebles e inmuebles que formen parte del activo inmovilizado de la empresa, siempre que, por estar sujeto a las normas de este título, el contribuyente haya tenido derecho a crédito fiscal por su adquisición, importación, fabricación o construcción.

No obstante lo dispuesto en el párrafo precedente, no se considerará, para los efectos del presente artículo, la venta de bienes corporales muebles que formen parte del activo inmovilizado de la empresa, efectuada después de transcurrido un plazo de treinta y seis meses contado desde su adquisición, importación, fabricación o término de construcción, según proceda, siempre que dicha venta haya sido efectuada por o a un contribuyente acogido a lo dispuesto en el artículo 14 letra D) de la ley sobre Impuesto a la Renta, a la fecha de dicha venta.

Previa citación al contribuyente, según lo dispuesto en el artículo 63 del Código Tributario, el Servicio podrá liquidar y girar el impuesto sobre la venta de bienes corporales muebles e inmuebles que formen parte del activo inmovilizado a que se refiere el párrafo primero de esta letra, que realice la empresa que se crea o subsista con ocasión de una reorganización empresarial, cuando dicha reorganización haya tenido por objeto principal evitar el pago del impuesto. Para tales efectos, se deberán considerar las circunstancias particulares de la operación y sus efectos tributarios, tales como la temporalidad entre las operaciones, el hecho de que la empresa que se crea o subsista se encuentre sujeta a las normas de este título, si los bienes están o no destinados al giro o actividades afectas al impuesto de este Título, entre otras.

n) Los siguientes servicios remunerados realizados por prestadores domiciliados o residentes en el extranjero:

1. La intermediación de servicios prestados en Chile, cualquiera sea su naturaleza, o de ventas realizadas en Chile o en el extranjero siempre que estas últimas den origen a una importación;

2. El suministro o la entrega de contenido de entretenimiento digital, tal como videos, música, juegos u otros análogos, a través de descarga, streaming u otra tecnología, incluyendo para estos efectos, textos, revistas, diarios y libros;

3. La puesta a disposición de software, almacenamiento, plataformas o infraestructura informática; y

4. La publicidad, con independencia del soporte o medio a través del cual sea entregada, materializada o ejecutada.

Párrafo 2° Del momento en que se devenga el impuesto.

Artículo 9°.- El impuesto establecido en este Título se devengará:

a) En las ventas de bienes corporales muebles y prestaciones de servicios, en la fecha de emisión de la factura o boleta. En la venta de bienes corporales muebles, en caso que la entrega de las especies sea anterior a dicha fecha o bien, cuando por la naturaleza del acto que da origen a la transferencia no se emitan dichos documentos, el impuesto se devengará en la fecha de la entrega real o simbólica de las especies. En las prestaciones de servicios, si no se hubieren emitido facturas o boletas, según corresponda, o no correspondiere emitirlas, el tributo se devengará en la fecha en que la remuneración se perciba o se ponga, en cualquier forma, a disposición del prestador del servicio.

b) En las importaciones, al momento de consumarse legalmente la importación o tramitarse totalmente la importación condicional. Las Aduanas no autorizarán el retiro de los bienes del recinto aduanero sin que se les acredite previamente la cancelación del respectivo tributo, salvo en el caso de las importaciones con cobertura diferida a que se refiere el inciso cuarto del artículo 64 y las indicadas en los incisos segundo y siguientes del artículo 104 de la Ordenanza de Aduanas. Las especies que ingresen al país acogidas a regímenes aduaneros especiales causarán, al momento de quedar a la libre disposición de sus dueños, el impuesto que corresponda por la diferencia de base imponible que se produzca, salvo en el caso de las importaciones a que se refiere la letra B del artículo 12°;

c) En los retiros de mercaderías e inmuebles previstos en la letra d) del artículo 8°, en el momento del retiro del bien respectivo;

d) Cuando se trate de intereses o reajustes pactados por los saldos a cobrar, a medida que el monto de dichos intereses o reajustes sean exigibles o a la fecha de su percepción, si ésta fuere anterior. El impuesto que afecte a los mencionados intereses o reajustes se declarará y pagará en conformidad a las normas señaladas en el artículo 64°.

e) En las prestaciones de servicios periódicos, al término de cada período fijado para el pago del precio, si la fecha de este período antecediere a la de los hechos señalados en la letra a) del presente artículo.

Sin embargo, tratándose de los suministros y servicios domiciliarios periódicos mensuales de gas combustible, energía eléctrica, telefónicos y de agua potable, el impuesto se devengará al término de cada período fijado para el pago del precio, independiente del hecho de su cancelación.

También se aplicará lo dispuesto en el inciso anterior a los servicios periódicos mensuales de alcantarillado, siempre que éstos, por disposición legal o reglamentaria, usen el procedimiento de cobranza establecido para los suministros y servicios domiciliarios referidos, y

f) En los contratos referidos en la letra e) del artículo 8°, en las ventas y en los contratos de arriendo con opción de compra de bienes corporales inmuebles, en el momento de emitirse la o las facturas.

Párrafo 3° Del sujeto del impuesto.

Artículo 10°.- El impuesto establecido en el presente Título afectará al vendedor, sea que celebre una convención que esta ley defina como venta o equipare a venta.

Igualmente, el impuesto afectará a quien realice la prestación en aquellas operaciones definidas como servicios o que la ley equipare a tales.

Artículo 11°.- Sin perjuicio de lo dispuesto en el artículo anterior, serán considerados sujetos del impuesto:

a) El importador, habitual o no;

b) El comprador o adquirente, cuando el vendedor o tradente no tenga residencia en Chile, o se trate de la operación descrita en el inciso segundo de la letra a) del artículo 8°;

c) La sociedad o la comunidad, en los casos contemplados en la letra c) del artículo 8°, pero cada socio o comunero será solidariamente responsable del pago del tributo en la parte correspondiente a los bienes que le sean adjudicados;

d) El aportante, en el caso de aportes a sociedades;

e) El beneficiario del servicio que sea un contribuyente del impuesto de este Título, siempre que la prestación sea realizada por un prestador domiciliado o residente en el extranjero;

f) Los contratistas o subcontratistas en el caso de los contratos a que se refiere la letra e) del artículo 8°, y

g) El comprador o el beneficiario del servicio, cuando reciba del vendedor o del prestador, según corresponda, por ventas y servicios gravados con IVA, facturas de inicio, de acuerdo a lo señalado en el inciso segundo del artículo 8° quáter del Código Tributario.

Párrafo 4° De las ventas y servicios exentos del impuesto

Artículo 12°.- Estarán exentos del impuesto establecido en este Título:

A.- Las ventas y demás operaciones que recaigan sobre los siguientes bienes:

1°. Los vehículos motorizados usados, excepto en los siguientes casos: el previsto en la letra m) del artículo 8°; los que se importen y los que se transfieran en virtud del ejercicio, por el comprador, de la opción de compra contenida en un contrato de arrendamiento con opción de compra de un vehículo. Asimismo se exceptúan de la presente exención los vehículos motorizados usados que no hayan pagado el impuesto al momento de producirse la internación por encontrarse acogidos a alguna franquicia, de acuerdo con lo preceptuado en los incisos segundo y tercero de la letra a) del artículo 8°.

2°- Derogado.

3°- Las especies transferidas a título de regalía a los trabajadores por sus respectivos empleadores en conformidad a las disposiciones reglamentarias respectivas;

4°- Derogado.

5°- Las materias primas nacionales, en los casos en que así lo declare por resolución fundada la Dirección de Impuestos Internos, siempre que dichas materias primas estén destinadas a la producción, elaboración o fabricación de especies destinadas a la exportación. Sólo pueden acogerse a esta norma de excepción los contribuyentes que adquieran las materias primas de personas que no emitan facturas o de proveedores que, en forma previa, renuncien expresamente al crédito fiscal que originarían tales transferencias si quedaran afectas al impuesto al valor agregado.

6.- Los insumos, productos o demás elementos necesarios para la confección de cospeles, billetes, monedas y otras especies valoradas, adquiridos en el país por la Casa de Moneda de Chile S.A. y las demás personas, siempre que la adquisición se lleve a cabo en el marco de operaciones con el Banco Central de Chile, ya sea con motivo de las pruebas que se realicen en sus procesos de contratación, como aquellas necesarias para el cumplimiento del contrato de que se trate, todo lo cual se acreditará mediante documentos o certificados que den cuenta de la participación del adquirente en dichos procesos o contratos. El proveedor respectivo no perderá el derecho al uso del crédito fiscal por el impuesto que se le haya recargado en la adquisición de los bienes y servicios respectivos ni se aplicarán las normas de proporcionalidad para el uso del crédito fiscal que establece esta ley.

B.- La importación de las especies efectuadas por:

1. El Ministerio de Defensa Nacional, el Estado Mayor de la Defensa Nacional, las Fuerzas Armadas, Carabineros de Chile y la Policía de Investigaciones de Chile, como también las instituciones y empresas dependientes de ellas o que se relacionen con el Presidente de la República por su intermedio, y que desarrollen funciones relativas a la defensa nacional, resguardo del orden y seguridad pública, siempre que correspondan a maquinaria bélica; vehículos de uso militar o policial excluidos los automóviles, camionetas y buses; armamento y sus municiones; elementos o partes

para fabricación, integración, mantenimiento, reparación, mejoramiento o armaduría de maquinaria bélica y armamentos; sus repuestos, combustibles y lubricantes, y equipos y sistemas de información de tecnología avanzada y emergente utilizados exclusivamente para sistemas de comando, de control, de comunicaciones, computacionales y de inteligencia.

Asimismo estarán exentas del impuesto de este Título respecto de las partes o piezas nacionales o nacionalizadas utilizadas en la fabricación o armaduría de los bienes señalados en el inciso anterior, en su ingreso o reingreso desde las Zonas Francas al resto del país.

2.- Derogado.

3.- Las representaciones de naciones extranjeras acreditadas en el país; las instituciones u organismos internacionales a que Chile pertenezca, y los diplomáticos y funcionarios internacionales, de acuerdo con los convenios suscritos por Chile;

4.- Los pasajeros, cuando ellas constituyen equipaje de viajeros, compuesto de efectos nuevos o usados, siempre que estas especies estén exentas de derechos aduaneros;

5.- Los funcionarios o empleados del Gobierno chileno que presten servicios en el exterior y por inmigrantes, siempre que dichas especies consistan en efectos personales, menaje de casa, equipo y herramientas de trabajo, cuando no se requieran para todas ellas el respectivo registro de importación, planilla de venta de Cambios para importación, u otro documento que lo sustituya;

6.- Los tripulantes de naves, aeronaves y otros vehículos, cuando éstas constituyan equipaje de viajeros, compuesto de efectos nuevos o usados, siempre que estas especies se encuentren exentas de derechos aduaneros;

7.- Los pasajeros y residentes procedentes de zonas de régimen aduanero especial que se acojan a los artículos 23° y 35° de la ley número 13.039;

Asimismo, estarán exentas las importaciones que constituyan donaciones y socorros calificados como tales a juicio exclusivo del Servicio Nacional de Aduanas, destinadas a corporaciones y fundaciones y a las Universidades. Para estos efectos, corresponderá al donatario acompañar los antecedentes que justifiquen la exención;

8.- Las instituciones u organismos que se encuentren exentos de impuesto en virtud de un tratado internacional ratificado por el Gobierno de Chile;

9.- Los productores, en los casos que así lo declare la Dirección de Impuestos Internos por resolución fundada, y siempre que se trate de materias primas que estén destinadas a la producción, elaboración o fabricación de especies destinadas a la exportación.

10.- Las personas naturales o jurídicas, sean éstas residentes o domiciliadas en el país o aquellos que califiquen como inversionistas extranjeros y las empresas receptores de inversión extranjera, conforme a lo establecido en el artículo 3° de la ley marco para la inversión extranjera directa en Chile, respecto de los bienes de capital importados que se destinen al desarrollo, exploración o explotación en Chile de proyectos mineros, industriales, forestales, de energía, de infraestructura, de telecomunicaciones, de investigación o desarrollo tecnológico, médico o científico, entre otros, que impliquen inversiones por un monto igual o superior a cinco millones de dólares de los Estados Unidos de Norteamérica.

La exención a que se refiere este número, se aplicará únicamente respecto de la importación de bienes de capital que se destinen a proyectos de inversión que, por sus características de desarrollo, generen ingresos afectos, no afectos o exentos del impuesto establecido en el Título II de esta ley transcurridos, al menos, dos meses contados desde la internación al país o adquisición en Chile de los primeros bienes de capital cuya exención de Impuesto al Valor Agregado se solicite, o desde la dictación de la respectiva resolución de calificación ambiental otorgada por el Servicio de Evaluación Ambiental conforme lo dispuesto en la ley N° 19.300, o desde el otorgamiento de la concesión de uso oneroso de terreno otorgado por el Ministerio de Bienes Nacionales conforme a lo establecido en el decreto ley N° 1939 de 1977.

Para el otorgamiento de la exención a que se refiere este número, el peticionario deberá presentar una solicitud ante el Ministerio de Hacienda, debiendo cumplir para tales efectos con los requisitos establecidos en este número.

El Ministerio de Hacienda deberá pronunciarse respecto de la referida solicitud dentro del plazo de sesenta días corridos, contado desde la fecha en que se reciban todos los antecedentes necesarios para verificar el cumplimiento de los requisitos señalados. Si no lo hiciere al término de dicho plazo, la solicitud del contribuyente se entenderá aprobada y dicho Ministerio deberá, sin más trámite, proceder a la emisión de una resolución en que se otorgue el beneficio, dentro del plazo de cinco días hábiles contado desde la fecha en que venció el plazo de sesenta días mencionado.

En caso que se presente una nueva solicitud de exención respecto de bienes de capital destinados a proyectos que se realicen por etapas, o que tengan por objeto complementar o expandir un proyecto de inversión sobre el cual se haya otorgado la exención, bastará, para que el Ministerio de Hacienda extienda dicha exención a los nuevos bienes de capital, que se acompañe copia de la resolución que haya otorgado la exención original y los antecedentes que permitan acreditar que se trata de distintas etapas de un mismo proyecto, proyectos de expansión, una complementación del proyecto o en caso que se deba cambiar un bien por otro de idéntica naturaleza y valor a consecuencia de que el bien importado resulte defectuoso y que el vendedor lo reemplace.

Facúltase al Ministerio de Hacienda para que, mediante decreto supremo, precise las características de los bienes de capital y proyecto de inversión a que se refiere el presente número, así como la forma y procedimiento en que deberán presentarse los antecedentes que deban acompañarse para efectuar el análisis de la solicitud de exención a que se refiere este numeral.

El Ministerio de Hacienda deberá enviar al Servicio de Impuestos Internos copia de la resolución que otorgue la exención y de los antecedentes presentados por el contribuyente, dentro del plazo de veinte días corridos contado desde la emisión de la referida resolución.

Cuando, en el ejercicio de sus facultades de fiscalización, el Servicio de Impuestos Internos determine que la exención ha sido otorgada sobre la base de documentos u otros antecedentes erróneos acompañados por el contribuyente, previa citación practicada conforme a lo dispuesto por el artículo 63 del Código Tributario, deberá liquidar el impuesto que hubiese correspondido aplicar de no haberse otorgado la exención, con los reajustes e intereses penales establecidos en el artículo 53 del mismo código. En este último caso, se podrán aplicar las sanciones establecidas en el número 20 de su artículo 97.

De la liquidación que se dicte, así como de la multa aplicada, el contribuyente podrá reclamar conforme al procedimiento general establecido en el Libro III del Código Tributario. El Impuesto al Valor Agregado que haya pagado el contribuyente con motivo de haberse dejado sin efecto la exención que establece este número, constituirá crédito fiscal del Impuesto al Valor Agregado del período en que se lleve a cabo el pago, en la medida que se trate de un contribuyente de este Título.

Cuando el contribuyente haya obtenido maliciosamente la exención de que trata este número, mediante la presentación de documentos u otros antecedentes erróneos, incompletos o falsos, será sancionado en la forma prevista en el párrafo segundo del N° 4 del artículo 97 del Código Tributario, sin perjuicio del pago del impuesto evadido, con los respectivos intereses penales y multas, el que, una vez pagado, no constituirá crédito fiscal del Impuesto al Valor Agregado[35].

11.- Las importaciones que constituyan premios o trofeos culturales o deportivos, sin carácter comercial, y aquellas que cumplan con las condiciones previstas en la posición 00.23 del Arancel Aduanero, y que no correspondan a aquellas gravadas por aplicación del inciso final del artículo 4[36].

12.- Las importaciones que constituyan premios y donaciones realizadas al amparo de la Subpartida 00.12.05.00 de la Sección 0 del Arancel Aduanero.

13.- Las bases ubicadas en el Territorio Antártico Chileno, las personas que en forma permanente o temporal realicen trabajos en ellas o las expe-

---

35 Dispone el artículo 20 de la ley 20.848, publicada el día 25 de junio de 2015, indica que está norma regirá, a contar del 1 de enero de 2016 o de la entrada en vigencia de la presente ley si ocurriere en una fecha posterior.

36 Dispone el artículo tercero transitorio de la ley 21713 publicada el día 24 de octubre de 2024, que esta modificación entrará a regir 12 meses después de la publicación.

diciones antárticas, siempre que las importaciones respectivas se acojan a la Partida 00.34 del Capítulo 0 del Arancel Aduanero.

14.- Los viajeros que se acojan a las Subpartidas 0009.0200, 0009.0300, 0009.04 y 0009.05, con excepción del ítem 0009.8900, del Arancel Aduanero.

15.- Los artistas nacionales respecto de las obras ejecutadas por ellos y que se acojan a la partida 00.35 del capítulo 0 del Arancel Aduanero.

16. Los Cuerpos de Bomberos y la Junta Nacional de Cuerpos de Bomberos de Chile, establecidos en el artículo 1° de la ley N° 20.564, respecto de los vehículos especificados en la subpartida 8705.30 y de las mercancías a que se refiere la Partida 00.36 de la Sección 0, ambas del Arancel Aduanero.

17. La Casa de Moneda de Chile S.A. y las demás personas, por la importación de insumos, productos o demás elementos necesarios para la confección de cospeles, billetes, monedas y otras especies valoradas, siempre que la importación se lleve a cabo en el marco de operaciones con el Banco Central de Chile, ya sea con motivo de las pruebas que se realicen en sus procesos de contratación, como aquellas necesarias para el cumplimiento del contrato de que se trate, todo lo cual se acreditará mediante documentos o certificados que den cuenta de la participación del importador en dichos procesos o contratos.

18. Las personas que no tengan el carácter de vendedor o de prestador de servicios, o quienes realicen la compra por cuenta de éstas, en el caso del inciso final del artículo 4, siempre que se acredite que el impuesto que corresponde a dicha operación fue efectivamente cobrado por el vendedor o plataforma digital, lo cual se efectuará de la forma que disponga el Director del Servicio de Impuestos Internos y el Director del Servicio Nacional de Aduanas mediante resolución conjunta. Los bienes importados conforme a esta disposición estarán igualmente exentos de aranceles o derechos aduaneros[37].

C.- Las especies que se internen:

---

[37] Dispone el artículo tercero transitorio de la ley 21713 publicada el día 24 de octubre de 2024, que esta modificación entrará a regir 12 meses después de la publicación.

1.- Por los pasajeros o personas visitantes para su propio uso durante su estada en Chile, y siempre que se trate de efectos personales y vehículos para su movilización en el país, y

2.- Transitoriamente al país en admisión temporal, almacenes francos, en depósito aduanero, en tránsito temporal u otra destinación aduanera semejante.

D.- Las especies exportadas en su venta al exterior.

E.- Las siguientes remuneraciones y servicios:

1.- Los ingresos percibidos por concepto de entradas a los siguientes espectáculos y reuniones:

a) Artísticos, científicos o culturales, teatrales, musicales, poéticos, de danza y canto, que por su calidad artística y cultural cuenten con el auspicio otorgado por el Subsecretario de las Culturas, quien podrá delegar esta atribución en los secretarios regionales ministeriales del ramo. En el ejercicio de esta atribución, los secretarios regionales ministeriales deberán considerar los criterios que establezca el Subsecretario referido, mediante resolución dictada para estos efectos. Dicho Subsecretario emitirá un reporte anual sobre los auspicios otorgados, el que deberá remitir al Ministro del ramo, al Subsecretario de Hacienda, a las Comisiones de Hacienda y de Educación y Cultura del Senado y a las Comisiones de Hacienda y de Educación de la Cámara de Diputados.

b) De carácter deportivo;

c) Los que se celebren a beneficio total y exclusivo de los Cuerpos de Bomberos, de la Cruz Roja de Chile, del Comité Nacional de Jardines Infantiles y Navidad, de la Fundación Graciela Letelier de Ibáñez, "CEMA CHILE" y de las instituciones de beneficencia con personalidad jurídica. La exención será aplicable a un máximo de doce espectáculos o reuniones de beneficio, por institución, en cada año calendario, cualquiera que sea el lugar en que se presenten.

d) Circenses presentados por compañías o conjuntos integrados exclusivamente por artistas nacionales. Para estos efectos serán considerados chilenos los extranjeros con más de cinco años de residencia en el país, sin importar las ausencias esporádicas o accidentales, y aquellos con cónyuge o hijos chilenos.

Las exenciones establecidas en las letras c) y d) deberán ser declaradas por el Director Regional de Impuestos Internos que corresponda al lugar en que tenga su domicilio la empresa o entidad que presente el espectáculo u organice la reunión. La exención que se declare sólo beneficiará a la empresa o entidad que la solicite, y por las funciones o reuniones que expresamente indique. Con todo, tratándose de compañías o conjuntos artísticos o circenses estables, la exención podrá ser declarada por una temporada de funciones o presentaciones, siempre que ella no sea superior a un año. Las exenciones referidas están condicionadas a que los espectáculos no se presenten conjuntamente con otro u otros no exentos, en un mismo programa.

No procederán las exenciones del presente número cuando en los locales en que se efectúen los espectáculos o reuniones se transfieran especies o se presten otros servicios, a cualquier título, que normalmente estén afectos al Impuesto al Valor Agregado, y cuyo valor no se determine como una operación distinta del servicio por ingreso al espectáculo o reunión correspondiente. No obstante, la exención a que se refiere la letra a) no procederá en caso alguno cuando en los locales en que se efectúen los espectáculos o reuniones en ella señalados, se transfieran bebidas alcohólicas;

2) Los fletes marítimos, fluviales, lacustres, aéreos y terrestres del exterior a Chile, y viceversa, y los pasajes internacionales. Tratándose de fletes marítimos o aéreos del exterior a Chile, la exención alcanzará incluso al flete que se haga dentro del territorio nacional, cuando éste sea necesario para trasladar las mercancías hasta el puerto o aeropuerto de destino, y siempre que la internación o nacionalización de las mercancías se produzca en dicho puerto o aeropuerto;

3) Las primas de seguros que cubran riesgos de transportes respecto de importaciones y exportaciones, de los seguros que versen sobre cascos de naves y de los que cubran riesgos de bienes situados fuera del país;

4) Las primas de seguros que cubran riesgos de daños causados por terremotos o por incendios que tengan su origen en un terremoto. La exención regirá sea que el riesgo haya sido cubierto mediante póliza específica contra terremoto mediante una póliza contra incendio que cubra el terre-

moto como riesgo adicional. En este último caso, la exención girará sólo respecto de la prima convenida para cubrir este riesgo adicional;

5) Las primas de seguros contratados dentro del país que paguen la Federación Aérea de Chile, los clubes aéreos y las empresas chilenas de aeronavegación comercial.

6) Derogado.

Las comisiones que perciban los Servicios Regionales y Metropolitano de Vivienda y Urbanización sobre los créditos hipotecarios que otorguen a los beneficiarios de subsidios habitacionales y las comisiones que perciban las Instituciones de Previsión en el otorgamiento de créditos hipotecarios a sus imponentes.

7) Los ingresos que no constituyen renta según el artículo 17° de la Ley de la Renta y los afectos al impuesto adicional establecido en el artículo 59° de la misma ley, salvo que respecto de estos últimos se trate de servicios prestados o utilizados en Chile y gocen de una exención de dicho impuesto por aplicación de las leyes o de los convenios para evitar la doble imposición en Chile;

8) Los ingresos mencionados en los artículos 42° y 48° de la Ley de la Renta. Para estos efectos quedarán comprendidos los ingresos de las sociedades de profesionales referidas en el artículo 42, N° 2, de la Ley sobre Impuesto a la Renta, aun cuando hayan optado por declarar sus rentas de acuerdo con las normas de la primera categoría[38];

9) Las inserciones o avisos que se publiquen o difundan de conformidad al artículo 11° de la Ley N° 16.643, que consagra el derecho de respuesta;

10) Los intereses provenientes de operaciones e instrumentos financieros y de créditos de cualquier naturaleza, incluidas las comisiones que correspondan a avales o fianzas otorgados por instituciones financieras, con excepción de los intereses señalados en el N° 1 del artículo 15.

---

[38] El artículo octavo transitorio señala: "Con todo, dichas modificaciones no se aplicarán respecto de servicios comprendidos en licitaciones del Estado y compras públicas que hayan sido adjudicadas o contratadas con anterioridad al 1 de enero de 2023".

11) El arrendamiento de inmuebles, sin perjuicio de lo dispuesto en la letra g) del artículo 8º y los contratos de arriendo con opción de compra de bienes corporales inmuebles, siempre que en la adquisición de los bienes objeto del contrato que haya precedido inmediatamente al contrato de arriendo, no se haya recargado impuesto al valor agregado por tratarse de una venta exenta o no afecta;

12) Los servicios prestados por trabajadores que laboren solos, en forma independiente, y en cuya actividad predomine el esfuerzo físico sobre el capital o los materiales empleados.

Para los efectos previstos en el inciso anterior se considera que el trabajador labora solo aun cuando colaboren con él su cónyuge, hijos menores de edad o un ayudante indispensable para la ejecución del trabajo.

En ningún caso gozarán de esta exención las personas que exploten vehículos motorizados destinados al transporte de carga;

13) Las siguientes remuneraciones o tarifas que dicen relación con la exportación de productos:

a) Las remuneraciones, derechos o tarifas por servicios portuarios, fiscales o particulares de almacenaje, muellaje y atención de naves, como también los que se perciban en los contratos de depósitos, prendas y seguros recaídos en los productos que se vayan a exportar y mientras estén almacenados en el puerto de embarque;

b) Las remuneraciones de los agentes de aduana; las tarifas que los embarcadores particulares o fiscales o despachadores de aduana cobren por poner a bordo el producto que se exporta, y las remuneraciones pagadas por servicios prestados en el transporte del producto desde el puerto de embarque al exterior, sea aéreo, marítimo, lacustre, fluvial, terrestre o ferroviario;

c) Derechos o tarifas por peaje o uso de muelles, malecones, playas, terrenos de playa, fondos de mar o terrenos fiscales, obras de otros elementos marítimos o portuarios, cuando no se presten servicios con costo de operación por el Estado u otros organismos estatales, siempre que se trate de la exportación de productos; y

d) Derechos y comisiones que se devenguen en trámites obligatorios para el retorno de las divisas y su liquidación;

14) Las primas o desembolsos de contratos de reseguro;

15) Las primas de contratos de seguro de vida reajustable;

16) Los ingresos percibidos por la prestación de servicios a personas sin domicilio ni residencia en Chile, siempre que el Servicio Nacional de Aduanas califique dichos servicios como exportación.

La exención procederá respecto de aquellos servicios que sean prestados total o parcialmente en Chile para ser utilizados en el extranjero.

17) Los ingresos en moneda extranjera percibidos por empresas hoteleras y contribuyentes que arrienden inmuebles amoblados registrados ante el Servicio de Impuestos Internos con motivo de servicios prestados a turistas extranjeros sin domicilio o residencia en Chile;

18) Las comisiones de administración de cotizaciones voluntarias, depósitos de ahorro previsional voluntario, depósitos de ahorro previsional voluntario colectivo y de depósitos convenidos, efectuados en planes de ahorro previsional voluntario debidamente autorizados en conformidad a lo establecido por el Artículo 20 y siguientes del decreto ley Nº 3.500, de 1980, que perciban las instituciones debidamente autorizadas para su administración, y

19) Las prestaciones de salud establecidas por ley, financiadas por el Fondo Nacional de Salud (FONASA) y aquellas financiadas por Instituciones de Salud Previsional (ISAPRES), pero hasta el monto del arancel FONASA en que se encuentre inscrito el prestador respectivo. Asimismo, la exención será aplicable a las cotizaciones obligatorias para salud, calculadas sobre la remuneración o renta imponible para efectos previsionales, conforme a lo establecido en el artículo 16 del Decreto Ley 3.500 de 1980.

20) Los servicios, prestaciones y procedimientos de salud ambulatorios, que se proporcionen sin alojamiento, alimentación o tratamientos médicos para recuperar la salud propios de prestadores institucionales de salud, tales como hospitales, clínicas o maternidades.

Esta exención incluye el suministro de los insumos y medicamentos, efectuados en la ejecución del servicio ambulatorio, siempre que sean utilizados y consumidos en dicho procedimiento e incluidos en el precio cobrado por la prestación.

Los servicios de laboratorio no se incluyen en esta exención.

F.- La venta de una vivienda efectuada al beneficiario de un subsidio habitacional otorgado por el Ministerio de Vivienda y Urbanismo, los contratos generales de construcción y los contratos de arriendo con opción de compra, cuando tales ventas, contratos o arriendos con opción de compra hayan sido financiados en definitiva, en todo o parte, por el referido subsidio. Para estos efectos, se considerará también como beneficiario de un subsidio habitacional otorgado por el Ministerio de Vivienda y Urbanismo, a la persona natural o jurídica que adquiera o encargue la construcción de un bien corporal inmueble para venderlo o entregarlo en arriendo con opción de compra al beneficiario de un subsidio habitacional otorgado por dicho Ministerio, siempre que lo anterior conste en el contrato respectivo, debiendo aplicarse el impuesto al valor agregado en caso contrario. En este caso, si la venta o el contrato de arriendo con opción de compra posteriores no se celebran con beneficiarios de tales subsidios, deberá aplicarse el impuesto al valor agregado conforme a las reglas que corresponda según el caso, sin que proceda la exención establecida en el número 11, de la letra E, del artículo 12; y la venta a un tercero de una vivienda entregada en arrendamiento con opción de compra al beneficiario de un subsidio habitacional otorgado por el mismo Ministerio, cuando la opción de compra sea financiada, en todo o parte, por el señalado subsidio.

Artículo 13°.- Estarán liberadas del impuesto de este Título las siguientes empresas e instituciones:

1) Las empresas radioemisoras y concesionarios de canales de televisión por los ingresos que perciban dentro de su giro, con excepción de los avisos y propaganda de cualquier especie;

2) Las agencias noticiosas, entendiéndose por tales las definidas en el artículo 1° de la ley N° 10.621. Esta exención se limitará a la venta de servicios informativos, con excepción de los avisos y propaganda de cualquier especie.

3) Las empresas navieras, aéreas, ferroviarias y de movilización urbana, interurbana, interprovincial y rural, sólo respecto de los ingresos provenientes del transporte de pasajeros;

4) Los establecimientos de educación. Esta exención se limitará a los ingresos que perciban en razón de su actividad docente propiamente tal;

5) Los hospitales, dependientes del Estado o de las universidades reconocidas por éste, por los ingresos que perciban dentro de su giro;

6) Las siguientes instituciones, por los servicios que presten a terceros:

a) Derogada.

b) Derogada.

c) Derogada.

d) La Casa de Moneda de Chile por la confección de cospeles, billetes, monedas y otras especies valoradas. De la misma exención gozarán las personas que efectúen dicha elaboración total o parcial, por encargo de la Casa de Moneda de Chile, solamente respecto de las remuneraciones que perciban por dicho trabajo;

e) La Empresa de Correos de Chile.

f) Derogada.

7) Los Servicios de Salud y las personas naturales o jurídicas que en virtud de un contrato o una autorización los sustituyan en la prestación de los beneficios establecidos por ley; y

8) La Polla Chilena de Beneficencia y la Lotería de Concepción por los intereses, primas, comisiones u otras formas de remuneraciones que paguen a personas naturales o jurídicas en razón de negocios, servicios o prestaciones de cualquier especie.

Párrafo 5° Tasa, base imponible y débito fiscal

Artículo 14°.- Los contribuyentes afectos a las disposiciones del presente Título pagarán el impuesto con una tasa de 19% sobre la base imponible.

Artículo 15°.- Para los efectos de este impuesto, la base imponible de las ventas o servicios estará constituida, salvo disposición en contrario de la presente ley, por el valor de las operaciones respectivas, debiendo adicionarse a dicho valor, si no estuvieren comprendidos en él, los siguientes rubros:

1°.- El monto de los reajustes, intereses y gastos de financiamiento de la operación a plazo, incluyendo los intereses moratorios, que se hubieren hecho exigibles o percibido anticipadamente en el período tributario. En todo caso deberá excluirse el monto de los reajustes de valores que ya pagaron el impuesto de este Título, en la parte que corresponda a la variación de la unidad de fomento determinada por el período respectivo de la operación a plazo;

2°.- El valor de los envases y de los depósitos constituidos por los compradores para garantizar su devolución;

El Servicio de Impuestos Internos, sin embargo, podrá autorizar en casos calificados la exclusión de tales depósitos del valor de venta e impuesto, y

3°.- El monto de los impuestos, salvo el de este Título.

Los rubros señalados en los números precedentes se entenderán comprendidos en el valor de la venta o del servicio prestado aun cuando se facturen o contabilicen en forma separada, y se presumirá que están afectos al impuesto de este Título, salvo que se demuestre fehacientemente, ante el Servicio de Impuestos Internos, que dichos rubros corresponden o acceden a operaciones exentas o no gravadas con este tributo.

No formarán parte de la base imponible el impuesto de este Título, los de los Párrafos 1°, 3° y 4° del Título III, el establecido en el Decreto Ley N° 826, de 1974, sobre impuesto a los Alcoholes y Bebidas Alcohólicas, y aquellos que se fijen en virtud de la facultad contenida en el artículo 48, sobre impuestos específicos a los combustibles, que graven la misma operación.

Artículo 16°.- En los casos que a continuación se señalan, se entenderá por base imponible:

a) En las importaciones, el valor aduanero de los bienes que se internen o, en su defecto, el valor CIF de los mismos bienes. En todo caso, formarán parte de la base imponible los gravámenes aduaneros que se causen en la misma importación.

Para determinar el impuesto que afecta la operación establecida en el inciso segundo de la letra a) del artículo 8°, se considerará la misma base imponible de las importaciones menos la depreciación por uso. Dicha depreciación ascenderá a un diez por ciento por cada año completo transcurrido entre el 1° de enero del año del modelo y el momento en que se pague el impuesto, salvo que en el valor aduanero ya se hubiese considerado rebaja por uso, caso en el cual sólo procederá depreciación por los años no tomados en cuenta;

b) En los casos contemplados en la letra d) del artículo 8° el valor que el propio contribuyente tenga asignado a los bienes o sobre el valor que tuvieren los mismos en plaza, si este último fuere superior, según lo determine el Servicio de Impuestos Internos;

c) En los contratos a que se refiere la letra e) del artículo 8°, el valor total del contrato incluyendo los materiales.

En los contratos de construcción de obras de uso público cuyo precio se pague con la concesión temporal de la explotación de la obra —sea que la construcción la efectúe el concesionario original, el concesionario por cesión o un tercero—, el costo total de la construcción de la obra, considerando todas las partidas y desembolsos que digan relación a la construcción de ella, tales como mano de obra, materiales, utilización de servicios, gastos financieros y subcontratación por administración o suma alzada de la construcción de la totalidad o parte de la obra. En el caso de que la construcción la efectúe el concesionario por cesión, la base imponible estará constituida por aquella parte del costo en que efectivamente hubiere incurrido el cesionario, sin considerar el costo facturado por el cedente, en la fecha de la cesión respectiva.

d) En el caso contemplado en la letra f) del artículo 8°, el valor de los bienes corporales muebles e inmuebles comprendidos en la venta, sin que sea admisible deducir de dicho valor el monto de las deudas que puedan afectar a tales bienes.

Si la venta de las universalidades a que se refiere el inciso anterior se hiciere por suma alzada, el Servicio de Impuestos Internos tasará, para los efectos de este impuesto, el valor de los diferentes bienes corporales muebles e inmuebles del giro del vendedor o que formen parte de su activo inmovilizado, en la medida que hayan dado derecho a crédito fiscal en su adquisición, importación, fabricación o construcción, comprendidos en la venta.

Lo dispuesto en el inciso anterior será aplicable, asimismo, respecto de todas aquellas convenciones en que los interesados no asignaren un valor determinado a los bienes corporales muebles e inmuebles que enajenen o el fijado fuere notoriamente inferior al corriente en plaza;

e) Respecto de las prestaciones de servicios y los productos vendidos o transferidos en hoteles, residenciales, hosterías, casas de pensión, restaurantes, clubes sociales, fuentes de soda, salones de té y café, bares, tabernas, cantinas, boites, cabarets, discotheques, drive-in y otros negocios similares, el valor total de las ventas, servicios y demás prestaciones que se efectúen.

Sin embargo, el impuesto no se aplicará al valor de la propina que por disposición de la ley deba recargarse en los precios de los bienes transferidos y servicios prestados en estos establecimientos;

f) Tratándose de peluquerías y salones de belleza no formará parte de la base imponible el porcentaje adicional establecido en el artículo 6° de la ley N° 9.613, de 7 de Julio de 1950, y sus modificaciones posteriores, y

g) En el caso de venta de bienes corporales inmuebles, en cuya adquisición no se haya soportado impuesto al valor agregado, realizada por un vendedor habitual, la base imponible será la diferencia entre los precios de venta y compra. Para estos efectos deberá reajustarse el valor de adquisición del inmueble de acuerdo con el porcentaje de variación que experimente el índice de precios al consumidor en el período comprendido entre el mes anterior al de la adquisición y el mes anterior a la fecha de la venta.

Con todo, en la determinación de la base imponible a que se refiere el párrafo anterior deberá descontarse del precio de compra y del precio de venta, el valor del terreno que se encuentre incluido en ambas operaciones. Para estos efectos, el vendedor deberá deducir del precio de venta el valor comercial de éste a la fecha de la operación. Efectuada esta deducción, el vendedor deberá deducir del precio de adquisición del inmueble una cantidad equivalente al porcentaje que representa el valor comercial del terreno en el precio de venta.

El Servicio podrá tasar el valor asignado al terreno, de conformidad con lo dispuesto en el artículo 64 del Código Tributario.

h) Tratándose de los servicios de conservación, reparación y explotación de una obra de uso público prestados por el concesionario de ésta y cuyo precio se pague con la concesión temporal de la explotación de dicha obra, la base imponible estará constituída por los ingresos mensuales totales de explotación de la concesión, deducidas las cantidades que deban imputarse, en la proporción que se determine en el decreto o contrato que otorgue la concesión, al pago de la construcción de la obra respectiva. La parte facturada que no sea base imponible del impuesto, no será considerada operación exenta o no gravada para los efectos de la recuperación del crédito fiscal.

En el caso de que dichos servicios de conservación, reparación y explotación sean prestados por el concesionario por cesión, la base imponible estará constituida por los ingresos mensuales de explotación de la concesión de la obra, deducidas las cantidades que deban imputarse a la amortización de la adquisición de la concesión, en la proporción establecida en el decreto o contrato que otorgó la concesión. Si la cesión se hubiere efectuado antes del término de la construcción de la obra respectiva, la base imponible será equivalente a los ingresos mensuales obtenidos por la explotación de la concesión, deducidas las cantidades que deban imputarse a la construcción de la obra y al valor de adquisición de la concesión, según la misma proporción señalada anteriormente.

En el caso de adjudicaciones de bienes corporales inmuebles a que se refiere la letra c) del artículo 8°, la base imponible será el valor de los bienes adjudicados, la cual en ningún caso podrá ser inferior al avalúo fiscal de la construcción determinado de conformidad a las normas de la ley N° 17.235.

Las normas generales sobre base imponible establecidas en el artículo anterior, serán aplicables también, cuando proceda, para el cálculo de las bases imponibles especiales a que se refiere el presente artículo.

i) En los contratos a que se refiere la letra l) del artículo 8°, el valor de cada cuota incluida en el contrato, debiendo rebajarse la parte que corresponda a la utilidad o interés comprendido en la operación. El Servicio podrá aplicar lo dispuesto en el artículo 64 del Código Tributario cuando el monto de la utilidad o interés que se cobre o pacte en la operación sea notoriamente superior al valor que se obtenga, cobre o pacte en convenciones de similar naturaleza considerando las circunstancias en que se realiza la operación. La diferencia que se determine entre la utilidad o interés de la operación y el fijado por el Servicio quedará afecta al Impuesto al Valor Agregado. La tasación, liquidación o giro, podrá reclamarse en la forma, plazo y de acuerdo al procedimiento a que se refiere dicha disposición.

j) En los casos señalados en el párrafo cuarto de la letra m) del artículo 8, el valor normal de mercado de los activos inmovilizados enajenados indirectamente o los que normalmente se cobren en convenciones de similar naturaleza considerando las circunstancias en que se realiza la operación. El Servicio podrá ejercer su facultad de tasación conforme a lo dispuesto en el artículo 64 del Código Tributario, con los ajustes que correspondan en la determinación de la base imponible según las reglas de esta ley.

Artículo 17°.- En el caso de arrendamiento de inmuebles amoblados, inmuebles con instalaciones o maquinarias que permitan el ejercicio de alguna actividad comercial o industrial, y de todo tipo de establecimientos o de comercio que incluya un bien raíz, deberá deducirse de la renta, para los efectos de este párrafo, una cantidad equivalente al 11% anual del avalúo fiscal del inmueble propiamente tal, o la proporción correspondiente si el arrendamiento fuere parcial o por períodos distintos de un año.

Tratándose de la venta de bienes inmuebles gravados por esta ley, deberá deducirse del precio estipulado en el contrato el monto total o la proporción que corresponda, del valor de adquisición del terreno que se encuentre incluido en la operación. En el caso de los contratos de arriendo con opción de compra de bienes corporales inmuebles, deberá deducirse del monto de cada cuota, incluyendo la opción de compra, la proporción correspondiente al valor de adquisición del terreno que se encuentre incluido en la operación, la que resultará de calcular la proporción que representa el valor de adquisición del terreno en el valor total del contrato. Para estos efectos, deberá reajustarse el valor de adquisición del terreno de acuerdo con el porcentaje de variación experimentado por el índice de precios al consumidor en el período comprendido entre el mes anterior al de la adquisición y el mes anterior al de la fecha del contrato.

No obstante, en reemplazo del valor de adquisición del terreno podrá rebajarse el avalúo fiscal de éste, o la proporción que corresponda, cuando el terreno se encuentre incluido en la operación.

Para estos efectos, el contribuyente podrá solicitar una nueva tasación, la cual se sujetará a las normas de la ley Nº 17.235, sin perjuicio de la vigencia que tenga el nuevo avalúo para los efectos del Impuesto Territorial, pero deberán excluirse las construcciones que den derecho a crédito fiscal. El Servicio fijará mediante resolución el procedimiento para solicitar esta nueva tasación.

En las facturas que deban emitirse por los pagos que se efectúen en cumplimiento de alguno de los contratos señalados en el inciso segundo de este artículo, deberá indicarse separadamente el valor del terreno determinado de acuerdo con las normas precedentes, en la forma pactada a la fecha de celebrarse el contrato de venta o de arriendo con opción de compra del inmueble. Cuando no exista esta constancia en el contrato de venta, se presumirá que en cada uno de los pagos correspondientes se comprenderá parte del valor del terreno en la misma proporción que se determine respecto del total del precio de la operación a la fecha del contrato.

En los contratos de venta o de arriendo con opción de compra de un bien inmueble, ya sea que el terreno se transfiera o se considere en la misma operación o no, y en los contratos generales de construcción, gravados por esta ley, el Servicio de Impuestos Internos podrá aplicar lo dispuesto en el artículo 64 del Código Tributario cuando el valor de enajenación del terreno sea notoriamente superior al valor comercial de aquellos de características y ubicación similares en la localidad respectiva, como asimismo, cuando el valor de la construcción sea notoriamente inferior a las de igual naturaleza considerando el costo incurrido y los precios de otras construcciones similares. La diferencia de valor que se determine entre el de la enajenación y el fijado por el Servicio de Impuestos Internos quedará afecta al Impuesto al Valor Agregado. La tasación y giro que se realicen con motivo de la aplicación del citado artículo 64 del Código Tributario, podrá reclamarse en la forma y en los plazos que esta disposición señala y de acuerdo con los procedimientos que indica.

Artículo 18°.- En los casos de permutas o de otras convenciones por las cuales las partes se obligan a transferirse recíprocamente el dominio de bienes corporales muebles o inmuebles, se considerará que cada parte que tenga el carácter de vendedor, realiza una venta gravada con el impuesto de este Título, teniéndose como base imponible de cada prestación, si procediere, el valor de los bienes comprendidos en ella. Lo dispuesto en este inciso será igualmente aplicable a las ventas en que parte del precio consiste en un bien corporal mueble o inmueble, y a los préstamos de consumo.

Si se tratare de una convención que involucre el cambio de bienes gravados por esta ley, el impuesto de este Título se determinará en base al valor de los bienes corporales muebles e inmuebles incluidos en ella, sin perjuicio de la aplicación de los tributos establecidos en ésta u otras leyes que puedan gravar la misma convención.

En estos casos, y en los del artículo 19, se aplicará lo dispuesto en la letra g) del artículo 16 y en los incisos segundo y siguientes del artículo 17.

Artículo 19°.- Cuando se dieren en pago de un servicio bienes corporales muebles o inmuebles, se tendrá como precio del servicio, para los fines del impuesto de este Título, el valor que las partes hubieren asignado a los bienes transferidos o el que, en su defecto, fijare el Servicio de Impuestos Internos.

En los casos a que se refiere este artículo, el beneficiario del servicio será tenido como vendedor de los bienes para los efectos de la aplicación del impuesto cuando proceda.

Igual tratamiento se aplicará en los casos de ventas de bienes corporales muebles o inmuebles que se paguen con servicios.

Artículo 20°.- Constituye débito fiscal mensual la suma de los impuestos recargados en las ventas y servicios efectuados en el período tributario respectivo.

El impuesto a pagar se determinará, estableciendo la diferencia entre el débito fiscal y el crédito fiscal, determinado según las normas del párrafo 6°.

Respecto de las importaciones, el impuesto se determinará aplicando la tasa sobre el valor de la operación señalado en la letra a) del artículo 16° y teniendo presente, cuando proceda, lo dispuesto en el inciso final de ese mismo artículo.

Cuando no se pueda determinar de forma clara o fehaciente el impuesto que un contribuyente deba pagar, el Servicio, mediante resolución fundada y previa citación según el artículo 63 del Código Tributario, podrá tasar las ventas o servicios realizados, considerando los antecedentes que tenga en su poder, o tomando como base las ventas realizadas o los servicios prestados por contribuyentes de similar actividad, negocio, segmento o localidad u otros que permitan hacer una estimación razonable del impuesto a pagar. Sin perjuicio de lo anterior, el contribuyente podrá acreditar el crédito soportado en la adquisición de bienes o servicios destinados a sus operaciones, en los términos del artículo 23.

Asimismo, un contribuyente podrá solicitar al Servicio que ejerza la facultad señalada en el inciso anterior cuando entregue antecedentes que den cuenta que no está en condiciones de determinar su impuesto a pagar. En este caso y sólo por una vez, el Servicio deberá estimar un monto de crédito fiscal que será imputable al débito fiscal, determinado de acuerdo con lo observado para contribuyentes de similar actividad, negocio, segmento o localidad. El contribuyente podrá solicitar que el impuesto determinado y la fórmula de su cálculo sean enviadas a la Defensoría del Contribuyente para su asesoría en el proceso. Este procedimiento será sólo aplicable cuando las ventas determinadas por el Servicio no superen las 2.400 unidades de fomento dentro de un año calendario.

Respecto del impuesto determinado según lo dispuesto en el inciso anterior, procederá la condonación de la totalidad de los intereses y multas, siempre que su pago se verifique dentro de los tres meses siguientes a la fecha del giro respectivo y que el contribuyente haya iniciado actividades al momento del pago.

Artículo 21°.- Del impuesto determinado, o débito fiscal, se deducirán los impuestos de este Título correspondientes a:

1°.- Las bonificaciones y descuentos otorgados a los compradores o beneficiarios del servicio sobre operaciones afectas, con posterioridad a la facturación;

2°.- Las cantidades restituidas a los compradores o beneficiarios del servicio en razón de bienes devueltos y servicios resciliados por los contratantes, siempre que correspondan a operaciones afectas y la devolución de las especies o resciliación del servicio se hubiere producido dentro del plazo de seis meses establecido en el inciso segundo del artículo 70°. Igual procedimiento corresponderá aplicar por las cantidades restituídas cuando una venta o arriendo con opción de compra de bienes corporales inmuebles, gravadas con esta ley, queden sin efecto por resolución, resciliación, nulidad u otra causa; pero el plazo de seis meses para efectuar la deducción del impuesto se contará desde la fecha en que se produzca la resolución, o desde la fecha de la escritura pública de resciliación y, en el caso que la venta o arriendo con opción de compra quede sin efecto por sentencia judicial, desde la fecha que ésta se encuentre ejecutoriada, y

3°.- Las sumas devueltas a los compradores por los depósitos a que se refiere el número 2° del artículo 15°, cuando ellas hayan sido incluidas en el valor de venta afecto a impuesto.

Artículo 22°.- Sin perjuicio de lo dispuesto en el artículo anterior, los contribuyentes que hubiesen facturado indebidamente un débito fiscal superior al que corresponda de acuerdo con las disposiciones de esta ley, deberán considerar los importes facturados para los efectos de la determinación del débito fiscal del período tributario, salvo cuando dentro de dicho período o a más tardar el período siguiente hayan subsanado el error, emitiendo nota de crédito extendida de acuerdo a lo dispuesto en el artículo 57°.

La nota de crédito emitida con arreglo a lo dispuesto en el referido artículo también será requisito indispensable para que los contribuyentes puedan obtener la devolución de impuestos pagados en exceso por errores en la facturación del débito fiscal.

Párrafo 6° Del Crédito Fiscal

Artículo 23°.- Los contribuyentes afectos al pago del tributo de este Título tendrán derecho a un crédito fiscal contra el débito fiscal determinado por el mismo período tributario, el que se establecerá en conformidad a las normas siguientes:

1°.- Dicho crédito será equivalente al impuesto de este Título recargado en las facturas que acrediten sus adquisiciones o la utilización de servicios, o, en el caso de las importaciones, el pagado por la importación de las especies al territorio nacional respecto del mismo período. Por consiguiente, dará derecho a crédito el impuesto soportado o pagado en las operaciones que recaigan sobre especies corporales muebles o servicios destinados a formar parte de su Activo Realizable o Activo Fijo, y aquellas relacionadas con gastos de tipo general, que digan relación con el giro o actividad del contribuyente. Igualmente dará derecho a crédito el impuesto de este Título recargado en las facturas emitidas con ocasión de un contrato de venta o un contrato de arriendo con opción de compra de un bien corporal inmueble y de los contratos referidos en la letra e) del artículo 8°.

2°.- No procede el derecho al crédito fiscal por la importación o adquisición de bienes o la utilización de servicios que se afecten a hechos no gravados por esta ley o a operaciones exentas o que no guarden relación directa con la actividad del vendedor.

3°.- En el caso de importación o adquisición de bienes o de utilización de servicios que se afecten o destinen a operaciones gravadas y operaciones exentas o a hechos no gravados por esta ley, el crédito se calculará en forma proporcional, de acuerdo con las normas que establezca el Reglamento.

4°.- No darán derecho a crédito las importaciones, arrendamiento con o sin opción de compra y adquisiciones de automóviles, station wagons y similares y de los combustibles, lubricantes, repuestos y reparaciones para su mantención, ni las de productos o sus componentes que gocen en cualquier forma de subsidios al consumidor de acuerdo a la facultad del artículo 48, salvo que el giro o actividad habitual del contribuyente sea la venta o el arrendamiento de dichos bienes, según corresponda, salvo en aquellos casos en que se ejerza la facultad del inciso primero del artículo 31 de la Ley sobre Impuesto a la Renta. Tampoco darán derecho a crédito los gastos incurridos en supermercados y comercios similares que no cumplan con los requisitos que establece el inciso primero del artículo 31 de la Ley sobre Impuesto a la Renta.

5º.- No darán derecho a crédito los impuestos recargados o retenidos en facturas no fidedignas o falsas o que no cumplan con los requisitos legales o reglamentarios y en aquéllas que hayan sido otorgadas por personas que resulten no ser contribuyentes de este impuesto.

Lo establecido en el inciso anterior no se aplicará cuando el pago de la factura se haga dando cumplimiento a los siguientes requisitos:

a) Con un cheque nominativo, vale vista nominativo o transferencia electrónica de dinero a nombre del emisor de la factura, girados contra la cuenta corriente bancaria del respectivo comprador o beneficiario del servicio.

b) Haber anotado por el librador al extender el cheque o por el banco al extender el vale vista, en el reverso del mismo, el número del rol único tributario del emisor de la factura y el número de ésta. En el caso de transferencias electrónicas de dinero, esta misma información, incluyendo el monto de la operación, se deberá haber registrado en los respaldos de la transacción electrónica del banco.

El contribuyente deberá aportar los antecedentes que acrediten las circunstancias de las letras a) y b) precedentes, dentro del plazo de un mes contado desde la fecha de notificación del requerimiento realizado por el Servicio de Impuestos Internos. En caso que no dé cumplimiento a lo requerido, previa certificación del Director Regional respectivo, se presumirá que la factura es falsa o no fidedigna, no dando derecho a la utilización del crédito fiscal mientras no se acredite que dicha factura es fidedigna.

Con todo, si con posterioridad al pago de una factura ésta fuese objetada por el Servicio de Impuestos Internos, el comprador o beneficiario del servicio perderá el derecho al crédito fiscal que ella hubiere originado, a menos que acredite a satisfacción de dicho Servicio, lo siguiente:

a) La emisión y pago del cheque, vale vista o transferencia electrónica, mediante el documento original o fotocopia de los primeros o certificación del banco, según corresponda, con las especificaciones que determine el Director del Servicio de Impuestos Internos.

b) Tener registrada la respectiva cuenta corriente bancaria en la contabilidad, si está obligado a llevarla, donde se asentarán los pagos efectuados con cheque, vale vista o transferencia electrónica de dinero.

c) Que la factura cumple con las obligaciones formales establecidas por las leyes y reglamentos.

d) La efectividad material de la operación y de su monto, por los medios de prueba instrumental o pericial que la ley establece, cuando el Servicio de Impuestos Internos así lo solicite.

No obstante lo dispuesto en los incisos segundo, tercero y cuarto, no se perderá el derecho a crédito fiscal, si se acredita que el impuesto ha sido recargado y enterado efectivamente en arcas fiscales por el vendedor.

Lo dispuesto en los incisos segundo, tercero y cuarto no se aplicará en el caso que el comprador o beneficiario del servicio haya tenido conocimiento o participación en la falsedad de la factura.

6°.- El derecho a crédito fiscal para el adquirente o contratante por la parte del impuesto al valor agregado que la empresa constructora recupere en virtud de lo prescrito en el artículo 21 del decreto ley N° 910, de 1975, procederá sólo para contribuyentes que se dediquen a la venta habitual de bienes corporales inmuebles[39].

Cuando los contribuyentes que se dediquen a la venta habitual de bienes corporales inmuebles o las empresas constructoras, no puedan de-

---

[39] El artículo 5 de la ley N° 21.420, elimina el artículo 21 del decreto ley N° 910, de 1975 y el número 6 del artículo 23 de la Ley de Impuestos a las Ventas y Servicios, que establecían un crédito especial para la construcción, derogación que debía entrar en vigencia el 1 de abril de 2022. El artículo único de la ley 21.462 modificó los artículos transitorios quinto y sexto de la ley 21.420, postergando la entrada en vigencia de la derogación antes señalada para el 1 de enero del año 2025. Luego, el artículo 5 de la ley 21.558 publicada el 25 de abril del 2023 en el Diario Oficial modificó nuevamente el artículo quinto transitorio de la ley 21.420 postergando la derogación para el 1 de enero del año 2027.

terminar la procedencia del crédito fiscal conforme a los números 1 al 3 de este artículo, en el período tributario en que adquirieron o construyeron los bienes, deberán aplicar las siguientes reglas:

a) El impuesto soportado será considerado provisionalmente como crédito fiscal del período correspondiente; y

b) El crédito fiscal provisional deberá ser ajustado en cada periodo en que se realicen operaciones no gravadas o exentas, adicionando, debidamente reajustado, al débito fiscal de dicho período, el monto equivalente al impuesto soportado en la adquisición o construcción de la o las unidades que se transfieren en dichas operaciones.

7º.- El impuesto recargado en facturas emitidas en medios distintos del papel, de conformidad al artículo 54, dará derecho a crédito fiscal para el comprador o beneficiario en el período en que hagan el acuse de recibo o se entiendan recibidas las mercaderías entregadas o el servicio prestado, conforme a lo establecido en el inciso primero del artículo 9º de la ley Nº 19.983, que regula la transferencia y otorga mérito ejecutivo a la copia de la factura. Esta limitación no regirá en el caso de prestaciones de servicios, ni de actos o contratos afectos en los que, por aplicación de lo dispuesto en el artículo 55, la factura deba emitirse antes de concluirse la prestación de los servicios o de la entrega de los bienes respectivos.

Artículo 24º.- Del crédito calculado con arreglo a las normas del artículo anterior, deberán deducirse los impuestos correspondientes a las cantidades recibidas en el mismo período por concepto de bonificaciones, descuentos y devoluciones, que los vendedores y prestadores de servicios hubieren a su vez rebajado al efectuar las deducciones permitidas en el artículo 21º.

Por otra parte, deberá sumarse al crédito fiscal el impuesto que conste en las notas de débito recibidas y registradas durante el mes, por aumentos del impuesto ya facturado.

No obstante lo dispuesto en los incisos precedentes y en el artículo anterior, los contribuyentes podrán efectuar los ajustes señalados o deducir el crédito fiscal del débito fiscal o recuperar este crédito en el caso de los exportadores, dentro de los dos períodos tributarios siguientes a aquel que se indica en dichas normas, sólo cuando las respectivas notas de crédito y débito, las facturas o comprobantes de ingreso del impuesto tratándose de importaciones, según corresponda, se reciban o se registren con retraso, por cualquier hecho no imputable al contribuyente.

Artículo 25°.- Para hacer uso del crédito fiscal, el contribuyente deberá acreditar que el impuesto le ha sido recargado en las respectivas facturas, o pagado según los comprobantes de ingreso del impuesto tratándose de importaciones, y que estos documentos han sido registrados en los libros especiales que señala el artículo 59°. En el caso de impuestos acreditados con factura, éstos sólo podrán deducirse si se hubieren recargado separadamente en ellas.

Artículo 26°.- Si de la aplicación de las normas contempladas en los artículos precedentes resultare un remanente de crédito en favor del contribuyente, respecto de un período tributario, dicho remanente no utilizado se acumulará a los créditos que tengan su origen en el período tributario inmediatamente siguiente. Igual regla se aplicará en los períodos sucesivos, si a raíz de estas acumulaciones subsistiere un remanente a favor del contribuyente.

Artículo 27°.- Para los efectos de imputar los remanentes de crédito fiscal a los débitos que se generen por las operaciones realizadas en los períodos tributarios inmediatamente siguientes, los contribuyentes podrán reajustar dichos remanentes, convirtiéndolos en unidades tributarias mensuales según su monto vigente a la fecha en que debió pagarse el tributo, y posteriormente reconvirtiendo el número de unidades tributarias así obtenido, al valor en pesos de ellas a la fecha en que se impute efectivamente dicho remanente.

Las diferencias de crédito fiscal que provengan de la no utilización oportuna por el contribuyente del mecanismo de reajuste antes señalado no podrán invocarse como crédito fiscal en períodos posteriores.

El Presidente de la República estará facultado para hacer extensiva la reajustabilidad anteriormente señalada, a las sumas que los contribuyentes hayan cancelado en exceso en un período tributario, en razón de cambio en las modalidades de declaración y pago del impuesto de esta ley.

Artículo 27 bis.- Los contribuyentes gravados con el impuesto del Título II de esta ley y los exportadores que tengan remanentes de crédito fiscal, determinados de acuerdo con las normas del artículo 23, durante dos períodos tributarios consecutivos como mínimo originados en la adquisición de bienes corporales muebles o inmuebles destinados a formar parte de su activo fijo o de servicios que deban integrar el valor de costo de éste, podrán imputar ese remanente acumulado en dichos períodos, debidamente reajustado de conformidad con lo dispuesto en el artículo 27, a cualquier clase de impuesto fiscal, incluso de retención, y a los derechos, tasas y demás gravámenes que se perciban por intermedio de las Aduanas u optar porque dicho remanente les sea reembolsado por la Tesorería General de la República. En el caso que en los dos o más períodos tributarios señalados se originen créditos fiscales en adquisiciones distintas a las anteriores o en utilizaciones de servicios de los no señalados precedentemente, el monto de la imputación o de la devolución se determinará aplicando al total del remanente acumulado, el porcentaje que represente el Impuesto al Valor Agregado soportado por adquisiciones de bienes corporales muebles o inmuebles destinados al Activo Fijo o de servicios que se integran al costo de éste, en relación al total del crédito fiscal de los dos o más períodos tributarios. Tratándose de bienes corporales inmuebles, se entenderán como destinados a formar parte de su activo fijo, desde el momento en que la obra o cada una de sus etapas es recibida conforme por quien la encargó. En caso que el contribuyente haya obtenido devoluciones durante el desarrollo de la obra, deberá, al término de la misma, presentar, a requerimiento del Servicio, el certificado de recepción definitiva, y acreditar su incorporación efectiva al activo inmovilizado.

Los contribuyentes señalados en el inciso anterior, restituirán las sumas recibidas mediante los pagos efectivos que realicen en Tesorería por concepto del Impuesto al Valor Agregado, generado en las operaciones normales que efectúen a contar del mes siguiente del período al cual esas sumas corresponden. En el caso de que en cualquiera de los períodos tributarios siguientes existan operaciones exentas o no gravadas, deberán adicionalmente restituir las sumas equivalentes a las cantidades que resulten de aplicar la tasa de impuesto establecida en el artículo 14°, que se determine de multiplicar las operaciones totales del mes por la proporción de operaciones gravadas usada para determinar el crédito fiscal en el mes de adquisición del activo fijo que originó la devolución y restar de dicho resultado las operaciones afectas del mes. A los contribuyentes que no hayan realizado ventas o prestaciones de servicios en dicho período de dos o más meses, se les determinará en el primer mes en que tengan operaciones si han importado o adquirido bienes corporales muebles o inmuebles o recibido servicios afectado a operaciones gravadas, no gravadas o exentas aplicándose la proporcionalidad que establece el reglamento, debiendo devolver el exceso, correspondiente a las operaciones exentas o no gravadas, debidamente reajustado en conformidad al artículo 27°, adicionándolo al débito fiscal en la primera declaración del Impuesto al Valor Agregado. De igual forma, deberá devolverse el remanente de crédito obtenido por el contribuyente, o la parte que proceda, cuando se haya efectuado una imputación u obtenido una devolución superior a la que corresponda de acuerdo a la ley o a su reglamento, y en el caso de término de giro de la empresa. Las devoluciones a que se tengan derecho por las exportaciones, se regirán por lo dispuesto en el artículo 36°.

Para hacer efectiva la imputación a que se refieren los incisos anteriores, los contribuyentes deberán solicitar al Servicio de Tesorerías que se les emita un Certificado de Pago por una suma de hasta el monto de los créditos acumulados, expresados en unidades tributarias. Dicho certificado, que se extenderá en la forma y condiciones que establezca el Reglamento, será nominativo, intransferible a terceras personas y a la vista, y podrá fraccionarse en su valor para los efectos de realizar las diversas imputaciones que autoriza la presente disposición.

Para obtener la devolución del remanente de crédito fiscal, los contribuyentes que opten por este procedimiento, deberán presentar una solicitud ante el Servicio de Impuestos Internos, a fin de que éste verifique y certifique, en forma previa a la devolución por la Tesorería General de la República, la correcta constitución de este crédito. El Servicio de Impuestos Internos deberá pronunciarse dentro del plazo de 20 días contado desde la fecha en que reciba los antecedentes correspondientes. Si no lo hiciere al término de dicho plazo, la solicitud del contribuyente se entenderá aprobada y el Servicio de Tesorerías deberá proceder a la devolución del remanente de crédito fiscal que corresponda, dentro del plazo de cinco días hábiles contado desde la fecha en que se le presente la copia de la referida solicitud debidamente timbrada por el Servicio de Impuestos Internos. No será aplicable el procedimiento establecido en el artículo 80 y siguientes para el procedimiento de devolución que establece este artículo.

La infracción consistente en utilizar cualquier procedimiento doloso encaminado a efectuar imputaciones y obtener devoluciones improcedentes o superiores a las que realmente corresponda, se sancionará en conformidad con lo dispuesto en los incisos segundo y tercero del Nº 4 del artículo 97 del Código Tributario, según se trate de imputaciones o devoluciones.

La no devolución a arcas fiscales de las sumas imputadas o devueltas en exceso según lo prescrito en el inciso cuarto de este artículo, y que no constituya fraude, se sancionará como no pago oportuno de impuestos sujetos a retención o recargo, aplicándose los intereses, reajustes y sanciones desde la fecha en que se emitió el Certificado de Pago que dio origen al derecho a la imputación, o desde la fecha de la devolución en su caso.

Para los efectos de lo dispuesto en este artículo se entenderá que forman parte del activo fijo, los bienes corporales muebles importados en virtud de un contrato de arrendamiento con o sin opción de compra, respecto del impuesto pagado en la importación, siempre que dichos bienes, por su naturaleza y características, correspondan a los que normalmente se clasifican en el citado activo.

Artículo 27 ter.- Los contribuyentes gravados con los impuestos de los Títulos II y III de esta ley, que tengan la calidad de acreedores en un Procedimiento Concursal de Reorganización regido por la Ley de Reorganización y Liquidación de Activos de Empresas y Personas, que hayan sido recargados en facturas pendientes de pago emitidas a deudores de un

Acuerdo de Reorganización, podrán imputar el monto de dichos tributos a cualquier clase de impuestos fiscales, incluso de retención, y a los derechos, tasas y demás gravámenes que se perciban por intermedio de las Aduanas u optar porque éstos les sean reembolsados por la Tesorería General de la República. En el caso de que se hayan efectuado abonos a dichas deudas, la imputación o devolución, en su caso, sólo podrán hacerse valer sobre la parte no cubierta por los abonos, si la hubiera.

Los contribuyentes señalados en este artículo restituirán los impuestos correspondientes a contar del mes siguiente del período en que venza el plazo para que el deudor efectúe el pago de las sumas acordadas en el respectivo Acuerdo de Reorganización. De igual forma, deberán devolverse dichos tributos cuando se haya efectuado una imputación u obtenido una devolución superior a la que corresponda y en el caso de término de giro de la empresa. No procederá, sin embargo, dicha restitución en caso que se declare el término o incumplimiento del Acuerdo de Reorganización, mediante resolución firme y ejecutoriada, dándose inicio a un Procedimiento Concursal de Liquidación, siempre que el respectivo contribuyente comunique dicha circunstancia al Servicio de Impuestos Internos, en la forma y plazo que éste determine, mediante resolución.

Para hacer efectiva la imputación a que se refieren los incisos anteriores, los contribuyentes deberán solicitar al Servicio de Tesorerías que se les emita un Certificado de Pago por una suma de hasta el monto de los créditos acumulados, expresados en unidades tributarias mensuales. Dicho certificado, que se extenderá en la forma y condiciones que fije el Servicio de Tesorerías, mediante resolución, será nominativo, intransferible a terceros y a la vista, y podrá fraccionarse en su valor para los efectos de realizar las diversas imputaciones que autoriza la presente disposición.

Para obtener la devolución de los impuestos recargados en las facturas pendientes de pago, los contribuyentes que opten por este procedimiento deberán presentar una solicitud ante el Servicio de Impuestos Internos, conforme a los artículos 80 y siguientes a fin de que éste verifique y certifique, en forma previa a la devolución por la Tesorería General de la República, que los respectivos tributos hayan sido declarados y enterados en arcas fiscales oportunamente, y que éstos se encuentran al día en el pago de sus obligaciones tributarias.

Para hacer uso del beneficio establecido en el presente artículo, el Acuerdo de Reorganización debe haber sido aprobado mediante resolución firme y ejecutoriada. La Superintendencia de Insolvencia y Reemprendimiento remitirá al Servicio de Impuestos Internos copia de los Acuerdos de Reorganización que se hallen en dicho estado, en la forma y plazo que dicha Superintendencia fije, mediante resolución.

Los contribuyentes que sean Personas Relacionadas con el deudor de un Acuerdo de Reorganización no podrán impetrar el derecho que establece el presente artículo.

La infracción consistente en utilizar cualquier procedimiento doloso encaminado a efectuar imputaciones y obtener devoluciones improcedentes o superiores a las que realmente corresponda, se sancionará en conformidad con lo dispuesto en los párrafos segundo y tercero del número 4 del artículo 97 del Código Tributario, según se trate de imputaciones o devoluciones.

La no devolución a arcas fiscales de las sumas imputadas o devueltas en exceso según lo previsto en el inciso segundo de este artículo, y que no constituya fraude, se sancionará como no pago oportuno de impuestos sujetos a retención o recargo, aplicándose los intereses, reajustes y sanciones desde la fecha en que se emitió el Certificado de Pago que dio origen al derecho a la imputación, o desde la fecha de la devolución, en su caso.

Artículo 28°.- En los casos de término de giro, el saldo de crédito que hubiere quedado en favor del contribuyente podrá ser imputado por éste al impuesto del presente Título que se causare con motivo de la venta o liquidación del establecimiento o de los bienes corporales muebles o inmuebles que lo componen. Si aún quedare un remanente a su favor, sólo podrá imputarlo al pago del impuesto a la renta de primera categoría que adeudare por el último ejercicio.

Serán aplicables a los saldos o remanentes a que se refiere este artículo, las normas de reajustabilidad que establece el artículo anterior, en lo que fueren pertinentes.

Párrafo 7° Del régimen de tributación simplificada para los pequeños contribuyentes

Artículo 29°.- Los pequeños comerciantes, artesanos y pequeños prestadores de servicios que vendan o realicen prestaciones al consumidor y que determine la Dirección Nacional de Impuestos Internos, pagarán el impuesto de este Título sobre la base de una cuota fija mensual que se determinará por decreto supremo por grupos de actividades o contribuyentes, considerando factores tales como el monto efectivo o estimado de ventas o prestaciones, el índice de rotación de las existencias de mercaderías, el valor de las instalaciones u otros que puedan denotar el volumen de operaciones.

El monto de la cuota fija mensual establecida para cada grupo de actividades o contribuyentes podrá ser modificado por decreto supremo.

Artículo 30°.- Los contribuyentes acogidos a las disposiciones de este párrafo tendrán derecho a un crédito contra el monto de la cuota fija mensual antes señalada, equivalente al monto de los impuestos de este Título que se les hubiere recargado, en el mes correspondiente, por las compras de bienes y utilización de servicios efectuados conforme a las normas del párrafo 6° y, además, la cantidad que resulte de aplicar la tasa del artículo 14° al monto de las compras o servicios exentos del mismo período.

En caso que el monto del crédito así determinado excediera de la cuota fija mensual correspondiente, no habrá derecho a imputar dicho exceso ni a solicitar su devolución.

Artículo 31°.- La Dirección Nacional de Impuestos Internos podrá exonerar del impuesto de este Título a los vendedores o prestadores de servicios, a que se refiere el artículo 29°, cuyas ventas o remuneraciones totales sean de muy pequeño monto, o cuando, considerando los mismos factores indicados en dicho artículo, pueda presumirse escasa importancia económica a las actividades de estos contribuyentes.

Artículo 32°.- Todo vendedor o prestador de servicios acogido al régimen de excepción establecido en este párrafo podrá ser reclasificado por el

Servicio de Impuestos Internos, teniendo en cuenta las variaciones de los factores señalados en el artículo 29°.

Artículo 33°.- Los vendedores y prestadores de servicios que tributen de acuerdo con el régimen simplificado establecido en este párrafo, quedarán sujetos a todas las normas y obligaciones que afectan a los restantes contribuyentes del Impuesto al Valor Agregado, sin perjuicio de lo dispuesto en el presente párrafo, y salvo las excepciones establecidas en el Título IV, sobre administración de impuesto.

Artículo 34°.- No podrán continuar acogidos al régimen de tributación simplificada los vendedores o prestadores de servicios que, en razón de los factores señalados en el artículo 29°, les corresponda quedar afectos al sistema general del Impuesto al Valor Agregado.

Artículo 35°.- No podrán acogerse al régimen simplificado del presente párrafo las personas jurídicas.

Párrafo 7° bis Del régimen simplificado para contribuyentes no domiciliados ni residentes en Chile

Artículo 35 A.- Los contribuyentes no domiciliados ni residentes en Chile que presten servicios o realicen ventas a personas domiciliadas o residentes en el país y que no sean contribuyentes de los impuestos establecidos en esta ley, quedarán sujetos al régimen de tributación simplificada que tratan los artículos siguientes.

Artículo 35 B.- El Director, estará facultado para, eximir total o parcialmente a los contribuyentes del presente régimen de las obligaciones dispuestas en el artículo 51, mediante normas de carácter general, y, asimismo, de las obligaciones establecidas en el Párrafo 2° del Título IV del Libro Primero del Código Tributario, o bien, para sustituirlas por otros procedimientos que constituyan un trámite simplificado.

Artículo 35 C.- Los contribuyentes sujetos a lo establecido en el régimen de este Párrafo 7° bis no tendrán derecho a crédito fiscal y se encontrarán liberados de la obligación de emitir documentos tributarios por sus operaciones.

Artículo 35 D.- Los contribuyentes sujetos a lo establecido en el régimen de este Párrafo 7° bis deberán recargar a la contraprestación recibida por los servicios o ventas afectas, el impuesto de esta ley, el que se calculará aplicando a dicha contraprestación la tasa establecida en el artículo 14.

El impuesto que estos contribuyentes deberán pagar se determinará sobre la base de la suma de los impuestos recargados conforme al inciso primero, por los servicios prestados o ventas realizadas en el período tributario respectivo. Para estos efectos, se entenderá por "período tributario" un periodo de uno o tres meses seguidos, a elección del contribuyente.

Artículo 35 E.- Los contribuyentes sujetos a lo establecido en el régimen de este Párrafo 7° bis deberán declarar en forma simplificada y pagar los impuestos devengados en un período tributario, hasta el día 20 del primer mes siguiente.

La declaración y pago del impuesto se realizará electrónicamente, a través del portal o mecanismo digital que el Servicio de Impuestos Internos habilite al efecto, estando facultado con ese objeto para disponer y requerir información en idiomas distintos al español.

Artículo 35 F.- El Director, mediante norma de general aplicación, establecerá los procedimientos necesarios para la determinación y pago del impuesto en moneda extranjera.

De igual forma, el Director podrá autorizar que la determinación y pago del impuesto se realice en moneda nacional, cuando la operación se efectúe en moneda extranjera. Para determinar la paridad cambiaria entre la moneda nacional y la moneda extranjera, se estará al tipo de cambio a la fecha de pago del impuesto según la información que publique el Banco Central de Chile en conformidad a lo dispuesto en el número 6 del Capítulo I del Compendio de Normas de Cambios Internacionales. Si la moneda extranjera en que se efectuará el pago no es una de aquellas informada por el Banco Central, el impuesto que corresponda pagar en el extranjero en dicha divisa deberá primeramente ser calculado en su equivalente en dólares de los Estados Unidos de América, de acuerdo a la paridad entre ambas monedas, para luego convertirse a su equivalente en pesos chilenos de la forma ya indicada.

Artículo 35 G.- En los casos de descuentos, anulación, rescisión, terminación o resolución de servicios o ventas, el contribuyente que hubiere devuelto al consumidor del servicio o venta el impuesto respectivo, podrá descontar del monto del impuesto que le correspondería pagar en el periodo tributario en que aquellas situaciones se hayan producido, o los periodos tributarios posteriores si en el mismo periodo tributario no correspondiera realizar un pago o si el que procede fuera menor.

Artículo 35 H.- No será aplicable lo dispuesto en el Párrafo 3º del Título IV, ni las demás disposiciones de esta ley en lo que no sean compatibles con la naturaleza del régimen establecido en el presente párrafo.

Artículo 35 I.- El Servicio de Impuestos Internos podrá utilizar todos los medios de fiscalización tecnológicos de que disponga para verificar el cumplimiento de las obligaciones tributarias que digan relación con los hechos gravados establecidos en esta ley, independientemente del lugar o jurisdicción donde la información respectiva se encuentre alojada.

Asimismo, el Servicio podrá solicitar, fundadamente, a los contribuyentes sujetos a lo establecido en el régimen de este Párrafo 7º bis, que entreguen información que tengan disponible sobre la identificación de los vendedores o prestadores de servicios respecto de los que intermedian y de las cantidades que se paguen o pongan a disposición de dichos vendedores o prestadores.

Párrafo 8º De los exportadores

Artículo 36º.- Los exportadores tendrán derecho a recuperar el impuesto de este Título que se les hubiere recargado al adquirir bienes o utilizar servicios destinados a su actividad de exportación. Igual derecho tendrán respecto del impuesto pagado al importar bienes para el mismo objeto. Las solicitudes, declaraciones y demás antecedentes necesarios para hacer efectivos los beneficios que se otorgan en este artículo, deberán presentarse en el Servicio de Impuestos Internos.

Para determinar la procedencia del impuesto a recuperar se aplicarán las normas del artículo 25°.

Los exportadores que realicen operaciones gravadas en este Título podrán deducir el impuesto a que se refiere el inciso primero de este artículo, en la forma y condiciones que el párrafo 6° señala para la imputación del crédito fiscal. En caso que no hagan uso de este derecho, deberán obtener su reembolso conforme a los artículos 80 y siguientes, en forma anticipada o posterior a la exportación de acuerdo a lo que se determine mediante decreto supremo, emitido por el Ministro de Hacienda, previo informe técnico del Servicio de Impuestos Internos[40].

Los exportadores que den aviso de término de giro deberán acreditar que, en el período de los treinta y seis meses anteriores al último embarque o aceptación a trámite de la declaración de exportación en el caso de servicios, realizaron exportaciones equivalentes, a lo menos, al monto total del impuesto reembolsado en dicho período. Para estos efectos, se deberá considerar el valor FOB de los bienes o servicios exportados al término del período de treinta y seis meses. En caso de no cumplir con exportaciones por el valor mínimo antes señalado, los contribuyentes deberán reintegrar las sumas reembolsadas en proporción al monto de las exportaciones no realizadas. Las sumas reintegradas se considerarán crédito fiscal del período en que se verifique el reintegro. Con todo, no se aplicará la obligación de reintegrar las sumas reembolsadas cuando se acredite que la empresa se encuentra en un proceso de liquidación concursal.

---

[40] Art. 28° transitorio, Ley N° 21.210, señala: "*En tanto no se dicte el decreto a que hace referencia el nuevo inciso tercero del artículo 36° de la Ley sobre Impuesto a las Ventas y Servicios contenida en el decreto ley N° 825, de 1974, los exportadores deberán obtener el reembolso de los impuestos relacionados con su actividad de exportación, en la forma y oportunidad que determina el decreto supremo 348 de 1975, del Ministerio de Economía, Fomento y Reconstrucción, el cual se mantendrá vigente, en todo lo que no sea incompatible con la presente ley*".

En aquellos casos en que los exportadores cuenten con autorización para obtener el reembolso de forma previa a la materialización de una exportación y que, con posterioridad a la fecha en que se efectúe el reembolso y se encuentre pendiente la exportación, se lleve a cabo un proceso de reorganización empresarial en virtud del cual el titular del beneficio sea absorbido por otro contribuyente, la empresa que tenga la calidad de continuadora legal mantendrá la autorización otorgada, con todos los derechos y obligaciones que se hubiesen establecido. Lo anterior, siempre y cuando la empresa que se cree o subsista manifieste su voluntad de continuar con el referido proyecto, en la forma que establezca el Ministro de Hacienda mediante el decreto supremo a que hace referencia el inciso tercero. En tal caso, no procederá cobro alguno respecto de las sumas devueltas con anterioridad al titular del beneficio[41].

Los prestadores de servicios que efectúen transporte terrestre de carga y aéreo de carga y pasajeros desde el exterior hacia Chile y viceversa, gozarán respecto de estas operaciones del mismo tratamiento indicado en los incisos anteriores, al igual que aquellos que presten servicios a personas sin domicilio o residencia en el país, que sean calificados como exportación de conformidad a lo dispuesto en el Nº 16 letra E, del artículo 12. Igualmente podrán acceder a los beneficios de este artículo los prestadores de servicios siempre que éstos sean prestados y utilizados íntegramente en el extranjero, y hubiesen estado afectos al Impuesto al Valor Agregado de haberse prestado o utilizado en Chile. Lo anterior, sólo en la medida que en el país en que se hayan prestado o utilizado los servicios se aplique un impuesto interno de idéntica o similar naturaleza al establecido en esta ley, circunstancia que se acreditará en la forma y condiciones que

---

[41] Dispone el artículo tercero N° transitorio de la ley 21713 publicada el día 24 de octubre de 2024, que esta modificación entrará a regir 6 meses cons posterioridad a la dictación del Decreto Supremo que reemplace al Decreto Supremo N° 348 de 1975, del Ministerio de Economía, Fomento y Reconstrucción, cuyo texto refundido se encuentra en el Decreto Supremo N° 79 de 1991 del Ministerio de Economía, Fomento y Reconstrucción, el que deberá dictarse dentro de los tres meses siguientes al de publicación en el Diario Oficial.

determine el Servicio de Impuestos Internos. También se considerarán exportadores los prestadores de servicios que efectúen transporte de carga y de pasajeros entre dos más puntos ubicados en el exterior, respecto del ingreso obtenido por dicha prestación que deba declararse en Chile para efectos tributarios.

Para los efectos previstos en este artículo, serán considerados también como exportadores las empresas aéreas o navieras, o sus representantes en Chile, que efectúen transporte de pasajeros o de carga en tránsito por el país y que, por consiguiente, no tomen o dejen pasajeros en Chile ni carguen o descarguen bienes o mercancías en el país, respecto de la adquisición de bienes para el aprovisionamiento denominado rancho de sus naves o aeronaves. De igual tratamiento tributario gozarán las empresas o sus representantes en el país por las compras que realicen para el aprovisionamiento de plataformas petroleras, de perforación o de explotación, flotantes o sumergibles, en tránsito en el país; de naves o aeronaves extranjeras que no efectúen transporte de pasajeros o de carga, siempre que con motivo de las actividades que éstas realicen en Chile se haya convenido con instituciones nacionales una amplia colaboración para el desarrollo de operaciones y proyectos que sean de interés para el país, según calificación que deberá hacer previamente el Ministro de Hacienda, a petición de los responsables de la ejecución de las actividades que las naves o aeronaves respectivas realicen en Chile.

Para los mismos efectos, serán considerados también exportadores las empresas aéreas, navieras y de turismo y las organizaciones científicas, o sus representantes legales en el país, por el aprovisionamiento de las naves o aeronaves que efectúen en los Puertos de Punta Arenas o Puerto Williams y por la carga, pasajes o por los servicios que presten o utilicen para los viajes que realicen desde dichos puertos al Continente Antártico, certificados por la Dirección General del Territorio Marítimo y Marina Mercante Nacional o por la Dirección General de Aeronáutica Civil, según corresponda. La recuperación del impuesto a los términos establecidos en este artículo, solo procederá respecto del aprovisionamiento, carga, pasaje o de los servicios que sea necesario realizar exclusivamente para efectuar el viaje y transporte respectivo desde Punta Arenas o Puerto Williams al Continente Antártico.

También gozarán de este beneficio, las empresas que no estén constituidas en Chile, que exploten naves pesqueras y buques factorías que operen fuera de la zona económica exclusiva, y que recalen en los puertos de las Regiones de Tarapacá, de Aysén del General Carlos Ibáñez del Campo, de Magallanes y la Antártica Chilena o de Arica y Parinacota, respecto de las mercancías que adquieran para su aprovisionamiento o rancho, o por los servicios de reparación y mantención de las naves y de sus equipos de pesca, por los servicios de muellaje, estiba, desestiba y demás servicios portuarios y por el almacenamiento de las mercancías que autorice el Servicio Nacional de Aduanas. Igual beneficio tendrán las referidas empresas, incluso aquellas constituidas en Chile, que efectúen transporte de pasajeros o de carga en tránsito por el país y que, por consiguiente, no tomen o dejen pasajeros ni carguen o descarguen bienes o mercancías en Chile, que recalen en las citadas Regiones por los servicios portuarios que en ellas les presten. Las naves pesqueras, buques factorías y las de carga que transporten productos del mar deberán ajustarse en todo lo que corresponda a las normas, instrucciones y autorizaciones impartidas por la Subsecretaría de Pesca y el Servicio Nacional de Pesca.

El beneficio señalado en este artículo será aplicable asimismo a las entidades hoteleras a que se refiere el artículo 12, letra E), número 17), de este texto legal, y a las empresas navieras chilenas a que se refiere el número 3 del artículo 13 de esta ley, que exploten naves mercantes mayores, con capacidad de pernoctación a bordo, y que tengan entre sus funciones el transporte de pasajeros con fines turísticos, en cuanto corresponda a servicios prestados a turistas extranjeros sin domicilio ni residencia en Chile. Con todo, la recuperación no podrá exceder del guarismo establecido en su artículo 14, aplicado sobre el monto total de las operaciones en moneda extranjera que por este concepto efectúen en el período tributario respectivo.

Serán también considerados exportadores para gozar del beneficio establecido en este artículo, las empresas portuarias creadas en virtud del artículo 1° de la ley N° 19.542, las empresas titulares de las concesiones portuarias a que se refiere la misma ley, así como, las demás empresas que exploten u operen puertos marítimos privados de uso público, por los servicios que presten y que digan relación con operaciones de exportación, importación y tránsito internacional de bienes.

TÍTULO III. IMPUESTOS ESPECIALES A LAS VENTAS Y SERVICIOS

Párrafo 1° Del impuesto adicional a ciertos productos

Artículo 37°.- Sin perjuicio del impuesto establecido en el Título II de esta ley, la primera venta o importación, sea esta última habitual o no, de las especies que se señalan en este artículo, pagará un impuesto sobre el valor determinado según el artículo siguiente, con la tasa de 15%, con excepción de las señaladas en la letra j), que pagarán con una tasa de 50%:

a) Artículo de oro, platino y marfil;

b) Joyas, piedras preciosas naturales o sintéticas;

c) Pieles finas, calificadas como tales por el
Servicio de Impuestos Internos, manufacturadas o no;

d) Derogada.

e) Alfombras finas, tapices finos y cualquier otro artículo de similar naturaleza, calificados como tales por el Servicio de Impuestos Internos;

f) Derogada.

g) Derogada.

h) Derogada.

i) Conservas de caviar y sus sucedáneos;

j) Artículos de pirotecnia, tales como fuegos artificiales, petardos y similares, excepto los de uso industrial, minero o agrícola o de señalización luminosa;

k) Derogada.

l) Armas de aire o gas comprimido, sus accesorios y proyectiles, con excepción de las de caza submarina,

m) Derogada.

Artículo 38°.- El impuesto que se establece en el artículo anterior se aplicará:

a) En las ventas, sobre el valor de transferencia de las especies, y

b) En las importaciones, sobre el valor de los bienes importados, en los términos establecidos en la letra a) del artículo 16°, y deberá ser pagado por el respectivo importador conjuntamente con el Impuesto al Valor Agregado en la forma y oportunidad señaladas en la letra b) del artículo 9°.

Artículo 39°.- El impuesto del presente párrafo no afectará a las especies que se importen al país en los casos previstos en las letras B y C del artículo 12°.

Artículo 40°.- Las especies señaladas en las letras a), b) y c) del artículo 37° quedarán afectas a la misma tasa del 15% por las ventas no gravadas en dicha disposición. Para estos efectos, tanto el impuesto determinado en virtud del referido artículo 37° como el de este artículo se regirán por las normas del Título II, incluso las del artículo 36° y sus disposiciones reglamentarias; todo ello sin perjuicio de la aplicación del Impuesto al Valor Agregado.

Párrafo 2° Del impuesto a la venta de automóviles y otros vehículos

Artículo 41°.- Derogado.

Párrafo 3° Del impuesto adicional a las bebidas alcohólicas, analcohólicas y productos similares.

Artículo 42°.- Sin perjuicio del impuesto establecido en el Título II de esta ley, las ventas o importaciones, sean estas últimas habituales o no, de las especies que se señalan en este artículo, pagarán un impuesto adicional con la tasa que en cada caso se indica, que se aplicará sobre la misma base imponible que la del impuesto al valor agregado:

a) Bebidas analcohólicas naturales o artificiales, energizantes o hipertónicas, jarabes y en general cualquier otro producto que las sustituya o que sirva para preparar bebidas similares, y aguas minerales o termales a las cuales se les haya adicionado colorante, sabor o edulcorantes, tasa del 10%.

En el caso que las especies señaladas en esta letra presenten la composición nutricional de elevado contenido de azúcares a que se refiere el artículo 5° de la ley N° 20.606, la que para estos efectos se considerará existente cuando tengan más de 15 gramos (g) por cada 240 mililitros (ml) o porción equivalente, la tasa será del 18%.

b) Licores, piscos, whisky, aguardientes y destilados, incluyendo los vinos licorosos o aromatizados similares al vermouth, tasa del 31,5%.

c) Vinos destinados al consumo, comprendidos los vinos gasificados, los espumosos o champaña, los generosos o asoleados, chichas y sidras destinadas al consumo, cualquiera que sea su envase, cervezas y otras bebidas alcohólicas, cualquiera que sea su tipo, calidad o denominación, tasa del 20,5%.

Para los efectos de este impuesto se considerarán también ventas las operaciones señaladas en el artículo 8° de la presente ley, siéndoles aplicables, en lo que corresponda, todas las disposiciones referidas a ellas.

Artículo 43°.- Estarán afectos al impuesto establecido en el artículo anterior, por las ventas o importaciones que realicen de las especies allí señaladas:

a) Los importadores por las importaciones habituales o no y por sus ventas;

b) Los productores elaboradores y envasadores;

c) Las empresas distribuidoras, y

d) Cualquier otro vendedor por las operaciones que efectúe con otro vendedor.

No se encuentran afectas a este impuesto adicional las ventas del comerciante minorista al consumidor, como tampoco las ventas de vinos a granel efectuadas por productores a otros vendedores sujetos de este impuesto.

Artículo 43 bis.- Sin perjuicio del impuesto establecido en el Título II de esta ley, la importación, sea habitual o no, de vehículos, de conjuntos de partes o piezas necesarias para su armaduría o ensamblaje en el país y de vehículos semiterminados, cuyo destino normal sea el transporte de pasajeros o de carga, pagará un impuesto adicional, el que se determinará aplicando al valor aduanero respectivo el porcentaje que resulte de multiplicar la cilindrada del motor, expresada en centímetros cúbicos, por el factor 0,03, restando 45 al resultado de esta multiplicación. En todo caso el monto resultante de la aplicación de este impuesto no podrá exceder a US$ 7.503,55 dólares de Estados Unidos de América. La cantidad anterior, será reactualizada a contar del 1° de enero de cada año, mediante decreto supremo expedido a través del Ministerio de Hacienda, de acuerdo con la variación experimentada por el Índice Oficial de Precios al por Mayor de los Estados Unidos de América en el período de doce meses comprendido entre el 1° de noviembre del año que antecede al de la dictación del decreto supremo y el 30 de octubre del año anterior a la vigencia de dicho decreto.

Tratándose de la importación de conjuntos de partes o piezas de vehículos y de vehículos semiterminados, el valor aduanero que se considerará para los efectos del cálculo del presente impuesto, será el que corresponda al vehículo totalmente terminado, fijado por el Servicio Nacional de Aduanas, considerando por tanto, el valor correspondiente al porcentaje de integración nacional.

En la importación de camionetas de 500 kilos y hasta 2.000 kilos de capacidad de carga útil; vehículos tipo jeep y furgones, según definición que al efecto fije la Comisión Automotriz a que se refiere la ley N° 18.483 a su juicio exclusivo, de conjuntos de partes o piezas necesarias para su armadurías o ensambles en el país y de estos vehículos semiterminados, el impuesto establecido en este articulo se determinará rebajando en un 75% la tasa que corresponda aplicar. En todo caso el porcentaje a aplicar no podrá ser superior al 15%.

Asimismo, los vehículos destinados al transporte de pasajeros, con capacidad de 10 y hasta 15 asientos, incluido el del conductor, conjuntos de partes o piezas necesarias para su armaduría o ensamblaje en el país y de estos vehículos semiterminados, pagarán el impuesto de este artículo rebajado en un 75% y con una tasa mínima de 5%.

Este impuesto afectará también a la importación, habitual o no, de carrocerías de vehículos automóviles destinados al transporte de pasajeros, con capacidad de hasta 15 asientos, incluido el del conductor, o de carga con una capacidad de hasta 2.000 kilos de carga útil. Para los fines de su aplicación, determinación y pago, este impuesto se sujetará a las mismas normas que este artículo y el artículo 47 bis de esta ley, contemplan respecto del impuesto que afecta a la importación de conjuntos de partes y piezas, considerando la cilindrada del motor y el valor aduanero del último modelo nuevo del vehículo automóvil al que corresponda dicha carrocería, rebajado en un sesenta por ciento.

El impuesto establecido en este artículo no se aplicará tratándose de la importación de vehículos motorizados destinados al transporte de pasajeros, con capacidad de más de 15 asientos, incluido el del conductor, ni a la importación de camiones, camionetas y furgones más de 2.000 kilos de capacidad de carga útil. Asimismo, no se aplicará este impuesto a la importación de conjuntos de partes o piezas o de vehículos semiterminados necesarios para la armaduría o ensamblaje de los vehículos a que se refiere este inciso.

Este impuesto no afectará a aquellos vehículos que se internen al país en los casos previstos en las letras B) y C) del artículo 12 ni a los que se importen con franquicias desde las Zonas Francas a que se refiere el decreto con fuerza de ley N° 341, de 1977, del Ministerio de Hacienda, a sus respectivas Zonas Francas de Extensión.

Tampoco se aplicará este impuesto a los tractores, carretillas automóviles, vehículos casa rodante autopropulsados, vehículos para transporte fuera de carretera, coches celulares, coches ambulancias, coches mortuorios, coches blindados para el transporte y en general vehículos especiales clasificados en la partida 87.03 del Arancel Aduanero.

Los vehículos de años anteriores, nuevos o usados, pagarán el impuesto establecido en este artículo considerando el valor aduanero correspondiente al último modelo nuevo o a su similar, aplicándose, si procediere, rebajas por uso y/o daño, de acuerdo con las normas que determine el Servicio Nacional de Aduanas.

El impuesto que afecta a la importación del conjunto de partes o piezas o de vehículos semiterminados necesarias para la armaduría, se pagará dentro de los 60 días siguientes al de la importación, y será girado por el Servicio de Aduanas expresado en dólares de los Estados Unidos de América.

Para retirar de la potestad aduanera los conjuntos de partes o piezas o vehículos semiterminados, el importador deberá suscribir un pagaré por el monto del impuesto establecido en este artículo. El Servicio de Tesorerías cancelará el giro comprobante de pago a la suscripción de dicho pagaré.

Sin perjuicio de las atribuciones del Servicio de Impuestos Internos, el Servicio Nacional de Aduanas deberá verificar la correcta aplicación y determinación de este impuesto.

Artículo 44°.- Los contribuyentes señalados en el artículo 43 tendrán derecho a un crédito fiscal contra el impuesto de este párrafo determinado por el mismo periodo tributario equivalente al impuesto que por igual concepto se les haya recargado en las facturas que acrediten sus adquisiciones o, en el caso de las importaciones, al pagado por la importación de las especies al territorio nacional, respecto del mismo período.

Artículo 45°.- Para determinar el impuesto establecido en el artículo 42 se aplicarán en lo que sea pertinente las disposiciones de los artículos 21, 22, 24, 25, 26 y 27, del Título II de esta ley. Asimismo, les será aplicable a los contribuyentes afectos al impuesto establecido en el referido artículo 42 lo dispuesto en el artículo 74, cuando corresponda.

Igualmente, a los vendedores que exporten los productos señalados en el artículo 42, les será aplicable lo dispuesto en el artículo 36 de esta ley y sus disposiciones reglamentarias, en lo que sean pertinentes, como también a los contribuyentes que exporten vehículos no considerados para determinar los beneficios de la ley N° 18.483, respecto de los impuestos establecidos en los artículos 43 bis y 46 que hayan pagado.

Párrafo 4° Otros impuestos específicos

Artículo 46°.- Derogado.

Artículo 46 bis.- Derogado.

Artículo 47°.- Derogado.

Artículo 47 bis.- En el caso que un importador de conjuntos de partes o piezas o de vehículos semiterminados necesarios para la armaduría o ensamblaje en el país no pagase alguno de los impuestos contemplados en los artículos 43 bis y 46 en el plazo establecido en dichas disposiciones, deberá pagar de contado los tributos de esa naturaleza que se devenguen en las importaciones que efectúe con posterioridad en tanto no pague dichos tributos, sin perjuicio de las otras sanciones que corresponda aplicar por la mora.

Artículo 48°.- Facúltase al Presidente de la República por el plazo de un año, para establecer impuestos específicos a los productos derivados de hidrocarburos líquidos o gaseosos que señale, que se determinarán por decreto de los Ministerios de Hacienda, de Economía, Fomento y Reconstrucción y de Minería, impuestos que podrán o no ser considerados como base imponible para la aplicación del Impuesto al Valor Agregado.

Facúltase, asimismo, al Presidente de la República para establecer, modificar o suprimir subsidios especiales de monto fijo, que se aplicarán por unidad de venta a los combustibles señalados en el inciso primero, y cuyo valor podrá cancelarse directamente o mediante la imputación de la suma respectiva al pago de determinados tributos o derechos de explotación.

En uso de las facultades contenidas en los incisos anteriores, el Presidente de la República podrá modificar, rebajar, restringir o limitar la aplicación, suprimir y reestablecer los impuestos específicos y hacerlos efectivos en cualquier etapa de la producción, importación, distribución o venta al consumidor de los productos gravados en el decreto referido.

Las determinaciones y modificaciones a que se refieren los incisos precedentes, regirán a contar de la publicación del decreto respectivo en el Diario Oficial, sin perjuicio de su posterior trámite de toma de razón por la Contraloría General de la República, debiendo remitirse el decreto para tal efecto, dentro de los 30 días de dispuesta la medida.

Párrafo 5° Del impuesto a las compras de monedas extranjeras

Artículo 49°.- Derogado.

Párrafo 6° Disposiciones varias

Artículo 50°.- Estarán exentas de los impuestos del presente Título, las especies corporales muebles exportadas en su venta al exterior.

Artículo 50 A.- Estarán exentas del impuesto establecido en el artículo 42, las bebidas alcohólicas que se internen al país por pasajeros para su consumo, en una cantidad que no exceda de 2.500 centímetros cúbicos por persona adulta.

Artículo 50 B.- Los tributos de este título serán también aplicables en los casos de especies que, estando en su transferencia afectas al Impuesto al Valor Agregado, sean dadas en arrendamiento con opción de compra por parte del arrendatario, debiendo determinarse y pagarse dichos tributos en la misma forma y oportunidad en que proceda el impuesto del Título II correspondientes a la misma operación.

TÍTULO IV. DE LA ADMINISTRACIÓN DEL IMPUESTO

Párrafo 1° Del Registro de los contribuyentes

Artículo 51°.- Para el control y fiscalización de los contribuyentes de la presente ley, el Servicio de Impuestos Internos llevará, en la forma que establezca el Reglamento, un Registro, a base del Rol Único Tributario.

Con tal objeto, las personas que inicien actividades susceptibles de originar impuestos de esta ley, deberán solicitar su inscripción en el Rol Único Tributario, antes de dar comienzo a dichas actividades.

Párrafo 2° De las facturas y otros comprobantes de ventas y Servicios

Artículo 52°.- Las personas que celebren cualquier contrato o convención de los mencionados en los Títulos II y III de esta ley deberán emitir facturas o boletas, según el caso, por las operaciones que efectúen. Esta obligación regirá aun cuando en la venta de los productos o prestación de los servicios no se apliquen los impuestos de esta ley, incluso cuando se trate de convenciones que versen sobre bienes o servicios exentos de dichos impuestos.

Artículo 53°.- Los contribuyentes afectos a los impuestos de esta ley estarán obligados a emitir los siguientes documentos:

a) Facturas, incluso respecto de sus ventas o servicios exentos, en las operaciones que realicen con otros vendedores, importadores y prestadores de servicios y, en todo caso, tratándose de ventas o de contratos de arriendo con opción de compra de bienes corporales inmuebles o de los contratos señalados en la letra e) del artículo 8°, gravados con el impuesto del Título II de esta ley.

b) Boletas, incluso respecto de sus ventas y servicios exentos, en los casos no contemplados en la letra anterior.

La Dirección Nacional de Impuestos Internos podrá exigir a los contribuyentes que emitan diariamente una boleta con la última numeración del día, por el valor total de las ventas o servicios realizados por montos inferiores al mínimo por el cual deban emitirse las boletas, fijado de acuerdo con lo dispuesto en el inciso cuarto del artículo 88° del Código Tributario. El original y la copia de este documento deberán mantenerse en el negocio o establecimiento para los efectos del control que disponga el Servicio y anotarse en el libro de ventas diarias.

Las sanciones contempladas en el N° 10 del artículo 97° del Código Tributario, serán aplicables a la no emisión de la boleta señalada en el inciso anterior.

Artículo 54°.- Las facturas, facturas de compra, guías de despacho, boletas de ventas y servicios, liquidaciones facturas y notas de débito y crédito que deban emitir los contribuyentes, consistirán exclusivamente en documentos electrónicos emitidos en conformidad a la ley, sin perjuicio de las excepciones legales pertinentes. En el caso del sector silvoagropecuario, de la pesca artesanal, y de la pequeña minería y pirquineros, las guías de despacho se podrán emitir, a elección del contribuyente, como documento electrónico o en papel. Adicionalmente, con todo, los comprobantes o recibos generados en transacciones pagadas a través de medios electrónicos tendrán el valor de boleta de ventas y servicios, en la forma y condiciones que determine el Servicio de Impuestos Internos mediante resolución. Tratándose de contribuyentes que emitan boletas electrónicas de ventas y servicios en que el pago de la respectiva transacción se efectúe por medios electrónicos, ambos sistemas tecnológicos deberán estar integrados en la forma que establezca el Servicio de Impuestos Internos mediante resolución, de forma tal que el uso del medio de pago electrónico importe necesariamente la generación de la boleta electrónica de ventas y servicios por el contribuyente respectivo.

Tratándose de contribuyentes que desarrollen su actividad económica en un lugar geográfico sin cobertura de datos móviles o fijos de operadores de telecomunicaciones que tienen infraestructura, o sin acceso a energía eléctrica o en un lugar decretado como zona de catástrofe conforme a la ley Nº 16.282, no estarán obligados a emitir los documentos señalados en el inciso primero en formato electrónico, pudiendo siempre optar por emitirlos en papel. Para estos efectos, el Servicio de Impuestos Internos, de oficio o a petición de parte, dictará una o más resoluciones, según sea necesario, debiendo individualizar al contribuyente o grupo de contribuyentes que se encuentren en alguna de las situaciones referidas, solicitando a los organismos técnicos respectivos informar las zonas geográficas del territorio nacional que no cuentan con los servicios o suministros respectivos y el plazo durante el cual dicha situación se mantendrá o debiese mantenerse. Dicha información deberá ser entregada por los organismos referidos en forma periódica conforme lo solicite el Servicio de Impuestos Internos. Presentada la solicitud de que trata este inciso y mientras ésta no sea resuelta, el Servicio de Impuestos Internos deberá autorizar el timbraje de los documentos tributarios que sean necesarios para el desarrollo del giro o actividad del contribuyente. En todo caso, transcurridos treinta días sin que la solicitud sea resuelta por el Servicio de Impuestos Internos, ésta se entenderá aceptada en los términos planteados por el contribuyente. Con todo, tratándose de lugares decretados como zona de catástrofe por terremoto o inundación, la resolución del Servicio de Impuestos Internos deberá ser dictada de oficio y dentro de los cinco días hábiles siguientes a la publicación en el Diario Oficial del decreto de catástrofe respectivo, debiendo en dicho caso autorizar el uso de facturas en papel debidamente timbradas que el contribuyente mantenga en reserva o autorizar el timbraje de facturas, según sea el caso.

Los documentos tributarios que, de acuerdo a los incisos anteriores, puedan ser emitidos en papel, deberán extenderse en formularios previamente timbrados de acuerdo a la ley y contener las especificaciones que señale el reglamento.

La copia impresa en papel de los documentos electrónicos a que se refiere el inciso primero, tendrá el valor probatorio de un instrumento privado emanado de la persona bajo cuya firma electrónica se transmitió, y se entenderá cumplida a su respecto la exigencia de timbre y otros requisitos de carácter formal que las leyes requieren para los documentos tributarios emitidos en soporte de papel.

Tratándose de contribuyentes que hayan optado por emitir boletas electrónicas de ventas y servicios en que el pago de la respectiva transacción se efectúe por medios electrónicos, ambos sistemas tecnológicos deberán estar integrados en la forma que establezca el Servicio de Impuestos Internos mediante resolución, de forma tal que el uso del medio de pago electrónico importe necesariamente la generación de la boleta electrónica de ventas y servicios por el contribuyente respectivo.

Artículo 55°.- En los casos de ventas de bienes corporales muebles, las facturas deberán ser emitidas en el mismo momento en que se efectúe la entrega real o simbólica de las especies. En caso de prestaciones de servicios, las facturas deberán emitirse en el mismo período tributario en que la remuneración se perciba o se ponga, en cualquier forma, a disposición del prestador del servicio.

Tratándose de los contratos señalados en la letra e) y en la letra l) del artículo 8°, la factura deberá emitirse en el momento en que se perciba el pago del precio del contrato, o parte de éste, cualquiera que sea la oportunidad en que se efectúe dicho pago. En el caso de la venta de bienes inmuebles, la factura deberá emitirse en la fecha de suscripción de la escritura de compraventa por el precio total, incluyendo las sumas pagadas previamente que se imputen al mismo a cualquier título.

Cuando se trate de los contratos indicados en el inciso segundo de la letra c) del artículo 16, la factura deberá emitirse por cada estado de avance o pago que deba presentar el concesionario original o el concesionario por cesión, en los períodos que se señalen en el decreto o contrato que otorgue la concesión respectiva. Respecto de los servicios de conservación, reparación y explotación de obras de uso público a que hace referencia la letra h) del artículo 16, la factura correspondiente deberá emitirse dentro del mes en el cual el concesionario perciba los ingresos provenientes de la explotación de las obras.

Sin embargo, los contribuyentes podrán postergar la emisión de sus facturas hasta el décimo día posterior a la terminación del período en que se hubieren realizado las operaciones, debiendo, en todo caso, corresponder su fecha al período tributario en que ellas se efectuaron.

En caso que las facturas no se emitan al momento de efectuarse la entrega real o simbólica de las especies, los vendedores deberán emitir y entregar al adquirente, en esa oportunidad, una guía de despacho numerada y timbrada por el Servicio de Impuestos Internos. Esta guía deberá contener todas las especificaciones que señale el Reglamento. En la factura que se otorgue posteriormente deberá indicarse el número y fecha de la guía o guías respectivas.

Las boletas deberán ser emitidas en el momento de la entrega real o simbólica de las especies, en conformidad a las disposiciones reglamentarias respectivas.

En caso de prestaciones de servicios, las boletas deberán ser emitidas en el momento mismo en que la remuneración se perciba o se ponga, en cualquier forma, a disposición del prestador del servicio.

La guía de despacho a que se refiere el inciso cuarto, o la factura o boleta respectiva, deberá exhibirse, a requerimiento del Servicio de Impuestos Internos, durante el traslado de especies afectas al Impuesto al Valor Agregado, realizado en vehículos destinados al transporte de carga. Para estos efectos, el vendedor o prestador de servicios deberá emitir guías de despacho también cuando efectúe traslados de bienes corporales muebles que no importen ventas. La no emisión de guías de despacho oportunamente, será sancionada en la forma prevista en el N° 10 del artículo 97 del Código Tributario, siendo responsable solidario quien transporte las especies cuando no identifique al vendedor o prestador del servicio sujeto del impuesto.

Artículo 56°.- La Dirección Nacional del Servicio de Impuestos Internos podrá eximir de las obligaciones establecidas en los artículos anteriores a determinadas actividades, grupos o gremios de contribuyentes, a contribuyentes que vendan o transfieran productos exentos o que presten servicios exentos, y a contribuyentes afectos a los impuestos establecidos en esta ley, cuando por la modalidad de comercialización de algunos productos, o de prestación de algunos servicios, la emisión de boletas, facturas u otros documentos por cada operación pueda dificultar o entrabar las actividades que ellos desarrollan. En estos casos, la Dirección Nacional del Servicio de Impuestos Internos podrá establecer otro tipo de control de las operaciones, que se estime suficiente para resguardar el interés fiscal, sin perjuicio de lo dispuesto en el inciso 3° del artículo 23 del Código Tributario.

El Servicio de Impuestos Internos podrá autorizar el uso de boletas, facturas, facturas de compra, guías de despacho, liquidaciones facturas, notas de débito y notas de crédito que no reúnan los requisitos exigidos por la Ley y el Reglamento, y que, a juicio de dicho Servicio, resguarden debidamente los intereses fiscales, pudiendo autorizar la emisión en papel de los documentos que deban ser emitidos en formato electrónico conforme al inciso primero del artículo 54, mediante resolución en que se deberá expresar los fundamentos por los cuales se concede dicha autorización e individualizar al contribuyente o grupo de contribuyentes beneficiados y el plazo de vigencia de la misma, el cual, en todo caso, podrá ser renovado sucesivamente en tanto se mantengan las razones que originaron el otorgamiento de la autorización

En los casos en que, de acuerdo a esta ley, los contribuyentes emitan boletas en soporte de papel, la Dirección Nacional del Servicio de Impuestos Internos podrá autorizar su emisión mediante máquinas registradoras u otros medios tecnológicos.

Asimismo, la Dirección del Servicio de Impuestos Internos podrá autorizar, por resolución fundada, a las personas naturales o comunidades integrantes de determinados grupos o gremios de contribuyentes, para emitir boletas nominativas en vez de facturas, cuando la actividad desarrollada por dichos grupos o gremios sea de escasa importancia económica. Dichas boletas deberán cumplir con los requisitos que la ley señala para las facturas, con excepción del impuesto contenido en el Decreto Ley número 619, de 1974, y darán derecho al crédito fiscal en los términos señalados en los artículos 23 y siguientes.

Artículo 57°.- Los vendedores y prestadores de servicios afectos a los impuestos del Título II, del artículo 40 y del Párrafo 3° del Título III deberán emitir notas de crédito por los descuentos o bonificaciones otorgados con posterioridad a la facturación a sus compradores o beneficiarios de servicios, como, asimismo, por las devoluciones a que se refieren los números 2° y 3° del artículo N° 21.

Igualmente, los vendedores y prestadores de servicios deberán emitir notas de débito por aumentos del impuesto facturado.

Las notas mencionadas en los incisos anteriores deberán ser extendidas con los mismos requisitos y formalidades que las facturas y boletas, y en ellas deberá indicarse separadamente, cuando proceda, el monto de los impuestos del Título II, del artículo y del Párrafo 3° del Título III que correspondan.

Las notas de crédito y de débito estarán exentas de los tributos contenidos en el Decreto Ley N° 619, de 1974.

Artículo 58°.- Los duplicados de las facturas y los originales de las boletas a que se refiere este párrafo deberán ser conservados por los respectivos contribuyentes durante seis años. Sin embargo, cuando el cumplimiento de esta obligación ocasionare dificultades de orden material a los contribuyentes, el Servicio de Impuestos Internos podrá autorizar la destrucción de dichos duplicados u originales, conforme al procedimiento que establezca el Reglamento.

Párrafo 3° De los libros y registros.

Artículo 59°.- Los documentos tributarios electrónicos emitidos o recibidos por vendedores o prestadores de servicios afectos a los impuestos de esta ley serán registrados en forma automatizada y cronológica por el Servicio de Impuestos Internos, respecto de cada contribuyente, en un libro especial electrónico denominado "Registro de Compras y Ventas", mediante el sistema tecnológico que dicho Servicio disponga para tales efectos.

Por dicho medio, los contribuyentes deberán registrar respecto de cada período tributario, en la forma que determine la Dirección Nacional del Servicio de Impuestos Internos mediante resolución, tanto la información relativa a documentos tributarios no electrónicos como aquella relativa a documentos tributarios electrónicos cuyo detalle no requiere ser informado al Servicio de Impuestos Internos, ya sea que respalden operaciones afectas, no afectas o exentas de Impuesto al Valor Agregado o los demás impuestos de esta ley.

La Dirección Nacional del Servicio de Impuestos Internos podrá requerir, mediante resolución fundada, el registro de otros antecedentes adicionales, en cuanto sean necesarios para establecer con exactitud el impuesto al valor agregado que corresponda.

Artículo 60°.- Los contribuyentes afectos al impuesto al valor agregado, con excepción de los señalados en el artículo siguiente, deberán abrir cuentas especiales en su contabilidad para registrar los impuestos recargados en las operaciones que efectúen, y los consignados en las facturas recibidas de sus proveedores y prestadores de servicios que sean susceptibles de ser rebajados como créditos.

Los importadores deberán, igualmente, abrir cuentas especiales en su contabilidad para registrar los impuestos pagados en sus importaciones y los tributos recargados en sus ventas.

Artículo 61°.- La Dirección Nacional del Servicio de Impuestos Internos podrá liberar, por resolución fundada, a los contribuyentes vendedores y prestadores de servicios afectos al régimen especial de tributación establecido en el párrafo 7° del Título II, de las obligaciones señaladas en los artículos precedentes.

Artículo 62°.- Derogado.

Artículo 63°.- El Servicio de Impuestos Internos podrá eximir, total o parcialmente, de lo dispuesto en este Párrafo a los contribuyentes que empleen sistemas especiales de contabilidad cuando, tales sistemas permitan establecer con exactitud los impuestos adeudados.

Párrafo 4° De la declaración y pago del impuesto

Artículo 64°.- Los contribuyentes afectos a la presente ley deberán pagar en la Tesorería Comunal respectiva, o en las Oficinas Bancarias autorizadas por el servicio de Tesorerías, hasta el día 12 de cada mes, los impuestos devengados en el mes anterior.

En el mismo acto deberán presentar una declaración jurada del monto total de las operaciones realizadas en el mes anterior, incluso las exentas de impuesto. No obstante, cuando se trate de las ventas a que se refiere el artículo 41°, la declaración deberá ser presentada en el Servicio de Impuestos Internos.

Sin perjuicio de lo dispuesto en el inciso primero del presente artículo y en el artículo 1° del decreto número 1.001, de 2006, del Ministerio de Hacienda, los contribuyentes acogidos a lo dispuesto en la letra D) del artículo 14 de la Ley sobre Impuesto a la Renta o acogidos al régimen general de contabilidad completa o simplificada, cuyo promedio anual de los ingresos de su giro no supere las 100.000 unidades de fomento en los últimos tres años calendario, podrán postergar el pago íntegro del impuesto al valor agregado devengado en un respectivo mes, hasta dos meses después de las fechas de pago señaladas en las precitadas disposiciones, siempre que cumplan los siguientes requisitos:

1. Que se encuentren inscritos para ser notificados vía correo electrónico por el Servicio de Impuestos Internos conforme al artículo 11 del Código Tributario, salvo que se trate de contribuyentes que desarrollen su actividad económica en un lugar geográfico sin cobertura de datos móviles o fijos de operadores de telecomunicaciones que tienen infraestructura, o sin acceso a energía eléctrica o en un lugar decretado como zona de catástrofe conforme a la ley número 16.282;

2. Que al momento de la postergación no presenten morosidad reiterada en el pago del impuesto al valor agregado o en el impuesto a la renta, salvo que la deuda respectiva se encuentre pagada o sujeta a un convenio de pago vigente. Para estos efectos, se considerará que el contribuyente presenta morosidad reiterada cuando adeude a lo menos los impuestos correspondientes a tres períodos tributarios en los últimos 36 meses, en el caso del impuesto al valor agregado, o respecto a un año tributario, en el mismo período, en el caso del impuesto a la renta.

3. Que, al momento de la postergación, hayan presentado a lo menos, en tiempo y forma, la declaración mensual de impuesto al valor agregado de los 36 períodos precedentes y la declaración anual de impuesto a la renta de los 3 años tributarios precedentes.

Para efectos de lo dispuesto en los incisos precedentes, el Servicio de Impuestos Internos establecerá la forma y procedimientos en que se hará efectiva la postergación a que se refiere el inciso anterior. Con todo, en estos casos no podrá prorrogarse la obligación de declarar el impuesto.

Respecto de los contribuyentes sujetos al régimen del Párrafo 7° del Título II de esta ley, el Reglamento fijará la forma y condiciones en que deben presentar su declaración.

El impuesto a las importaciones gravadas en esta ley, cuando proceda, deberá pagarse antes de retirar las especies del recinto aduanero, salvo en el caso de lo dispuesto en los incisos segundo y siguientes del artículo 104 de la Ordenanza de Aduanas o que se trate de importaciones efectuadas por personas que respecto de su giro no sean contribuyentes del impuesto de esta ley, en cuyo caso podrán optar pagar el impuesto en la oportunidad antes señalada o en las fechas y cuotas que fije la Dirección Nacional de Impuestos Internos, pudiendo ésta exigir las garantías personales o reales que estime conveniente para el debido resguardo de los intereses fiscales. En esta modalidad, el monto a pagar por cada cuota se calculará sobre la base que haya determinado y calculado dicho Servicio, considerando los recargos y tipos de cambio vigentes a la fecha que se realice el pago. Las referidas cuotas devengarán el mismo interés que se fije para el pago diferido de los derechos aduaneros de los bienes de capital que se importen.

Las especies que se retiren de la potestad aduanera en conformidad a las facultades establecidas en los artículos 51°, letra n), y 156 de la Ordenanza de Aduanas y en el artículo 3° de la Ley N° 16.768, pagarán provisionalmente el impuesto a que se refiere esta ley, al momento de su retiro. Su pago definitivo se hará una vez finiquitada la tramitación aduanera respectiva.

Igual procedimiento se adoptará en aquellos casos en que las especies se retiren de la potestad aduanera, estando pendiente una reclamación de aforo.

El Servicio de Impuestos Internos podrá autorizar el pago del Impuesto al Valor Agregado, que se devengue en la primera venta en el país de vehículos destinados al transporte de pasajeros con capacidad de más de 15 asientos, incluido el del conductor, en cuotas iguales mensuales, trimestrales o semestrales; pero dentro de un plazo máximo de sesenta meses, contado desde la fecha de emisión de la factura respectiva. Para estos efectos, el adquirente será sujeto del Impuesto al Valor Agregado que corresponda pagarse por la primera transferencia en el país de los citados vehículos, no obstante que la emisión de los documentos que procedan subsistirá como obligación del vendedor, pero sin cargar suma alguna por concepto del respectivo gravamen en la factura que acredite la venta y sin perjuicio de su derecho a recuperar el crédito fiscal del período respectivo de otros débitos, de cualquier clase de impuesto fiscal, incluso de retención, y de los derechos, tasas y demás gravámenes que se perciban por intermedio de las Aduanas, o como impuesto provisional voluntario de los referidos en el artículo 88 de la Ley sobre Impuesto a la Renta. Las cuotas de impuesto que se determinen deberán expresarse en unidades tributarias mensuales, considerando un interés mensual de 0,5%, y se solucionarán al valor que éstas tengan a la fecha de pago de cada cuota. El Servicio de Impuestos

Internos podrá exigir las garantías personales o reales que estime conveniente para el debido resguardo de los intereses fiscales, en la aplicación de lo dispuesto en este inciso.

Artículo 65°.- Los contribuyentes afectos al Impuesto al Valor Agregado, adicional a los televisores con recepción a color y adicional a las bebidas alcohólicas, analcohólicas y productos similares a que se refiere el artículo 42 deberán, además, indicar en su declaración el monto total del crédito fiscal que tengan derecho a deducir del impuesto adeudado sobre sus operaciones. Esta declaración deberá ser presentada aun cuando el contribuyente, por aplicación de dicho crédito, no deba pagar suma alguna.

La obligación de presentar declaración subsiste aun cuando el contribuyente no realice operaciones gravadas en uno o más períodos tributarios, salvo que éste haya comunicado por escrito al Servicio de Impuestos Internos el término de sus actividades.

Las infracciones a las obligaciones contenidas en este artículo se sancionarán con la pena establecida en el inciso segundo del N° 2° del artículo 97 del Código Tributario.

Artículo 66°.- El Servicio de Impuestos Internos podrá establecer períodos de declaración y pago de duración superior a un mes para los contribuyentes sujetos al régimen señalado en el Párrafo 7° del Título II, pero en tal caso podrá, si lo estima conveniente para los intereses fiscales, exigir el pago anticipado del impuesto al final de cada mes, basado en una estimación del tributo a devengarse en el período especial establecido, efectuándose al final de dicho período los ajustes necesarios entre el pago anticipado y el impuesto efectivamente adeudado.

Artículo 67°.- En los casos de empresas con más de un establecimiento, los impuestos del Título II y de los artículos 37° y 42° del Título III de esta ley, deberán ser declarados y pagados en el domicilio correspondiente a la oficina central o casa matriz. Cuando la determinación y pago del impuesto por la casa matriz origine dificultades en el control del Servicio de Impuestos Internos, la Dirección Nacional podrá conferir el carácter de contribuyente a las sucursales. En estos casos, el traslado de mercaderías entre los establecimientos de la empresa se considerará venta. El Reglamento deberá establecer la forma en que se determinará el impuesto y los registros y documentos que deberán mantener y emitir para tal objeto.

Artículo 68º.- La Dirección Nacional del Servicio de Impuestos Internos podrá exigir a los contribuyentes de esta ley la presentación de declaraciones semestrales o anuales que resuman las declaraciones mensuales presentadas. También estarán obligados a proporcionar datos de sus proveedores o prestadores de servicios y clientes, monto de las operaciones y otros antecedentes que requiera dicha Dirección. La forma y plazo de estas informaciones serán determinados en el Reglamento.

Párrafo 5º Otras disposiciones

Artículo 69º.- Las personas que realicen operaciones gravadas con el impuesto de la presente ley, con excepción del que afecta a las importaciones, deberán cargar a los compradores o beneficiarios del servicio, en su caso, una suma igual al monto del respectivo gravamen, aun cuando sean dichos compradores o beneficiarios, quienes, en conformidad con esta ley, deban enterar el tributo en arcas fiscales. El impuesto deberá indicarse separadamente en las facturas y boletas, salvo en aquellos casos en que la Dirección Nacional de Impuestos Internos autorice su inclusión.

El recargo del impuesto se hará efectivo aun cuando los precios de los bienes y servicios hayan sido fijados por la autoridad, en virtud de disposiciones legales o reglamentarias.

Con todo, el impuesto recargado no será considerado para los efectos de calcular otros recargos legales que puedan afectar al precio de las especies o servicios.

Artículo 70º.- En los casos en que una venta quede sin efecto por resolución, resciliación, nulidad u otra causa, el Servicio de Impuestos Internos, a petición del interesado, anulará la orden que haya girado, no aplicará el tributo correspondiente o procederá a su devolución, si hubiere sido ya ingresado en arcas fiscales.

Lo establecido en el inciso anterior no tendrá aplicación cuando hubieren transcurrido más de seis meses entre la entrega y la devolución de las especies que hayan sido objeto del contrato, salvo en los casos en que la venta quede sin efecto por sentencia judicial. La devolución o no aplicación del impuesto a que se refiere el inciso primero deberá solicitarse dentro de los treinta días siguientes a la fecha en que la venta quede sin efecto.

Lo dispuesto en este artículo no regirá respecto a los tributos establecidos en el Título II, artículo 40 y Párrafo 3° del Título III, caso en el cual habrá lugar a aplicar la norma del número 2° del artículo 21.

Artículo 71°.- Derogado.

Artículo 72°.- Cuando se trate de transferencias de vehículos motorizados, las Municipalidades deberán dejar constancia, en los registros respectivos, del número, fecha y cantidad del comprobante de ingreso que acredite el pago del impuesto de esta ley y de la Tesorería que lo emitió.

Artículo 73°.- Todo funcionario fiscal, semifiscal, municipal o de organismos de administración autónoma que, en razón de su cargo, tome conocimiento de los hechos gravados por esta ley, deberá exigir, previamente, que se le exhiba el comprobante de pago del tributo correspondiente para dar curso o autorizar las respectivas solicitudes, inscripciones u otras actuaciones.

Tratándose de la venta o contrato de arriendo con opción de compra de un bien corporal inmueble, o de un contrato general de construcción, se entenderá cumplida la exigencia establecida en el inciso anterior con la exhibición de la o las facturas correspondientes.

Respecto de las transferencias de vehículos motorizados usados, los notarios deberán enviar mensualmente al Servicio de Impuestos Internos aquellos contratos de ventas de estas especies que obren en su poder y que, por cualquier motivo, no hayan sido autorizados por dichos ministros de fe.

La infracción a lo dispuesto en los incisos precedentes hará responsable del pago del impuesto al funcionario o ministro de fe, solidariamente con los contribuyentes respectivos.

La sanción establecida en este artículo será aplicable, asimismo, a los notarios y demás ministros de fe que infrinjan lo prescrito en el artículo 75 del Código Tributario.

Artículo 74°.- Derogado.

Artículo 75°.- El Servicio de Impuestos Internos, para la aplicación y fiscalización del impuesto establecido en las letras a), b) y c) del artículo 42 podrá:

1.- Comprobar la cosecha obtenida por los productores de uvas, vinos y chichas, en base a la declaración jurada que deberán formular dichos productores;

2.- Fijar coeficientes de producción.

3.- Efectuar inventarios físicos de los productos indicados en las letras a), b) y c) del artículo 42;

4.- Comprobar los porcentajes de mermas establecidos por el reglamento, y

5.- Efectuar, con excepción de los productos señalados en la letra c) del artículo 42, relaciones de grados de alcohol con volúmenes físicos, y ordenar que los contratos y existencias de los productos se expresen, mantengan y controlen en litros, con expresión de los grados de alcohol contenido.

En todo caso, el referido Servicio aplicará las normas señaladas anteriormente en la forma y condiciones que establezca el reglamento, sin perjuicio de requerir los informes técnicos al Servicio Agrícola y Ganadero cuando corresponda.

Por las mermas que excedan de los porcentajes tolerados, se presumirá de derecho que los productos han sido vendidos para el consumo, debiendo pagar el impuesto respectivo, calculado sobre el precio de venta que corresponda al producto de mayor valor a la fecha del inventario.

No obstante las mermas efectivas producidas en las existencias que hubieren permanecido siempre en recintos cerrados bajo sello, quedarán exentas de impuestos, previa comprobación del Servicio de Impuestos Internos.

Artículo 76°.- La menor existencia de productos que se establezca entre las anotaciones de los libros y las que resulten de los inventarios que practique el Servicio de Impuestos Internos, se presumirá que han sido vendidas en el mes que se efectúa el inventario, y deberán pagar el impuesto correspondiente, calculado sobre el precio de venta que corresponda al producto de mayor valor, sin perjuicio de las sanciones que procedan.

Las diferencias de ingresos que en virtud de las disposiciones legales determine el Servicio de Impuestos Internos a los contribuyentes de esta ley, se considerarán ventas o servicios y quedarán gravados con los impuestos del Título II y III, según el giro principal del negocio, salvo que se acredite que tienen otros ingresos provenientes de actividades exentas o no afectas a los referidos tributos.

Los productores de vino deberán pagar el impuesto correspondiente por falta de existencias que se determinen en los inventarios oficiales o cuando no acreditaren fehacientemente el destino del volumen de su producción y existencias. Tales diferencias se presumirán vendidas para el consumo, y el impuesto en estos casos se aplicará sobre el precio de venta, determinado en base al más alto precio obtenido por el productor en el mes en que se efectúa el inventario o, en su defecto, sobre el precio de venta determinado por el Servicio de Impuestos Internos, sin perjuicio de la multa correspondiente.

Artículo 77°.- La industria vinícola y los anexos que ella requiera, ejercida por los mismos productores, es una industria agrícola en todas sus fases; pero ejercida con productos adquiridos de terceros pierde su calidad agrícola respecto de dichos productos.

Los que ejerzan actividades con productos propios y de terceros deberán registrar en sus libros contables dichas operaciones en forma separada, de suerte que ellas sean perfectamente individualizadas.

Artículo 78°.- La mayor existencia de los productos a que se refieren las letras a), b) y c) del artículo 42, que establezca el Servicio de Impuestos Internos, de acuerdo con las disposiciones legales o reglamentarias vigentes, se presumirá adquirida en forma ilegal, debiendo proceder a su comiso, sin perjuicio de comunicar este hecho al Servicio Agrícola y Ganadero para la aplicación de las normas de su competencia que procedan.

Artículo 79°.- Las pérdidas en las existencias de productos gravados por esta ley, ocasionadas por caso fortuito o fuerza mayor, deberán ser comunicadas oportunamente por el afectado y constatadas por un funcionario del Servicio de Impuestos Internos designado al efecto.

El Servicio de Impuestos Internos calificará las pérdidas por casos fortuitos o de fuerza mayor declaradas por el contribuyente para los efectos de autorizar la rebaja de dichas pérdidas en los libros de contabilidad exigidos y eximirlo del tributo respectivo.

Párrafo 6° Procedimiento general para solicitar la devolución o recuperación de los impuestos de esta ley

Artículo 80°.- Los contribuyentes deberán solicitar la devolución o recuperación de los impuestos de que trata esta ley, en los casos en que ello sea procedente, conforme las reglas del presente párrafo.

Artículo 81°.- Las solicitudes a que se refiere el artículo anterior se presentarán ante el Servicio de Impuestos Internos, en la forma que éste determine mediante resolución.

Dentro de los cinco días siguientes a la presentación de la solicitud, el Servicio deberá, alternativamente:

a) Autorizar o denegar, total o parcialmente, la devolución o recuperación solicitada, mediante resolución fundada; o

b) Resolver fundadamente someter la solicitud, total o parcialmente, al procedimiento de fiscalización especial previa, establecido en el artículo 83°.

El Servicio podrá realizar revisiones posteriores de las devoluciones autorizadas, de acuerdo con las normas del Código Tributario.

Con todo, el Servicio podrá utilizar las facultades que le confieren los artículos 8º ter, 8º quáter y 59 bis del Código Tributario, y podrá denegar la devolución en la parte que corresponda a débitos fiscales no enterados efectivamente, sin perjuicio que proceda el crédito fiscal de acuerdo a esta ley.

Artículo 82º.- El Servicio de Impuestos Internos deberá comunicar a la brevedad y por medios electrónicos al Servicio de Tesorería las decisiones que adopte respecto de las solicitudes presentadas, así como del inicio de alguna de las actuaciones a que se refiere el artículo siguiente.

La devolución o recuperación de los impuestos que corresponda será efectuada por el Servicio de Tesorería, en el plazo máximo de cinco días contados desde la comunicación a que se refiere el inciso anterior.

Si, vencido el plazo establecido en el artículo precedente el Servicio de Impuestos Internos no se pronunciare, se entenderá aprobada la solicitud y el Servicio de Tesorería procederá a materializar la devolución con el solo mérito de la solicitud presentada por el contribuyente.

Artículo 83º.- El Servicio de Impuestos Internos podrá disponer una fiscalización especial previa de todo o parte de las operaciones que fundan la solicitud de devolución o recuperación del contribuyente cuyo plazo no será superior a 45 días, salvo en los casos a que se refieren las letras b) y d) del artículo 59 bis del Código Tributario.

Sin perjuicio de lo anterior, para resolver una fiscalización especial previa sobre una petición de devolución a que se refiere el artículo 36, además de las circunstancias establecidas en las letras b) y d) del artículo 59 bis del Código Tributario, el Servicio podrá considerar las siguientes situaciones:

i. Que el contribuyente se encuentre inconcurrente a una notificación del Servicio, relativa a la fiscalización del impuesto al valor agregado.

ii. Que los débitos fiscales, créditos fiscales o impuestos que se solicita recuperar no guarden relación con la solicitud efectuada.

iii. Que, en base a los antecedentes registrados en el Servicio, existan indicios fundados para estimar que los débitos fiscales, créditos fiscales o impuestos cuya devolución o recuperación se solicita no son reales o efectivos, o que hagan necesario efectuar constataciones previas antes de resolver la solicitud.

iv. Se trate de contribuyentes en contra de los cuales el Servicio hubiere iniciado una investigación administrativa por delito tributario, se hubiere deducido acción penal o notificado denuncia por infracción sancionada con multa y pena corporal.

Dentro del plazo de 5 días establecido en el artículo 81°, el Servicio deberá resolver si someterá la solicitud, total o parcialmente, al procedimiento de fiscalización especial previa establecido en este artículo. En caso que el Servicio resuelva que procederá dicho procedimiento, deberá notificar la resolución al contribuyente dentro de un plazo de 10 días, contado desde que se recibió la solicitud, requiriendo los antecedentes que estime necesarios para realizar una fiscalización. El contribuyente deberá acompañar dichos antecedentes mediante un expediente electrónico que se habilite por el Servicio, dentro del plazo de 10 días desde recibida la notificación. Si el contribuyente no aportare los antecedentes requeridos dentro de plazo, la solicitud se tendrá por no presentada.

Dentro del plazo de 25 días contado desde que se reciban la totalidad de los antecedentes requeridos, el Servicio deberá resolver si autoriza o deniega, en ambos casos total o parcialmente, la solicitud. En caso que sea procedente, el Servicio podrá emitir una citación, liquidación o giro, de acuerdo a las normas establecidas en el Código Tributario.

El procedimiento señalado en este artículo será especialmente aplicable en las siguientes situaciones:

a) En aquellos casos en que la proporción que representan las exportaciones en el total de ventas y servicios del período en que se solicita la devolución o el monto solicitado en dicho mes sea notoriamente superior al del promedio de los últimos doce períodos, o al promedio del o los períodos desde que inició actividades, cuando este fuera inferior a doce meses.

En caso de que el contribuyente no acredite las circunstancias que explican el monto de la devolución solicitada, el monto del reembolso se determinará aplicando al total del crédito fiscal del período correspondiente el porcentaje que represente el valor de las exportaciones con derecho a recuperación del impuesto en relación con las ventas totales de bienes y servicios, considerando en ambos casos los últimos doce períodos tributarios consecutivos. Para estos efectos no se deberán considerar los períodos en que el contribuyente no registre ventas ni servicios.

b) En aquellos casos en que el monto de la devolución solicitada sea mayor al equivalente al valor FOB de los bienes o servicios exportados en el período.

En caso de que el contribuyente no acredite las circunstancias que explican el monto de la devolución solicitada, el Servicio determinará, si procediere, el monto a que tiene derecho el contribuyente, para lo cual considerará el promedio de sus últimas devoluciones y el valor de la exportación que da origen a la devolución.

En los casos previstos en las letras a) y b) precedentes, las sumas no autorizadas se considerarán crédito fiscal del período en el cual se solicitó la devolución, en cuanto cumplan los requisitos legales.

Artículo 84°.- Lo dispuesto en el presente párrafo es sin perjuicio de las actuaciones de fiscalización que, conforme a sus atribuciones legales, pueda efectuar o deducir el Servicio dentro de los plazos de prescripción.

Artículo 85°.- Salvo disposición en contrario, el contribuyente que perciba una cantidad mayor a la que en derecho corresponda deberá reintegrar la parte indebidamente percibida, reajustada previamente conforme al inciso primero del artículo 53 del Código Tributario, sin perjuicio de los intereses y sanciones respectivos, procediendo el giro inmediato y sin trámite previo, respecto de sumas registradas de los documentos tributarios electrónicos emitidos y recibidos o sumas contabilizadas, como también por las cantidades que hubieren sido devueltas o imputadas y en relación con las cuales se haya interpuesto acción penal por delito tributario.

ARTÍCULOS TRANSITORIOS

Artículo 1° transitorio.- El Presidente de la República, por decreto de Hacienda, podrá modificar la nómina contenida en el artículo 37° incorporando o eliminando una o más especies determinadas; asimismo, podrá aumentar o rebajar las tasas establecidas en dicho precepto respecto de todos o algunos de los productos allí mencionados, cuando lo estime conveniente para estabilizar o contener precios dentro del país o para estimular la producción de determinados artículos.

Artículo 2° transitorio.- No obstante lo dispuesto en el Párrafo 4° del Título IV de esta ley, se mantendrán vigentes las normas que correspondan de conformidad al decreto supremo de Hacienda N° 291, de 1976, y sus modificaciones, relativas a declaración y pago de los impuestos contenidos en ellas.

Regístrese en la Contraloría General de la República, publíquese en el Diario Oficial e insértese en la Recopilación Oficial de dicha Contraloría.- AUGUSTO PINOCHET UGARTE, General de Ejército, Presidente de la República.- JOSE T. MERINO CASTRO, Almirante, Comandante en Jefe de la Armada.- GUSTAVO LEIGH GUZMAN, General del Aire, Comandante en Jefe de la Fuerza Aérea.- CESAR MENDOZA DURAN, General, Director General de Carabineros.- Jorge Cauas Lama, Ministro de Hacienda.

Lo que transcribo a Ud. para su conocimiento.- Saluda atentamente a U.- Pedro Larrondo Jara, Capitán de Navío (AB), Subsecretario de Hacienda.

DECRETO SUPREMO Nº 55 DE HACIENDA, DE 1977. REGLAMENTO DE LA LEY SOBRE IMPUESTO A LAS VENTAS Y SERVICIOS

NÚM. 55.- Santiago, 24 de enero de 1977.- Vistos: las facultades que me confiere el Artículo 10°, Nº 1, del decreto ley 527, de 1974, y lo dispuesto en el nuevo texto del decreto ley 825, sobre Impuesto a las Ventas y Servicios, fijado por el Artículo 1° del decreto ley 1.606, de 1976,

DECRETO:

Apruébase el siguiente Reglamento de la Ley sobre Impuesto a las Ventas y Servicios:

TÍTULO I. GENERALIDADES

Artículo 1°.- Este decreto reglamenta la aplicación de las disposiciones del decreto ley 825, de 31 de diciembre de 1974, en su nuevo texto fijado por el decreto ley 1.606, publicado en el Diario Oficial de 3 de diciembre de 1976, sobre "Impuesto a las Ventas y Servicios", que establece los siguientes tributos, en los Títulos que se indican a continuación:

1) Título II: Impuesto al Valor Agregado (artículo 8° y siguientes de la ley);

2) Título III:

a) Impuesto adicional a la primera venta o importación de ciertas especies (artículo 37° y siguientes de la ley);

b) Eliminado.

c) Eliminado.

d) Impuesto adicional a las bebidas alcohólicas, analcohólicas y productos similares (artículo 42 y siguientes de la ley).

e) Eliminado.

f) Eliminado.

g) Eliminado.

h) Eliminado.

Artículo 2°.- Para los efectos del presente Reglamento se entenderá por:

a) La Ley: la Ley sobre Impuesto a las Ventas y Servicios;

b) Servicio: el Servicio de Impuestos Internos;

c) Dirección: la Dirección Nacional de Impuestos Internos;

d) Dirección Regional: La Dirección Regional respectiva;

e) Director Regional: el Director Regional respectivo;

f) Eliminado.

g) Eliminado.

h) Eliminado.

i) Funcionarios: los funcionarios que tengan el carácter de ministros de fe, de acuerdo con el artículo 86° del Código Tributario;

j) Tesorería: la Tesorería Provincial o Comunal respectiva;

k) Venta: toda convención independiente de la designación que le den las partes, que sirva para transferir a título oneroso el dominio de bienes corporales muebles o inmuebles, excluidos los terrenos, de una cuota de dominio sobre dichos bienes o de derechos reales constituidos sobre ellos, como, asimismo, todo acto o contrato que conduzca al mismo fin o que la ley equipare a venta;

l) Vendedor: cualquier persona natural o jurídica, incluyendo las comunidades y las sociedades de hecho, que se dedique en forma habitual a la venta de bienes corporales muebles o inmuebles, sean ellos de su propia producción o adquiridos de terceros. Corresponderá al Servicio de Impuestos Internos calificar, a su juicio exclusivo, la habitualidad.

Se considera también "vendedor" al productor, fabricante o vendedor habitual de bienes corporales inmuebles, que venda materias primas o insumos que, por cualquier causa, no utilice en sus procesos productivos.

m) Servicio: la acción o prestación que una persona realiza para otra y por la cual percibe un interés, prima, comisión o cualquiera otra forma de remuneración, siempre que provenga del ejercicio de las actividades comprendidas en los N.°s 3° y 4° del artículo 20° de la Ley sobre Impuesto a la Renta;

n) Prestador de servicios: cualquier persona natural o jurídica, incluyendo las comunidades y las sociedades de hecho, que preste servicios en forma habitual o esporádica;

o) Período Tributario: un mes calendario, salvo que la ley, o la Dirección Nacional de Impuestos Internos señale otro diferente, y

p) Contribuyente: la persona natural o jurídica, incluyendo las comunidades y sociedades de hecho, que realicen ventas, que presten servicios o efectúen cualquier otra operación gravada con los impuestos establecidos en la ley, salvo los casos en que ella o las normas generales que imparta la Dirección Nacional del Servicio de Impuestos Internos, a su juicio exclusivo, determinen que el tributo afecta al adquirente, beneficiario del servicio o personas que deban soportar el recargo o inclusión del impuesto.

Artículo 3°.- Dentro del concepto de "venta" señalado en el N° 1 del artículo 2° de la ley, se comprenden los siguientes actos jurídicos:

1) Las convenciones a título oneroso, independiente de la designación que le den las partes, que sirva para transferir el dominio de bienes corporales muebles o inmuebles, de una cuota de dominio sobre dichos bienes o de derechos reales constituidos sobre ellos;

2) Todo acto o contrato que conduzca al mismo fin indicado en el número anterior, y

3) Cualquier otro acto o contrato que la ley equipare a venta, de acuerdo a lo dispuesto en el artículo 8° de la ley.

Las donaciones de bienes corporales muebles o inmuebles no quedan afectas a los impuestos establecidos en el decreto ley 825, salvo los casos contemplados en la letra d) del artículo 8° de la ley.

Artículo 4°.- Para calificar la habitualidad a que se refiere el N° 3 del artículo 2° de la ley, el Servicio considerará la naturaleza, cantidad y frecuencia con que el vendedor realice las ventas de los bienes corporales muebles o inmuebles de que se trate y, con estos antecedentes, determinará si el ánimo que guió al contribuyente fue adquirirlos para su uso, consumo o para la reventa.

Corresponderá al referido contribuyente probar que no existe habitualidad en sus ventas y/o que no adquirió las especies muebles o inmuebles con ánimo de revenderlas.

Se presume habitualidad respecto de todas las transferencias y retiros que efectúe un vendedor dentro de su giro.

Artículo 5°.- Para los efectos de la aplicación del Impuesto al Valor Agregado a las remuneraciones provenientes de "actividades comprendidas en los números 3 y 4 del artículo 20° de la Ley sobre Impuesto a la Renta", basta que se trate de un ingreso, cuya imposición quede comprendida dentro de los referidos números 3 y 4 de la disposición citada, aunque en el hecho no pague el impuesto de Primera Categoría, en virtud de alguna exención que pueda favorecerlo o que esté sujeto a un régimen especial sustitutivo.

No se encuentran gravadas con el impuesto al valor agregado, por tratarse de actividades no comprendidas en los Números 3 y 4 del artículo 20° de la Ley sobre Impuesto a la Renta, los servicios que digan relación directa con la actividad agrícola, como, asimismo, las relacionadas con la actividad cooperativa en sus relaciones entre cooperativa y cooperado, en la forma y condiciones que lo determine la Dirección Nacional de Impuestos Internos.

Artículo 6°.- Para los efectos de la aplicación de la ley, se considera "Industria" el conjunto de actividades desarrolladas en fábricas, plantas o talleres destinados a la elaboración, reparación, conservación, transformación, armaduría, confección, envasamiento de substancias, productos o artículos en estado natural o ya elaborados o para la prestación de servicios, tales como molienda, tintorerías, acabado o terminación de artículos.

Artículo 7°.- Para los efectos de lo dispuesto en el inciso 3° del artículo 4° de la ley, se entenderá que el adquirente de los bienes ya embarcados en el país de procedencia tiene el carácter de vendedor o de prestador de servicios respecto de las especies que digan relación directa con su giro.

Artículo 8°.- La norma contenida en el artículo 6° de la ley, que grava las ventas y servicios que realicen y presten el Fisco y demás empresas e instituciones individualizadas en dicha disposición, tiene las siguientes excepciones:

1°.- Las especies que el Fisco, municipalidades y demás instituciones transfieren a sus trabajadores a título de regalía, cuando esta sea razonable, de acuerdo con lo dispuesto en el artículo 12°, letra A), N° 3 de la ley;

2°.- Las especies que importen:

A) Directamente el Ministerio de Defensa Nacional, el Estado Mayor de la Defensa Nacional, las Fuerzas Armadas, Carabineros de Chile y la Policía de Investigaciones de Chile, como también las instituciones y empresas dependientes de ellas o que se relacionen con el Presidente de la República por su intermedio, y que desarrollen funciones relativas a la defensa nacional, resguardo del orden y seguridad pública, en los casos dispuestos en el artículo 12, letra B, N° 1 de la ley;

B) Las especies que el Fisco, las municipalidades y demás servicios y empresas internen transitoriamente al país en admisión temporal, almacenes francos, en depósito aduanero, en tránsito temporal u otra destinación aduanera semejante, y;

3°.- El Fisco y demás instituciones fiscales, semifiscales u organismo de administración autónoma y municipalidades están exentos cuando perciban ingresos o presten servicios de los que señala el artículo 12°, letra E, de la ley, o en la forma y condiciones que señala el artículo 13° de la ley.

TÍTULO II. HECHO GRAVADO CON EL IMPUESTO AL VALOR AGREGADO

Artículo 9°.- Para los efectos de lo dispuesto en la letra c) del artículo 8° de la ley, se entenderá por "bienes corporales muebles e inmuebles de su giro", aquellos respecto de los cuales la sociedad o comunidad era vendedora.

Igual sentido y alcance tiene la misma frase usada en la letra f) del mismo artículo de la ley, respecto de la venta de establecimientos de comercio o de otras universalidades de hecho.

Artículo 10°.- Podrán tener el carácter de "documentación fehaciente", a que se refiere la letra d) del artículo 8° de la ley, que justifica la falta de bienes corporales muebles en los inventarios del vendedor, las siguientes:

a) Anotaciones cronológicas efectuadas en el sistema de Inventario Permanente, directamente relacionado con la contabilidad fidedigna que mantenga el vendedor;

b) Denuncias por robos o accidentes de cualquier naturaleza formuladas en Carabineros, Investigaciones y ratificadas en el Juzgado respectivo;

c) Informes de liquidaciones del seguro;

d) Mermas, reconocidas por disposiciones legales vigentes y organismos técnicos del Estado.

En todo caso, será condición prioritaria e ineludible que las cantidades y valores correspondientes a los casos y documentos señalados en las letras a), b) y c) se encuentren contabilizados en las fechas que se produjo la merma, pérdida, etc., de los bienes corporales muebles o inmuebles de que se trate.

Artículo 11°.- No están afectos al impuesto al valor agregado, de acuerdo a lo dispuesto en el artículo 8°, letra d), inciso 2° de la ley, los retiros de bienes corporales muebles, cuando éstos no salgan de la empresa o negocio, sino que sean destinados por el vendedor a ser consumidos en el giro de su negocio o a ser trasladados al activo inmovilizado del mismo.

Tampoco se considera retiro la afectación de bienes corporales muebles del giro del vendedor a la construcción de un inmueble, sin perjuicio de la aplicación de la norma contenida en el artículo 23°, N° 2 de la ley.

Artículo 12°.- Para los efectos de lo previsto en el artículo 8°, letra e) de la ley, se entenderá por contratos de instalación o confección de especialidades aquellos que tienen por objeto la incorporación de elementos que adhieren permanentemente a un bien inmueble, y que son necesarios para que éste cumpla cabalmente con la finalidad específica para la cual se construye.

A su vez, se entenderá por contratos generales de construcción aquellos que, sin cumplir con las características específicas señaladas en el inciso precedente, tienen por finalidad la confección de una obra material inmueble nueva que incluya a lo menos dos especialidades.

Tratándose de un contrato de construcción, se entenderá que éste se ejecuta por administración, cuando el contratista aporta solamente su trabajo personal o cuando el respectivo contrato deba ser calificado como arrendamiento de servicios, por suministrar el que encarga la obra la materia principal.

Artículo 13°.- Entre los inmuebles con instalaciones y/o maquinarias que permiten el ejercicio de alguna actividad comercial o industrial, a que se refiere la letra g) del artículo 8° de la ley, se consideran incluidos los hoteles, molinos, playas de estacionamiento, barracas, cines, etc.

Artículo 14°.- Los ingresos que perciban los comisionistas, consignatarios, martilleros y, en general, toda persona que compre o venda bienes corporales muebles o inmuebles por cuenta de terceros, están afectos al impuesto al valor agregado sobre el monto total de la comisión o remuneración pactada, sin deducción de ninguna naturaleza.

TÍTULO III. DEL MOMENTO EN QUE SE DEVENGA EL IMPUESTO AL VALOR AGREGADO

Artículo 15°.- En las ventas de bienes corporales muebles o inmuebles y prestaciones de servicios gravadas con el impuesto al valor agregado el tributo se devenga en la fecha de emisión de la factura o boleta.

Si se trata de ventas, en caso que la entrega sea anterior a la emisión del documento o cuando por la naturaleza del acto que da origen a la transferencia no correspondiere emitirlo, el impuesto se devengará en la fecha de la entrega real o simbólica de las especies.

En las prestaciones de servicios, cuando la percepción del ingreso fuere anterior a la emisión de la factura o boleta, o no correspondiere emitir estos documentos, el impuesto se devengará en la fecha en que la remuneración se perciba o se ponga, en cualquier forma, a disposición del prestador del servicio.

Artículo 16°.- En las entregas de mercaderías en consignación que efectúe un vendedor a otro, no se devenga el impuesto al valor agregado mientras el consignatario no venda las especies afectas a este tributo.

Artículo 17°.- Para los efectos de lo dispuesto en el artículo 9°, letra a) de la ley, se considera que existe entrega real del bien corporal mueble afecto al Impuesto al Valor Agregado cuando el vendedor permite al adquirente la aprehensión material de dicha especie.

Para los mismos efectos se considera que la entrega es simbólica, entre otros, en los siguientes casos:

1°) Cuando el vendedor entrega al adquirente las llaves del lugar en que el bien corporal mueble transferido se encuentra guardado, o bien, las llaves de la especie;

2°) Cuando el vendedor transfiere dicho bien al que ya lo posee por cualquier título no traslaticio de dominio, o bien, cuando dicho vendedor enajena una especie afecta al Impuesto al Valor Agregado, conservando, sin embargo, la posesión de la misma, y

3°) Cuando los bienes corporales muebles se encuentran a disposición del comprador y éste no los retira por su propia voluntad.

Artículo 18°.- El Impuesto al Valor Agregado correspondiente a intereses o reajustes pactados en operaciones al crédito por los saldos insolutos, se devenga a medida que el monto de dichos intereses o reajustes sean exigibles, o a la fecha de su percepción si ésta fuere anterior.

Para los efectos de lo dispuesto en el inciso anterior, se considera que los reajustes o intereses son exigibles al vencimiento de la respectiva cuota, letra de cambio u otro documento que los contenga, en todo o en parte.

En toda "venta" o "servicio" en que la totalidad o parte del precio o valor del contrato o convención se pague a plazo, deberá indicarse separadamente cuánto corresponde a precio o a valor del contrato y cuánto a intereses pactados por los saldos a cobrar.

Cuando el vendedor no indique qué cuota o cuotas del precio a plazo corresponden a reajustes o intereses, se presumirá que cada una de las cuotas comprende parte del precio y los reajustes o intereses proporcionales a dicha cuota.

Artículo 19°.- Tratándose de importaciones de bienes corporales muebles afectos al Impuesto al Valor Agregado, el tributo se devenga al momento de consumarse legalmente la importación o al tramitarse totalmente la importación condicional.

Artículo 20°.- En los casos de retiros de bienes corporales muebles o inmuebles afectos al Impuesto al Valor Agregado a que se refiere el inciso 1° de la letra d) del artículo 8° de la ley, el impuesto se devenga en el momento mismo del retiro del respectivo bien, momento en el cual también debe efectuarse la contabilización de dicho retiro.

En igual oportunidad se devenga dicho tributo y debe efectuarse la respectiva contabilización, tratándose:

1°) De retiros de bienes corporales muebles o inmuebles destinados a rifas y sorteos, aun a título gratuito, y sean o no de su giro, efectuados con fines promocionales o de propaganda por los vendedores afectos a este impuesto, y

2°) De entregas o distribuciones gratuitas de bienes corporales muebles o inmuebles que los vendedores efectúen con iguales fines, y sean o no de su giro.

TÍTULO IV. DEL SUJETO DEL IMPUESTO AL VALOR AGREGADO

Artículo 21°.- Son sujetos del Impuesto al Valor Agregado:

1°) Los vendedores en los siguientes casos:

A.- Cuando realicen "ventas" de especies de su propia producción o adquiridas de terceros, de acuerdo con lo expresado en los números 1° y 3° del artículo 2° de la ley;

B.- Cuando celebren o ejecuten cualquiera de los actos que la ley equipara a "venta" en el artículo 8° de la ley;

C.- Los vendedores que transfieran vehículos motorizados adquiridos nuevos e incorporados al activo fijo de una empresa;

2°) Los prestadores de servicios por las acciones o prestaciones de servicios a que se refiere el artículo 2°, N° 2, de la ley, y por los actos que se equiparan a servicio en el artículo 8° de la ley;

3°) Los adquirentes de bienes corporales muebles o inmuebles o beneficiarios del servicio, cuando el Servicio cambie el sujeto del impuesto, haciendo uso de la facultad que le confiere el artículo 3° de la ley;

4°) Los adquirentes de bienes corporales muebles o inmuebles cuando los vendedores o tradentes no tengan residencia en Chile, y

5°) Los beneficiarios de servicios, cuando la empresa que efectúa la prestación reside en el extranjero.

Artículo 22°.- Los comisionistas, consignatarios, martilleros y, en general, toda persona que compre o venda bienes corporales muebles o inmuebles por cuenta de terceros vendedores, son sujetos del Impuesto al Valor Agregado por el monto de su comisión o remuneración.

Los mandantes de las personas referidas en el inciso anterior son, por su parte, sujetos del Impuesto al Valor Agregado por el monto total de la venta.

TÍTULO V. EXENCIONES DEL IMPUESTO AL VALOR AGREGADO

Artículo 23°.- Se considerarán razonables las transferencias de especies a título de regalía a que se refiere el número 3° de la letra A, del artículo 12° de la ley, cuando cumplan con las siguientes condiciones copulativas:

1) Que consten en un contrato colectivo de trabajo, acta de avenimiento o que se fijen como comunes a todos los trabajadores de una empresa, y

2) Que el valor de mercado de las especies entregadas a título de regalía no exceda de una unidad tributaria mensual por cada trabajador, en cada período tributario.

Artículo 24°.- Eliminado.

TÍTULO VI. TASA Y BASE IMPONIBLE DEL IMPUESTO AL VALOR AGREGADO

Artículo 25°.- La aplicación del Impuesto al Valor Agregado no obsta a la aplicación de los impuestos especiales establecidos en el Título III de la ley.

Sin perjuicio de lo anterior, y de acuerdo con lo dispuesto en el artículo 15° de la ley, los impuestos anteriormente mencionados no forman parte de la base imponible del Impuesto al Valor Agregado.

Artículo 26°.- Para los efectos del Impuesto al Valor Agregado, la base imponible, esto es, la suma sobre la cual se debe aplicar la tasa respecto de cada operación gravada, estará constituida, salvo los casos mencionados en el artículo 16° de la ley, por el precio de venta de los bienes corporales muebles transferidos o el valor de los servicios prestados, con excepción de las bonificaciones y descuentos coetáneos con la facturación. Aumentan dicho precio o valor y, por ende, la base imponible, los rubros indicados en el artículo 15° de la ley, de acuerdo a las modalidades que se señalan en los artículos siguientes, y aun cuando se facturen o contabilicen en forma separada.

De acuerdo a lo dispuesto en el artículo 15° de la ley, no forma parte de la base imponible, el Impuesto al Valor Agregado que grave la misma operación.

Artículo 27°.- Forman parte de la base imponible, de acuerdo con lo dispuesto en el N° 1 del artículo 15° de la ley, los siguientes rubros que se hubieren devengado en el período tributario:

1°) Los reajustes de todo tipo pactados, ya sea antes, al momento de celebrarse la convención gravada o con posterioridad a ella;

2°) Los intereses, con inclusión de los moratorios, esto es, de aquellos que se devengan con motivo del pago no oportuno de la totalidad o parte del precio, y

3°) Los gastos de financiamiento de la operación, tales como comisiones e intereses pagados a bancos, gastos de notarías y de inscripción de contratos de prenda en registros públicos.

Artículo 28°.- Deben considerarse asimismo incluidos en el precio de venta, el valor de los envases y embalajes de las especies transferidas, como también los depósitos constituidos por los compradores para garantizar la devolución de aquéllos.

No obstante lo anterior, el Servicio de Impuestos Internos, para hacer uso de la facultad que le confiere el inciso 2° del N° 2 del artículo 15° de la ley, tendrá en consideración el giro de la empresa, la habitualidad en la constitución de los aludidos depósitos y la simplificación que podría significar, tanto para el movimiento contable del contribuyente como para el control del tributo, la exclusión de tales depósitos del valor de venta e Impuesto al Valor Agregado.

No se considerarán incluidos en el precio de venta el valor de los envases que empleen habitualmente, en su giro ordinario, las empresas dedicadas a la fabricación de cervezas, jugos, aguas minerales y bebidas analcohólicas en general.

Artículo 29°.- Forman también parte de la base imponible del Impuesto al Valor Agregado, de acuerdo a lo dispuesto en el N° 3 del artículo 15° de la ley, el monto de todos los impuestos incluidos o recargados en el precio de los bienes adquiridos y/o de los servicios recibidos, con excepción del Impuesto al Valor Agregado y adicional a ciertos productos, establecidos, respectivamente, en los Títulos II y III de la ley, que graven la misma operación.

Artículo 30°.- Sin perjuicio de las modalidades y limitaciones con que se consideran parte de la base imponible los rubros mencionados en los artículos 26° a 29° de este Reglamento, se presumirá que dichos reajustes, intereses, etc., están afectos al Impuesto al Valor Agregado, salvo que se acredite fehacientemente, a juicio exclusivo del Servicio, que dichos rubros corresponden o acceden a operaciones exentas o no gravadas.

Artículo 31°.- Tratándose de importaciones, la base imponible es el valor aduanero de los bienes que se internen o, en su defecto, el valor CIF de los mismos bienes. Estos valores se consideran aumentados por los gravámenes aduaneros que se causen en la misma importación, aunque su pago se encuentre diferido conforme a las normas legales vigentes, o por el que se genere en el caso previsto en la parte final de la letra b) del artículo 9° de la ley.

En el caso de importaciones de productos afectos a los impuestos adicionales establecidos en los artículos 37° y 42° de la ley, la base imponible de dichos tributos es la misma del inciso anterior.

El Servicio de Aduanas deberá indicar en los documentos de importación la suma del valor aduanero y los gravámenes aduaneros correspondientes que servirán para determinar la base imponible. En el caso señalado, en el inciso precedente, deberán también señalarse separadamente las mismas menciones respecto al impuesto especial del artículo 37° y del artículo 42° de la ley.

Un ejemplar de cada documento aduanero de importación con toda la información señalada en el inciso precedente y la indicación en ella del pago en Tesorería deberá ser enviada mensualmente a la Subdirección de Operaciones del Servicio.

Las Aduanas al remitir al Servicio el documento aduanero de importación con las formalidades establecidas anteriormente, darán cumplimiento, de esa manera, a lo dispuesto en el artículo 73° del Código Tributario, respecto del envío de la copia de las pólizas de importación tramitadas en el mes anterior.

Artículo 32°.- Las bases imponibles señaladas en el artículo 16° de la ley deben considerarse aumentadas, cuando fuere procedente, con los rubros enumerados en el artículo 15° del mismo cuerpo legal.

Artículo 33°.- Para efectuar la rebaja establecida en el artículo 17° de la ley se considerará el avalúo fiscal vigente en la fecha en que deba pagarse la renta, remuneración o precio, conforme a lo estipulado en el contrato.

Artículo 34°.- Para dar cumplimiento a la norma contenida en el artículo 18° de la ley, las partes vendedoras deberán, para los efectos de este tributo, señalar el precio o valor de las especies corporales muebles o inmuebles incluidas en las permutas, trueques u otros contratos a que se refiere el citado precepto, sin perjuicio de la facultad del Servicio para tasar los precios o valores que sean inferiores a los corrientes en plaza.

TÍTULO VII. DETERMINACIÓN DEL DÉBITO FISCAL EN EL IMPUESTO AL VALOR AGREGADO

Artículo 35°.- El débito fiscal mensual estará constituido por la suma de los impuestos recargados en las ventas y servicios efectuados en el período tributario respectivo y se determinará por los contribuyentes en la siguiente forma:

1°) Las personas obligadas a emitir facturas, de acuerdo a lo dispuesto en el artículo 53°, letra a), de la ley, sumando el total de los impuestos recargados en las operaciones afectas realizadas en el período tributario respectivo;

2°) Los contribuyentes, que de acuerdo con el artículo 53°, letra b), de la ley, deben emitir boletas, sumando el total de las ventas y/o servicios afectos del período tributario y aplicando a dicho total la operación aritmética que corresponda para determinar el impuesto incluido en los valores de transferencias de los bienes o remuneraciones de los servicios prestados. Se exceptúan los contribuyentes a los cuales el Servicio en virtud de lo dispuesto en el artículo 69°, inciso 2° de la ley, autorice para recargar separadamente el impuesto en los precios, en cuyo caso el débito fiscal mensual se determinará de acuerdo a lo expresado en el número anterior;

3°) Las empresas que emitan facturas y boletas, simultáneamente, deberán calcular su débito fiscal mensual aplicando las normas contenidas en los números 1° y 2° de este precepto.

No se aplicarán las normas anteriores a los pequeños contribuyentes que se encuentren acogidos al régimen de tributación simplificada que establece el párrafo 7° del Título II de la ley.

Artículo 36°.- El débito fiscal mensual se considerará aumentado con aquellas partidas respecto de las cuales el vendedor y/o prestador de servicios haya emitido notas de débito dentro del mismo período tributario.

Artículo 37°.- Del impuesto o débito fiscal mensual determinado de acuerdo con las normas dadas en los artículos 35° y 36°, los vendedores y/o prestadores de servicios deducirán, cuando proceda, los tributos correspondientes a:

1°) Las bonificaciones y descuentos sobre operaciones afectas, otorgadas a los compradores y/o beneficiarios del servicio con posterioridad a la facturación, sea que dichas bonificaciones o descuentos correspondan a convenciones gravadas, del mismo o anteriores períodos tributarios.

2°) Las sumas restituidas a los adquirentes por concepto de bienes devueltos por éstos, siempre que correspondan a operaciones gravadas y la devolución de las especies se hubiere producido en los casos y dentro del plazo establecido en el artículo 70° de la ley.

3°) Las cantidades devueltas a los compradores por los depósitos constituidos por éstos para garantizar la devolución de los envases, cuando el Servicio no haya hecho uso de la facultad de excluirlos en la base imponible del tributo, de acuerdo a lo expresado en el artículo 28° de este Reglamento.

Para efectuar estas deducciones al débito fiscal es requisito indispensable que el contribuyente emita las notas de crédito a que se refiere el artículo 57° de la ley y que las registre en los libros especiales que señala el artículo 59° de la misma.

Artículo 38°.- Los vendedores y/o prestadores de servicios que hubieren facturado indebidamente un débito fiscal superior al que corresponda y que no hubieren subsanado este hecho emitiendo la nota de crédito a que se refiere el artículo 22° de la ley, deberán considerar los importes facturados para los efectos de la determinación del débito fiscal correspondiente al período tributario, y no podrán imputar el exceso facturado, debiendo solicitar su devolución al Servicio de acuerdo con las normas del Código Tributario.

TÍTULO VIII. DEL CRÉDITO FISCAL EN EL IMPUESTO AL VALOR AGREGADO

Artículo 39°.- El crédito fiscal que establece el párrafo 6° del Título II de la ley está constituido por los impuestos que a los contribuyentes afectos al Impuesto al Valor Agregado les han sido recargados en sus adquisiciones o servicios recibidos y que pueden deducir de su débito fiscal mensual determinado en conformidad a las normas contenidas en la ley.

Para hacer uso de este derecho, es requisito esencial, de acuerdo con el artículo 25° de la ley, que los referidos contribuyentes acrediten que los impuestos les han sido recargados separadamente en las respectivas facturas o en los comprobantes de ingreso, si se trata de importaciones.

Artículo 40°.- Dan derecho al crédito fiscal a que se refiere el artículo anterior, los impuestos correspondientes a todas las adquisiciones y servicios gravados con el tributo al valor agregado que les hayan sido recargados separadamente en las facturas que acrediten las respectivas adquisiciones o prestaciones de servicios.

Se consideran como tales adquisiciones las que recaigan sobre especies corporales muebles o inmuebles o servicios destinados a formar parte del activo fijo y del activo realizable de un contribuyente, como también las relacionadas con otros gastos de tipo general, que digan relación con su giro o actividad.

Artículo 41°.- No procede el derecho a crédito fiscal en los siguientes casos:

1°) Respecto de los impuestos pagados en la importación o adquisición de bienes o utilización de servicios que se afecten o destinen a operaciones no gravadas con el Impuesto al Valor Agregado;

2°) Por los impuestos pagados en la importación o adquisición de especies o utilización de servicios que afecten o destinen a operaciones exentas del tributo al valor agregado.

3°) Por los gravámenes pagados en la importación o compra de bienes corporales muebles o inmuebles o utilización de servicios que no guarden relación directa con la actividad o giro del contribuyente.

Se entenderá que las operaciones señaladas en el inciso anterior no guardan relación directa con la actividad o giro del contribuyente cuando se destinen a fines diferentes de aquellos que constituyen su giro o actividad habitual, como ocurriría, por ejemplo, con las importaciones, adquisiciones o utilización de servicios que éste efectuara para su uso particular, o que destinándolo a su empresa o negocio, dicha destinación sea con fines ajenos a los de su industria o actividad, de forma tal que no puede estimarse que guarda relación directa con su giro, y

4°) Los impuestos que se recarguen, en razón de los retiros, a que se refiere el inciso final de la letra d) del artículo 8° de la ley.

Artículo 42°.- Para determinar el monto del crédito fiscal a que tienen derecho los vendedores y/o prestadores de servicios respecto de un período tributario se observarán las siguientes reglas:

1.- Si se trata de adquisiciones y/o utilización de servicios, dicho crédito será equivalente al Impuesto al Valor Agregado recargado separadamente en las facturas que acrediten las compras o servicios utilizados en el mismo período tributario, y

2.- En las importaciones, el crédito a que tienen derecho los importadores será igual al Impuesto al Valor Agregado pagado en la internación de las especies al territorio nacional en el período tributario de que se trate.

Artículo 43°.- El crédito fiscal a que tiene derecho el vendedor o prestador de servicios cuando ha importado, adquirido bienes corporales o utilizado servicios afectos al Impuesto al Valor Agregado, destinados a generar simultáneamente operaciones gravadas con este tributo y exentas o no gravadas por el mismo, deberá ser calculado de la siguiente forma:

1.- El crédito fiscal respecto de las maquinarias y otros bienes del activo fijo de las empresas e insumos, materias primas o servicios de utilización común, deberá ser calculado separadamente del crédito fiscal a que tienen derecho los contribuyentes de acuerdo con las normas dadas en los artículos anteriores, respecto de las importaciones, adquisiciones de especies o utilización de servicios destinados a generar exclusivamente operaciones gravadas con el Impuesto al Valor Agregado;

2.- Para determinar el monto del crédito fiscal respecto de los bienes corporales muebles e inmuebles y de los servicios de utilización común, indicados en el número anterior, se estará a la relación porcentual que se establezca entre las operaciones netas contabilizadas, otorgándose dicho crédito únicamente por el porcentaje que corresponda a las ventas o servicios gravados con el Impuesto al Valor Agregado;

3.- Los contribuyentes deberán determinar la relación porcentual a que se refiere el número anterior considerando las ventas y/o servicios netos gravados y el total de las ventas y/o servicios netos contabilizados, efectuados durante el primer período tributario en que efectúan conjuntamente operaciones gravados y exentas. Para los períodos tributarios siguientes deberán considerar la misma relación porcentual, pero acumulado mes a mes los valores mencionados, hasta completar el año calendario respectivo.

4.- El crédito fiscal proporcional determinado de acuerdo a las normas anteriores podrá ser ejecutado en la forma y condiciones que determine la Dirección a su juicio exclusivo;

5.- La Dirección, a su juicio exclusivo, podrá también establecer otros métodos para determinar el monto del crédito fiscal proporcional. Lo anterior se aplicará en forma especial, pero no limitada, respecto de proyectos de lato desarrollo u otras operaciones en que transcurra un tiempo considerable entre la generación del crédito fiscal y el devengo del débito fiscal; y

6.- Eliminado.

7.- El crédito fiscal por maquinarias y otros bienes del activo fijo de las empresas e insumos, materias primas o servicios de utilización común, del cual hizo uso indebido el contribuyente al deducir su valor total del débito fiscal, dará derecho al Fisco a exigir el reintegro del impuesto con reajustes, intereses y multas, en la parte proporcional en que los referidos bienes, insumos o servicios se usen en la generación de operaciones exentas o no gravadas con el Impuesto al Valor Agregado.

Artículo 44°.- El crédito fiscal calculado de acuerdo con las reglas dadas en el artículo 42° respecto de un período tributario determinado, deberá ser ajustado, deduciéndose de él los impuestos correspondientes a las cantidades recibidas en el mismo período por concepto de bonificaciones, descuentos y devoluciones que consten en las notas de crédito recibidas y que los contribuyentes hubieren a su vez rebajado al efectuar las deducciones permitidas en el artículo 21° de la ley, o bien, sumando a dicho crédito el tributo que conste en las notas de débito recibidas y registradas durante el mes, por aumentos del impuesto ya facturado.

Artículo 45°.- Los saldos que resulten a favor de los contribuyentes con motivo de la aplicación de las normas contenidas en el párrafo 6° del Título II de la ley, se tratarán en la siguiente forma:

1°) El saldo que resulte a favor de un vendedor y/o prestador de servicios respecto de un período tributario que provenga de compras o utilización de servicios superiores a las ventas o prestaciones de servicios dentro de dicho período, se acumulará a los créditos fiscales que tengan su origen en el período tributario inmediatamente siguiente. Igual regla se aplicará en los períodos sucesivos si a raíz de estas acumulaciones el crédito volviera a ser superior al débito fiscal.

2°) En los casos de término de giro, el saldo de crédito que hubiere quedado en favor del contribuyente podrá ser imputado por éste al tributo del Título II de la ley que se origine con motivo de la venta o liquidación del establecimiento o de los bienes corporales muebles que lo componen. Si aún quedare un saldo a su favor, sólo podrá imputarlo al pago del Impuesto a la Renta de Primera Categoría, que adeudare por el último ejercicio.

Son aplicables a dichos saldos o remanentes las normas de reajustabilidad que establece el artículo 27° de la ley, en lo que fueren pertinentes.

Artículo 46°.- Para los efectos de lo dispuesto en el artículo 27°, inciso 2° de la ley, se considera que un contribuyente no ha utilizado oportunamente el mecanismo de reajuste del crédito fiscal, cuando en un período tributario, existiendo débito fiscal, no ha efectuado la debida rebaja del crédito reajustado de acuerdo con lo previsto en el inciso 1° del precepto citado.

TÍTULO IX. DETERMINACIÓN DEL IMPUESTO AL VALOR AGREGADO

Artículo 47°.- El impuesto a pagarse en un período tributario se determinará de la siguiente manera:

1°) Respecto de las ventas y prestaciones de servicios, como diferencia entre el débito fiscal, fijado según normas dadas en el Título VII y el crédito fiscal determinado según las normas del Título VIII, y

2°) Respecto de las importaciones, incluso las de bienes afectos a los impuestos especiales o adicionales establecidos en los artículos 37° y 42° de la ley, se hará aplicando la referida tasa sobre la suma total del valor aduanero o valor CIF en su defecto, más los gravámenes aduaneros correspondientes.

Artículo 48°.- No obstante lo expresado en el N° 2 del artículo anterior, en las ventas privadas o en pública subasta que efectúe el Servicio de Aduanas de mercaderías rezagadas, éste determinará el impuesto, aplicando la tasa sobre el precio efectivo pactado o el que alcancen en pública subasta.

TÍTULO X. RÉGIMEN DE TRIBUTACIÓN SIMPLIFICADA DE LOS PEQUEÑOS CONTRIBUYENTES

Artículo 49°.- Pueden acogerse al régimen de tributación simplificada establecido en el artículo 29° de la ley, los comerciantes, artesanos y prestadores de servicios que cumplan con los siguientes requisitos:

1°) Que sean personas naturales;
2°) Que sus operaciones las efectúen al público consumidor;
3°) Que sean clasificados como pequeños contribuyentes por la Dirección.

Artículo 50°.- El crédito fiscal que estos contribuyentes pueden aplicar mensualmente contra la cuota fija mensual que se determine para grupos de actividades o contribuyentes mediante decreto supremo, se compone de los siguientes rubros:

1°) Del impuesto del Título II de la ley que se les haya recargado separadamente en las facturas que acrediten la adquisición de los bienes o utilización de los servicios en el mes correspondiente, y

2°) Por la cantidad que resulte de aplicar la tasa establecida en el artículo 14° de la ley al monto de las compras o servicios exentos del mismo período.

Artículo 51°.- Por disposición expresa del inciso final del artículo 30° de la ley, no procede solicitar la devolución del remanente ni utilizarlo en los períodos tributarios siguientes, cuando el monto del crédito determinado de acuerdo con las normas del artículo anterior excediere de la cuota fija mensual correspondiente.

Artículo 52°.- La facultad que para reclasificar a los pequeños contribuyentes concede al Servicio el artículo 32° de la ley, comprende tanto la facultad para hacerlos tributar de acuerdo a las normas generales del Título II del decreto ley 825, como para variarles el débito fijo mensual a que se refiere el artículo 29° de la ley.

Artículo 53°.- Los comerciantes, artesanos y pequeños prestadores de servicios afectos a las disposiciones del presente Título, estarán exentos de la obligación de emitir boletas por sus operaciones.

TÍTULO XI. IMPUESTOS ESPECIALES A LAS VENTAS Y SERVICIOS

Artículo 54°.- Los impuestos adicionales establecidos en el Título III de la ley se aplicarán sin perjuicio del tributo al valor agregado que corresponda pagar por las respectivas ventas, importaciones o transferencias y servicios.

Artículo 55º.- Los impuestos adicionales o especiales pagados en la importación o adquisición de bienes corporales muebles no darán derecho al crédito fiscal establecido en el párrafo 6º del Título II de la ley.

Artículo 56º.- Tratándose de operaciones gravadas con cualquiera de los tributos establecidos en el Título III de la ley, éstos se aplicarán sobre la misma base imponible que sirve para determinar el Impuesto al Valor Agregado, no formando parte de los impuestos que gravan la misma operación.

Artículo 57º.- La base imponible de las importaciones afectas a estos impuestos especiales estará constituida por el valor aduanero de los bienes internados o, en su defecto, sobre el valor CIF de los mismos bienes, entendiéndose que también forman parte de dicha base los gravámenes aduaneros que se causen en la misma importación.

Artículo 58º.- Para los fines de lo dispuesto en el artículo 37º de la ley, las expresiones que se indican tendrán los siguientes significados:

a) Yates destinados habitualmente a competencias deportivas: Aquellos que sólo tengan un motor auxiliar que no sea el medio principal de propulsión y que, además, sean reconocidos como tales por la Federación de Yachting de Chile, afiliada al Comité Olímpico de Chile, mediante un certificado fundado de la mencionada Federación.

b) Joyas: Toda pieza en oro o platino, con perlas o piedras preciosas o sin ellas, que sirven de adorno.

c) Piedras preciosas: Piedras finas, por lo común transparentes, o al menos traslúcidas, de alto valor comercial, que se emplean en la confección de adornos. Por ejemplo, brillantes, diamantes, esmeraldas, rubíes, zafiros, aguamarinas, etc.

d) Pieles finas: Aquellas calificadas como tales, a juicio exclusivo del Servicio.

Artículo 59°.- Para los efectos de lo previsto en la letra a) del artículo 37° de la ley, se presume que la venta de objetos que habitualmente expenden los productores como de marfil, sin ser de esta naturaleza, se ha recargado el tributo adicional que corresponde a tales artículos y, por consiguiente, el impuesto debe declararse y pagarse con dicha tasa adicional.

Artículo 60°.- De acuerdo con lo dispuesto en el artículo 39° de la ley, los tributos especiales establecidos en el artículo 37° de la misma no afectarán a las importaciones de las especies señaladas en las letras B) y C) del artículo 12° de la ley.

TÍTULO XII. DE LOS VEHÍCULOS MOTORIZADOS

Artículo 61°.- Eliminado.

Artículo 62°.- Eliminado.

Artículo 63°.- Eliminado.

Artículo 64°.- Para los fines previstos en el artículo 12, letra A, N° 1 se entenderá que los vehículos motorizados tienen la condición de "usados" cuando han sido transferidos al consumidor final y no son de propiedad, por tanto, del fabricante o armador, de los distribuidores o concesionarios o de sus subdistribuidores establecidos, de los importadores habituales de los mismos o de empresas que incorporen el vehículo a su activo fijo.

Para estos efectos, se considerará como consumidor final aquel que haya adquirido uno o más vehículos motorizados sin haber soportado Impuesto al Valor Agregado, o que habiendo soportado el impuesto, no haya tenido derecho a utilizar el crédito fiscal.

Artículo 65°.- Dentro de la primera quincena del mes de enero de cada año, la Dirección confeccionará una lista de las distintas marcas y modelos de vehículos motorizados, clasificados de acuerdo al año de su fabricación y con indicación, en cada caso, del precio corriente en plaza vigente a esa fecha. Los valores consignados en esta nómina corresponderán a vehículos en buen estado de conservación y uso, tomando en consideración su tiempo de vida.

En los casos en que un vehículo motorizado no estuviere indicado en la nómina a que se refiere el inciso anterior, se considerará que su precio corriente en plaza vigente es aquel establecido en dicha lista para el vehículo que reúne similares características, tales como marca, modelo, año de fabricación, capacidad de carga o pasajeros, etc.

La lista mencionada en el inciso 1° servirá de referencia para las tasaciones de que trata el inciso 3° del artículo 64° del Código Tributario, que deben efectuarse durante el año calendario, sin perjuicio que los valores consignados en ella puedan ser modificados, en cada caso, por las condiciones particulares de los vehículos transferidos o por las variaciones de precios en el mercado. Asimismo, la Dirección podrá, a su juicio exclusivo, modificar los valores de la lista cuando estime que, en general, se han producido alteraciones de los precios de los vehículos motorizados en el mercado.

Debe entenderse que en los valores consignados en la nómina a que se refiere el inciso 1°, no se encuentran incluidos los impuestos, salvo que en la misma se indique expresamente lo contrario.

Artículo 66°.- Eliminado.

TÍTULO XIII. DE LA ADMINISTRACIÓN DEL IMPUESTO

Artículo 67°.- A fin de dar cumplimiento a lo dispuesto en el artículo 51° de la ley, los contribuyentes que inicien actividades susceptibles de originar impuestos de esta ley deberán inscribirse en el Rol Único Tributario, antes de dar comienzo a dichas actividades, sin perjuicio de la declaración inicial a que se refiere el artículo 68° del Código Tributario.

Artículo 68°.- Las personas que celebren cualquier contrato o convención de los mencionados en los Títulos II y III de la ley deberán emitir facturas o boletas por las operaciones que efectúen, conforme lo dispone el artículo 52° de la ley. Esta obligación regirá aun cuando en la venta de los productos o prestación de los servicios no se apliquen los impuestos de esta ley, incluso cuando se trate de convenciones que versen sobre bienes o servicios exentos de dichos impuestos.

Artículo 69°.- Las facturas o boletas que están obligadas a otorgar las personas señaladas en los artículos 52° y 53° de la ley deberán emitirse en la oportunidad señalada en el artículo 55 de la ley y cumplir con los siguientes requisitos:

A.- Facturas

1) Emitirse electrónicamente, sin perjuicio de las excepciones legales.

La emisión en papel deberá efectuarse en triplicado y el original y la segunda copia o copia adicional se entregarán al cliente, debiendo conservarse la primera copia en poder del vendedor o prestador del servicio para su revisión posterior por el Servicio.

En el caso de que se emitan en más ejemplares que los indicados en el inciso anterior, deberá consignarse en forma impresa y visible el destino de cada documento;

2) Numeradas en forma correlativa y timbrada por el Servicio, en la forma que determine el Director Nacional;

3) Indicar el nombre completo del contribuyente emisor, número del Rol Único Tributario, dirección del establecimiento, comuna o nombre del lugar, según corresponda, giro del negocio, y otros requisitos que determine la Dirección Nacional de Impuestos Internos;

4) Señalar fecha de emisión;

5) Los mismos datos de identificación del comprador, señalados en el número 3 anterior;

6) Detalle de la mercadería transferida o naturaleza del servicio, precio unitario y monto de la operación. El detalle de las mercaderías y el precio unitario podrán omitirse cuando se hayan emitido oportunamente las correspondientes guías de despacho;

7) Indicar separadamente la cantidad recargada por concepto de impuesto, cuando proceda;

8) Número y fecha de la guía de despacho, cuando corresponda, y

9) Indicar condiciones de venta: al contado, al crédito; mercadería puesta en bodega del vendedor o del comprador, etc.

B.- Boletas

1) Emitirse en formato electrónico o en papel.

La emisión en papel deberá efectuarse en duplicado y cumplir los demás requisitos señalados en los números 1), salvo en su inciso primero, a 4) de la letra A precedente, con las excepciones de que en el caso del Nº 1), la primera copia se entregará al cliente, debiendo conservarse el original en poder del vendedor, y en el caso del Nº 4), tratándose de las boletas que se emitan en forma manuscrita deberá señalarse el mes de emisión mediante el uso de palabras o números árabes o corrientes;

2) Los vendedores y prestadores de servicios que por el giro de sus negocios transfieran especies o presten servicios afectos y exentos de los impuestos establecidos en el Título II de la ley, deberán indicar separadamente los montos de las operaciones en las boletas que emitan, y

3) Indicar monto de la operación.

Artículo 70º.- La guía de despacho a que se refiere el artículo 55º, inciso 5º de la ley, debe ser emitida en formato electrónico o en papel, por el vendedor en el momento de la entrega real o simbólica de las especies, y cumplir con los siguientes requisitos:

1.- Contener la fecha, la cual debe corresponder a la del envío de las especies al comprador o del retiro por éste, sin perjuicio del plazo prudencial que transcurra desde el envío o retiro de dichas especies hasta su destino, el cual deberá ser considerado por el Servicio al requerir la guía, según la naturaleza o características del traslado.

2) Contener nombre, dirección y número de RUT del vendedor y del comprador;

3) Deben ser numeradas correlativamente, contener el detalle y precio unitario de las especies enviadas o retiradas y ser timbradas por el Servicio;

4) Esta guía, cuando sea emitida en papel, deberá extenderse en triplicado y el original y segunda copia o copia adicional se entregarán al comprador, quien adherirá el original a la factura que posteriormente reciba.

5) El vendedor deberá conservar los duplicados de las guías durante seis años, con indicación del número de la correspondiente factura.

Artículo 71°.- Las Notas de Crédito y las Notas de Débitos a que hace referencia el artículo 57° de la ley, deben cumplir los mismos requisitos exigidos para las facturas en la letra A.- del artículo 69°, y solamente pueden ser emitidas al mismo comprador o beneficiario del servicio para modificar facturas otorgadas con anterioridad.

Artículo 71 bis.- La Dirección del Servicio de Impuestos Internos fijará con carácter de obligatorio otros requisitos o características para las facturas, facturas de compras, guías de despacho, liquidaciones, notas de débito y notas de crédito y sus respectivas copias, tales como dimensiones mínimas, papel que debe utilizarse, impresiones que debe contener el fondo, tipo de letra que debe usarse en las impresiones, diseño y color del documento y la de la tinta con la cual se impriman.

La emisión de los documentos referidos en el inciso anterior, sin cumplir con los requisitos establecidos en este Reglamento, o por la Dirección del Servicio de Impuestos Internos, hará aplicable lo dispuesto en el N° 5 del artículo 23° del decreto ley 825, de 1974, y las sanciones que establecen el N° 10 del artículo 97° o el artículo 109° del Código Tributario, según corresponda.

La segunda copia o copia adicional a que se refiere este Título deberá portarse para ser exhibida durante el traslado de las especies, junto con el original a que se refiere el inciso final del artículo 55° de la ley, y ser entregada a los funcionarios del Servicio de Impuestos Internos que lo requieran. El incumplimiento de esta obligación será sancionado con la pena establecida en el N° 17 del artículo 97° del Código Tributario.

Artículo 72°.- Las Direcciones Regionales podrán autorizar, a solicitud de los contribuyentes, la destrucción de los originales de las boletas y duplicados de facturas, guías de despacho, notas de crédito y notas de débito y de otros documentos, cuando la obligación de conservarlas durante seis años les produzca dificultades de orden material. Esta autorización sólo podrá concederse por años comerciales completos y, en ningún caso, podrá referirse a la destrucción de los originales o duplicados de los últimos tres años, salvo que se hubiere revisado la contabilidad del contribuyente y liquidado todos los impuestos que le afecten.

La destrucción de esta documentación deberá llevarse a efecto en presencia de funcionarios del Servicio, actuando en calidad de ministro de fe, de conformidad al artículo 86 del Código Tributario, y debiendo levantarse acta de lo obrado.

Artículo 73°.- Los comisionistas distribuidores deben efectuar a sus mandantes dentro de cada período tributario, a lo menos una liquidación del total de las ventas o de los servicios efectuados por su cuenta y el Impuesto al Valor Agregado recargado en dichas operaciones.

Si el comisionista distribuidor efectúa varias liquidaciones dentro de un período tributario, deberá, en todo caso, hacer una liquidación que resuma las parciales realizadas dentro del mismo período tributario.

Las referidas liquidaciones, que constituyen el débito fiscal del mandante, deberán ser numeradas correlativamente y timbradas por el Servicio de Impuestos Internos y contener los datos que este Reglamento exige para las facturas.

TÍTULO XIV. DE LOS REGISTROS

Artículo 74°.- Los Libros a que hace referencia el artículo 59 de la ley deberán contenerse en un solo Registro, en el cual, los contribuyentes afectos a los impuestos de los Títulos II y III, con excepción de los contribuyentes afectos al régimen especial de tributación establecido en el Párrafo 7°, del Título II de la ley, deberán consignar sus operaciones diarias de compra, ventas, importaciones, exportaciones y prestaciones de servicios, incluyendo separadamente aquellas que recaigan sobre bienes y servicios exentos.

Sin perjuicio de lo dispuesto en el inciso anterior, los vendedores y prestadores de servicios podrán llevar otros registros de acuerdo a sus necesidades contables.

En igual forma, los vendedores y prestadores de servicios afectos al régimen de tributación simplificada para los pequeños contribuyentes, establecido en el párrafo 7° del Título II de la ley, llevarán un Libro foliado y timbrado, legalmente, en el que diariamente registrarán todas sus operaciones en forma global incluyendo aquellas que recaigan sobre bienes exentos; no obstante, para los efectos del crédito a que tienen derecho según el artículo 30° de la ley, las compras y utilización de servicios deberán ser registradas en dicho libro con los mismos datos que se describen en el artículo 75° de este Reglamento.

Los mencionados libros deberán ser mantenidos permanentemente en el negocio o establecimiento; el incumplimiento de esta obligación hará acreedor al infractor a las sanciones contempladas en los números 6° y 7° del artículo 97° del Código Tributario.

Artículo 75°.- El o los libros especiales que tienen la obligación de llevar los contribuyentes señalados en el inciso 1° del artículo precedente, deberán observar las formalidades legales establecidas para los libros de contabilidad principales y en ellos se registrarán los siguientes datos:

a) Número y fecha de las facturas, liquidaciones, notas de crédito o de débito, emitidas por los contribuyentes;

b) Individualización del proveedor o prestador de servicios;

c) Número del RUT o RUN del proveedor o prestador de servicios;

d) Monto de compras o ventas, prestación o utilización de servicios exentos consignados en los referidos documentos;

e) Monto de compras o ventas, prestación o utilización de servicios afectos consignados en los mismos, y

f) Impuesto recargado en las compras, en las ventas de bienes o en las prestaciones de servicios, según conste en las facturas, notas de crédito o de débito.

Al final de cada mes se hará un resumen separado de la base imponible, débitos y créditos fiscales para los impuestos del Título II y la base imponible del impuesto del Título III, cuando corresponda.

Este resumen deberá coincidir exactamente con los datos que deben anotarse en el formulario de declaración y pago de estos impuestos, previo los ajustes que procedan por las notas de crédito y débito recibidas o emitidas en el período tributario respectivo.

Todas las anotaciones efectuadas en el Registro deben justificarse con la documentación legal correspondiente.

Artículo 76°.- Los contribuyentes afectos al impuesto al valor agregado, cuando emitan boletas conforme a las disposiciones del Título IV, párrafo 2° de la ley y del artículo 88° del Código Tributario, anotarán diariamente, en el Registro, los siguientes datos: año, mes y día del respectivo documento, el número de la primera y la última boleta de cada talonario usado en forma correlativa y el monto total de las operaciones diarias, incluyendo separadamente aquéllas inferiores al monto mínimo sobre el cual exista la obligación de otorgar el documento, y además las ventas de especies y prestación de servicios gravadas y exentas.

En el caso que se emplee simultáneamente más de un talonario, la exigencia establecida en el inciso anterior se hará efectiva respecto de cada uno de ellos.

Sin perjuicio de lo establecido en los incisos anteriores, los mencionados contribuyentes registrarán resumidamente, en el Registro, al fin de cada mes, en primer término, el total de las ventas o servicios afectos correspondientes a ese período tributario, separando el monto neto y el impuesto incluido y, en segundo lugar, el total de las ventas o servicios exentos.

Artículo 77°.- Los contribuyentes afectos al impuesto al valor agregado, con excepción de los señalados en el párrafo 7° del Título II, deberán abrir cuentas especiales en sus contabilidades para registrar separadamente el monto de compras netas, de ventas netas, importaciones, exportaciones, prestaciones de servicios netos y utilización de servicios netos, tanto afectos como exentos; de los impuestos recargados o incluidos, facturas, liquidaciones, boletas, notas de crédito y débito recibidas o enviadas, sean o no susceptibles de ser rebajados como créditos.

TÍTULO XV. NORMAS SOBRE DECLARACIÓN Y PAGO

Artículo 78°.- Los contribuyentes afectos a las disposiciones de la ley deberán presentar sus declaraciones bajo juramento y pagar el impuesto en la Tesorería Comunal respectiva o en las oficinas bancarias autorizadas por el Servicio de Tesorerías.

Las declaraciones de los contribuyentes que por exceso de crédito fiscal o por exenciones del impuesto al valor agregado no resulten afectas a este tributo en un determinado período tributario, deberán ser presentadas en el Servicio de Impuestos Internos.

Artículo 79°.- Los vendedores y prestadores de servicios afectos al régimen de tributación simplificada para los pequeños contribuyentes deberán declarar bajo juramento e indicar en el formulario respectivo la cuota fija mensual que corresponda, determinada por decreto supremo, y contra dicha cuota rebajar separadamente, tanto el total del crédito fiscal soportado por las compras y utilización de servicios afectos del período tributario como la suma mensual que resulte de aplicar la tasa del artículo 14° de la ley sobre el monto de las operaciones exentas del mismo período.

Lo expresado en el inciso anterior tendrá aplicación también en los casos contemplados en el inciso 2° del artículo 66° de la ley.

Artículo 80°.- Tratándose de importaciones, el impuesto que proceda deberá ser pagado antes de retirar las especies del recinto aduanero.

En el caso de importaciones con cobertura diferida, los importadores podrán pagar el impuesto en la forma señalada en el inciso anterior u optar por cancelarlo en las mismas fechas y cuotas que hayan sido fijadas por la Aduana o por la Dirección Nacional de Impuestos Internos.

En este último caso se determinará el tributo, respecto de cada cuota, considerando los recargos y tipos de cambio vigentes a la fecha en que se realice el pago de la misma.

La Aduana deberá señalar en cada oportunidad el impuesto correspondiente, para los efectos del pago del tributo en Tesorería, y proporcionará mensualmente al Servicio copia de la liquidación de la cuota aduanera y del monto del impuesto determinado.

Tratándose de las especies a que se refieren los incisos octavo y noveno del artículo 64° de la ley, el impuesto se pagará provisionalmente sobre el valor aduanero o CIF del registro de importación más los gravámenes aduaneros estimativos. Una vez finiquitada la tramitación aduanera o resuelta la reclamación de aforo, deberá enterarse el impuesto definitivo debiéndose darse de abono lo cancelado provisionalmente.

Artículo 81°.- En el caso de los comisionistas, consignatarios, martilleros y demás personas que vendan por cuenta de terceros vendedores, el Impuesto al Valor Agregado correspondiente a las operaciones deberá ser declarado y enterado en arcas fiscales por el mandante por el mismo período tributario en que el mandatario efectuó la venta o prestó el servicio.

La infracción a lo dispuesto en el inciso anterior hará incurrir al mandante en las sanciones establecidas en los artículos 53° y 97°, N.°s 2 y 11 del Código Tributario.

Artículo 82°.- Eliminado.

Artículo 83°.- En los casos en que de conformidad con lo dispuesto en el artículo 67° de la ley, la Dirección confiera el carácter de contribuyente a las sucursales, y por consiguiente, los envíos de mercaderías entre ellas y desde la matriz a los establecimientos mencionados se consideran ventas, se dejará constancia de dichos envíos en facturas que deberán contener las menciones señaladas en el artículo 69°.

Estos documentos deberán ser registrados tanto en la Casa Matriz como en las sucursales, en el registro establecido en el artículo 74°.

Artículo 83 bis.- Las declaraciones o los datos a que se refiere el artículo 68 de la ley, se presentarán por escrito, mediante declaraciones juradas, en las oficinas del Servicio u otras que señale la Dirección, quien podrá autorizar a los contribuyentes para presentarlas en medios distintos al papel cuya lectura se efectúe mediante sistemas tecnológicos, según las especificaciones que para tal efecto imparta.

El Servicio determinará la información específica que deberán contener dichas declaraciones juradas y la periodicidad anual o semestral de su presentación.

Las declaraciones juradas que se requieran en forma semestral, deberán presentarse en los meses de julio y enero de cada año, y referirse a operaciones del semestre inmediatamente anterior al mes en que se presentan. En el caso que se requieran en forma anual, deberán ser presentadas durante el mes de abril de cada año, y referirse a operaciones del año calendario anterior.

TÍTULO XVI. OTRAS DISPOSICIONES

Artículo 84°.- Eliminado.

Artículo 85°.- Eliminado.

Artículo 86°.- Los notarios no podrán autorizar instrumento alguno que dé fe de una convención gravada que verse sobre vehículos motorizados ni certificar la firma de quienes concurren a otorgarlos, sin que previamente les sea exhibido el padrón respectivo y el certificado de inscripción en el Registro de Vehículos Motorizados, documentos en los cuales deberá figurar como dueño la persona que aparece transfiriendo la especie. Los notarios deberán, además, dejar constancia de este hecho en la escritura pública o privada que suscriban las partes.

Artículo 87°.- Eliminado.

Artículo 88°.- Derógase el decreto de Hacienda 225, de 26 de febrero de 1975, publicado en el Diario Oficial de 1° de marzo del mismo año, y sus modificaciones posteriores.

TÍTULO XVII. DISPOSICIONES REGLAMENTARIAS SOBRE EL IMPUESTO ADICIONAL A LAS BEBIDAS ALCOHÓLICAS

Artículo 89°.- Para la aplicación y control del impuesto adicional a las ventas e importaciones de bebidas alcohólicas, debe entenderse por:

a) Productor: todo propietario, arrendatario o tenedor de un viñedo a cualquier título, que produzca vino y/o chicha con uvas de su propia producción o adquiridas de terceros, como también aquél que destine su producción de uvas, en forma total o parcial, a la vinificación en otros establecimientos, sin perjuicio de lo establecido en el artículo 100°. Igualmente se considerará productor a todo el que fabrique sidra o chicha de manzana o de otras frutas.

b) Elaborador: el que elabora vinos, chichas o sidras, ya sea de su propia producción, adquiridas de terceros o por cuenta ajena.

c) Envasador: el que envasa vino, chicha o sidra de producción propia, adquirida de terceros o por cuenta ajena, en envases legalmente autorizados para el expendio de dichos productos al consumidor.

d) Licorista: el que fabrica y/o embotella licor.

e) Fabricante: el que fabrica cerveza o cualquiera otra bebida alcohólica afecta al impuesto adicional.

f) Comerciante al por mayor: el que interviene como tal en las operaciones de ventas de productos afectos a este tributo, y

g) Importador: el que interna al territorio nacional, en forma habitual o no, productos afectos al impuesto adicional de la ley.

Artículo 90°.- Para los mismos efectos de lo establecido en el artículo anterior deberá considerarse como:

a) Producto destinado al consumo: toda bebida alcohólica producida en el país o importada que pueda ser consumida en cualquiera de sus etapas de comercialización, exceptuándose aquélla destinada a servir como materia prima en la fabricación de otros productos alcohólicos o bien para ser destilada o transformada en vinagre, y

b) Producto a granel: toda bebida alcohólica que se comercialice o movilice en envases distintos a los legalmente autorizados para el expendio de dichos productos al consumidor.

Artículo 91°.- Para los efectos de la aplicación del impuesto establecido en la letra b) del artículo 42° de la ley, deberán considerarse como licores los vinos generosos, asoleados, dulces, añejos, pajaretes u otros, cuando en su fabricación o elaboración se haya empleado alcohol o algún licor en algunas de sus fases, en cualquier proporción.

Artículo 92°.- Sin perjuicio de lo dispuesto en el b) párrafo 3° del Título IV de la ley y Título XIV de este Reglamento los sujetos indicados a continuación llevarán el control de sus respectivas actividades, para los efectos del impuesto adicional a las ventas e importaciones de bebidas alcohólicas mediante los siguientes libros de contabilidad especiales:

El productor: libro de existencias.

El elaborador: libro de existencias.

El envasador: libro de existencias.

El licorista: libro de fabricación y existencias, libro de sellos, cuando corresponda.

El fabricante: libro de fabricación y existencias.

El comerciante mayorista: libro de existencias.

El importador: libro de existencias y control de importaciones.

Los libros y registros especiales antes señalados deberán estar foliados, y antes de ser usados deberán ser autorizados por la Inspección respectiva.

Lo dispuesto en este artículo es sin perjuicio del ejercicio por los Directores Regionales de la facultad contenida en el inciso 4° del artículo 17° del Código Tributario.

Artículo 93°.- Los alcoholes y bebidas alcohólicas que reciba el licorista como materia prima, deberán registrarse en el libro de fabricación y existencias conforme a los antecedentes consignados en la guía de despacho y factura, dejándose expresa constancia de su graduación y total de litros a 100 grados centesimales, sin perjuicio de las verificaciones que puedan practicar los funcionarios del Servicio.

Artículo 94°.- Para los controles que pueda efectuar el Servicio, es obligación que los sujetos señalados en el artículo 89° de este Reglamento, cuando corresponda, hagan numerar y aforar las vasijas en que almacenen sus productos.

Artículo 95°.- En casos determinados, los funcionarios del Servicio podrán exigir, a los sujetos señalados, la habilitación de recintos anexos cerrados y susceptibles de ser sellados, a objeto de facilitar la realización de los inventarios físicos u otras finalidades que permitan simplificar su labor fiscalizadora.

Artículo 96°.- Para el control de la producción y existencias que permanezcan bajo sello oficial, el Servicio dispondrá, a su juicio exclusivo, la aposición de éstos en los lugares que estime necesario, dejándose constancia de la ubicación de los mismos en el libro de sellos correspondiente.

Artículo 97°.- Para los efectos de comprobar cosechas y fijar coeficientes de producción, el Servicio mantendrá un registro de viñedos que será llevado por la Dirección a nivel nacional de acuerdo con los antecedentes que proporcionará el Servicio Agrícola y Ganadero para estos efectos y que remitirá a la Dirección dentro de los sesenta días siguientes a la inscripción de la viña.

La Dirección Regional donde se encuentre ubicado el viñedo recibirá de la Dirección los antecedentes correspondientes para su anotación en el Registro local respectivo, comunicando de ello al interesado.

Las inscripciones de las viñas del país serán registradas por comunas que corresponderán al lugar de ubicación del predio donde se encuentre plantado el viñedo.

Artículo 98°.- Para los efectos contemplados en el N° 1 del artículo 75° de la ley, el Servicio de Impuestos Internos podrá disponer que los propietarios, arrendatarios o meros tenedores de viñas, presenten en la Oficina del Servicio correspondiente al lugar donde se encuentre ubicado el predio, una declaración jurada de la cosecha de uvas, vinos y chicha obtenida en el año, en la forma y plazo que determine dicho Servicio. Esta declaración podrá ser rectificada en el mismo año, en caso de que la cosecha definitiva sea mayor o menor que la declarada primitivamente, cuando no hubiere terminado la vendimia, o bien, por otras razones que justifiquen tal rectificación.

Igual obligación podrá imponerse a los productores de sidra.

Artículo 99°.- La declaración jurada de cosecha, correspondiente a cada viña, deberá indicar el total de la producción de uvas, vinos y chichas, incluyéndose en dicho total las borras obtenidas en el año que se declara.

Artículo 100°.- Las cooperativas y centros vitivinícolas tendrán el carácter de productores para todos los efectos legales y reglamentarios, pudiendo el Servicio imponerles la misma obligación indicada en el artículo 98° de este Reglamento, referida a la producción de vinos resultante de la cosecha de uva de sus cooperados o asociados.

Aquellos productores que siendo integrantes de estas organizaciones no entregaren a éstas la totalidad de su producción de uva, estarán obligados, cuando el Servicio así lo requiera, a efectuar la declaración de cosecha al igual que los demás productores, en las condiciones indicadas en el artículo 98°, por aquella producción no entregada a dichas organizaciones.

Artículo 101°.- El Servicio de Impuestos Internos podrá requerir que los sujetos pasivos del impuesto adicional y el tenedor a cualquier título de vinos a granel presenten en la Oficina del Servicio, con jurisdicción en el lugar donde se mantengan los vinos, en la forma y plazo que determine, una declaración jurada de la existencia que tengan en sus bodegas en cualquier fecha del año.

Artículo 102°.- Las existencias de productos determinadas das en los inventarios oficiales que practicarán los funcionarios del Servicio, constarán en acta que se levantará para este efecto, una de cuyas copias quedará en poder del interesado.

Los resultados de los inventarios se registrarán en los libros especiales de contabilidad para dejar los saldos de éstos conforme a la existencia física de productos.

Artículo 103°.- Los cálculos de rendimiento para fijar los coeficientes de producción, referidos en el N° 2 del artículo 75° de la ley, se harán sobre la base de la constatación que el Servicio efectúe, de la producción de vinos y chichas obtenida en un número prudencial y representativo de las viñas de cada comuna.

Artículo 104°.- Se entenderá por merma la cantidad de productos alcohólicos que se consuman naturalmente en los procesos normales de vinificación, fabricación, elaboración, mantención y envasamiento de los productos alcohólicos señalados en la ley.

Artículo 105°.- Los productores podrán rebajar de la producción anual de vinos y chichas, incluyéndose las borras, hasta un cuatro y medio por ciento (4,5%) por concepto de mermas de vinificación, que comprenderá, además, las pérdidas ocurridas por cualquier otro concepto, hasta el 30 de junio del mismo año.

Artículo 106°.- En los establecimientos elaboradores y envasadores de vino se tolerará una merma de hasta un dos por ciento (2%) por concepto de elaboración y envasamiento, cuando se trate de productos envasados en botellas y otros envases fraccionarios de vidrios susceptibles de ser sellados. Dicho porcentaje se aplicará sobre el volumen de los productos envasados.

Artículo 107°.- En las fábricas de licores se concederá una tolerancia de hasta un dos por ciento (2%) por concepto de mermas en el proceso normal de fabricación que incluirá, además, las pérdidas ocurridas en las etapas de elaboración y envasamiento del producto. Sin embargo, en los casos de fabricación o elaboración de licores en base a métodos especiales, calificados previamente por la Dirección, a su juicio exclusivo, en cuyo proceso se genere una mayor pérdida, se podrá aceptar una merma de hasta el 4%.

Las mermas originadas por mantención de productos fabricados sin envasar se otorgarán únicamente cuando estos productos hubieren permanecido siempre en recinto sellado.

Artículo 108°.- El exceso de mermas que resultare entre las existencias de los productos anotados en los libros y los inventarios practicados por el Servicio, pagarán el impuesto de la ley calculado sobre el precio de venta que corresponda al producto de mayor valor, a la fecha del inventario.

Artículo 109°. -Las mermas y menores existencias que se produzcan o constaten en las fábricas de licores, aguardientes, piscos y vinos licorosos se calcularán comparando el volumen total de litros de alcohol a 100 grados contenidos en los productos fabricados y/o en proceso de fabricación y el volumen total de litros de alcohol a 100 grados recibidos por el interesado para la fabricación de sus productos.

Artículo 110°.- Por las existencias de vino depositado a granel se tolerará una merma de mantención de hasta un tres por mil (3o/oo) mensual que se calculará sobre los saldos de existencia mantenidos en cualquier clase de vasija.

Artículo 111°.- En las fábricas de cervezas se tolerará hasta un siete por ciento (7%) de mermas de fermentación y reposo. Dicho 7% empezará a contarse desde el momento que los mostos hayan sido enfriados después de terminada la cocción de los mismos. Asimismo, se tolerará hasta un cinco por ciento (5%) de mermas de envasamiento y pasteurización.

Artículo 112°.- La menor existencia de productos que se establezca comparando las anotaciones de los libros con las existencias reales constatadas en los inventarios que practique el Servicio de Impuestos Internos, pagarán el impuesto correspondiente calculado sobre el precio de venta que corresponde al producto de mayor valor.

Artículo 113°.- Las pérdidas efectivas de productos alcohólicos gravados por la ley, que sobrepasen los porcentajes de mermas tolerables indicados en este Reglamento, producidas en recinto cerrado bajo sello oficial, quedarán exentas de impuestos siempre que el Servicio compruebe que tal situación ha ocurrido sin violación del recinto y/o de los sellos o cerraduras que lo garanticen, todo lo cual deberá constar en un acta que se levantará para tal efecto.

Artículo 114°.- La exención contemplada en la ley para aquellas pérdidas efectivas de productos alcohólicos, ocasionadas por fuerza mayor o causa fortuita, como aquellas provenientes de productos o bebidas alcohólicas que han permanecido siempre en recinto sellado, que excedan los porcentajes de mermas establecidas en este Reglamento, será otorgada por el Servicio, previo estudio de los antecedentes, mediante resolución fundada.

Tómese razón, comuníquese y publíquese.- AUGUSTO PINOCHET UGARTE.- Sergio de Castro.

Lo que transcribo a Ud. Para su conocimiento.- Saluda atentamente a Ud.- Pedro Larrondo Jara, Capitán de Navío (AB), Subsecretario de Hacienda.

LEY Nº 16.271 SOBRE IMPUESTO A LAS HERENCIAS, ASIGNACIONES Y DONACIONES, FIJADO POR EL ARTÍCULO 8 DEL D.F.L. Nº 1 DE 16.05.2000

Artículo 8.- Fíjase el texto refundido, coordinado y sistematizado de la Ley Nº 16.271 de Impuesto a las Herencias, Asignaciones y Donaciones:

TÍTULO I. DEL IMPUESTO A LAS ASIGNACIONES Y DONACIONES

CAPÍTULO I. DEL IMPUESTO Y DE LA FORMA DE DETERMINAR EL MONTO IMPONIBLE

Artículo 1º.- Los impuestos sobre asignaciones por causa de muerte y donaciones se regirán por las disposiciones de la presente ley, y su aplicación y fiscalización estarán a cargo del Servicio de Impuestos Internos.

Para los efectos de la determinación del impuesto establecido en la presente ley, deberán colacionarse en el inventario los bienes situados en el extranjero.

Sin embargo, en las sucesiones de extranjeros los bienes situados en el exterior deberán colacionarse en el inventario sólo cuando se hubieren adquirido con recursos provenientes del país.

El impuesto que se hubiera pagado en el extranjero por los bienes colacionados en el inventario servirá de abono contra el impuesto total que se adeude en Chile. No obstante, el monto del impuesto de esta ley no podrá ser inferior al que hubiera correspondido en el caso de colacionarse en el inventario sólo los bienes situados en Chile.

Para los efectos de la presente ley, se entenderá por donación lo dispuesto en el artículo 1.386 del Código Civil.

Si, por aplicación de las reglas anteriores, resulta gravada en Chile una donación celebrada en el extranjero, el donatario podrá utilizar como crédito contra el impuesto a las donaciones que deba pagar en Chile el impuesto que gravó la donación y haya sido pagado en el extranjero. El exceso de crédito contra el impuesto que se deba pagar en Chile no dará derecho a devolución.

Para los efectos de esta ley, se considerarán donaciones aquellos actos o contratos celebrados en el extranjero y que, independientemente de las formalidades o solemnidades exigidas en el respectivo país, cumpla lo dispuesto en el artículo 1.386 del Código Civil. Asimismo, sólo podrán imputarse en Chile como crédito aquellos impuestos pagados en el extranjero que tengan una naturaleza similar al impuesto establecido en esta ley.

El crédito por los impuestos pagados en el extranjero se calculará de acuerdo a la paridad cambiaria entre la moneda nacional y la moneda extranjera correspondiente. Para efectos de la paridad cambiaria se estará a lo dispuesto en el párrafo segundo de la letra a) número 7 del artículo 41 A de la Ley sobre Impuesto a la Renta, contenida en el decreto ley 824 de 1974.

Artículo 2°.- El impuesto se aplicará sobre el valor líquido de cada asignación o donación, con arreglo a la siguiente escala progresiva:

Las asignaciones que no excedan de ochenta unidades tributarias anuales pagarán un 1%;

La cantidad que resulte del párrafo inmediatamente anterior sobre las asignaciones de ochenta unidades tributarias anuales, y por la parte que exceda de esta suma y no pase de ciento sesenta unidades tributarias anuales, 2,5%;

La cantidad que resulte del párrafo inmediatamente anterior sobre las asignaciones de ciento sesenta unidades tributarias anuales, y por la parte que exceda de esta suma y no pase de trescientas veinte unidades tributarias anuales, 5%;

La cantidad que resulte del párrafo inmediatamente anterior sobre las asignaciones de trescientas veinte unidades tributarias anuales, y por la parte que exceda de esta suma y no pase de cuatrocientas ochenta unidades tributarias anuales, 7,5%;

La cantidad que resulte del párrafo inmediatamente anterior sobre las asignaciones de cuatrocientas ochenta unidades tributarias anuales, y por la parte que exceda de esta suma y no pase de seiscientas cuarenta unidades tributarias anuales, 10%;

La cantidad que resulte del párrafo inmediatamente anterior sobre las asignaciones de seiscientas cuarenta unidades tributarias anuales, y por la parte que exceda de esta suma y no pase de ochocientas unidades tributarias anuales, 15%;

La cantidad que resulte del párrafo inmediatamente anterior sobre las asignaciones de ochocientas unidades tributarias anuales, y por la cantidad que exceda de esta suma y no pase de mil doscientas unidades tributarias anuales, 20%;

La cantidad que resulte del párrafo inmediatamente anterior sobre las asignaciones de mil doscientas unidades tributarias anuales, y por la cantidad que exceda de esta suma, 25%.

Las asignaciones por causa de muerte que correspondan al cónyuge y a cada ascendiente, o adoptante, o a cada hijo, o adoptado, o a la descendencia de ellos, o conviviente civil sobreviviente, estarán exentas de este impuesto en la parte que no exceda de cincuenta unidades tributarias anuales. Las donaciones que se efectúen a las personas señaladas estarán exentas de este impuesto en la parte que no exceda de cinco unidades tributarias anuales. En consecuencia, la escala a que se refiere el inciso primero de este artículo, se aplicará desde su primer tramo a las cantidades que excedan de los mínimos exentos. Con todo, si deferida la asignación y pagado efectivamente el impuesto, fallece el sobreviviente dentro del plazo de 5 años contado desde el fallecimiento del cónyuge o conviviente civil, la parte de los bienes del sobreviviente que corresponda a los legitimarios de ambos, que se deban afectar con el impuesto establecido en esta ley, estará exento del mismo respecto de tales legitimarios, hasta el valor equivalente en unidades tributarias mensuales a la parte de los bienes del primer causante que hayan pagado efectivamente el impuesto, sea que dicho pago se haya realizado dentro del plazo legal o vencido este.

La unidad tributaria a que se refiere este artículo será la que rija al momento de la delación de la herencia o de la insinuación de la donación según el caso.

Cuando los asignatarios o donatarios tengan con el causante un parentesco colateral de segundo, tercero o cuarto grado, las asignaciones o donaciones que reciban estarán exentas de este impuesto en la parte que no exceda de cinco unidades tributarias anuales. En consecuencia, la escala se aplicará desde su primer tramo a las cantidades que excedan de este mínimo exento.

Cuando los asignatarios o donatarios tengan con el causante o donante, respectivamente, un parentesco colateral de segundo tercero, o cuarto grado, se aplicará la escala indicada en el inciso primero recargada en un 20%, y el recargo será de un 40% si el parentesco entre el causante o donante y el asignatario o donatario fuere más lejano o no existiere parentesco alguno.

El impuesto determinado de acuerdo con las normas de este artículo se expresará en unidades tributarias mensuales según su valor vigente a la fecha de la delación de la respectiva asignación o de la insinuación de la donación, y se pagará según su valor en pesos a la fecha en que se efectúe el pago del tributo. Las sumas que se hubieren pagado provisionalmente se expresarán en unidades tributarias mensuales según su valor vigente a la fecha de pago, para los efectos de imputarlas al monto del impuesto definitivo expresado también en unidades tributarias mensuales.

Una vez determinado el impuesto a pagar por aplicación de las reglas generales, los asignatarios o donatarios que se encuentren inscritos en el Registro Nacional de Discapacidad tendrán derecho a una rebaja del 30% del monto del impuesto determinado, con un tope anual de 8.000 unidades de fomento.

Artículo 3°.- Lo que se deja al albacea fiduciario se estimará como asignación a favor de persona sin parentesco con el causante, pero si se acreditare ante el Servicio el parentesco efectivo del beneficiario y que éste ha percibido la asignación, se pagará la tasa correspondiente a ese parentesco.

Cuando se suceda por derecho de representación, se pagará el impuesto que habría correspondido a la persona representada.

Para los efectos de determinar el monto imponible deberán sumarse las diversas asignaciones que perciba en la herencia el beneficiario.

Artículo 4°.- Se entenderá por asignación líquida lo que corresponda al heredero o legatario, una vez deducidos del cuerpo o masa de bienes que el difunto ha dejado:

1°.- Los gastos de última enfermedad adeudados a la fecha de la delación de la herencia y los de entierro del causante;

2°.- Las costas de publicación del testamento, si lo hubiere, las demás anexas a la apertura de la sucesión y de posesión efectiva y las de partición, incluso los honorarios de albacea y partidores, en lo que no excedan a los aranceles vigentes;

3°.- Las deudas hereditarias. Podrán deducirse de acuerdo con este número incluso aquellas deudas que provengan de la última enfermedad del causante, pagadas antes de la fecha de la delación de la herencia, que los herederos acrediten haber cancelado de su propio peculio o con dinero facilitado por terceras personas.

No podrán deducirse las deudas contraídas en la adquisición de bienes exentos del impuesto establecido por esta ley, o en la conservación o ampliación de dichos bienes;

4°.- Las asignaciones alimenticias forzosas, sin perjuicio de lo que dispone el número 3 del artículo 18°; y

5°.- La porción conyugal a que hubiere lugar sin perjuicio de que el cónyuge asignatario de dicha porción pague el impuesto que le corresponda.

Artículo 5°.- Los gravámenes de cualquier clase que la asignación o donación impusiere al asignatario o donatario, se deducirán del acervo sujeto al pago del impuesto, sin perjuicio de que las personas beneficiadas por el gravamen paguen el que les corresponda en conformidad a la ley.

Los gravámenes en favor de personas que no existan, pero que se espera que existan, no se considerarán como tales para los efectos de esta ley. Si el gravamen se instituyere en favor de personas de las cuales unas existen y otras no, se estimarán a las que existan como únicas beneficiadas con la totalidad del gravamen.

Del mismo modo, cuando sea la propiedad gravada la que se asigne a personas que no existen, pero que se espera que existan, dicha propiedad se acumulará al gravamen y el beneficiado con éste pagará impuesto sobre el total. Si la propiedad gravada se asignare a personas de las cuales unas existen y otras no, se estimará a las que existen como las únicas asignatarias de dicha propiedad.

Con todo, no se aplicarán las reglas de los dos incisos precedentes respecto de las asignaciones en favor de Corporaciones o Fundaciones destinadas al cumplimiento de alguno de los fines contemplados en el artículo 18 y que no existan a la fecha de la delación de la asignación, siempre que dichas Corporaciones o Fundaciones obtengan el reconocimiento legal de su existencia dentro del plazo de dos años, contado desde que la asignación se defiera. Dicho plazo podrá ser ampliado por el Director Regional cuando, a su juicio, existan motivos que así lo justifiquen.

Artículo 6°.- Cuando el gravamen con que se defiera una asignación o se haga una donación consista en un usufructo en favor de un tercero o del donante, se deducirá del acervo sujeto al pago del impuesto:

1°.- Si el usufructo es por tiempo determinado, un décimo de la cosa fructuaria por cada cinco años o fracción que el usufructo comprenda;

2°.- Si el usufructo es por tiempo indeterminado, por estar su duración sujeta a condición o a plazo que signifique condición, la mitad del valor de la cosa fructuaria;

3°.- Si el usufructo es vitalicio, la fracción de la cosa fructuaria que resulte de aplicar la siguiente escala, según sea la edad del beneficiario:

Edad del beneficiario	Fracción de la cosa
Menos de 30 años	9/10
Menos de 40 años	8/10
Menos de 50 años	7/10
Menos de 60 años	5/10

Edad del beneficiario	Fracción de la cosa
Menos de 70 años	4/10
Más de 70 años	2/10

Artículo 7°.- Para determinar el impuesto que corresponda pagar por el usufructo que por testamento o donación se instituya en favor de un tercero, se tomará como asignación del usufructuario una suma igual a la deducción que corresponda hacer en conformidad al artículo anterior.

Si de una misma cosa se dejare el usufructo a dos o más personas a la vez, sin derecho a acrecer, el gravamen se calculará como si se tratara de tantos usufructos distintos cuantos sean los usufructuarios.

El valor de las cuotas en que, para estos efectos, se divida la cosa usufructuaria, guardará la misma proporción en que sean llamados los usufructuarios a gozar de ella y el gravamen se calculará sobre cada una de dichas cuotas con arreglo al inciso primero.

Si hubiere derecho de acrecer se aplicarán asimismo las reglas de los incisos precedentes, pero al gravamen se calculará considerándose únicamente la edad del usufructuario más joven.

Si el marido donare bienes de la sociedad conyugal, reservando el usufructo para sí o constituyéndolo para su cónyuge o simultáneamente reservándolo para sí y constituyéndolo para su cónyuge, se aplicará el impuesto sólo por la nuda propiedad que se dona, sin perjuicio de lo que se dispone en el artículo 23°.

Artículo 8°.- Cuando el gravamen con que se defiera una asignación o se haga una donación consista en un fideicomiso en favor de un tercero, se deducirá del acervo sujeto al pago del impuesto la mitad del valor de la cosa sobre la cual el fideicomiso se constituye.

En caso de fallar la condición y se consolide la propiedad en el patrimonio del propietario fiduciario, este deberá sumar su valor y pagar el impuesto sobre el total de la cosa, a la fecha de la consolidación, con deducción de la suma o sumas de impuestos ya pagadas.

Por el contrario, si se cumple la condición y se verifica la restitución a favor del fideicomisario, este deberá pagar el impuesto por el total del valor líquido de la cosa a la fecha de la restitución, con deducción de la suma o sumas ya pagadas por concepto de impuestos.

Para los efectos de este artículo, la suma o sumas pagadas por concepto de impuesto en la constitución del fideicomiso serán convertidas a unidades tributarias mensuales a la fecha del referido pago y se imputarán contra el impuesto que se determine con motivo de consolidarse la propiedad o cumplirse la condición, según corresponda. Asimismo, el impuesto deberá pagarse dentro del plazo establecido en el artículo 50, contado desde que se consolide la propiedad o se cumpla la condición

Artículo 9°.- Cuando el gravamen con que se defiera una asignación o se haga una donación consista en una pensión periódica en favor de un tercero, se deducirá del acervo sujeto al pago del impuesto:

1°.- Si la pensión fuere perpetua, la suma que al interés del 8% anual sea bastante para servir la pensión;

2°.- Si la pensión fuere temporal, una décima parte del capital, determinado en conformidad al número anterior, por cada cinco años o fracción que ella comprenda;

3°.- Si la pensión fuere por tiempo indeterminado, por estar su duración sujeta a condición, la mitad del capital calculado de acuerdo con el número 1° de este artículo, y

4°.- Si la pensión fuere vitalicia, la fracción del capital determinado en conformidad al número 1° de este artículo, que corresponda, de acuerdo con la edad del beneficiario según la regla 3a. del artículo 6°.

Artículo 10°.- El monto de las asignaciones o donaciones que consistan en cantidades o pensiones periódicas, se determinará según las reglas del artículo anterior.

El impuesto, en su caso, se deducirá del capital destinado a servir las pensiones, las cuales se rebajarán en la proporción que corresponda.

Artículo 11°.- Cuando el gravamen con que se defiera una asignación o se haga una donación consista en un derecho de uso o habitación a favor de un tercero, se deducirá del acervo sujeto al pago del impuesto, la tercera parte de la suma que resulte de aplicar las reglas del artículo 6°.

Artículo 12°.- Derogado.

Artículo 13°.- Las asignaciones o donaciones de derechos litigiosos no estarán sujetos al pago del impuesto, sino desde el momento en que el juicio termine por sentencia ejecutoriada o transacción.

El impuesto se pagará sobre el valor que resulte tener el crédito o derecho, con deducción de los gastos judiciales.

En estos casos, al efectuarse el pago de la cosa debida, deberá acreditarse el entero del impuesto correspondiente.

Artículo 14°.- Las asignaciones o donaciones de crédito contra personas que tengan la calidad de deudoras en un procedimiento concursal de reorganización o de liquidación vigente o de notoria insolvencia, no estarán sujetas al pago de este impuesto; pero, en caso de pago total o parcial de la deuda, el asignatario o donatario deberá pagar el impuesto correspondiente.

Artículo 15°.- Las resoluciones judiciales o los actos o contratos que importen remisión del todo o parte de una deuda hereditaria, no se considerarán firmes sin la certificación del secretario del tribunal en la forma establecida en el artículo 13° o no tendrán valor alguno sin que se inserten en el documento, ya sea público o privado, que al efecto se otorgue, el boletín de ingreso del impuesto correspondiente.

Artículo 16°.- Todo asignatario o donatario a quien por resolución judicial de término se obligare a devolver el todo o parte de la asignación o donación recibida, tendrá derecho a que la persona a cuyo favor se hubiere dictado el fallo, le reintegre, íntegra o proporcionalmente, la suma que hubiere satisfecho en pago del impuesto.

En el evento previsto en el inciso anterior, el asignatario o donatario verdadero pagará o cobrará al Fisco los saldos que hubiere por diferencia entre el impuesto que lo grave y aquel que hubiere sido satisfecho por el asignatario putativo.

Este mismo derecho podrán hacer valer contra el Fisco los asignatarios que hubieren tomado posesión provisoria o definitiva de los bienes de una persona declarada presuntivamente muerta por desaparecimiento, si la declaración se rescindiere con arreglo a la ley.

Para los efectos de la aplicación de lo dispuesto en los incisos anteriores, los plazos de prescripción que correspondan se contarán desde la fecha en que quede ejecutoriada la sentencia que ordene devolver, en todo o parte, la asignación o donación.

En el caso de los incisos segundo y tercero del artículo 5°, se procederá a reliquidar el impuesto cuando lleguen a existir las personas referidas en dichas disposiciones, antes del plazo señalado en el inciso tercero del artículo 962 del Código Civil, procediéndose al cobro o devolución de los saldos de impuestos que correspondan.

Artículo 17°.- Los bienes que a virtud de una transacción se reconozcan en favor de personas que sustenten derechos a la herencia y las sumas que tengan derecho a recibir los beneficiarios de seguros de vida con ocasión de la muerte del asegurado[42], se estimarán para todos los efectos de esta ley, como adquiridos por sucesión por causa de muerte.

También se considerarán adquiridos por sucesión por causa de muerte los bienes dados en pago a título de renta vitalicia a personas que, a la fecha de la delación de la herencia, sean herederos del rentista, siempre que

---

[42] El artículo cuarto transitorio de la ley N° 21.420 publicada en el Diario Oficial con fecha 4 de febrero del año 2022 señala al respecto: "Las disposiciones contenidas en el artículo 2 aplicarán a los beneficios obtenidos en virtud de contratos de seguros de vida que hayan sido celebrados a partir de la fecha de publicación de esta ley en el Diario Oficial. En consecuencia, los beneficios obtenidos en virtud de dichos contratos se afectarán con el Impuesto a las Herencias, Asignaciones y Donaciones, salvo los beneficios provenientes de seguros de invalidez y sobrevivencia señalados en el decreto ley N° 3.500, de 1980".

el instrumento constitutivo de la pensión se haya suscrito dentro de los cinco años anteriores a la fecha del fallecimiento del causante. El impuesto se devengará al fallecimiento del causante, se calculará sobre el valor total de los bienes dados en pago por la renta vitalicia, con deducción del impuesto que se hubiere pagado por la constitución de la renta vitalicia y se pagará de acuerdo con las normas de esta ley.

En estos casos, las rentas que ya se hubieren pagado durante la vigencia del contrato, se deducirán del acervo sujeto al pago del impuesto.

CAPÍTULO II. DE LAS ASIGNACIONES Y DONACIONES EXENTAS DE IMPUESTOS

Artículo 18°.- Estarán exentas del impuesto que establece esta ley las siguientes asignaciones y donaciones:

1°.- Las que se dejen o hagan a la Beneficencia Pública Chilena, a las Municipalidades de la República y a las corporaciones o fundaciones de derecho público costeadas o subvencionadas con fondos del Estado;

2°.- Las donaciones de poca monta establecida por la costumbre, en beneficio de personas que no se encuentren amparadas por una exención establecida en el artículo 2°;

3°.- Las que consistan en cantidades periódicas destinadas a la alimentación de personas a quienes el causante o donante esté obligado por la ley a alimentar.

Cuando, a juicio del Servicio, la pensión pareciere excesiva, podrá pedir a la justicia ordinaria que determine cuál es la parte exenta del impuesto;

4°.- Las que se dejen para la construcción o reparación de templos destinados al servicio de un culto o para el mantenimiento del mismo culto;

5°.- Aquellas cuyo único fin sea la beneficencia, la difusión de la instrucción o el adelanto de la ciencia en el país;

6°.- La destinada exclusivamente a un fin de bien público y cuya exención sea decretada por el Presidente de la República.

7°.- Las asignaciones hereditarias que cedan en favor de alguna de las entidades consideradas beneficiarias, para los efectos de la Ley de Donaciones con Fines Culturales, contenida en el artículo 8° de la ley N°

18.985, sea que ellas consistan en una cantidad de dinero, que se paguen de una sola vez o en forma periódica, o bien en especies.

8°.- Las donaciones que realicen las personas naturales con recursos que han cumplido su tributación conforme a la Ley sobre Impuesto a la Renta y destinadas a cualquier fin, hasta el 20% de su renta neta global a que se refiere el artículo 55 de la Ley sobre Impuesto a la Renta, o de las rentas del artículo 42 N° 1, en el caso de los contribuyentes del impuesto único de segunda categoría, correspondiente al año anterior a la donación. Para tales efectos, dentro de la base podrán considerar los ingresos no renta obtenidos el año comercial anterior sin perjuicio que el monto anual de esta exención no podrá superar el equivalente a 250 unidades tributarias mensuales determinadas al término del ejercicio comercial. En caso que estas donaciones se efectúen a los legitimarios en uno o varios ejercicios comerciales, todas las donaciones se acumularán en los términos del artículo 23 hasta por un lapso de 10 años comerciales, para cuyo efecto el legitimario deberá informar las donaciones conforme al siguiente inciso.

Las donaciones efectuadas en el respectivo ejercicio deberán ser informadas, dentro de los dos meses siguientes al 31 de diciembre de cada año, mediante medios electrónicos en la forma que determine el Servicio de Impuestos Internos mediante resolución. El incumplimiento de este deber de información dentro del plazo señalado, importará la aplicación de una multa equivalente a una unidad tributaria anual por cada año o fracción de retraso en informar con tope de 6 unidades tributarias anuales.

A falta de regla especial, las asignaciones y donaciones de que tratan los números 1, 2, 3, 6 y 8 de este artículo estarán liberadas del trámite de la insinuación. Asimismo, estarán liberadas del trámite de insinuación las donaciones efectuadas por sociedades anónimas abiertas, siempre que sean acordadas en junta de accionistas y se efectúen a entidades no relacionadas conforme al número 17 del artículo 8° del Código Tributario.

Artículo 19°.- Quedan derogadas todas las disposiciones legales que establezcan exenciones no contempladas en el artículo anterior.

Artículo 20°.- Las disposiciones de la presente ley no afectarán al seguro de invalidez y sobrevivencia señalado en el decreto ley N° 3.500, de 1980[43], a las cuotas mortuorias, ni a los desgravámenes hipotecarios establecidos en forma de seguro de vida.

CAPÍTULO III. DEL PAGO DEL IMPUESTO SOBRE LAS DONACIONES

Artículo 21°.- No podrá hacerse entrega de bienes donados irrevocablemente sin que previamente se acredite el pago del impuesto que corresponda o la exención, en su caso.

Artículo 22°.- En toda escritura de donación seguida de la tradición de la cosa, o de entrega de legados en que el testador dé en vida el goce de la cosa legada, deberá insertarse el comprobante de pago del impuesto o la declaración de exención que corresponda.

Si las donaciones revocables que hayan pagado el impuesto quedaren sin efecto en todo o en parte, una vez abierta la sucesión del donante, el donatario tendrá derecho a que el interesado le devuelva el impuesto ya pagado por la parte correspondiente.

La misma disposición se aplicará al caso de revocación por acto entre vivos.

Artículo 23°.- En caso de donaciones reiteradas de un mismo donante a un mismo donatario, deberá sumarse su valor y pagarse el impuesto sobre el total de lo donado, con deducción de la suma o sumas ya pagadas por impuesto.

---

[43] El artículo cuarto transitorio de la ley N° 21.420 publicada en el Diario Oficial con fecha 4 de febrero del año 2022 señala al respecto: "Las disposiciones contenidas en el artículo 2 aplicarán a los beneficios obtenidos en virtud de contratos de seguros de vida que hayan sido celebrados a partir de la fecha de publicación de esta ley en el Diario Oficial. En consecuencia, los beneficios obtenidos en virtud de dichos contratos se afectarán con el Impuesto a las Herencias, Asignaciones y Donaciones, salvo los beneficios provenientes de seguros de invalidez y sobrevivencia señalados en el decreto ley N° 3.500, de 1980".

Del mismo modo, se acumulará siempre a la herencia o legado el valor de los bienes que el heredero o legatario hubiere recibido del causante en vida de éste y el impuesto se aplicará sobre el total en la forma ordenada en el inciso anterior. En estos casos dichos bienes se considerarán por el valor que se les haya asignado en esa oportunidad para los efectos del impuesto sobre las donaciones.

Esta acumulación tendrá lugar aun cuando las donaciones anteriores sólo se refieran a la nuda propiedad, fideicomiso, usufructo o a otro derecho real que no importe dominio pleno y que se consolide posteriormente con él. En estos casos, el impuesto se aplicará de acuerdo a las normas del artículo 7°.

Sin perjuicio de las acumulaciones a que se refieren los incisos anteriores, si el causante donare en vida la nuda propiedad y se reservare el usufructo para sí, al consolidarse posteriormente éste con la nuda propiedad, se acumulará el valor que tenga la propiedad plena a la fecha de la consolidación, con deducción de la misma proporción que se gravó al donarse la nuda propiedad. Con todo, se podrá optar, al momento de la donación, por pagar el impuesto sobre el valor de la propiedad plena, caso en el cual, al tiempo de la posterior consolidación, dicha propiedad se acumulará por el valor que le hubiere asignado al momento del pago del impuesto a las donaciones.

Para los efectos de este artículo, el heredero, legatario o donatario deberá considerar la donación o donaciones anteriores, al calcular el impuesto que corresponde a su asignación o donación.

Artículo 24°.- Para la estimación de los bienes donados y determinación del impuesto se observarán las mismas reglas que para los bienes heredados o legados en lo que les sean aplicables.

CAPÍTULO IV. DE LA POSESIÓN EFECTIVA

Artículo 25°.- Para los efectos de esta ley el heredero no podrá disponer de los bienes de la herencia, sin que previamente se haya inscrito la resolución que da la posesión efectiva de la herencia, sin perjuicio de lo dispuesto en el artículo 688 del Código Civil.

Artículo 26°.- Lo expuesto en el artículo precedente no regirá para el cónyuge o conviviente civil, ni para los padres e hijos cuando deban percibir, de las Cajas de Previsión o de los empleados o patrones, de acuerdo con las leyes o contratos de trabajo, sumas no superiores a cinco unidades tributarias anuales.

En caso de fallecimiento del titular de una cuenta de ahorro en un Banco o Institución Financiera, sus herederos podrán retirar estos depósitos hasta concurrencia de cinco unidades tributarias anuales o su equivalente en moneda extranjera.

Fallecido uno de los titulares de una cuenta bipersonal, los fondos se considerarán del patrimonio exclusivo del sobreviviente hasta concurrencia de la cantidad señalada en el inciso primero. El saldo sobre ese monto, si lo hubiere, pertenecerá por iguales partes al otro depositante y a los herederos del fallecido, con las mismas prerrogativas que este artículo establece.

En estos casos bastará probar el estado civil y no será necesaria la resolución que concede la posesión efectiva ni acreditar el pago o exención de la contribución de herencias.

Artículo 27°.- Cuando la sucesión se abra en el extranjero, deberá pedirse en Chile, no obstante lo dispuesto en el artículo 955 del Código Civil, la posesión efectiva de la herencia respecto de los bienes situados dentro del territorio chileno, para los efectos del pago de los impuestos establecidos por esta ley.

La posesión efectiva, en este caso, deberá pedirse en el lugar en que tuvo el causante su último domicilio en Chile, o en el domicilio del que pida la posesión efectiva, si aquél no lo hubiere tenido.

Artículo 28°.- Los juzgados de letras y el Servicio de Registro Civil e Identificación deberán proporcionar los datos que se requieran para la fiscalización de los impuestos de esta ley, en la oportunidad, forma, cantidad y medios, que el Servicio de Impuestos Internos establezca, sin perjuicio de lo dispuesto en el artículo 87 del Código Tributario.

Publicaciones e inscripciones

Artículo 29°.- Los Conservadores, en los cinco primeros días hábiles de cada mes, deberán enviar al Servicio, una nómina de las inscripciones de posesiones efectivas que hayan practicado en el mes anterior, indicando en ella el nombre del causante, la fecha de la inscripción y los nombres de los herederos. Los conservadores deberán enviar electrónicamente dichas nóminas. El envío fuera de plazo será sancionado con la multa dispuesta en el artículo 70 de esta ley.

Artículo 30°.- Si la sociedad conyugal terminare por el fallecimiento de uno de los cónyuges, los bienes raíces de aquélla deberán inscribirse en el Conservador respectivo, a nombre del cónyuge sobreviviente y de los herederos del difunto.

Artículo 30 bis.- Las actuaciones de los conservadores de bienes raíces a que den lugar las posesiones efectivas de herencias cuya masa de bienes no exceda de 15 unidades tributarias anuales, estarán liberadas del pago de los derechos arancelarios correspondientes. Asimismo, aquéllas cuya masa de bienes exceda de dicho monto y no supere las 45 unidades tributarias anuales, estarán liberadas del 50% del pago de dichos derechos.

Estarán también totalmente exentas del pago de derechos las inscripciones, subinscripciones y anotaciones que deban practicar los conservadores de bienes raíces referidas a bienes inmuebles que se traspasen a las iglesias y entidades religiosas constituidas como personas jurídicas de derecho público.

De los inventarios

Artículo 31°.- Las adiciones, supresiones o enmiendas que se hagan en el inventario de común acuerdo por los interesados o por resolución judicial o arbitral, deberán ser consideradas en las declaraciones de los impuestos de esta ley.

Los interesados no podrán disponer de los bienes adicionados mientras no se acredite el pago del impuesto o la exención en su caso, respecto de esos bienes.

Artículo 32°.- De las modificaciones a que se refiere el artículo anterior se dejará constancia en la respectiva inscripción de la posesión efectiva.

Artículo 33°.- Derogado.

Artículo 34°.- Derogado.

Artículo 35°.- Derogado.

Artículo 36°.- Derogado.

Artículo 37°.- Derogado.

CAPÍTULO V. DE LOS VALORES EN CUSTODIA Y EN DEPÓSITO

Artículo 38°.- Toda persona natural o jurídica que se ocupe habitualmente de dar en arriendo cajas de seguridad, cumplirá con las siguientes obligaciones:

a) Remitir anualmente, por medios electrónicos, información relativa a las cajas de seguridad, sea que las tenga arrendadas en Chile o en sus oficinas o sucursales en el extranjero, indicando en ella el número de la caja, rol único tributario, nombre y apellido o razón social del arrendatario.

b) Llevar un repertorio alfabético en el que se anoten los mismos datos;

c) Llevar un registro foliado y alfabético en el que se anoten con la fecha y la hora, los nombres, apellidos y domicilio de las personas que se presenten a abrir una caja de seguridad, exigiendo de ellas dejen su firma en el registro, y

d) Presentar al personal inspectivo autorizado por el Servicio, dichos registros y repertorio cuando así lo exija aquél.

Artículo 39°.- Fallecido el arrendatario o uno de los arrendatarios en común de una caja de seguridad, o sus cónyuges, no podrá ser abierta sino en presencia de un notario o de otro ministro de fe pública, quien efectuará un inventario detallado de todos los dineros, valores, títulos u objetos que en ella se encuentren.

Esta acta se protocolizará en el Registro de un notario del departamento.

Artículo 40°.- Los dineros, valores, títulos u objetos encontrados en una caja de seguridad arrendada conjuntamente a varias personas y cuyo condominio no pueda precisarse, serán reputados, salvo prueba en contrario y únicamente para los efectos de la aplicación de esta ley, como propiedad común de dichas personas y se estimará como perteneciente al comunero fallecido una parte proporcional del total.

Artículo 41°.- Para los mismos efectos indicados en el artículo anterior, se presumen pertenecer al dueño o arrendatario de una caja de seguridad, los valores y efectos que en ella existan a la fecha de su fallecimiento, salvo que aparezca o se pruebe lo contrario.

Artículo 42°.- Las disposiciones contenidas en los artículos 39, 40 y 44, se aplicarán a los sobres y paquetes lacrados y a las cajas cerradas remitidas en depósito a los banqueros, casas de cambio y a toda persona que reciba depósito de esta naturaleza.

Regirán para dichas personas, las obligaciones contempladas en el artículo 40. El contenido de los sobres, paquetes y cajas será inventariado en la misma forma y condiciones previstas para las cajas de seguridad.

Se exceptúan de lo preceptuado en el inciso primero de este artículo, los sobres que, como testamentos cerrados y otros, estén sometidos por la ley a procedimientos especiales para su apertura, y las instrucciones que se dejen a albaceas fiduciarios.

Artículo 43°.- No podrán presentarse para su registro los traspasos de acciones firmados por una persona que hubiere fallecido con anterioridad a la fecha en que se solicite dicho registro, sin que éste haya sido autorizado previamente por el Servicio de Impuestos Internos.

El Servicio otorgará siempre esta autorización cuando se le acredite que se trata de una operación que se haya realizado efectivamente a título oneroso.

Artículo 44°.- Las personas naturales o jurídicas que tengan en su poder, sea o no en calidad de depósitos, dinero, joyas u otros valores de una persona fallecida, no podrán hacer entrega de ellos sin que la persona que se presente a reclamarlos acredite su calidad de heredero, juez compromisario debidamente autorizado, o albacea, haber pagado o garantizado el pago de las contribuciones de herencias que correspondan, y que los bienes consten en el inventario que ha debido practicarse, todo ello sin perjuicio de que el Servicio autorice por escrito la entrega, cuando en su concepto no haya menoscabo del interés fiscal. En este último caso, el retiro de dinero o especie se hará bajo las condiciones que el mismo Servicio señale.

Lo dispuesto en el inciso anterior no obsta para que se persiga judicialmente el cobro de lo adeudado, pero el tribunal no autorizará la percepción de lo debido mientras no se acredite el pago del impuesto.

Artículo 45°.- Los Bancos, Cajas de Ahorros y en general, toda institución de crédito bancario, deberán suministrar al Servicio y a los herederos los datos que se soliciten respecto a saldo de depósitos, estados de cuentas corrientes, garantías, custodias, etc., que tuvieren los clientes, comitentes o arrendatarios que fallecieren.

CAPÍTULO VI. DE LA VALORACIÓN DE BIENES

Artículo 46°.- Para determinar el monto sobre el cual deba aplicarse el impuesto, se considerará el valor que tengan los bienes al momento de deferirse la herencia en conformidad a las siguientes reglas:

a) El avalúo con que figuren los bienes raíces en esa fecha para los efectos del pago de las contribuciones. Los bienes inmuebles por adherencia y por destinación excluidos del avalúo, que no se encuentren expresamente exentos del impuesto establecido en la presente ley deberán ser valorados de acuerdo a las normas establecidas en el artículo 46 bis.

No obstante lo señalado en el inciso anterior, los inmuebles adquiridos dentro de los tres años anteriores a la delación, se estimarán en su valor de adquisición, cuando éste fuere superior al de avalúo.

b) El promedio del precio que los efectos públicos, acciones y valores mobiliarios hayan tenido durante los seis meses anteriores a la fecha de la delación de las asignaciones.

Si los efectos públicos, acciones y demás valores mobiliarios que forman parte de una herencia no hubieren tenido cotización bursátil en el lapso señalado en el inciso anterior, o si, por liquidación u otra causa no se cotizaren en el mercado, su estimación se hará por la Superintendencia de Valores y Seguros, o por la Superintendencia de Bancos, en su caso.

No obstante, si estos organismos no dispusieran de antecedentes para la estimación por no estar las sociedades de que se trata sujetas a su fiscalización o por otra causa, el valor de las acciones y demás títulos mobiliarios se determinará de acuerdo a las normas establecidas en el artículo 46 bis.

Sin embargo, en el caso de acciones de una sociedad anónima cuyo capital pertenezca en más de un 30% al causante o al cónyuge, herederos o legatarios del mismo causante, su valor para los efectos de este impuesto deberá siempre determinarse de acuerdo a las normas establecidas en el artículo 46 bis.

c) El valor que a los bienes muebles se les asigne de conformidad a las normas establecidas en el artículo 46 bis.

d) No obstante, si dentro de los nueve meses siguientes a la delación de la herencia, se licitaren bienes de la misma en subasta pública con admisión de postores extraños, se valorarán los bienes licitados al valor en que hayan sido subastados.

Esta regla no se aplicará cuando los interesados hayan hecho uso del derecho de pagar definitivamente el impuesto en conformidad a las reglas precedentes, a menos que aquéllos solicitaren la revisión de la liquidación del tributo.

Los funcionarios que efectúen remates de bienes de sucesiones no entregarán el producto de la subasta, a menos de haberse pagado o garantizado el impuesto, o de haberlo autorizado el Servicio o que el remate se haya acordado ante partidor; pero deberán consignar el producto del remate a la orden del juez en el término de tercero día.

e) Los bienes situados en el extranjero, deberán ser valorados de acuerdo a las normas establecidas en el artículo 46 bis.

f) Cuando entre los bienes dejados por el causante figuren negocios o empresas unipersonales, o cuotas en comunidades dueñas de negocios, o empresas, o derechos en sociedades de personas, se asignará a dichos negocios, empresas, derechos o cuotas el valor que resulte de aplicar a los bienes del activo las normas señaladas en este artículo, incluyéndose, además, el monto de los valores intangibles valorados de acuerdo a las normas establecidas en el artículo 46 bis, todo ello con deducción del pasivo acreditado.

g) Los vehículos serán considerados por el valor de tasación vigente a la fecha de la delación de la herencia que determina el Servicio de Impuestos Internos, de acuerdo a lo dispuesto en el artículo 12°, letra a), del decreto ley N° 3063, de 1979, sobre Rentas Municipales.

Artículo 46 bis.- Los bienes respecto de los cuales esta ley no establece regla de valoración, serán considerados en su valor corriente en plaza.

En los casos en que los bienes se valoricen conforme con este artículo, el Servicio deberá proceder al giro inmediato del impuesto, con el sólo mérito de los antecedentes aportados en la declaración del mismo.

Artículo 47°.- Cuando no se justificare la falta de bienes muebles en el inventario, o los inventariados no fueren proporcionados a la masa de bienes que se transmite, o no se hayan podido valorizar dichos bienes, para los efectos de esta ley se estimarán en un 20% del valor del inmueble que guarnecían, o a cuyo servicio o explotación estaban destinados, aun cuando el inmueble no fuere de propiedad del causante.

CAPÍTULO VII. DE LA DETERMINACIÓN DEFINITIVA DEL MONTO IMPONIBLE

Artículo 48°.- Derogado.

Artículo 49°.- Derogado.

CAPÍTULO VIII. DEL PAGO DEL IMPUESTO Y DE LAS GARANTÍAS

Artículo 50°.- El impuesto deberá declararse y pagarse simultáneamente dentro del plazo de dos años, contado desde la fecha en que la asignación se defiera. Para estos efectos, presentada la declaración del impuesto, y con el sólo mérito de los antecedentes presentados, el Servicio deberá proceder al giro inmediato del mismo, sin perjuicio de ejercer posteriormente sus facultades de fiscalización. En el caso del giro inmediato a que se refiere el artículo 46 bis, y dentro de los sesenta días siguientes de presentada la declaración, el Servicio podrá citar al contribuyente para ejercer la facultad establecida en el artículo 64 del Código Tributario, pudiendo liquidar y girar las diferencias que determine.

Si el impuesto no se declarare y pagare dentro del plazo de dos años, se adeudará, después del segundo año, el interés penal indicado en el artículo 53° del Código Tributario. Con todo, el pago del impuesto podrá diferirse en cuotas anuales pagaderas en tres años. Para tal efecto, los contribuyentes deberán, dentro del plazo señalado en el inciso primero de este artículo, presentar la solicitud de diferimiento del pago ante el Servicio, en cuyo caso se deberá aplicar el reajuste establecido en el inciso primero del artículo 53 del Código Tributario y el interés mensual del contemplado en el inciso tercero de dicho artículo sobre el monto reajustado. Las cuotas se contarán por años completos. El contribuyente que solicite esta modalidad no podrá solicitar la condonación de los intereses. Cada cuota de impuesto deberá pagarse, por cada asignatario, hasta el 31 de diciembre de cada año calendario, correspondiendo la primera cuota al año en que se resuelve la solicitud. Si uno o más herederos no paga cualquiera de las anualidades dentro de la fecha indicada, el o los herederos que no pagaron las anualidades señaladas deberán pagar el impuesto insoluto hasta el 30 de marzo del año calendario siguiente al incumplimiento.

Estos intereses no se aplicarán a aquellos interesados que paguen dentro del plazo el impuesto correspondiente a sus asignaciones.

En caso de cesión del derecho real de herencia, el cesionario será responsable, conforme a las reglas generales, por la declaración y pago del impuesto de no haberse efectuado previamente por el cedente.

Artículo 50 bis.- Cada asignatario deberá declarar y pagar el impuesto que grava su asignación.

Cualquier asignatario podrá declarar y pagar el impuesto que corresponda a todas las asignaciones, extinguiendo la totalidad de la deuda por concepto del impuesto que establece esta ley. El asignatario que hubiere efectuado el pago, tendrá derecho a repetir en contra de los demás obligados a la deuda.

Artículo 51°.- Sin perjuicio de la declaración y pago definitivo del impuesto, toda sucesión podrá pagarlo provisionalmente antes de disponer de los elementos necesarios para practicar la determinación definitiva del impuesto, presentando al Servicio de Impuestos Internos un cálculo y los antecedentes que permitan una determinación, a lo menos aproximada, de lo que se deba al Fisco.

Cuando se ejercite este derecho y el monto de la contribución aproximada sea insuficiente, se deberá complementar ésta en definitiva, dentro del plazo que establece el artículo 50, inciso primero. Si por el contrario, resulta un impuesto pagado en exceso, se podrá solicitar su devolución con arreglo a lo dispuesto en el artículo 126° del Código Tributario.

Artículo 52°.- La declaración y pago del impuesto a las donaciones deberá efectuarla el donatario. El tribunal no podrá autorizar la donación en tanto no se acredite el pago del impuesto. Tratándose de donaciones liberadas del trámite de la insinuación, el impuesto deberá pagarse dentro del mes siguiente a aquel en que se perfeccione el respectivo contrato. Para estos efectos, presentado el escrito sobre autorización judicial de una donación que deba insinuarse, el donatario podrá presentar su declaración de impuesto, debiendo el Servicio proceder al giro inmediato del mismo.

En caso que el donatario pague el impuesto y, en definitiva, el juez no autorice la donación, o autorizada la misma no se realice, el donatario podrá solicitar su restitución conforme lo dispuesto en el artículo 126 del Código Tributario.

Artículo 53°.- Si transcurrido el plazo señalado en el artículo 50, no se hubiere pagado totalmente la contribución adeudada, el Servicio, con el mérito del inventario y demás antecedentes que tenga, procederá a liquidar y girar el impuesto.

Artículo 54°.- Las compañías de seguros no podrán pagar sumas debidas por contratos de seguros de vida sin contar previamente con el comprobante de pago del impuesto.

Asimismo, los notarios no podrán autorizar las escrituras públicas de adjudicaciones de bienes hereditarios o de enajenaciones o disposiciones en común, que hagan los asignatarios, ni los Conservadores inscribirlas, sin que en ellas se inserte el referido comprobante, a menos que la adjudicación se hubiere hecho en juicios de partición constituidos legalmente o que los asignatarios hubieren otorgado garantía para el pago de la contribución.

Para que gocen del privilegio de este artículo, los compromisos particionales deberán ser ejercidos por abogados que nombre la justicia ordinaria, o cuyo nombramiento sea sometido a su aprobación para los efectos del impuesto de herencias, si no lo debiere prestar por otra causa.

Se exceptuarán de lo dispuesto en este artículo, las escrituras de partición y la de cesión de derechos hereditarios.

Artículo 55°.- El pago de impuesto podrá garantizarse con depósitos en dinero a la orden judicial, prenda sobre valores mobiliarios, fianza hipotecaria o primera hipoteca. Podrá aceptarse segunda hipoteca si el primer acreedor fuera alguna institución hipotecaria, regida por la ley de 29 de agosto de 1855, y la deuda esté al día. Podrán aceptarse, también, otras garantías calificadas por el Servicio.

Dentro de los cinco días siguientes al otorgamiento de toda escritura pública, sobre garantía del impuesto de herencia, el notario respectivo deberá enviar al Servicio de manera electrónica los datos que este señale mediante resolución.

Igual obligación tendrán los Conservadores respecto de las inscripciones que practiquen de esas escrituras.

Artículo 56°.- Las garantías de pago del impuesto se ofrecerán al Servicio y sólo surtirán los efectos que esta ley señala, cuando dicha Oficina les prestare su aprobación.

Artículo 57°.- Salvo que constituya garantía legal, no podrá estipularse la indivisión de bienes hereditarios, si no se paga antes el impuesto de herencia que corresponda.

Artículo 58°.- Aun antes de estar pagado o garantizado el pago del impuesto y siempre que, a juicio del Servicio, no hubiere menoscabo del interés fiscal, esta Oficina podrá autorizar la enajenación de determinados bienes, bajo las condiciones que ella misma señale.

Artículo 59°.- Los herederos, los árbitros partidores y los albaceas con tenencia de bienes, estarán obligados a velar por el pago de la contribución de herencia, ordenando su entero en arcas fiscales, o reservando, o haciendo reservar los bienes que sean necesarios con tal fin, a menos que se hayan otorgado algunas de las garantías consultadas en el artículo 55. En consecuencia, y salvo que se hubiere otorgado garantía legal, no podrán proceder a la entrega de legados, sin deducir o exigir previamente la suma que se deba por concepto de contribución.

Artículo 60°.- La declaración y pago simultáneo de los impuestos que establece esta ley se hará de conformidad a las normas que fije el Servicio de Impuestos Internos, pudiendo, incluso, determinar que respecto de asignaciones o donaciones que estuvieren exentas de impuesto, no se presente la declaración. El Servicio pondrá a disposición de los contribuyentes los medios tecnológicos necesarios a fin que declaren y paguen los impuestos establecidos en esta ley, así como para cumplir las diversas obligaciones de informar. Al efecto, se habilitará una carpeta tributaria electrónica en el sitio personal del contribuyente.

Asimismo, el Servicio de Impuestos Internos establecerá la forma en que se acreditará el pago del impuesto o la circunstancia de resultar exento, para todos los efectos legales.

En todo caso, tratándose de posesiones efectivas que se tramiten ante el Servicio de Registro Civil e Identificación, al presentar la solicitud respectiva se deberá indicar si las asignaciones correspondientes están afectas o exentas de impuesto. De resultar exentas la totalidad de las asignaciones, con la constancia de ello en la respectiva solicitud se tendrá por cumplida la obligación de declarar el impuesto que establece esta ley.

TÍTULO II

CAPÍTULO I. DE LAS INFRACCIONES A LA PRESENTE LEY Y DE SUS SANCIONES

Artículo 61°.- Se presumirá ánimo de ocultación de bienes siempre que, disuelta una sociedad conyugal por muerte de alguno de los cónyuges, dejen de manifestarse en el inventario que al efecto se practique, los bienes raíces que fueren del dominio del cónyuge difunto o de la sociedad conyugal.

Artículo 62°.- Se presumirá, asimismo, ánimo de eludir el pago de las contribuciones establecidas por esta ley, en el caso de bienes no manifestados en el inventario y que los herederos se hayan distribuido entre sí.

Artículo 63°.- El Servicio de Impuestos Internos podrá investigar si las obligaciones impuestas a las partes por cualquier contrato son efectivas, si realmente dichas obligaciones se han cumplido o si lo que una parte da en virtud de un contrato oneroso guarda proporción con el precio corriente en plaza, a la fecha del contrato, de lo que recibe en cambio. Si el Servicio comprobare que dichas obligaciones no son efectivas o no se han cumplido realmente, o lo que una de las partes da en virtud de un contrato oneroso es notoriamente desproporcionado al precio corriente en plaza de lo que recibe en cambio, y dichos actos y circunstancias hubieren tenido por objeto encubrir una donación y anticipo a cuenta de herencia, liquidará y girará el impuesto que corresponda.

Servirá de antecedente suficiente para el ejercicio de la facultad a que se refiere el inciso anterior, la comprobación de que no se ha incorporado realmente al patrimonio de un contratante la cantidad de dinero que declara haber recibido, en los casos de contratos celebrados entre personas de las cuales una o varias serán herederos ab-intestato de la otra u otras.

La liquidación del impuesto conforme a este artículo no importará un pronunciamiento sobre la calificación jurídica del respectivo contrato para otros efectos que no sean los tributarios.

Artículo 64°.- Las personas que figuren como partes en los actos o contratos a que se refieren los artículos precedentes de este capítulo, a quienes se les compruebe una actuación dolosa encaminada a burlar el impuesto y aquellas que, a sabiendas, se aprovechen del dolo, serán sancionadas de acuerdo con el N° 4° del inciso primero del artículo 97 del Código Tributario.

Serán solidariamente responsables del pago del impuesto y de las sanciones pecuniarias que correspondan, todas las personas que hayan intervenido dolosamente como partes en el respectivo acto o contrato.

Si con motivo de la recopilación de antecedentes que el Servicio practique en cumplimiento de las disposiciones precedentes, se probare la intervención dolosa de algún profesional, será sancionado con las mismas penas, sean ellas pecuniarias o corporales, que procedan en contra de las partes del respectivo acto o contrato.

Artículo 65°.- Las disposiciones del artículo 23 se aplicarán también respecto de las sumas que en definitiva queden afectas al pago del impuesto sobre las donaciones.

Artículo 66°.- La infracción a cualquiera de las disposiciones del artículo 38 será penada con multa de 5% a un 50% de una unidad tributaria anual.

Artículo 67°.- La persona que después del fallecimiento de un arrendatario de caja de seguridad o del cónyuge de este arrendatario no separado de bienes, abriere, o hiciere abrir la caja sin cumplir con lo ordenado en el artículo 39, sufrirá una multa de un 10% a un 100% de una unidad tributaria anual.

Igual pena sufrirá el arrendador de una caja de seguridad que teniendo conocimiento de la muerte del arrendatario permita abrirla sin llenar los requisitos establecidos en el citado artículo 39.

Lo dispuesto en este artículo rige también respecto de los sobres, paquetes y cajas a que se refiere el artículo 41, con la excepción que establece el inciso final de este último.

Artículo 68°.- La inobservancia de lo que disponen los artículos 43 y 44, así como el incumplimiento de lo que el Servicio resuelva respecto de la entrega de dineros o especies, cuando haga uso de la facultad que le concede el segundo de dichos artículos, constituirá a los infractores en codeudores solidarios en favor del Fisco, por las contribuciones que éste deje de percibir, todo ello sin perjuicio de una multa de un 5% a un 50% de una unidad tributaria anual.

Artículo 69°.- Será aplicable la disposición del artículo 53, aun antes de transcurrido el plazo para pagar el impuesto, siempre que se haya enajenado bienes hereditarios no incluidos en el inventario.

En tales casos, los contratantes quedarán solidariamente responsables del pago del impuesto e incurrirán en una multa de un 10% a un 100% de una unidad tributaria anual. Los bienes objeto de la transferencia quedarán afectos a estas responsabilidades, cualquiera que sea su actual dueño.

Se exceptúan de lo dispuesto en este artículo aquellos casos en que el Servicio, haciendo uso de sus facultades que le confieren los artículos 44 y 58, hubiere autorizado la entrega o enajenación de bienes determinados.

Artículo 70°.- La inobservancia de lo que dispone el artículo 54 constituirá a los notarios y las compañías de seguros en codeudores solidarios del impuesto, sin perjuicio de una multa de un 10% a un 100% de una unidad tributaria anual.

Artículo 71°.- La contravención a lo que preceptúa el artículo 59, constituirá a los herederos, árbitros partidores y albaceas, en codeudores solidarios del impuesto, sin perjuicio de incurrir en una multa de un 10% a un 100% de una unidad tributaria anual.

Artículo 72°.- Toda infracción a la presente ley que no tuviere una sanción especial, será penada con multa de un 5% a un 50% de una unidad tributaria anual. En caso de reincidencia, la multa se elevará al doble de la aplicada por la primera infracción; y si el reincidente fuera empleado público, sufrirá la suspensión o pérdida de su empleo.

CAPÍTULO II. DEL PROCEDIMIENTO JUDICIAL

Artículo 73°.- Derogado.

CAPÍTULO III. DISPOSICIONES GENERALES

Artículo 74°.- Siempre que en esta ley se emplee la palabra "Servicio", se entenderá que ella se refiere al Servicio de Impuestos Internos o a la Oficina de su dependencia que corresponda.

Artículo 75°.- Derógase el Decreto Ley N° 364, de 3 de agosto de 1932, y demás disposiciones legales que sean contrarias a lo dispuesto en esta ley.

CAPÍTULO IV. DISPOSICIONES TRANSITORIAS

Artículo 76°.- Derogado.

Artículo 77°.- Derogado.

Artículo 78°.- Derogado.

Artículo 79°.- Derogado.

Anótese, tómese razón, regístrese, comuníquese y publíquese.- **RICARDO LAGOS ESCOBAR**, Presidente de la República.- José Antonio Gómez Urrutia, Ministro de Justicia.

Lo que transcribo para su conocimiento.- Le saluda atentamente.- Jaime Arellano Quintana, Subsecretario de Justicia.

LEY Nº 17.235 SOBRE IMPUESTO TERRITORIAL

D.F.L. Núm. 1.- Santiago, 1º de julio de 1998.-

Vistos: Que el artículo 13 de la ley Nº 19.506, me facultó para fijar el texto refundido, coordinado, sistematizado y actualizado de la ley Nº 17.235, sobre Impuesto Territorial, dicto el siguiente:

Decreto con fuerza de ley:

El siguiente es el texto refundido, coordinado, sistematizado y actualizado de la ley Nº 17.235, de 24.12.1969, sobre Impuesto Territorial:

TÍTULO I. DEL OBJETO DEL IMPUESTO

Artículo 1º.- Establécese un impuesto a los bienes raíces, que se aplicará sobre el avalúo de ellos, determinado de conformidad con las disposiciones de la presente ley.

Para este efecto, los inmuebles se agruparán en dos series:

A) Primera Serie: Bienes Raíces Agrícolas.

Comprenderá todo predio, cualquiera que sea su ubicación, cuyo terreno esté destinado preferentemente a la producción agropecuaria o forestal, o que económicamente sea susceptible de dichas producciones en forma predominante.

La destinación preferente se evaluará en función de las rentas que produzcan o puedan producir la actividad agropecuaria y los demás fines a que se pueda destinar el predio.

También se incluirán en esta serie aquellos inmuebles o parte de ellos, cualquiera que sea su ubicación, que no tengan terrenos agrícolas o en que la explotación del terreno sea un rubro secundario, siempre que en dichos inmuebles existan establecimientos cuyo fin sea la obtención de productos agropecuarios primarios, vegetales o animales. La actividad ejercida en estos establecimientos será considerada agrícola para todos los efectos legales.

En el caso de los bienes comprendidos en esta serie, el impuesto recaerá sobre el avalúo de los terrenos y sobre el valor de las casas patronales que exceda de $289.644, cantidad que se reajustará en la forma indicada en el artículo 9º de esta ley a contar del 1º de julio de 1980. No obstante, en el caso de los inmuebles a que se refiere el inciso anterior, el impuesto se aplicará, además, sobre el avalúo de todos los bienes.

Las tasaciones que pudieren ordenarse no incluirán el mayor valor que adquieran los terrenos como consecuencia de las siguientes mejoras costeadas por los particulares:

a) Represas, tranques, canales y otras obras artificiales permanentes de regadío para terrenos de secano;

b) Obras de drenaje hechas en terrenos húmedos o turbosos, y que los habiliten para su cultivo agrícola;

c) Limpias y destronques en terrenos planos y lomajes suaves, técnicamente aptos para cultivos;

d) Empastadas artificiales permanentes en terrenos de secano;

e) Mejoras permanentes en terrenos inclinados, para defenderlos contra la erosión, para la contención de dunas y cortinas contra el viento, y

f) Puentes y caminos.

Para hacer efectivo el beneficio establecido en el inciso anterior, el Servicio de Impuestos Internos al efectuar una nueva tasación del respectivo inmueble, clasificará y tasará el valor de los terrenos agrícolas. Determinará al mismo tiempo la parte que en el avalúo total corresponda al mayor valor adquirido por los terrenos con ocasión de las mejoras introducidas, para los efectos de excluirlos del referido avalúo total, previa declaración del interesado, quien deberá acreditar que cumple con los requisitos exigidos por este inciso y el anterior. La declaración precedente deberá hacerse conjuntamente y en el mismo plazo en que deba presentarse la declaración señalada en el artículo 3º de esta ley, y en la forma que determine el Servicio de Impuestos Internos.

Vencido ese plazo, caducará el derecho del contribuyente a impetrar este beneficio. El beneficio establecido en los dos incisos anteriores se mantendrá por el plazo de 10 años, contados desde la vigencia de la tasación en que se otorgue, pero se extinguirá a contar desde el año siguiente a aquel en que se enajene el predio respectivo.

B) Segunda Serie: Bienes Raíces no Agrícolas.

Comprenderá todos los bienes raíces no incluidos en la Serie anterior, con excepción de las minas, de las maquinarias e instalaciones, aun cuando ellas estén adheridas, a menos que se trate de instalaciones propias de un edificio, tales como ascensores, calefacción, etc.

Los bienes nacionales de uso público no serán avaluados, excepto en los casos en que proceda la aplicación del artículo 27° de esta ley.

TÍTULO II. DE LAS EXENCIONES

Artículo 2°.- Estarán exentos de todo o parte de los impuestos establecidos en la presente ley, los inmuebles señalados en el Cuadro Anexo en la forma y condiciones que en él se indican. Además, estarán exentos de todo o parte del referido impuesto, aquellos predios que no se mencionan en dicho cuadro y que gozan de este beneficio en virtud de leyes especiales.

Los predios no agrícolas destinados a la habitación, gozarán de un monto de avalúo exento de impuesto territorial de $ 10.878.522, del 1 de enero del 2005. Cada vez que se practique un reavalúo de la Serie No Agrícola, el monto señalado se reajustará en la misma proporción en que varíen en promedio los avalúos de las propiedades habitacionales.

Los predios agrícolas gozarán de un monto de avalúo exento de $ 5.120.640, del 1 de enero del 2005. Cada vez que se practique un reavalúo de la Serie Agrícola, el monto señalado se reajustará en la misma proporción en que varíen en promedio los avalúos de las propiedades agrícolas.

Los predios no agrícolas cuyo avalúo vigente al 1° de enero de 1975 sea de hasta $160, gozarán de pleno derecho, a contar del 1° de enero de 1975, de exención total del impuesto de esta ley. El monto de avalúo indicado en este inciso se reajustará anualmente, a contar del 1° de enero de 1976, y semestralmente a contar del 1° de julio de 1978, en la forma indicada en el artículo 9° de esta ley.

Si por cualquier circunstancia un de terminado predio tuviera derecho a gozar de dos o más exenciones del impuesto territorial, éstas no se podrán acordar en forma copulativa. Igual norma se aplicará en los casos de exenciones temporales, en las cuales no podrán acumularse plazos de exención. En estas circunstancias, el Servicio otorgará para efectos del impuesto territorial la exención más beneficiosa para el contribuyente.

Todo bien raíz no agrícola cuyo destino original sea la habitación, que haya sido destinado posteriormente en forma parcial a un uso distinto a éste, cuyo avalúo sea igual o inferior al monto de la exención general habitacional y que esté habitado por su propietario, persona natural, gozará de una exención del 100% del Impuesto Territorial.

TÍTULO III. DE LA TASACIÓN DE LOS BIENES RAÍCES

Artículo 3°.- El Servicio de Impuestos Internos deberá reavaluar, cada 4 años, los bienes raíces agrícolas y no agrícolas sujetos a las disposiciones de esta ley, aplicándose la nueva tasación, para cada serie, simultáneamente a todas las comunas del país.

No obstante lo dispuesto en el inciso anterior, el Servicio de Impuestos Internos deberá reavaluar, en el período comprendido entre dos reavalúos nacionales, aquellas comunas o sectores de éstas en que se produzca una ampliación en el límite urbano de un plan regulador. Para estos efectos, el Servicio de Impuestos Internos deberá ser informado por la autoridad que promulgue los respectivos planes reguladores del hecho de la publicación de éstos, dentro del plazo de tercero día.

Para efectos del reavalúo a que se refiere el inciso anterior, el Servicio de Impuestos Internos tendrá un plazo de seis meses contados desde que reciba la información señalada.

Para estos efectos, el Servicio podrá solicitar la asistencia y cooperación de los municipios para la tasación de los bienes raíces de sus respectivos territorios y requerir de los propietarios la información de sus propiedades; todo lo anterior, en la forma y plazo que el Servicio determine. Para recoger esta información, el Servicio de Impuestos Internos facilitará el cumplimiento tributario a través de los mecanismos disponibles al efecto. Esta información no debe implicar costos para el propietario.

Con ocasión de los reavalúos, el giro del impuesto territorial a nivel nacional no podrá aumentar en más de un 10%, el primer semestre de vigencia de los reavalúos, en relación al impuesto territorial que debiera girarse conforme a la ley en el semestre inmediatamente anterior a la vigencia de dicho reavalúo, de haberse aplicado las tasas correspondientes del impuesto a la base imponible de cada una de las propiedades.

No obstante lo establecido en el inciso anterior, a aquellos predios cuyo avalúo se determine conforme a lo dispuesto en el inciso segundo, se les girará el total del impuesto reavaluado en el semestre anterior al que corresponda aplicarle el nuevo avalúo fiscal.

Para todas las propiedades de la Serie Agrícola y de la Serie No Agrícola que, con ocasión del respectivo reavalúo, aumenten sus contribuciones en más de un 25%, respecto de las que debieron girarse en el semestre inmediatamente anterior, de haberse aplicado la tasa correspondiente del impuesto a su base imponible y cuya cuota trimestral de contribuciones reavaluada sea superior a $ 5.000 del 1 de enero de 2003, la parte que exceda a los guarismos antes descritos, se incorporará semestralmente en hasta un 10%, calculando dicho incremento sobre la cuota girada en el semestre inmediatamente anterior, por un período máximo de hasta 7 semestres, excluido el primero.

Para estos efectos, a las propiedades exentas de contribuciones en el semestre inmediatamente anterior al reavalúo, se les considerará una cuota base trimestral de $ 4.000 del 1 de enero de 2003. Esta cantidad, como asimismo la señalada en el inciso anterior, se reajustarán en la misma forma y porcentaje que los avalúos de los bienes raíces.

Para los efectos de la tasación a que se refiere el inciso primero, el Servicio de Impuestos Internos podrá requerir de los propietarios, o de una parte de ellos, una declaración descriptiva y de valor de mercado del bien raíz, en la forma, oportunidad y plazo que el Servicio determine.

No obstante lo dispuesto en el inciso primero, el Servicio de Impuestos Internos tasará con vigencia a contar del 1 de enero de cada año, los bienes raíces no agrícolas que correspondan a sitios no edificados, propiedades abandonadas o pozos lastreros, ubicados en las áreas urbanas, con sujeción a las normas establecidas en el Nº 2 del artículo 4°. Para estos efectos, el Servicio podrá requerir anualmente de los propietarios la declaración a que se refiere el inciso anterior.

Para las propiedades señaladas en el inciso anterior, se aplicará el mismo mecanismo de determinación del impuesto territorial a que se refiere el inciso séptimo, en lo que corresponda al primer año.

Artículo 4°.- El Servicio de Impuestos Internos impartirá las instrucciones técnicas y administrativas necesarias para efectuar la tasación, ajustándose a las normas siguientes:

1°.- Para la tasación de los predios agrícolas el Servicio de Impuestos Internos confeccionará:

a) Tablas de clasificación de los terrenos, según su capacidad potencial de uso actual;

b) Mapas y tablas de ubicación, relativas a la clase de vías de comunicaciones y distancia de los centros de abastecimientos, servicios y mercados, y

c) Tabla de valores para los distintos tipos de terrenos de conformidad a las tablas y mapas señalados.

2°.- Para la tasación de los bienes raíces de la segunda serie, se confeccionarán tablas de clasificación de las construcciones y de los terrenos y se fijarán los valores unitarios que correspondan a cada tipo de bien. La clasificación de las construcciones se basará en su clase y calidad y los valores unitarios se fijarán, tomando en cuenta, además, sus especificaciones técnicas, costos de edificación, edad, destino e importancia de la comuna y de la ubicación del sector comercial. Las tablas de valores unitarios de terrenos se anotarán en planos de precios y considerando los sectores de ubicación y las obras de urbanización y equipamiento de que disponen.

Artículo 5°.- Terminada la tasación referente a una comuna, el Servicio de Impuestos Internos formará el rol de avalúos correspondiente, el que deberá contener la totalidad de los bienes raíces comprendidos en la comuna, aun aquellos que estén exentos de impuestos, pero los bienes nacionales de uso público se incluirán sólo cuando proceda la aplicación del artículo 27° de esta ley.

Se expresará respecto de cada inmueble, el número de rol de avalúo; el nombre del propietario; la ubicación o dirección de la propiedad o el nombre de ella si es agrícola; el destino; avalúo total; avalúo exento, si procediere, y el valor nominal de la cuota de impuesto territorial que corresponda pagar. Si al predio le correspondiere el incremento gradual de contribuciones establecido en el inciso cuarto del artículo 3º de esta ley, se indicará, además, el valor nominal de la cuota que incluya el monto total del impuesto determinado producto del reavalúo.

Copias de estos roles comunales serán enviadas por el Servicio de Impuestos Internos a las municipalidades respectivas.

Sin perjuicio de lo dispuesto anteriormente, al efectuarse un reavalúo, el Servicio de Impuestos Internos, con carácter informativo, pondrá a disposición de los propietarios, por medios electrónicos y durante el período de exhibición de los nuevos avalúos y de reclamos en contra de ellos, el detalle de la tasación de sus bienes raíces, de la determinación del nuevo avalúo y del monto de las contribuciones que graven sus propiedades. En este último caso, si a la propiedad le correspondiere el incremento gradual de las contribuciones, se indicará el valor nominal de la primera cuota y de los incrementos sucesivos hasta alcanzar el total del impuesto determinado producto del reavalúo.

Asimismo, con ocasión de los reavalúos, el Servicio de Impuestos Internos remitirá a los contribuyentes cuyos bienes raíces resulten afectos al cobro del impuesto o modifiquen su condición de afectos a exentos, una comunicación de carácter informativo que contendrá el número de rol de avalúo, el nombre del propietario, la ubicación o dirección de la propiedad o el nombre de ella si es agrícola, el avalúo y la superficie del terreno, el avalúo y la superficie de las construcciones si las hubiere, el avalúo total, el avalúo exento si procediere, la tasa del impuesto aplicable y el monto nominal de la contribución a pagar y de su aumento gradual, si correspondiere.

Artículo 6º.- Dentro de los diez días siguientes a la recepción del rol a que se refiere el artículo anterior, el alcalde lo hará fijar durante treinta días seguidos en lugar visible del local donde funciona la municipalidad respectiva.

Dentro del mismo plazo de diez días señalado en el inciso anterior, el alcalde hará publicar en un periódico de la localidad o, a falta de éste, en uno de circulación general en la comuna, un aviso en el que informará al público del hecho de encontrarse los roles de avalúos a disposición de los interesados para su examen y el plazo que durará dicha exhibición.

TÍTULO IV. DE LA TASA DEL IMPUESTO

Artículo 7º.- Las tasas del impuesto a que se refiere esta ley, serán las siguientes:

a) Bienes raíces agrícolas: 1 por ciento al año[44];

b) Bienes raíces no agrícolas: 1,4 por ciento al año y[45]

c) Bienes raíces no agrícolas destinados a la habitación: 1,2 por ciento al año, en la parte de la base imponible que no exceda de $ 37.526.739 del 1 de enero de 2003; y 1,4 por ciento al año, en la parte de la base imponible que exceda del monto señalado[46].

Si con motivo de los reavalúos contemplados en el artículo 3º de esta ley, el giro total nacional del impuesto aumenta más de un 10% en el primer semestre de la vigencia del nuevo avalúo, en relación con el giro

---

44 El Decreto Nº 102 del Ministerio de Hacienda, de 7 de marzo de 2024, fija a contar del 1 de enero de 2024, la tasa del impuesto territorial, aplicable a los bienes raíces agrícolas, en 0,4% al año.

45 El Decreto Nº 437 del Ministerio de Hacienda, del 25 de marzo de 2022, fija a contar del 1 de enero del año 2022, la tasa del impuesto territorial aplicable a los bienes raíces no agrícolas en 1,042% al año. A su vez, el Decreto Nº 102 del Ministerio de Hacienda, de 7 de marzo de 2024, fija a contar del 1 de enero de 2024, la tasa del impuesto territorial, aplicable a los bienes raíces no agrícolas correspondientes a sitios no edificados, propiedades abandonadas o pozos lastreros, ubicados en las áreas urbanas, en 1,23% al año.

46 El Decreto Nº 437 del Ministerio de Hacienda, del 25 de marzo de 2022, fija a contar del 1 de enero del año 2022, la tasa del impuesto territorial aplicable a los bienes raíces no agrícolas destinados a la habitación en 0,893% al año, en la parte de la base imponible, que no exceda el monto indicado, en la resolución exenta SII Nº 11 de 2022, del Servicio de Impuestos Internos y sus modificaciones; y en 1,042% al año, en la parte de la base imponible que lo exceda.

total nacional que ha debido calcularse para el semestre inmediatamente anterior, aplicando las normas vigentes en ese período, las tasas del inciso anterior se rebajarán proporcionalmente de modo que el giro total nacional del impuesto no sobrepase el referido 10%, manteniéndose la relación porcentual que existe entre las señaladas tasas. Las nuevas tasas así calculadas regirán durante todo el tiempo de vigencia de los nuevos avalúos.

Asimismo, cada vez que se practique un reavalúo de la Serie No Agrícola, el monto señalado en la letra c) del inciso primero se reajustará en la misma proporción en que varíen en promedio los avalúos de los bienes raíces habitacionales.

Las tasas que resulten se fijarán por Decreto Supremo del Ministerio de Hacienda.

Con todo, sobre la más alta de las tasas así determinadas para la serie no agrícola, se aplicará una sobretasa de beneficio fiscal de 0,025 por ciento, que se cobrará conjuntamente con las contribuciones de bienes raíces.

Artículo 7 bis.- Sobretasa de impuesto territorial. Establécese una sobretasa anual del impuesto territorial a beneficio fiscal calculada sobre el avalúo fiscal total en la parte que exceda de 670 unidades tributarias anuales, sujeta a las siguientes disposiciones.

1. Contribuyente. Esta sobretasa aplicará a las personas naturales y jurídicas, y a las entidades sin personalidad jurídica, respecto de los bienes raíces de que sean propietarios conforme al registro de propiedad de bienes raíces del respectivo Conservador de Bienes Raíces.

No obstante lo anterior, no estarán gravados con esta sobretasa los bienes raíces de propiedad de los contribuyentes que tributen conforme al artículo 14 letra D) de la Ley sobre Impuesto a la Renta respecto de los bienes raíces, o parte de ellos, que destinen al negocio o giro de la empresa. Asimismo, tampoco estarán gravados con esta sobretasa los bienes raíces en que inviertan los fondos de pensiones conforme a la letra n) del artículo 45 del decreto ley Nº 3.500, de 1980[47].

---

[47] La ley Nº 21.420, publicada en el Diario Oficial con fecha 4 de febrero del año 2022 que entró en vigencia el día 1 de abril de 2022, agrega el siguiente párrafo tercero

Tampoco estarán gravados con esta sobretasa los bienes sujetos a la aplicación del artículo 27 de esta ley.

2. Base imponible. Avalúo fiscal total. El avalúo fiscal total corresponde a la suma de los avalúos fiscales de cada uno de los bienes raíces de propiedad de un mismo contribuyente según su valor al 31 de diciembre del año anterior al que se devenga esta sobretasa. Tratándose de bienes raíces en donde se tiene una cuota del dominio en conjunto con otros copropietarios, se considerará únicamente la proporción en el avalúo fiscal equivalente a la cuota de dominio que le corresponda.

Para el cálculo del avalúo fiscal total no se considerará el monto del avalúo fiscal de un bien raíz en la misma proporción en que se encuentre exento, total o parcialmente, de impuesto territorial conforme al Cuadro Anexo de esta ley o por cualquier ley especial.

Por su parte, para el cálculo del avalúo fiscal total se considerará íntegramente el avalúo fiscal de los bienes raíces de la serie agrícola y no agrícola con destino habitacional, incluyendo en ambos casos el monto del avalúo exento de impuesto territorial que establece el artículo 2º.

El Servicio de Impuestos Internos podrá ejercer la facultad de fiscalización dispuesta en el artículo 70 de la Ley sobre Impuesto a la Renta para determinar el origen de los fondos con que se ha adquirido un bien raíz. Asimismo, podrá ejercer la facultad establecida en el artículo 64 del Código Tributario respecto de los actos y contratos celebrados para la adquisición de bienes raíces.

3. Tasa marginal por tramos[48]. Una vez determinado el avalúo fiscal total en la forma prevista en el número anterior, la sobretasa se aplicará en forma marginal, considerando los siguientes tramos de avalúo fiscal total:

---

al numeral 1: "Tampoco estarán gravados con esta sobretasa los bienes sujetos a la aplicación del artículo 27 de esta ley.". Esta norma, de acuerdo al artículo séptimo transitorio de dicha ley, entró en vigencia con efecto retroactivo a contar del 1 de enero de 2020.

48 En el sitio web oficial del Servicio de Impuestos Internos están publicados los siguientes tramos: a) desde 827 UTA hasta 1.450 UTA la tasa será de 0,075%; b) desde 1.450 UTA y hasta 1.863 UTA la tasa será de 0,15%; c) Sobre 1.863 UTA la tasa será

a) Sobre 670 unidades tributarias anuales y hasta 1.175 unidades tributarias anuales, la tasa será de 0,075%.

b) Sobre 1.175 unidades tributarias anuales y hasta 1.510 unidades tributarias anuales, la tasa será de 0,15%.

c) Sobre 1.510 unidades tributarias anuales, la tasa será de 0,425%[49].

Los montos correspondientes a cada tramo de avalúo fiscal total se incrementarán en el mismo porcentaje en que se aumente el avalúo de la serie no agrícola en cada proceso de reavalúo que aplique el Servicio de Impuestos Internos de conformidad al artículo 3°. Este incremento de los tramos de avalúo fiscal total aplicará para la determinación de la sobretasa a partir de la vigencia del avalúo determinado a consecuencia del proceso de reavalúo.

Para la determinación de los tramos de avalúo fiscal total, la unidad tributaria anual se convertirá a su valor en pesos de diciembre del año anterior en que deba pagarse esta sobretasa.

4. Devengo y pago de la sobretasa. Esta sobretasa se devengará anualmente al 1° de enero, considerando los bienes raíces inscritos en el Conservador de Bienes Raíces a nombre del contribuyente al 31 de diciembre del año anterior. La sobretasa devengada al 1° de enero corresponderá a la sobretasa total para el contribuyente respecto del período anual entre el 1° de enero y el 31 de diciembre del año de devengo. En consecuencia, en caso que el contribuyente enajene un bien raíz durante el año, no se afectará la aplicación de la sobretasa devengada el 1° de enero del año respectivo.

El giro y pago de la sobretasa se realizará en la misma oportunidad aplicable al impuesto territorial según lo establecido en el artículo 22. Para estos efectos se reajustará el valor del avalúo fiscal total al 31 de

---

de 0,275% para el año 2019, 2020 y 2021, y 0,425% a partir del año 2023. Link: https://www.sii.cl/destacados/avaluaciones/sobretasa/2023/

49 La ley 21.420 publicada en el Diario Oficial con fecha 4 de febrero del año 2022 reemplazó el porcentaje de 0,275% por 0,425%. Esta norma entró en vigencia el 1 de enero de 2023.

diciembre del año anterior, de acuerdo a la norma de reajuste establecida en el artículo 9.

El Servicio de Impuestos Internos emitirá un giro de esta sobretasa junto con los roles semestrales de contribuciones. Dicho giro contendrá los datos indispensables establecidos en el artículo 18.

El contribuyente podrá reclamar de la sobretasa, sus fundamentos y su giro en conformidad al procedimiento a que se refiere el artículo 123 y siguientes del Código Tributario, salvo que lo reclamado se refiera al avalúo fiscal de un bien raíz que forma parte del avalúo fiscal total, en cuyo caso dicho reclamo deberá efectuarse de conformidad a lo dispuesto en los artículos 149 y siguientes del Código Tributario. En estos casos, lo resuelto será aplicable respecto del impuesto territorial y de la sobretasa.

5. Tratamiento tributario de la sobretasa. La presente sobretasa tendrá el mismo tratamiento tributario que aquel establecido en esta y otras leyes para el impuesto territorial.

En caso que un contribuyente sea propietario de bienes raíces que tengan distintos destinos y que, conforme a las disposiciones que resulten aplicables, den derecho a una rebaja del impuesto territorial como crédito, a una deducción del mismo como gasto o se encuentren afectos a un tratamiento tributario específico, según corresponda, el monto del crédito, del gasto, o de cualquier otro efecto tributario asociado al mismo, se aplicará proporcionalmente de acuerdo al valor del avalúo fiscal del bien raíz cuyo destino de derecho al crédito, a su rebaja como gasto o genere cualquier otro efecto, respecto del total del valor del avalúo fiscal de los bienes raíces que componen el avalúo fiscal total.

Artículo 8º.- Los bienes raíces no agrícolas afectos a impuesto territorial, ubicados en áreas urbanas, y que correspondan a sitios no edificados, propiedades abandonadas o pozos lastreros, pagarán una sobretasa del 100% respecto de la tasa vigente del impuesto. La referida sobretasa no se aplicará en áreas de extensión urbana o urbanizables, así determinadas por los respectivos instrumentos de planificación territorial.

Con todo, esta sobretasa no se aplicará a los inmuebles localizados fuera de los límites del área geográfica donde se prestan los servicios públicos de distribución de agua potable y de recolección de aguas servidas. Dicha situación deberá acreditarse por el dueño u ocupante del inmueble ante la respectiva municipalidad mediante la presentación de certificado expedido por la empresa concesionaria correspondiente.

En los casos en que, con motivo de un siniestro o por causa no imputable al propietario u ocupante, se produzca la demolición total de las construcciones de un inmueble, o quede inhabilitado para ser utilizado, la sobretasa a que se refiere el inciso primero de este artículo sólo se aplicará transcurrido el plazo de diez años contado desde la fecha en que se verificó el hecho constitutivo del siniestro.

Para la aplicación de esta sobretasa y de lo dispuesto en el artículo 3° de la presente ley, los municipios deberán informar al Servicio de Impuestos Internos, la nómina de propiedades a que se refieren los incisos primero y segundo de este artículo, en la forma y plazo que dicho Servicio determine.

TÍTULO V. DE LOS ROLES DE AVALÚOS Y DE CONTRIBUCIONES

Párrafo 1° De los reajustes semestrales

Artículo 9°.- Los avalúos de los bienes raíces agrícolas y no agrícolas y los montos exentos, vigentes al 31 de diciembre y al 30 de junio de cada año, se reajustarán semestralmente a contar del 1 de enero y 1 de julio, respectivamente, en el mismo porcentaje que experimente la variación del Índice de Precios al Consumidor, calculado por el Instituto Nacional de Estadísticas, en el semestre inmediatamente anterior a aquel en que deban regir los avalúos reajustados.

No obstante, el Presidente de la República podrá suspender la aplicación de los reajustes a que se refiere el inciso anterior para el segundo semestre de cualquier año. En tal caso, se aplicará a contar del 1° de enero del año siguiente, con el Índice acumulado al 31 de diciembre del año anterior.

Párrafo 2º De las modificaciones de avalúos y de otros factores.

Artículo 10º.- Los avalúos o contribuciones de los bienes raíces agrícolas y no agrícolas serán modificados por el Servicio de Impuestos Internos, por las siguientes causales:

a) Errores de transcripción y copia, entendiéndose por tales los producidos al pasar los avalúos, de los registros o de los fallos de los reclamos de avalúos a los roles de avalúos o contribuciones;

b) Errores de cálculo, entendiéndose por tales los que pudieren cometerse en las operaciones aritméticas practicadas para determinar tanto la superficie del inmueble, como su avalúo, o su reajuste;

c) Errores de clasificación, como por ejemplo los siguientes: atribuir la calidad de regados a terrenos de rulo, o de planos a los de lomaje, de concreto a las construcciones de otro material, etc.;

d) Cambio de destinación del predio que importe un cambio de la serie en que hubiere sido incluido de acuerdo al artículo 1º, o un cambio de destino o uso dentro de la misma serie, que implique alteración en el avalúo o en las contribuciones;

e) Siniestros u otros factores que disminuyan considerablemente el valor de una propiedad, por causas no imputables al propietario u ocupante;

f) Omisión de bienes en la tasación del predio de que forman parte, y

g) Error u omisión en el otorgamiento de exenciones.

Artículo 11º.- Los avalúos de los bienes raíces agrícolas serán modificados por el Servicio de Impuestos Internos, por las siguientes causales, además de las señaladas en el artículo anterior.

a) Construcción de nuevas casas patronales, cuyo valor exceda de $289.644, cantidad que se reajustará en la forma indicada en el artículo 9º de esta ley, a contar del 1º de julio de 1980.

b) Alteración de la capacidad potencial de uso actual del suelo agrícola, por hechos sobrevinientes, de cualquier naturaleza y de carácter permanente a menos de que se trate de obras que beneficien de un modo general a una región, las cuales deberán considerarse en una tasación general, o que se trate de las mejoras costeadas por los particulares que señala el inciso 8° del artículo 1°;

En el caso de los bienes contemplados en el inciso sexto del artículo 1°, serán causales de modificación de los avalúos las señaladas en los artículos 10° y 12°.

Artículo 12°.- Los avalúos de los bienes raíces no agrícolas serán modificados por el Servicio de Impuestos Internos por las siguientes causales, además de las señaladas en el artículo 10°:

a) Nuevas construcciones e instalaciones;

b) Ampliaciones, rehabilitaciones, reparaciones y transformaciones, siempre que no correspondan a obras de conservación, como el reemplazo de los revestimientos exteriores o interiores, cielos, pinturas o pavimentos por otros similares a los reemplazados;

c) Demolición total o parcial de construcciones;

d) Nuevas obras de urbanización que aumenten el valor de los bienes tasados, y

e) Divisiones o fusiones de predios, siempre que signifiquen un cambio en el valor del bien raíz.

Artículo 13°.- Las modificaciones de avalúos o de contribuciones regirán desde el 1° de enero del año siguiente a aquél en que ocurra el hecho que determine la modificación, o en caso de no poderse precisar la fecha de ocurrencia del hecho, desde el 1° de enero del año siguiente a aquél en que el Servicio constate la causal respectiva.

Las modificaciones de avalúos a que se refieren las letras a), b), c) y f), del artículo 10°, regirán desde la misma fecha en que estuvo vigente el avalúo que contenía el error o la omisión.

No obstante lo dispuesto en el inciso primero de este artículo, las modificaciones a que se refieren las letras e) del artículo 10° y c) del artículo 12°, regirán desde el 1° de enero del año en que ocurra la causal siempre que se soliciten dentro de ese mismo año. En virtud de estas rebajas no procederá la devolución de impuestos.

Lo anterior sin perjuicio de la prescripción que establece el artículo 2521° del Código Civil y artículo 200° del Código Tributario.

Artículo 14°.- Los predios omitidos en los roles de avalúos o contribuciones serán incluidos desde la fecha en que se hayan omitido, sin perjuicio de la prescripción que corresponda.

Artículo 15°.- Tratándose de nuevas obras, se entenderá que el hecho que causa la modificación de avalúo, se produce cuando ellas se encuentren terminadas.

Se podrán avaluar parcialmente los pisos de un edificio de departamentos, aunque no se haya dado fin a la construcción total de dicho edificio.

Se entenderán terminadas las obras cuando se encuentren en condiciones de ser usadas.

Los edificios que permanecieren sin concluir o reparar, después de expirados los plazos que para ello hubiere concedido la Municipalidad, serán considerados como sitios eriazos para los efectos del pago del impuesto territorial que los afecte.

Artículo 16°.- Los roles definitivos de los avalúos de los bienes raíces del país, deberán ser mantenidos al día por el Servicio de Impuestos Internos, utilizando, entre otras fuentes:

1) La información que emane de las escrituras públicas de transferencia y de las inscripciones que se practiquen en los registros de los conservadores de bienes raíces. Para estos efectos, las notarías y los conservadores de bienes raíces deberán proporcionar al Servicio de Impuestos Internos la información que se les solicite en la forma y plazo que este Servicio determine, y

2) La información que deberán remitirle las respectivas municipalidades, relativa a permisos y recepciones de construcciones, loteos y subdivisiones, patentes municipales, concesiones de bienes municipales o nacionales de uso público entregados a terceros y aprobaciones de propiedades acogidas a la ley sobre Copropiedad Inmobiliaria, en la forma y plazo que este Servicio determine.

3) La información que aporten los propietarios de bienes raíces, en la forma y plazo que el Director del Servicio determine. Para recoger esta información, el Servicio de Impuestos Internos facilitará el cumplimiento tributario a través de los mecanismos disponibles al efecto. Esta información no debe implicar costos para el propietario.

Artículo 17°.- Los contribuyentes que se consideren perjudicados por las modificaciones individuales de los avalúos de sus predios, efectuadas en conformidad al Párrafo 2° del presente Título podrán reclamar de ellas con arreglo a las normas establecidas en el Título III del Libro Tercero del Código Tributario.

Párrafo 3° De los Roles de Contribuciones

Artículo 18°.- Sobre la base de los avalúos vigentes para cada semestre, consideradas las modificaciones a que se refieren los artículos 10° y siguientes y las exenciones del Cuadro Anexo, el Servicio de Impuestos Internos emitirá, por comunas, un rol de cobro del impuesto a los bienes raíces, que se denominará " Rol Semestral de Contribuciones", y que contendrá, además de los datos indispensables para la identificación del predio, su avalúo, la exención si tuviere, y el impuesto.

Artículo 19°.- El Servicio de Impuestos Internos hará efectivas las variaciones que se determinen respecto de los impuestos y la sobretasa establecida en el artículo 7° bis contenidas en los roles semestrales de contribuciones y en los giros a que se refiere el N° 4 del artículo 7° bis, mediante roles o giros suplementarios o de reemplazo.

Los roles suplementarios contendrán las diferencias de impuesto territorial y los giros suplementarios las diferencias de la sobretasa establecida en el artículo 7° bis, provenientes de modificaciones que importen un mayor pago de impuesto territorial o de la sobretasa, respecto de lo que figure en los roles o giros semestrales. Por su parte, los roles de reemplazo contendrán aquellas modificaciones que signifiquen una rebaja del impuesto territorial y los giros de reemplazo aquellas que signifiquen una rebaja de la sobretasa, respecto de lo que figure en los giros semestrales. En el caso de roles o giros de reemplazo, se incluirá el total del nuevo monto por cobrar.

El impuesto territorial y la sobretasa establecida en el artículo 7° bis que deban pagarse retroactivamente, se girarán, sobre la base del avalúo que corresponda al semestre en que se realice el giro y su retroactividad no podrá ser superior a tres años contados desde que se notifique el rol o giro semestral, suplementario o de reemplazo, según corresponda.

Artículo 20°.- Las exenciones de contribuciones tendrán efecto desde el 1° de enero siguiente a la fecha en que las propiedades cumplan las condiciones de la franquicia. Si el interesado no hubiere pedido en su oportunidad la exención, en ningún caso podrá ésta otorgarse con anterioridad al rol vigente.

Artículo 21°.- El Servicio de Impuestos Internos remitirá a cada municipalidad los roles semestrales, suplementarios y de reemplazos y un cuadro resumen por comuna, que contendrá, distribuido por clasificaciones, el avalúo total, las exenciones y el impuesto.

Respecto de la Tesorería General de la República, el Servicio de Impuestos Internos le remitirá la información necesaria para el cumplimiento de sus fines propios.

Artículo 22°.- El impuesto territorial anual será pagado en cada año en cuatro cuotas en los meses de abril, junio, septiembre y noviembre, a menos que el Presidente de la República fije otras fechas con arreglo a la facultad que le confiere el artículo 36° del Código Tributario. Sin embargo, el contribuyente podrá pagar durante el mes de abril, los impuestos correspondientes a todo el año.

Artículo 23°.- Los impuestos incluidos en los roles suplementarios y de reemplazos a que se refiere el artículo 19°, serán pagados en los meses de junio y diciembre de cada año e incorporarán las modificaciones establecidas en resoluciones notificadas hasta el 30 de abril y 31 de octubre, respectivamente, del semestre en que deban pagarse los impuestos.

No obstante lo señalado en el inciso anterior, el Director Nacional del Servicio de Impuestos Internos estará facultado para dividir el pago de los impuestos indicados en parcialidades por pagarse conjuntamente con las contribuciones futuras, en un plazo máximo de dos años.

La sobretasa establecida en el artículo 7º bis, incluida en los giros suplementarios y de reemplazo a que se refiere el artículo 19, será pagada en los meses de junio y diciembre de cada año e incorporará las diferencias establecidas en las resoluciones notificadas hasta el 30 de abril y 31 de octubre, respectivamente, del año en que deba pagarse.

Asimismo, la inscripción de nuevas propiedades en los roles de avalúos y contribuciones correspondientes deberá efectuarse, a más tardar, en el año siguiente de recibido, por parte del Servicio de Impuestos Internos, el certificado de recepción final emitido por la municipalidad respectiva.

Artículo 24°.-En la provincia de Aysén el pago se hará por semestres en los meses de marzo y noviembre de cada año.

Sin embargo, no se cobrará intereses penales ni multa con relación a los impuestos del primer semestre, a los contribuyentes morosos que paguen la anualidad completa.

TÍTULO VI. DE LOS OBLIGADOS AL PAGO DEL IMPUESTO

Artículo 25°.- El impuesto a los bienes raíces será pagado por el dueño o por el ocupante de la propiedad, ya sea éste usufructuario, arrendatario o mero tenedor, sin perjuicio de la responsabilidad que afecte al propietario. No obstante, los usufructuarios, arrendatarios y, en general, los que ocupen una propiedad en virtud de un acto o contrato que no importe transferencia de dominio, no estarán obligados a pagar el impuesto devengado con anterioridad al acto o contrato.

Efectuado el pago por el arrendatario, éste quedará autorizado para deducir la suma respectiva de los cánones de arrendamiento.

Artículo 26°.- Cuando una propiedad raíz pertenezca a dos o más dueños en común, cada uno de ellos responderá solidariamente del pago de los impuestos, sin perjuicio de que éstos sean divididos entre los propietarios, a prorrata de sus derechos en la comunidad.

Si un bien raíz pertenece a una sociedad o persona jurídica, los administradores, gerentes o directores, serán responsables solidariamente del pago del impuesto, sin perjuicio de sus derechos contra el deudor principal.

Artículo 27°.- El concesionario u ocupante por cualquier título, de bienes raíces fiscales, municipales o nacionales de uso público, pagará los impuestos correspondientes al bien raíz ocupado.

Todo arrendatario de un bien raíz fiscal queda obligado a pagar las contribuciones territoriales durante todo el plazo del arrendamiento y mientras esté ocupando materialmente el predio. Conjuntamente con el pago de las rentas deberá comprobarse el cumplimiento oportuno de esta obligación tributaria.

Lo dispuesto en el presente artículo no se aplicará con respecto de los predios fiscales y municipales en los cuales, por razones inherentes a sus cargos, estén obligados a residir funcionarios públicos o municipales, en la forma que se señala en la letra A) del Párrafo I. del Cuadro Anexo de la presente ley.

TÍTULO VII. DISPOSICIONES VARIAS

Artículo 28°.- Los contribuyentes y las personas tenedoras de predios estarán obligados a facilitar la visita y mensura de los inmuebles y a suministrar al Servicio de Impuestos Internos, los datos que éste solicite, relacionados con la estimación y descripción de ellos.

Los contribuyentes, notarios y conservadores deberán entregar al Servicio de Impuestos Internos, por medios electrónicos, la información que dispongan en relación a la determinación del impuesto territorial y la sobretasa establecida en el artículo 7° bis, según lo determine el Servicio mediante resolución.

Artículo 29°.- El Servicio de Impuestos Internos tendrá a su cargo la aplicación de la presente ley.

ARTÍCULOS TRANSITORIOS

Artículo 1º.- La tasa del quince por mil anual establecida en el artículo 7º de esta ley, entrará a regir en cada comuna y respecto de cada serie de bienes raíces junto con la vigencia del primer reavalúo que respecto de cada comuna y cada serie practique el Servicio.

Entretanto la tasa aplicable será el veinte por mil anual, salvo respecto de los bienes raíces no agrícolas de las comunas en las cuales los alcaldes hayan hecho uso de la facultad que les confiere el artículo 2º de la ley Nº 19.380, de 1995, 31.3.95, y hayan adelantado la vigencia de los reavalúos de los bienes raíces no agrícolas que de acuerdo a lo dispuesto en el artículo 1º de la citada ley Nº 19.380 se encuentra suspendida hasta el 1º de enero del año 2000, en cuyo caso, a contar de la vigencia de cada uno de estos reavalúos y hasta que entre a regir el próximo reavalúo de estos bienes a que se refiere el artículo 2º transitorio de la señalada ley 19.380, las tasas para estos bienes raíces no agrícolas será del catorce por mil anual, excepto para los destinados a la habitación con un avalúo igual o menor a $25.000.000.- caso en que esta tasa será de un doce por mil anual.

El monto de $25.000.000.- establecido en el inciso segundo se reajustará a contar del 1º de enero de 1995, en la forma establecida en el artículo 9º de esta ley.

Los bienes raíces no agrícolas afectados por la tasa del catorce por mil anual a que se refiere el inciso segundo, estarán, además, gravados con una sobretasa a beneficio fiscal del cero coma veinticinco por mil anual, que tendrá la misma vigencia que la tasa del catorce por mil a la cual accede.

Durante el mismo período señalado en el inciso segundo, el avalúo exento a que se refiere el inciso cuarto del artículo 2º de esta ley, que debe considerarse respecto de los bienes raíces no agrícolas destinados a la habitación, en las comunas en que los alcaldes hayan adelantado la vigencia de los reavalúos, será de $7.000.000.-, cantidad que se reajustará a contar del 1º de enero de 1995, en la forma indicada en el artículo 9º de esta ley.

Los bienes raíces no agrícolas estarán afectos, hasta que entre a regir en cada comuna el reavalúo practicado por el Servicio de Impuestos Internos conforme a lo dispuesto en el artículo 3° de la ley N° 19.000, a la tasa adicional establecida por el artículo 3° de la ley N° 18.206, considerando el monto del avalúo exceptuado vigente al 30 de junio de 1990, ascendente a $6.976.089.- según lo dispuesto en el artículo 4° de la ley N° 18.591, siéndole aplicable a dicho monto el reajuste indicado en el artículo 9° de esta ley.

Artículo 2°.- Suspéndese sin perjuicio de lo establecido en el artículo 1° transitorio de la ley N° 19.380, la entrada en vigencia del reavalúo de los bienes raíces no agrícolas practicado por el Servicio de Impuestos Internos, conforme lo dispuesto en el artículo 3° de la ley N° 19.000, hasta el 1° de enero del año 2000.

No obstante lo dispuesto en el inciso precedente, los alcaldes, con acuerdo del Concejo y mediante decreto publicado en el Diario Oficial, podrán adelantar la fecha de vigencia del reavalúo a que se refiere el inciso primero.

El referido decreto deberá ser publicado a más tardar con 30 días de anticipación al semestre determinado para la entrada en vigencia del reavalúo de la comuna respectiva.

Los nuevos avalúos señalados en este artículo, considerando las modificaciones a que se refiere la ley N° 17.235, ocurridas hasta la respectiva entrada en vigencia del reavalúo, se reajustarán, a contar del 1° de enero de 1995, en la misma forma y porcentaje que los avalúos fiscales de los bienes raíces.

La exhibición de los roles de avalúo, a que se refiere el artículo 6° de esta ley deberá iniciarse en los 30 días siguientes a la publicación a que se refiere el inciso tercero de este artículo, que informa la fecha de entrada en vigencia del reavalúo de la comuna respectiva.

El próximo reavalúo de los bienes raíces no agrícolas no podrá efectuarse antes del 1° de enero del año 2000, y comprenderá todas las comunas del país, sin considerar el lapso en que hubiere regido el reavalúo que disponen los incisos primero y segundo de este artículo.

Restablécense, desde el 1° de enero de 1995 y hasta que entren en vigencia los nuevos avalúos de las comunas respectivas, los avalúos de los predios no agrícolas vigentes al 31 de diciembre de 1994.

Será aplicable a los avalúos señalados en el inciso anterior, desde el 1° de enero de 1995, el reajuste que dispone el artículo 9° de esta ley.

Artículo 3°.- El aumento de contribuciones de las propiedades habitacionales de las comunas en que se aplique el reavalúo no agrícola practicado por el Servicio de Impuestos Internos conforme a lo dispuesto en el artículo 3° de la ley N° 19.000, en la parte que excede al 25% de la cuota base, se incorporará semestralmente en razón de hasta un 5%, calculando dicho incremento sobre la cuota base de cada propiedad.

Se considerará para este cálculo la primera cuota que deba pagarse desde que rija el reavalúo, en relación con la que debió pagarse en el último período legal antes que rija dicho reavalúo, reajustando esta última en el mismo porcentaje que haya experimentado la variación del Índice de Precios al Consumidor en el semestre inmediatamente anterior al reavalúo. Para los efectos de lo dispuesto en el presente artículo, esta última cuota reajustada se denominará cuota base.

Respecto de las propiedades que por encontrarse exentas de impuesto territorial no tengan cuota base, para los efectos de esta disposición se considerará como tal la suma de $2.000. Esta cantidad, como asimismo la cuota base señalada en el inciso anterior, se reajustarán a contar del 1° de enero de 1995 en el mismo porcentaje que los avalúos de los bienes raíces.

Artículo 4°.- Las modificaciones introducidas por el N° 3 del artículo 3° de la ley N° 19.388 al artículo 3° de la ley N° 17.235, regirán a contar de la entrada en vigencia de la primera tasación de los bienes raíces, agrícolas y no agrícolas, que se efectúe con posterioridad a la promulgación de la referida ley N° 19.388.

Tómese razón, regístrese, comuníquese y publíquese.- EDUARDO FREI RUIZ-TAGLE, Presidente de la República.- Eduardo Aninat Ureta, Ministro de Hacienda.

Lo que transcribo a Ud. para su conocimiento.- Saluda a Ud., Manuel Marfán Lewis, Subsecretario de Hacienda.

CUADRO ANEXO. NÓMINA DE EXENCIONES AL IMPUESTO TERRITORIAL

I. EXENCIÓN DEL 100%

A) Las siguientes Personas Jurídicas:

1) Fisco, con excepción de los bienes raíces de las sedes matrices de los Poderes Ejecutivo, Legislativo y Judicial, de los Ministerios, Servicios Públicos, Intendencias y Gobernaciones, y los casos en que cabe aplicar el artículo 27° de la presente ley. En todo caso, dicho artículo no será aplicable a las propiedades fiscales en las cuales, por razones inherentes a sus cargos, estén obligados a residir funcionarios públicos.

2) Municipalidades, excepto en los casos señalados en el artículo 27° de la presente ley. En todo caso, dicho artículo no será aplicable a las propiedades municipales en las cuales, por razones inherentes a sus cargos, estén obligados a residir funcionarios municipales.

B) Los siguientes Bienes Raíces mientras se cumpla la condición que en cada caso se indica:

1) Establecimientos educacionales, municipales, particulares y particulares subvencionados, de educación prebásica, básica y media, reconocidos por el Ministerio de Educación, y los Seminarios asociados a un culto religioso, todos ellos, en la parte destinada exclusivamente a la educación.

2) Universidades, Institutos Profesionales y Centros de Formación Técnica, reconocidos por el Ministerio de Educación, de carácter público o privado, respecto de los bienes raíces de su propiedad destinados a educación, investigación o extensión, y siempre que no produzcan renta por actividades distintas a dichos objetos.

3) Bienes raíces que cumplan con las disposiciones del artículo 73° de la ley N° 19.712, del Deporte. No obstante, los recintos deportivos de carácter particular sólo estarán exentos mientras mantengan convenios para el uso gratuito de sus instalaciones deportivas con colegios municipalizados o particulares subvencionados, convenios que para tal efecto deberán

ser refrendados por la respectiva Dirección Provincial de Educación y establecidos en virtud del Reglamento que para estos efectos fije el Ministerio de Educación y el Instituto Nacional del Deporte.

4) Cementerios Fiscales y Municipales. Los cementerios de propiedad particular estarán afectos al impuesto territorial solo por las edificaciones destinadas a la administración de la actividad, y por los terrenos disponibles para sepulturas y equipamiento anexo, que no se encuentren habilitados para ello.

5) Templos y sus dependencias destinados al servicio de un culto, como asimismo las habitaciones anexas a dichos templos ocupadas por los funcionarios del culto y siempre que no produzcan renta.

6) Bienes raíces que cumplan con las disposiciones de la ley Nº 19.418, sobre Organizaciones Comunitarias.

7) Bienes raíces de las misiones diplomáticas extranjeras, cuando pertenezcan al Estado respectivo.

8) Corporación Financiera Internacional, su sede matriz.

9) Fondo Naciones Unidas para la Infancia (UNICEF), su sede matriz.

10) Bienes raíces de la Organización Europea para la Investigación Astronómica del Hemisferio Austral, del Carnegie Institution of Washington, del National Optical Astronomy Observatory y la Associated Universities Inc. (AUI).

11) Bienes raíces que cumplan con las disposiciones de la ley Nº 19.253, sobre Tierras Indígenas.

12) Bienes raíces declarados monumentos históricos o públicos, acreditados por el Consejo de Monumentos Nacionales, cuando no estén destinados a actividades comerciales.

13) Terrenos que cumplan con las disposiciones del Decreto ley Nº 701 de 1974, sobre Fomento Forestal, en la forma y plazos establecidos en dicho cuerpo legal.

14) Bienes raíces de propiedad de los Cuerpos de Bomberos, de Voluntarios de los Botes Salvavidas y de Socorro Andino, que cuenten con personalidad jurídica.

15) Bienes raíces ubicados en las comunas de Porvenir y Primavera y en la XII Región de Magallanes y la Antártica Chilena, de conformidad con

las disposiciones de las leyes Nº 19.149 y 18.392, modificada por la ley Nº 19.606, respectivamente.

16) Bienes raíces situados en la comuna de Isla de Pascua.

17) Caja de Previsión de la Defensa Nacional y Dirección de Previsión de Carabineros de Chile.

18) Bienes raíces del patrimonio de afectación de la Dirección de Bienestar de las Fuerzas Armadas, Carabineros de Chile y la Policía de Investigaciones de Chile.

19) Aeródromos pertenecientes a la Federación Aérea de Chile y Clubes Aéreos, en la parte correspondiente exclusivamente al sector de pistas de aterrizaje y las instalaciones anexas necesarias para su operación.

20) Fundación Chile, su sede Matriz.

21) Establecimientos de Larga Estadía de Adultos Mayores calificados mediante resolución dictada por el Ministerio de Hacienda, que atiendan principalmente a personas vulnerables y dependientes, conforme a la certificación otorgada por el Servicio Nacional del Adulto Mayor, en la parte destinada a atender a dichas personas, siempre que los establecimientos no generen rentas por actividades distintas al objetivo señalado y cuyo administrador sea una persona jurídica sin fines de lucro, propietaria del inmueble o que lo ocupe a título gratuito.

En caso que, concedida la exención, el Servicio de Impuestos Internos constate y declare fundadamente el incumplimiento de los requisitos señalados, podrá dejar sin efecto la exención, y girar los impuestos que corresponda por el o los años en que se verificó el incumplimiento.

C) Los Bienes Raíces de propiedad de las siguientes agrupaciones, siempre que cuenten con personalidad jurídica, que estén destinados al servicio de sus miembros y no produzcan renta por actividades distintas a dicho objeto:

1) Agrupación Nacional de Empleados Fiscales (ANEF).

2) Sedes matrices de las Asociaciones Nacionales de Empleados de Servicios Públicos.

3) Sindicatos y Agrupaciones de Sindicatos.

4) Sedes Sociales de Instituciones Gremiales del Magisterio e Instituciones de Profesores Jubilados.

5) Sedes Sociales de Asociaciones Gremiales de Profesionales.

6) Sedes Sociales de Asociaciones de Pensionados y Montepiados.

7) Sedes Sociales de instituciones del personal en retiro y/o en servicio activo de las Fuerzas Armadas y Carabineros de Chile.

8) Sedes sociales de instituciones de Socorros Mutuos, y de las federaciones y confederaciones de las mismas.

D) Los Bienes Raíces de propiedad de las siguientes instituciones, siempre que cuenten con personalidad jurídica, que estén destinados al fin de beneficencia establecido en sus estatutos y no produzcan renta por actividades distintas a dicho objeto:

1) Consejo Nacional de Protección a la Ancianidad.

2) Instituciones de ayuda a personas con Deficiencia Mental.

3) Establecimientos destinados a proporcionar auxilio o habitación gratuita a los indigentes o desvalidos.

4) Liga Marítima de Chile.

5) Sociedad Protectora de Animales Benjamín Vicuña Mackenna.

6) Sociedad Protectora de Estudiantes Pobres de San Carlos, respecto de su propiedad ubicada en la calle Maipú N° 702, comuna de San Carlos.

E) A los siguientes Concesionarios, mientras se cumpla la condición que en cada caso se indica:

1) Concesionarios de islas o partes del Territorio Antártico Chileno.

2) Concesionarios de Caletas de Pescadores Artesanales, inscritas en la Subsecretaría de Pesca.

II. EXENCIÓN DEL 75%

A) Los Bienes Raíces de propiedad de las siguientes instituciones, siempre que cuenten con personalidad jurídica, que estén destinados al fin de beneficencia establecido en sus estatutos y no produzcan renta por actividades distintas a dicho objeto:

1) Fundación de Beneficencia Hogar de Cristo.

2) Hospital para Niños "Josefina Martínez de Ferrari".

3) Patronato Nacional de la Infancia.

4) Banco de Solidaridad Estudiantil de Valparaíso.

5) Protectora de la Infancia.

B) Los Bienes Raíces pertenecientes a las siguientes instituciones mientras se cumpla la condición que en cada caso se indica:

1) Instituto Interamericano de Cooperación para la Agricultura y que se utilicen exclusivamente para los fines que persigue el instituto.

2) Comité Intergubernamental para Migraciones Europeas (CIME).

C) Los siguientes Bienes Raíces:

1) Industrias mineras ubicadas en el Lago General Carrera, en la comuna de Puerto Cisnes y en la Isla Puerto Aguirre de la Provincia de Aysén.

2) Terrenos de las comunidades agrícolas de las provincias de Atacama y Coquimbo, establecidas de acuerdo al D.F.L. R.R.A. Nº 19, de 1963.

III. EXENCIÓN DEL 50%

A) Los siguientes Bienes Raíces:

1) Cooperativas constituidas con arreglo al D.F.L. Nº 5 de 2004.

2) Viviendas económicas acogidas al D.F.L. Nº 2 de 1959, en la forma y plazos establecidos en dicho cuerpo legal.

DECRETO LEY Nº 3.475 SOBRE IMPUESTO DE TIMBRES Y ESTAMPILLAS

Núm. 3.475.- Santiago, 29 de Agosto de 1980.-

Visto: Lo dispuesto en los decretos leyes 1 y 128, de 1973; 527 de 1974, y 991, de 1976,

La Junta de Gobierno de la República de Chile ha acordado dictar el siguiente Decreto Ley.

IMPUESTO DE TIMBRES Y ESTAMPILLAS

TÍTULO I. DE LOS DOCUMENTOS GRAVADOS

Artículo 1°.- Grávase con el impuesto que se indica las siguientes actuaciones y documentos que den cuenta de los actos jurídicos, contratos y otras convenciones que se señalan:

1) El protesto de cheques por falta de fondos, afecto a un impuesto de 1% del monto del cheque, con un mínimo de $5.278[50] y con un máximo de una unidad tributaria mensual.

2) DEROGADO.

3) Letras de cambio, libranzas, pagarés, créditos simples o documentarios y cualquier otro documento, incluso aquellos que se emitan de forma desmaterializada, que contenga una operación de crédito de dinero, 0,066% sobre su monto por cada mes o fracción que medie entre la emisión del documento y la fecha de vencimiento del mismo, no pudiendo exceder del 0,8% la tasa que en definitiva se aplique.

Los instrumentos y documentos que contengan operaciones de crédito de dinero a la vista o sin plazo de vencimiento deberán enterar la tasa de 0,332% sobre su monto. La tasa establecida en este inciso se aplicará también a aquellos documentos que den cuenta de operaciones de crédito

[50] Decreto N° 509 Exento del ministerio de Hacienda, publicado el 31 de diciembre del 2024.

de dinero en las que se haya estipulado que la obligación de devolver el crédito respectivo sólo será exigible o nacerá una vez transcurrido un determinado plazo, en la medida que éste no sea superior a cinco meses, caso en el cual se aplicará la tasa señalada en el inciso anterior.

INCISO TERCERO.- DEROGADO

Satisfarán también el tributo del inciso primero de este número, la entrega de facturas o cuentas en cobranza a instituciones bancarias y financieras; la entrega de dinero a interés, excepto cuando el depositario sea un Banco; los mutuos de dinero; los préstamos u otras operaciones de crédito de dinero, efectuadas con letras o pagarés, por bancos e instituciones financieras registradas en el Banco Central de Chile en el caso de operaciones desde el exterior y el descuento bancario de letras; los préstamos bancarios otorgados en cuenta especial, con o sin garantía documentaria y la emisión de bonos y debentures de cualquier naturaleza.

Las cartas de crédito satisfarán el tributo del inciso primero de este número sólo cuando no se emitan o suscriban otros documentos, para garantizar su pago, gravados con dicho tributo y siempre que digan relación con importaciones que no se hubieren afectado con el impuesto establecido en el artículo 3°.

4) DEROGADO.

5) DEROGADO.

Artículo 2°.- La prórroga o la renovación de los documentos, o en su caso, de las operaciones de crédito del exterior gravadas en el número 3) del artículo anterior, se efectuará de acuerdo con las siguientes normas:

1. La base del impuesto estará constituida por el monto del capital cuyo plazo de pago se renueva o prorroga.

Si se capitalizan intereses, el impuesto correspondiente a éstos se calculará en forma independiente del capital original.

2. Si la renovación o la prórroga no estipula un plazo de vencimiento, la tasa del impuesto será 0,332%.

En los demás casos la tasa será 0,066% por cada mes completo que se pacte entre el vencimiento original del documento o el vencimiento estipulado en la última renovación o prórroga, según corresponda, y el nuevo vencimiento estipulado en la renovación o prórroga de que se trate. Se entenderá por mes completo el que termine en el respectivo mes, en el mismo día en que se pactó la operación original. Si la renovación o prórroga venciere en el mes correspondiente, en un día distinto de aquel en el que se estipuló o suscribió la operación que le dio origen, la fracción de mes que exceda de ese día se considerará también como mes completo.

En todo caso, la tasa máxima de impuesto aplicable respecto de un mismo capital no podrá exceder de 0,8%. Para determinar el monto máximo indicado, se considerará el impuesto efectivamente pagado por la operación original y las sucesivas renovaciones o prórrogas que se hayan estipulado, con tal que:

(a) Se efectúen en el documento original o en extensiones u hojas adheridas permanentemente a éste; o se efectúen en escrituras públicas o documentos protocolizados, debiendo insertarse, en este caso, en el instrumento respectivo, el documento cuyo plazo se renueve cuando éste no sea una escritura pública, y

(b) Se encuentren debidamente registradas o autorizadas en conformidad a las normas de cambios internacionales, tratándose de operaciones de crédito del exterior.

Para los efectos de este artículo, el capital original se reajustará de acuerdo a la variación de la unidad de fomento entre la fecha de la operación original, o de la última prórroga o renovación, cuando correspondiere, y la fecha en que deba pagarse el impuesto. De la misma manera, el impuesto originalmente pagado se reajustará de acuerdo a la variación de la unidad de fomento entre la fecha de su entero en arcas fiscales y aquella en que se entere la diferencia de impuesto correspondiente.

Artículo 2 bis.- Las colocaciones de bonos o títulos de deuda de corto plazo inscritas en el Registro de Valores en conformidad con la ley Nº 18.045 y que correspondan a líneas de emisión según su definición en dicha ley, que cumplan la condición que se fija en el número 1), de este artículo, pagarán el impuesto del artículo 1º, número 3), según las siguientes normas especiales, rigiéndose en todo lo demás por las normas aplicables de esta ley:

1) La línea de emisión de bonos o títulos de deuda de corto plazo que se beneficiarán de las disposiciones de este artículo, deberán tener un plazo máximo de 10 años, dentro del cual deben vencer todas las obligaciones de pago de las emisiones efectuadas según la línea. Los bonos o títulos de deuda de corto plazo que se emitan podrán acogerse a una sola línea. No obstante lo anterior, la última emisión de bonos o títulos de deuda de corto plazo que corresponda a una línea podrá tener obligaciones de pago que venzan con posterioridad al término del plazo de 10 años de la línea. En el instrumento o título que dé cuenta de la emisión deberá dejarse constancia de ser la última de la respectiva línea.

2) Cada colocación de una emisión de bonos o títulos de deuda de corto plazo acogida a la línea, se gravará con el impuesto de esta ley, según las reglas generales, hasta que la suma del impuesto de timbres y estampillas efectivamente pagado por cada emisión, expresado en unidades de fomento según el valor de ésta en la fecha del pago, sea igual a la suma que resulte de aplicar tasa máxima del impuesto establecida en el inciso primero del Nº 3 del artículo 1º, sobre el monto máximo de la línea expresado en unidades de fomento, según el valor de ésta a la fecha de inicio de la colocación de la primera emisión acogida a la línea. Cuando se llegue a dicho monto, todo capital que lo exceda y toda nueva emisión de bonos o títulos de deuda de corto plazo que se efectúe dentro de la línea, estará exenta del impuesto de esta ley, circunstancia de la cual deberá dejarse constancia en la escritura pública respectiva.

Artículo 3º.- En reemplazo de los impuestos establecidos en las demás disposiciones de esta ley, estará afecta al impuesto único establecido en este artículo la documentación necesaria para efectuar una importación o para el ingreso de mercaderías desde el exterior a zonas francas, bajo el sistema de cobranzas, acreditivos, cobertura diferida o cualquier otro en que el pago de la operación o de los créditos obtenidos para realizarla se efectúe con posterioridad a la fecha de aceptación del respectivo documento de destinación aduanera o de ingreso a zona franca de la mercadería.

Este impuesto tendrá una tasa de 0,066% que se aplicará por cada mes o fracción de mes que medie entre la fecha de aceptación o ingreso y aquella en que se adquiera la moneda extranjera necesaria para el pago del precio o crédito, o la cuota de los mismos que corresponda, y se calculará sobre el monto pagado por dicha adquisición, excluyendo los intereses. En todo caso, la tasa que en definitiva se aplique no podrá exceder del 0,8%.

Para los efectos del presente artículo, se incluirán entre los documentos necesarios para efectuar una importación o para el ingreso a zona franca, todos aquellos que se emitan o suscriban con ocasión del pago o la constitución de garantías a favor del exportador extranjero o de los bancos que intervienen en la operación.

Artículo 4°.- INCISO PRIMERO DEROGADO

Las actas de protesto de cambio y pagarés a la orden estarán afectos únicamente a un impuesto de un 1% sobre su monto con un mínimo de $5.278[51] y con un máximo de una unidad tributaria mensual.

TÍTULO II. DE LA BASE IMPONIBLE

Artículo 5°.- Sin perjuicio de lo dispuesto en el artículo 1°, la base imponible de las operaciones de crédito en dinero y demás actos y contratos gravados en el número 3 del artículo 1° se determinará de acuerdo a las siguientes normas: el tributo se calculará en relación al monto numérico del capital indicado en el acto o contrato, a menos que se trate del reconocimiento de la obligación periódica de pagar una suma de dinero que no tuviere plazo fijo, caso en el cual el impuesto se calculará sobre el monto de la obligación correspondiente a un año.

En el caso de compraventa, permuta, dación en pago o cualquiera otra convención traslaticia de dominio de bienes corporales inmuebles o de cuotas sobre los mismos, a que se refiere el N° 5 del artículo 1°, el impuesto se aplicará sobre el valor del contrato con mínimo del avalúo vigente y

---

51 Decreto N° 509 Exento del ministerio de Hacienda, publicado el 31 de diciembre del 2024.

sin perjuicio de la facultad del Servicio de Impuestos Internos para tasar el inmueble o cuota que corresponda, en conformidad a las normas del Código Tributario.

Artículo 6º.- Para los efectos de aplicar las disposiciones de este decreto ley y a falta de norma expresa en contrario, el valor de las obligaciones en moneda extranjera será el que le fijen las partes, pero su estimación no podrá ser inferior al valor que tenga dicha moneda según el tipo de cambio a que deberá liquidarse el día de la operación, lo que deberá acreditar el Banco Central de Chile. Si no procediere aplicar la regla anterior o no se acreditare mediante certificado de dicho banco, que el tipo de cambio aplicable es inferior al más alto vigente a la fecha de emisión del documento, el impuesto se determinará en relación a este último.

Artículo 7º.- En los actos, contratos u otras convenciones sujetos a impuesto proporcional, en que no exista a la fecha de emisión o suscripción del documento, base imponible definitiva para regular el tributo, éste se aplicará provisoriamente sobre el monto del acto o convención que las partes declaren juradamente en el respectivo documento.

Si el monto efectivo del acto o convención resultare superior a lo declarado juradamente por las partes, el impuesto que corresponda a tal diferencia deberá ser enterado en arcas fiscales dentro del plazo de diez días contado desde el momento que exista base imponible definitiva.

En estos casos, el tributo quedará sujeto a revisión posterior durante toda la vigencia del acto o contrato y el plazo de prescripción a que se refiere el artículo 200 del Código Tributario sólo empezará a correr desde la fecha de expiración del respectivo acto o contrato.

Lo dispuesto en el presente artículo no regirá respecto de las operaciones de crédito reajustables, sino en cuanto al capital numérico que los mismos señalen.

Artículo 8º.- La base imponible de los documentos otorgados dentro o fuera de Chile por funcionarios de países extranjeros y los otorgados en el extranjero por funcionarios chilenos, se determinará en relación a los efectos que los mismos hayan de producir en el país.

TÍTULO III. DEL SUJETO DEL IMPUESTO Y DE LOS RESPONSABLES DE SU PAGO

Artículo 9°.- Son sujetos o responsables del pago de los impuestos establecidos en el artículo 1°:

1.- El Banco librado, como primer responsable del pago del tributo, respecto de los protestos de cheques, dejándose constancia en cada acta del monto del impuesto correspondiente. El Banco librado sólo podrá cobrar el valor del tributo al girador sujeto del impuesto, y estará facultado para cargarlo a su cuenta;

2.- El emisor tratándose de facturas, cuentas y otros documentos que hagan sus veces;

3.- El beneficiario o acreedor por los documentos mencionados en el Nº 3 del artículo 1°, quien tendrá el derecho a recuperar su valor de los obligados al pago del documento, los que serán responsables en forma solidaria del reembolso del impuesto. En el caso de las letras de cambio, el obligado al pago del impuesto será el librador o girador, sin perjuicio de su derecho a recuperar su valor de parte del aceptante;

4.- La persona obligada a llevar contabilidad, respecto de los libros a que se refiere el Nº 4 del artículo 1°; y

5.- Quienes suscriban u otorguen el documento gravado, en los casos no previstos en los números anteriores, a prorrata de sus intereses, sin perjuicio de que pueda pactarse la división del gravamen en forma distinta. Sin embargo, el Fisco podrá perseguir la totalidad del tributo respecto de cualquiera de los obligados a su pago;

6.- El emisor por los pagarés, bonos, debentures y otros valores que den cuenta de captaciones de dinero, tratándose de emisiones de valores inscritas en el Registro de Valores, de conformidad a la ley Nº 18.045, y

7.- El deudor, en aquellos casos en que el acreedor o beneficiario del documento afecto a los impuestos de esta ley no tenga domicilio o residencia en Chile.

Artículo 10°.- Tratándose del impuesto del artículo 3°, corresponderá al banco o a la entidad que venda las divisas recargar en el valor de la operación el impuesto e ingresarlo en arcas fiscales, debiendo para dicho efecto solicitar la documentación que señale el Servicio de Impuestos Internos. En los demás casos, el pago del impuesto será efectuado por el importador o quien ingrese la mercadería a zona franca.

Artículo 11°.- Los impuestos que establece el artículo 4° serán de cargo de los funcionarios que autoricen los documentos o practiquen las actuaciones a que se refiere dicha norma, estando facultados para recuperar su valor de los interesados.

No obstante, no se devengarán dichos tributos si las partes intervinientes gozan de exención personal total de los impuestos que establece esta ley o los documentos dan cuenta únicamente de actos o contratos beneficiados con la exención real total de los mismos.

Si la franquicia que beneficia a las partes o a los actos y contratos que otorgan o celebren fuere parcial, se devengarán en su integridad los impuestos del artículo 4°. Los mencionados funcionarios deberán, además, retener los impuestos que afecten a los actos y contratos contenidos en las escrituras públicas y privadas y a los documentos, que autoricen o protocolicen, salvo en el caso que las escrituras privadas y documentos que les presenten hubiesen pagado los impuestos correspondientes o que deban pagarlos con arreglo a lo dispuesto en el Nº 2 del artículo 15°.

Artículo 12°.- En los actos, contratos u otras convenciones celebrados por medio de mandatario o representante, éste será solidariamente responsable del pago del impuesto.

Artículo 13°.- El contribuyente que recibiere un documento sin el impuesto respectivo, podrá pagar el impuesto correspondiente dentro de los 15 días siguientes a su recepción, sin que se le aplique sanción alguna. Se presumirá legalmente que la fecha de recepción es la misma del otorgamiento.

TÍTULO IV. DEL PAGO DEL IMPUESTO

Artículo 14°.- Los impuestos del presente decreto ley se devengan al momento de emitirse los documentos gravados, o al ser suscritos por todos sus otorgantes, a menos que se trate de documentos emitidos en el extranjero, caso en el cual se devengarán al momento de su llegada al país, o al ser protocolizados o contabilizados, según corresponda. En todo caso, tratándose de operaciones de crédito de dinero provenientes del extranjero en las que no se hayan emitido o suscrito documentos, el impuesto se devengará al ser contabilizadas en Chile.

El impuesto del Título I de esta ley, que grava a los pagarés, bonos, debentures y otros valores que dan cuenta de captaciones de dinero, correspondientes a emisiones de valores inscritas en el Registro de Valores, de conformidad a la ley Nº 18.045, se devengará al momento de la colocación de los referidos títulos.

Cuando el impuesto del artículo 3° deba ser ingresado en arcas fiscales por el banco o entidad que venda la moneda extranjera, el tributo se devengará al momento de dicha venta. En los demás casos, el impuesto se devengará cuando se efectúe el pago al exterior.

Artículo 15°.- Salvo norma expresa en contrario los impuestos de la presente ley deberán pagarse dentro de los siguientes plazos:

Nº 1.- Instrumentos privados y otros documentos, dentro de los cinco primeros días hábiles a contar de su emisión, esto es, de ser suscritos por sus otorgantes.

Nº 2.- Los contribuyentes obligados a declarar su renta efectiva mediante un balance general determinado de acuerdo a contabilidad completa, para los efectos de la Ley de la Renta, dentro del mes siguiente a aquel en que se emiten los documentos.

No obstante, los impuestos que gravan los documentos a que se refieren los Nos. 2 y 4 del artículo 1° deberán pagarse, en todo caso, anticipadamente al momento de solicitar su autorización al Servicio de Impuestos Internos o al Organismo que el Director de ese Servicio designe.

Nº 3.- Los bancos, cuando sean el primer responsable del pago del impuesto, y por los documentos que emitan o se tramiten ante ellos: dentro del mes siguiente de efectuado el protesto, emitidos los documentos o admitidos éstos a tramitación, según corresponda.

Nº 4.- El impuesto del artículo 3º, dentro del mes siguiente a aquel en que se devengue.

Nº 5.- Por los documentos y actas de protesto de letras de cambio y pagarés a que se refiere el artículo cuarto.

a) Dentro del plazo de sesenta días corridos a contar de la fecha de otorgamiento de la escritura pública, aun cuando no haya sido autorizada por el respectivo funcionario y siempre que el notario no la haya dejado sin efecto;

b) Dentro del mes siguiente a la fecha en que se autorizaron o protocolizaron las escrituras privadas o se efectuó la actuación tratándose de protesto de letras de cambio y pagarés.

Los impuestos que según lo dispone el artículo 11º deben retener los funcionarios allí indicados, dentro de los mismos plazos señalados en las letras anteriores, según corresponda.

Artículo 16º.- Los notarios y los Oficiales del Registro Civil que autoricen o protocolicen escrituras públicas o privadas o documentos afectos a los impuestos de esta ley, serán responsables del pago de dichos tributos, sin perjuicio de su derecho a retener estos gravámenes y salvo que se trate de documentos que deban pagar los tributos con arreglo a lo dispuesto en el Nº 2 del artículo 15º.

Artículo 17º.- Los impuestos establecidos en esta ley se pagarán:

1.- Por ingreso en dinero en la Tesorería, acreditándose el pago con el respectivo recibo, por medio de un timbre fijo o mediante el empleo de máquinas impresoras, y

2.- En el caso a que se refiere el Nº 1 del artículo 15º, también podrán pagarse los impuestos mediante el uso de estampillas.

Para los efectos de controlar el pago del impuesto, las letras de cambio y demás documentos señalados en el Nº 3 del artículo 1º que emitan los contribuyentes a que se refiere el Nº 2 del artículo 15°, deberán numerarse correlativamente, timbrarse y registrarse en el Servicio de Impuestos Internos, sin perjuicio del cumplimiento de otros requisitos que determine el Director del citado Servicio.

Las exigencias contenidas en el inciso anterior serán aplicables, en todo caso, a las facturas, las cuentas o los documentos que hagan sus veces y a los libros de contabilidad.

Artículo 18°.- El Director del Servicio de Impuestos Internos podrá autorizar o imponer el pago del impuesto en otras formas que las señaladas en el artículo anterior, estableciendo los procedimientos, exigencias y controles que estime conveniente para el debido resguardo fiscal.

Podrá, también, para los efectos de aplicar lo dispuesto en el Nº 2 del artículo 15°, exigir respecto de las facturas, letras y demás documentos mencionados en ese número los antecedentes que estos documentos deban consignar para un mejor control sin perjuicio de las obligaciones que establezcan otras leyes y reglamentos, y ordenar que el timbraje de los documentos pueda efectuarlo otro organismo distinto al Servicio de Impuestos Internos.

Asimismo, el Director mencionado podrá suprimir requisitos, cuando ellos dificulten la modalidad normal de operar de los contribuyentes, y sustituirlos por otros que resguarden debidamente el interés fiscal.

Artículo 19°.- El tipo, forma y características de las estampillas, de las facturas, de las letras de cambio y de los pagarés se determinará por decreto del Ministerio de Hacienda.

La misma autoridad podrá en cualquier momento modificar los tipos, forma y características de estas especies y establecer y renovar los plazos de validez para el uso del timbre fijo y estampillas.

En todo caso, podrá usarse estampillas con el timbre anterior durante los seis primeros meses de vigencia de la renovación.

Artículo 20°.- Las Tesorerías Fiscales y Oficinas de Correo y Estafetas, venderán al público estampillas por su valor nominal.

Artículo 21°.- Las estampillas que se empleen para el pago del impuesto deberán inutilizarse perforándolas junto con el documento al cual están adheridas, con la fecha abreviada y con la firma de cualquiera que lo suscriba.

La fecha y la firma deberán abarcar parte del documento y parte de las estampillas que se trate de inutilizar.

Al colocar las estampillas se prohibe superponer una sobre otra u otras.

Podrán ser inutilizadas asimismo por cualquier otro medio que lo demuestre ostensiblemente a juicio del Director del Servicio de Impuestos Internos.

Las oficinas públicas, bancos, empresas, sociedades o particulares que por la naturaleza de su giro tengan que emplear estampillas en los documentos que emiten, podrán ser autorizados por el Servicio de Impuestos Internos para usar un timbre especial en su inutilización. Los timbres serán perforadores-sacabocados, constarán por lo menos de dos letras y no deberán inutilizar lo escrito en el documento.

Artículo 22°.- El empleo de máquinas timbradoras de impuestos será autorizado por el Servicio de Impuestos Internos siempre que no exista perjuicio para el interés fiscal, debiendo señalarse en la resolución que lo autorice las obligaciones del usuario.

TÍTULO V. DE LAS EXENCIONES

Artículo 23°.- Sólo estarán exentas de los impuestos que establece el presente decreto ley, las siguientes personas e instituciones:

1.- El Fisco.

2.- Las Municipalidades.

3.- Las Universidades del Estado y demás Universidades reconocidas por éste y el Consejo de Rectores.

4.- Las representaciones de naciones extranjeras acreditadas en el país, y las instituciones internacionales a que Chile pertenezca y respecto de las cuales se haya estipulado la exención de todo impuesto, cualquiera sea su naturaleza, o, específicamente, la liberación de los tributos que afecten a los documentos.

5.- Sociedad Constructora de Establecimientos Educacionales S. A.

6.- Sociedad Constructora de Establecimientos Hospitalarios S. A.

7.- Cuerpo de Bomberos.

8.- Cooperativas, de conformidad con lo establecido en el R. R. A. 20, de 1963.

9.- Instituciones con personalidad jurídica cuyo fin sea el culto.

10.- Fundación Niño y Patria e Instituto de Viviendas Populares INVICA.

11.- Cruz Roja Chilena y la Fundación Nacional del Niño Rural.

12.- Consejo Nacional de Protección a la Ancianidad CONAPRAN-, Corporación de Ayuda al Menor-CORDAM-, Corporación de Ayuda al Niño Limitado-COANIL- y Hogar de Niños Arturo Prat.

13.- El Instituto de Normalización Previsional.

Artículo 24º.- Sólo estarán exentos de los impuestos que establece el presente decreto ley, los documentos que den cuenta de los siguientes actos, contratos o convenciones:

1.- Documentos que den cuenta o se emitan en relación con préstamos o créditos otorgados del exterior por organismos financieros multilaterales, y los relativos a la emisión de bonos que se coloquen en el exterior emitidos o suscritos por el Fisco o el Banco Central de Chile.

2.- Documentos que den cuenta de operaciones, actos o contratos exentos, en conformidad al decreto supremo Nº 1.101, del Ministerio de Obras Públicas, de 1960, que fija el texto definitivo del D.F.L. Nº 2, sobre Plan Habitacional; a la ley Nº 16.807, de 1968, que fija el texto definitivo del D.F.L. Nº 205, de 1960, sobre Sistemas de Ahorro y Préstamos para la Vivienda; a la ley Nº 16.528, de 1966, sobre Estímulos a las Exportaciones; y las operaciones, actos y contratos que realicen los Servicios Regionales y Metropolitano de Viviendas y Urbanismo, a que se refiere el decreto ley número 1.305, de 1976.

3.- Bonos, pagarés, vales de impuesto, letra de cambio y demás actos y contratos mencionados en el artículo 1° N° 3 de este decreto ley, emitidos o aceptados por el Fisco.

4.- DEROGADO.

5.- DEROGADO.

6.- Documentos otorgados por bancos o instituciones financieras en las operaciones de depósito o de captación de capitales, de ahorrantes e inversionistas locales, cuando éstos den cuenta de operaciones de crédito de dinero y sean necesarios para la realización de estas operaciones. Quienes actúen en estas operaciones como mandatarios, o en ejercicio de cualquier otro encargo fiduciario, deberán indicar bajo su propia responsabilidad el lugar de domicilio y residencia de la persona por quien actúan.

La lista de tales documentos será determinada por resolución del Director del Servicio de Impuestos Internos, previo informe favorable del Banco Central de Chile.

7.- Las Aceptaciones Bancarias Latinoamericanas-ALALC (ABLAS).

8.- Los actos y contratos que se ejecuten o celebren en la provincia de la Isla de Pascua por personas domiciliadas en ella respecto de actividades o bienes que digan relación con ese mismo territorio.

9.- Contratos de apertura o líneas de créditos e instrumentos en que se documenten dichas líneas o contratos de apertura, sin perjuicio de pagarse el impuesto de que trata el N° 3 del artículo 1° de este decreto ley, respecto de todas y cada una de las operaciones de crédito que se realicen en virtud de lo pactado en la apertura o línea de crédito.

10.- Documentos necesarios para efectuar las importaciones de bienes internados al amparo de las franquicias establecidas en el inciso vigésimo tercero del artículo 35 de la ley N° 13.039, como asimismo, los documentos necesarios para efectuar las importaciones de CKD y SKD que efectúen las industrias terminales acogidas al régimen de compensación que regula el inciso tercero del artículo 3° de la ley N° 18.483.

11.- Los documentos necesarios para efectuar operaciones de crédito de dinero destinadas al financiamiento de exportaciones. La Comisión para el Mercado Financiero determinará, mediante resoluciones generales, los documentos que tienen tal carácter.

12.- Las cartas de crédito para importaciones que se abran con fondos propios del importador.

13.- Documentos donde conste el otorgamiento de mutuos por parte de la Corporación de Fomento de la Producción a bancos, a otras instituciones financieras y a empresas de leasing.

14.- DEROGADO

15.- Los créditos otorgados desde el exterior a bancos o instituciones financieras locales, con el exclusivo objeto de financiar operaciones de importación o internación de mercaderías al país, o bien que tengan por único objeto ser colocados en el exterior.

16.- Los documentos necesarios para el otorgamiento de préstamos y demás operaciones de crédito de dinero, por parte de Bancos e Instituciones Financieras, desde Chile hacia otros países. La Comisión para el Mercado Financiero determinará las características que deben tener los documentos para gozar de esta exención.

17.- Los documentos que se emitan o suscriban con motivo de una operación de crédito de dinero, a excepción de las líneas de crédito, concedidas por instituciones financieras constituidas o que operen en el país por el monto que se destine exclusivamente a pagar préstamos otorgados por esta clase de instituciones, en tanto dichos préstamos no correspondan al uso de una línea de crédito. Asimismo, para hacer efectiva esta exención, se requiere que al momento del otorgamiento del crédito que se paga, el Impuesto de Timbres y Estampillas devengado por los documentos emitidos o suscritos con ocasión del crédito original, se hubiese pagado efectivamente. Igualmente esta exención se aplicará cuando los documentos en que conste el préstamo que se paga se hubieren acogido a lo dispuesto en este número. Para que opere esta exención, tanto el crédito que se paga como el destinado a dicho pago, deberán haber sido otorgados por alguna institución financiera sujeta a la fiscalización de la Comisión para el Mercado Financiero o la Superintendencia de Seguridad Social.

Con todo, en el caso que los documentos que se emitieron, suscribieron u otorgaron con motivo del crédito original no hubieren satisfecho la tasa máxima establecida en el Nº 3 del artículo 1º de este decreto ley, la exención que se establece en este numeral sólo se aplicará, sobre la base imponible mencionada en el inciso siguiente, hasta por aquella parte en que la tasa de impuesto correspondiente al plazo del nuevo crédito, más la tasa correspondiente al plazo del crédito original, excede la tasa máxima.

Esta exención se aplicará sólo respecto de aquella parte del nuevo crédito, destinado a pagar el monto insoluto del préstamo original, incluyendo los intereses y comisiones que se cobren con ocasión del pago anticipado del mismo. En caso alguno se comprenderá en esta exención, aquella parte del nuevo crédito destinado a pagar intereses originados en la mora del crédito original. La exención comprenderá también los gastos que se cobren por el otorgamiento del nuevo crédito. Sin embargo, si el nuevo crédito considera sumas mayores destinadas a fines distintos del pago del crédito anterior, se considerarán comprendidos en esta parte de la exención sólo la fracción de los gastos asociados al otorgamiento del nuevo crédito equivalente a la proporción que represente el monto insoluto del crédito original en relación al nuevo crédito.

Cuando el crédito que se paga hubiere sido otorgado a más de una persona, la exención favorecerá a todos los deudores.

Para acreditar el cumplimiento de las condiciones que hacen procedente esta exención, se deberá insertar en la escritura respectiva, un certificado de la institución financiera que otorgó el crédito original o del legítimo cesionario del crédito en su caso, señalando el monto a que asciende el pago. Además, dicho certificado deberá indicar en forma específica, el monto de los intereses y comisiones que se cobran. Asimismo, este certificado deberá contener la fecha de otorgamiento del crédito que se paga; el número, serie o folio del documento que da cuenta o registra el crédito original. Sólo en los casos que la entidad que otorgó el crédito que se paga no hubiere informado previamente el otorgamiento del crédito al Servicio de Impuestos Internos, el referido certificado deberá indicar, además, la tasa del impuesto de esta ley que afectó al crédito que se paga, el monto del impuesto pagado efectivamente, el folio del formulario en que consta el pago del Impuesto de Timbres y Estampillas pagado, o la norma de exención parcial o total aplicada, cuando correspondiere. Si el crédito no constare en escritura, para que resulte procedente la exención, el referido certificado deberá adosarse al cuerpo del pagaré o del documento que se emita o suscriba con ocasión del crédito. De la misma manera, en el caso que el crédito destinado al pago fuere otorgado por una institución financiera distinta de la que otorgó el crédito original, el deudor deberá otorgar mandato a la institución financiera prestamista para que ésta pague el crédito original, directamente a la institución acreedora del mismo o a su legítimo cesionario, y en el caso que la institución prestamista sea la misma que otorgó el crédito original, el deudor deberá autorizar la imputación directa del crédito que se otorga al pago del crédito original.

Para la aplicación de lo indicado en este número, se considerará no escrita toda disposición contractual, de cualquier naturaleza, que tenga por objeto impedir o entrabar la facultad de un deudor para obtener un crédito que se beneficie de esta exención.

El interesado podrá requerir que el certificado a que se refiere el inciso quinto sea emitido con vigencia a una fecha determinada, de acuerdo a las instrucciones que al efecto emita el Servicio de Impuestos Internos mediante resolución, la cual en ningún caso podrá ser menor a treinta días hábiles. La solicitud del certificado podrá efectuarse de manera presencial o digital, debiendo emitirse, de manera digital o física, según sea solicitado, dentro de los tres días hábiles siguientes a la fecha de solicitud respectiva. En caso de que se solicite que el certificado sea emitido de forma virtual, éste deberá ser emitido con firma electrónica de conformidad a la ley Nº 19.799, sobre Documentos Electrónicos, Firma Electrónica y Servicios de Certificación de Dicha Firma. La no emisión, la emisión extemporánea o incompleta, del certificado señalado se sancionará con una multa de entre una unidad tributaria mensual y una unidad tributaria anual por cada incumplimiento, la cual será aplicada por el Servicio de Impuestos Internos, de acuerdo al procedimiento establecido en el artículo 161 del Código Tributario, contenido en el artículo 1º del decreto ley Nº 830, de 1974.

TÍTULO VI. DE LAS INFRACCIONES

Artículo 25º.- La infracción a las disposiciones del artículo 15º, Nº 1 del presente decreto ley, hará acreedor al sujeto del impuesto o al responsable principal o solidario de su pago a una sanción equivalente al triple del impuesto inicialmente adeudado, sin perjuicio del pago del impuesto con los reajustes e intereses penales por su mora.

Para la aplicación de las sanciones se seguirá el procedimiento del artículo 165°, N° 1, del Código Tributario.

Artículo 26°.- Los documentos que no hubieren pagado los tributos a que se refiere el presente decreto ley, no podrán hacerse valer ante las autoridades judiciales, administrativas y municipales, ni tendrán mérito ejecutivo, mientras no se acredite el pago del impuesto con los reajustes, intereses y sanciones que correspondan.

Lo dispuesto en el presente artículo no será aplicable respecto de los documentos cuyo impuesto se paga por ingreso en dinero en Tesorería y que cumplan con los requisitos que establece esta ley y el Servicio de Impuestos Internos.

Artículo 27°.- Sin perjuicio de la responsabilidad que tienen los ministros de fe en conformidad al artículo 16° de este decreto ley, respecto de los tributos que correspondan a los documentos que autoricen, protocolicen o archiven, y de las sanciones que afecten a sus emisores, los funcionarios que infrinjan las obligaciones que establece este decreto ley o el Código Tributario, o que autoricen, protocolicen o archiven documentos que no hubieren satisfecho los gravámenes respectivos, serán sancionados con la multa establecida en el artículo 109 del Código Tributario.

TÍTULO VII. DISPOSICIONES GENERALES

Artículo 28°.- Cuando por adolecer un acto o contrato de vicios que produzcan nulidad, o cuando por no haber producido efectos un acto o convención, deba celebrarse otro igual que sanee la nulidad o sea capaz de producir efectos, se imputará el monto del impuesto pagado en el primero al que corresponda al segundo que se celebre, sin que sea necesario que la nulidad o la ineficacia sean declaradas judicialmente.

En estos casos, el Servicio de Impuestos Internos autorizará el abono administrativo del impuesto mediante aprobación de funcionario competente, dejándose constancia de ello en ambos documentos.

El plazo para solicitar esta imputación será de un año contado desde el pago del impuesto.

Artículo 29°.- No obstante el carácter documentario de los tributos de este decreto ley, el Servicio de Impuestos Internos dispondrá la devolución de un impuesto ingresado en arcas fiscales cuando el acto, contrato o convención que constituye su causa no llega, en definitiva, a otorgarse o celebrarse por no haberse firmado por todos sus otorgantes o haber sido dejado sin efecto por el notario o haberse anulado judicialmente el acto o contrato que originó su pago.

El plazo para solicitar dicha devolución será de un año, contado desde la fecha que corresponda al pago del tributo o a la resolución que declaró la nulidad, según el caso.

Respecto de los impuestos pagados mediante estampillas o timbre fijo, no procederá devolución alguna.

Artículo 30°.- Las tasas fijas de este decreto ley podrán reajustarse semestralmente por medio de un decreto supremo hasta en un 100% de la variación que experimente el Índice de Precios al Consumidor en los periodos comprendidos entre el 1° de Noviembre y el 30 de Abril y entre el 1° de Mayo y el 31 de Octubre del año siguiente, con vigencia desde el 1° de Julio y desde el 1° de Enero del año que corresponda, respectivamente.

En uso de esta facultad, se podrá reajustar todas o algunas de las tasas fijas, como también fijar porcentajes de reajustes distintos respecto de una o más de ellas.

Artículo 31°.- Para los efectos de fijar el monto de las tasas fijas del presente decreto ley, resultante de aplicar el reajuste señalado en el artículo anterior, en el decreto que se dicte semestralmente al efecto se señalará el porcentaje de reajuste y se establecerá el nuevo monto de las tasas fijas, de acuerdo con las siguientes normas:

a) Se elevarán al décimo de peso inmediatamente superior las fracciones menores de dicha cantidad, si la tasa fuere inferior a ($ 10.-), y b) Si la tasa fuere igual o superior a diez pesos ($ 10.-), se elevarán a la unidad de pesos superior las fracciones de menos de un peso ($1.-), siempre que sean iguales o superiores a cinco décimos de peso, despreciándose las fracciones inferiores a dicha cantidad.

Artículo 32°.- El presente decreto ley empezará a regir desde el día 1° del mes subsiguiente al de su publicación en el Diario Oficial. En esa misma fecha quedará derogado el decreto ley N° 619, de 1974.

Regístrese en la Contraloría General de la República, publíquese en el Diario Oficial e insértese en la Recopilación Oficial de dicha Contraloría.- AUGUSTO PINOCHET UGARTE, General de Ejército, Presidente de la República.- JOSE T. MERINO CASTRO, Almirante, Comandante en Jefe de la Armada.- CESAR MENDOZA DURAN, General Director de Carabineros.- FERNANDO MATTHEI AUBEL, General del Aire, Comandante en Jefe de la Fuerza Aérea.- Sergio de Castro Spikula, Ministro de Hacienda.

Lo que transcribo a Ud. para su conocimiento.- Saluda atentamente a Ud.- Enrique Seguel Morel, Teniente Coronel, Subsecretario de Hacienda.